所谓情商高,就是会说话

领略说话精髓 悟透说话之道

王辉◎著

中国出版集团
CTPH
中译出版社

图书在版编目（CIP）数据

　　口才训练与沟通技巧的艺术.所谓情商高就是会说话 /
王辉著 . -- 北京 : 中译出版社 , 2019.12
　　ISBN 978-7-5001-6085-4

　　Ⅰ.①口… Ⅱ.①王… Ⅲ.①口才学—通俗读物
Ⅳ.① H019-49

　　中国版本图书馆 CIP 数据核字 (2019) 第 272708 号

出版发行： 中译出版社
地　　址： 北京市西城区车公庄大街甲 4 号物华大厦六层
电　　话： (010)68359376,68359827（发行部）（010）68357328(编辑部）
传　　真： (010)68357870
邮　　编： 100044
电子邮箱： book@ctph.com.cn
网　　址： http://www.ctph.com.cn

策　　划： 北京瀚文锦绣国际文化有限公司
责任编辑： 温晓芳
封面设计： 孙希前

排　　版： 张元元
印　　刷： 香河县宏润印刷有限公司
经　　销： 全国新华书店

规　　格： 880mm×1230mm　　1/32
印　　张： 25
字　　数： 650 千字
版　　次： 2019 年 12 月第一版
印　　次： 2019 年 12 月第一次

ISBN 978-7-5001-6085-4　　　　　　**定价：178 元 / 套（全 5 册）**

中 译 出 版 社

前言
Preface

　　在人际交往日益密切的现代信息社会，一个人想要获得成功需要很多种才能，良好的沟通能力就是其中的一种。说话不仅是人们日常生活的重要组成部分，还是关系事业兴衰的一个重要方面，人离不开说话，就如同鱼儿离不开水一样。

　　一个人的说话能力体现了一个人的内涵和素质。说漂亮话，是成功者一项必备的利器。把话说得漂亮的人，常常是语言贴切、言简意赅，能达到进退有度，游刃有余的地步。这种能力是人们提高自身的素质和开发潜能的重要途径，是驾驭生活，改变人性，追求成功的有力法宝。

　　古人云："听其言，观其行。"一个人的言语，一个人的举止，一个人的说话态度，决定了他是不是一个受欢迎的人。如果一个人彬彬有礼，和蔼可亲，凡与他交往的人都会倍感亲切和愉快。一个人拥有了这样的品格，那么他将拥有无穷的人脉资源。相反的，一个人放浪形骸，说话唯唯诺诺，想必他身边不会有太多关注他的人，人脉关系也不会是完整的。

　　科学家福科曾说，我们经常原谅那些无趣的人，但我们无法原谅别人觉得我们无趣。语言是连接人与人之间的纽带，纽带质量的好坏，直接决定了人际关系的和谐与否，进而会影响到事业的发展及人生的幸福指数。尤其对于情商高的人来说，卓越的口才、有技巧的说话方式，不仅是家庭幸福的法宝，更是事业披荆斩棘的利剑和增加自身个性魅力的砝码。

　　曾经，你是否特别羡慕那些走哪都能谈笑风生的人，他们总能说出一些幽默风趣，一瞬间就把人心拉近的场面话；你是否也很羡慕那些站在大大小小的演讲台上，面对着台下许多听众侃侃而谈的演讲者，他们总是能找出一些经典而意味深长的交心话，吸引众人的眼球；你是否还很羡慕那些辩论大赛上的"辩手"，不管在什么样的情况下，他们都能以冷静、简洁、犀利的分量话驳得对方无以对答；还有生活中的推销高手、风光无限的节目主持人、临危不惧的应聘者……他们总能在不同的场合中找到合适的话，进而使谈话滔滔不绝地进行下去。

综观古今中外，我们会发现大凡能够留名青史者，多是些精通言谈之道的"语言学专家"：战国时的苏秦凭过耳难忘的场面话游说列国，促成合纵抗秦联盟；三国时期的诸葛亮借令人动容的交心话舌战群儒，最终说服孙权联刘抗曹；为人景仰的周恩来总理以震撼人心的语言在中国外交史上写下了不朽的篇章……

由此，我们可以看出，漂亮话不是生活的点缀，而是成功闯天下的钥匙。要想结识新朋友，你必须说漂亮话；要想维护老关系，你也得说漂亮话；要说服别人，你要用漂亮话；要拒绝别人，你也应该说漂亮话……在许多关键场合，出众的漂亮话不仅能让你赢得赞誉、左右逢源，而且能让你扭转局势、化险为夷。

得体的语言在人的一生中具有举足轻重的作用，往往能决定了一个人的成就和前途。高情商的人之所以在现实生活中能够成功，也是因为他们比你更懂得运用语言而已。学会了高情商人的说话之道，你就能拼出一片天，成就自我精彩的人生。

本书用通俗易懂的语言，娓娓动人的故事，实际有效的例证，向读者介绍了社交场合、职场环境、求职面试、赞美批评、商业谈判、如何拒绝他人等多个方面应该运用的语言技巧。其内容易懂易学，便于理解，方便实用，可借鉴和可操作性强。掌握了书中的方法和技巧，你就能在芸芸众生中脱颖而出，步入成功者的行列。

会说漂亮话，是一种智慧，更是一种技巧。不论你是哪个行业里的忙碌者，都需要拥有这种智慧和技巧，也只有这样，你才会有更多的时间领略生命中的美好。

目录
Contents

第一章　高情商就是说话有素养，给别人留有余地 / 1

"赞口常开"的技巧 / 1

背后议论人，自降水准 / 6

提高修养，妙语连珠 / 9

不揭人短，给别人留情面 / 10

说话不能只顾自己过瘾 / 13

高情商的人，不打断别人说话 / 14

站在对方的立场看问题 / 17

第二章　高情商就是说话不冷场，表达不怯场 / 20

说话要放下包袱，调节自卑心理 / 20

消除紧张心理 / 22

如何克服说话怯场 / 23

自控力决定了说话的最终成效 / 25

避免冷场的发生 / 27

时刻保持你的热情之火 / 29

窘境突然而至时，明话暗说搭台阶 / 31

第三章　会说话就是把话说到对方心坎上 / 34

"见缝插针"，把话说到点子上 / 34

切记别把话说得太死 / 36

逢人只说三分话 / 38

借别人的嘴说自己的话 / 40

美丽的借口 / 42

领导要注意自己说话的分寸 / 44

第四章　先思后言，说话要把握好分寸 / 46

控制话题，掌握主动权 / 46

超越他的想象，瞬间 hold 住老板 / 50

换个方式去咨询问题 / 53

会听对方，能拿住对方 / 55

一招鲜，让对方比你更为难 / 58

说话一定要有逻辑性 / 63

第五章　高情商让拒绝变得不再尴尬 / 66

打开天窗说亮话 / 66

让对方轻松愉悦地接受你的拒绝 / 68

用漂亮话回击挑衅者 / 70

该说"不"时就说"不" / 72

巧用双关语 / 76

轻松之中介入敏感话题 / 78

察言观色巧拒绝 / 83

发出有人情味的逐客令 / 86

第六章 真正的高情商，让说话更幽默 / 89

得体的幽默最能取悦人心 / 89

反弹琵琶，让幽默别具风趣 / 92

不要忽视幽默的"战斗力" / 94

将不满隐藏在幽默中 / 97

用一段适合的文字，讲一个适合的笑话 / 100

坏话好说，实话巧说 / 102

献上你的幽默，赢得芳心 / 103

第七章 言之有理，高情商让谈判更有价值 / 106

谈判者需要具备的素质 / 106

成功开场，打破僵局 / 110

用轻松的话软化气氛 / 113

化解对立局面 / 114

谈判时应该"软硬兼施" / 116

布下"最后通牒"的陷阱 / 117

把握让步的原则与尺度 / 119

谈判收尾的策略 / 121

第八章 懂得赞美，让陌生人瞬间"路转粉" / 123

语言是思维的载体 / 123

主动开口，为沟通打好"地基" / 125

倾听时的插话技巧 / 127

让"闷葫芦"打破沉默 / 128

与生人沟通，心中要有"三八线" / 130

懂得赞美别人 / 132

不做万花丛中那一点绿 / 134

第九章　高情商让你在不同的场合都能获得认同感 / 136

职场新人，小心祸从口出 / 136

慎重回答离职原因 / 137

谈话要看场合 / 142

办公室交谈要注意细节 / 144

面试常见问题回答技巧 / 146

面试时不能说的话 / 149

面试时该怎样谈薪水 / 151

第一章　高情商就是说话有素养，给别人留有余地

"赞口常开"的技巧

要建立良好的人际关系，恰当地赞美别人是必不可少的。每个人都希望得到别人的赞美和赏识。但是，周围充分理解自己言行的人并不多，而我们自己也很少评论那些发生在周围的、我们所喜欢的言行。这一点着实令人感到奇怪，因为赞美是一种说话的艺术，正确运用这门艺术，会使被赞美者心情愉快，而作为赞美者自己，也会从中感到快乐甚至幸福。

但是，在这里有必要弄清楚一个问题：真诚的赞美和奉承究竟有什么不同。因为弄清楚这个问题，是使那些不愿赞美他人的老实人"赞口常开"的关键。

赞美与奉承有本质的区别。赞美是真诚、热忱的，是出于真实的感觉，绝不掺杂任何不良的用心。同时，赞美是对别人优点和长处的充分肯定，是为满足别人对于尊重和友爱的需要，给别人以精神上的激励和鼓舞。而奉承他人则是宁肯牺牲自己的尊严恭维人，是出于某种不可告人的企图，是趋炎附势，巴结讨好权威。正如卡耐基所说："奉承是从牙缝中挤出来的，而赞美是发自心灵的。"

第一个区别：是否发自内心。真诚的赞美起源于内心深处的一

种"美感"，一种冲动。它反映了一个人对另一个人的认可：外表漂亮，言谈合自己的口味，行动敏捷，品格高尚……即在两个人之中，其中一个人在另一个人身上发现了符合自己理想和价值标准的可贵之处。我们认识、了解这个人的时候，已经有一种无形的力量促使自己赞美他的一些优点。

但是奉承却不同，它不是发自内心世界的对另一个人的认可和钦佩，而是基于内心世界早已存在的一种目的，一种对眼前或日后能够收到"回报"的投资。奉承人的老实人在"赞美"他人的时候，脸上虽眉飞色舞，心里却有几分不自在；他的词语是火辣辣的，但他的内心一片冰冷。他在赞美一个人的时候，心里想着的只是如何顺利办完与自己利益攸关的事，如何获得自我的满足。

第二个区别：真诚的赞美是实事求是、有理有据的赞，而奉承则是凭空捏造、无理无据的捧。聪明人在赞美别人的时候，非常有针对性和分寸。他们知道哪些应该讴歌，哪些应该提醒注意，哪些应该反对。在他们看来，真正的十全十美是不存在的，事物不存在完美，人更不存在十全十美。因而他们对一个人的评价，根本不会用"最最"这些字眼，也不会用"他没有缺点"这些措辞评价一个人。

爱奉承人的老实人无事生非。他们把只能用一般词语赞美的东西任意扩大。大事特夸、小事大夸、无事也要夸是这些人的特点。其中有些"佼佼者"，把一个人的优点能转变成缺点，把一个人的缺点又同样能转变成优点，因而他们在领导、上级面前，时常"义正色严"诋毁别人，以博取欢心，而心里却打着自己的主意。他们在"赞美"一个人的时候，心里会说"这个人喜欢被人拍，我就多拍一拍他吧"，或者"他喜欢坐轿，我就抬一抬吧，总有一日要把他摔下来"，因而他们在赞美一个人的时候，会自以为聪明地向旁人挤眉弄眼，以显示自己非凡的本领。

使别人快乐和讨对方喜欢是两件不同的事。使别人快乐考虑的是别人而不是自己，讨对方喜欢则刚好相反，它处处计较个人的得失。

聪明人能把握分寸，真心地赞美自己周围值得赞美的人。

赞美是一种有特色的说话细节。赞美别人，既可以增添自信心，也可以增强说话的胆量。

1. 赞美的法则

赞美别人时如不审时度势，不掌握一定的技巧，即使你是真诚的，也会变好事为坏事。所以，开口前一定要遵循以下法则：

（1）真诚。每个人都珍视真心诚意，它是人际交往中最重要的原则。英国专门研究社会关系的卡斯利博士曾说过：大多数人选择朋友都是以对方是否真诚决定的。

（2）讲究场合，合乎时宜。赞美的效果在于相机行事、适可而止。当别人计划做一件有意义的事时，开头的赞扬能激励他下决心做出成绩，中间的赞扬有益于对方再接再厉，结尾的赞扬则可以肯定成绩，指出进一步努力的方向，而达到"赞扬一个，激励一批"的效果。

（3）具有特点。人的素质有高低之分，年龄有长幼之别，因人而异、突出个性、有特点的赞美比一般化的赞美能收到更好的效果。

（4）赞美一个人的行为或贡献比赞美其本人好。当你赞美一个人的行为或贡献时，你的赞许更显得真诚。而且，如果别人知道他的确值得被赞美，会获得最好的效果。赞美行为比赞美本人更可以避免功利主义或偏见。

（5）翔实具体。在日常生活中，人们有非常显著成绩的时候并不多见。因此，交往应从具体的事件入手，善于发现别人哪怕是最微小的长处，并不失时机地予以赞美。赞美用语愈详实具体，说明你对对方愈了解，对他的长处和成绩愈看重。

2. 不要给赞美打折扣

称赞他人的时候，不要提及会让赞赏打折扣的旁枝末节，紧紧围绕赞赏这一主旨，主要谈论对方的成绩。

不要多此一举地指出，可能是某些外界因素让这一成功轻而易举。比如："这的确是令人可喜可贺的成绩，不过各方面的条件都这么有利，怎么也能取得好成绩……"还要小心另外一种错误的观念，即以为打了折扣的赞赏会更真实可信，更有分量。

不要自作聪明地指点同伴，怎样做会更好，哪怕是生活小事。比如："您做的菜味道真好，哪一样都不错，就是汤里的盐多了一点……"这种折扣不仅破坏了赞扬的效果，还有可能成为引起激烈争论的导火索。

有时你必须对某项工作做一次全面的总结和评论，这样一来，赞赏和批评就不可避免地联系在一起。在这种情况下你也没有必要把优秀成绩打折，要把总结中的批评当作与赞赏相对立的独立部分。

别让对方的谦虚削弱了赞赏的作用。有些人很少受到表扬，所以听到别人称赞自己时会不知所措；还有些人在收到称赞的时候想要表明，取得优秀的成绩对他来说是家常便饭。这两种人面对赞赏的反应几乎一模一样："这不算什么特别的事，这是应该的，是我的分内事。"听到对方这种回答的时候，你不要一声不响，此时的沉默表示你同意他的话，就好像对他说："是啊，你说得对，我为什么要表扬你呢，我收回刚才的话。"

你应该再次称赞他，强调你认为这是值得赞赏的事，请你重复一次对他哪些方面的成绩特别看重，以及你为什么认为他表现出众。

3. 拿捏好赞美的尺度

世间没有绝对的对错好坏，凡事能够把分寸拿捏得好，就是一种智慧。在夸赞别人这个问题上同样存在分寸拿捏不同，后果也不同的现象。如果赞美得当，那就是一种美德，但是不得当的赞美成为阿谀，难免遭人轻视。把握赞美的分寸十分重要。

赞美能赢得友谊。赞美如花香，芬芳而怡人，能以赞美之言予人者，必得人缘，所以和人相处，最重要的就是赞美。基督教唱赞美诗，佛教唱炉香赞，说明神、佛也要人赞美，何况一般人呢。尤其当一个人灰心的时候，一句鼓励的话，能令他绝处逢生；当别人失望的时候，一句赞美的话，能使他重见光明。要想获得友谊，诚心地赞美别人，必定能如愿。

阿谀会遭人轻视。做人要"日行一善"，其实日行一善并不难，赞美别人也是一善。但赞美不同于阿谀，阿谀是一种虚伪的奉承，所谓"好阿谀则是非之心起"，所以做人宁容谏诤之友，勿交阿谀之人，被人批评不可怕，受人阿谀才可畏。有的老实人赞美不当，成了逢迎拍马、阿谀奉承，也会受人轻视，因此做人不要阿谀谄媚，也要避免不当的赞美。

赞美和阿谀最大的区别在于出发点不同。赞美一般是符合客观实际情况的，而阿谀往往是夸大其词。在日常交际中，要多一些真心诚意的赞美，少一些阿谀，这样最终会给你带来好名声。

4. 即使奉承也要坦诚得体

人总是喜欢别人奉承的。有时，即使明知对方讲的是奉承话，心中还是免不了会沾沾自喜，这是人性的弱点。一个人受到别人夸赞，绝不会觉得厌恶，除非对方说得太离谱了。

在这个社会上，会说奉承话的人，似乎比较吃香。当一个人听到别人的奉承话时，心中总是非常高兴，脸上堆满笑容，口里连说："哪里，我没那么好"，"你真是很会讲话"。即使事后冷静地回想，明知对方所讲的是奉承话，却还是抹不去心中的那份喜悦。因此，说奉承话是与人交际必备的技巧，奉承话说得得体，会使你更讨人喜欢。奉承别人首要的条件，是要有一份诚挚认真的态度。言辞会反映一个人的心理，因而有口无心，或是轻率的说话态度，很容易被对方识破，而产生不快的感觉。奉承别人时也不可讲出与事实相差十万八千里的话。例如，你看到一位表情呆滞的孩子，却对他的母亲说："你的小孩看起来很聪明！"对方的感受会如何呢？本来是奉承话，却变成很大的讽刺，收到了相反的效果。你若说："哦！你的小孩子好像很健康。"效果就会好些。

所以，奉承别人要坦诚，这样，你所说的奉承话，会成为真正夸赞别人的话，对方听在耳中，感受自然和听一般奉承话不同。

背后议论人，自降水准

中国有句古话叫"谁人背后不说人，谁人背后不被说"，这是很不好的，在日常交际生活中要注意"闲谈莫论他人是非"。老实人对别人的成功议论，对别人的失败也要议论，任何东西都是他们议论的对象，这是很不好的做法。人在这个世界上的存在意义并不是被他人议论，更不是议论他人，而且议论大多数都是负面的，我们要尽量把这个陋习改掉。

在别人背后议论他人的好坏是对人际关系危害最严重的一种行为。同学、同事之间不要互相议论，若我们对某个人有意见就可以约个时间，或找个机会当面告诉他，指出你对他不满意的地方。这样对方不但不会生气还会因此感谢你，人际关系也会和谐融洽。

下面一个旅美学者的经历对我们认识这个问题或许有些帮助：

"我在美国和俄国时，从来没有人在我面前说第三个人的坏话，我自己倒有时会犯这个毛病，在一个人面前对不在场的某个人说三道四。后来有个俄国人告诉我：'在我们这个地方，和一个人议论另一个人的事是不道德的。'我从那以后就把这个坏毛病彻底改掉了。"

我们都知道背后议论他人对人际关系极具破坏力，而人际关系的好坏对我们每个人的发展都有着极其重要的影响。所以我们要避免这种现象发生在自己身上。

情商高的人从不背后议论人，因为那是自降水准的表现。

虽然这里所说的是背后说人坏话，但是即使是说人好话，也不适宜在背后说，而应该光明磊落地当面说出来，这样别人感觉高兴，感受到你的真诚，你自己也会感觉很好。

为什么不应该在背后议论别人呢？原因就在于你在背后议论别人，显得自己的价值观很低。设想，一个德高望重的人，如果他在背后跟别人议论起某个人坏话的时候，这个人在你心目中的形象也就大打折扣了。

而且一个人背后议论人很可能是因为个人情绪得不到宣泄，于是想找一些"志同道合"的人，事实上，哪有那么多志同道合的人？你发泄情绪的对象很可能以后会成为你的敌人，即使不成为敌人，他也不会觉得你有什么地方崇高。在我国的传统观念中，背后议论人向来是受到鄙夷的，是任何光明磊落的人所不屑做的。

情商高的人看得起自己，不自轻自贱，不自降水准。不想着自己说的就是真理，别人一定会认同。事实上，背后议论人的人说的从来都是偏见，如果是真理就用不着背后去说。

背后议论人是世俗的表现。很多人年轻的时候光明磊落，从来不在背后议论任何人，但是随着时间的流逝，在生活中逐渐变得琐碎，变得啰啰唆唆，总是有说不完的话，总是有理不完的是非。人生哪有那么多时间用在这些是非之中？

在高情商的人看来，背后议论人是道德品行低下的表现，是被人看不起的行为。一个人如果真的想让别人看得起自己，首先就应该改掉背后议论人的毛病。这种毛病粘在一个人的身上，他就永远摆脱不了品质低劣的嫌疑。

当然，我们不仅不要背后说人，即使对别人的背后说法，我们最好也不要去听，因为你容易卷入这样的是非之中。你并不赞同他的观点，但是你还是出于礼貌倾听他的话，这个时候你要想想自己究竟是在一个什么位置。自己的头脑中究竟需不需要塞入这些并非事实的东西。即使你赞同那些话，那些话听来也会影响你对别人的判断，影响你和别人之间的交往，议论别人的话很多时候都是被放大了许多倍。说话的人唯恐说出来的话不吸引人，不夸张，不能让你印象深刻，于是他们往往添油加醋，添枝加叶，进行了很大的发挥，这个时候你听进了他的话，你甚至认为世界上怎么有那种人存在，你自己心中的正确判断就会被掩盖，你就会用一种情绪代替思考，而事实并非情绪所表现的那样。

背后议论人是没有气度的表现。真正成功的人往往是有大气度的，背后议论人的人也很少能获得成功，原因不仅在于他们把时间用在琐碎的事情上，而且还在于对这些琐碎的事情感兴趣，这正说明了他们思维空间的狭窄和人生的无聊。

人不能因为无所事事而到处背后议论人，要知道没有事情可做的时候，那是上天留给你思考和学习的时间。现在的人有时候显得过于无聊和郁闷，所找到的话题也不过是别人的短处，于是成了背后议论人的开始。

真正伟大、有成就的人，绝不是那种背后经常议论人的人。既然如此，我们追求成就，追究价值，追求我们的人格完美，也不能做背后议论人的人。

当我们想背后议论人的时候，先想想自己究竟要议论别人什么。人品肯定是一定要提及的事情。背后议论人的人往往会把所有问题归结为人品有问题。但是人品真的能说吗？一个人人品如何，我们有资格评论吗？既然我们自己的人品都没有保障，还有什么资格评论别人的人品？

背后议论人的人还应该考虑一下自己的倾诉对象。很多人话是说出去了，麻烦从此就找上了门。因为你不能保证你说话的对象不给你传播出去。你说话的对象如果认同你的话，他自然会跟张三李四王五都说，而且还会加上一句："不是我一个人这么说，他也是这么说的。"如果说话对象不认同你的话，问题就更大了，他很可能会跟你说的人说起，这样你就无端地树了一个对立面，图了一时的口快，而招惹了很大的麻烦。

一个人不一定要当仁人君子，但在很多方面一定要做到光明磊落，你的光明磊落不是给别人作道德标榜，而是保全自己的一种方式。平时不做亏心事，半夜敲门人不惊，如果你什么坏事情都没有做过，什么坏话都没有说过，那别人质问起来，你根本就用不着担心。从这个意义上讲，光明磊落是人的一种保全方式，这种保全方式决定了你在这个社会中有多安全。

任何时候都不要仗着自己的聪明，或者对别人的信任，而向别人恣意谈论第三人的是非，这种谈论很危险，不但容易让你陷入被怀疑、被鄙视的境地，而且还会破坏你和听众的关系，原因是你们谁也保证不了今天的话不泄露出去，世上没有不透风的墙。

古时的智者不会谈论别人的是非，一来这些是小得不能再小的事情，二来这是谈不出结果的事情，三来这种是非谈论显得他们品味大失。

提高修养，妙语连珠

好口才并不是天生的，要有足够的底蕴和内在修养作为基础。因此，单纯地学习语言技巧是不够的，还要不断地提高自身的学识修养。

如何提高修养呢？不妨在以下几个方面多下功夫。

（1）广泛地阅读

写文章讲究"读书破万卷，下笔如有神"，说话也一样。书报杂志看得多了，在心中融会贯通，自然会谈吐自如。

（2）三思而后说

我们经常会听到这样的评价："那个人说话不过大脑。"这是批评一个人说话随随便便，口出狂言，让人觉得厌烦。真正有修养的人，没有经过思考是一定不会说出来的。三思而后说，能够很好地避免一些祸从口出的麻烦，从而体现出一个人的综合素质。

（3）加强生活积累

多体验生活，有了对生活的切身感悟，说出来的话才能打动人。俗话说：一位老人就是一本生活的大书。因此，深入生活中，才能打磨出好口才。

（4）虚心接受他人的指教

在生活中，为什么有的人能不断进步，而有的人却不进而退呢？

毛主席说："虚心使人进步，骄傲使人落后。"我们在加强修养的过程中，要学会"受教"。所谓"受教"就是把东西吸收到自己心中，消化吸收后转为自己的东西。

好口才是由内而外的，修养提高后由内而外地发出来，自然就形成了好口才。反过来也一样，一个人的思想、才能、学识如何，只要通过和他说话，很快便能得知。

不揭人短，给别人留情面

与人交谈，应该照顾别人的感受，不要咄咄逼人。学会体贴别人，善于施惠，短短几句话就可以做到。高情商的人在交谈中会给别人留情面，有时候，还要自己巧装糊涂，给对方一个台阶下，用情理服人，而不是用话语压人，因为他们知道，压人不会产生愉快的效果。我们要坚持人人平等，不论处在什么状况，都不要有优越感。不要轻视任何人，要学会通过诚意来打动他们。有些时候，言语伤人比刀子还锋利，为此我们一定要注意组织好语言。

一次在酒家里，一位外宾吃完最后一道菜，顺手把制作精美的景泰蓝食筷"插入"自己的口袋。

这时，一位服务小姐看到了，但她并没有当场给顾客难堪，而是不露声色地迎上前去，双手捧着一只装有景泰蓝食筷的绸面小匣说："先生，我发现您在用餐时，对我国景泰蓝食筷颇有喜爱之意。非常感谢您对这种精细工艺品的赏识。为了表达我们的感谢之情，经经理同意，我们把这双图案最精美的景泰蓝食筷赠送给您，并按'最优惠价格'记在您的账上，您看好吗？"

那位外宾自然明白这些话的弦外音。在表示谢意之后，他借口喝了两杯，误将食筷插入衣袋。从而，借此下了台阶。

有一群人在看电视剧，剧中有婆媳争吵的镜头。张大嫂便随口议论道："我看，现在的儿媳真是不知道好歹，不愿意和老人住在一起。也不想想以后自己老了怎么办？"话未说完，旁边的小齐马上站了起来，怒声说："你说话干净点，不要找不自在，我最讨厌别人指桑骂槐！"

原来小齐平素与婆婆关系失和，最近刚从家里搬出另住。张大嫂由于不了解情况，无意中揭了对方的短而得罪了小齐。

现在很多已经很有地位很是成功的人，过去可能有并不光彩的经历。在这个时候，千万不要揭人短，总有不少老实人爱犯此类错误。

明太祖朱元璋出身贫寒，做了皇帝后很多昔日的朋友到京城找他。这些人满以为朱元璋会念在昔日共同受罪的情分上，给他们封个一官半职，谁知朱元璋最忌讳别人揭他的老底，以为那样有损自己的威信，因此对来访者大都拒而不见。

有位朱元璋儿时一块长大的好友，风尘仆仆从老家凤阳赶到南京，几经周折总算进了皇宫。一见面，这位老兄便当着文武百官大叫大嚷起来："哎呀，朱老四，你当了皇帝可真威风呀！还认得我吗？当年咱俩可是一块儿光着屁股玩耍，你干了坏事总是让我替你挨打。记得有一次咱俩一块偷豆子吃，背着大人用破瓦罐煮，豆还没煮熟你就先抢起来，结果把瓦罐都打烂了，豆子撒了一地。你吃得太急，豆子卡在嗓子眼儿，还是我帮你弄出来的。怎么，不记得啦！"

这人还在那儿唠叨个没完，宝座上的朱元璋再也坐不住了，心想此人太不知趣，居然当着文武百官的面揭我的短处，让我这个当皇帝的脸往哪儿搁。盛怒之下，朱元璋下令把这个朋友杀了。这就是戳人痛处的下场。

在为人处世中，场面话谁都能说，但并不是谁都会说，一不小心，也许你就踏进了言语的"雷区"，触到了对方的隐私和痛处，犯了对方的忌讳，对听话者造成一定的伤害。其实，每个人都有所长，也有所短，为人处世的成功，一个很重要的因素就是善于发现对方身上的优点，夸奖对方的长处，而不要抓住别人的隐私、痛处和缺点，大做文章。切记：揭人之短，伤人自尊！

"揭短"，有时是故意的，那是互相敌视的双方用来作为攻击对方的武器。"揭短"，有时又是无意的，那是因为某种原因一不小心犯了对方的忌讳。有心也好，无意也罢，在为人处世中揭人之短都会伤害对方的自尊，轻则影响双方的感情，重则导致友谊破裂。

且看下面这个例子：

有一位年轻姑娘长得很胖，吃了不少减肥药也不见效果，心里很苦恼，也最怕有人说她胖。有一天，她的同事小张对她说："你吃了什么呀，像气儿吹似的，才几天工夫，又胖了一圈儿。"

胖姑娘立马恼羞成怒："我胖碍着你什么了？不吃你，不喝你，真是狗咬耗子，多管闲事！"小张不由得闹了个大红脸。

在这里，小张明知对方的短处，却还要把话题往上赶，这自然就犯了对方的忌讳，不找麻烦才怪。

所以，还是俗话说得好，"打人不打脸，揭人不揭短"，要想与他人友好相处，就要尽量体谅他人，维护他人的自尊，避开言语"雷区"，千万不要戳人痛处。

与人谈话，千万不要揪住别人的小辫子不放。对于别人已经发生的笑话或者故事，也不要老是提起。每一个人都有自尊，即使是最喜欢开玩笑的人，也很忌讳别人拿他的过去说事。如果我们总是因为一件事情而遭到别人嘲笑的话，我们心中自然很不好受。事实上，别人也未必安了坏心，只不过是随口提起。

我们要学会打心底尊重别人，就不要揪住人家的小辫子不放。真正的聪明人往往很宽容，对别人过去发生的不快，从来不会提起。试问，谁又愿意和一个经常揭开自己伤疤的人交往呢？

每一个人生活中都有很多的无奈，过去的日子或许并不光彩，现在成功了，有势力，有地位了，自然希望能够得到更多的尊重，对于过去的日子也很忌讳。因此，我们不要揪住人家的小辫子不放，老是取笑人家。即使你的取笑是无心的，但是对于别人来说却听得十分刺耳。而那些依靠小辫子威胁和敲诈别人的人，不仅道德上让人不齿，他们自身也处在极其危险的境地。你让别人感觉到了威胁，别人一定会威胁你，因为没有谁弱小到失去报复的能力。

说话不能只顾自己过瘾

　　说话，通常不是说给自己听，而是说给别人听，既然如此，你又怎么能不去考虑一下别人听了这些话，会有怎么样的解读呢？

　　说话说得好，不如说得巧。一句话可能令你晋位升爵，但也有可能为你惹来杀身之祸。尽信书不如无书，同样的，如果不具有融会贯通说话的学问，那就少言为妙。

　　三国时期的杨修，在曹营内任主簿。他为人才思敏捷，是当时不可多得的人才之一，但是由于十分恃才自负，屡次得罪曹操而不自知。

　　某次，曹操建造一所花园，竣工后，曹操四处观看，不发一语，只提笔在门上写了一个"活"字，想和手下人打哑谜。众人看了都不解其意，只有杨修笑着说："'门'内添'活'字，乃'阔'字也。丞相是嫌园门太窄了，想扩宽它。"

　　于是，手下再筑围墙，改造完毕又请曹操前往观看。曹操看了非常高兴，一问之下，知道杨修毫不费力就解出自己出的谜题，嘴巴上虽然称赞几句，但心里却很不是滋味。

　　又有一天，塞北送来一盒酥饼，曹操在盒子上写了"一盒酥"三字。正巧杨修进来，看了盒子上的字，竟不待曹操开口，径自取来汤匙与众人分食那一盒糕饼。

　　曹操被他大胆妄为的行径吓了一跳，此时，杨修嘻嘻哈哈地说："盒子上写明了一人一口酥，我又怎么敢违背丞相的命令呢？"

　　曹操听了，虽然勉强保持风度、面带笑容，心里却十分厌恶杨修这种得了便宜还卖乖的行为。

　　曹操生性多疑，生怕遭人暗中谋害，因此谎称自己在梦中会不自觉地杀人，告诫身边侍从在他睡着时切勿靠近他，后来还故意杀死一个替他捡被子的侍从，想借此杀鸡儆猴。

没想到杨修得知这件事，马上看穿曹操的心意，当着曹操的面喟然叹道："丞相非在梦中，君乃在梦中耳！"

曹操哪里经得起这样的冷嘲热讽，下定决心，非把杨修这个人除之而后快不可。

机会终于来了。曹操率大军攻打汉中，迎战刘备时，双方于汉水一带对峙很久。曹操由于长时间屯兵，已经陷入进退两难的处境。此时，恰逢厨子端来一碗鸡汤，曹操见碗中有根鸡肋，感慨万千。

刚好夏侯惇在这时进入帐内禀请夜间口令，曹操随口说道："鸡肋！鸡肋！"夏侯惇便把这两个字当作口令传了出去。

行军主簿杨修听了这事，便叫随行的部众收拾行装，准备归程。夏侯惇见了惊恐万分，立即把杨修叫到帐内询问详情。

杨修解释道："鸡肋鸡肋，弃之可惜，食之无味。今进不能胜，退恐遭人笑，在此有何益处？来日魏王必班师矣。"

夏侯惇对杨修的这一番解释非常佩服，于是，下令营中将士打点行装，好鸣金收兵，准备撤退。

曹操得知这种情况，一口咬定杨修造谣惑众，在他身上定了一个扰乱军心罪，毫不留情地把他杀了。

杨修颇有些聪明，最后却聪明反被聪明误。他恃才傲物，只想一味夸耀自己的机智，完全不顾及别人的感受好恶，即使面对的是顶头上司，还要处处露一手，终于惨遭灭顶的命运。

一个真正懂得说话的人，不见得字字珠玑、句句含光，但是，他总是能说出对方想听到的话，结果自然皆大欢喜。

高情商的人，不打断别人说话

培根曾说："打断别人，乱插嘴的人，甚至比发言者更令人讨厌。"打断别人说话是一种最无礼的行为。

每个人都会有情不自禁地想表达自己想法的愿望，但如果不去了解别人的感受，不分场合与时机，就去打断别人说话或抢接别人的话头，这样会扰乱别人的思路，引起对方的不快，有时甚至会产生误会。

你看到你的朋友和另外不认识的人聊得起劲时，可能有想加入聊天的想法。

因为你不知道他们的话题是什么，而你突然加入，会令他们觉得不自然，也许因此话题接不下去。更糟的是，也许他们正在进行着一项重大的谈判，却由于你的加入使他们无法再集中思想而无意中失去了这笔交易；或许他们正在热烈讨论，苦苦思索解决一个难题，正当这个关键时刻，也许由于你的插话，会导致对他们有利的解决办法告吹，到后来场面气氛就会转为尴尬而无法收拾。此时，大家一定会觉得你没有礼貌，进而人家都厌恶你，导致社交失败。

假设一个人正讲得兴致勃勃时，你突然插嘴："喂，这是你在昨天看到的事吧？"说话的那个人因为你打断他说话，绝对不会对你有好感，很可能其他人也不会对你有好感。

许多不懂礼貌的人总是在别人谈着某件事的时候，在说到高兴处时，冷不防半路杀进来，让别人猝不及防，不得不偃旗息鼓。这种人不会预先告诉你，说他要插话了。他插话时有时会不管你说的是什么，而将话题转移到自己感兴趣的方面去，有时是把你的结论代为说出，以此得意扬扬地炫耀自己的口才。无论是哪种情况，都会让说话的人顿生厌恶之感，因为随便打断别人说话的人根本就不知道尊重别人。

有一个老板正与几个客户谈生意，谈得差不多的时候，老板的一位朋友来了。这位朋友插进来了，说："哇，我刚才在大街上看了一个大热闹……"接着就说开了。老板示意他不要说，而他却说得津津有味。客户见谈生意的话题被打乱，就对老板说："你先跟你的朋友谈吧，我们改天再来。"客户说完就走了。

老板的这位朋友乱插话，搅了老板的一笔大生意，让老板很是恼火。随便打断别人说话或中途插话，是有失礼貌的行为，但有些人却存在着这样的陋习，结果往往在不经意之间就破坏了自己的人际关系。

要获得好人缘，要想让别人喜欢你，接纳你，就必须根除随便打断别人说话的陋习，在别人说话时千万不要插嘴，并做到：

不要用不相关的话题打断别人说话；

不要用无意义的评论打乱别人说话；

不要抢着替别人说话；

不要急于帮助别人讲完事情；

不要为争论鸡毛蒜皮的事情而打断别人的话题。

你在听对方说话时，如果认为有必要插话以发表你对某事的看法，那么就要讲究插话的艺术。

1. 当对方在同你谈某事，因担心你可能对此不感兴趣，显露出犹豫、为难的神情时，你可以趁机说一两句安慰的话：

"你能谈谈那件事吗？我不十分了解。"

"请你继续说。"

"我对此也是十分有兴趣的。"

此时你说的话是为了表明一个意思：我很愿意听你的叙说，不论你说得怎样，说的是什么。这样可以消除对方的犹豫，坚定他倾诉的信心。

2. 当对方由于心烦、愤怒等原因，在叙述中不能控制自己的感情时，你可用一两句话来疏导：

"你一定感到很气愤。"

"你似乎有些心烦。"

"你心里很难受吗？"

说这些话后，对方可能会发泄一番，或哭或骂都不足为奇。因为，这些话的目的就是把对方心中郁结的一股异常情感"诱导"出来，当对方发泄一番后，会感到轻松、解脱，从而能够从容地完成对问题的叙述。

值得注意的是，说这些话时不要陷入盲目安慰的误区。不应对他人的话做出判断、评价，说一些诸如"你是对的""他不是这样"一类的话。你的责任不过是顺应对方的情绪，为他架设一条"输导管"，而不应该"火上浇油"，强化他的抑郁情绪。

3. 当对方在叙述时急切地想让你理解他的谈话内容时，你可以用一两句话来"综述"对方话中的含意：

"你是说……"

"你的意见是……"

"你想说的是这个意思吧……"

这样的综述既能及时地验证你对对方谈话内容的理解程度，加深对其的印象，又能让对方感到你的诚意，并能帮助你随时纠正理解中的偏差。

以上三种插话方法都有一个共同的特点，即不对对方的谈话内容发表判断、评论，不对对方的情感做出对与错的判断，始终处于一种中性的态度上。切记，有时在非语言传递的信息中你可以流露出你的立场，但在语言中切不可流露，这是最重要的。如果你试图超越这个界限，就有陷入倾听误区的危险，从而使一场谈话失去了方向和意义。

站在对方的立场看问题

沟通大师吉拉德说："当你认为别人的感受和你自己的一样重要时，才会出现融洽的气氛。"我们需要多从他人的角度考虑问题，如果对方觉得自己受到重视和赞赏，就会抱以合作的态度。如果我们只强调自己的感受，别人就会和你对抗。

在美国的一次经济大萧条中，90% 的中小企业都倒闭了，一个名叫克林顿的人开的齿轮厂的订单也是一落千丈。克林顿为人宽厚善良，慷慨体贴，交了许多朋友，并与客户都保持着良好的关系。在这举步维艰的时刻，克林顿想要找那些朋友、老客户出出主意、帮帮忙，于是就写了很多信。可是，等信写好后才发现：自己连买邮票的钱都没有了！

这同时也提醒了克林顿：自己没钱买邮票，别人的日子也好不到哪里去，怎么会舍得花钱买邮票给自己回信呢？可如果没有回信，谁又能帮助自己呢？

于是，克林顿把家里能卖的东西都卖了，用一部分钱买了一大堆邮票，开始向外寄信，还在每封信里附上2美元，作为回信的邮票钱，希望大家给予指导。他的朋友和客户收到信后，都大吃一惊，因为2美元远远超过了一张邮票的价钱。每个人都被感动了，他们回想了克林顿平日的种种好处和善举，于是个个给他回信出主意。

不久，克林顿就收到了订单，还有朋友来信说想要给他投资，一起做点什么。克林顿的生意很快有了起色。在这次经济萧条中，他是为数不多站住脚而且有所成就的企业家。

时常有些人抱怨自己不被他人理解，其实，换个角度可能别人也有同样的感受。当我们希望获得他人的理解，想到"他怎么就不能站在我的角度想一想呢"时，我们也可以尝试自己先主动站在对方的角度思考，也许会得到一种意想不到的答案。许多矛盾误会也会迎刃而解。卡耐基对这两种方式的效果有过切身体会。

卡耐基有一个保持了多年的习惯，就是经常在他家附近的公园内散步。令他痛心的是，每一年树林里都会失火，使一些好端端的树木被大火烧毁。那些火灾几乎全是那些到公园里野餐的孩子引起的。

卡耐基决定尽自己所能改变这种状况。他到公园散步的时候，一看到孩子们在树林里生火，就走过去警告说，如果他们造成火灾，就会被关到牢里去，然后以不容商量的口气命令他们把火扑灭。如果他们不肯合作，他就威胁要叫警察把他们抓起来。卡耐基后来说自己只是在发泄某种不快,根本没有考虑过孩子们的感受。那些孩子即使服从了,也只是被迫服从,他们恨这个强迫他们放弃乐趣的人。等卡耐基一走,他们很可能又把火了起来。

后来,卡耐基意识到必须换一种方式来和那些孩子沟通。他再次看到孩子们在树林里生火时,就微笑着问他们:"孩子们,你们玩得高兴吗?我像你们这么大的时候也喜欢玩火,尤其是在野外生火做饭,真是一件有趣的事。"

卡耐基停下来和他们聊起了野餐的做法,气氛变得融洽起来。卡耐基话锋一转,说道:"不过,你们应该知道,在树林里生火是很危险的。当然,我知道你们是很注意的,但是有的人就没这么小心。他们看到你们生火很有趣,就会学着做,可是离开时却不把火弄灭,结果火种蔓延起来,就把树林烧着了。如果树林被他们烧光了,以后我们就没有这么好玩的地方了。我很高兴看到你们玩得愉快,不过我建议你们现在把火堆旁的枯叶拨开。"

孩子们立刻踢开了火堆旁的枯叶。

"很好。"卡耐基说,"我希望你们在离开之前用泥土把火堆盖住。下一次,如果你们还想野餐,能不能到山丘那边的沙坑里生火?在那里生火,就不会有任何危险了。"

孩子们表示同意后,卡耐基说:"谢谢你们,祝你们玩得痛快。"

这一次的效果大不一样,那些孩子很愿意合作,而且毫不勉强。

事实证明,只要我们多考虑别人的感受,多从别人的角度看问题,即便是很尖锐的矛盾也能缓和下来。因此,如果你想得到别人的配合,最好真诚地从他的角度来考虑。

卡耐基有一个避免争执的神奇句子:"我不认为你有什么不对,如果换了我肯定也会这样想。"这句话能使最顽固的人改变态度,而且你说这句话时并不是言不由衷,因为人类的欲望和需求是大致相同的,如果真的换了你,你就会有他那样的想法和感觉,尽管你也许不会像他那样去做。

第二章 高情商就是说话不冷场，表达不怯场

说话要放下包袱，调节自卑心理

在一个人的成长过程中，自卑感总是不同程度地存在着。奥地利著名心理学家阿德勒认为，自卑感起源于在幼年时期由于无能而产生的不信任、不自信、胆怯和痛苦的感觉。从普通心理学来说，自卑感一般指个人由于某些生理缺陷或心理缺陷及其他原因如智力、记忆力、判断力、气质、性格、技能等欠缺而产生的轻视自己，认为自己在某个方面或几个方面都不如他人的心理。自卑心理容易使人孤独、离群、抑制自信心和荣誉感。当人的某种能力缺陷受到周围人们的轻视、嘲笑或侮辱时，这种自卑心理往往会大大加强，甚至以畸形的形式如嫉妒、暴怒、自欺欺人等方式表现出来。

以演讲为例，有些自信心弱的演讲者，在一次演讲中遇到失败，就一蹶不振，形成自卑和压抑心理，这对演讲是很不利的。其实，对演讲中的有利和不利条件应该辩证地看待并作具体的分析。

有的演讲者常常为自己的容貌、服饰、年龄、性别而惴惴不安，有的演讲者以自己的职业"不高尚"而自惭形秽，有的演讲者为自己演讲的内容过于平淡而认定自己难以成功，有的演讲者又以听众

的文化教养、理论素质、欣赏水平不高或过高而感到忧虑、畏惧，等等。

其实，有些不利因素，只要演讲者能够正确对待，想方设法加以改进，是可以变不利因素为有利因素的，大可不必把问题看得过于严重。特别是一些客观因素造成的不利条件，即使对演讲造成了某些干扰，听众也是可以理解的，演讲者完全可以放下思想包袱，全身心地投入到实际演讲中去，不要为一些小事影响了自己水平的发挥。

《演讲与口才》杂志 1997 年第 12 期上登载了这样一篇文章：

一位大专女生，有一回她接到同学的电话，问她愿不愿意做"家教"。她很惊奇，以为是天方夜谭，疑惑地问："我能行吗？"同学说："行不行，你去试试看嘛。"被教的是个初中女生，智力稍弱，经她一段细心辅导，学习有了明显进步，不久又参加了"高中－大学"的一体化考试，结果初试告捷，顺利进入复试。初中生的家长很高兴，对女儿说："能考上一体化，多亏了这位小教师，往后啥时候也不能忘了你的启蒙教师。"这位大专女生方才惊喜地发现自己的家教才能。找到了自信，勇气倍增，毕业后也打算不要包分配，自己去南方闯闯。放弃实践，不敢试验，自信就找不到基石与支点；抓住机会，投入你的实践，找到的不只是自信，还有你人生的起跑线。

古希腊的演讲家德摩西尼从小有口吃的毛病，而且讲话时姿态也不好，老是一个肩高一个肩低，还爱不停地耸动。在崇尚口才的古希腊，像他这样的自然条件要成为一个出类拔萃的演讲家是很困难的。因而他十分苦恼，心中有很强的自卑感。不过，他并不气馁，没有被自卑所压垮。相反，他以超常的毅力和吃苦精神进行刻苦训练，每天清晨站在海边口含石子练习演讲。回到家中在两肩的上方悬挂两柄利剑，面对一面镜子练习演讲，以避免两肩抖动。经过几年的勤学苦练，德摩西尼终于练就了一口滔滔不绝的好口才，名列古希腊"十大演讲者"之首。

调节和克服人际交往、说话交流中的自卑感，首先要培养自我意识。即通过直接和间接的自我认识，进而对自己心理和身体特征加以研究而形成自我意识；或者通过自我监督和自我教育而形成自我意识等。其次要自我强化，即通过自己的行为结果来控制自己的行为。最后要进行自我暗示和自我激励，即不断在心里提醒自己不要自卑，要相信自己行，且不比别人差。纵使是处于不利的地位，也要鼓励自己增强自信。

自卑意识让一个人说话吞吞吐吐、欲言又止、没有底气，即使自己的意见和观点正确，也难以说清说明说准，造成人际交往的困境。要想与人融洽交谈，必须推倒心中自卑这堵墙，调节和克服自卑感，培养自我意识。

消除紧张心理

你自认为不善于表达吗？请不要为此烦恼，这是很正常的，你并不比别人迟钝，世界上哪有天生就辩才无碍的人呢？如果真有的话，那他不是天才，就是个爱出风头、思虑不周的人。

所有的人一开始都无法在众人面前畅所欲言，但是后来，有的人能成为著名的雄辩家、演说家，有的人却还停留在原地毫无进步。那些成功的人，大多能冷静地分析出自己的缺点所在，知道什么地方需要加强。然后，诚心诚意地说出自己准备好的话，这样才能让听者感动并付之会心一笑。

有些肤浅的想法，经常会成为自己表达的绊脚石。真正的秘诀是，在上台说话之前告诉自己："我就照这个方法说吧！"下定决心之后，你就可以很轻松地说出来。很多时候我们只需要一点点的勇气和一点点的决断，而不是懦弱地站在那里，不知道该往何处走。

来到一个陌生的环境，遇见一群陌生的人，用什么态度去面对完全取决于你自己，那何不充满勇气，放手一搏呢？想想最坏的结果又能怎么样呢？

　　大多数人站在众多人面前开口说话，都会有不同程度的紧张感，虽然稍微口吃会增加听众对你的信赖感，但过度的话，情形就会大不相同了。要在大庭广众面前自然、流畅地说话的确不容易，这对每个人来说都是一种考验。

　　产生紧张的原因是多方面的。除了本身的心理因素外，还包括外界的一些因素。以演讲者为例，会场的气氛、环境、听众的感觉和表现都是影响演讲者心情的重要因素。有时候，一个人的羞怯或紧张似乎很难消除，这也是与人交往的最大的绊脚石。

　　面对这种情况，你要保持清醒的头脑，要清楚作为一个谈话者，你个人的状态对听众的影响是至关重要的，千万别把自己逼入自己制造的模子当中，使自己看起来紧张不安。一旦你能在人群中随意自如起来，就不可能再退缩，从而能以正常的平日的方式来表达自己的意见。

　　有许多人，通过呼吸来调整自己的紧张心态。改变发声也是消除紧张的一种方法，不过这种方法要训练相当长的时间。有时候会突然涌上一股紧张情绪，如何消除这种突发的紧张感呢？这就需要你的聪明才智和应变能力，即能否把你的紧张变成一种幽默。

　　姿态的表现是你内心的外露。有的人，举手投足都会引起人们的反感，即便从他嘴里说出再确凿的事实，听的人也会给他说的话打折扣。有许多事情，就是由于说话的人不拘小节而影响了沟通的效果。与人交谈最适当的态度就是自然、随和、亲切、真诚。

　　一个人只要能正确认识自己，清醒面对形势，再加上聪明才智和敢于自嘲，就会圆满达到沟通的目的。

如何克服说话怯场

　　怯场指的是在人前，尤其是人多的场合，因紧张害怕而不敢说话，或者说话时显得拘谨不自然。

人都有羞怯感，在某些交际场合中，由于各种原因"羞于启齿"是很正常的。但是，在社交活动中，说话是人们传情达意、交流思想的手段，如果"羞于启齿"，就会造成交际障碍。

怯场是一种心理障碍：要么感到自己被说话场合的气氛、形势所压迫；要么顾虑自己说得不好或说错；要么担心自己不是他人的对手，因而畏首畏尾，诚惶诚恐。

其实，这种心理障碍是完全不必要的。有的人在家人面前可以滔滔不绝，可一与外人交谈，他就难以启齿；有的人平时在三两个人的场合可以口若悬河，可人一多，尤其是一上台，就心慌意乱，语无伦次。这说明他不是不能说，而是有心理障碍，影响了讲话能力，只要破除这种障碍，怯场也就会消失。

美国的一个心理调查表明，在宴会上与陌生人相处时，有四分之三的成年人会感到局促不安，至于在一些演讲场合，由于羞怯心理造成的演讲失败更是屡见不鲜。所以，我们不能因为说话时的羞怯感是正常的心理现象，而任其发展。

只有克服交谈羞怯的心理障碍，说话才能轻松自然，达到自己想要达到的效果。破除怯场心理障碍的办法有以下五种：

（1）加强训练。提高认识水平，克服"无知"，勤于说话训练和实践，如朗诵、自言自语、与陌生人大胆交往、与亲近熟悉的人交谈，多听别人当众讲话等，不断总结经验，保持心理平衡。

（2）自我暗示。不断鼓励自己增强自信，在内心给自己打气，告诉自己"我能行""我一定能把话说好""其实没有什么大不了的""当众说话其实是很简单的事"，这样你说话时就会信心大增，无所畏惧。

（3）豁出去了。任何人都不是天生就能在公众场合自如说话，都有一个艰难的"第一次"。美国罗斯福总统说过："每一个新手，常常都有一种心慌病。心慌并不是胆小，而是一种过度的精神刺激。"

古罗马著名演讲家希斯洛第一次演讲就脸色发白、四肢颤抖；美国的雄辩家查理士初次登台时两个膝盖抖得不停地相碰；印度前总理英·甘地首次演讲时不敢看听众，脸孔朝天。只要抱定豁出去的心态，管他三七二十一，整个人也便放开了。

（4）视而不见。就是自己在发言前，心中有听众，但在发言时，眼中不能有听众，只顾按自己的意图去表达。一位教师第一次登台讲课效果就不错，有人向他请教经验，他说："备课时我心中一直想着学生，可一上讲台，我眼中所见，只有桌椅而已。这样，我就放松自如了。"

（5）做好准备。林肯说："即使是有实力的人，若缺乏周全准备，也无法做有系统、有条理的演说。"精心准备至关重要，只有精心准备才能胸有成竹。这在非即席发言中是容易做到的，对当众讲话的话题要有所了解，事先可广泛收集资料，打好草稿，这样讲话时就可做到心中有底，临场不乱。

每个人心中或多或少都存有怯场心理，怯场并不可怕，可怕的是我们受其束缚控制。勇敢面对，放开思路，即兴而谈，这样往往能取得意想不到的效果，怯场心理也会烟消云散。

自控力决定了说话的最终成效

当众讲话前，发言者不可能预料到讲话过程中会出现何种变故，如没有一定自控能力，往往会自乱阵脚。同时，一句话说出去，在听众中也可能会激起不同的反响，甚至有的反响会大大出乎意料，如果这时不能控制好自己的情绪或不能很好地把握局面，情况可能会越来越糟，越来越有失自己的水平。所以，在说话时，是否具备一定的控制能力，也是衡量一个人说话水平的标志。

自制能力指的是说话者在整个说话活动中能够自觉、灵活控制自己的情绪，约束自己言辞的能力。自制能力是一种从理智上控制行为的能力表现。有自制能力的人情感内敛，不轻易表达，并善于控制情感。遇事不急不躁，冷静处理；不轻易作出肯定或否定的表态；言辞常常深思熟虑之后才出口，较为周密。他们的言辞听者易于接受；即使不能接受，也不致产生很大抵触。

当众讲话是一种复杂的精神活动，受心理的支配和制约。该不该说，怎样说，何时起始，出现意外如何应对，能不能够自我控制等等，直接影响着当众讲话的效果。

自制力与一个人的心理素质密切相关，所以对自己的心理素质要加以培养。这种基本能力有两方面作用：一方面可以消除说话者害羞、恐惧、不敢说或不敢大胆说的情绪；另一方面可以保证说话者在遭遇意外之时，情感不致大幅度波动而造成言辞的失误。

要拥有良好的自制能力，就得要有冷静的头脑、沉稳的性格、理性的思维。冷静是使人们的智慧保持高效和再生的条件。因为只有在头脑冷静的情况下，人们才能迅速认准并抑制引起消极心理的有关因素，同时认准和激发引起消极心理的有关因素。例如，社交中演讲者在遇到听众不愿听或提出责难的情况下，要想对恐慌和不满情绪加以抑制，就只有通过冷静的分析，找到真正的原因是在听众方面还是在自己方面，具体原因是什么。脑子不冷静，不知道怎样控制自己，就发现不了问题，场面就会失控。所以，口语交际中不论出现什么情况，首先需要的是沉稳、冷静。

英国首相威尔逊在一次群众大会上演讲时，反对者在下面鼓噪，其中一人高声大骂："狗屎，垃圾。"面对听众可能产生的误解和骚动，威尔逊首相沉稳地报以宽厚的微笑，非常严肃地举起双手表示赞同，说："这位先生说得好，我们一会儿就要讨论你特别感兴趣的脏乱问题了。"捣乱分子顿时哑口无言，听众则报以热烈的掌声。

只有冷静，才会有适当的自控。

要想控制好说话的节奏和氛围，先得控制好自己的情绪。善于掌控自我，驾驭情绪，才能灵活应对各种说话场景，随心所欲地表达意图，与人侃侃而谈。

避免冷场的发生

冷场分为两种情况：一种是单向交流中，听的人毫无兴趣，注意力分散；另一种是双向交流中，听者毫无反应，或者仅以"嗯"、"噢"之类应付。

冷场的根本原因在于发言者的话没有吸引力，听者仅仅出于纪律的约束或处世的礼貌而扮演一个"接受"的角色。因此，冷场完全应由说话人负责。

冷场的出现，是发言者的失败，因为它不能达到彼此沟通交流的目的。发言者既要发言，必须实施控制，避免冷场的发生。

控制的办法是：

（1）发言简短。单向交流中那种应景式讲话，越短越好。如华达商场举行开业仪式，邀请了市内各方面的人士参加。总经理只说了两句话："女士们，先生们：热忱欢迎各位光临。现在我宣布：华达商场正式开业。"双向交流中，任何一方都不要滔滔不绝地包场，要有意识地给对方留下发言的时间和机会。自己一轮讲不完，应待对方有所反应后再讲，不要一轮就讲得很长。

（2）变换话题。当众讲话时遭遇冷场，可通过暂时变换话题的办法吸引听众的注意力。目的达到后，仍要回到原有话题的轨道。比如，教师在讲课过程中发现学生精力分散，东张西望、打瞌睡、窃窃私语、在桌上乱画，可以暂停讲授，穿插几句应景、时髦、诙谐的话；或者简短地讲一个与教学多少相关的掌故、趣闻，学生的精力便会一下子集中起来。之后，再继续教学。

双向交流的话题变换是不定的，根据现场情况随时进行。比如你与别人谈今日凌晨看的一场世界杯足球赛电视直播，可别人并不喜欢足球，也没有在半夜里爬起来观看，对你所议话题显得毫无兴趣，出现冷场。这时，你就应及时转移话题。

（3）中止交谈。任何发言者都不愿碰到冷场。但若这种情况出现后，自己又采取了诸如简短发言、变换话题等控制手段，仍然不能扭转冷场的局面，那就应中止交谈。长时间的冷场对交流双方都是残忍且浪费时间的。比如，你同他谈足球他没有兴趣，之后变换话题他仍无兴趣，就不可再谈下去。这叫作"话不投机半句多"。

另外，还有一种在说话时常出现的情况，那就是搅场。搅场就是恶意破坏现场秩序，使发言者不停地被打断，甚至被迫终止。这种情况主要出现在单向交流中。如上课、作报告、大会发言、演讲等场合，听众开小会、串座位、随意进出、喧哗、嘲笑、喝倒彩、吹口哨、瞎鼓掌。

搅场出现的原因有三种：一是听者本就对发言者有成见，是反对派。之所以来听，就是想来钻空子、找岔子，不管你怎么说，他都要搅；二是发言者思想、学术、业务等水平不高，听者觉得言之无物，听下去纯粹是浪费时间；三是讲话内容听者不感兴趣。

作为发言人，对搅场的出现只能自己去控制。那种依靠与听者有利害关系的他人出面干预、压制，或者自己愤而退场之举，都不是最终解决问题的办法。那样做，产生的负面效果可能会更强烈。因此，发言者必须正视搅场，主动实施控制。

控制搅场的办法要区分不同原因。

对第一种原因的搅场：坚定信心、置若罔闻。

1860年2月，林肯第一次竞选美国总统，在纽约库钥学会作演讲。他到纽约时，当地报纸已发表了许多攻击他的文章。在他登台时，还未开口，台下便掀起一片嘲笑起哄声浪。演讲开始不久，台下已十分混乱，一些共和党人高声叫嚷要他滚下台去。但林肯全然不为所动，十分镇静地按事先准备的讲下去。渐渐地，会场安静下来，除了林肯的声音，只有煤气灯的燃烧声，听众都听得入迷了。第二天，报纸又纷纷发表了赞扬林肯演讲异常成功的文章。

对第二种原因的搅场：谦虚谨慎，自剖自责。

1986年菲律宾大选，竞选者科·阿基诺夫人曾被人指责为啥也不懂的家庭主妇。她上台发表竞选演说，不少人以这种眼光看待她。反对派则公开叫嚷说她只配围着锅台转，要她回去烧饭菜。她一开口便说："我只是一个家庭主妇，对政治和经济都不甚了解，也没有经验。"这一诚恳、真挚的大实话使听众一下静了下来。接着她又说："对于政治，我虽然外行，但作为围着锅台转的家庭主妇，我精通日常经济。"听众旋即爆发出热烈的欢呼。

对第三种原因的搅场：幽默风趣，生动活泼。

某厂宣传部长按厂的宣传工作计划，到一分厂宣传时事政策。分厂一些工人正为下岗问题忧虑，但在这节骨眼儿上又不敢不来听。当分厂厂长讲了部长要宣讲的时事政策内容后，台下一下炸开了锅，吵吵嚷嚷，不可开交。部长扯开喉咙大喊道："报告大家一个好消息。"台下顿时静了下来。部长故意停了一下才说："我爱人下——岗——了。"台下先是一愣，随即响起一片热烈的掌声。接着部长就从自己爱人如何主动要求下岗讲起，将夫妻的对话、儿女反对的言辞惟妙惟肖地描述一番。待听众情绪完全被调动起来后，才简要讲了讲为什么要下岗、当前下岗的形势等问题。事后，大家都说部长真会讲话。

说话遇到冷场的局面，首先要保持镇定自若的心理，然后采用风趣生动的话题将话题岔开，活跃气氛，继续将谈话进行下去。

时刻保持你的热情之火

要想获得自信心、勇气以及能力，以便在向人们发表谈话的同时能够冷静而清晰地思考，这并不像大多数人所想象的那般困难。

就像你完美地完成其他事业一样，任何人只要对它充满火山熔岩般的热情，并肆意释放出其潜在的能力，就定能成功。

你一定要具有果敢的决心，并把这种决心转化为一个单词，一段讲话，一步行动，倾尽全身心地训练培养。

有位商界的传奇人物，在大学时代，他初次起立讲话时，却因言辞不足而失败，老师指定的五分钟讲演，他讲不到一分钟，便脸色发白，匆匆下台。

但他坚强地承受了那次失败。他立下决心要做个优秀的演说家，片刻不懈，最后终于成为政府的经济顾问，令人瞩目，他就是蓝道尔。谈到当众讲话时他说："我的讲演排得满满的，现身的场合有厂商协会的午、晚餐会，还有商务部、扶轮社、基金筹募会、校友会等。我曾经在密歇根州的艾斯肯那巴发表爱国演说，于慷慨激昂中投身一次世界大战；我曾与米基·龙尼下乡做慈善讲演；与哈佛大学校长柯南和芝加哥大学校长胡钦斯下乡宣导教育；我甚至曾以极蹩脚的法语做过一场餐后演说。

"我想我了解听众要听的是什么，以及他们希望它被怎样地讲出来，对于堪当事业重任的人而言，这其中的窍门是：只要他愿意去学，没有什么学不会的。"

蓝道尔的经历说明，在努力成为有效的说话者的过程中，成功的意志是成败的关键所在。坚强的意志和明朗的思想决定了在当众讲话技巧上的进步会有多快。因此，要想成功，必须具备的条件就是：用毅力来磨平高山，以及相信自己一定会成功。

当众讲话不是一门闭锁的艺术，并不像许多学校那样容易学到知识，必须经过多年的美化声音，以及苦学修辞学，之后才能成功。平常说话简单易学，只要遵循一些简单的原则就行。对于这一点，大师卡耐基的经验可以证明。1914年，他在纽约市青年基督协会开始教授学生时，讲授那些较高级的方法，同他在给商界人士演讲的方式大同小异。但是他很快发现，把大学新生当成商界中的大人来教是一种很大的失误。因为学生们所需要的并不是这些，而是在面对听众时有足够的勇气直起腰来，做一番明确、连贯的报告。于是他抛弃教条，用一些简单的概念和那些学生互相交流和切磋，直到他们的报告词达意尽、深得人心为止。事实证明，这一方法可以让学生们在轻松的气氛中学到他们所需要的东西。

当众讲话并非多么困难的事，你需要做的只是保持轻松与乐观的心态，热情洋溢，倾力投入。这种心态将引领你体会有效说话的快乐，并最终走向成功。

窘境突然而至时，明话暗说搭台阶

在人们交际的过程中，遇到的人一定各种各样。比如说他们文化层次不同，有人是目不识丁的文盲，有人是博学多才的教授。知识水平不同的人，表达同样的意思，说出的话却大不相同。同样，他们理解同样一句话的意思也不大相同。我们常常听到"三句话不离本行"这样的话，如果能针对各种人的知识水平和知识结构而采取相应的应变方式与他们对话，势必能取得良好的效果。古往今来，以口齿伶俐、铜嘴铁舌化险为夷的例子真不少。针锋相对时需要好的口才，如果处理得当，可以抓住机会"以其人之道，还治其人之身"。不但保护了自己的人格尊严，还能使对方狼狈不堪而再也不敢轻辱于你。

生活中，总会出现一些令人意想不到的事情。因为交际双方是一种积极的参与关系，而非刻板、机械的迎合，所以交际情景也会不断地发生变化。面对变化着的情景，尤其是突然而至的窘境，需要我们调动一切可以调动的语言表达手段，以达到自己想要达到的交际目的。明话暗说就是很有效的一种方法。

1. 自嘲式的明话暗说

在交际中，有时会碰上因为自身的缺点或其他原因而出现的尴尬事，要是你懂得"自嘲"，巧妙地"揭自己的短"，反而会使自己败中求胜，树立良好的交际形象。

麦克阿瑟一贯以傲慢著称。有一次，杜鲁门会见他时，他不慌不忙地取出烟斗，装好烟丝，取出火柴准备点燃的时候，才问杜鲁门："我抽烟你不介意吧？"

麦克阿瑟显然并不是真心征求杜鲁门的意见，这使杜鲁门十分难堪。因为如果现在表示很介意的话会显得有点霸道。

此时，杜鲁门看了看麦克阿瑟，说："抽吧！将军，别人喷到我脸上的烟雾，要比喷在任何美国人脸上的烟雾都多。"

杜鲁门的这番自嘲，不但使自尊心得到了保护，而且还向美国人显示出他的大度与宽容。还有，他把自己摆在"受害者"的地位上，可博得美国大众的同情与支持。

2. 借物说事式的明话暗说

在交际中，常可以利用身边的实物来说明某种道理或者摆脱困境，或以某件能与话题搭上关系的物品来进行对比，达到一种形象化的效果。

在民间，有一则关于蒲松龄的传说。

有一次，蒲松龄到王大官人家去做客，被众人推到了上座，但独眼的管家却从下席开始斟酒，有意把他冷落在一旁不管。王大官人也想故意捉弄他，端起酒杯朝他说："蒲先生，喝呀！"

蒲松龄端坐不动，他笑着说："大家先别急着喝酒，我说个笑话给大家助助兴。我刚出门，碰到内人正用针在缝衣服，就以针为题即兴作诗一首，现在念给大家听听：'一头尖尖一头扁，扁头只有一只眼。独眼只把衣裳认，听凭主人来使唤。'"

大家听了，一齐朝独眼管家看去，极力强忍笑意，于是大声叫好。这样一来，反而使王大官人及其管家狼狈不堪。

　　蒲松龄借用了针的形象，尖锐地讽刺了想为难自己的王大官人及其仆人，不但保全了自己的尊严，也让捉弄自己的交际对象"搬起石头砸自己的脚"。

　　生活与工作中，你也可以借身旁之物摆脱困境，让左右为难的自己找到台阶下。

　　如果某人在你的办公桌前滔滔不绝，而你却不能耽搁太多的时间。如果喋喋不休的人是下属或是朋友那还好办，偏偏又是得罪不起的人物，你怎么办呢？

　　你可以写个纸条给同事小林："到隔壁的办公室打个电话给我。"用不了几分钟，电话响了。你可以大声说："什么？马上去！这儿有位很重要的客人，什么？不去不行？那……好吧。"

　　一般来说，那牢骚不已的来客会示意你赶快去。如果他没这么说，你也可以假装歉意，送走来客且不会伤了他那的自尊。

　　作为女性，经常有男士的邀请，如果想拒绝又不伤对方的心，办法有许多种，借物脱困无疑是其中的妙招之一。

　　例如，有位男士走到你面前，说了一句："欢迎你参加！"然后就把一张入场券递给你。这时你想拒绝他，又要让他下得了台阶。你可从皮包里拿出笔记本，打开一看，不论看到什么，都可说："哎呀！我和小张约好今天去购物，你只有和别人同去了，不过还是谢谢你。"

　　使用笔记本，给人上面记着自己的时间安排的错觉，既婉言拒绝了对方，又达到了自己的交际目的。

第三章　会说话就是把话说到对方心坎上

"见缝插针"，把话说到点子上

现在这个社会就好比是一座原始森林，时刻都在上演着"物竞天择、适者生存"的故事，如果你不能成为一个"捕食者"，你就要成为别人猎杀的"猎物"。在说话的这个时间里，无处不在上演着"大鱼吃小鱼，小鱼吃虾米"这样的生存大考验。想要在豺狼虎豹的巢穴中安然无恙？那就要把话说到关键处，说到点子上。

有一处地方以前比较贫困，原因是当地一些地方企业从来都只顾自身利益和发展，从来都缺少大局眼光，导致各个企业各自为政，严重滞后了当地经济的发展。一个官员从别处调到这个地区负责经济发展和改革工作，他来了之后便召集了所有的企业一起开了一个会。在会上他是这样说的：

"我是一个出身于军队的转业干部，性子就是比较直，有什么说什么，希望以后大家多多包涵。我虽说属于新官，但是我不打算来了就烧这'三把火'，我一不图名，二不图利，只求能踏踏实实做点事。我初来乍到，能不能在本地来一个开门红，还要仰仗各位的支持了。所以我打算让大家集思广益，都坐下来谈谈自己的想法，及时沟通，以免大家都闭门造车，不得政策的要领。"

　　结果不久之后，各个企业就都联合起来，成立了当地的商会，并且一同带动当地的经济发展，各个商家也都有所盈利和提升。

　　这位官员的话就比较直接地触动了当地企业各自心中的"关键点"，因为大家原来都"各怀鬼胎"，完全不信任别人，但是有了官方的支持以后，这种隔阂和戒备就可以消除了。并且这位官员也抓住了当地局势的主要矛盾，一语中的，其他的问题也就都跟着迎刃而解了。这就是把话说到点子上的重要性。

　　那么如何才能把话说到点子上，然后"见缝插针"呢？

　　第一，要"言之凿凿"。我们说话要有所依托，不能空洞无物，华而不实，废话连篇。我们说话要"有理有据"，这样才能让别人信服，让人不能拒绝。语言应该反映真实情况，表达真实情感，如果说的话不是基于实际现状的，那么这些话既不能说服自己，更不可能说服别人。所以我们在说话的时候一定要精心设计一番，而不是语无伦次，无所指向，满口的废话和梦话。这样会让人耻笑和讨厌的。

　　第二，要"动之以情，晓之以理"。人是情感动物，凡事都脱离不开情感和道德，法理尚且讲究人情，更何况我们平常的说话和处世呢？如果有人不按照人性道德去一意孤行地做事，那么你只需要用最显而易见的情理去回击他，那么他自然会自知理亏，也就不会那么气势汹汹，咄咄逼人了。

　　第三，要"话锋犀利，直奔主题"。有的人喜欢以自己良好的口才来"混淆视听"，让人不知不觉中就着了他设下的道。说话中有太多的"弯弯绕"，会让人分辨不出主题和关键性环节，所以才会有人不慎被"忽悠"了。但是看似很难对付的话中"八阵图"，也有着其难以回避的"死穴"。那就是不管那些没有意义的"花言巧语"，任他巧舌如簧，我只是直奔主题，去说关键性的问题，那么他就不能回避了。这是对付这种人最直接也是最有效的办法。

　　总之，我们在说话的时候，并不是"韩信带兵，多多益善"的，而是要"见缝插针"，把所有话都说在点子上。

切记别把话说得太死

虽然我们很喜欢说话不含糊的人，但在很多场合回答别人的问题时，我们却不太喜欢给出明确的答案，而习惯使用"大概""可能""也许""好像"等词语。为什么会这样呢？这跟我们的文化性格有关。

中国有句古话："满招损，谦受益。"具体到说话上，也同样如此，因为话说得太满，使得自己没有回旋的余地，很容易造成一些问题。

有个人爱吹牛，在一次聚会上，他听一个朋友说要张罗一场盛大的婚礼需借用十几辆轿车，就主动表示："你这事就交给我吧，我认识很多人，到时候给你弄十几辆好车。"朋友听了很高兴，当即就把事情拜托给他。他拍着胸脯说："你就放心吧，到时候你直接来开车就行了。"

婚礼前一天，张罗婚礼的朋友说："你看那轿车……"他恍然想起借车的事情，一拍脑袋惊叫："哎呀，你看看……嗨，小事一桩，我马上打电话给你找车来。"说完，他开始打电话，然而找了好多人，都说自己要用不能出借。最后他费尽了力气，也只借到几辆而已，远远不够。没办法，他只好把实际情况告诉朋友，表示自己现在没办法弄到那么多轿车。

朋友十分气恼："你这人，怎么能这样呢？当初你拍着胸脯保证能弄到车，我还以为这事情真的没问题呢。现在你却跟我说弄不到车了。你这不是坑我吗？这事儿办不成，你倒是早点告诉我啊，也让我有个准备。"

他满脸羞愧地说："都怪我，都怪我，真不好意思。"朋友懊丧地摇摇头："你这人真是！"

这件事很快传开了，自此以后大家都不太愿意和他一起办事，就担心他耽误事情。

说话斩钉截铁、不留余地，听起来好像底气十足，也很容易得到别人的信任，但实际上很容易出意外。因此，我们说话的时候，切记别把话说得太死。除非，你真的非常有把握。我们可以说："我尽量，能够办成的话，我会给你回电话。你同时找找其他的路子，免得耽误事情。"这样的话说出来，对方听在耳中也觉得舒服，同时也提醒了对方进行多手准备，以免事情办不成落下埋怨而影响彼此的关系。

其实，不仅在承诺时要注意留有空间，在其他一些场合说话，也要注意有所保留，避免因话说得太满而对自己的形象造成不良的影响。有的人喜欢说狂言、放狠话，结果造成一些尴尬的场面，无法收拾。

有个人在单位里与同事发生摩擦，弄得很不愉快。一怒之下，他就对那位同事说："从今以后，我们之间一刀两断，再无瓜葛！"说完这话三个月后，那位同事成了他的上司。因自己讲了过重的话，见面难免尴尬，他只好离开，另谋他就。

可见，要少对人说狠话，多给人留余地。说狠话就像把杯子倒满水一样，再也倒不进一滴水，否则就会溢出来。

在交谈的过程中，要注意自己的态度，不要咄咄逼人。在商业谈判、辩论赛和法庭辩论中，采用咄咄逼人的姿态，可在气势上压倒别人。但是，在日常的交际场合，若总是一副咄咄逼人的态度，则很容易让人感到不舒服。关于这一点，一定要注意，在必要的时候，还是留点余地比较好。

给人留余地，是一种智慧。古代人们围猎捕兽时，有条规矩便是网开一面，只围三面。这样做，一来是为了保证猎物的繁衍生息，而不至于竭泽而渔；二来则是为了避免猎物因没有出路而全力反抗，造成不必要的损失。

这条规矩后来被广泛运用于战争中，给敌军留条活路，可以有效地降低对方的士气，让对方不至于因没有活路而生出拼命的勇气，从而避免了给己方造成更大的损失。

在平日的为人处事当中，若能网开一面，也有同样的效果。你与某人因某事发生矛盾，若逼之太紧，不留情面，便可能让对方产生激烈的反抗之心，心里只想着赶快跳出纠缠，从而直接破坏关系；若你能够留有余地，那么双方便有缓和的空间，对方也能把心思放在解决问题上，而不是破坏关系上。

《菜根谭》有言："滋味浓时，减三分让人食，路径窄处，留一步与人行。"当今时代日新月异，过去很多年才可能发生此消彼长的变化，现在几个月甚至几天就可能发生了。若把话说得太满，把事做得过绝，将来一旦发生了不利于自己的变化，就难有回旋的余地。

人之一生说短也短，说长也长，世间事恰如白云苍狗，变幻莫测，所以不要一下子把路堵死了。这对自己是非常不利的。说话要留有余地，如果可能的话，不要把话说死、说满、说透。

有道是，事前留一线，日后好相见。做事留有余地，不把人逼上绝路；说话也要留有余地，不能把话说得太满。因为凡事总有意外，留有余地，就是为了容纳意外，以免自己将来下不了台。记住清代名臣曾国藩的一番话："福不享尽有余德，势不使尽有余力，话不说尽有余地，事不做尽有余路，情不散尽有余韵，心不用尽有余量。"

逢人只说三分话

"逢人只说三分话，不可全抛一片心"。所谓说"三分话""含半截"，即是采取恰当的方式、巧妙的语言对别人的观点、请求或自己的观点和要求做出间接的、含蓄的表态或试探，不把话说得太满或过于直露。其特点就是不直截了当地表示全部态度，避免与对方短兵相接式的交锋，并且给自己留下充分的回旋余地，以便在事情发展过程中随机应变，把握主动权，措置裕如地应付各种局面。

当你在与人说话时为什么要"只说三分话""含半截"？其实对这个问题，古人已经给过答案，道是"害人之心不可有，防人之心不可无"。只要有了"防人之心"，就不可随便拿起话来乱说。乱说话的坏处体现在多个方面：一是乱说话容易得罪人；二是乱说话容易授人以柄；三是乱说话容易惹起是非；四是乱说话容易把事情搞砸；五是乱说话容易让人听不懂。只要你说的某句话引起了以上这些坏处，那就证明你可能把某些话"说过了"，除非你是有意惹起这些"坏处"。

说话太诚实了不行，而尽说好话奉承的也遭殃，只说三分话才是恰到好处的。

也许有人认为大丈夫光明磊落，事无不可对人言，何必只说三分呢？要明白，人与人之间只有在舍弃了竞争或明知竞争无用的情况下，才有真正的友谊。在竞争关系中交真心动真情，最终只会更加尴尬，自寻烦恼。有些性子比较直的人，总喜欢找一两个"靠得住"的朋友，这样相互间有个照应，如果有什么"掖不住的话"时可以找个倾吐之处。但有关研究调查表明，对于社会里道出的个人秘密，只有不到1%的听者能恪守得住。这也难怪，现代社会四处都潜藏着利益上的竞争，在这种竞争之下，能找到几个真正可以守密的朋友，这就好比"文人自古多相轻——为什么相轻呢？还不是因为互相不服气！在同一境地里，多是相同利益、相同地位的朋友，如果利益和地位的天平出现失衡，那么原来的朋友就靠不住了，鲜见利益互让的朋友。如果你对对方任人唯亲地无话不说，甚至暴露自己的隐私，你就无异于犯了一大"嘴忌"——他没有经过"艺术加工"后再给你传出去，这已经就算对得起你了。

所以，在当今竞争如此激烈的职场里，你最好把自己的嘴管好，不要到处诉苦，更不要把同事之间的"友善"和"友谊"混为一谈，以免使自己成为办公室的注目焦点，给老板留下不良印象。

任何人，若能在保守秘密这个问题上处理得当，就不会因泄露秘密而把事情搞得复杂化，或使自己陷入身败名裂的境地，从而保持良好的个人形象，成就一番事业。

当你和别人共同拥有一个秘密时，你往往会因这个秘密同对方拴在了一起，这对灵活机动地处理事情是一个障碍。在处理一件事时，你往往要考虑他的利益，这可能会使你做出违背原则的事。同时，对方可能会在关键时刻拿出你的秘密作为武器回击你，让你在竞争中失败。

孔子曰："不得其人而言谓之失言。"和对方不是深交你也畅所欲言，海阔天空无所不谈，那就显得自己有些没有修养。首先，你所说的话别人不一定感兴趣，其次，就算别人有兴趣也不一定喜欢听你说，所以，逢人只说三分话不是不可说，而是不必说，不该说的不说。

借别人的嘴说自己的话

借别人的嘴，说自己的话，是找寻借口时重要的技巧。难堪的事经由"我听人说"一打扮，就变得不再尴尬；有风险的话，通过别人传过去，便有了进退的余地；不想或不便直接面对的人，也可经第三者从中周旋，穿针引线，化解矛盾。

那么，怎么个借法呢？

1. 找个"媒婆"传信息。

社会上有一种人叫"媒婆"，专门从事介绍男女相识、牵线搭桥的行业。古时候男女授受不亲，结婚前不能恋爱约会，有什么要求愿望全靠她来传递，可以想象这项工作何等之难！如果没有一副伶牙俐齿，不会察言观色，没有一套过硬的交际本事，恐怕是难以胜任的。

如果你在求人时，能够找到这样一位人才，让她尽其所能，从中撮合，传递信息，论理说情，真是再好不过了。

2. 拉出"婆婆"来垫背。

孙犁在《荷花淀》中描写几位妇女："女人们到底有些藕断丝连。过了两天，四个青年妇女聚在水生家里来，大家商量。'听说他们还在这里没走。我不拖尾巴，可是忘下了一件衣裳。''我有句要紧的话得和他说。''我本来不想去，可是俺婆婆非叫我再去看看他——有什么看头啊！'"这几个青年妇女的丈夫都参军走了，她们的共同心理是很想念自己的丈夫，都很想去驻地探望一下。但是由于害羞，不好当着众人直接说出来，就各找了一个借口来表达本意，委婉地说出了自己的意愿。仿佛到驻地去的理由是充分的，非去不可。

这种假借他人之口的表达方式，常常是从侧面切入，暗中点明自己要说的最主要的意思。

3. 借个"幌子"唬一唬。

某推销员知道某公司的经理与某局长是老相识，为了推销百叶窗帘，便打听到经理的住处，提了一袋水果前往拜访，彼此寒暄后，他说了这样几句话：

"这次能找到你的门，是得到了王局长的介绍，他还请我替他向您问好……"

"说实在的，第一次见面就使我十分高兴……听王局长说，你们的公司没有装百叶窗帘……"

第二天，百叶窗帘便成交了。

此人高明之处就是有意撇开自己，用"得到了王局长的介绍"这种"借人口中言，传我心腹事"的迂回之法，令对方很快就接受了。

4. 对方主动说出口。

尴尬，有时是相对的，而不是相互的。同一句话，己方难以出口，由对方先开口说出来却可以自然而然。这时诱导对方先开口无疑是上上之策。

王某准备借好友赵某的路子做笔生意，可就在他将一笔巨款交给赵某的第二天，赵某生病去世。王某立刻陷入了两难境地：若开口追款，太刺激赵某的未亡人；若不提此事，自己的局面又难以支撑。帮忙料理完后事，王某是这样对赵夫人说的："真没想到赵哥走得这么早，我们的合作才开始呢。这样吧，嫂子，赵哥的那些关系户您也认识，您就出面把这笔生意继续做下去吧！需要我跑腿的时候尽管说，吃苦花力气的事情我不怕。您看困难大吗？"

听王某的话，丝毫没有追款的意思，反而豪气冲天，义气感人。其实他明知赵妻没有能力也没有心思干下去，话中又加上巧妙的提醒：我只能跑腿花力气，却不熟络那些门路；困难不小又不我待。

结果赵妻反过来安慰道："这次出事让你生意受损失了，我也没法干下去，你还是把钱拿回去再找机会吧。"

就这样，王某循循诱导，把自己要说的话让对方自己说了出来，心里的一块重石头被轻飘飘的几句话卸在了地上。

美丽的借口

所谓借口，就是指在人际交往中人们为了达到某种目的而提出的假托的理由。找借口是一种常见的生活现象。在必要的时候，如果你能找到一个美丽的借口，促使交际取得良好的效果，是非常完美的选择。

以下就是让借口更美丽的一些方法：

1. 隐饰本意的借口

在交际中，有时不想把自己的真正意图暴露给对方，常常需要为自己的行为找一个美丽的借口，即找一个合理的理由来为自己作掩盖。这种借口，既可促进交际成功，又不授人以话柄，可以起到维护自尊的效果。

例如，有个情窦初开的女生爱上了一个男生，但又不好当面开口。她几天没有看见小伙的面，十分想念，想直接去他家又怕别人取笑。于是她拿一本书，来到男生家，说："伯母，我来给××还书，他在吗？"伯母说："他这两天不舒服，在屋里。快进去吧。"她达到了目的。在这里，这个女生就找到了一个无可厚非而又非常完美的借口。

王处长到一个单位处理公事，快到中午了，一个领导非要邀他吃饭不可，可是他与这个单位的另一个领导有些不和，不想和他一同吃饭，于是找借口说："实在对不起，今天中午我要回去，我有位亲戚要来，我不能失约。"这么一说，别人也就不会再坚持了。

2. 成全他人的借口

在交际过程中，如果发现自己继续在场是多余的，并且还影响到他人的交际活动时，就应找一个借口适时地离开现场，为他人营造一个理想的交际环境。这样的事在日常生活中经常发生，如在家里，嫂子见小姑子的男朋友来了，就这么一间房间，两个人说话不方便，嫂子对两人笑笑，说："你们坐着，我要出去买点儿东西。"她找了一个借口离开了。两个青年自然十分感谢嫂子这个借口。一般说来，这种借口是虚构的，是说假话，但却是美丽而善意的。

3. 拒绝他人的借口

有时，自己不想参与某事，却又不能明说，这时总要找个借口，这样既不失礼，又达到了效果。学校里，一个男生约一个女生晚上看电影，女孩不想去，但人家是好意，她不想使他难堪，就找借口道："真抱歉，今天晚上我还有事儿。"运用借口，得体地拒绝了对方的邀请。这时的借口必须有正当的又不被他人质疑的理由才是成功的。如果所找的理由不足以使人家相信，就会引起不良后果。

4. 回避难堪的借口

有时为了避免难堪，或是想离开某个交际场合，也可以找一个合适的借口离开。

5. 争取时间的借口

在交际过程中，当自己处于不利势态时，为了寻找转机，强调自己的立场，也需要找借口临时离开现场去想办法。某公司的经理在与一家外国公司谈判中，对方开价太高，他不能自己拍板，于是说：

"对不起，我去洗手间，一会儿回来。"他离开现场，马上给公司总经理打了电话，请示怎么办，得到指示后，他心里有了底，继续谈判时抓住时机，赢得了胜利。

6.最后要指出的是使用美丽的借口的时候要谨慎

我们必须以良好的动机为出发点，根据事情的状况及彼此的关系，寻找恰当的借口，才能产生理想的效果。否则借口就成了骗人的口实，必然丑化你的交际形象，对人际关系造成不良影响。

领导要注意自己说话的分寸

领导，在企业内部是当家人，在对外交往中，则应是一位出色的社会活动家。他应该用出色的社会交往能力，赢得广泛的市场。

首先，要把握好说话的分寸。

在对外交往中，出色的老板总是时刻注意自己说话的分寸。那么，作为老板，应该如何把握好说话的分寸呢？

解决这个问题的最好办法是努力使自己居于两个极端的中间。说话长短适度，既不过多也不过少，态度既不过于平淡，也不过分强烈，慎重对待你面临的场合，最好使用经过考虑认为可作为谈话内容的词语，与提问相应，慎重回答对方的问话。如果对方是女士，你一定要更加慎重，讲究礼貌，注意用词，一些不能说的话绝不要犯禁，如对方的年龄、薪水、婚姻状况、家庭生活等在一般情况下是不应启齿相问的。如果对方是男士，在初次见面时也不要过分放肆，也应该抱着尊重对方的态度才是，这样，你才能得到对方的尊重。在和对方讲话时，注意对方的兴趣，对不应涉及的问题绝不要主动提起，如对方刚刚亏了一大笔钱，你要回避恭喜发财一类的客套话，你这样说了，对方肯定认为你这是在嘲笑他；如果对方正陷入重重经济纠纷之中，你最好回避和他交谈他那些不妙的经历，这样会使他陷入烦恼之中，而无暇顾及与你认真交谈。如果你发现对方对某个话题很感兴趣，你不妨陪他多说几句，这样会激起他与你谈话的兴趣，经过一段时间的交谈后，他会对你产生好感，这时，你再说出共同感兴趣的话题，则对方很容易接受你的观点而乐意与你合作。如果你不赞成对方的观点，也不要直截了当地反驳，而应尽量避免和对方正面冲突，应委婉地说出自己的观点，然后客气地说："你看这样怎么样？"这种讲话方式，就把分寸很好地掌握住了。

虽然你是老板，也要学会适当夸奖下属，对下属取得的成就，你要懂得适当地予以称赞，称赞下属你也会同样得到礼遇，他也会为你送上一份热情的礼物。因为在正常情况下，任何人听到他人的夸奖，都会感到兴奋，只要你不是在有意挖苦，他会感谢你对他的赞美，这也是说话的一个分寸。

其次，在各种场合你都应该挥洒自如，谈笑风生。

老板需在各种社交场合频频出现，这就要求老板必须具有很强的适应能力和应变能力，尽管各种场面的情况不同，谈话的内容方式不同，但对于老板来说，有一点是共同的，就是无论在任何场合，你都应该镇静自若，挥洒自如，谈笑风生，尽显老板本色，给听者留下十分美好的印象。

作为老板，必须掌握好不同场合下的语言表达特点。有时为了迎接一个重要的客人，为了庆祝一大笔生意的成交，或是为了祝贺某个有纪念意义的日子，或者是其他什么重要的聚餐场合，老板都是最重要的角色，祝酒词的任务责无旁贷地落到老板的身上。要记住，各种场面的祝酒词是不一样的，但不论什么场面，祝酒词的表达都要求老板必须诚恳，热情洋溢，满怀激情，这是老板语言的基本特色。

在宴请辛勤工作了一年，为企业做出重要贡献的员工时，你可以这样说："亲爱的朋友们，此刻，我们欢聚一堂，都沉浸在欢乐之中，我无法表达我的心情。一年来，诸位为我们的企业做出了重大贡献，企业越办越红火，蒸蒸日上。今天我们共同举杯，就是为了庆祝我们共同努力取得的成绩，也感谢大家无私的奉献精神。现在，我提议，诸位，为我们共同的事业和每个人的幸福干杯！"

第四章　先思后言，说话要把握好分寸

控制话题，掌握主动权

A："你是 80 后吧？"

B："是。"

A："老家是山东的？"

B："是。"

A："是本科毕业吧？"

B："是。"

A："你工作挺顺利吧？"

B："是。"

也许大家看这样一段对话不明白用意所在，实则大有玄机。

当 B 连续回答了三个"是"的时候，在情绪上就默认自己已经和对方是站在同一战线上了，基于这样的情绪，B 在接收 A 的第四个问题的时候，他的大脑基本上停止思考了，他根本不会再去思考问题了，只会习惯性地说"是"。

谁控制了话题，谁就有主动权。

在职场中这种例子很多，设想一下，某一个清晨，一位同事走入你的办公室，说："我们一起聊一下这个项目的操作细节吧！"

于是你把手头的计划推开，然后进入他的话题，不知不觉一上午过去了，更可怕的是，你发现明明是半小时能聊完的话题，却浪费了整个上午的时光。

你感慨时间越来越不够用，感觉沟通成本越来越高。

实际上，这完全是话题没有控制好。应该在沟通前，就问清楚对方，沟通要解决的问题是什么，把所有的问题写到纸上。

讨论前，给自己一点时间，整理自己的思路，并做好书面整理。讨论的时候，陈述自己的观点。还要注意在讨论过程中，把远离主题的话题及时拉回到主题上来。对于无法达成共识的问题，搁置。对于已经解决的问题，做好标记。最后约定下一次的沟通时间。这样你就不会让自己的时间莫名其妙地被打劫。

如果遇到矛盾或者纠纷，你依然要具备控制话题的能力。具体怎么做呢？

心理学研究表明，人的情绪高低与身体重心高度成正比，重心越高，越容易情绪高涨。因此，站着沟通往往比坐着沟通更容易产生冲突，而座位越低则发脾气的可能性越小。不妨在办公室里准备好沙发，让对方一坐就陷进去，最好起来时还会觉得费力。当对方身体极度放松时，语言也就没那么强硬了。

当对方指责你的时候，你只要做一个动作，就会给对方带来巨大的心理压力——拿出你的笔记本，开始记录。当然，记录的时候，你可以点头表示已经落实到书面文字上了，但点头并不表示你同意对方的观点。

最后，由你来梳理谈话内容，你可以说："为了使我理解准确，我和您再确认一下。您刚才的意思有以下七点：第一点是……第二点是……您认为我理解得对吗？"

当你说的时候，对方就会反过来专心听你重复他的话，并重新审视自己思路的错误或遗漏之处，进而平静下来。

滔滔不绝的人未必是真会说话的人，围绕目标说话的人，才有机警之心。说话也要讲究效率。别人说20句话才搞定的事，你说10

句能达到效果，才叫真会说话。

生活中太多的时候，都需要控制话题。要规划一下，重视自己的表达，以最少的话表达最想要的效果。

当你的朋友来找你抱怨的时候，他不停地诉苦，你要选择无奈地听吗？只要你听，他就会永远说不完。适当的时候，问一句："既然这样，我们做点什么，改变这一切呢？"迫使对方沉默，迫使对方也进入一个冷静的理性的状态。这样做的好处是，你没有替对方作任何决定，而是激发他来自我思考人生，并为自己的人生负起应该担当的责任。

我们不但要应对别人说出来的话题，而且还要提醒自己不要做一个无聊话题的发起者。

例如，你看到同事的表情很兴奋，就忍不住问一句："为什么心情这么好呀？"

对方很愿意和你分享他的经历，他开始聊起昨天晚上的经历，滔滔不绝……你不好意思打断，一小时过去了，你发现自己今天该做的工作都还没有开始。

控制话题，不随意发问，是对自己，同样也是对他人时间的尊重。应对矛盾的时候，我们要让对方坐下来，工作沟通则最好站着处理。工作中常常有这样的情形，你去找同事商量一件事情的时候，他说："稍等一下，你先坐一下吧。"

你会听他的话，坐下来，然后等着和他沟通吗？

其实你不妨说："不坐了，没事，我站着等你一会儿，我今天谈的事情，就耽误你三分钟的时间。"

当你形成一个站着说话的习惯的时候，你会发现沟通效率高了好多。

对于销售人员来说更是如此，控制不了话题的销售人员不是好销售人员。

从话术的角度来说，销售的过程就是控制话题，改变事态发展形势的过程。

不要轻易地被顾客的问题所控制，也不要总是顺着客户的思路走。

例如，走进手机卖场的时候，一名潜在顾客问："这款手机待机时间有多长？"

如果你说："待机时间两到三天没问题。"

那么他觉得这款手机很一般，可能会说："好的，那我再去别的地方看看。"

应该抓住和潜在顾客交流的机会，用语言勾住对方。因为走进卖场是顾客给你的第一次机会，顾客发问，就等于给了你第二次机会。

你可以这样说："您问的问题是很多人买手机都问的问题，大家关心手机待机时间的长短，根本的目的在于希望给自己省事。一般人认为选择待机时间长的手机，长时间不用充电，能节约时间。但是，待机时间再长，也不能保证永远有电，不影响使用，如果关键时刻没电了，照样很误事。所以，想让自己使用得更顺利，不但要看待机时间有多长，更关键的是看充电时间有多长。给您推荐的这款手机的特点就是电池好，充电时间非常短，没电了，短时间充满电，又可以正常使用了，是不是非常符合您的需求呢？"

这样说，在回答潜在顾客提出的待机问题的时候，成功地灌输了你的思想给他。哪怕他听完，还是没有动心，而是离开了你的柜台，去了下一家的柜台，你也不用担心，因为最大的可能是他问下一家手机店："这款手机的充电时间有多长？"

也就是说，你成功地将话题控制到自己的优势上，顾客会按照你的思路走下去，也让你尽量控制了这个销售过程中自己所能掌握的环节。

平时和朋友谈话也是如此，如果有一些朋友渴望和你聊一些旅游话题，但是有人聊起了一个你从没去过的旅游地。

别人津津有味地谈论当地的美食、奇特的景观，你对此感到陌生，但你也想参与这个话题，心里很着急，怎么办呢？不妨开始尝试控制话题，毕竟闲聊没有固定话题，谈论的中心是旅游，并不局限于某个具体地点。

你可以保持微笑，而且要尽量找一些相关的话题。

例如，朋友说："贵州的山水真是太美了！"

你可以这样接话："是的，当空气污染不重的时候，整个风景都是纯净的。我去丽江的时候，看到的丽江的天空也是大片纯净的蓝色。"

抛出类似的话题，就能享受其乐融融的交谈范围。没有任何话题是你接不住的，甚至聊起不同地方的人的饮食口味的差别，或者长途旅行注意事项，都能随时引起新一轮的讨论热潮。

超越他的想象，瞬间 hold 住老板

每一个职场人都要注意维护自己的形象，努力不等于业绩，如果让公司高层得到"头脑简单，缺乏想法"的印象，那么情况就麻烦了。老板不是老师，他没有时间做员工的辅导员，他只能让具有不同能力的人去做与之相匹配的事情，久而久之，越不被重视的员工，得到的欣赏和关注就越少，越适合做简单工作的人，越会长期接受此类工作。

如果想避免不被重视，要利用和领导在一起的时机，聪明地表达自己。正因如此，很多人削尖了脑袋搏出位，恨不能趁一个时机，就与老板称兄道弟。这种行为本身，没有道德上的对错，职场中，老板的关注的确是一种资源。员工得到老板的关注和满意，才有长远的发展。怎么做到这一点呢？

抓住每一个和老板近距离接触的机会，靠话术瞬间 hold 住你的老板。要争取做到你说出来的话，超越了老板原来的期望值。

公司有一位老领导，非常平易近人，在公司几个年轻的员工面前也不摆架子。有一次，员工们陪他出差。闲聊的时候，他主动提起了他近期的烦心事。原来，老领导的儿子到了谈婚论嫁的年龄，他的儿子自由恋爱，找了个女朋友，女方家庭条件很贫困，令老领导不满意。于是，他就问这些员工"现在的年轻人都想找什么样儿的妻子"。

第一个谈想法的是小林，他毫不犹豫地说："找老婆，当然要听父母的意见了，哪能自己想怎么样就怎么样？"老领导听后，笑而不语。

第二个谈想法的是小耿，他很正直，也很大胆地说："我觉得结婚这件事，也不能完全让父母做主，毕竟是自己的一生幸福，每个人都要为自己的选择负责。我们这个年代的人都叛逆，领导您只要多和孩子沟通，一定能达成共识。"老领导也笑了一下，没有说话。

第三个谈想法的是小徐，他说："大部分情况下，现在年轻人找女朋友看三个方面，第一看价值观是否相同，如果能对一件事情看法一致，将来生活没有很大摩擦；第二看性格，有人喜欢性格互补，有人喜欢性格相近；第三看对方是否有打拼的能力，大部分人不在乎对方家里已经有多少钱，而更在乎是否有'经济头脑'，这对于两个人未来的打拼是十分必要的。"

听完小徐说的话，老领导一声没吭，显然，他已经进入了思考阶段。

此次出差，小徐慢慢感受到老领导对他的关注多了，问他想法和征求意见的次数也多了。

能力来源于总结和反思，很多年后，小徐再去回想当年的对话时，感慨自己当时的幸运。老领导身为领导，听多了恭维话，小林的迎合对于老领导没有价值。领导都50岁了，经历了风风雨雨，过的桥比他们几个年轻人走的路都多。小耿讲的"大道理"，对于老领导而言更是小儿科。道理上的说辞，是老领导早已不屑一顾的伎俩。

其实，他就想知道现在这些年轻人在想什么。恰好，小徐的回答让他知道了部分当代年轻人在择偶方面选择的一些理由，也让他觉得看似不靠谱的年轻人，其实也有自己内心的判断。当然，最有利于小徐的是他感觉小徐对一个问题的思考比较全面，想问题全面才能提供多样性的回答。

找准脉，对症下药，瞬间 hold 住老板，只要你懂得老板要什么，就一点也不难。

再给大家举一个职场的例子：

你的领导提出了一个想法，让大家讨论，比如要在某城市大量地投放某个产品的广告，刺激购买，开会讨论是否具有可行性。

设想第一个回答，可能有人会说："大量投放广告，资金投入太高，有运营风险。"

设想第二个回答，可能有人会说："广告对人们的刺激巨大，值得尝试。"

再设想第三个回答，可能有人会说："投放广告关键是要看产品以往是否在大众中形成一定的认知。"

第一个和第二个回答，我们明显感觉力道不足，第三个回答超越了前两个回答一大步。

什么原因呢？

因为它攻入了领导的内心，领导要求大家对一个想法进行讨论，就是希望大家从不同的角度提供观点。俗话说"兼听则明，偏信则暗"，他想要的就是从各个角度收集信息。

第一个和第二个回答错在角度选取不独特，而且代替领导作了决策。

第三个回答角度独特，并且具备了一定思考的深度，没有把话说"死"，领导肯定还想接着往下听。

接下来，理想的回答方式是举出实例，例如这么说："国内××品牌为了进军欧洲市场，在欧洲某城市投放了N条广告，但是整整一个月，销售额没有明显增长。因为欧洲人从来没有听过这个牌子，在这种情况下，他们不关心这个产品对自己有什么用，这样，再多的活动砸下来，他们也不买。"

再接下来，可以提出针对本公司产品的方法和建议。

……

这样的回答会让你在平静的氛围中出尽风头。

换个方式去咨询问题

在现代应酬中，特别是那些"身在江湖"的人，免不了同行之间发生应酬。而且在这类应酬中，大家也都有着同样的心理，就是希望能通过交谈，多了一些对公司的情况，以便借鉴。但是有一点，谁都不愿意让对方过多地了解自己公司的内幕，所以在应酬中，也都同样对各自公司的情况讳莫如深。如果你向对方询问有关他公司的情况问题多了，便很可能引起对方的误会，对方会以为你是在刺探他们公司的秘密。

小王刚开了一家文化发展公司，于是在与一些先于他而在经营着文化类公司的朋友交谈时，便老是向对方询问有关文化公司的发展状况以及实际操作情况。这在小王来说是一种求教，但是在听的人来看，则完全与这意思相反，所谓同行是冤家，对方不仅没有将他所想知道的东西告诉他，还对他从此怀有了戒备之心。

小王在一次次的应酬失败之后，便找到了笔者，向笔者诉说了他因被人误解而生出苦恼。

听了小王的诉说，笔者便建议他换一种方式试试。对小王说："你为什么不将询问改为与对方探讨呢？这样对方以为你是与他共谋发展，从而会接受你的。"小王想了一会，点头称是，而且真的去实行了，结果效果很好，他也因此从同行那里得到了许多经验，而今公司办得红红火火。

小王与同行的两次对话是这样的。

第一次：小王："你们公司算是老大哥了，发展得这么好，肯定有什么绝招，能不能教小弟几招？"

对方："嗨，什么绝招，瞎混呗。"然后便顾左右而言他。

第二次：小王："我们策划了一个方案，但是没有经验，心里没有底，您是老大哥，请您给指点指点。"

对方："什么老大哥呀，大家都是为了混饭吃嘛，指点不敢当，咱们探讨一下。"

很明显，同样是向对方讨教，两次的结果却截然不同。从这里我们便不难看出，在应酬中，特别是在涉及对方公司（事业）方面的应酬中，要想让对方信任你，并且向你说真话，你首先不能让对方怀疑你有窥测感，让对方感到你是真正在向他求教，这样你才能得到你所想要得到的东西。因为人都有一个弱点，那就是好为人师。当他发现你是在尊重他而不是在刺探他的公司的内幕时，他便会毫不保留地向你介绍他们成功的经验，让你事半功倍。

在上面的例子中，小王在第二次应酬中很轻易地得到了他所要得到的经验，而且同时还得到了他本没有想到的收获。所以在想要了解对方公司的情况时，要尽量避免：（1）直接询问；（2）探听式询问；（3）恭维式询问；（4）旁敲侧击式询问。

第一，直接询问。这就是直接向对方询问有关对方公司的情况，实际上是一种查问式的询问方式，这很容易引起对方的反感。第二，探听式询问。这容易引起对方的警觉，给人一种刺探"情报"之嫌，从而得不到任何情况。第三，恭维式询问。就如上面的例子中，小王的第一次对话里那样，恭维对方是老大哥，发展得好，而且"肯定有绝招"，但是对方不买他的账，只给了他一句不冷不热的回答。

因为这样的询问，会让对方觉得你是在挖陷阱让他跳，他是不会上你这个当的。第四种是旁敲击式询问。运用这种询问方式的人往往自诩为聪明，以为用这样的方法便可以令对方在不注意的时候漏出一两句"重要"的话来。其实在世面上混的人，没有一个是傻瓜，所以你不仅不会得到什么，还会引起对方的反感与讨厌。所以在想要了解对公司情况时，一要真诚相待，二要有所付出，这样才能在取得对方信任的同时得到满意的效果。

会听对方，能拿住对方

会说话的人，一定会倾听。

从对方的话里，你能听到多少信息，决定了你是否有对应的信息传达过去，向对方展示自己与他的思路是如何的契合。

想想看，人们在生活中有多么的关注自我，我们讲一个和自己有关的故事，对不同的人可能讲上好几遍，也不会有丝毫的不耐烦。当然，再遇到陌生人的时候，还有可能把讲了八百遍的事情再拿出来说上一遍，照样不会感觉烦。人们似乎永远都不会厌倦自己。

如此推论，当我们听人说话的时候，如果能够理解这一点，就应该让对方满足他的自我表达的欲望，当别人说话的时候，要是你需要让别人知道你在听，有时候，只要不时简单地发出"嗯"或"对"就可以了。

也许，只需要回应，你就能得到不错的印象，对方会觉得你在关注他。

同时，会听就能捕捉到对方的情绪，如果自己谈兴正浓时，而对方说的话越来越少，你就要从"听"转移到"看"，看一下对方是否出现了下面的动作：譬如看表、看手机、打哈欠、起身、翻书、整理衣服等动作。这些动作意味着对方已经疲惫于听你聊天了，此时，要把握好时机，不要滔滔不绝。此时的不说，是为了下一次更好地说。

如果对方是你的客户，你还要学会听更多，从他的谈话中，听到他大脑活动的规律，由此，你可能会拿下这位客户。

怎么听出大脑活动的规律呢？

给大家举个例子：

和一些朋友一起吃饭，大家随意聊着天。

在这些随意的过程中，可以通过听区分出两类人。

当我们说一件事的时候，由于大家状态随意，话题随时会被打断，被其他话题岔开。

此时，一部分人开始被新话题牵引，进入新的谈话内容。这部分人是感性的，容易被情绪感染。

还有另外的一部分人，总会追问："怎么跑题了，刚才说的那件事，你还没说完，那是怎么个情况了？"提出类似这样问题的人，属于理性思维。

与擅长感性思维的人说话，可以用感性的故事、细节、情绪，打动他们。

与擅长理性思维的人说话，可以用理性的数据、逻辑、事实，说服他们。

遇到一位客户，观察细节，听他说话，判断他的思维方式，用相应的方式，也就是能引起他巨大认同感的说话方式来进攻，才能拿下他。

人的思维有偏向理性或者偏向感性两个方面，人的需求也非常多样，听对方说话，揣测他的思维方式，能找到最适合的应对他的方法。

大部分的领导对待下属，都是客观理性来看待的。毕竟领导是与下属有根本利益关系的人，下属在与领导沟通的时候必须多作权衡。事实上，领导都不喜欢耍小聪明的人，聪明的管理者最看重沟通的是效果！

陈总的单位招来了两名实习生。

两个大学生，一个灵活，一个呆板，同事们都倾向于和爱说话、心思活的小郑沟通，而憨实的小李只是每天本本分分做自己的工作，和大家交流得也比较少。

一次公司组织踏青，穿着运动装的陈总显示出自己经过锻炼的完美肌肉，令大家吃了一惊。小郑赶紧凑上前，对陈总说："真没想到您这么注意锻炼，简直可以做健身教练了。"

陈总笑笑说："以前比较注意锻炼，现在工作一忙，大周末就不去健身了，待在家里看看书，宅一整天，很少开车去健身房了。"

小郑说："您这体形太棒了，短期不锻炼也没问题。"

踏青回来，大家因为小郑对陈总的态度太热情，对小郑开始有些冷淡，小郑也不以为意，她心想："谁让自己最机灵，会说话，招人妒忌呢？"

陈总对小郑的态度没什么改变，但回来没几天，小李迅速转正了。

原来，有一天，陈总要下班的时候，小李敲开了他办公室的门，静静地放了三份材料给陈总，说："这是附近的几个健身场所的情况，根据您的时间安排，看看有没有适合您的健身房。"

这让陈总对小李刮目相看，在陈总看来，只有真正给自己带来改变，让事情变得更好的员工才是值得留下的员工。

如果你能理性思考一下，如何做能给工作和生活带来好的改变，那么，无论你怎么说，都不会错得太离谱。

会听的人，还要在适当的时候"看不见""听不见"。

你想心平气和地说话，就不要让自己轻易地被别人干扰。

就拿办公室这个环境来说，这是一个不放松的环境，如果你走进办公室，发现周围的同事双眉紧锁，木讷茫然，会不会觉得这个气场对自己构成了一种暴力侵犯？很多人因为这个原因，感受到了坏情绪，特别不愿意去上班。

要学会对外界坏情绪无知无觉，一个人受到伤害，难免通过其表情，传递给别人一种消极、抑郁或焦虑的情绪，给其他人造成困扰和压力。如果你不幸遇到了这样的人，要想"他的脸色也不是冲着我来的"，视而不乱，就能保护好自己的情绪。

也不要在面对负面情况的时候，急于表达。例如，办公室中小张和小梁吵架，小梁在你面前想寻求同情，你听听即可，不要轻易地介入和评价。

因为当你发言之后，就可能意气用事与小张为敌。这样本不关你的事情，成了你的事情，其实完全没必要使自己与小张关系紧张。

重要的是，这样做没人说你勇敢、有智慧。

合上眼，关上你的心窗；闭上嘴，护好你的心门。

捕捉好的信息，自动屏蔽恶意的情绪，你就是真的会听话的人。

一招鲜，让对方比你更为难

我们每天都会说很多话，有多少话会真正地被人们听到？又有多少话真正地发挥了作用，实现了你说话的目的？

每个人都渴望自己说的话起效果。生活中当我们一群人凑在一起说话的时候，谁的话最有分量，能对周围的人产生影响呢？有没有那样的情况：当一个人说完自己的问题后，大家纷纷说完意见，但这个人还是特别想听其中一个人发表更多的意见。

大家愿意听谁说话，大家愿意听谁的话，一定程度上，这个人就拥有了话语权上的优势，如同拿到了一支金话筒。身处众人之中，拿金话筒的人周围却有如万籁俱寂，他纵横捭阖如入无人之境。

语言上对别人的吸引力，成了工作上的生产力。这样的人，必定是要脱颖而出的。

如果你有高超的唱歌技巧，没有好的舞台与合适的场合，没有人会知道。

如果你有精湛的球技，没有队员的协作和配合，你也很难独自一人获得掌声。

但是，如果你具备高水准的说话能力，情况就会不同。你会很快地显露出这种才能，并且还可以通过说话，来进行对别人的说服，实现自己想要的效果。

会说话，就能把自己生活中的困境全部解除。

给大家看一位读者的邮件：

我是一名业务员，工作一年多了，现在才开始逐渐摸到门道，业绩有了起色。

就在我打算好好发展一番事业的时候，出现了新的状况。我们公司的老业务员，也就是以前带我的"师父"，他需要个帮手，他的客户非常多，有点忙不过来，常常需要我拿出时间去为他的客户服务。

开始的时候，我觉得没什么问题。可是后来，我帮他服务的内容越来越多，用于自己客户的时间就越有限，他的客户不明事理，竟然心安理得地以为我应该为他们服务，对我的要求也很多，让我感觉特别累，甚至有的客户从开始谈业务一直到签约之前的所有琐事都由我在帮忙打理。

一直想拒绝，但是又不好意思，可是长此以往，越是为他服务，我自己的业务就越少，对自己的长远发展非常不利。

再次面对他的安排的时候，我究竟该怎么做呢？我该怎么拒绝他呢？

在这位读者的邮件中，我们得到了这样的信息：他实际上已经想明白了，时间对于每个人来说都是有限的，他想利用好时间让自己成功。他并不想依靠老业务员开展业务，他渴望独立成长。他也很明白应该拒绝，只是碍于情面，苦于没有合适的拒绝的言辞。

这封邮件让人感慨，生活中的确有一些人，他们总把属于自己的问题推给别人。正如这样的一个故事：老公借了邻居的钱，说好明天还，并为此彻夜难眠，老婆问："怎么了？"老公说："明天没钱还。"老婆直接敲邻居的门说："明天我老公没钱还你。"然后就回到家中，对老公说："睡吧，现在睡不着的该是他了。"

在工作和生活中，总有人把属于自己的问题抛给别人来解决。所以，每个人都不要随意接对方抛来的东西，并且要从态度上明确这是属于谁的问题，才能远离烦恼源。

比如在这个案例中的老业务员，客户多、无暇分身是他的问题，但是他迫使这个读者来承担他的这个困难，显然是不合理的。

如何拒绝别人呢？

言辞的修饰是微弱的，头脑的力量是巨大的。

面对不合理的条件，只有以合理的条件来应对不合理，才能起到更好的效果，那就是不直接说"不"字，而是合情合理地引导对方明白你拒绝的坚决。

这位业务员可以坦然地将自己的需求说出来，老业务员就会明白他的意思。比如，他可以对老业务员说："最近我也很苦恼于一个问题，就是客户太少，业绩一般这方面的问题，您能帮我想想办法吗？"

当业务员把这个问题抛给对方的时候，对方是无言以对的。

老业务员面对这个问题的时候，只有两种选择，要么帮这个读者解决这个问题，把自己忙不过来的客户分几个给这位读者；要么就是保持沉默，不再过度占用这位读者的时间。

这个说法抛出来不会引起非议，毕竟，老业务员拿走了这位读者的时间，让对方帮助自己巩固客户关系，这是单方面的索取行为，不恶劣，但也不光彩。如果这位读者再不采取点措施提醒老业务员不要越界的话，两个人的关系就会出现更大的恶化，到最后可能是针锋相对，毫无转机。

当然，如果这位读者这样说了，老业务员还不肯罢休的话，下一步，他就可以直接地说出想法："我愿意帮您巩固一下业务关系，您是否愿意把忙不过来的客户名单提供一下，让我也参与进去，一起合作呢？"

这样，这位读者就能够合情合理地拒绝别人对自己的过度索取。

从商业的原则来说，我们应该尊重平等。

一个人付出了时间，应该得到利益。对于任何人都是这样，如果有人不给你利益，却妄想占用你的时间，你可以为自己争取利益。把为难的处境推给对方，让对方来决定是克制自己的行为还是给你一部分利益。

人与人交往的时候，如果涉及不到利益，说话彰显的力量就很弱。真正检验是否具备说话能力的时候，往往就是在出现矛盾的时候，在出现问题需要解决的时候，看你如何来说话，如何来扭转局势。

我们在别人语言的进攻下，是常常不小心被攻城略地，还是能够用语言作为坚实的盾牌，既能抵挡住对方的长矛，又能在需要的时候，让自己的语言变成能够攻到对方心坎上的武器。

当一个朋友向你借钱的时候，你会如何来处理？

先问清楚钱的用途。只要不是涉及生老病死的大问题，如果你不愿意，就可用平等的态度拒绝借钱。

很多人实际上说出这个"不"字，会感觉为难，担心对方觉得自己不够朋友，心里有种种的纠结，怕对方感觉自己不够大方、不够真诚，等等。面对这种情况，如果你能反过来，把纠结的问题扔给对方，你就赢了。例如，他借钱买房子，你说你自己买房也差些钱；他说他借钱投资项目，你说你也想投资一个项目；他说他借钱想干事业，你说你也有个事业梦想……

毕竟每个人对于资源的渴求是一样的。把两个人放在平等的角度上，你就能够在说话的时候镇定自若地应对别人的索取。

每个人都是一个容器，只有当自己很丰富的时候，付出部分财富或者资源给别人，才会欣然。如果自己像一棵努力生长、尚且缺水的植物，可以不必把自己的水分牺牲或者奉献给别人。

当你已经可以熟练运用这样的方法的时候，令你感到为难的处境就会越来越少，而你的心态也会越来越平和，毕竟你杜绝了别人不合理的索取。你也会随着自己的成长，越来越强大。当你强大的时候，就可以让这个社会更好。

交换的思想在每个人的生活中应该是一部分非常有用的内容。

在商业谈判中，以交换为原则更是一个诀窍。

如果签约之后，你的客户说："能免费送货上门吗？"

你会怎么回答他呢，或者刚签完合同，客户就提了很多额外条件，如果你马上说"不能""不行"，这对于客户的心情是一种打压，他会感觉签约前后你的态度判若两人。如果答应了这些条件，那么接下来，你会发现这位客户是位永远服务不完的客户，他的要求会一条接一条提出来，层出不穷。

怎么办？

可以使用交换的思想。

对他说："免费送货可以，如果您能再为我介绍一位客户。"

仅仅一句话，你身上的枷锁就解除了。

沉默的人变成了对方。

这种思维的方法，是使用交换维系平等的位置。在具体话术中，能不能快速反应出来你的提问，具体的回答还要靠自己的领悟和练习。

再举个例子，供大家参考：

顾客买完西装之后，掏钱的一刹那感觉有些失落，于是对营业员说："送我一条领带吧。"

如果营业员直接拒绝，顾客在情感上难以接受。

营业员不妨幽默地说："我们的领带造价也是很昂贵的，如果您再买一套西装，我们就送您一条，好吗？"

大部分情况下，顾客会选择"不买"，那么营业员的"不送"，也就变得顺理成章了。

说话一定要有逻辑性

一个严谨的发言流程，包括引言、中间部分、结束语这三大板块。引言，也叫作导语，它的作用是使对这场发言主题还处于一无所知状态的听众能够自然地了解到发言人要讲什么内容。引入主题、抓住听众的注意力是引言所要起到的作用。

在发言刚开始的两到三分钟内，听众的注意力还不够集中，大多数的发言都可以用一个幽默的小故事或亲身经历的一件小事开头，轻松地吸引听众的目光。只要抓住了听众的注意力，再趁热打铁，就可以顺势导入你要讲的主题。

不过，若是商务性质的演讲，那就不适合在开头进行过多寒暄，最好直接进入演讲的主题。因为这种场合下的听众，听你讲话的目的非常明确，在准备演讲稿的时候，注意要把与听众利益无关的内容尽量删除掉，只保留最核心的部分，让你所说的每一句话都能够对听众产生价值。

史蒂夫·乔布斯不论是在大学发表演讲，还是主持苹果的新商品发布会，他都是在一开头就把主题明确地揭示出来，并直接说明："今天我想讲三个发生在我身上的故事""今天我有四项成果要与大家分享"。乔布斯在发言开头就列出的这个大纲，不仅是对自己发言内容的梳理，更重要的是可以让听众对这场发言的主题和内容有个大致印象。

发言的中间部分，也就是依次提出论点和展示论据的部分，是正常发言的重点。能不能说服听众，就在于演讲者发表论点和论据时，有没有严密的逻辑，以及能不能唤起听众的共鸣。乔布斯在发言过程中的每一个要点环节都明确告诉听众接下来要讲的这个部分是第几个故事、哪一项成果。在一个要点讲完之后，他还会用一句话总结并顺势导入下一个要点，比如："这就是 Time Capsule，完美的系统伴侣。这是我要发布的第一款产品。"听众很难在思路、结构这么清晰的演讲中走神或迷失，始终都可以保持清晰的逻辑思维，跟上演讲者的节奏步伐。

条理清晰的演讲者显得能力更强，更容易让听众觉得值得信任。除非是想要设置悬念式的故事情节，直接列出你的发言大纲对你和听众都有好处。想要让条理清晰，最简单、最有效的方法就是列出一二三、首先其次再次最后。不过需要注意的是，过于死板地陈述"一二三"具有催眠效果，或许你的条理清晰了，但是用词枯燥、过分严肃，也会使听众注意力分散。

很多商务场合下的演讲不适合"有趣"的讲话风格，但是"激情"却是不可缺少的。乔布斯在发言中会经常使用到"不可思议""太酷了""非同凡响""难以置信"等能够调动听众情绪的词汇，并结合上扬的语调和双手举起的身体动作，让听众时刻处于兴奋、激动的状态。

在发言的结束部分，乔布斯都会习惯性地说"对了，最后一项……"，一般听众听到"最后一项"的时候，不论之前状态如何，都会下意识地打起精神来仔细听，这时乔布斯会继续介绍一款还未曝光过的新商品，又或是介绍一下现场乐队，每位乐队成员会进行一小段独奏。"最后一项"不仅没有将会场气氛熄灭，反而掀起了另一个高潮，直到发布会正式结束，听众们还处于意犹未尽的振奋状态。

说话的逻辑性终究还是要源于思维的逻辑性，乔布斯作为企业家、发明家、营销家，有着严密的逻辑思维能力，在他的脑海里所有的论点、论据、案例、数据都有一个清晰的位置和主次之分。

在准备阶段，演讲者往往会感到信息量太大，脑子很乱。没有关系，我们可以一边收集材料一边编写大纲，这样不但可以节约收集材料的时间，而且更容易做到紧扣主题。在编写大纲时，主要工作就是排列演讲内容的顺序。这个顺序同样也是围绕我们演讲的三大中心——主题、目的、听众来排列。

1. 时间顺序。按照时间的先后顺序来安排演讲内容，比较适用于事件告知、人物介绍、成果发表等需要讲述不同时间段、不同年代发生了什么事的演讲类型。

2. 空间顺序。涉及地理位置的演讲内容，可以采用以一个地点为一个要点进行演讲的方式，避免听众产生混乱。

3. 因果顺序。对于已经发生过的事件，最好使用先说后果，再说原因的顺序，这样听众更容易理解，也会让听众对发生的原因产生兴趣。

4. 问题与解答的顺序。先提出存在的问题，强调其重要性，唤起听众的共鸣，接着分析问题存在的原因、可能导致的后果，最后提出可行性的方案和建议，并呼吁听众参与其中。

在编写大纲、运用逻辑排序时，还需要格外注意的是许多演讲者会无意识地把个人逻辑当作大众逻辑来套用。准备演讲时，不妨多问几个人，看你的逻辑是否符合大众逻辑，避免逻辑谬误的产生。

第五章 高情商让拒绝变得不再尴尬

打开天窗说亮话

现在养宠物的人越来越多了,对宠物特别的好,有的宠物死去了,宠物的主人还会为它举行葬礼。春秋时期的楚庄王也是一个极爱宠物的人,不过他喜欢的是一匹马。楚庄王非常喜欢这匹马,经常给马穿上绫罗绸缎,把它安置在华丽的宫殿里,专门给它准备了一张床作卧席,拿枣脯喂养它。可是这匹马却享不了这个福,因过胖病死了。

因此,楚庄王非常伤心,命令人们用大型的棺木进行厚葬。作为一国之君,有多少重要的事需要操心,有多少国民需要关爱,而楚庄王却为这样一匹马而劳心费神,兴师动众。大臣们觉得太荒唐了,纷纷劝阻。由于楚庄王爱马心切,根本听不进去,还威胁道:"如果谁再敢劝说,定斩不饶!"话都说到这个份上了,谁还敢再劝呢?

当时有一个艺人名孟,以优伶为业,所以被称为优孟。优孟听说这件事情以后,就走到宫殿的门前仰天大哭,非常伤心,让听者为之动容。楚庄王很吃惊,就赶紧询问原因。优孟边哭边说:"宝马是大王的心爱之物,理应厚葬。可是大王却只用大夫的规格安葬它,这怎么能对得起那匹宝马的在天之灵呢?"

楚庄王一听,可来个会说顺心话的人了,就赶紧问道:"宝

66

马死去，我非常伤心，也犯了糊涂，照你说应该怎么葬才好呢？"

优孟回答道："应该用雕木的美玉做棺材，用最上等的梓木做外椁，拿樟木等贵重木材作装饰，再派几千名士兵挖掘坟墓，老人和孩子背土筑坟。然后，让齐国和赵国的使节在前面陪祭，韩国和魏国的使节在后面护卫。安葬完毕之后，再为它建立祠庙，用猪、牛、羊各一千头来祭祀它，并且安排一个一万户的城邑进行供奉。诸侯各国如果听说大王这样厚待马匹，都会知道大王把人看得很低贱，却把马看得很重。"

优孟一番话，让楚庄王认识到自己的行为的过失，流着泪说道："我怎么能这么做呢？现在该怎么办？"

优孟知道楚庄王已经意识到自己的错误了，就建议按照常规的对待六畜的方式来埋葬这匹马比较合适，楚庄王最后听从了他的建议。

这种方法在辩论中被称为"反语制谬"，指针对对方的谬论，论辩者可以采用实际意思与表面意思正好相反的话进行反驳，绕一个弯子表达论辩者的真实意图。这样曲折的论辩术，在人际交往中应用得十分广泛，如果一个人做了错误的事或者荒谬的事情，而且一直执迷不悟，这个时候，就可以采取说反话的方法，将它的谬误或者观点进行扩大化的处理，让他对自己的错误进行反省，从而进行改正。优孟知道如果直接反驳楚庄王是徒劳无功的，而且还会有性命之忧，所以他没有去直接劝，而是顺着楚庄王的心意往下说，最终楚庄王也认识到了自己的荒唐，从而改变了做法。在劝说那些权高位重而且在错误面前又执意孤行的人，这不失为一个好办法。

五代十国的后唐庄宗李存勖喜好打猎。有一次，他去打猎，玩得很高兴，于是就让马肆意地驰骋，把附近的农田糟蹋得不成样子。当时的县令看到百姓辛辛苦苦种的农田已经被糟蹋成了现在的这个样子，非常心疼，就快速上前拉住李存勖的马，让马不要糟蹋百姓的庄稼。李存勖正在兴头上，一见县令拦住自己，非常生气，当下命人把县令拉到一边斩首。李存勖当时带了几个他喜欢的伶人一起来打猎，有一个叫敬新磨的伶人见李存勖要处死县令，就将县令抓住，大骂道："你身为一县之主，难道不知道我家天子喜欢打猎吗？知道就应该让百姓把地空闲着，好给天子打猎用。你怎么能纵容百姓种地，给国家交税，妨碍天子飞鹰走犬呢？如今不但不认罪过，还敢到这儿来拦驾，罪大恶极，理应处死！"说完就上前请求李存勖处死县令，旁边的其他人也随声附和。李存勖一听气乐了，随后下令释放了那个县令。

敬新磨的话一点也没有反驳皇上，而是顺着皇帝的意思说，结果越说越荒唐，皇帝在又气又乐之中明白了道理。如果敬新磨面带严肃，一本正经地劝说，恐怕就达不到这种效果了。

让对方轻松愉悦地接受你的拒绝

有时候，面对朋友的请求，我们不得不拒绝。聪明一点的人，可能会懂得将拒绝的话修饰得巧妙一些，以使对方不至于为此而感到生气。而从最会说话的人口中说出的拒绝，不但不会得罪对方，还能让对方轻松愉悦地接受。

《谐语》为明朝郭子章所著，书中说，有朋友求在朝中当官的苏东坡为他谋个差使，苏东坡对来求他的这个朋友说了一个故事：

"以前有个盗墓人，掘开第一个墓的时候，发现一个赤身裸体的人，这是王阳孙，因为他是主张裸体下葬的；掘开第二个墓的时候，竟然掘出了汉文帝，他是个不准随葬金银玉器的皇帝；第三个墓里掘出了饿死在首阳山的伯夷，盗墓人还想继续掘第四个墓，伯夷说：'别费心了，我弟弟叔齐也无门路！'"

对苏东坡有所求的人听完了这个故事，便知趣地走了。苏东坡就这样通过幽默风趣的话语，在不得罪朋友的情况下巧妙地回绝了他。

可见幽默风趣的拒绝也是一门艺术。无论你对别人的要求是听从还是反对，只要幽默地开口，对方都会更容易接受。

美国总统罗斯福就是一个幽默风趣的人，看看他是怎么运用幽默拒绝别人的吧。

罗斯福在海军任职的时候，有一位朋友向他打听海军在加勒比海一个小岛上建立潜艇基地的计划。这个问题不好回答，直接拒绝的话会让自己朋友尴尬，没面子；但是这是很机密的问题，是不能外泄的，即使是朋友也不能说。于是罗斯福向周围看了一眼，压低声音说："你能保守秘密吗？"他朋友答道："当然能。"罗斯福微笑着说："那我也能。"

风趣幽默的话语，既能让朋友有一个台阶下，不至于让对方产生抗拒心理，也能很好地坚守自己的原则。

一次，一个野心勃勃的军官请求狄斯雷利加封他为男爵。狄斯雷利知道这个人很有才华，能力卓越，也很想跟他搞好关系。但这个军官实在不够加封条件，狄斯雷利无法满足他的要求。于是，他把军官单独请到办公室里，对他说："亲爱的朋友，很抱歉我不能给你男爵的封号，但我可以给你一件更好的东西。"

狄斯雷利放低声音说："我会告诉所有人，我曾多次请你接受男爵的封号，但都被你拒绝了。"军官是个聪明的人，听了狄斯雷利的话后不再要求封爵。

果然，这个消息传出后，众人都称赞军官谦虚无私、淡泊名利，对他的礼遇和尊敬远胜过任何一位男爵。军官非常感激狄斯雷利带给他的这一切，后来还成了他最忠实的伙伴和军事后盾。

可见幽默是个很好的拒绝他人的方式，它可以在不伤害朋友的前提下，回避那些涉及机密的问题。当你带着幽默的态度去拒绝自己力不能及的事情的时候，很自然地就会造就轻松愉快的气氛。

而有的时候，我们也会遇到一些自以为是或者倚仗权势而蛮不讲理地提出无理要求的人。如果我们直言拒绝，不仅不利于问题的解决，甚至还有可能因惹恼了对方而引祸上身。这时候的幽默更能显示出它强大的力量。

有一次，一个贵妇人打扮的女人牵着一条狗登上公共汽车。

妇人问售票员："我可以给狗买一张票，让它也和人一样坐个座位吗？"

售票员说："可以，不过它也必须像人一样，把双脚放在地上。"

售票员没有否定答复，而是提出一个附加条件：像人一样，把双脚放在地上。用幽默的语言提出了不可思议的要求，从而限制对方。会话在轻松的气氛中进行，自然能够酿出快乐的氛围。虽然是同样的意思，如果说"不行"或是"这是违反规定的"，感觉上则相差甚远。

面对一些无理的要求，如果明言拒绝，会让人难堪。如果运用幽默委婉的语言拒绝，就显得很婉转、含蓄，既表达了自己的拒绝意图，又使对方乐于接受。

用漂亮话回击挑衅者

语言是一种很有力的武器，就像一把利剑，可以帮助你扫开一切障碍。有的时候，你会遇到一些人在言语上给你制造难堪，用语言攻击你，向你挑衅。这时候，你不能回避这些攻击，回避只会给你带来更多的麻烦，你可以把漂亮话当成回击这些无事生非者或者故意挑衅者的有力武器。在一次记者招待会上，一个外国记者别有用心地问前文化部部长王蒙："请问，20世纪50年代的您与80年代的您有何相同和不同？"

这个记者的用意是想借此机会让王蒙谈一谈对中国国内形势改变的感受。王蒙当然也看出了他的用意。他不慌不忙地回答道："50

年代的我叫王蒙，80年代的我也叫王蒙，这是相同的地方；不同的是，那时我才20多岁，而现在我已经50多岁了。"记者的提问只给出了年代限定的范围，王蒙知道对方的用意，但却故意曲解本意，从自己年龄变化的角度回答，漂亮地回应了这个问题，没有给对方任何有用的信息。这种模糊语言的使用，就像绵里藏针一样，让对手无法再做出其他的举动。

当然，在回击挑衅语言的时候，也可以冷酷地直接回击。只要语言运用得好，简短的一句话就能把对方的嚣张气焰打压下去。1949年，长江上发生了"紫石英"号事件。这一事件以解放军开炮重创四艘英军军舰而告终，此举象征着列强在华利益保障体制的彻底破产。

在事件发生后第四天，英国保守党领袖丘吉尔在下院发言，把此事件说成是解放军的"暴行"，甚至要求英国政府"派一两艘航空母舰到中国海上去实行武力报复"。时任英国首相的艾德礼居然也声称："英国军舰有权进入长江。"

好一个"武力报复"，这个字眼让我们想起了英帝国主义为了保护邪恶的鸦片交易而进行的"武力报复"。对此，毛泽东主席的回答是一针见血的："丘吉尔先生，你报复什么？你们今后应当做的只有一件事，就是道歉和赔偿。艾德礼先生，长江是中国的内河，你们英国人有什么权利将军舰开进来？没有这种权利。中国的领土主权，中国人民必须保卫，绝不允许外国政府来侵犯。"毛泽东主席的坚定回应，让英国人明白了中国的实力。面对中国人的警告，他们冷静下来，不但没有派出航母，而且还主动与中国建立了外交关系，成为第一个承认中华人民共和国的西方国家。

在这个事件上，毛主席没有发表太多的言论，他只是用了三言两语，就使得"丘吉尔们"认为的严重事情灰飞烟灭了。这就是高明口才的表现。

有时人们会受到一些责难，尤其是年轻人，在社会上刚刚开始打拼，总是会遇到各种各样的责难。当然责难也分为两种：一种是对所谈、所做有疑问或者意见不同提出的问题，这种情况一般来说都是善意的，对于善意的责难应该尽己所知，认真、负责地阐述自己的观点或解答对方的问题；第二种责难是恶意的，属于故意刁难，以达到让发言者难堪、出丑的目的，在遇到这种恶意的责难时，应巧妙地运用语言与之针锋相对，坚决果断地用漂亮的话语予以反驳。

在反驳恶意责难时，语言可以多样化：或反唇相讥，或以牙还牙，或幽默风趣，总之不能让恶意责难的人得逞。此时，无论是不予理睬还是回避话题等都不恰当，会助长其气焰，让其他听众误会并损害自己的形象。美国前总统布什在一次演说的时候，从台下递来一张纸条，上面写着"傻瓜"。他镇静地微笑着说："以往别人递纸条都是提出问题而不留名字；而今天这张纸条只留了姓名却没有提问题。"布什总统面对恶语，没有回避，而是巧妙地将这些恶语转移到责难者的身上。这些技巧是所有人都应该借鉴的，因为你难免会在工作和生活中遇到这样的事情。只有漂亮地给予回击，你才能立于不败之地。

该说"不"时就说"不"

作为一个业务员，销售技巧中有这么一招：就是让顾客回答"是"。再有几个肯定的回答之后，自己再提别的要求就会取得成功。同样，当你开始就对自己说"做不到"的时候，就陷入了否定自我的危机，然后就会因拒绝任何挑战而失去信心。

我们逐渐变成让自己不说"不"的人，但是当别人说到不合理的请求时，我们是否也要委曲求全地答应对方。

当遇到这样的情况时，不要因为不能说"不"而轻易地答应任何事情，而应该视自己能力所及的范围。尽可能不要明明做不到，却不说，结果既造成了对方的困扰，又失去了别人对你的信任。

一个刚过30岁的人，就当上了二十世纪福斯电影公司董事长的雪莉·茜，是好莱坞第一位主持一家大制片公司的女士。为什么她有如此能耐呢？主要原因是，她言出必践，办事果断，经常是在握手言谈之间就拍板定案了。

好莱坞经理人欧文·保罗·拉札谈到雪莉时，说和雪莉一起工作的人都非常敬重她。欧文表示，每当她请雪莉看一个电影脚本时，她总是马上就看，很快就给答复。

一般的人都会用沉默来代替回答，但是雪莉看了给她送去的脚本，都会有一个明确的回答，即使是她说"不"的时候，也还是把你当成朋友来对待。这么多年以来，好莱坞作家最喜欢的人就是她。

拒绝别人不是一件可恶的事情，也不要把说"不"当成是要与人决裂。是否把"不"说出口，应该是自己的能力决定的。虽然说"不"难免会让对方生气，但与其答应了对方却做不到，还不如表明自己拒绝的原因，相信对方也会体谅你的。

不过当你拒绝对方的请求时，应该带着友善的表情来说"不"，才不会伤了彼此的和气。除了对别人该说"不"时就说"不"，同时对自己也要勇敢地说"不"。

美国电话及电报公司的创办者塞奥德·维尔，经历过无数次失败之后，才学会了说"不"。年轻时候他做什么事情都没有计划，常常是随心所欲，一事无成地虚度日子，连他的父母也对他感到失望，而他自己也陷入了绝望之中。

20岁时，他离开自己的家，独自去外边谋生。他给自己写了一封信："夜晚迟迟不睡，而撞球或者喝酒，这些事是年轻人不该做的，所以我决定戒除。但是对这决定我应该说什么呢？是不是还照旧说'只这一次，下不为例'呢？还是'从此决不'了呢？以前已经反复过好几次了。"

当时维尔的最大野心就是买皮毛衣及玛瑙戒指，虽然这并不是什么奢侈的东西，但是对于当时的他来说也是比较难的。于是他无时无刻都克制自己，以求事事三思而后行。这种坚决的克制态度，使得他由默默无闻的员工调升为铁路公司的总经理。

维尔不仅在生活小事中会说"不"，在创立电话电报公司这样巨大组织的时候，他也时时刻刻地对自己说"不"。正因为这样，他才能避免陷入因一时冲动的手段而误了大事。

说"不"没什么开不了口的，只要站得住立场，就请勇敢地向别人和自己说"不"吧。

你是否有过这样的经历，明明想对对方说"不"，而自己却说不出来，回家之后，才觉得越来越不对劲："当时应该拒绝他的，我怎么这么没用，不敢说出真心话。"你自责不已，最后陷入不安与沮丧中，久久无法释怀。

为什么不敢向对方说"不"？是因为你不想得罪人。

当我们委屈自己，而让别人高兴的时候，对方却不是有这样的好心回报你，甚至是习惯利用你。你牢骚满腹、抱怨连连，那是你的事，谁叫你不向对方说"不"呢？那么，是否说"不"又该如何把握呢？的确，有时候说"不"并不容易。

然而，我们又必须在做一个决定前，快速地计算出选择不同的方向所要付出的成本。如果说"不"的成本要远远小于不说时，我们为什么不快点说"不"呢？

当一个人能够克服"不好意思拒绝"的心理，并具备"拒绝他人"的技巧时，由此而节省的时间将十分可观。事实上，能够真正克服"不好意思拒绝"的心理障碍，并具备拒绝技巧的人并不多。

不敢说"不"的原因有以下几点。

（1）接受比拒绝容易。但是，由此"容易"可能要付出力不从心、支付不起等沉重的代价。因此，在不敢说"不"前，先衡量接受与不接受的后果。要看看，不说"不"，将要付出什么代价，要承担什么后果？经过此番"成本—效益"的分析，再决定取舍。

（2）想做一个受大家欢迎的"好人"。任何拒绝都不可能不得罪人，通情达理的人会理解你。但你无论是什么样的回答，都很难讨蛮不讲理的人喜欢。因此，衡量再三，该出口说"不"时就出口。

（3）担心说"不"会触怒对方，导致报复。说"不"可能引起不愉快或触怒对方。但是，我们也不能因此就来者不拒呀。

（4）不知道对他人说"不"可以得到什么好处。其实说"不"和被说"不"都可以得到好处的。说"不"是一种量力而行的表现，有些请托由他人承办可能更合适，或本应由请托者本人来做。说"不"有利于请求者反思与检视自己的行为。

以下是说"不"高手的总结，希望能给你如何去说"不"带来一些帮助。

（1）耐心倾听请求者的要求。就算对方说到一半时，你已经明白此事非说"不"不可，但为了确切了解他的用意和对请求者表示尊重，也必须凝神听完他的话。

要是当场难以决定是否向对方说"不"，就应该明白地告诉对方自己需要考虑，并确切告知什么时候给他回话，以免令对方误以为你是以考虑为由推脱。

（2）说"不"时，表情要和颜悦色。最好能多谢对方想到你，并略表歉意。当然，过分的抱歉会令对方误认为你真的感到有愧于他，而继续设法让你同意。说"不"时，还要显露出坚定的态度，要打消请求者还抱有说服你的希望。

（3）最好说出拒绝的理由。说出理由后，你只需要重复拒绝，而不应与之争辩。但不是所有的拒绝都是需要理由的，如对频频请求的人和气地说："对不起，这次我真的无法帮忙，请你别介意。"这样一般不会产生不良后果。你自己心里要明白，你是对他的请求说"不"，而不是对他这个人说"不"。

（4）切忌通过第三者拒绝。这样做会让对方认为你不够诚挚或者显示出你的懦弱。

（5）寻找替代的方法。如果有可能，拒绝之后，可为对方提供其他途径的帮助。

巧用双关语

有时候，因为一些特殊的原因，有些话不能直接说出来，但又不能不说，这时候，说话就要讲究一些策略。由于对方的身份特殊，哪怕是对他有利、是为他好的话，在说的时候也要讲究方式才行。三国时期的曹睿从小就知道这个道理。

曹睿的生母甄氏，是当年曹丕跟随曹操攻打袁绍时抢来的。这个甄氏天生丽质，美貌过人，曹丕对她异常宠爱，当了皇帝之后就立她为皇后，并生下了曹睿。

可是皇帝的身边不只有一个女人，有一个郭贵妃非常有野心，她一心想当皇后，于是就想尽办法想得到皇帝的宠爱，还设下了一条毒计蒙骗曹丕，让他杀死了甄氏。甄氏死后，郭贵妃如愿当上了皇后，可是她发现曹丕非常宠爱甄氏的儿子曹睿，心想若是日后曹睿当上了皇帝，必然会报复自己，干脆一不做二不休，把曹睿也一起除掉，以绝后患。曹睿年纪虽小，但他发现了郭贵妃的阴谋，就想说服父皇不要相信郭贵妃的话，不要伤害自己，可是这样的话是不能直接说的，正在他左右为难的时候，机会终于来了。

有一天，一只大鹿带着一只小鹿仓皇地跑着。曹丕弯弓搭箭，一下子射中了那只大鹿，一边射一边叫曹睿射那只小鹿。曹睿把箭搭在弓上后，却停了下来。曹丕一看非常不解，问道："多好的机会，为什么不赶快射？"曹睿叹了一口气，眼中带泪说道："父皇已经射死了它的母亲，孩儿怎么忍心射死这只失去母亲的小鹿呢？"

本来曹丕在杀害了甄氏之后，就十分后悔，听了曹睿的话后，触景生情，从此以后，更加爱护曹睿。他也不再听信郭贵妃的谗言了，后来还立曹睿为太子，让他当上了皇帝。

　　上面的故事说明了这样一个道理，面对不愿意接受劝告的人，有话不能明说时，不妨用比喻、故事等方式来说道理，这样就避免了直接的冲突，而且巧妙地把自己要说的道理传达了出来。

　　拒绝别人和被别人拒绝，是每一个人一生中每天都可能遇到的事情。这是人生的非常真实的一面。谁都有这样的经历，朋友、同事，甚至领导来找自己帮忙，但有时他们所提出的要求是自己没有能力或者不愿意做的。因此，我们或者拒绝了别人的请求，又或者违心地接受了别人的请求，却勉强为之，甚至没有办法兑现承诺。

　　在社会交往中，要直截了当说出拒绝的话，很难出口，然而有时候又不得不拒绝对方。既然我们已经知道，拒绝别人在生活中难以避免，那么我们就很有必要掌握拒绝的技巧了。

　　要拒绝别人，首先要求拒绝者的态度要和蔼。尽可能不要在别人开口请求时就给予拒绝，最好不要对他人的请求迅速反驳，或流露出不快的神色，更不要藐视对方，坚持完全不妥协的态度，这些都是不妥当的。我们应该以和蔼可亲的态度诚恳地应对别人的请求。

　　拒绝对方要开诚布公，明确说出拒绝的原因。拒绝对方时，不要采取模棱两可的说法，令对方摸不清你的真实意思，从而产生许多不必要的误会，导致彼此关系破裂。

　　拒绝时不要伤害对方自尊心。当对你有恩的人来请求你做事时，确实非常难以拒绝。但是，只要你能尊重对方，真诚地讲出自己的难处，相信对方也是会理解的。

　　拒绝对方，要给对方留一个退路，也就是给对方留面子。你必须自始至终很有耐心地把对方的话听完，当你完全听完对方的话后，心里应该有了主意，这时再来说服对方，就不会使对方难堪了。

　　若要对付的是一个很难缠的人，拒绝他时，最好避免视线直接接触，选择位置以斜、横为佳。如果很有把握能够加以拒绝的话，则只管与对方面对面坐下。当你选择地点来拒绝对方时，还要考虑到时机问题。有时候，拖延一段时间，审慎选择机会，会使得原来紧张的局面完全改观，这也是一种拒绝的技巧。

轻松之中介入敏感话题

人际关系之中，有些话题是比较敏感的，比如，钱财问题，如果员工想让老板加薪，把话直接说出来，难免会影响个人在老板心中的形象，弄不好还会丢掉饭碗。当然，在说这些敏感的话题时，绕得太远或太过含蓄也不好，老板可能会装作没有听懂。既要直接表达意思，又不能说得太直白，这个时候，可以借助轻松的幽默，在说说笑笑之中就有效地传达了信息。

有一位工作非常勤奋的工程师，在一家外企工作。他工作认真，勤于思考，如果在工作中遇到问题，会很快地进行研究，寻找可行的解决方法。通过他的努力，公司在工作效率上有很大的提高。老板虽然高兴，但是却并没有按照规章制度给他发奖金。有一次，他又提出了一条有效的建议，老板听后非常高兴，拍着他的肩膀说道："好好干，我不会亏待你的。"凭工程师的经验，他觉得这种话又是说说而已，为了能让老板兑现，工程师面带微笑地说道："谢谢老板，我非常相信你的话，我想我在这个月的薪水袋里一定会发现您这句话的。"

老板听了他说的话之后，立刻点头说道："那是当然，那是当然的。"果然，在领工资时，工程师如愿得到了额外的奖金。

在涉及钱财这个敏感的问题时，不仅是老板和员工之间不好直接说，就是夫妻之间直接说也不合适，处理不好可能会伤了感情。这时如果适当地采用幽默的方式，不仅解决了问题，也不会伤了和气。

一对夫妻的感情非常好，已经在一起生活了七八年，由于双方的父母都已经年迈，夫妻俩要承担起他们的生活费用，两个人商量了一下，决定给每一方的父母每月寄500元钱生活费，这个事由妻子来负责。妻子当下同意了丈夫的决定，可是在寄钱时，她却给自己的父母寄了500元，给公婆只寄去了400元。

一年之后，丈夫知道了此事，他想问问自己的妻子，但是这样的话，两人肯定会大吵一架。有一天，他终于找到了一个合适的机会。夫妻俩有一对刚刚3岁的双胞胎儿女，两人对这对孩子十分疼爱，从来不让谁多哭一声。这一天，丈夫下班之后，发现儿子在哭闹，女儿在旁边静静地玩，他抱起女儿亲了起来。妻子从厨房出来一看，便说道："女儿玩得好好的，让她自己玩吧！儿子在哭，你快去哄一哄他呀？"丈夫不紧不慢地说道："女儿好啊，女儿比儿子好，女儿是500元钱的，儿子是400元钱的，我当然抱多的了！"

妻子一听红了脸，哄好儿子之后就回厨房继续做饭。从那以后，就给公婆也寄去500元钱了。

随意说笑的方法或者使用幽默的语言，将自己所要表达的信息传递给对方，既达到了自己的目的，又没有伤和气。在应用这种方法时，一定要把握好机会，如果没有合适的机会，就会说得很生硬，达不到理想的效果。当然，在有些情况下，也可以适时地创造一些机会。

宋太祖赵匡胤经常激励自己的大臣，常常做一些许诺。他对大臣张思先说道："因你这次为君为国做出如此重大贡献，我决意让你官拜司徒。"

张思先信以为真，就一直等着皇帝的旨意。可是等了好久都没有消息，自己又不好意思当面问，怕问不好反而惹恼了皇帝，不用说不会提升，就是现有的官职也未必保得住了，于是他想出了一个好办法。

这一天，张思先故意骑着一匹瘦马从赵匡胤面前走过。看到赵匡胤之后，他就惊慌地跳下马给赵匡胤请安。赵匡胤问道："你这匹马为何如此瘦？是不是你不好好喂它？"张思先赶紧答道："一天三斗。"赵匡胤一听，说道："那喂得可够多的了，吃了这么多，为何还如此瘦？"张思先答："我答应给它一天三斗粮，可是我没给它吃那么多。"赵匡胤一听，大笑起来。第二天，他就下旨任命张思先为司徒长史。

张思先骑了一只瘦马在赵匡胤面前表演，成功地创造了说出自己要求的机会，既博得了皇帝的大笑，又轻松地解决了问题。

生活中难免会遇到这样的情况，亲人、朋友、同事等有时会要求你做一些事情。而这些要求有的根本就不合理，有的超过了你的能力范围，总而言之，你的内心是不情愿的。但是，你担心别人会因此而不高兴，甚至会影响到日后双方的交往，只好硬着头皮应承。然而，事后你自己却会因此感到沮丧。

就这样，你做着自己不愿意做的事，你允许别人不断地利用你，你心中的不满日积月累。有一天，你终于失去了耐心，把积累的怨气一并爆发，可想而知，结果将会如何？

比如，在看电影的时候，有两个人在前面大声地讨论着剧情，妨碍了你观看电影。如果你对着他们大声地嚷："你们两个人是怎么搞的？说话这么大声，吵死人了！别人还要看电影呢！"这样的反应，固然可以达到目的，但却容易引起旁人或对方的不快，而你自己似乎也表现出了不必要的怒气。那么，怎样才能有效拒绝别人呢？最好的方法是"有礼有力"。所谓"有礼"，即有礼貌，就是要尽量照顾别人的权益和情绪，说话用词要委婉一些，切忌生硬地顶撞别人；所谓"有力"，是指有力量，你要明确地表达出自己的所想，尽量让对方知道你内心的不愉快。

你可以委婉地说："对不起，我听不清电影里在讲什么。"由于你讲的是自己的感受而没有怪罪别人，对方一般比较容易接受。

在生活中，要想拒绝别人其实并不难。学会说"不"的实质就是学会自如地表达否定的、不愿意的感受，以直率、坦诚和恰当的方式表达你当时的感受。

例如，一位老乡向你借钱，但是他经常借而不还。你可以说"我没零钱，不能借给你。"或者"对不起，我今天带的钱刚好有急用。"如果你的一位好友热情地向你递支烟，非要你吸不可，此时你就可以说："谢谢你，但是我现在实在不想抽烟。"

有些人敢于说出自己的想法，但是表达的感情不是十分充分。所以，你就应该使自己"在语音里再多点感情""谈话时再生动些""多用手势""再直截了当些""脸上再多点表情"等。

对于不容易表达自己真实感情的人，要充分使自己进入交流，注入全部的感情，然后再逐渐加上表情、手势、适当响亮的声音、注视对方的眼睛等，使自己更显得胸有成竹，显得更有力量。因此你就应学会多用像"我喜欢你这样做""我不喜欢你这样做""我很高兴你这么说""我不高兴你这么说""我要你做……""我不要你做……"这样的句子。

学会合理地拒绝就掌握了生活的主动权，从而使你更加轻松自如。既不担心与他人接近，又不想与他人进行争辩，你的行为是超乎自然的，有多少能力就表现多少。这种自我维护的改变，能够使你有更多的时间专心于做自己该做的事，也使他人能够意识到你的权利，真正理解并尊重你。

曾经有一位读过《围城》的美国记者想见钱钟书先生，钟书先生一向是淡泊名利的人，于是他就在电话中婉拒道："假如你吃了一个鸡蛋觉得不错，又何必一定要见那个下蛋的母鸡呢！"在此，钱先生以其特有的幽默和机智，运用新颖、别致而又生动、形象的比喻，拒绝了那位美国记者的请求。既维护了那位记者的自尊，又避免了不必要的麻烦。

善于拒绝的人，不仅能使自己掌握主动权，又能进退自如，给对方留足面子，使交际双方都免受尴尬之苦。

拒绝对方当然会引起对方的不快，但是对于别人对我们提出的要求，有时我们必须加以拒绝。那么，怎样才能尽量地把这种因拒绝而可能引起的不快控制在最低限度之内呢？这就需要我们在拒绝别人的时候，巧妙地说一些话，既能为自己开脱，也不会让别人难堪。

（1）你可以寻找一个非个人的原因作为借口，即推脱。

当一位同学约你晚上到另一位同学家去玩，你想到还有许多作业要做，实在不想去，你就可以说："真不巧，今天晚上爸爸要给我辅导作文，以后再说吧。"如果一位好朋友在你上晚自习的时候邀你去看电影，你当然不能去，这时怎么说呢？"我们班主任刚刚宣布任何同学自习时间都不能离开教室，我恐怕去不了。"这样就可以避免对方对你的责难。

（2）在拒绝别人之前，可以表明自己是心有余而力不足。

有人邀请你双休日去郊游，而你对这个时间早已作了安排，怎样拒绝他呢？"郊游？太棒了！我早就想和你一起好好到郊外玩玩了，可是……"由于你对没有答应他的要求表示了遗憾，他虽遭到拒绝，但心里还是会理解你的。

（3）学会通过诱导使对方否定自己提出的要求来达到拒绝的效果。

有一位同学，在学校正常上课期间想利用父亲出差的机会去泰山游玩，向班主任老师请假，这当然是违反学校纪律的。班主任老师可以直截了当地拒绝他，甚至批评他。但是，这位班主任老师对这位学生说："能和爸爸一起去泰山游玩，确实是件美事，不过，这几天我们学校要举行作文比赛，我们班还指望你拿名次呢！去泰山游玩的机会多得很，以后我们找个放假的机会多组织一些同学一块儿去玩不是更好吗？"这位同学听了班主任老师的话后说："老师，那我这次就不去了。"他高高兴兴地收回了自己的请求。你不觉得这位班主任老师拒绝得十分高明吗？人们都不愿意自己的愿望遭到拒绝，对方一个断然的"不"字，更有可能伤情面。所以，拒绝的语言要特别注意礼貌和分寸。

总而言之，当你拒绝别人时，通常要用最委婉、最温和的方式表达你的不同意见。必要时，你要用委婉和坦诚的语气，向对方详细解释不能答应其要求的理由，而不是生硬的拒绝。所以，面对这种难题，有时我们不得不使用拒绝的语言。

①歉意的表达。"对不起，让您失望了！""很抱歉，我实在不能……""请您原谅……"这些话绝不是可有可无的。没有它，将使你显得高傲和不近人情。因此，为不能满足对方的愿望而致歉是非常必要的。

②好意的感谢。如果对方发出游玩的邀请或赠送礼物等，而你出于某种原因需要拒绝时，要称赞和感谢对方的热情友好，并表示非常高兴接受这份心意。比如"你对我非常关心，你这番心意我领了！""谢谢你的好意！"这样做来，对方即使被回绝，仍觉得你是个通情达理的人，因为你理解了他的美好用意。

③恰当的借口。虽然找到借口来拒绝对方是不礼貌的。但是，借口是生活中必不可少的。在许多情况下，要拒绝对方的某一要求而又不便说明理由，也不便向对方说什么道理，不妨寻找恰当的借口（或托词），以正当的、不至于被对方责怪的理由来回避对方的要求。例如，你不太喜欢同某一同学一起玩，可他偏偏硬拉着你去打球，而你又没有拒绝的理由，不妨找一个既达到了拒绝的目的，又不伤他自尊的借口，你可以说："对不起，我妈妈让我早点儿回家。"

另外，最重要的是，当对方向你提出某种无理的要求时，以上所说的拒绝的方法都不适用，这时，你对他拒绝的语气应该是毫无疑问且不容商量的。

察言观色巧拒绝

拒绝一个人的方法很多，但是所有的方法都以一个原则为核心，那就是尽量减少对方的挫败感，不让对方产生不受尊重的感觉，不让对方感觉丢面子、伤感情。既不用说出"不"，又能表达出拒绝的意思，这就是最漂亮的拒绝话了。

（1）巧妙回避法。

若不好正面直接拒绝，可以采取方法巧妙回避，比如说可以转移话题，或者可以给一个似是而非的答案，或者可以空泛地回答。

例如，一位发达国家的外交官问一位非洲国家大使："贵国的死亡率想必不会低吧？"大使回答："同你们国家一样，每人死一次。"

现实生活中，常常有人说话不自觉地就触到了"雷区"——说话的禁忌之处。比如，有人问到了你的工资，可是你不想回答他，又不好指责他不该问，你就可以说"刚刚维持生活。""算是进入小康了！"等空泛的概念，或者你可以说"和你的差不多。"这样既没有拒绝他，也没有说出自己不愿说的话。

（2）找个合适的"挡箭牌"。

当你去商场时，如果商场开着大门，保安却把你拦在门外，你可能怨气冲天，但是当商场关上门，挂上"暂停营业"的牌子，你就会明白是什么意思，毫无怨言地走开了。这个"暂停营业"就是一块很好的"挡箭牌"。有时开口拒绝对方也不是件容易的事，一旦面对对方又下不了决心，总是无法启齿。这时，就可以找个合适的"挡箭牌。"

明朝时，有一位叫周新的官员，曾任浙江按察使。在求他办事时，许多人常给他送礼。每次拒绝这样的事时他都要费许多口舌，还弄得送礼的人负气而归，为此，他得罪了不少人。这一天，有一个人给周新送来一只又肥又嫩的烤鹅，周新拒收，可对方把烤鹅往桌上一放，就跑出了门。周新看着这只鹅，就想出了一个办法，他命人把烤鹅挂到了屋子的后面。一天，两天……数日过去了，那只鲜嫩的烤鹅变得又干又硬，落满了灰尘。这时又有人来送礼了，周新也没有说话，让侍从把送礼的人带到屋后，看了看那只落满灰尘的烤鹅，侍从还讲解了有关这只烤鹅的来历，送礼的人一边称赞周新清廉一边带着礼物回去了。这只挂着的烤鹅就成了周新最有效的"挡箭牌"了。

有些人因被拒绝后会觉得没面子，他以为这种拒绝只针对他一个人，若是用"挡箭牌"，他就会发现不是单独针对他一个人，对所有人都是如此，心里就不会因为丢面子而怨恨了。

（3）借别人的口，说出自己的话。

在我们写文章时，常常引用别人的话来证明自己的观点，在说"不"时，我们也可以采用这种方法。当然，这绝不是嫁祸于人，让被拒绝的人怨恨别人，而是巧妙地引用一下别人的话，让对方从这些话中明白拒绝的意思。

郑板桥曾经当过县令，为官清正，不惧权贵。当地有一个恶霸叫李卿，仗着他父亲李君是当朝刑部大官，他在乡里为非作歹。有一次，李卿犯了事，郑板桥就命人把他抓了起来。李卿的父亲李君听说后，立即来找郑板桥。他知道自己儿子的罪行，也了解郑板桥的脾气，所以就没有直接说求情的事情。李君见郑板桥的屋里放着文房四宝，就对郑板桥说："郑兄，你我题诗作画以助雅兴，如何？"郑板桥爽快地答应了。李君当即提笔在纸上画了一片尖尖的竹笋，上面飞着一只乌鸦。郑板桥则挥笔画了一丛细长的兰草，中间还有一只蜜蜂飞舞。李君画完后笑着对郑板桥说："郑兄，我这画可有名堂，叫'竹笋似枪，乌鸦真敢尖上立？'"郑板桥微微一笑说道："李大人，我这画也有讲究，叫'兰叶如剑，黄蜂偏向刃中行！'"李君本想以自己的地位吓一吓郑板桥，可是郑板桥却不惧怕。一见这种状况，李君赶紧变换招数，提笔在纸上写道：燮乃才子。郑板桥名叫郑燮，他这是有意在恭维郑板桥。郑板桥则在纸上写道：卿本佳人。李君解释道："我这'燮'字是郑兄大名，你的'卿'字可是……"郑板桥笑着说："当然是贵公子宝号了！"李君听了眉开眼笑："承蒙郑兄关照，既然我儿子是佳人，那就请郑兄手下留情，放他一马！"

郑板桥笑着说："李大人怎么糊涂了？唐代李延寿不是说过'卿本佳人，奈何作贼'吗？"李君一听，无话可说，拂袖离去。

郑板桥借用唐代李延寿的话，巧妙地表达出了自己的想法。在现实生活中，如果遇到相似的情况，可以采用一些古人说的话或者影视作品中的台词，都可以巧妙地回避了说"不"，又表达了拒绝的想法。

发出有人情味的逐客令

朋友之间促膝长谈，彼此之间交流思想、增进友谊是生活中的一件大事，也是有关自己利益的大事。

宋朝著名词人张孝祥在跟友人夜谈后，忍不住发出了"谁知对床语，胜读十年书"的感叹。但是在现实中，也会有截然相反的情形。下班吃过晚饭之后，你很想找一个安静的时间读一些书，但是那些不请自来的"好聊"分子又要扰得你心烦意乱了。"好聊"分子唠唠叨叨，没完没了，一再重复你毫无兴趣的话题，还越说越来劲。你勉强敷衍，焦急万分，极想对其下逐客令但又怕伤了感情，故而难以启齿。

但是，你要"舍命陪君子"的话，就会白白浪费宝贵的时间。鲁迅先生说："无端的空耗别人的时间，无异于谋财害命。"任何一个珍惜时间的人都不甘被别人"谋财害命"。

那么怎么样对付这些客人呢？最好的办法就是运用高超的语言技巧，把"逐客令"说得美妙动听，做到两全其美，既不挫伤好话者的自尊心，又使其变得知趣。

将"逐客令"下得有人情味的方法有以下几种。

（1）以婉代直。

用婉言柔语来提醒或暗示滔滔不绝的客人，让他知道主人并没有多余的时间跟他闲聊。与冷酷无情的逐客令相比，这种方法更容易被对方接受。

例如，"今天晚上我有空，咱们可以好好畅谈一番。不过，从明天开始我就要全力以赴写职评小结，争取这次能评上工程师了。"这含意就是请您从明天起就别再打扰我了。"最近我妻子身体不好，吃过晚饭后就想睡觉。咱们是不是说话时小声一点？"这句话用商量的口气，却传递着十分明确的信息，意思就是你的高谈阔论有碍女主人的休息，还是请你少来光临为妙吧。

（2）以写代说。

有些爱乱侃的人对婉转的逐客令可能会意识不到。对于这种人，可以用张贴字样的方法代替说话，让人一看就明白。

根据具体实际情况，我们可以贴如"我家孩子即将参加高考，请勿大声喧哗""主人正在自学英语，请客人多加关照"等字样，制造出一种惜时如金的氛围，使爱闲聊者理解和注意。一般，字样是写给所有来客看的，并非针对某一位客人，所以不会令某位来客难堪。

（3）以热代冷。

用热情的语言、周到的招待代替冷若冰霜的表情，使好闲聊者在"非常热情"的主人面前感到今后不好意思多登门。爱闲聊者一到，你就笑脸相迎，沏好香茗一杯，端出瓜子、糖果、水果，很有可能把他吓得下次不敢贸然再来。你用接待贵宾的高规格来招待他，他一般也不敢老是以"贵客"自居。

过分热情的实质无异于冷待，这就是生活辩证法。但以热代冷，既不失礼貌，又能达到逐客的目的。

（4）以攻代守。

用主动出击的姿态堵住好闲聊者登门来访之路。先了解对方一般每天几点到你家，然后你不妨在他来访前的一刻钟先去他家做客。于是，你由主人变成了客人，他则由客人变成了主人。这时，你就掌握了交谈时间的主动权，想何时回家，都由你自己安排了。你上门拜访的次数一多，他就会让你给黏在自己家里了，原先每晚必上你家闲聊的习惯很快会改变。以攻代守，先发制人，是一种特殊形式的逐客令。

（5）以疏代堵。

闲聊的人可以利用闲聊来消磨时间，原因是他既无大志又无高雅的兴趣爱好。如果改用疏导之法，使他有计划要完成，有感兴趣的事可做，他就不会常去你家了。显然，以疏代堵能从根本上解除闲聊者上门干扰之苦。

怎么样对这种类型的人进行疏导？如果他是青年人，你可以这样激励他："人生一世，多学点东西总是好的，有真才实学更能过上好生活，我们可以多学习学习知识，充实充实自己。"如果他是中老年人，可以根据他的具体条件，诱导他培养某种兴趣爱好，一旦有了兴趣爱好，你请他来做客也不一定能请到了！

第六章　真正的高情商，让说话更幽默

得体的幽默最能取悦人心

语言的表达，是人与人之间感情交流的主要渠道，语言障碍无疑是人际交往的大敌。因此，在彼此交流的过程中，要设法让双方的心灵距离拉近些，而幽默感恰是取悦人心的神奇力量。

人们常说，幽默是思想、学识、智慧和灵感在语言运用中的结晶，是一瞬间闪现的光彩夺目的火花。因此，幽默的言谈将使你的社交如鱼得水，处处逢源。

美国著名律师曹特是一位善讲自己笑话的人。有一次，哥伦比亚大学校长在登台演说时，把他介绍给听众说："他算得是我国第一位公民！"如果曹特立即抓住这个难得的机会，大模大样地开着玩笑说："诸位静听，第一位公民要开始演讲了。"别人一定认为他是一个没人瞧得起不合时宜的傻瓜。

曹特想既要用这个介绍词幽默一下，又要让听众产生好感，他顿了顿嗓子，说："刚才校长先生说的第一位公民，大概是指莎士比亚戏剧中常常提到的公民。校长先生一定是研究莎士戏剧极有心得的人。他替我介绍时，一定又在想到他的戏剧了。诸位听众一定知道莎士比亚是常常把公民穿插在他的戏剧中，充任无关紧要的配角，比如第一公民，第二公民之类，这些配角每人所说的话大都只有一两句，而且多半是毫无口才，没有高明见识的人。但他们差不多都是好人，即使把第一等、第二等的地位交换一下，也根本不会显示他们之间有任何不同之处。"这个幽默的开场白，使曹特既保持了谦虚的风格，又显露了博学多识，立刻赢得听众的好感。

有人说，当你同别人一起笑的时候，感情也就和他人之间得到了交流。很多人之所以招人喜欢，让人愿意与其交往，不仅因为他是个极有才华的人，更主要的原因是他的幽默能够活跃气氛，给人留下深刻的印象和美好的回忆，使得彼此之间第一次交往就变成朋友之间友好的聚会。

蔡元培70岁生日时在国际饭店设宴，上海各界人士专程前来为他祝寿，很多人都是蔡元培第一次见到。

于是，在致辞答谢的时候，蔡元培幽默风趣地说："诸位来为我祝寿，总不外要我多做几年事。我活到了70岁，就觉得过去69年都做错了。要我再活几年，无非要我再做几年错事喽。"

宾客一听，哄堂大笑，整个宴会充满了欢声笑语。

蔡元培的幽默使得新朋旧友都避免了拘谨和尴尬。假如摆出一丝不苟的严谨态度，一本正经地致答谢辞，相信第一次来参加蔡元培寿宴的就不会这样轻松愉悦了。

与人交流的时候，多用一些幽默的语言，不仅可以消除人与人之间的疏离感，还能达到人我交融的美好境界。许多政治家、教育家、艺术家、谈判家都知道，如果把幽默的神奇力量注入潜意识之中，就可以使自己更容易让人亲近，更富有人情味。

一次，美国前总统克林顿在美国有线电视新闻网（CNN）发表竞选演说时说："有人问我除了会吹牛之外，还会吹什么？"克林顿边说边胸有成竹拿出藏在身后的萨克斯管，"今天我要让大家知道，我还会吹这个。"

随后，克林顿拿出了看家本领，一气吹了好几首名曲，他的才艺展示和他的幽默话语，一起帮助他拉近了与选民的距离，颇得选民好感。

幽默能够迅速消除人与人之间的陌生感，并为幽默者增添魅力；幽默也能拉近人与人之间的感情距离，因为一起笑的人表明他们之间已经有了共同的兴趣、爱好，这是社交成功的第一步，也是很重要的一步。

恩格斯曾经说过的："幽默是具有智慧、教养和道德的优越感的表现。"幽默不仅能给周围的人以欢乐和愉快，同时也可以提高个人的语言魅力，为谈话锦上添花。

当然，不仅政要、将军需要用幽默来提升自己作为领导人的魅力，普通人也可以通过制造幽默效果，来增强自己的好感指数。

有一位年轻人新近当上了董事长。上任第一天，他召集公司职员开会。他自我介绍说："我是罗伯特，是你们的董事长。"然后打趣道："就像大家知道的那样，我生来就是个领导人物，因为我是公司前董事长的儿子。"

参加会议的人都笑了，他自己也笑了起来。

他以幽默来证明他能以公正的态度来看待自己的地位，并对之具有充满人情味的理解。实际上他委婉地表示了：正因为如此，我更要跟你们一起好好地干，让你们改变对我的看法。

罗伯特的幽默，无疑消除了下属心中的偏见，也许他还不能证明自己的能力，但至少让员工们看见了他身为企业接班人的人格魅力所在。

可见，富有幽默感的人总是让人印象深刻并受到欢迎的。他能使枯燥的会议气氛变得活跃，朋友间的聚会更加红火热闹；让严肃的上司，松弛了板着的面孔；让拘谨的下属，缓和了紧张的心情。与他相处，不管是初次见面，还是久别重逢，都让人感到轻松愉快。这样的人，怎么能不招人喜爱呢？

所以，学着适当地掌握一些幽默的技巧，给生活增添一道幽默和诙谐的色彩吧。如果能够在初次见面时，就用你的巧语妙言逗得对方开怀一笑，那么，之后的人际交往将会更加愉快！

反弹琵琶，让幽默别具风趣

幽默的高手常常善于发掘自己的潜力，标新立异，出奇制胜。反弹琵琶式的逆向思维型幽默就是其中的一种。这种创新的幽默不仅能在平凡中发现不平凡，有时甚至能化腐朽为神奇。

有一个香烟公司的老板，在街中心大声地宣传着："新牌香烟芳香可口，余味无穷，还可防虫牙，除百病，还有其他好处……"

这时，突然从人群中走出来一个老头，他帮着老板说："其他的好处我来补充：小偷不敢进屋，狗不会咬，永远不会老……"

这位老板听了喜形于色，赶忙和老头握手，并向他又是点头又是敬烟，然后毕恭毕敬地要求老头向听众解释他的话。

老头平静地说："抽烟的人整夜咳嗽，小偷敢进屋吗？抽烟的人身体虚弱，走路拄着拐棍，狗敢咬吗？抽烟的人易患癌症，能活到老吗？"

听到这番解释，人群哄然大笑起来。

这就是运用了反话正说，欲贬却褒，明褒实贬的幽默方法。这位老人就让我们在这样的反差中感受到了幽默的力量。

有时，我们还会遇到一些一说话就喜欢口出狂言的人，你若与他正面交锋，很可能造成两败俱伤。这时候就不妨使用一下"反弹琵琶"的技巧。可以先顺承对方的意思，对对方所说的话加以肯定，然后急转直下，说出相反或不同的观念。使对方冷不丁受当头棒喝而晕头转向，失去招架之功。

"反弹琵琶"不在乎力量的强弱，而在于把握时机，时机把握准了，即可达到"四两拨千斤"的效果。

"文革"期间，某小学教师因打了妻子几下，而遭到了批斗。

大会上，台下的群众都知道教师的妻子与造反派的头头有染，不禁为教师感到不平，但大家敢怒而不敢言。

教师的妻子被安排先上台发言，控诉教师的"罪行"，她声泪俱下地说："他不把我当人看待，把我当成他的私有财产"。

这时，一位下放的知识分子突然跃身上台，指着教师说："你是个读书人，怎么能把你的老婆当成私有财产呢？你犯了严重的错误，必须彻底认罪。"

造反派头头和教师的妻子听到这话后，均露出了得意的笑容。忽然又听到那位下放的知识分子提高嗓门接着说道："你必须意识到错误，并吸取教训，今后一定要把你的老婆当成公有财产，否则，只有死路一条！"

台下沉默的人群顿时哄然大笑，只见教师的妻子和造反派头头羞臊得满脸通红，久久说不出话来。

可见，在某些敢怒不敢言的时刻，"反弹琵琶"式的反驳方式是非常有用的。它不仅能够寓讥讽于无形，在很多时候，它还能有效地帮助人化解危机。

一位演讲家在一次演讲中打了一个比喻，说："男人，像大拇指；女人，像小拇指。"

话音刚落，全场哗然，女听众们强烈反对演讲家的这一比喻，认为这是贬低了女性。演讲家立即补充道："女士们，人们的大拇指，粗壮有力，而小拇指却纤细、灵巧而且可爱，不知诸位女士，哪一位愿意颠倒过来？"

这句话就好像一颗灵丹妙药一般，立即平息了女听众的愤怒，让她们相视而笑。

演讲家以大拇指喻男人，以小拇指喻女人，几乎引起会场轩然大波。这不奇怪，因为按一般人的观念，大拇指是顶呱呱的象征，而小拇指是差劲的象征。但演讲家实际上是蓄意正话反说，他把女听众弄得嗔怒之后，一下把原比喻翻转过来，揭示出他的正面意思。

在社会生活，甚至是外交场合的对话中，庄重严肃的话题也并不一概排除诙谐幽默的多种语言表达方式。相反，只要运用巧妙，有时还会收到庄重直言未能实现的效果。

德国外长根舍在与我国外长吴学谦会谈后说："我认为这次讨论是有成果的，我只对一点感到失望。"在场的人都吃惊地等着他的下文。根舍接着说道："我感到失望的是，根本没有一个问题是我同我的中国同事可以为之争论的。"

可以想象，这样似贬实褒的言语，必定会使会谈气氛和两国关系都显得无比融洽。

一般来说，生活中的人们通常都习惯顺向思维，如果你在展示幽默的魅力时，能够从反面出发，反弹琵琶，则能见人之所未见，发人之所未发，从而形成一种强烈的新奇感，引起人们的兴趣，产生更强烈的幽默效果。

不要忽视幽默的"战斗力"

在人际交往中，会结识形形色色的人、会处在不同的环境，因此经常会遇到对方的刁难和棘手的问题。而对这种情况，如果气急败坏，会显得有失风度；但也不要说不出话来，具备必要的幽默技巧是最好的"挡箭牌"和"武器"。它既确保人格尊严，又表现出敏捷的才思、宽大的胸怀。

谌容是当代著名的女作家，她在访美期间，有一次应邀到一所大学演讲，台下的美国朋友提出了各种各样的问题，她都坦诚地一一给予答复。

当有人问道："听说您至今还不是中共党员，请问您对中国共产党的私人感情如何？"

谌容敏捷地说："你的情报很准确，我确实不是中国共产党党员。

但是，我的丈夫是个老共产党员，而我们共同生活了几十年，尚未有离婚迹象，由此可知我同中国共产党的感情有多么深！"

谌容用偷换论题的方式巧妙地回答"对中国共产党的私人感情"问题，不仅机智得体，而且圆满缜密，使对方无可挑剔。

同样，英国著名的剧作家萧伯纳也是一个很善于运用幽默进行防卫反击的人。

有个资本家企图在萧伯纳的演出中当众羞辱他一番，他大声说道："人们说，伟大的戏剧家都是白痴。"

萧伯纳笑着回敬道："先生，我看你就是最伟大的戏剧家！"

资本家十分尴尬，此前的嚣张气势顿时消失了。

萧伯纳正是运用了讽刺的幽默，给予了对方有力的回击，维护了自己的尊严，从遭受侮辱的境地中解脱出来。

奉系军阀张作霖在面对日本人的恶意攻击时，也用了幽默的语言很好地回击了他们。

有一次，张作霖应日本人邀请出席酒会。在酒会上，这位东北"土皇帝"派头十足，威风凛凛，使在场的日本人大为不快。日本人设计要当众羞辱张作霖，以发泄他们内心的积懑。

酒会场上，灯红酒绿，人头攒动。三巡酒过，一个日本名流离席而去。不一会，他捧来笔墨纸张，定要张作霖当场赏幅字画。他们以为张作霖是"土包子"，斗大字不识一箩筐，定然会当众出丑。

不料，张作霖接过纸笔，竟不推辞，写完后，冷笑两声掷笔而去，旁若无人地坐回自己的席位。众人齐看纸上写的是"虎"字，落款为"张作霖手黑"。

张作霖的秘书凑近张作霖小声说："大帅，您的落款'手墨'的'墨'字下面少了一个'土'，成了'黑'字了。"张作霖听了，两眼一瞪，大声骂道："你懂个屁！谁不知道在'黑'字下面加个'土'字念'墨'？我这是写给日本人的，不能带土，这叫'寸土不让'！"在场的日本人听了，个个张口结舌。

像张作霖这样，面对日本人的蓄意挑衅，采用精妙的冷幽默不仅可以巧妙解决尴尬，更可以有力地回击对方，令其毫无招架之力。

可见，用幽默针对他人的侮辱进行批驳，就能很好地给对方一记重击，而且这种反击也显得既刺骨又不乏趣味，在实际中它需要把自己的思维潜在能量充分调动起来加以运用。它在生活中常常也对我们维护自己的权益发挥着相当大的作用。

一日，老邢买了一条围巾往家走，快到家门口时，看到邻居家的女孩也拿着一条同样的围巾往家走。老邢高兴地说："姑娘，你也买了这样的围巾，挺好的，暖和。"

"嗯，邢爷爷，我觉得也是，而且才10块钱，多划算啊！"女孩开心地应道。

老邢一听，顿生怒火，转身去找卖围巾的小青年："喂，这条围巾，你刚才卖给一个女孩10块钱，为什么卖给我时却要了20块？你这不是欺骗消费者吗？"

"谁欺骗你了？那是因为刚才那个女孩是我的亲戚。"

老邢听完，没再说话，而是又从摊位上拿起一条围巾就往外走。小青年紧追上前，拉住老邢问道："你干什么？拿东西不付钱，想抢啊？"

"咱们是亲戚啊，还用付钱吗？"老邢从容地问道。

"谁跟你是亲戚？"青年怒气冲冲地问。

"你不说你跟刚才那个女孩是亲戚吗？我是她爸爸！"

老邢的一句话，顿时让小贩说不出话来了。

小青年的话本是想气老邢，老邢却抓住时机，运用幽默的智慧，也跟着攀亲。由于都是假亲戚，以假对假就产生了一种荒诞，这样荒诞的幽默起到了很好的讽刺和还击作用，在气势上给了小伙子一个教训。可想而知，假如老邢采取硬碰硬的态度，与小伙子一味地争吵或者动起手来，想必都不会占到什么优势。

所以，当你处在一种相当狼狈的境地，备受他人攻击和恶意侮辱时，你无须惊慌失措，也不必十分愤怒，或者万分沮丧，因为这一切都无法帮你从遭受挑衅和侮辱的境地中解脱出来。在这种时候，就需要你把自己思维的潜在能量充分调动起来，运用幽默语言做出超常的发挥，给对方以反击，就可以帮自己轻松地摆脱困境。

将不满隐藏在幽默中

与人交往，总不可能事事如愿。因此，我们常常抱着忍耐的心态，对于那些无关紧要的小事就尽量让它一带而过。然而，有时候，过多的容忍会让你丧失原则。当你对某人或某事产生了意见，但又不方便直说时，也不妨神色自若地使用一下幽默，在保全了双方的颜面同时，又能达到目的，可谓是一举两得的最佳方案。

一次，威尼斯新执政官上任，举办了一场宴会，诗人但丁虽然与宴会主办方并不熟悉，但因为很有名望，也受到了邀请。宴会上，侍者献给意大利各城邦使节的是一条条很大的煎鱼，而给但丁送上的却是几条小鱼。

但丁没有品尝佳肴，于是故意当着主人的面，把盘里的小鱼逐条拿起靠近耳朵，然后又一一放回盘中。宴会主人见此情况，就问但丁，为什么做这种莫名其妙的动作。

但丁站起身来，清了清嗓子，以在场所有人都能听到的音量回答："几年前，我的一位朋友，很不幸在海上遇难。自那以后，我始终不知道他的遗体是否安然埋于海底。所以，我就问问这些小鱼，也许它们多少知道一些情况。"

宴会主人对此很感兴趣："那么，它们又对你说了些什么呢？"

但丁故弄玄虚地回答："小鱼们告诉我说，那时它们都很幼小，对过去的事情不太了解，不过，也许邻桌的大鱼们知道一些具体情况。它们建议我向大鱼们打听打听。"

宴会主人不由得笑了，转身责备侍者不该怠慢贵客，吩咐他们马上给诗人端上大煎鱼。像但丁这样，在宴会中受到不公平待遇，又因为与主办人的不熟悉，沟通不畅而互相也不够了解，换了别人，很可能早已愤怒离席。但是但丁不仅没有拍案而起，反而将自己的不满幽默婉转地表达出来。这种幽默既指出了对方过失，同时又因自己提出要求的委婉技巧，而使任何人听了都不可能无动于衷，因此，必然是一边为对方机智的谈吐逗笑，一边又不无歉意地请求对方原谅自己的考虑不当。

这样，无须在言语上发生冲突，就其乐融融地达到了双赢的境界。而且相信宴会主人看了但丁的"滑稽"表现，一定会忍俊不禁。两个原本陌生的人，关系就在这一刻被拉近了。

而对于批评人而言，幽默也有着其他语言技巧不可比拟的作用。

罗西尼是 19 世纪著名的意大利作曲家。有一次，一个作曲家带了份七拼八凑的乐曲手稿去向他请教。演奏过程中，罗西尼不住地脱帽。作曲家问："是不是屋里太热了？"罗西尼回答说："不，我有见到熟人脱帽的习惯，在阁下的曲子里，我碰到那么多熟人，不得不连连脱帽。"

对于这位求教的作曲家七拼八凑的乐曲手稿，罗西尼显然非常不满，但他没有点破对方"抄袭""拼凑"，而是用富于幽默的"不住地脱帽"的动作和"碰到那么多熟人"的解释，暗示了自己尖锐的批评意见，这种批评虽不如直说那般鲜明尖锐，但它不仅生动形象，而且，更富于讽刺意味且耐人寻味。

萧伯纳是英国著名的文学家，他运用幽默的能力也堪称一绝。

萧伯纳的脊椎骨一直受病痛折磨，在一次去医院检查的时候，医生对萧伯纳说："有一个办法，从你身上其他部位取下一块骨头来代替那块坏了的脊椎骨。"并说，"这手术很困难，我们从来没有做过。"医生这样说的潜在意思是想多要点手术费。

萧伯纳当然明白他们的意图，但他并没有与医生争论，也没有向院方表示自己的不满，而是幽默地淡淡一笑说："好呀！不过请告诉我，你们打算付给我多少手术试验费？"

这样，医生顿时无话可说。

本来一个很棘手的问题，被萧伯纳处理得极其巧妙，从而避免了不愉快。真可谓高明之至。

对于日常生活而言，这样的幽默技巧也可以随处使用，而且基本会屡试不爽。

姜维是一个很大男子主义的人，将聪明貌美的简芳追到手之后，他很是得意。为了显示一下自己征服美女的魅力，只要有外人在场，无论做什么事，他都会对简芳颐指气使、指东喝西。

一次同学聚会时，大家正玩得高兴，李先生发现烟抽完了，姜维便将一个空烟盒抛给简芳，示意她去买烟。

简芳明白了他的意思，故意问道："亲爱的，没有钱怎么买烟呀？"

姜维一看自己的指令打了折扣，就没好气地说："用钱去买烟，这是谁都会办的事，如果不花钱买来烟，那才说明你有本事呢！"

简芳早就对姜维这样的做法有所不满，本想反驳，但考虑有朋友在场，怕姜维面子上过不去，于是一声不响地出去了。

过了一会，简芳回来了，一进门便将一个空烟盒递给了姜维。

姜维接过来一看，不满地质问道："你给我一个空烟盒，让我们抽什么？"

简芳回敬道："从有烟的盒子里抽到烟，这是谁都会的事，如果能从空烟盒里抽到烟，那才是真正的强人。"

在场的朋友顿时都哈哈大笑起来，姜维不禁为自己刚才的失言尴尬不已。这时，简芳才十分惬意地打开另一盒烟分发给了朋友们。

这样的言语都无不在欢乐的气氛中表达出了自己内心的意见，而且由于委婉而易于被他人接受，既显示出了你的机敏，也给当事人留足了面子。在一片祥和中解决问题，想必是我们每个人都极力追求的境界。

那么，如果你有一些明知会造成彼此矛盾又不得不说的话，那就幽默地说出来吧，诙谐的暗示永远好过当面的指责，两者的结果往往是正好相反的，不信你可以尝试一下！

用一段适合的文字，讲一个适合的笑话

凡事都讲求一个"度"，幽默也有度，只有在一定的"度"之内，幽默才能称其为幽默。如果超过了特定的范围，幽默就会变质，甚至已经不能算是幽默了。

很多人都在为如何把握幽默的度而苦恼。幽默度不够，很难达到令人发笑的效果；幽默太过，则会让听众厌烦。尽管幽默之度难以把握，但是幽默之度也并不是毫无规则可循的。只要用心观察生活，我们很快就会发现幽默的度。

杰米·卡特是美国的第 39 任总统。有一次，卡特乘专机前往饱受旱灾之苦的得克萨斯州某镇，在飞机降落前，该镇忽然下起了雨。

卡特走下飞机，对聚集在那里前来欢迎他的民众微笑着说："你们最需要的，要么是钱要么是雨，我拿不出钱，所以只好带来了雨。"

在还没下飞机之前，卡特总统可能准备了一篇冗长无聊的演讲稿；但当他发现及时雨到来之时，利用当时的情景幽默地开了一个小玩笑，不仅活跃了现场的气氛，而且有效地拉近了跟民众之间的距离。

生活中，我们可能会遇见一些爱吹牛的人。其实，这时我们应该做的就是左耳进、右耳出，不一定非要当众戳穿他们。假如我们想用幽默来调侃他们的吹牛，那必须要小心，因为把握不好就可能会伤及对方的面子，甚至给自己造成无谓的麻烦。

一位歌唱家对自己的朋友吹嘘，他眉飞色舞地说："我昨天的演唱你听没听？我的声音是那样洪亮，几乎连剧场都容纳不下了！"

"是啊！"朋友很清楚他在说谎话，便笑着答道："尽管我没有听到你的声音，却看见观众为了给你的声音腾出空间，一个个都

离开了剧场！"歌唱家顿时涨红了脸。

这位朋友的语言就属于过度的幽默，他当众揭穿了歌唱家的谎言，很让对方下不来台，甚至伤到了对方的颜面。可见，当我们打算用幽默来指出别人的不实话语时，不仅需要发挥自己的机敏，更需要让对方在笑声中感受到一种无言的体贴。

日常生活中，朋友之间的相处大多比较随意，但这并不意味着我们可以随意跟朋友开玩笑。当我们要调侃一些可能让对方不愉快的事物时，最好让自己当主角，拿自己来举例，这样既能幽默适度，又能表现出自己宽广的胸襟。

一位出版社编辑在跟朋友聚会时，有一个朋友笑称他是聪明绝顶之人，只见编辑指了指自己的光头，笑答："不，早就绝顶了！"

说完后，所有的人都哈哈大笑起来。

这位出版社编辑能做到把自己的光头当作幽默的材料，不仅做到了对幽默尺度的把握，还显示出他的豁达自信。毋庸置疑，能做到这一点的人才是一个真正懂得幽默的人。

某集团公司5000多人来参加年会，会上有抽奖环节，送笔记本、手机等。好不容易等到表演结束，进入了抽奖环节。

主持人将员工单号都扔进箱子里，好半天才抽出一张纸条说道："好，我们的大奖终于有得主了，来看看是谁！得主的座位号是……是二百五，好，谁是二百五，二百五是谁，你得奖了，快上来领奖！"

全场轰然一笑，张军看了一下员工单号，居然是他自己，顿时纠结万分：是当二百五呢，还是不当二百五？

最后张军面无表情默默地站起来，一句话也没有说，上去领完奖品就走了。

幽默的尺度其实掌握在大家的手中，在一个适合的人群中做一件适合的事情，用一种适合的语言说一个适合的故事，应景应人，尺度就达到了。

把握了幽默的尺度，幽默就能成为人生路上的波光艳影，成为智慧之源上绽放出来的最绚烂的花朵，成为大家能够享受到的心灵之光。

坏话好说，实话巧说

日常交流中，说话双方都希望对方能对自己开诚布公、实话实说。但在某些特定的场合下，如顾及面子、自尊，以及出于保密等，实话实说常常伤人。因此，要学会实话巧说。

那么，该如何才能做到巧说呢？怎样才能既让人听了顺耳，又能使人欣然接受呢？下面介绍几种方法：

1. 由此及彼肚里明

两个人意见不一，如果实话"实说"，或者直接反驳就会有伤友谊。这个时候就需要采取这种方法，以避免纠纷。

一次事故中，主管生产的副厂长老马左手指受了伤，在医院接受治疗，厂长老丁来病房看望时，谈到车间小吴和小齐两个年轻人技术水平较强，但不受纪律管制，想让他们下岗。老马当时没有表态，只是猛地抓着手指大叫。丁厂长忙问："疼了吧。"老马说："可不是，实在太疼了，干脆把手锯掉算了。"老丁一听忙说："老马，你是不是疼糊涂了，怎么能因为手指疼就锯掉手呢。"老马说："你说得很有道理，有时候，我们看问题，往往会有些片面。老丁，我这手受了伤需要治疗，那小吴和小齐……"老丁马上明白了，忙说："老马，谢谢你开导我，这事我知道该怎么处理了。"老马把手有病需要治疗类比人有缺点需要改正，进而巧妙地把用人和治病结合起来，不仅没使老丁为难，反而还维护了团结，成功地解决了问题。真是非常明智！

2. 抓心理达目的

这个方法更注重心理的揣摩，与人交谈时，要学会洞察对方心理，在掌握对方想法的同时对症下药，从心理上攻破对方防线。

一位穿着华贵的妇女走进时装店，看中一套时装，但因价格昂贵，犹豫不决。这时，一位营业员走过来对她说，某某女部长刚才也看好了这套时装，也因为贵才暂时没买，刚刚离开。于是，这位夫人当机立断去付了款。这位营业员能让这位夫人买下时装，就是因为她很巧妙地抓住了这位夫人"英雄所见略同"和"女部长嫌贵没买，她要与女部长攀比"的心理，巧妙地达到了让夫人买下时装的目的。

3.藏而不露巧表达

用含义较多的词，委婉曲折地表态。

林肯当总统期间，有人向他引荐某人为阁员，因为林肯对这个人品行不满，所以一直没有同意。一次，朋友向他质问原因。林肯说，我不喜欢他那副"长相"。朋友一惊道："什么！你未免太严厉了吧，长相不是他能改变的呀！"林肯说："不，一个人超过四十岁，就应该对他那副'长相'负责了。"朋友当即领会话外音，再也没有说什么。很显然，两人所说的"长相"，根本不是一回事。林肯巧妙地利用词语的歧义性，道出了"这个人品行道德差，我不同意他做阁员"这句大实话，在保护友谊的同时也实现了自己的目的。

实话婉说，直话巧说，是讲话的最高境界，一个人如果能达到这一境界，即使再复杂的人际关系，也能轻松应付，即便是再难处理的问题，也会变成小菜一碟。

献上你的幽默，赢得芳心

跟女孩子第一次接触时，大部分男孩子最惯用的办法是预先设计程序、语言，有的甚至提前准备一张纸条，见面之后直接塞给对方了事。一般情况下，这种办法的效果并不是很理想，因为我们根本就无法预知实际的情形，比如，在什么样的场合、还有谁在场、女孩会是什么态度、说什么话，等等。而使用幽默是不需要预先设定的，它能够敏感地捕捉现场信息，加以引申，产生幽默效果，使对方莞尔一笑。

在人际交往过程中，几乎所有人都有说错话的经历，犯错也是无可厚非、说错了也没关系，只要能迅速想出补救措施就可以化险为夷。许多社交高手都能做到这一点。

在一次私人聚会上，一位男士对坐在他对面的女士产生了好感，为了引起对方的注意，他主动搭讪："见到你很高兴，你丈夫怎么没一起来？"

"对不起，我还没有嫁人……"

"噢，明白了，原来你丈夫是个光棍！"

这位女士先是被男士问得非常尴尬，但立刻被男士的话逗得脸上有了笑容。男士带有冒犯性质的问话没有惹恼女士，因为他含蓄地传达了自己单身及想与女士成为伉俪的讯息，女士从跟男士的交流中也能体味到他的幽默气质，后来，他们真的成了一对情投意合的夫妻。

肉麻的情书有本事让恋人心荡神摇，于是，那些担心面对面地用语言表达爱情会失败的年轻人都会借助情书，因为情书可以字斟句酌、细细思量，自己语言表达不到的地方也可以摘引别人的诗句。比如"你是我的生命"之类，由于情书中大多为修饰过的文辞语句，爱情在情书中被刻意地装饰或肆意地夸张，所以情书比语言表达更能给情人制造想象的空间，更容易打动对方的心。这种修饰或夸张的情话如果稍有过火或不当，其幽默色彩也是非常明显的。下面是一则经典的情书幽默：

有一个大学三年级男生，暗恋一位漂亮女孩。于是写了一封文情并茂的情书，托女孩的弟弟代为转交。

第二天，那位男生又找到女孩的小弟，问他："我的信你交给你姐姐了没有？"

"噢，昨天我姐不在家，我就把信给爸爸了！"

"啊？给你爸爸了？那你爸爸说什么了？"

"我爸爸看了很生气，说你不念书，很无聊，让我把信退给你！"

"那信呢？"

小男孩说："信啊？我昨天去你家还给你，可是你不在，所以我就把信给你爸爸了。"

再来看另一则幽默故事：

有个男孩先给女朋友写了一封情书，然后又给父母写信要钱，结果粗心大意地装错了信封。于是，女朋友收到的信是："亲爱的爸妈，我最近谈了个对象，那女孩花钱很厉害，所以我的钱总是不够用，下次要多寄 500 元。"

而他爸妈收到的信是："我的心肝，我的生命，我一切的一切，我爱你，无论我家老头儿多么反对，我都要爱你一辈子！"

如果说情书在传递上造成的种种幽默在实际生活中并不多见的话，那么情书在文字内容上的幽默可真值得我们细细品味。那一句句火辣辣的话语代表着情感之火尽情地燃烧，或只有用人间最美的事物来比喻和赞美。这些话语源于精心的装饰，在当事者眼中也许是最可心动神摇的，但在旁观者看来，有些明显荒谬的言辞本身就是一种幽默。

看到了吧？这就是幽默的神奇效果。在电影《阿飞正传》中，也有一段让人津津乐道的幽默情话：

在一个慵懒的下午，阿飞对着苏丽珍说："看着我的表，就一分钟。16 号，4 月 16 号。1960 年 4 月 16 号下午 3 点之前的一分钟，你和我在一起，因为你我会记住这一分钟。从现在开始，我们就是一分钟的朋友，这是事实，你改变不了，因为已经过去了。我明天会再来。"

而之后苏丽珍的内心独白，也进一步证实了阿飞幽默情话的效应：

"我不知道他有没有因为我而记住那一分钟，但我一直都记住这个人。之后他真的每天都来，我们就从一分钟的朋友变成两分钟的朋友，没多久，我们每天至少见一个小时。"

如此幽默又有创意的情话，试问有几个人能够抵挡得了呢？正是由于这样，幽默作为一种有效的跟异性交往的方式，使得有情人能够及时抓住身边的好机会，在一见钟情的时候，用幽默的语言将内心深沉的爱恋表达出来。

第七章 言之有理，高情商让谈判更有价值

谈判者需要具备的素质

传统上，很多人在商务谈判场合，都想依赖各种说话技巧，以及编排发言的顺序、内容展开心理战，希望以此来影响和说服对方，最终赢得谈判的胜利。然而，今天的谈判已无输赢之分，而是成败之分。成功的谈判是双方都得到了想要的结果，达成了互惠共赢的合作；失败的谈判是双方都没有得到各自想要的利益，一拍两散。

想要获得一场成功的谈判，作为代表出席的演讲者需要具备四方面的素质：耐心、信心、气度和诚意。从一开始就拟定一个双赢的计划，站在对方的立场上，充分考虑对方的利益，倾听对方的想法和意见。就像外交官一样，既维护己方的立场、原则和尊严，同时也让对方有个体面的形象。

外交部公共外交前办公室主任、新闻司司长秦刚在出席"2013中国外交纵横谈"活动的时候，谈到发言人首先得是爱国者，还要是观察家、思想者、沟通者。他将国际关系比喻为人际关系，谦和坦诚、乐于助人便能够在集体中更受欢迎。反之，自私虚伪、自以为是并非相处之道。秦刚说，新闻司所负责的公共外交工作，重点

106

首先在于解决中外之间相互认知的问题。中国因其发展壮大而在世界上备受关注，很多人在观察、研究中国的一举一动，进而决定其对华政策和措施。

我们在平时的谈判中也是如此。作为企业或公司的代表出席一场谈判时，你首先得是个热爱自己组织的人，坚信组织的策略方针，并对所代表的组织充满信心；同时具备敏锐的洞察力，眼观六路、耳听八方，坐观风云变幻；还要拥有能够解决问题的敏捷思维，对方的一句话不能只去理解字面意思，要在脑子里多转几个弯，否则有可能会掉进对方所设的圈套和陷阱里。当然，还必须懂得如何进行有效的沟通。谦和和真诚不仅是外交官所应具备的素质，在商务谈判中，诚意也在很大程度上影响着结果的好坏。

外交无小事。同样，瞬息万变的谈判桌上也无小事。外交官的话很大气，心思却很缜密。在谈判中，第一个要注意的就是保持耐心，不以自我为中心；先耐心地听对方的想法、意见、要求，然后用心地研究谈判对象，提供给对方最有价值的信息。这句话说起来容易，却有很多人做不好，这是因为立场和角度站得不准确。首先，对什么是"最有价值"的信息的理解有偏差。对你有价值的，对对方来说不一定有价值。你最想告诉对方的，并不一定是对方最想知道的。迫不及待地把自己想说的一股脑全说了，也不管对方爱不爱听，这是很多人在谈判时最容易犯的错误。

第二，谈判时不要表现出急躁感，否则会把自己置于不利的境地。耐心地倾听对方的想法，从对方的话中仔细寻找隐藏的目的。对方说得越多，暴露的信息也就越多，从中筛选出对自己有利的内容，思考应对的方案。在谈判之前，就列出必须要说的部分，其他的内容不要着急说，先观察对方的意图，尤其是当双方就某个问题意见不一致的时候，更要把精力集中在这次谈判所要解决的核心问题上。有时谈着谈着，不经意间就会开始纠结起一些不重要的末节部分，而忽略了最重要的主题。这种时候，需要的就是外交官处变不惊的心理素质。一旦被一些不重要的细节问题纠缠住，谈判的氛围、双方的心态都会受到影响。

在谈判中展现出信心，也是让谈判取得成功的重要因素之一。对方既然愿意和你谈一谈，就说明他也认为有谈的必要，你拥有他想得到的东西。那么，对于自己所具备的优势一定不要过分谦虚，只管高调地介绍你与其他竞争对手的不同之处，也就是你的条件之所以被称之为优势的理由。可是，现实中人们往往容易吹嘘过度，又或者宣传不到位，不知道到底该如何把握这个度。

作为外交官，几乎天天都要面对不同的对象发言，因此对于如何掌握发言内容的尺度，也都很有经验。世界各国的外交官在外交场合，通常都遵循着两条原则："假话不说，真话不全说。"也就是说，既要保证不过分夸大事实或捏造事实，不说假话，同时不把真话说全，不暴露弱点。在谈判中，不说假话就不会心虚，对不利于自己的真相有所保留，就不怕被戳弱点，自然会信心十足，遇到问题也可以坦然应对。外交官代表着国家利益，一言一行都与自己的国家息息相关，因此说话不能鲁莽。

同样，谈判者也代表了一定组织的利益，说话也需谨慎。谈判本来就是商量，如果大家的意见全都一致，就没有谈判的必要了。面对对方提出的不同意见或是反对意见，没有必要感到慌张，更没必要着急和生气。毕竟谈判本来就是解决问题、达成合作的，所以，尊重对方的意见，就事论事，和平协商是最理想的解决方式。

谈判的诚意更多地体现在对对方的了解程度上。所谓知己知彼，百战百胜。想要了解就要研究，认真仔细地研究对方的意图、目的、优势、劣势、位于行业内的位置，以及曾经合作过的企业状况等。把自己这方的功课做足，不至于到时候一问三不知，同时也要把对方情况的功课做足。很多时候我们都是输在信息不足上，比如说不知道自己有这么多钱可以办成多少事，不知道自己这个水平在对方心目中是什么层次，不知道对方想要与自己合作的真正意图是什么，不知道自己哪个方面是被对方看重的……不了解对方就等于没有合作的诚意，谈判过程中就会抓不住重点，说的话无足轻重，产生不了影响力。

由于合作总会涉及利益，因此很难保持冷静，容易在谈判中犯一些错误：

1. 无条件地进攻。有的谈判者在讲话时总是采取主动进攻的姿态，时刻提醒自己要占据主导地位，急于表达自己的观点。其实这种方式会显得你很慌张，得失心很重，抱着这种心态就很容易暴露出弱点。正相反，善于倾听有时更便于掌握主动。

2. 废话连篇。有的谈判者在平时讲话的时候口若悬河，一个小事也可以延伸出很多内容。在日常的闲聊中，这么健谈的人往往很受欢迎，不过在谈判桌上，没有重点的讲话会降低中心观点的可信度。

前文说过谈判前要做足功课，对方在谈判前也会做功课，因此，对方已经了解过了的信息要尽量少说或不说。就一些双方都已知的信息阐述过多，一是对方觉得无聊，二是多说容易错，有时候同一件事换一种说法可能会让对方产生误解。你说得多，别人就会想得多，想得多就容易想偏。多说一些对方还不知道的信息、未知的信息更容易吸引对方的注意力，也会使这场谈判变得更有价值。

3. 一味隐瞒，甚至欺骗。在谈判进行得不顺利时，最容易被急躁的情绪影响，从而口无遮拦地说出一些让自己后悔莫及的谎话。如果双方都是全能的、完美的，那么也就不需要合作了。谈判的目的是加深了解，利用对方的优势来弥补自身的不足，获得双赢。也就是说，有不足才需要合作。因此没必要过分地隐瞒自身的弱项，更不可捏造事实欺骗。把话说好，可以让弱项变强项。比如：尽管我们的规模不大，但是做工精良；虽然没有大型流水线作业，但是我们能够提供私人定制的服务；我们的资金实力虽不能和大型公司相比，但我们的结算周期很短，便于回流资金。

4. 装腔作势。出席谈判的代表很多都是企业或公司里的高层领导，习惯于向下属发号施令，他们把这种态度和姿态也带上了谈判桌。

要知道，对方愿意与你合作，绝不会是因为你端的架子大。现在这个时代拼的是真本事，有没有实力要用数据、用案例说话，让人信服。装腔作势的姿态只会让双方产生隔阂。

外交官的风采听起来似乎很抽象，其实只要对耐心、信心、气度和诚意这四方面的素质有意识地加以训练和提升，"风采"也会自然展现出来。

成功开场，打破僵局

在谈判开场前进行的一切活动，一方面能够为双方建立良好的关系铺路，另一方面又能够了解对方的态度、特点和意图。因此，卡耐基认为，在这个阶段，必须十分谨慎地对所获得的对方印象加以分析。不仅如此，还要立刻采取一些重大措施，用自己的方式对他们施加影响，并使这些影响贯串于谈判的始末。谈判者最好把准备工作做得既周密又灵活。当坐下来转入正式谈判前，应该充分利用开始阶段从对方的言行中所获得的信息。在这个阶段中，能够很快地掌握对方洽谈人员两个方面的信息，即代表他有丰富的谈判经验和技巧，可以顺利地发挥他的谈判作风。

对方谈判经验和技巧无须语言就可以反映出来，例如，他的姿势、表情以及他"入题"的能力。如果他在寒暄时不能应付自如，或者突然单刀直入地谈起生意来，那么可以断定，他是谈判生手。谈判高手总是留心观察对方这些微妙之处。对方的谈判作风，同样的可以在开场阶段的发言中反映出来。一位经验丰富的谈判人员，为了谋求双方的合作，总是在开始时讨论一般性的题目。另一种具有不同洽谈作风的人员，虽然他的经验同样丰富，但其目的是为了对谈判产生影响，他显然会采取不同的措施。

一进入谈判，他就极力探求双方的优势和劣势，探听哪些是自己必须坚持的原则，以及在哪些问题上可以让步；他不仅要了解"自己"的情况，甚至对每一个己方人员的背景、价值观，以及每一个人有把握的和担心的事，是否可以加以利用等问题，都要搞得一清二楚。这些信息，对于那些玩弄花招的，以牺牲对方利益而谋取自己利益的人来说，是至关重要的。这些信息能成为他在以后的谈判中使用的武器。如果把谈判比做游戏，而且彼此商定，游戏以一方的胜利而告终，那么他的举动是无可非议的。当谈判者一旦察觉到谈判中间将会发生冲突，就必须万分小心。虽然，谈判者还无法判定谈判将会怎样展开，但是已经看见了"黄灯"。虽然，这并不等于表示"进攻"的"红灯"，但起码已显示出对方有些神经质或是经验不足，或是对谈判有些不耐烦了。也许对方十分好战，"黄灯"真的转成"红灯"，但对谈判者来讲，这就极易做出相对的反应了，披上谈判者的战袍，投入战斗。

如果在这个阶段，谈判者对对方这些行动的意思还没弄清楚，而谈判者在谈判开始时，所采取的是与对方"谋求一致"的方针。这时就应该引导对方与自己协调合作，并进一步给对方机会，使他们能够适应自己的方针。同时，自己也应该有更充裕的时间和机会，把对方的反应判断清楚。

这时，谈判者施展技巧的目的是努力避开锋芒，使双方走向合作。谈判者应不间断地讨论一些非业务性话题，并更加关注对方的利益。下面是这段开场对话：

"欢迎你，见到你非常高兴！"

"我也十分高兴能来这里。近来生意如何？"

"这笔买卖对你我都很重要。但首先我对你的平安抵达表示祝贺。旅途愉快吗？"

"这个问题也是我们这次要讨论的，在途中饮食怎么样？来点咖啡好吗？"

注意这并不是一个漫无边际的闲谈，虽然表面上它与将要谈判的问题不相干。但是，如果对方在这段谈话之后，仍坚持提出他的问题，谈判者就可以认为"黄灯"有变为"红灯"的危险。如果能够接受这种轻松的聊天，虽然这并不能改变"黄灯"仍然亮着的事实，但它告诉谈判者它有转为"绿灯"的可能。在这个阶段，谈判者最容易犯的错误，是过早设定对方的意图。因为无论如何，自己已经掌握了一些信息，对于这些信息，谈判者还要随着洽谈及实质性谈判的过程中，做出更深入的分析。

谈判的内容通常牵连甚广，不只是单纯的一项或两项。在有些大型的谈判中，议题便多达数十项。当谈判内容包含多项主题时，可能有某些项目已谈出结果，某些项目却始终无法达成协议。这时候，你可以这么"鼓励"对方："看，许多问题都已解决，现在就剩这些了。如果不一并解决的话，那不就太可惜了吗？"这就是一种用来打开谈判僵局的说法，它看来虽稀松平常，实则却能发挥莫大的效用，所以值得作为谈判的利器，广泛地使用。

牵涉多项讨论主题的谈判，更要特别留意议题的重要性及优先顺序。譬如，在一场包含六项议题的谈判中，有四项为重要议题，另两项则不甚重要。而假设四项重要议题中已有三项获得协议，只剩下一项重要议题和两项小议题，那么，为了能一举使这些议题也获得解决，你可以这么告诉对方："四个难题已解决了三个，剩下的一个如果也能一并解决的话，其他的小议题就好办了。让我们再继续努力，好好讨论讨论唯一的难题吧！如果就这么放弃，大家都会觉得遗憾呀！"听你这么一说，对方多半会点头，同意继续谈判。

而当第四个重要议题也获得了解决时，你不妨再重复一遍上述的说法，使谈判得以圆满地结束。

打开谈判僵局的方法，除了上述"已经解决了这么多问题，让我们再继续努力吧！""只剩下一小部分，放弃了多可惜！"等说话的技巧外，尚有其他多种做法。不过，无论所使用的是哪一种方法，最重要的，是要设法借着已获一致协议的事项作为跳板，以达到最后的目的。

用轻松的话软化气氛

在谈判开始阶段，你首先要做好一项非常重要的工作，那就是营造洽谈的气氛，它对谈判成败有非常重要的关系。

谈判气氛是谈判对手之间的相互态度，它能够影响谈判人员的心理、情绪和感觉，从而引起相应的反应。倘若你经历过任何一次谈判，你对那次谈判的气氛都应该记忆犹新吧？那或许是冷淡的、对立的；或许是松弛的、旷日持久的；或许是积极的、友好的；也有严肃的、平静的；甚至还有大吵大闹的……

你也应当清楚，那种积极友好的气氛对一次谈判将有多大帮助，它使谈判者轻松上阵，信心百倍，高兴而来，满意而归。

卡耐基认为，对于任何谈判者，理想的气氛应是严肃、认真、紧张、活泼的。这可以说是总结了历来胜利而有意义的谈判气氛而得出的一个伟大结论。

谈判正式开始后，双方见面的短暂接触对谈判气氛的形成具有关键性作用。

1. 恰到好处的寒暄

谈谈大家都有兴趣的话题；点到为止地谈点私人问题；与对方开个玩笑，如果你们认识的话。

2. 好的印象

打开你的心灵之窗——眼睛；适当的手势语可以化繁为简；全身放松，动作自然得体。

3. 避免谈判开始的慌张和混乱

宁肯站着谈判，因为那样会更轻松、更自由、更灵活；做好充分的准备，战略上藐视敌人，战术上重视敌人；凝神、坦然直视对方；

轻快入题。

4.调整、确定合适的语速

谈判中切忌滔滔不绝，那会给人慌慌张张的感觉；也不可慢条斯理，倒人胃口；不要让自己无话可说；在你说的过程中察言观色，捕捉信息。

谈判气氛形成后，并不是一成不变的。本来轻松和谐的气氛可以因为双方在实质性问题上的争执而突然变得紧张，甚至剑拔弩张，一步就跨入谈判破裂的边缘。这时双方面临最急迫的问题不是继续争个"鱼死网破"，而是应尽快缓和这种紧张的气氛。此时诙谐幽默无疑是最好的武器。

卡普尔任美国电报电话公司负责人时，在一次董事会上，众位董事对他的领导方式提出质疑，会议充满了紧张的气氛。人们似乎都已无法控制自己的情绪了。

一位女董事发难："公司去年的福利你支出了多少？"

"九百万。"

"噢，你疯了，我真受不了！我要发昏了！"

听到如此尖刻的发难，卡普尔轻松地用了一句："我看那样倒好！"

会场意外地爆发了一阵难得的笑声，连那位女董事也忍俊不禁，紧张的气氛随之缓和下来了。

谈判气氛有时是自然形成的，而多数情况下是人为营造的。不同的谈判气氛对谈判者来说都能感觉到。能运用谈判气氛影响谈判过程的谈判者，自是精明之人，他们知道，谈判气氛对谈判的成败影响很大。

化解对立局面

在条件交换的策略里，我们应该掌握某项对方重视的问题，以在这方面的让步来使对方交换另一项对我们重视问题的让步。当然，其前提在于并非一切条件对全部当事人而言都同等重要，但事实上，极少如此。

一个大量输出某产品的欧洲国家对于相同产品的输入对美国设下关税壁垒。美国的该产品制造业者通过公会团体要求予以撤销。其实如果真的撤销这些壁垒，恐怕该国就不会从美国进口任何该项产品，因为当地的产量供给既丰富又便宜，并且较适合其国民的喜好。然而，该国为了取悦国内厂商而维持这项不必要的贸易障碍，美国企业界人士虽然明知 (或应该知道) 此举无利可图，却依然主张撤销。

这种交换方式的关键在于掌握某些项目来换得对自己重要的项目的让步。譬如，假设上述例子的产品是酒。实际上，20 世纪 80 年代，酒类的确是美国和欧洲某些国家之间的争议对象。当欧洲酒类在美国市场占有率节节高升时，美国的国内酒业仅能维持极低的销售成长率。因此，美国制酒企业会要求政府干预，阻止输入，除非欧洲国家降低对美国酒类的关税。

对欧洲国家而言，这件事情应该是非常轻而易举的，反正它们的国民也不会去购买这些酒类。况且，解除对美国酒类的武装，正好替它们赢得在与美国进行别的贸易关系交涉时的有利筹码。("瞧！各位，我们已经给你们酒类的通行证，尽量卖给我们的人民吧！现在我们希望你们在别的方面，如磷酸肥料、汽车、新鲜水果……给予帮助。")

可惜欧洲国家不够聪明，未能如此处理，反而把一项原可在弹指之间解决的问题长年拖延，直到目前仍在继续纠结中。

总体上看，卡耐基的观点很简单：如果你认识到每个人都是独特的，其需要是可以调和的，那么，你就能实现自己的愿望。同时，决不要忘记，你的行动和行为方式决定了你的大多数需要是否能得到满足。使双方满意应该是你的目标，而达到这一目标的方法则是合作性的双赢谈判，以化解双方的对立局面。

谈判时应该"软硬兼施"

在谈判中，一味地用和气、温柔的语调讲话，一个劲地谦虚、客气、退让，有时并不能让对方信赖、尊敬及让步，反而会使一些人误认为你必须依附于他，或认为你是个软弱的谈判对手，可以在你身上获得更多更大的利益。

相反，如果你一开始就以较强硬的态度出现，从面部表情到言谈举止，都表现高傲、不可战胜、一步也不退让，那么留给对方的将是极不好的印象。这样，会使对方对你的谈判诚意持有异议，从而导致失去对你的信赖和尊敬。

正确的做法应当是"软硬兼施"。须知，强硬与温柔相结合，能使人的心态发生很大的变化。强硬会使对方看到你的决心和力量，温柔则可使对方看到你的诚意，从而可以增强信任和友谊。在商务谈判中，软硬兼施的策略被谈判者普遍采用。凭软的方法，以柔克刚；又用硬的手段，以强取胜。

霍华·休斯是美国的大富豪之一，性情古怪，易怒。他曾经为大批购买飞机一事与飞机制造厂谈判。休斯事先列出了34项要求，对于其中的几项要求是非满足不可的。休斯亲自出马与飞机制造厂厂商进行谈判。由于休斯脾气暴躁、态度强硬，谈判气氛充满了对抗性。双方都坚持自己的要求，互不让步，斤斤计较，尤其是休斯蛮横的态度，使对方忍无可忍，谈判陷入僵局。

事后，休斯感到自己没有可能再和对方坐在同一个谈判桌上了，他也意识到他的脾气不适合这场商务谈判。于是他选派了一位性格较温和又很机智的人做他的代理去和飞机厂代表谈判。他对代理人说："只要能争取到那几项非得到不可的要求他就满足了。"出人意料的是，这位谈判代表经过一轮谈判后就争取到了休斯所列出的34项要求中的30项，这其中自然包括那几项必不可少的要求。

休斯惊奇地问那位谈判代表靠什么"武器"赢得了这场谈判，他的代理人回答说："这很简单，因为每到相持不下时，我都问对方'你到底希望与我解决这个问题，还是留待霍华·休斯跟你们解决？'结果对方无不接受我的要求。"

这位代理人巧妙地利用了自己的温和与休斯的强硬，所以他一个人在谈判桌上充当了两个人的角色。一般来说，"软硬兼施"的谈判策略至少需要两个人合作完成。采取这种策略要求本方的谈判者必须配合默契，在重大问题的处理上事先要有共识和约定，能进退自如。什么时候应当坚持强硬立场，什么时候持以合作态度，什么问题必须达到本方要求，什么问题可以满足对方，在时机与"火候"上都应把握好。

初涉谈判或经验并不丰富的谈判者，要谨慎地运用这种策略，否则可能会适得其反。

布下"最后通牒"的陷阱

在谈判中，有些谈判者支出架子准备进行艰难的拉锯战，而且他们也完全抛开了谈判的截止期。此时，你的最佳防守兼进攻策略就是出其不意，发出"最后通牒"并提出时间限制。这一策略的主要内容是，在谈判桌上给对方一个突然袭击，改变态度，使对手在毫无准备且无法预料的形势下不知所措。对方本来认为时间挺宽裕，但突然听到一个要终止谈判的最后期限，而这个谈判成功与否又与自己关系重大，不可能不感到手足无措。由于对方很可能在资料、条件、精力、思想、时间上都没有充分准备，在经济利益和时间限制的双重驱动下，会不得不屈服，在协议上签字。

美国汽车王亚科卡在接管濒临倒闭的克莱斯勒公司后，觉得第一步必须先压低工人工资。他首先降低了高级职员的工资10%，自己也从年薪36万美元减为10万美元。随后他对工会领导人讲："17元一小时的活有的是，20元一小时的活一件也没有。"

这种强制威吓且毫无策略的话语当然不会奏效，工会当即拒绝了他的要求。双方僵持了一年，始终没有进展。后来亚科卡心生一计，一日他突然对工会代表们说："你们这种间断性罢工，使公司无法正常运转。我已跟劳工输出中心通过电话，如果明天上午8点你们还未开工的话，将会有一批人顶替你们的工作。"

工会谈判代表一下傻眼了，他们本想通过再次谈判，从而在工薪问题上取得新的进展，因此他们也只在这方面做了资料和思想上的准备。没曾料到，亚科卡竟会来这么一招！被解聘，意味着他们将失业，这可不是开玩笑的。经过短暂的讨论之后，工会基本上接受了亚科卡的要求。

亚科卡经过一年旷日持久的拖延战都未打赢工会，而出其不意的一招竟然奏效了，而且解决得干净利落。

所谓"最后通牒"，常常是在谈判双方争执不下、陷入僵持阶段，对方不愿做出让步以接受交易条件时所采用的一种策略。实践证明，如果一方根据谈判内容限定了时间，发出了最后通牒，另一方就必须考虑是否准备放弃机会，牺牲前面已投入的巨大谈判成本。

美国底特律汽车制造公司与德国谈判汽车生意时，也是运用了"最后通牒"策略而达到了谈判目标。当时，由于双方意见不一致，谈判近一个多月没有结果，同时，别国的订货单又源源不断。这时，美国底特律汽车制造公司总经理下了最后通牒，他说："如果你还迟迟不下定决心的话，5天之后就没有这批货了。"眼看所需之物抢购殆尽，德方不由得焦急起来，立刻就接受了谈判条件，于是，一场持久的谈判才告结束。美国这家公司使用的就是最后通牒法，迫使对方最后做了让步。

可见，在某些关键时刻，最后通牒法还是大有裨益的。但是，该方法并非屡试不爽，一旦被对方识破机关，最后通牒的威力可能会反作用到自己身上来。这里有一个范例：

美国通用电器公司与工会的谈判中采用"提出时间限制"的谈判术长达 20 年。这家大公司在谈判开始的时候，使用这一方法屡屡奏效。但到 1969 年，电气工人的挫败感终于爆发。他们料到谈判的最后结果肯定又是故技重演，提出时间限制相要挟，在做了应变准备之后，他们放弃了妥协，促成了一场超越经济利益的罢工。

谈判者在使用最后通牒时，须注意其可能带来的负面影响，即能否长久坚持下去。在你使用最后通牒之前，记住问问自己："我能够坚持下去吗？"比如，你提出了最后的给价而对方还不接受，那你只好中止任何可能的交易 (否则你就要丢脸)。所以在使用最后通牒之前，你一定要确认你可以从别人那里得到这种服务或产品。否则，你可能给自己造成上不去下不来的局面。

把握让步的原则与尺度

谈判是一种互动行为，有进就有退。所以让步在谈判中是一种常见现象。让步不是出卖自己的利益而是为了获得更大利益放弃小利益，可见让步是必要的。但是，让步也要讲究原则与尺度。如何把握好它呢？

1. 不要过早让步。

让步太早，会助长对方的气焰。待对方等得将要失去信心时，你再考虑让步。在这个时候做出哪怕一点点的让步，都会刺激对方对谈判的期望值。

2. 不妨在次要问题上让步。

你率先在次要议题上做出让步，促使对方在主要议题上做出让步。

3.在没有损失或损失很小的情况下，可考虑让步。

但每次让步，都要有所收获，且收获要远远大于让步。

4.让步时要头脑清醒。

知道哪些可让，哪些绝对不能让，不要因让步而乱了阵脚。每次让步都有可能损失一大笔钱，掌握让步艺术，减少你的损失。

5.每次以小幅度让步，获利较多。

如果让步的幅度一下子很大，并不见得会使对方完全满意。相反，他见你一下子做出那么大的让步，也许会提出更多的要求。若你是卖者，做出的让步幅度太大，也许会引起买者对你的产品价格的怀疑；若你在做出一连串小的让步后，再问对方："现在，你打算怎么办？"买者也许会因你数次让步，在协议书上签字。

6.承诺性让步最划算。

如果你代表公司与经销商谈判时，上司要求你不能在价格上做出任何让步，而且还要你尽可能做到使客户满意时，你不妨试一试以下几种方法：

虚心听取对方的意见和要求，对客户表现出你的真诚及友好，让客户接受你，并让客户意识到你是可靠的；

向客户介绍你所服务的公司及你所推销的产品质量和服务品质，请公司负责人出面向客户做出承诺；

你可以把公司信得过的老客户作为你的活广告，让新客户咨询老客户，为什么他们选择了你推销的产品。

7.正确预估让步在对方眼里有无价值。

别人并不看重的东西，没必要送给他。若谈判刚开始你就做出许多微小的让步的话，对方也许会不仅不领情，反而加强对你的攻势，因为他知道你做出这些小的让步有企图，而且他们并不看重这些让步。当对方要你做出真正的让步时，你先前所做的让步也许早已被人遗忘了。此时，你再做出让步，可就吃大亏了。如果你先前并没有做出任何让步，当对方要求你做出让步时，即使这种让步是一小步，只要你做出了，对方也许会领情，因为此时他们还需要你继续让步。

己方的任何一次让步都要获得一定的价值，不论这项让步对于你多么微小，只要对方需要，你就要利用它达到你的理想目标。

谈判收尾的策略

双赢的结果。就像买衣服一样，我们把商贩的期待降到 50 元，最后以 60 元成交。这就是一个好的收尾。不过金钱的谈判比较简单，一般谈判的收尾，一定要记得"赢者不全赢，输者不全输"的定律，这样谈判才有下次。"赢者不全赢，输者不全输"，当然得靠一些谈判模型来解题。

假设一个公司有旅游活动，有一批人要去山边，有一批人要去海边。假期只有三天，上山就不能下海，下海就不能上山，这是典型的资源分配问题。为了让同事们彼此联谊，所以不能兵分两路，因为这样不熟的人将永远不熟，达不到联谊的目的。另外，为了公司的团结，老板规定旅游活动的地点不能用表决的。因为一表决就把同事们分成了两派，反而形成对立，所以一定要通过协商，让大家都一致同意才行。这题该怎么解？

第一种方法是增加资源法。如分大饼，大家都想多分点的时候，最直接的方法就是把饼做大一点。所以如果能把假期累积成一个星期，那么就可以一半时间去山边，一半时间去海边。

有人说："这可能吗？"我们的答案是："不试你怎么知道不可能？"任何谈判都一样，不要先想怎么分，而应先想怎么创造新的东西出来，让大家都可以多分一点。

第二种方法是交集法。我们让到山边和海边的人，为山边、海边下个定义，山边的好处是什么？海边的好处又是什么？

想上山的人可能说：我要做森林浴、吃山珍野味，等等。

想去海边的人说：我要玩水、吃海鲜，等等。

这时我们可以略加调整，问去海边的人："'海鲜'能不能改成'虾'？"如果他没有异议，那我们就可以找到同时有"森林浴、山珍野味、玩水、吃鱼虾"的地方——湖边。例如到森林中去，就可以做森林浴、吃山珍野味、玩水，而且还有鳟鱼和溪虾。谁说鱼虾一定要是海里的？它可以是淡水的呀。

第三种分法是切割法。比如想上山的人本来想去住小木屋，想去海边的人想住五星级大饭店。于是想上山的和想去海边的说："如果你们答应去山边，我们放弃小木屋，改住五星级大饭店，好不好？"住宿地点听你的，度假地点听我的，这就是切割。事实上"度假"一事可切的还不只是地点和住宿而已，它还可以切出"交通""经费"等细项。切得越细，可以交换的东西越多。

第四种分法是挂钩法。如果想上山的人认为，去山边的目的就是住小木屋，如果去住五星级大饭店，还有什么好去的？所以不能切割。如果不能切割，他就可能得把别的东西放在桌上一起谈："好啦，如果你们能答应我们去山边的话，过去我们两个单位不是争过一套20万的办公室软件到底该谁出钱吗？那就我们这边出好了，这样好不好？"办公室软件和度假本来风马牛不相及，但为了让谈判有进展而把它们放在一起，这就叫挂钩。

第五种方法是减少对方让步所付出的成本。如果最后是去海边的人获胜，那他们一定要花点时间去了解，为什么那批人一定要去山边？可能后来他们会发现，去山边的人除了"仁者乐山"之外，还因为山边便宜，海边太贵。这时去海边的就应该想想，原来想住五星级大饭店，现在可不可以改住三星级的，比较便宜？能减少对方让步的成本，也会让他感觉好些，比较能接受谈判结果。这就是收尾的功夫。

这五种解题法可以适用于任何场合，无论是商务谈判还是劳资谈判，只要运用这些模型，都可以想出双赢的协议。

第八章 懂得赞美，让陌生人瞬间 "路转粉"

语言是思维的载体

口才为什么能够左右人的运气，给人带来好的福气呢？其中最重要的一个原因为口才是展示一个人涵养和知识水平的最直接方式。每个人的生长环境、受教育程度、性格、喜好各不相同，所以每个人的价值观也不相同，涵养同样也有高有低。但无论是哪一种人，只要他一开口说话，他的个人涵养都会通过话语表现出来。因此可以说，话语既能暴露一个人学识、修养上的缺陷，又能展示一个人良好的涵养和丰厚的学识。

徐薇薇初中没毕业就辍学了，之后一直靠在饭店、酒店、网吧等场所做服务员谋生。一个偶然的机会，徐薇薇和一个叫刘涛的男孩恋爱了。几个月之后，刘涛将徐薇薇带到家里吃饭，将她正式介绍给父母。吃饭的时候，电视里播报了一条这样的新闻：一名女子为了挣钱，两年内和十一个男子"订婚"，拿到彩礼后就人间蒸发了。看到这里，刘涛的父母笑了笑，正要发表看法，徐薇薇突然开口道："这种事早就见怪不怪了。我觉得这新闻真是有点儿小题大做，这也是一种凭个人智慧挣钱的方式，不至于如此批判吧？"刘涛的父母面面相觑，都埋头吃饭不再说话了。

当天，徐薇薇刚从刘涛家里离开，刘涛的父母就要求他立刻和徐薇薇分手。尽管刘涛一再解释，徐薇薇是因为多年在社会上谋生存，早就见过类似的事情，已经觉得不是什么大事才会发表这样的言论，但他父母始终只有一句话："没有高学历我们可以考虑，但绝对不能接受没有涵养、价值观有问题的儿媳妇。"从刘涛父母的角度来说，他们有这样的反应是非常正常的。试想，无论出于什么原因，如果一个女孩能够对"借订婚骗取钱财"的事情表示理解，哪个父母不会怀疑自己儿子的女朋友是不是也抱有这样的目的呢？对于持有这种价值观的女孩，想必换作任何一对儿父母都是不能接受的。

语言是思维的载体，人的一言一语，都能展示其内心所想，其文化水平以及价值观念。除此之外，一个人的专业技能如何，也能在言谈之间表露出来。

某大型企业的老总招聘私人司机，很多人前来面试。经过层层考验，有两名司机被留了下来。最后一轮的面试题很简单，就是让两人各自叙述对司机这个职位的看法。第一个司机说："我这个人开车，领导大可以放心，我一定会把车收拾得里外都干净利索，一定会遵守交通规则，一定会保证领导的安全，另外还会尽量做到省油……"老总听了一半，就打断了他，叫第二个司机进来。第二个司机想了一会儿，开口说道："我开车只有三个原则——第一，听得，说不得；第二，吃得，喝不得；第三，开得，使不得。"老总一听，立刻拍板，决定聘请第二位司机。

第二位司机的回答虽然很简单，却说出了一个模范私人司机的标准，体现了其高度的专业性，所以得到了这位老总的欣赏。可见，一个人的谈吐，足以体现其知识水平、涵养和专业技能等的高低。由此也可以说，语言就是表达一个人综合素质的一种方式，通过听某人说话，就能大概推测出这个人的素养有多高。

无论是在生活还是工作中，我们都要注意自己的说话内容、说话方式。此外，我们还要注意加强自己的语言修养，以提高个人的整体素质。在说话时，多使用敬语，多说有用、谦虚的话，切忌高谈虚吹、大话连篇。个人涵养和说话水平与"水涨船高"一样紧密相关，当你的自身素质提高时，说话水平也会提高；同样的道理，如果你话说得漂亮，那么你良好的个人修养也由此可见一斑。说话悦耳一些，谦虚一些，婉转一些，才能让人看出你是个有修养的人。

　　语言是我们用来达到沟通目的的工具，也是体现我们个人性格特点、文化修养的一面镜子。只有不断提高自己的语言表达能力，改善自己的说话方式，内外兼修，才能提高自己的涵养，得到别人的尊重和认同。

主动开口，为沟通打好"地基"

　　就像建造大楼要打好地基一样，要想与陌生人建立起谈话的关系，也要打好基础——主动向陌生人开口。主动开口的人，往往能够掌握谈话的主动权，使得整个谈话都顺着自己期待的方向进行，达到自己想要的目的。所以，在与陌生人谈话时，先开口并不会自降身份，反而能给你带来诸多好处。当然，由于与陌生人彼此不熟悉，各自有较强的防备心理等，主动向陌生人开口说话并不那么容易做到。那么，如何才能实现这主动开口的第一步呢？以下几种方法值得参考。

　　一、主动攀认

　　陌生人之间的沟通之所以比较困难，很大一部分原因是出于不熟悉、不了解，如果发现彼此有一个共同的背景或者同认识某个人，接下来的沟通就会变得容易一些。例如，三国时期，赤壁之战前夕，鲁肃见到诸葛亮后的第一句话就是："我，子瑜友也。"子瑜，就是诸葛亮的哥哥诸葛瑾。鲁肃是子瑜的挚友，他向诸葛亮表明自己的这种身份，那么就建立起了他和诸葛亮之间比陌生人更进一步的关系。这样，两人之间的距离就会拉近，沟通起来也会变得随意、顺畅。

二、表达仰慕

如果你面对的陌生人是一个名人，那么打开沟通的钥匙就已经握在你手中了，你可以向对方表达自己的仰慕之情。比如"您的作品真是太棒了，我读了一遍但忍不住还想读一遍"，还有"早就听说咱们社区住了一个艺术家，真是百闻不如一见！"听到别人对自己的仰慕与赞美，无论是谁，心中多少都会感到喜悦，从而降低防备和排斥心理，愿意与对方进行交谈。

三、主动问候

如果你和对方的生活圈没有任何交集，对方也不是有名气之人，那么认识对方的方法就只能是主动打招呼，以求建立沟通关系。不过，这个主动打招呼也有技巧，不可贸然出言。先观察对方的年龄、穿着、气质，然后推测其大概会对哪类事物比较感兴趣，以此为起点，打开沟通之门，这样，成功率才会更高一些。

青年罗斯外出旅行，在火车上，他的旁边坐了一位美貌、文静的姑娘，让罗斯非常动心。怎样和这位姑娘攀谈，让对方注意自己呢？罗斯不想让姑娘以为自己是在冒犯她，也不想让她看低自己。他知道，如果用一般的赞美之词去开头的话，可能会遭到这位姑娘的排斥。所以，罗斯并没有急着和对方打招呼，而是默默地观察她的一举一动。他发现，这位姑娘虽然沉默寡言但对窗外各式各样的建筑很感兴趣，她一直在盯着窗外看，有时还会拿相机将某个建筑拍下来。罗斯灵机一动，对姑娘说道："我想，您喜欢哥特式建筑吧！我们这一路，经过了不少具有哥特风格的古老建筑，它们的确很美！"那位姑娘眼睛突然一亮，转过身问罗斯："你也喜欢哥特式的建筑吗？我最喜欢那些古老的哥特式教堂！你呢？"就这样，一段饶有兴致的谈话便开始了。

罗斯找到了姑娘的兴趣点，和她建立起一段愉快的谈话，从而给自己创造了一个追求姑娘的机会。即使你和对方素不相识，如果你能够观察出其兴趣所在，建立沟通就不是一件困难的事了。比如，面对职场人士，你可以询问他在哪行高就；面对领着孩子的老人，你可以夸奖对方的孙子或孙女非常可爱；面对爱美的女士，你可以向她请教皮肤保养的方法……总之，你所说的话题，要符合对方的兴趣，不能"牛头不对马嘴"，这样才能顺利搭好和陌生人沟通的桥梁。

在社交活动中，和陌生人沟通必不可少。想要让陌生人不再陌生，必须掌握谈话技巧，学会拉近与对方的距离，才能打开突破口，顺利建立起谈话关系。

倾听时的插话技巧

对于一个刚刚踏入社会的年轻人来说，在倾听的过程中应该懂得把自己的话插进去，来引导或激起对方的谈话兴趣，这样有助于交谈达到最佳的效果。

在谈话中插话，主要是为了能让对方继续说下去。由于面对的情况和场合不同，在插话时也要使用不同的方法。

在谈话时，如果对方性情不好或者情绪波动较大，就有可能在叙述事情的时候不能控制自己的感情，让交谈不能很好地进行。这时，你就要适时地插进一些话来疏导对方，如"你一定很生气吧""你今天好像性情很烦躁""你心里很难过吗？"等。听到这样的话，对方可能会就此话题来发泄一番。当对方发泄完了，他就会感到轻松，接下来就能够很从容地完成对事情的叙述。

当你遇到对方由于担心你对某个问题不感兴趣，表现出犹豫不决、吞吞吐吐的样子时，你可以说出一些打消对方顾虑的话语，如

"你可以和我详细说一下那个事情发生的经过吗？我知道的不是很全面""继续说，我居然不知道""我对这个事情很感兴趣"等，让对方知道你愿意继续听，坚定对方继续倾诉的想法。

如果对方在向你诉说某件事情或某个问题时表现出迫切地想要你理解他所说的事情或问题时，你可以用简单的几句话来把对方的意思综合表述出来，如"你的意思是""你觉得事情是""你想告诉我"等使其知道你明白了他的意思，这样他才会继续说下去。综合复述对方的意思，能够及时地让对方了解你对他谈话内容的理解程度，不但可以让对方感受到你的真诚，还便于对方纠正你在理解中出现的偏差。

上面说到的谈话中插话的技巧都有一个相同之处，那就是这些话的感情色彩都是中性的，既没有对对方的谈话内容及言论发表任何的评判，也没有对对方的情感作出是与非的表达。切记不要把你的个人立场强加于他人，这是非常重要的。如果你超越了这个界限，就会陷入倾听的误区，使谈话失去意义。

让"闷葫芦"打破沉默

在生活与工作当中，总有一些不爱说话的人，这些人在一些需要讲话的场合，总是一言不发，他们通常被人们叫作"闷葫芦"。在公司或者其他场合，大家都在踊跃发言，而这些人只是坐在角落里闷头听或者思考问题，但从不表达出来，让他们在大庭广众下开口简直比让铁树开花还难。

在交往中遇到这样的人，常常让人感觉很无奈。如何让这些人开口讲话？专家们通过实践总结出了打破这种沉默的方法。

第一种，真诚地赞美，适时地提问。

其实，生活中的每个人都喜欢听到别人的表扬和赞美，即使是那些害羞的人也希望自己能够被赞美，因为害羞其实就是自卑在作祟。你要想让这些人开口说话，就要让他们有信心，让他们知道自己所做的一切都是很有价值的，大家都很欣赏他的成果。你可以通过一个小问题来暗示他，只有他具有回答这个问题的专业背景和知识，这时你再让他们详细地讲一讲自己的观点，他们就会很乐意张嘴说话。

第二种，直截了当地发问。

我们总会遇到那些在说话时喜欢用"是"或者"不是"以及"嗯""啊"来回答问题的少言寡语的人。遇到这样的人时，不要反感，你要利用他们不爱说话、惜字如金的特点，在明确自己想要得到什么样答案的情况下，直截了当地提出那些用"是"或"不是"就能回答的问题，或者提出以简短的话语就能给出你想要的答案的问题。这样的发问，不但能让他们开口，还能直接有效地达到你想要的效果。

第三种，争论。

想要鱼上钩，就要使用好的鱼饵。你在交谈时，应该用那些容易使人争论的叙述或问题来做诱饵，使那些沉默者面对这样的问题就感觉到不自在，进而打破沉默开始说话。你可以就现有的一些事情提出相反的意见，或者礼貌地向对方提出疑问，当他们认为有机会去表达正确的观点或批驳一个谬论时，他们也会张开"金口"的。

第四种，积极反馈。

如果你想要那些不善言者不断地讲话，就需要告诉他们：他们所说的事情或者问题非常有价值，你很欣赏他们。你不但要用语言去鼓励他们，还要用赞许的眼神、微微的点头以及真诚的微笑来传达你的意思，对方一旦接收到这种信息，就会很愿意继续说下去。

第五种，避免中途打断。

如果一个本不爱说话的人已经开口说话了，这时候，你最好是用心地去倾听。除了那些能够引导对方继续说话的语言，不要插入任何其他的话。如果你插了不该插的话，就会使对方找到停止说话的借口。即使你有很重要的话题，也要等对方把话说完之后再表达出来。

总之，让一个不爱说话的沉默者张嘴说话，是一件很难的事情，这需要你掌握并熟练地使用这些技巧。当然，还有很多其他的方法可以使用，这就需要你在生活中、工作中不断地去积累、去学习，不断提高自己的说话技巧。

与生人沟通，心中要有"三八线"

毫无顾忌地表达自我、品评事物是一件十分痛快的事情，但并不是和每个人都能肆无忌惮地说话。尤其在陌生人面前，说话就一定要前思后想、左右衡量之后，才能把话说出口。否则，不但沟通的目的达不到，还有可能得罪对方，导致不良后果的产生。

小江是一个化妆品推销员。一次，她在咖啡厅看到一个 20 岁左右的女孩独自坐着发呆，便走过去和其说话。小江先开口说："你来这里喝咖啡啊！我也经常到这儿喝咖啡，他家的咖啡还不错。"女孩礼貌地点点头。见对方没有拒绝自己，小江又试探性地问道："你平时都有什么消遣啊？喜欢玩些什么？"女孩说自己不太爱玩。小江揣测对方一定是没有男朋友，否则不会一个人发呆。于是，她准备切入主题，介绍自己的产品："说实话，你的皮肤可是有点儿受伤害了。其实女人不怕长得不好看，就怕皮肤不好。不是有句话叫'一白遮三丑'吗？你的皮肤白嫩了，整个人也就有气质了。到时候追求你的男孩子一堆一堆的，还愁没有男朋友吗？"女孩听着听着，眼神就有点儿不对劲儿了，她站起身，瞪着小江，声音提高了八度："你这人怎么说话呢？我皮肤怎么不好了？谁说我没有男朋友啊？我看你才是没有男朋友的样子呢。得了得了，你别给我介绍了，我没空听你介绍这破产品！"说完，女孩甩身离开了，留下小江一个人接受周围人异样的眼光。不用说，这时整个餐厅的人都不会有兴趣听小江介绍她的"破产品"了。

小江的经历正好验证了一句话——东西可以乱吃，话不能乱说。对于一个年轻女性来说，被别人说不漂亮、皮肤不好是一件很忌讳的事情，而"没人追"之类的话，则更是令其感觉备受侮辱。这样的沟通方法，怎么能让对方乐意与之继续交流呢？由此可见，跟陌生人说话，一定不能抱着"试试看"的心理，只有找准切入点，"对症下药"，才能让对方乐于接受。

首先，要先对陌生人进行必要的了解，没有把握的话不要乱说。如果你在不了解的情况下，对着一个陌生人大肆贬损某个行业，而眼前的人恰好从事这个行业，可想而知，谈话是无法进行下去的，你也难以给对方留下好的印象。

其次，跟陌生人谈话不要长篇大论、漫无边际，要适时切入主题。一般来说，我们不会平白无故地和陌生人交谈，而是通常都有一定的目的。这种情况下，虽然不能上来就直奔主题，但也不要绕得太远、作太长的铺垫，这样对方很可能还没有听到你谈话的重点，就已经没有兴趣了。

另外，还要注意不能随便打听别人的私密问题。现代人越来越注重个人隐私，有时在自己的家人、好友面前尚且不愿意公开谈论，当然更不会愿意告诉第一次见面的陌生人。因此，如果想要和陌生人建立起沟通关系，就不要随意打探对方的隐私，否则很有可能触怒对方，失去和对方沟通的机会。

蔡瑜刚刚搬进一个合租房，正在忙着收拾屋子，突然听见门口有人跟自己打招呼："你好，听房东说你叫蔡瑜，真是个文雅的名字。你是哪里人呀？"

蔡瑜扭头一看，是个陌生的男子，看着倒还和善，回答道："你好，我来自洛阳。"

"原来是来自古城的，怪不得呢！那你的工作也一定很有文学气息吧？"

"不啊！我是做经济贸易的。"

"听说这行特别挣钱，你工资挺高吧？月薪能上万吗？"

蔡瑜一听立刻尴尬地低下了头："啊……我刚从事这行没多久，还在实习期呢！薪水嘛，也就……"蔡瑜越说脸色越不好看，最终没有说出那个数字，而是说声"我要收拾屋子了"，就关上了房间的门。男子站在门外，似乎意识到自己打探得太多了。

对于很多人来说，薪水绝对属于个人隐私。在人际交往中，"薪水"也是一个雷区。薪水网站的高级副总裁比尔·科雷曼说："讨论薪水高低所带来的后果是，无论怎样，永远都会有一个赢家和一个输家，总会有人感到自己受了伤害。"在上面的案例中，蔡瑜就在男子不合时宜的问话中，感觉到了自己和一般同行的差距，从而产生自卑、难过的心理，自然也就对问话的人产生了不良印象，因此立刻结束了谈话。

从另一个角度来说，随便询问别人的工资，也好像在打听其财产，显然会让对方产生不安全感。因此，对方的收入情况绝对是谈话中的一个"雷区"，我们要注意躲避，千万不要触犯对方的不良情绪。除了薪资之外，对于很多人来说，情感问题、家庭关系、个人生理、特殊爱好等，都属于比较私密的话题，我们在谈话的时候应该尽量避免涉及。

总之，和陌生人说话一定要带一杆"秤"，想说某个话题之前，先衡量一下，"太重"的话题往往涉及对方的隐私，我们还是免谈为好。

和陌生人谈话，心中随时要有一个明显的"三八线"，明确什么该问、什么不该问，牢牢掌握好和对方谈话的尺度。谨慎地和陌生人进行沟通，虽然进展较慢，但能够规避谈不拢、谈崩的风险。

懂得赞美别人

赞美是人际交往的润滑剂，赞美的力量在于能够让被赞美者心情愉悦，从而不吝啬自己的言语，将沟通进行下去。懂得赞美别人的人，能够获得对方更多的友善，以及更热情的交流欲望。在与陌生人的沟通过程中，赞美尤其能够发挥这样的作用。

当你给对方一个好评的时候，他的心情就会因为愉悦而有所放松，从而能够主动、热情地与你进行交流。有一位记者去采访一位科学家，但他发现，这位科学家接受采访的时候也保持着谨慎的态度，仿佛不愿意多说一个字。这使得记者觉得很为难——采访已经过去了大半，但自己记录下来的有用的东西却很少。记者暂停了采访，开始边闲谈边环顾房间的摆设。记者看到，客厅的墙上挂着几张风景照，都是出色的摄影作品。记者猜测，这位科学家应该是个摄影爱好者。于是，他称赞道："您不仅在科学研究上独具眼光，对摄影的欣赏力也是一流啊！"接着，记者针对墙上的几张照片，根据自己积累的摄影常识，进行了一番构图、色调等方面的谈论。最后，他又竖起大拇指说："像您这样具有艺术爱好的科学家不多见啊！您在生活中一定是个非常有情趣的人，跟您生活在一起的人一定是幸福的人！"科学家听到这里，不禁笑了起来："真没想到，你也这么懂摄影啊！以前到这里来的记者从没有人注意到我的这些摆设。看来你真是个细心、出色的记者！"在接下来的采访中，科学家侃侃而谈，谈了很多学术上、生活上的事情。记者也得以圆满完成任务。

在沟通中给别人以赞美，为自己争取沟通上的方便，这是一个很明智的选择。当你给对方好评的时候，对方会感觉到你的友善。反过来，对方也会以友善的态度回报你。如此一来，两人之间的沟通必然会顺畅起来。给对方一个好评，不仅表现在夸赞对方的优点，还要注意回避对方的短处或者缺陷。如果实在需要提及，那么也不能直言不讳，而要用一种委婉的方式表达出来。这样做，能够防止对方出现恼怒的情绪，从而影响谈话氛围。

小美和小菲是某个时尚杂志的编辑，主要负责"街拍"版块，就是在街上寻找穿着不俗的人，为其拍下照片，放到自己的杂志中刊登出来。这一期，小美和小菲街拍的主题是"怪行头"。就是说，这次街拍任务目标是穿着最怪异的人。为了完成任务，小美和小菲都非常卖力，但最终的成果却相差甚大：小美拍了二十多张备选照片，而小菲只拍了三张。原来，小菲在邀请路人拍照的时候，总是实话实说："您好，我是做时尚杂志的，想拍一些着装怪异的行人。我看您穿得就挺怪的，能让我为您拍张照吗？"可想而知，小菲得到的回答好一点儿的是直接拒绝，严重一点儿的甚至会骂小菲"没眼光""神经病"。所以，小菲挨了半天白眼，却没拍到几张照片。小美则不同，她每找到一个打扮怪异的人，就上前热情地说："您这身打扮真是太特别了！不得不说，您的眼光真是与众不同，不介意的话，我给您拍张照片吧！放到我们杂志上，让所有人都看看您独特的着装。"基本上，听到小美这样说的人，都会笑逐颜开，并且同意拍照。因而，小美得到的全是笑脸，轻松地完成了拍照任务。

要给陌生人留下好的第一印象，让他们愿意与你继续沟通下去，那么请记住给对方一个好的评价。对方笑逐颜开、心花怒放，自然会产生与你交流下去的欲望。

每个人都希望得到别人良好的评价。当你给一个人好评的时候，他会因为你对他的认可而在你面前信心十足，也会因为你对他的赞美而产生愉悦的心情，这样就拉近了彼此的距离，为下一步的沟通打下良好的基础。

不做万花丛中那一点绿

如果一件事大家明知是错的，但所有人都说它是对的，你将如何选择呢？如果这种情况发生在学术问题上，那么当然要抱着追求真理的态度，坚持自己的观点，并努力为之取证。但如果这种事情发生在现实生活中，我们就要三思了：为什么显而易见的错误，所有人都要说"对"呢？这里面是否有隐情呢？也就是说，当遇到和自己想法不同的事情时，先不要急着发表意见，而一定要分析其中的利害，看清事情原委，再作决定。在这方面，下面的童话故事能够给我们些许启示。

从前，有一位非常善妒的王后。她自认为是世界上最美丽的女子，每次王宫里选了新的妃子，她都要将身边的侍女叫来，询问半天。如果得知哪一个女子比自己漂亮，她就会想方设法将其赶走或害死。

一次，国王从宫外选了两个漂亮的女子做自己的妃子。王后听说这两个女子异常美丽，便叫了很多仆人来询问，但每次都被告知"远不及王后漂亮"。就在王后信以为真的时候，她突然听到了一个新来的侍女说："说句实话，我觉得新来的两个妃子都比王后漂亮，还比王后年轻。为什么所有人都说王后比她们漂亮呢？我看王后只不过是随口问问，我们没必要撒谎。"另一个侍女还没来得及回答，王后就气愤不已，命人将新来的侍女痛打了一顿，并随便找了一个理由将那两名妃子关到牢里。

有时候说实话并不是正确的选择，尤其是在所有人都说谎话的时候，一定要分析其中的原因，明白利害。如果你实在不懂，那也要管住自己的嘴，千万别轻易将"实话"说出口。

人人希望自己能够做最独特的那个人，能够鹤立鸡群、与众不同。但很多事实都证明，做最独特的那个人、说最不一样的话并不一定能凸显自己的价值，反而可能会给自己带来意想不到的麻烦。因此，与其想着如何在人群中"脱颖而出"，不如做一个明哲保身的聪明人，以免弄巧成拙、惹火烧身。

第九章　高情商让你在不同的场合都能获得认同感

职场新人，小心祸从口出

吉人之言少。通俗的说法是"多吃饭，身体好；少说话，水平高"。作为职场女性，尤其是新人，初来乍到最好少开口，以避免言多有失。

沉默寡言的人固然给人不合群、孤僻的感觉。但是与喋喋不休的人比起来，后者更令人讨厌。作为新来的办公室女性，说话要有分寸，要明白有些话可以说，有些话不能随便说。所以，会说话的女人善于言谈却也懂得适可而止，该保持沉默的时候就保持沉默。

总公司的市场经理刘燕初次来办事处指导工作，中午请部门同事一起吃饭，席间谈起一位刚刚离职的副总王莉，入职不久的李乐心直口快地说王莉脾气不好，很难相处。刘燕说："是吗？是不是她的工作压力太大造成心情不好？"李乐说："我看不是，三十多岁的女人嫁不出去，既没结婚也没男朋友，老处女都是这样心理变态。"闻听此言，刚才还争相发言的人都闭上了嘴巴。因为，除了李乐，那些在座的老员工可都知道：刘燕也是待字闺中的老姑娘！

好在一位同事及时扭转话题，才抹去刘燕隐隐的难堪，而事后得知真相的李乐则为这句话悔青了肠子。

有一句话叫作"祸从口出"，在和同事交往中一定要把好口风，什么话能说，什么话不能说，什么话可信，什么话不可信，都要在脑子里多绕几个弯子，心里有个小算盘，这样才能够与大家和谐相处，避免犯下不可挽回的错误。

所以，新来的职场女性一定不要信口开河，因为你刚来公司，对很多情况不熟悉不了解，自以为是的发言，会给你带来不可弥补的失误，甚至会给你以后的职场道路埋下隐患。

古人告诫我们"言谈莫论人非"，我们可以将其深化为"言谈莫论人"，因为少了一个"非"字，也就少了失言的机会。

只要人多的地方，就会有闲言碎语。有时，你可能不小心成为"放话"的人；有时，你也可能无意中成为别人"攻击"的对象。

职场中，切忌在背后说人闲话，就像噪音一样，影响人的工作情绪，同时也影响你的人际关系。聪明的女性懂得，该说的就勇敢地说，不该说的绝对不会乱说。

职场女性要切记，办公室是一个是非之地，一句话不慎就有可能引来一场是非。所以在办公室说话要讲究技巧，该说的说，不该说的不要说，以免招来麻烦，给自己的工作带来影响。

慎重回答离职原因

每个跳槽的应聘者，在面对面试官时，都会被问到离开原来单位的原因。当你遇到类似问题时，切不可漫不经心地回答。对于一些普遍性的原因，如"大锅饭"阻碍了自身的发展，上班路途太远，专业不对口，结婚、生病等都是人们可以理解的原因，可以如实道来。但是，有些原因在回答时一定要谨慎，千万不要随意地说出，这会给你的求职带来阻碍。

1. 前任上司

当面试官问到你离职原因是否和你的前任上司相关的时候，这时对你的前任上司切不可妄加评论，要知道现在招聘你的面试官可能就是你未来的上司，既然你可以在他面前说前任上司不好，他就会认为你也会在别人面前说他的不好，使得他对你抱有成见。李娜是一位工作经验丰富、工作能力很强的秘书。当招聘她的女经理问她："小姐，你人这么漂亮，举止优雅，学历又高，难道你原来的上司不喜欢你吗？"

李娜微笑着说："也许正因为美的缘故，我才离开原来的公司。我宁愿老板事多累下人，也不希望他们情多累美人。我想在您手下工作，一定会省去许多不必要的累。"李娜并没有说原上司的好与不好，但一句"情多累美人"既让人同情也让人爱怜。结果李娜很顺利地走上了新岗位。一个人要在社会中生存，就得与各种各样的人打交道，挑剔上司说明你对工作缺乏适应性。

2. 工作压力太大

现今社会节奏很快，竞争很激烈。大多数年轻人一踏入社会就要承受来自竞争中各方面的压力，这些压力要求我们必须处于高强度的工作状态。如果你总是说，原单位工作压力太大，很难适应，这会使得现在的招聘单位对你失去信心。王伟原来在某报社专刊部做记者。报社要求记者一个月必须完成一定字数的家电行业的文稿，而且还要负责广告版面。中文系毕业的他对家电等市场行情不是很了解，要写这方面的文章，感到力不从心，压力太大。于是他到另一家报社应聘新闻记者。负责招聘的面试官问他，你是否觉得在原来的报社工作压力太大？王伟说："作为年轻人，工作压力大点没关系，最重要的是希望找到能发挥自己专长的工作岗位。"李强如愿以偿进了该报社新闻部。自此他如鱼得水，许多文章都获了奖，并且很快当上了新闻部主任。随着市场化程度的提高，无论企业内部还是同行业间，竞争都日趋激烈，这是无法避免的，而且作为现代企业的员工，你必须具备适应激烈竞争环境的能力。

3. 和收入有关

当你跳槽去另外一个单位面试的时候，如果面试官问你离职原因是否和收入有关时，你要是直截了当地说出确实是因为收入太低才离职，那么面试官一定认为你是单纯地为了收入，而且太计较个人得失，并且会在心里想："如果有更高收入的单位，你肯定还会离开这里的。"这种理念一旦形成，面试官就可能对你不理不睬。小杨原在一家效益较差的企业做行政工作，到现在的单位应聘时，面试官便问他："你是不是觉得原来收入太少，才想要换工作的？"小杨说："在原来的单位我的工资还算高的，关键我学的是财会专业，又有会计师职称，来应聘会计职位是最适合不过的了。"现在大多数企业中实行效益薪金、浮动工资制度是很普遍的，其目的在于用物质刺激手段提高业绩和效益；同时，很多单位都采取了员工收入保密的措施。

所以，被问及这类问题的时候，你要表明你原单位的工资太少，还要表明这并不是你离开原单位的主要原因。切记不要将分配不公作为离开原单位的借口。只有这样的回答，才利于你在新单位获得更高的薪金，又让面试官觉得你并非只是因为薪金问题才离职的。

4. 人际关系复杂

由于现代企业讲求团队精神，要求所有成员都具有与他人合作的能力。如果你对人际关系胆怯和躲避，可能会被认为你心理状况不佳，处于忧郁、焦躁、孤独的心境之中，从而妨碍了你的就业取向。

5. 女性求职如何回答敏感问题

如今许多女性在求职时，由于性别使自己处于不利的地位，尤其是面临结婚或者刚刚结婚的年轻女性，在面对一些敏感问题时不知如何作答，才能使自己顺利通过面试，求职成功。陈兰到一家中外合资企业面试。经理对她的能力和工作经验都满意，但是担心她刚刚结婚怕她要生小孩会影响工作。于是就问她："陈小姐，总的来说，我对你的各方面素质都很满意。不过，你已经成家，公司方面还得考虑考虑。"陈兰听到这句话想了一下说："我认为您讲的有一定道理。如果我是您的话，可能也会这样想的。公司的任务重、工作忙，谁也不愿意员工为家事耽误了工作，而且我现在还没有要孩子的打算。"随后，她话锋一转："就算我决定要孩子，事情还可以从另外一个角度来考虑，也许我的想法不一定对，但还是想说出来请您指正。对公司来说，最重要的是要求职工有责任心。但是，在生活中没有经过责任心训练的人，能够在工作上有强烈的责任心吗？我想，一位母亲与一位未婚女子对生活、工作和责任心的理解是不会相同的。况且，我家里还有老人退休照料家务，我决不会因家庭琐事而影响工作的。这一点我想请总经理放心。"陈兰虽然具备了职业女性应当拥有的素质，且用人单位也表示满意，但用人单位基于她已成家等因素的多种考虑，起初不准备聘用她。总经理的话也直言不讳地透露了公司的意图。在大事不妙的情况下，陈兰并没有退缩和流露出畏难情绪。她首先肯定了总经理对她已成家可能影响公司工作顺利开展的顾虑，并且站在总经理的立场对自己的不足作出否定的态度，这使总经理颇感意外，并促使他的态度发生转变。陈兰在成功地促使总经理愿意继续倾听自己意见的基础上，又不失时机地转变话锋，从已婚女性和未婚女性两者具备不同的工作责任心和工作态度角度入手，阐述了作为母亲的已婚女性较未婚女性对工作更加负责，更具有工作责任感。一席话从心灵深处震撼了总经理，他开始赞赏陈兰的话。陈兰趁热打铁，说明家务事有家人照管，不会因家庭琐事而影响公司的工作，打消了公司的顾虑。经过陈兰这么有理、有利、有节地一说，总经理也想明白了，而且十分赞赏她的敏捷思维，当时就决定录用她。

　　用人单位在考虑聘用女职员时，常担心婚姻和家庭会影响工作，所以面试时往往提出许多相关的问题。因此，只要你能回答好这些问题，就可以使你得到自己想要的工作。

（1）你如何看待晚婚晚育？

招聘者在提出这个问题时，是想知道你在工作与生育关系问题上持有什么样的态度。

你可以这样回答："谁都希望两全其美，但当两者不能同时满足的时候，我会以不影响我的工作和公司的利益为前提，理智地处理好这个问题。我的爱人是明事理的人，他一向都是很理解和支持我的，这一点请经理放心。"

（2）你更偏重于家庭还是事业？

"我觉得无论对谁来说，家庭和事业都是很重要的，缺少了哪一部分，他（她）的人生都不完整。我会有自己的家庭，但同时我也认为，现代女性最大的目标就是让自己活的有价值。工作对现代女性来说是很重要的。同时，我相信我未来的先生也会支持我的事业。"这样的回答看来很完美，但不见得是最正确的，你还需要根据自身的情况以及该公司的作风来灵活回答。

（3）如果公司派你到外地出差，你能够适应吗？

"公司安排我出差，是工作上的需要，我会服从公司的安排，而且我的家人们都很支持我的工作。如果家人有顾虑，我也会说服他们的。"这样回答会让对方觉得你很看重工作，但是这样的回答也是有缺陷的。如果你自身有事情不容许你出差的时候，你会很被动，所以话一定要说得有余量，不能一味地追求对方的好感。

（4）据我所知，你和你的男友分处两地，你有没有想过怎么处理这个问题？

"我之所以来这座城市，就是因为觉得这座城市的机会很多，这对我有很大的吸引力。我来之前也与我的男友商量过此事，如果我在这个城市找到发展自己的舞台，那么他也会到这座城市来寻找机会。"面试官再问这个问题的时候，是想知道你会不会频繁地换工作，或者因为一些其他原因离职，因为每个公司都不希望自己培养的人才走掉。在回答此类问题的时候，你不必局限于上述回答，只要告诉对方你很稳定就可以了。

总之，我们在回答问题时要机智灵活，不要轻视那些看似简单的小问题，往往就是这些鸡毛蒜皮的小问题，使很多应聘者失去机会。

谈话要看场合

同样说话的内容，由于场合的不同，说话的方式也应不同。只有依据不同的场合，选取最恰当的词语，才能准确地表达自己的思想感情。也只有这样才能把话说得左右逢源，滴水不漏。

有一个笑话，一个叫刘大的人，做 50 大寿，他想请几个朋友来热闹热闹。生日那天，刘大特地邀请好友张三、李四、王五和赵六来家聚餐。几位朋友都来了，就剩赵六还没有到。酒席已经摆好，大家坐着等赵六。等了好一会儿，总不见赵六来。刘大心里很着急，脱口说出："哎！该来的不来。"话一出口，张三多了心思，他想：既然赵六是该来的没有来，那我就是不该来的了！于是，起身就走了。刘大看到张三走了，连忙说："喂！不该走的又走什么？"李四一听，心想：张三是不该走的，看来我是该走的了。于是也起身便走。刘大见李四走了，两手一摊对王五说："我又不是讲他俩该走。"王五一听，心想：只剩下我一个了，一定是讲我该走了。谁稀罕你这餐饭，请我来，又赶我走，真不够朋友。于是王五也气愤地走了。

刘大这下傻眼了，大声地在后面说："你们怎么都走了？"

刘大的生日没热闹成，反而得罪了朋友，最后，还不明白是怎么得罪的呢！

有的人口齿伶俐，在交际场合口若悬河，滔滔不绝，这固然是不少人所向往的。但如果说话不分场合，说错了话，说漏了嘴，把事情搞糟，那是最不合算的事。所以说话要看场合，要注意以下几种场合的区分：

（1）自己人场合和外人场合

我国文化传统一向是重视内外有别的。对自己人"关起门来谈话"，可以无话不谈，甚至可以说些放肆的话，什么事都好办。而对外边的人，总怀有戒心，"逢人只说三分话，未可全抛一片心"。

（2）正式场合与非正式场合

正式场合说话应严肃认真，事先要有所准备，不能乱扯一气。非正式场合下，便可随便一些，像聊家常一样，便于感情交流，谈深谈透。有些人说话文绉绉，有人讲话俗不可耐，就是没有把握正式场合与非正式场合的界限。

（3）庄重场合与随便场合

"我特地来看你"，显得很庄重；"我顺便来看你"，有点随随便便看你的意思，可以减轻对方负担。可是，在庄重的场合说"我顺便来看你"就显得不够认真、严肃，会给听话者蒙上一层阴影。在日常生活中，明明是"顺便来看你来了"，偏偏说成是"特地看你来了"，有些小题大做，让对方增加心理负担，对方或许就会因此而不帮助你了。

（4）喜庆场合与悲痛场合

一般地说，说话应与场合中的气氛相协调。在别人办喜事时，千万不要说悲伤的话；在人家悲痛时，不要说逗乐的话，甚至哼哼民歌小调，别人就会说你这人太不懂事了。

说话有"术"，"能说会道"也是一种本领。古有"一语千金"之说，也有"妙语退敌兵"之事。可见，会说、巧说是何等重要。我们应重视"说"的作用，讲究"说"的艺术。注意语言的学习与积累，针对不同的场合，要选用最得体、最恰当的语言来表情达意，力争获得最佳的效果。

办公室交谈要注意细节

同在一个单位，搞好同事间的关系是非常重要的。关系融洽，心情就舒畅，这不但有利于做好工作，也有利于自己的身心健康。倘若关系不和，甚至有点紧张，那就没滋没味了。导致同事关系不够融洽的原因，除了重大问题上的矛盾和直接的利害冲突外，平时不注意自己的言行细节也是一个原因。因此，在办公室说话要注意以下细节：

1. 办公室不是互诉心事的场所

有许多爱说、性子直的人，喜欢向同事倾吐苦水。虽然这样的交谈富有人情味，能使你们之间变得友善，但是研究调查指出，只有不到1%的人能够严守秘密。所以，当你的个人危机和失恋、婚外情等发生时，你最好不要到处诉苦，不要把同事的"友善"和"友谊"混为一谈，以免成为办公室的注目焦点，也容易给老板留下不好的印象。

2. 办公室里最好不要辩论

有些人喜欢争论，一定要胜过别人才肯罢休。假如你实在爱好并擅长辩论，那么建议你最好把此项才华留在办公室外去发挥，否则，使你在口头上胜过对方，但其实是你损害了他的尊严，对方可能从此记恨在心，说不定有一天他就会用某种方式还以颜色。

3. 不要成为"耳语"的散播者

耳语，就是在别人背后说的话。只要人多的地方，就会有闲言碎语。有时，你可能不小心成为"放话"的人；有时，你也可以是别人"攻击"的对象。这些耳语，比如领导喜欢谁？谁最吃得开？谁又有绯闻等等，就像噪音一样，影响人的工作情绪。聪明的你，要懂得，该说的就勇敢地说，不该说就绝对不要乱说。

4. 常和一人"咬耳朵"

同办公室有好几个人，你对每一个人要尽量保持平衡，尽量始终处于不即不离的状态，也就是说，不要对其中某一个人特别亲近或特别疏远。在平时，不要老是和同一个人说悄悄话，进进出出也不要总是和一个人。否则，你们两个也许亲近了，但疏远的可能更多。有些人还以为你们在搞小团体。如果你经常在和同一个人咬耳朵，别人进来你们却不说了，那么别人不免会产生你们在说人家坏话的想法。

5. 热衷于探听家事

能说的话人家自己会说，不能说的就别去挖它。每个人都有自己的秘密。有时，人家不留意把心中的秘密说漏了嘴，对此，你不要去探听，不要想问个究竟。有些人热衷于探听，事事都想了解清楚，这种人是要被别人看轻的。你喜欢探听，即使什么目的也没有，人家也会忌你三分。从某种意义上说，爱探听人家私事，是一种不道德的行为。

6. 喜欢嘴巴上占便宜

在同事相处中，有些人总想在嘴巴上占便宜。有些人喜欢说别人的笑话，讨人家的便宜，虽是玩笑，也绝不肯以自己吃亏而告终；有些人喜欢争辩，有理要争理，没理也要争三分；非要让对方败下阵来不可；有些人对本来就争不清的问题，也想要争个水落石出；有些人常常主动出击，人家不说他，他总是先说人家。

7. 当众炫耀只会招来嫉恨

有些人喜欢与人共享快乐，但涉及你工作上的信息，譬如，即将争取到一位重要的客户，老板暗地里给你发了奖金等，最好不要拿出来向别人炫耀。只怕你在得意忘形中，忘了有某些人眼睛已经发红。

8. 好事不通报

单位里发物品、领奖金等，你先知道了，或者已经领了，一声不响地坐在那里，像没事似的，从不向大家通报一下，有些东西可以代领的，也从不帮人领一下。这样几次下来，别人自然会有想法，觉得你太不合群，缺乏团结意识和协作精神。以后他们有事先知道了，或有东西先领了，也就有可能不告诉你。如此下去，彼此的关系就不会和谐了。

9. 明知而佯装不知

同事出差去了，或者临时出去一会儿，这时正好有人来找他，或者正好来电话找他，如果同事走时没告诉你，但你知道，你不妨告诉他们；如果你确实不知，那不妨问问别人，然后再告诉对方，以显示自己的热情。明明知道，却说不知道，一旦被人知晓，那彼此的关系就势必会受到影响。外人找同事，不管情况怎样，你都要真诚和热情，这样，即使没有起实际作用，外人也会觉得你们的同事关系很好。

10. 可以说的私事故意隐藏

有些私事不能说，但有些私事说说也没有什么坏处。比如你的男朋友或女朋友的工作单位、学历、年龄及性格脾气等；如果你结了婚，有了孩子，就有关于爱人和孩子方面的话题。在工作之余，都可以顺便聊聊，这可以增进了解，加深感情。倘若这些内容都保密，从来不肯与别人说，这怎么能算是同事呢？无话不说，通常表明感情之深；有话不说，自然表明人际距离的疏远。你主动跟别人说些私事，别人也会对你一说，有时还可以互相帮帮忙。你什么也不说，什么也不让人知道，人家怎么信任你。信任是建立在相互了解的基础之上的。

面试常见问题回答技巧

每个公司面试的程序和模式不尽相同，面试官的风格各异，面试时所提的问题根据各公司的情况也有所不同。但是有些问题是面试官比较喜欢问的，所以应聘者一定要对这些问题有所准备。

（1）为什么应聘这份工作？

"我来应聘这份工作，因为我相信我能为贵公司的发展作出贡献，同时，我也相信贵公司会为我提供实现个人价值的舞台。我在这个领域具有一些经验，而且我的适应能力使我确信，我能把这份工作做好。"当然，每个公司有不同的情况，在遇到类似问题时，要根据现场情况灵活变通，巧妙说话，这样会给面试官留下好的印象。

（2）对我们公司有什么认识？

在面试前，你要对这个公司进行了解，在遇到这个问题时至少应该回答出以下几项内容：公司的固定资产有哪些、是否有子公司、有多少家子公司、有多少员工、每年的销售额是多少、利润是多少以及其在同行业公司中的地位。此外，你还应该对该公司的一些荣誉有所了解，这很容易博得面试官的好感。

（3）你学过哪些课程？

列举几门与你要应聘的职位相关的课程，同时还要说明一些基础课程。比如计算机，现在计算机已经成为应聘者的基本技能，对此你要提一下。但如果你的工作与计算机不是直接有关联的话，就没有必要说明你的计算机技能水平，只需说明你能熟练使用办公应用软件就可以了。

（4）你想过要自己创业吗？

这是一个很难回答的问题。如果你的回答是"有这样的想法"，那么千万小心，下一个问题可能就是："那为什么你不做呢？"你要做好回答相关问题的准备。

（5）你在这类工作岗位上有何种经历？

这是展示你才能的最佳时机。但在你回答前，必须绝对清楚对于应试者来说什么是最重要的。如果你不知道你在该工作岗位最初的阶段将面对什么项目，你必须询问。你的认真思考和分析能力将得到尊重，你得到的信息将自然使你更加贴切地回答问题。但在描述你所取得的成绩时，要谦虚，切不可夸夸其谈。

（6）除了工资，还有什么福利最吸引你？

尽可能诚实，如果你准备工作做得充分，你就会知道应聘公司将提供什么，回答尽可能和他们提供的福利相符的内容。

（7）你都有哪些兴趣爱好？

这个问题看来很单纯，但是往往有更深一层的意义，这是面试官企图知道你的兴趣爱好是否会干扰你的正常工作。你可以回答"我在休息时间喜欢踢足球，看看电影，但从未因此影响过工作"等，摆明自己的立场。

（8）你认为自己最大的缺点是什么？

回答这个问题时，绝对不要自作聪明地回答："我最大的缺点是过于追求完美。"有人认为这样的回答会显得自己比较出色，但事实上，这样的回答会把你推向一个危险的境地。每个人都有缺点，这一点我们很清楚。当被问及这个问题时，你不妨说出几个你的缺点来，但是注意不要选择对你将来的工作有影响的缺点。

（9）你会如何与上司相处？

"我重视的是工作和成果。我交际能力强，可以和任何人打交道。"你回答的主旨在于表现你交际能力强、心胸开阔，在处理与上司关系时，以服从公司利益需要为原则，绝不会因个人问题而斤斤计较。

（10）如果公司在职位方面有变动，安排一个与你应聘职位不同的工作，你能接受吗？

"我会感到遗憾，不过我还是乐意服从分配。我是基于对贵公司业务开展与工作作风的充分了解，才欣然前来应聘的，所以无论在哪个部门工作，我都会努力，况且我可以学到更多新东西。当然，如果今后有合适机会仍可以从事我所期望的工作时，我将很高兴。"当然，话不是绝对的，如果你觉得这样安排对你不适合，你可以委婉地说出自己的意图，让对方了解你对这个职位的向往，并且是最佳人选。

（11）依你现在的水平，恐怕能找到更好的公司吧？

"不可一概而论。或许我能找到比贵公司更好的企业，但别的企业或许在人才培养方面不如贵公司重视，机会也不如贵公司多；或许我找不到更好的企业，我想珍惜已有的最为重要。"

这类问题的特点是面试官设定一个特定的背景条件，让应试者作出回答，有时任何一种答案都不是很理想，这时就需要用模糊语言回答。

（12）如果另外一家公司也录用你，你将如何选择？

"当然还是希望到贵公司工作。我对贵公司向往已久，若能给我一个机会，我是绝不会放弃的。"

在未确定最后的归属时，回答这个问题是比较困难的，这时不能有丝毫的犹豫，还是应该强调自己希望进入现在应考的这家公司工作，并且要充满热情和希望。

面试时不能说的话

许多年轻人在面试的时候，总觉得面试官和你交谈甚欢是对你有好感，便自以为很平常地和对方说出很多话，你也许觉得这是真诚的表现，但是对方也会从这些话里捕捉到很多信息。这些信息也许会给你带来帮助，但也会给你带来阻碍。所以在和面试官交谈的时候，绝不能乱说话。下面给大家列举一些不能说的话题。

（1）前任雇主的机密资料你不应该泄露，否则会让面试官认为你这个人不值得信任。他还会想："你可以泄露前任雇主的机密资料，那以后也可以泄露我公司的资料，我可不敢用你，否则，不是自己花钱雇一个特务吗？"

（2）关于性别或种族的偏见。你或许以为面试官与你志同道合，因而大谈特谈。其实这样做如同自掘坟墓，职场里不容许性别和种族歧视存在。

（3）不要大肆夸奖自己的孩子。即使面试官桌上摆着自己的家庭照，你的口袋里塞满成叠小孩照片，但谈论关于孩子的话题，也颇不符合面试的场合。

（4）不要说为面试官取得某物或某种特殊商品的提议。比如说，"我能帮你买到批发价的计算机"。或许这是事实，或换个场景会表现出你待人的热忱。可是在面试场合，这样则显得格格不入，而且会有你在贿赂他之嫌。

（5）不要说你如何厌恶数学、物理等学科。虽然表面上看来似乎与此职位无关，但是擅长数理化等科目是能够表现一个人的逻辑能力的。

（6）不要总是提大人物名号以自抬身价。比如说，总是炫耀你前任老板是著名的经济学家，你曾协助他做过什么经济方面的规划。假使你真的与某些社交名流为友，留心别造成你在吹嘘自己的印象。因为你不知道面试官对于此事的态度到底如何。

（7）将面试官赞美得天花乱坠。即使你诚心佩服其人，在这种情况下，你的赞美可能遭到误解。当然，你可以这么说："与您面晤很愉悦，谢谢您。"

（8）不要说与面试单位的某人是熟人。例如，"我认识你们单位的某某""我和某某是同学，关系很不错"，等等。这种话面试官听了会产生反感。如果那人是面试官的上司或比面试官的职位高，他就会觉得你是在用上级来压他，这样，即使你被录用了，以后的日子也不会好过。如果面试官与你所说的那个人的关系不怎么好，甚至有矛盾，那么，你这话引起的结果就会更糟。

（9）不说不合逻辑的话。当面试官问："请告诉我，你的一次失败经历。""我想不起我曾经失败过。"如果你这样说在逻辑上是讲不通的。又如："你能干些什么工作呢？""我可以胜任一切工作。"这样的回答也不符合实际情况。

（10）不要说抱怨的话。千万不要在面试官面前抱怨。要知道，无论什么样的面试官，都不会喜欢一个满腹牢骚的人。

面试时该怎样谈薪水

在面试的时候我们不可避免地会谈到薪酬问题。个人的薪酬是与其能力、作用、表现和贡献等息息相关的。所以在回答薪资问题时，不能逞匹夫之勇乱答一气，要事前做好准备，要有策略。在用人单位尚未了解你的情况时，开价过高，难以被用人单位接受；开价过低，吃亏的是自己。所以在讲薪酬之前你必须做到以下几点：

（1）在面试前一定要了解该职位薪酬的普遍情况，了解该公司的政策；

（2）切勿盲目主动提出希望得到的薪酬数目；

（3）尽可能从言谈中了解，用人单位给你的薪酬是固定的还是有协商余地的；

（4）面试前设法了解该行业薪酬福利和职位空缺情况。

在明确了以上几点之后，你就要开始同用人单位讲薪酬了。那么，该如何同用人单位讲薪酬呢？

在与用人单位协商薪酬的过程中，如果用人单位要你开价，那么你可以告诉其一个薪酬幅度。这就要求你对自己的薪酬要有个正确的估计，了解该职位大概薪酬标准，以便自己心中有数。同时别忘了，福利也是你应得的报酬，如医疗保险、养老保险、公积金、带薪休假等。

假如面试的时候，面试官问你原来的薪资是多少，这个问题你一定要谨慎回答。你最好告诉对方："过去的工资不重要，关键是我的工作能力。"如果你目前薪资太少的话，直接回答不会给你带来好处的。

薪资谈判不能像其他谈判那样，一味设法提高你的条件，而对方就只顾压低你的价钱。把原来和谐的气氛弄成敌对的局面，这对你实在没有好处。如果对方有心压低你的薪酬，就会将话题转移到你上任后有何计划、如何扩大市场占有率或如何降低产品成本等，这样原来那种紧张敌对的状态，很快便形成同心协力的局面。这时，你应该充分展示你的能力和对未来工作的设想，这样一方面可以给对方留下好印象，另一方面你也以据此提高你的薪酬要求。

公司都希望应试者对应聘的职位感兴趣，而非纯以金钱挂帅。因此，只要老板觉得聘你没有令公司损失，要争取高薪、福利并不困难。你可以谈论自己的才能、经验，要求老板让你承担多一点责任，甚至把职位提高，这样就有机会将你的薪酬提高了。

理想的薪酬数应是用人单位和求职面试官双方都能接受的，而应试者应表现一定的灵活性。当薪酬福利谈妥后，一定要把这些写到你的就业合同里。

随着人们经济观念的不断增强，现在人们求职已经不像从前那样对于薪酬难以启齿了。很多人已经将薪酬作为求职的重要标准，甚至是第一标准，这本无可厚非。但是，不要对你即将面对的工作环境以及是否能够实现你的个人价值等因素都表现得无所谓，那样的话，面试肯定会以失败告终。

说话心理学

让你开口就能赢得人心

王辉◎著

中国出版集团
中译出版社

图书在版编目（CIP）数据

口才训练与沟通技巧的艺术．说话心理学 / 王辉著

．-- 北京：中译出版社，2019.12

ISBN 978-7-5001-6085-4

Ⅰ．①口… Ⅱ．①王… Ⅲ．①口才学—通俗读物

Ⅳ．① H019-49

中国版本图书馆 CIP 数据核字 (2019) 第 272711 号

出版发行： 中译出版社

地　　址： 北京市西城区车公庄大街甲 4 号物华大厦六层

电　　话： (010)68359376,68359827（发行部）（010）68357328(编辑部）

传　　真： (010)68357870

邮　　编： 100044

电子邮箱： book@ctph.com.cn

网　　址： http://www.ctph.com.cn

策　　划： 北京瀚文锦绣国际文化有限公司

责任编辑： 温晓芳

封面设计： 孙希前

排　　版： 张元元

印　　刷： 香河县宏润印刷有限公司

经　　销： 全国新华书店

规　　格： 880mm × 1230mm　　1/32

印　　张： 25

字　　数： 650 千字

版　　次： 2019 年 12 月第一版

印　　次： 2019 年 12 月第一次

ISBN 978-7-5001-6085-4　　　　　　　　**定价：** 178 元 / 套（全 5 册）

中译出版社

前言
Preface

  会说话是一种最基本的社交技能。要想和别人更好地相处，你首先要做个"会说话的人"。在当今社会，人与人之间的认识和了解都是通过说话来实现的。从应酬到闲聊，从谈判到说服，从交友到工作，无不需要说话的能力。美国前总统林肯曾经说过："口才是社交的需要，是事业的需要，一个不会说话的人，无疑是一个失败者。"现实生活对此也有印证，会说话的人可以建立良好的人际关系，使自己赢得主动，左右逢源，轻松达到预期的目的；而不会说话的人则不能与人进行有效沟通，往往坐失良机，甚至把原本不错的局面搅得一团糟，很难出人头地。可以说，是否会说话决定了人的命运。

  会"说"走遍天下。一个会说话的人，遇见陌生人时，知道如何说话能跟对方达成"一见如故"的默契；和同事共事时，知道如何说话能受到大家的欢迎；拜访客户时，知道如何说话能赢得客户的心，从而使客户决定购买自己的产品；再如跟恋人或朋友说话时，知道怎样给对方带来乐趣，加深彼此间的感情……而那些不会说话的人笨嘴拙舌、言不达意，说出很多废话、蠢话，不能与别人进行有效沟通，不仅会坐失良机，也很难在事业上有出人头地的发展，若出言不当，还会立刻四面楚歌。同样是说话，为什么会有如此大的区别呢？这其中的关键就在于前者在谈话时能够运用各种心理技巧，把话说到别人的心窝里，从而成功地赢得人们的信任和喜爱，而后者却不懂得在谈话中运用心理学，导致说话不得体而失去人心。

事实上，人们的众多行为都受到心理的支配。中国古代兵法云："用兵之道，攻心为上，攻城为下；心战为上，兵战为下。"这一兵法尤其在现代社会社交生活中大有用武之地，言谈中，如果不懂心理学，即便你口若悬河、煞费周章，也可能南辕北辙、毫无效果；相反，如果懂得心理学，可能只需付出一点点，便能洞悉对方的内心世界，从而先入为主，占尽社交先机，达到交际目的。因此，如果我们想真正学会说话，以语言打动人心，那么我们除了要积累语言材料之外，更要学习心理学知识，通过了解他人心理，学会察言观色，最终成功把话说好，说得动人心扉。

俗话说得好：一句话说得人笑，也能说得人跳。说话是一件最简单的事，同时也是一件最困难的事。我们天天在说话，但不见得会说话。实际上，能够用三言两语就打动人心的人绝非平庸之辈，他们不但能够灵活掌握和运用语言，而且具有洞察人心的本领，能够看穿他人的心思。毋庸置疑，这个世界上最难以捉摸的就是人心。因而我们要想把话说得精彩，必须从心理学的角度入手，用"心"去说，才能打开他人心门，获得你想要的沟通效果。本书以心理学知识为基础，从人们在说话中遇到的各种问题出发，帮助读者朋友们解开人际交往过程中因为语言沟通不畅而导致的心结，从而使读者朋友们对于心理学知识和交流技巧的运用更加得心应手。

目录
Contents

第一章　感情真挚，优雅的谈吐更易打动人心 / 1

为声音"美容"：让对方倾心你优美的音质 / 1

自信十足，说话才能有底气 / 4

简明扼要，说话要说到点子上 / 7

自曝缺点，拉近与对方的距离 / 10

语气谦和，让人倍感亲切 / 12

第二章　心理洞察，明白对方想什么 / 16

察言观色，摸清对方心理 / 16

听语速的快慢，就能知道对方的个性 / 19

眼睛是心灵之窗，你可知道对方的喜怒哀乐？ / 21

握手不简单，你能从中看懂对方的心思 / 25

常用口头禅，透露性格的秘密 / 28

第三章　说服高手，直击对方的弱点 / 32

迂回说服，对方更容易接受 / 32

有了真诚，任何人都会被你说服 / 35

说服对方，请将不如激将 / 39

抓住关键点，一语中的说服领导 / 42

说服高手都是讲故事的好手 / 45

第四章　心理掌控，处变不惊，方能掌控全局 / 50

巧用幽默，化解人际交往中的僵局 / 50

滴水不漏，妙语应对各种刁钻问题 / 53

随机应变，巧妙应对突发的麻烦 / 57

自我解嘲，才能让自己和他人轻松起来 / 60

巧打圆场，让他人感谢你的善解人意 / 63

第五章　话语操控，让别人跟着你的思维走 / 68

巧用语言暗示，牵着对方的思路走 / 68

步步引导对方说"是"，让其无法拒绝 / 71

面对数据，不愿服从你的人也无力反驳 / 74

巧妙引导，用对方的嘴说出你的想法 / 78

不断重复，让对方认同你 / 81

第六章　社交精英，你走到哪里都是焦点 / 85

寻找共同点，营造"一见如故"的氛围 / 85

有意迎合，谈论他人感兴趣的话题 / 87

学会赞美，拥有生活正能量 / 90

幽默风趣，提升你的个人魅力 / 93

倾听，最受欢迎的交流技巧 / 97

第七章　决胜职场，精英们必知的口才心理学 / 101

从容回答考官提出的问题 / 101

和不同领导用不同的说话方式 / 104

如何与不同性格的员工沟通 / 107

领导面前，多说赞扬的话 / 111

积极沟通，让领导主动给你加薪 / 114

第八章　谈判心理，善于藏巧露拙是大智慧 / 118

察言观色，投其所好 / 118

适时沉默，给对方心理施压 / 120

以退为进，采用欲擒故纵的策略 / 124

转移话题，打破谈判僵局 / 127

投石问路，打探对方的真实意图 / 130

第九章　成交策略，双赢才是最好的结局 / 134

说好开场白，初次见面就要打动客户 / 134

人们买的不是产品，而是心理需求 / 138

激发好奇心，吸引客户的注意力 / 142

注入情感，捕获客户的芳心 / 145

巧妙提问，引导客户说出内心需求 / 148

第一章 感情真挚，优雅的谈吐更易打动人心

为声音"美容"：让对方倾心你优美的音质

声音是一个人的个性特征之一，一个人的好口才、一个人的说服力、一个人的讲话内容都是靠声音去传递的，所以说，声音是你说话中强有力的、必不可少的工具。希腊哲学家苏格拉底说："请开口说话，我才能看清你。"正因为他了解，人的声音是个性的表达，声音来自人体内在，是一种内在的剖白。慷慨激昂的演讲、如泣如诉的哀求、声情并茂的朗读都会给人留下深刻的印象。

心理学家认为，声音决定了人类38%的第一印象，而音质、音调、语速变化和表达能力则占说话可信度的85%。说话是一种有声语言的表达，因此，说话声音的质量显得尤为重要。

林婷是一家公关公司的老板，从白手起家到现在的事业有成，她常常感叹："做生意就是与人打交道，能掌握对方的心理，就能旗开得胜。"即便现在，她依然将心理学运用到企业管理中。

在招聘员工时，她运用了一套独特的方法，为了把不同类型的人用于不同的工作岗位上，她采用以嗓音大小来判定应聘人员素质优劣的"说话声音考试法"。她称这套方法来源于日本。

公司的人事部门先准备好一篇文章，让应聘者轮流朗读；或者来到大街上，让参加应聘的人员站在人群拥挤的车站进行演说或谈自己的经历。

考官们则站在50~100米的地方，确认他的声音能传多远。接着，考官们让应试者随便打一个电话，如在公司里的一个房间打电话给其他房间，根据其谈话的风度、语言的运用，当然也包括声音的大小、谈话的方式等决定其录用与否。

这项考试的重点是考察应聘者讲话声音的大小，讲起话来有无思想顾虑。同时，考察他是原封不动地转达书中或别人的谈话内容，还是将这些内容变成自己的东西，用自己的话表达出来。这项考试的主要目的是考察应聘者有没有自信心和创造力，而这些正是新员工走上岗位、干好工作，为公司的发展做出贡献的最基本前提。

没想到吧？一个人的个性、品质和能力等都会在声音中展现出来。一个人的声音是有神而无形的文字，是一份比外貌更能持久迷人的魅力。美妙的声音可以穿越心灵，让你在人际交往中掌握主动权。

心理学认为，一个动听的声音应该是饱满而充满活力的。既能充分传递自己的感情，又能调动他人的感情。音质宽厚醇美、语调抑扬顿挫，可以放射出独特的魅力，美化你的形象，保持人们对你的积极的注意力，并且提高交流的效果。所以说，好的声音像一道难以抗拒的磁场，将人们的心紧紧牵住。如果你要使自己的声音有吸引力、让人爱听，就要"包装"声音，塑造出美的声音。

法国艺术家泰纳曾经说："人们的喜怒哀乐，一切骚扰不宁、起伏不定的情绪，连最微妙的波动、最隐蔽的心情都能用声音直接表达出来，而且表达有力、细致、正确，无与伦比。"这句话充分说明了语音素质的重要作用。因此，口才训练的第一步应从语音开始。如果你要想自己的声音优美动听，需要注意以下几点：

1. 注意你的语调

语调能反映出一个人说话时的内心世界、情感和态度。当一个人生气、惊愕、怀疑、激动时，所表现出的语调也不一样。从一个人的语调中，人们可以感觉到他是一个诚实、自信、幽默、可亲可近的人，还是一个呆板保守、优柔寡断、好阿谀奉承或阴险狡猾的人。所以，无论你谈论什么样的话题，都应保持说话的语调与所谈及的内容相协调，并能恰当地表明你对某一话题的态度。

2. 注意发音的准确性

正确而恰当地发音将有助于你准确表达自己的思想，与人进行良好的沟通与交流。如果你说话发音错误并且含糊不清，这表明你思路紊乱、观点不清，或对某一话题态度冷淡，这会使人感到极不自然，从而产生一种本能的抵制情绪。

3. 控制说话的音量

我们每个人说话的声音大小有其范围，声音过大，会让人感觉你是一个无礼的人、鲁莽的人；声音过小，往往会影响交流。应该找到一种大小最为合适的声音来和别人交谈。说话的音量也应随着内容和情绪的变换而变换，时而侃侃而谈，如淙淙流水；时而慷慨激昂，似奔泻的瀑布。在不同声音段里，要有高潮、有舒缓、有喜忧，才能引人入胜，扣人心弦。

4. 注意说话的语速

当你在和别人交谈时，选择合适的语速十分重要。语速太快如同音调过高一样，给人以紧张和焦虑之感。如果说话的语速太快，以至于某些词语含糊不清，他人就无法听懂你所说的内容。当然，如果语速太慢，又会令人逐渐丧失耐心，有焦躁沉闷之感。正确的做法是，努力保持恰当的语速，不要太快，也不要太慢，并在说话时不断调整。

5. 注意说话的节奏

节奏即说话时由于不断发音与停顿而形成的强、弱有序和周期的变化。口才出色的人，若与他谈话，简直是一种艺术的享受。他们说话时，抑扬顿挫，引人入胜，就像一位出色的钢琴家将语言的节奏当作钢琴的琴键而随意拨弄，弹奏出一曲动人心弦的《高山流水》。他们对语言节奏的掌握可谓随心所欲。所以，说话时不断改变节奏以避免单调乏味是相当重要的。

6. 不要用鼻音说话

在日常生活中，我们经常听到"哼……嗯……"的发音，这就是鼻音。如果你说话时常常使用鼻音，那么肯定不会受到他人欢迎，因为你的声音让人听起来似在抱怨，毫无生气，十分消极。如果你想让自己所说的话更具吸引力和说服力，如果你期望自己的语言更加富有魅力，那么从现在开始就别再使用鼻音。

自信十足，说话才能有底气

一个充满信心的人说话往往会因其内在的力量而具有特别的动人魅力。

自信是一个人对自身能力与特点的肯定程度。这种肯定程度直接影响到人们说话的质量。自信意味着胸有成竹，处事有把握。自信的人一般都比较善于表现自己，这一点在语言表达方面表现得更为突出。一个人只要有信心，就可以在公众场合做到侃侃而谈，口吐莲花。同时，良好的口才反过来又能增强一个人的自信，提升他的自我成就感，让他在社交中尽情发挥自己的语言魅力，成就美好人生。

很多时候，我们说话不流畅，吞吐搪塞，情绪紧张大都是由于自信心不足造成的。自己对自己没有十足的把握，心虚胆怯，就会造成情绪紧张，而情绪紧张又会造成谈吐上的障碍。所以，在一定程度来讲，树立自信对自己的口才发挥至关重要。

　　自信的语言体现了一个人的人格魅力。在与他人说话时，你的自我感觉会在很大程度上影响着别人如何看待你。如果你心里觉得自己"行"或"可以"，那么你就能得到对方的赏识和尊重，对方也愿意与你继续交流下去。所以说，培养一种自信的感觉是非常重要的，它会让你在与人沟通的过程中受益无穷。

　　高考失利后，小杜决定提早步入社会开始工作，他拿着简历去参加人才交流会。整个会场人如潮涌，唯有一家企业的展台前冷冷清清，与会场的气氛形成了鲜明的对比。

　　小杜好奇地走了过去，看到这家企业的招聘启事上写道：招聘10名业务代表，要求985类大学毕业，三年以上从事零售业的工作经验。条件那么苛刻，难怪没有人敢贸然应聘。

　　小杜揣摩了一番，虽然没一条能满足，可是这家企业对他很具吸引力。他心一横，决定试一试，于是径直走到应聘席前坐下，那位中年主管看了他一眼，面无表情地指了指招聘启事，问："看过了吗？"小杜点点头说："我看过了，不过很遗憾，我既不是名校毕业，也没从事过零售工作。"

　　那位主管看了他好半天，才说："那你还敢来应聘？"

　　小杜微微一笑："我之所以还敢来应聘，是因为我喜欢这份工作，而且相信自己有能力胜任这份工作。"他停了停，又说，"如果求职者真要具备启事上所有的条件，那他肯定不会应聘业务代表，至少是公司主管了。"

　　说完，小杜就把自己的简历递了过去，那位主管竟然没有拒绝，微笑着收下了。

　　第二天，小杜就接到了录用通知。后来他才知道，那些苛刻的招聘条件只不过是公司故意设置的门槛罢了，其实当他和主管谈完话之后，他就已经通过了公司的两项测试：勇于挑战条款的信心和勇气以及分析问题的能力。

一个人有没有自信是完全可以通过说话判断出来的。如果你能把自己的想法或愿望清晰、明白地表达出来，那么说明你的内心一定具有坚定的信心和明确的目标，同时你充满信心的话语也会感染他人，吸引他人的注意力，还会对你的事业发展有着巨大的推动作用。

美国诗人爱默生说："自信是成功的第一秘诀。"一个人事业成就的大小往往与自信心的强弱有直接关系。要想成为一名优秀的讲话者，必须具备良好的心理素质，克服自卑，树立坚定的自信心。

自信是成功的先决条件。如果一个人没有自信，那么这个人的言语影响力就弱，所要表达的想法就不会被有效传达，也不利于和他人进行有效沟通。所以说，自信的人具有丰富的个人魅力和感染力，他们更容易与人沟通和交流。

齐闯走进一家旅行社，想问问去北京郊区度周末需要花多少钱。他随手拿起一本介绍海南的旅游小册子，一位推销小姐立刻走了过来。

"您去过海南吗？"她问。

"只在梦里去过。"齐闯说。

"哦，是吗？我想您一定会喜欢海南的。"她说。齐闯可以感受到推销小姐眼神里那种兴奋的光芒，仿佛一个曾经去过海南的人正在幸福地回味过去的感受。

当推销小姐给他看一些资料图片时，齐闯更是强烈地感受到她为自己服务时的热情。她甚至还画了一幅生动有趣的图画，图上显示出齐闯和太太是如何尽情地享受迷人的海滨沙滩。

"相信我吧，您一定能在那儿度过您一生中最快乐的时光。"推销小姐自信地说。

当谈到价格时，齐闯皱起了眉头，有些迟疑。这些细微变化都被推销小姐看在眼里，她平静地问："齐闯先生，请问您最近的一次休假是在什么时候？"

"我记不太清了。"齐闯含糊地说，他不想承认那是很多年前的事了。

"那您就欠自己和夫人太多了，"她笑着说，"生命本来就很短暂，您不应该光顾着拼命工作，那样并不值得。另外，等您从海南放松回来之后，您可以把工作做得更好，赚更多的钱。我相信您一定需要度假来调剂紧张的生活。"

推销小姐说得如此自信，齐闯再也不迟疑了，当场决定赴海南度假。然而，在这之前，他是想去拉斯维加斯的！

一个人是否拥有自信，特别是在与人交流的时候，显得至关重要。通常情况下，一个说话自信的人，他知识广泛、头脑灵活、判断力强、信心十足，说话富有磁性且有吸引力，同时，他还能在各种谈话场合中得心应手，滔滔不绝，赢得别人的认同和赞扬。

自信的语言是一种人格魅力。没有信心，人们就无法开展有效的交流。而能否保持自信、能否有效地开展交流决定了你能否拥有成功的生活，不管是在哪个方面，包括生意场上、家庭、朋友、事业，等等。生活过得充实与否、回报率的高与低将直接与你说话的自信度成正比。但凡有所成就的人，他们对自己相当了解，并且肯定自己，他们的共同点是说话十分自信，时时刻刻都用积极的语言来表达自己，让自己自信起来。

简明扼要，说话要说到点子上

一个人说话是否受他人欢迎在于能否抓住关键，能否说到点子上，能否打动听众。对于那些空话、套话，人们很反感，甚至觉得听这种谈话是在浪费生命。

平时与人交谈，尽量做到简单明了，不要拖泥带水，不要说了半天让人不知所云。说话要简洁，不啰唆，让听者明白你的意图，这将有利于交际。

有两个多年未见面的老朋友相聚，他们对此盼望了很久。结果其中一个带了他热情开朗的新婚妻子一起来。那位妻子从一开始就独占了整个谈话，滔滔不绝，一件接一件地说着一些自己觉得很好笑、很有趣味的事情。出于礼貌，两个男人沉默地听着，偶尔尴尬地彼此对看一眼。当他们分别的时候，那位妻子站在门口的台阶上挥舞着手套，兴高采烈地说："再见！"她觉得度过了一个很有意义的夜晚，认识了丈夫的朋友，还进行了一次快乐的谈话。而两个男人却对老朋友分别多年后的情况仍旧一无所知，心里诅咒着这个开朗得过分的女人，即使她的丈夫也是如此。

这个故事无非告诉人们这样一个道理：讲话要长话短说。说话啰唆、不懂节制是一种很不好的语言习惯，也是十分令人讨厌的说话方式。美国前总统哈里·杜鲁门一生中最推崇简洁的语言，他曾说过："一个字能说明问题就别用两个字。"所以，最会说话的人不是口若悬河、滔滔不绝的雄辩之士，而是那些善于把话说到点子上的人。这样的人才是真正懂得语言技巧的人，他们懂得用最简单的语言把意思表达到位，懂得在最短的时间内把话说到点子上。

不言则已，言必有中。语言是传递信息和交流思想的工具，思想工作的技巧和表现手法主要体现在语言的运用上。要语不繁，字字珠玑，简练有力，能使人不减兴味；冗词赘语，絮絮叨叨，必令人生厌。因此，和别人交谈，说服别人时，要"筛选""过滤"出最精辟的，能恰如其分表情达意的语句，尽可能以简洁的语言表达出深刻的内涵。这样才可能更快、更准地说服别人，取得说服的成功。

有一家企业的采购经理打算订购一批布料。有三家厂商的代表送来了货样，想承揽这笔生意。经理看过这三家厂商的样品，便约定一个日期，请这三家厂商派人去商谈。

这三家厂商收到通知后，便各自选取口才好的职员前去商谈。甲、乙两个厂商派去的人都是长于言谈的人，丙厂商所派的人口才也很伶俐，然而这一天，他竟不幸得了喉病。如果他因病请假，那么眼看一笔巨大的生意因自己而失去，未免有些对不起公司；如果前去应命，那么，他患着喉病，又不能开口说话。犹豫半天，他还是去了。到了之后，他看到甲、乙两店所派的职员口若悬河，把他们自己的商品形容得天上少有，地下绝无。他没有办法，只好用笔写道："我今天有着喉病，我不能说话，就不说了，反正货您已看过了，我说多了也无用处。"可没想到那家汽车公司的经理竟说："那不要紧，我来试着代你说吧。"

出乎意料的是，这位经理竟帮他把自己店的产品分析得一清二楚。于是，最后丙店自然而然地接下了这笔生意。

上面这个例子虽然有些偶然，但也并不是全无道理，事实上，说话的关键并不在于你用多么高深的长篇大论使对方崇拜自己，而在于将你要告知的信息准确地传递到对方心中，即便语言朴实无华，只要你观点论述正确，表述有条不紊，那么你的谈话定能直通对方心中。

有句话说得好："吹笛要按到眼儿上，敲鼓要敲到点儿上。"会说话的人往往会给听者提供大量的思想火花。就像很多时候，话并不在于字的多少，而在于准确度与精确度如何。如果你能句句说到点子上，句句说到人心坎里，那么你的语言自然就会着重出彩。

20世纪30年代，我国著名新闻记者、政治家、出版家邹韬奋先生在上海各界公祭鲁迅先生的大会上发表了一句话演讲：

"今天天色不早,我愿用一句话来纪念先生:许多人是不战而屈,鲁迅先生是战而不屈。"

邹韬奋先生这只有一句话的演讲在当时被人们誉为最具特色的演讲。即便是现在,人们仍感叹邹韬奋先生演讲的简练有力。

其实,真正打动人心的语言往往不是长篇大论,而是那些简洁有力的话语。我国有句俗语说得好,"蛤蟆从晚叫到天亮,不会引人注意;公鸡只啼一声,人们就起身干活"。的确,会说话的人不一定是说话最多的人,话贵在精,多说无益。所以,人们在谈话时应遵循简洁的原则,甚至要"惜字如金"。

古语云:"言不在多,达意则灵。"满嘴跑火车,词不达意,说得再多也无济于事,反倒让人生厌。一个会说话的人往往语言精练,句句都说到别人心里;不会说话的人总是语无伦次,话说不到点子上。所以,话不在多,而在精,精练的语言往往更能打动人心。

自曝缺点,拉近与对方的距离

在人际交往过程中,人们总想把自己最好的一面展现给他人,即使有不足和缺点,也本能地藏着掖着,生怕被他人知道,仿佛要是有人知道他过去的"污点",他的光辉形象就会大打折扣。这是完美主义在作怪。其实,在适当的时候,偶尔暴露一下缺点,会让你在交往中更自信,更胜一筹,更能赢得他人的喜爱和信任。

众所周知,每个人都有缺点。勇于将自己的缺点暴露可能会使人失望,难受一阵子,但经过"阵痛"之后,对他的缺点,人们就会注意力下降,反而更多地注意他的优点,感受他的魅力。与此相反,倘若一个人拼命地显示优点,掩盖缺点,开始的时候会给人们留下好印象,可一旦缺点暴露后,就会使人们更加难以接受,并给人以虚假猥琐的感觉。这正如一位先哲所说的那样："一个人往往因为有些小小的缺点，而显得更加可敬可爱。"

在一次采访中，一位记者在大庭广众之下问世界垒球王史蒂夫·加夫："你哭过吗？"在我们的观念中，男儿流血不流泪，男儿有泪不轻弹，男儿怎么能哭呢？更何况是众人瞩目的体育明星呢！人们断想，如果史蒂夫·加夫真的哭过，那么场面会很尴尬的。但是，大家都错了，垒球王毫不掩饰轻松地回答说："哭过，我觉得在情不得已的时候掉眼泪更像个男人，因为表现了你是一个实实在在的人，而不是一个机器。"

垒球王史蒂夫·加夫就这样真诚地暴露了自己的真实想法，毫不保留，也不遮掩，把自己的隐私展示给了观众，但结果是，人们更加喜欢他了。

心理学家指出，如果一个接近完美的人敢于承认自己的瑕疵，他的言行将更讨人喜欢。其中的主要原因是一个过于高大而完善的人容易在他人的内心产生一种压迫感，有时也会令人有一点点自卑心理。而优秀者通过坦承自己的某个小缺点或过去的某个缺点，无形中缓解了听众的压迫感。

俗话说："金无足赤，人无完人。"一个有些缺点的人往往真实可信，容易得到他人的认可。因此真正聪明的人常常有意承认或透露一些自己无关要紧的缺点。

有一位平时在校表现并不出众，也没有多少特长的大学生到一家用人单位参加求职面试，前来参加面试的人很多，竞争也异常激烈。但与众不同的是，他在自己的求职简历中不仅列举了自己的优点和在校期间获得的一些荣誉及奖励，还自我揭短，把个人存在的诸如做事缺乏必要的耐心、性格有些急躁以及喜欢墨守成规、不善于与人沟通交往等缺点明明白白写在了简历上。

负责招聘面试的公司人事部经理看了这份与众不同的求职简历，问这个大学生："你为什么把自己的缺点都不加掩饰地写在简历上，难道你就不怕用人单位知道了你的短处而拒绝聘用你吗？"这位大学生非常坦然而真诚地回答："人无完人，金无足赤，人都是有缺点的，正如明亮的太阳中还有黑子一样。我想，让用人单位知道自己的缺点甚至比知道优点更重要，而且只有把自己的缺点说出来，才能有决心和勇气去改掉！"

听了他简洁坦率的回答，人事部经理高兴地对他说："祝贺你，小伙子，我们就需要你这样的人才，你被我们公司录取了！"就这样，一个勇于说出自己缺点的人，靠真诚战胜了其他竞争对手，脱颖而出，找到了一份称心如意的工作。

可见，适当地暴露一下个人短处，使人觉得真诚，更容易让人接受。

当然，暴露或坦白自己的缺点也要讲究策略，不能把自己的缺点全部和盘托出，这样做不但得不到上述效果，反而会破坏自己的形象。最好的办法是：适当透露自己的缺点，否则会让人感觉你一无是处。而且这些缺点必须是与人无害，不会导致别人对你宣判"死刑"的。

语气谦和，让人倍感亲切

自古以来，谦虚是一种美德。在说话的时候，如果能适当地表现出谦逊有礼的姿态，无疑会受到别人的尊敬。语气谦和可以为你进行深入谈话打下基础，让别人在你的用语中感受到你的魅力。

说话谦虚的人常常给人留下有礼貌、有素养、有深度的印象。

面对陌生人时，飞扬跋扈只会让人退避三舍。而谦逊得体、不卑不亢的言谈举止能够充分体现自己的涵养和平易近人的性格，为对方带来亲切随和的感受，消除其胆怯、羞涩的心理；此外还能给其以较大的自由度和自信心，鼓励其大胆积极地将交谈展开、深入。

成功之后，马云总是这样说："如果我马云能够创业成功，那么我相信中国80%的年轻人都能创业成功。"这句话当然是谦虚之言，却表明了他已经非常成熟。

有一次，马云去参加地方与行业的网站峰会，在大会上，有人向马云提问："阿里巴巴淘宝和淘宝客给我们站长分了这么多钱，要感谢马总，感谢阿里。我不太知道马总是不是第一次参加这样的站长会议，我想问的第一个问题是，马总对于我们地方网站站长有什么感觉？"

马云答道："第一，你感谢我，我受宠若惊，我真是觉得我做阿里巴巴和淘宝客的时候，不管别人怎么看我们，我是真心地感谢这些站长。刚刚竞争的时候，没有小网站和站长们的支持，阿里巴巴就活不下来，今天淘宝大了，应该作一些思考。所有的活不是我干的，是淘宝客和阿里巴巴所有的工程师做的，而且今天阿里巴巴的发展也超越了我的能力范围。很多人在网上表扬我，马云你怎么那么厉害，我真的不厉害，我真的不懂互联网。我前不久开支付宝会议的时候，我两天之内都听不懂他们在说什么，我心里很慌，如果两年之前我知道会这么复杂的话，我可能就不会做支付宝了。无知者无畏，技术如此复杂，我就做什么工作呢？坐在那里认真地观察，认真地听，看有没有违背我们的使命和价值观，有没有违背我们答应的事情，就是做这个事情。"

这就是说话谦虚的马云。面对提问者的问题，马云并没有丝毫傲气，而是十分坦然地将功劳全部推给了自己的职员，将职员的功

劳摆在了第一位。这样的马云不仅为自己赢得了良好的声誉，也让
员工们佩服。

　　这就是谦虚的力量。在人际交往中，谦虚的人总是处处受欢迎，
而那些大肆张扬、傲慢无礼的人通常是遭人反感厌恶的。英国伯爵
柴斯特·菲尔德说："如果你想受到赞美，就用谦逊去作诱饵吧。"
谦虚不仅是人们应该具备的美德，从某种意义上说，谦虚也是获得
良好人际的力量。虚心的人之所以受欢迎，是因为他们能够把自己
放在一个更低的位置。如果我们每个人都能学习谦虚的说话风格与
谦虚的说话态度，那么我们自然就会有好人缘，而且在前进的路上
会避开许多因为言语不当而造成的阻碍。

　　袁莉大学毕业后，进入了一家科研所工作，她思维敏捷，工作
能力很强，领导也非常器重她。有一次，领导让她带领同事主攻一
个研发项目。袁莉凭借着扎实的基本功和同事的大力配合，在很短
的时间内完成了科研项目。袁莉的卓越表现着实让大家刮目相看。

　　在庆功宴上，领导安排袁莉讲话。袁莉站在台上，一个劲地说
自己如何废寝忘食地加班，如何牺牲业余时间查资料，讲了整整半
小时，把领导和同事们完全抛到了九霄云外，一个人独揽了所有功劳。

　　讲话还在继续，同事们就开始在下面窃窃私语，连所里的领导
也在想："袁莉这样做真不合适，这让我们当领导的脸往哪里搁啊？
她这么有才，那我们全是饭桶了？"

　　庆功宴结束之后，袁莉的朋友就劝她："你怎么可以那么说呢？
你之所以能迅速成功，是因为同事们和领导给了你大力帮助，你怎
么连句感谢的话也没说呢？同事和领导对你都有意见。"

　　袁莉说："他们帮了我什么忙？要不是我，怎么会有这个成果呢？
我付出了汗水，自然收获果实。"

　　渐渐地，袁莉觉得同事们都在有意无意地和她作对。她让小李
打印东西，小李给她冷冷的一句："大功臣，你是干大事的，我哪

里配给你当下手啊。"他让小刘去发个传真，说了好几遍，小刘就是不去。无奈，袁莉去找领导诉苦，但领导的态度也不冷不热。

事实上，从那之后，大家都疏远了她。

这个事例中的袁莉的确很有工作能力，同时也展现了自己的才华，研制出了新产品。但是她在言语上却不懂得谦虚，结果得罪了很多人，被孤立了。

为了维护良好的人际关系，我们在说话的时候要考虑别人的感觉，不要调子太高，让对方感觉相形见绌，而要让对方在交谈时也有优越的感觉。所谓"自谦则人必服，自夸则人必疑"，才识、学问越高的人，说话反而越谦卑，希望自己能精益求精，更上一层楼。相反，那些妄自尊大、过分自负的人总是喜欢炫耀自己的才能，引起别人的反感，最终在交往中使自己走到孤立无援的地步，别人都敬而远之，甚至厌而远之。所以，我们应该戒骄破满，做人谦虚一些、说话谦虚一些。

人们都喜欢说话态度谦虚和善的人，讨厌态度傲慢、似乎高人一头的人。如果想得到别人的喜欢，说话态度谦虚必不可少。不要目空一切、自以为是，适当使用敬语，请人评判自己的意见，这是态度谦虚的主要方面，也是基本要求，做到了，也就讨得了别人喜欢。

第二章　心理洞察，明白对方想什么

察言观色，摸清对方心理

俗话说："出门看天色，进门看脸色。"所谓察言观色，就是要从一个人的言谈举止中看出他的品性、风格以及弦外之意。只有准确地察言观色，我们才能在人际交往中如鱼得水、游刃有余。

察言观色是了解他人内心的窗口。如果你的观察能力强，能够很好地察言观色，在社会交际中可以做到知己知彼，减少不必要的摩擦和误解。有位心理学家曾讲过："在世界的知识中，最需要学习的就是如何洞察他人。"在与人交谈中，如果我们每个人都能察言观色，及时改变先前的决定，及时退或进，及时把自己的言行组合或分解，及时控制自己的喜怒哀乐，那么，与他人的关系一定会更加和谐。

吴斌是一家公司的经理助理，他工作能力很强，按说在公司里本来应该有很好的发展。但是因为他本身不太会察言观色，不能很好揣摩到别人的意思，所以无意之中得罪了很多人。

一次，吴斌和上司一起去一个大客户的公司谈生意。到了对方的公司门口，吴斌抢先下了车，他的上司本以为吴斌是要给自己开车门，所以看见吴斌下车，而自己故意放慢动作等了一会儿，但是吴斌根本没有来给上司开车门，而是自己走在前面，进入了对方的公司。上司有些不高兴，但因为是在客户的公司门口，也不好发作，便跟在吴斌后面进了公司。

双方洽谈合作的时候，吴斌本身是作为上司的陪衬，要突出上司的能力，但他却处处显示自己，抢着与对方谈合作。这次真的惹怒上司了。因此，虽然与对方谈成了合作意向，但回公司的路上，上司却十分不高兴。

到了公司，上司把吴斌叫到办公室里，却根本不看他，而是一边忙着手里的工作，一边说："今天你表现得真是不错，合作能够谈成，有你很大的功劳啊！"

吴斌根本没有看出上司生气了，也没有听出上司的弦外之音，只以为上司是夸自己，便居功说："哪里，我只是小小地发挥了一下，其实今天您不去，我也能谈成的，以后这种事情，您放心交给我就行。"

上司听了更加生气，头也没抬就让吴斌出去了。第二天，吴斌就接到了辞退通知单，但他却根本不知道自己哪里惹到上司了。

为什么吴斌最后落得了这个结果，究其原因，便是因其不会察言观色，惹怒了上司，自己却浑然不觉。

其实，每个人在与别人进行交流的时候，他的表情、动作都会向对方传达很多信息，所以，我们一定要学会如何察言观色，怎样看别人的脸色行事。察言观色是我们在人际交往中不可不必备的技能。

"脸上表情，天上的云彩。"聪明的人具有察言观色的本领，他们能够根据对方的言行举止、喜怒哀乐等来分析自己的言行是否合理。这样的人往往比一般人具有更强的适应性，至少他们不会在对方高兴时泼一盆冷水，弄得大家不欢而散，更不会在对方愤怒时出言不逊，惹祸上身。

有一天，一个中年男人到一家零售店里买剃须刀。"先生，"店员很有礼貌地说，"您想要好一点的，还是要次一点的？""当然是要好的，"顾客有点不高兴地说，"不好的东西谁要？"于是店员就把最好的一种剃须刀拿了出来。

"这是最好的吗？""是的，而且是牌子最老的一种。""多少钱？""680元。""什么？为什么这样贵？我听说，最好的才200多元。""200多元的我们也有，但那不是最好的。""可是，也不至于差这么多钱呀！""差得并不多，还有十几元一个的呢。"

那位顾客一听，面露不悦之色，掉头想离去。

这时，店老板急忙赶了过去。"先生，您想买剃须刀是不是？我来介绍一种好产品给你。""什么样的？"老板拿出另外一种牌子来，说："就是这一种，请你看一看，样式还不错吧？""多少钱？""186元。""照你店员刚才的说法，这不是最好的，我不要。""刚才我这位店员没有说清楚，剃须刀有好几种牌子，每种牌子都有最好的货色，我刚拿出的这一种是同一种牌子中最好的。""可是，为什么与那种牌子差那么多钱？""这是因为制造成本的关系，您知道，每种品牌的机器构造不一样，所用材料也不同，所以在价格上会有出入。至于那种品牌的价钱高，主要还是它的牌子老、信誉好，而且它可以更换充电电池，适合在外旅行时用。"顾客痛快地买下了这个剃须刀，愉快地离开了。

这个事例中的店员错在没有摸清顾客的真正心理。顾客一进门就要最好的，这表明他优越感很强，可是他一听价钱，嫌太贵，这可能与他的经济实力有关。顾客把毛病推到店家头上，是因为他不肯承认自己舍不得买。而老板明白顾客的心理，在不损伤他优越感的情形下，让他买了一种较便宜的货。这位老板之所以销售成功，就在于他能从对方的谈话中巧妙地听出对方的弦外之音，打探出对方的虚实，进而达到自己的目的。

纪伯伦曾经说过："如果你想了解一个人，不是去听他说出的话，而要去听他没有说出的话。"一般来说，一个人不会轻易把自己真实的意见、想法直接地表达出来，但他的感情或意见总会在他的语言表达里体现得清清楚楚。所以，我们要善于揣摩对方的心思，感受对方的心情，这样才能以积极、主动的方式和对方交往，营造和谐的人际关系。

总之，在人际交往中，很多人口中所道并非肺腑之言，他们的真实想法往往被隐藏起来，所以在听话时，就需要注意琢磨对方言谈举止中的微妙感情，细细咀嚼品味，以便弄清其真正意图，然后再决定自己到底要说什么话。

听语速的快慢，就能知道对方的个性

言谈是一个人品性、才智的外露，通过言谈和辨声能够从人的欲望、抱负和经验分析上进一步了解一个人，从而达到窥探对方内心世界的目的。在人际交往中，我们可以从对方内心焕发出来的声音中分辨其修养和性格以及当时的心理。

人在说话时同时也是心理、感情和态度的流露，其中，语速的快慢、缓急直接反映着说话人的心理状态。比如，某人平时能言善辩，现在却突然结结巴巴说不出话来，或者某人平时木讷，突然滔滔不绝地说一大堆话，这些一定是事出有因，他的心理发生了颠覆性变化。因此，仔细留意一个人说话时的语速及变化，就能掌握其心理状态。

李响是一个能言善辩的小伙子，口才很好，说话也很幽默风趣，同事们都特别喜欢跟他在一起。但是李响也有自己的烦恼，那就是他一看见自己喜欢的女同事兰兰，就会思维迟钝。如果此时恰好兰兰也在看他，那他就会面红耳赤、不知所措，甚至有的时候连话都不会说了。每次李响都想在兰兰面前展示自己的口才，从而获得她的好感，可是结果总是很尴尬，对于自己屡屡的"临阵怯场"，小王郁闷坏了。

上例中李响的情况并不是个例，可能当你面对自己喜欢，但又未曾表白的人时，也会出现"大脑一片空白，说话颠三倒四"的情况。这其实就证明了一点：当心里有事，我们往往会在说话尤其是语速上表现出来。也就是说，人们的内心状态会通过说话反映出来，而内心状态的变化又会直接反映在语速的变化上。很多时候，一个人说话的语速变化往往会暴露出他的内心变化。如果我们能够仔细琢磨，把握说话者语速的快慢，便不难分辨其修养和性格以及其当时的心理。

生活中，有的人说话速度快，有的人说话速度慢；有的人说话语气缓和，有的人说话则坚决果断。其实，人的说话速度和语气之所以呈现出千差万别，其实都是受到他们性格的影响。

语速主要指说话的快慢，与心理活动联系密切，一般来说，当人比较懈怠或安逸时，语速较缓；当人情绪波动较大时，语速就会明显加快。人们的说话速度透露出他们的真实性格，在交谈过程中，我们可以通过观察对方说话的速度和语气，更好地了解对方的性格。

1. 说话语速缓慢的人

这种类型的人大多属于慢性子，不仅说话不紧不慢，即使遇到急事，他们也能镇定自若。这样的人心地善良，为人宽厚仁慈，富有同情心，能够关心体谅他人。

2. 说话语速稍快的人

这类人反应快，但个性易怒。对于无意义的事、无关紧要的事也会唠叨个没完，一意孤行。有时还会把自己的身体挪近对方，说到关键之处，唾沫横飞，有时甚至会随意打断对方的话语，以便贯彻自己的主张。

3. 说话语速反常的人

这类人平时少言寡语、慢条斯理，而突然之间夸夸其谈、口若悬河，说明他们在内心深处有不愿意被他人察知的秘密，想用快言快语作为掩饰，转移他人的注意力。或许他们还有让对方了解的愿望，仓促之间不知道该如何表达，所以在语速上出现了反常。

4. 由自信决定语速的人

自信的人多用肯定语气与别人进行对话；而没有自信心和怯懦的人说话的节奏缓慢，多半慢慢吞吞，好像没有吃饭似的没有力气。喜欢低声说话的人不是有女性化的倾向，就是缺乏自信。

5. 经常滔滔不绝、谈个不休的人

这类人一方面目中无人；另一方面好表现自己。并且，他们一般性格外向。当话题冗长、须相当时间才能告一段落时，他们心中必潜藏着唯恐被打断话题的不安，所以才会以盛气凌人的方式谈个不休。

6. 说话轻声细语的人

这类人生性小心谨慎，具有一定的文化修养，措辞严谨适当，而且谦恭有礼。他们对人很有礼貌，别人也会尊重他们；他们胸襟宽阔，能够包容他人的缺点和错误，对人也很客气，不轻易责怪与怨恨他人，注重交往，能够主动与周围的人拉近距离。

眼睛是心灵之窗，你可知道对方的喜怒哀乐？

眼睛是最容易泄密的。人要传出的信息也有一部分是通过眼睛传出的，尤其是情感方面的内容。人的精神气质、喜怒哀乐很大程度上是由眼睛所显示出来的。俗话说，炯炯有神，眉目传情，暗送秋波，以及眼睛是心灵的窗户都是这个意思。因此，我们可以通过眼睛来窥视对方的心理状态。

有时，眼睛似乎也会说话。泰戈尔说得好：任何人"一旦学会了眼睛的语言，表情的变化将是无穷无尽的"。一个人的内心活动经常会反映到他的眼睛里，心之所想，透过眼睛就能看出其中的大概，这是每个人都很难隐瞒的事实。

西方曾流传这样一个故事，用来说明能通过眼睛来看透人的思想。

在赌桌上，赌徒们刚开始赌博时，通常都会先用小金额的资金下赌注，并且密切观察坐庄人的反应。当坐庄人的眼睛瞳孔突然扩大的时候，他们立即紧跟加大筹码，这样赢的概率将很大。因为赌徒们根据坐庄人的眼睛变化来肯定自己押中了。这种观察的小技巧尽管无从查证，但的确证明了人眼睛的变化同心理活动有着极为密切的关系。

这就说明，即使是一瞬即逝的眼神，也能发射出千万个信息，表达丰富的情感和意向，泄露心底深处的秘密。

孟子曾经指出，观察一个人的善恶，再没有比观察他的眼睛更好的了。因为眼睛不能掩盖一个人的丑恶。心正，眼睛则明亮；不正，则昏暗。听一个人说话时，注意观察他的眼睛，这个人的善恶能往哪里隐藏呢？所以说，眼睛是会说话的。

清代的曾国藩是个看人的高手。一次，李鸿章向曾国藩推荐三个人，恰好曾国藩散步去了，李鸿章示意三人在厅外等候。曾国藩散步回来，李鸿章说明来意，并请曾国藩考察那三个人。

曾国藩讲："不必了，面向厅门、站在左边的那位是个忠厚人，办事小心，让人放心，可派他做后勤供应之类的工作；中间那位是个阳奉阴违、两面三刀的人，不值得信任，只宜分派一些无足轻重的工作，担不得大任；右边那位是个将才，可独当一面，将来作为不小，应予重用。"

李鸿章很吃惊，问曾国藩是何时考察出来的。曾国藩笑着说："刚才散步回来，见到那三个人，走过他们身边时，左边那位低头不敢仰视，可见是位老实、小心谨慎之人，因此适合做后勤工作一类的事情；中间那位表面上恭恭敬敬，可等我走过之后，就左顾右盼，可见是个阳奉阴违的人，因此不可重用；右边那位始终挺拔而立，如一根栋梁，双目正视前方，不卑不亢，是一位大将之才。"曾国藩所指的那位"大将之才"便是淮军勇将、后来担任台湾巡抚的刘铭传。

以貌取人，不智；观其眼神以观其人，却往往准确。在与人交往时，我们可由对方的眼神中查探出对方的真实性及其内心的真正意念，即使说得冠冕堂皇，若眼神闪烁不定，露出邪恶目光，也难以让人相信。一个人可以用口中的言词欺瞒别人，但眼睛显出的言辞绝对瞒不了别人。

性为内，情为外，最能体现情的地方不是动作，不是语言，而是眼睛，动作言语都可以掩饰，而眼睛是无法假装的。正如《简·爱》中写道："灵魂在眼睛中有一个解释者——时常是无意的，但却是忠实的解释者。"

在瞬息之间，透过眼神的变化看出一个人的目的和动机固然需要先天的智慧，但更多的是靠后天的努力，因为这种智慧是在环境中磨炼和培养出来的。

如果一个人眼神横射，仿佛有刺，便可明白他异常冷淡，如有请求，暂且不必向他陈说，应该从速借机退出，即使多逗留一会儿也是不适的，退而研究他对你冷淡的原因，再谋求恢复感情的途径。

如果一个人眼神阴沉，应该明白这是凶狠的信号，你与他交涉，须得小心一点。他那一只毒辣的手正放在你的背后伺机而出。如果你不是早有准备想和他见个高低，那么最好从速鸣金收兵。

如果一个人眼神四射、神不守舍，便可明白他对于你的话已经感到厌倦，再说下去必无效果，你必须赶紧告一段落，或者乘机告退，或者寻找新话题，谈谈他所愿听的事。

如果一个人眼神恬静，面有笑意，便可明白他对于某事非常满意。你要讨他的欢喜，不妨多说几句恭维话；你要有所求，这也是个好机会，相信他一定比平时更容易满足你的希望。

如果一个人眼神沉静，便可明白他对于你着急的问题早已成竹在胸，定操胜算。只要向他请示办法，表示焦虑，如果他不肯明说，这是因为事关机密，不必要多问，只静待他的发落便是。

如果一个人眼神散乱，便可明白他也是毫无办法，徒然着急是无用的，向他请示也是无用的。你得平心静气，另想应对办法，不必再多问，这只会增加他六神无主的程度，这时是你显示本能的机会，快快自己去想办法吧！

如果一个人眼神上扬，便可明白他是不屑听你的话，无论你的理由如何充分，你的说法如何巧妙，还是不会有高明的结果，不如戛然而止，退而求接近之道。

如果一个人眼神凝定，便可明白他认为你的话有一听的必要，应该照你预定的计划，婉转陈说，只要你的见解不差，你的办法可行，他必然是乐于接受的。

如果一个人眼神流动异于平时，便可明白他胸怀诡计，想给你苦头尝尝。这时应步步为营，不要轻近，前后左右都可能是他安排的陷阱，一失足便跌翻在他的手里。不要过分相信他的甜言蜜语，这是钩上的饵，是毒物外的糖衣，要格外小心。

如果一个人眼神呆滞，唇皮泛白，便可明白他对于当前的问题惶恐万状，尽管口中说不要紧，他虽未绝望，也的确还在想办法，但一点也想不出所以然来。你不必再多问，应该退去考虑应对办法，如果你已有办法，应该向他提出，并表示有几成把握。

如果一个人的眼神似在发火，便可明白他此刻是怒火中烧，意气极盛，如果不打算与他决裂，应该表示可以妥协，速谋转机。否则，再逼紧一步，势必引起正面的剧烈冲突。

如果一个人眼神下垂，连头都向下倾了，便可明白他是心有重忧，万分苦痛。你不要向他说得意事，那样反而会加重他的苦痛，你也不要向他说苦痛事，因为同病相怜越发难忍，你只好说些安慰的话，并且从速告退，多说也是无趣的。

总而言之，一个人的眼神有动有静，有散有聚，有流有凝，有阴沉，有呆滞，有下垂，有上扬，仔细参悟之后，必能人情毕露。

握手不简单，你能从中看懂对方的心思

聚散忧喜皆握手，此时无声胜有声。握手是人们日常交际的基本礼节。有一首顺口溜说道：相逢点头笑，握手问个好，笑容挂眉梢，心儿甜透了。

可能很多人认为，握手是一个再简单不过的动作，但就是这么一个简单的动作往往会透露出一个人的个性。美国著名盲聋作家海伦·凯勒写道："我接触的手，虽然无言，却极有表现力。有的人握手能拒人千里之外，我握着他们冷冰冰的指尖，就像和凛冽的北风握手一样。也有些人的手充满阳光，他们握住你的手，使你感到温暖。"这从侧面证明人们可以通过握手了解对方的个性。

某跨国大公司要招聘一位重要的工程师，开价年薪为60万美元。该公司有关部门人员经过再三努力，最终筛选出两名候选人。因为这两名人选各方面条件"旗鼓相当"，难以定夺。于是，经办人就向老板作了汇报。老板当即说："下星期一上班时，请他们两位来，

让我面试。"周一一上班，经办人员就将这两位候选人的两本详细材料呈送给了老板。老板喝完咖啡，没看材料，就让经办人传唤候选人来面试。经办人颇感惊讶地提示老板："您是否先看一下材料，再……"老板果断地说："不用了，你就去叫吧！"

两位候选人先后进来，都经过握手后，简单地聊了几句。然后，老板当即表态，决定录用第一位面试者。事后，经办人问老板："您连材料都没看，怎么这么快就作出决定了呢？"老板回答说："我是通过'握手'的感觉来作出选择的。"老板看到手下人都感到诧异，就作了说明："第一位和我握手时，我感到他的手比较温暖，握手时用力适当，再加上他谈吐自然，给人一种充满自信、具有亲和力、身体健康的感觉；而第二位和我握手时，他的手冰凉且略出冷汗，握手时无力，稍带颤抖，给人的感觉显得拘谨矜持，身体不够健康，可能患有高血压病。"经办人再翻阅这两人的材料，果然发现，第一位身体健康，性格开朗，而第二位确实患有高血压症，而且性格内向……据说，从此以后，一本名为《如何握手》的书在美国特别畅销，而且竟然位于新书排行榜前列。

握手是沟通思想、交流感情、增进友谊的重要方式。握手的动作往往显露出一个人的个性，给人留下不同印象。一个积极的、有力度的、正确的握手表达了你友好的态度和可信度，也表现了你对别人的重视和尊重。一个无力的、漫不经心的、错误的握手立刻传送出不利于你的信息，让你无法用语言来弥补，会给对方留下对你非常不利的第一印象。

握手只有几秒钟的时间，但这短短的几秒钟却可以透露出许多问题。握手的方式向别人传递了你的态度是热情还是冷淡、积极还是消极，是尊重他、诚恳相待，还是居高临下、敷衍了事。热情、文雅而得体的握手能让人感受到愉悦、信任和接受，促进彼此间的交流和了解。

　　不同的握手方式不仅能带给他人不同的感觉，也能显示出自己的个性特征，下面我们就为大家一一列举。

　　握手时，紧抓对方手掌，用力挤握，令对方痛苦难忍。此类人精力充沛，自信心强，为人则偏于专断专行，但组织能力及领导才能都很突出。

　　握手时，力度适可，动作稳重，双目注视对方。此类人个性坚毅坦率，有责任感而且可靠，思维缜密，善于推理，经常能为人提供建设性的意见。每当困难出现时，此类人总是能迅速地提出可行的应对方法，很得他人的信懒。

　　握手时，轻柔而握，一笔带过。这类人随和豁达，但疑心比较重，如果有人表现得过于友善，他们的警惕心会立刻升高，并借机观察这个人真正的企图和动机是什么。

　　握手时，习惯双手握住对方的手。此类人热诚温厚，心地良善，对朋友最能推心置腹，喜怒形于色而爱憎分明。

　　在握手时，非常紧张，掌心有些潮湿。这类人外表冷淡、漠然，非常平静，一副泰然自若的样子，但是他们的内心却是非常不平静。只是他们懂得用各种方法比如说语言、姿势等来掩饰自己内心的不安，避免暴露一些缺点和弱点。他们看起来是一副非常坚强的样子，所以在他人眼里，他们就是一个强人。在比较危难的时候，人们可能会把他们当成一颗救星，但实际上，他们也非常慌乱，甚至比他人还要严重。

　　握手时，握持对方久久不放。此类人情感丰富，喜欢结交朋友，一旦建立友谊，则忠实不渝。

　　握手时，只有手指抓握对方，而手掌不与对方接触。此类人个性平和而敏感，情绪易激动。不过这样的人心地善良而富有同情心。

　　握手时，紧抓对方，不断上摇动。此类人极度乐观，对人生充满希望。他们因积极热诚而成为大家爱戴倾慕的对象。

　　握手时，用双手和别人握手。这类人大多是相当热情的，有时甚至热情过了火，让人觉得无法接受。他们大多不习惯受到某种约束和限制，而喜欢自由自在，按照自己的意愿生活。

有些人从不愿意与人握手，他们个性内向羞怯，保守但真挚。

总之，握手是人际交往中最常见的礼节，善于观察人的人通过与对方的握手之礼，也可以得到一些来自对方的信息。

常用口头禅，透露性格的秘密

口头禅是人们在面对意外，或为突出当时的情绪所说出的话语，口头禅简洁明快，所以几乎所有的人都有口头禅。通常一个人有一个口头禅，但也有的人有好几个。这些语言习惯最能体现说话人的真实心理和个性特点，所以只要留心，就可以从一个人的"口头禅"中窥见这个人的内心世界。这就是俗话"闻其言可知其人"的道理。在人际交往中，我们可以从一个人说话时所使用的词语来判断这个人的心理状态。

王芳是个人缘极好的人，无论是在工作中，还是在生活中，她总能和人友好相处，深得大家的喜爱和信任。有人说，王芳之所以这么讨人喜欢，是因为她能够充分发挥女性特长。这从她的口头禅上就能看出来。王芳从不会很强势地和人争执，即使有人和她争论，她也只会习惯性地说一句："你说的有你的道理。"在需要表态的时候，她通常都会选择"可能""也许"这样的话，不轻易透露自己的心思，也不会胡乱认同别人；她说话的时候还常常有"但是""可是"这样的转折词，让话语更委婉，更容易让人接受。人们都愿意和王芳说话，因为她说的话既不会伤人，又不会随意附和人，更不会强迫他人。

口头禅的辨识度极高，听一个人的口头禅就能推断出这个人的大体性格，就像上例中王芳那些含蓄委婉的口头禅透露出她是一位温柔又有主见的聪明女人。

下面我们介绍一些常见的口头语：

1. "果然""其实""确实如此"

这类人多自以为是，强调个人主张，以自我为中心的倾向比较强烈，希望能引起别人的注意。他们大多比较任性和倔强，并且多少还有点自负。

2. "这个""那个""啊""呀""嗯""哦"

一般来说，这类人思维比较慢，反应较迟钝。他们讲话总是厘不清自己的思路，言语不能顺畅地进行，说话时才会用停顿、缓和的语气词。有一部分人爱用此类词并不是没主见，反而是胸有成竹、城府很深，只不过故意装出一副大智若愚的样子。政府官员或机关单位的公务员爱用这种口头语，因怕说错话，需有间歇来思考。这种人的内心往往很孤独。

3. "你应该""你不能""你必须"

经常使用这类命令式词语的人多专制、固执、骄横，但对自己却充满了自信，有强烈的领导欲望。

4. "我个人的想法是""是不是""能不能"

一般来说，这类人较和蔼亲切，待人接物时也能做到客观理智，冷静地思考，认真地分析，然后做出正确的判断和决定。不独断专行，能够给予他人足够的尊重，反过来也会得到他人的尊重和爱戴。

5. "我要""我想""我不知道"

这类人多思想比较单纯，爱意气用事，情绪不是特别稳定，有点让人捉摸不定。

6. "真的""说实在的""老实讲""说白了""的确是""不骗你"

爱讲这类话的人做事比较认真，生怕对方信不过自己，总爱强调自己的观点。这类人比较老实可靠，比较讲信用，是值得信赖的人。

7."绝对""肯定""一定是"

这类人武断的性格显而易见，他们不是太缺乏自知之明，就是自知之明太强烈了。心理学研究表明，这种人往往比较主观，而且常常是以自我为中心的，他们的很多想法是不合乎实际情况的。这类人大多有一种自爱的倾向，有时他们的"绝对"被人驳回之后，为了隐瞒自己内心的不安，总要找一些理由来加以解释，总想让自己的东西被人接受。

8."我早就知道了""所以我不是说了嘛"

这类人有表现自己的强烈欲望，只能自己是主角，自己发挥。但对他人却缺少耐性，很难做一个合格的听众。

9."但是""不过"

这类人的思考能力非常强。当他们讲话时，脑子里还会浮现相对应的话来过滤求证，正所谓"头脑敏锐""能言善辩"。但这类人有些任性，总是提出一个"但是"来为自己辩解。"但是"语显示了其温和的特点，它显得委婉、没有断然的意味，是为了保护自己而使用的。从事公共关系的人常有这类口头语，因为它的委婉意味不致令人有冷淡感。

10."所以说""因此"

这类人最大的特点是喜欢以聪明者自居，自以为是。他们认为自己所说的话具有绝对的权威性，并有鄙视他人的心理。说话完全不顾及对方的心情，因此对方常会为了他们这种随意践踏他人的态度而受到伤害。但是如果多了解他们一些，你就知道其实要和这类人相处并不困难。因为他们非常希望得到他人的认同，渴望自己在他人心目中的形象是"见识广博，什么都懂"，所以如果想和他们友好相处，只要在这一点上多忍耐担待一些就行了。

另外，口头禅经常挂在嘴边的人大多办事不干练，缺乏坚强的意志。有些人说话时没有口头禅，这并不代表他们从未有过，可能以前有，但后来逐渐改掉了，这显示出一个人意志力的坚强和追求说话简洁、流畅的精神。

　　总之，若想通过口头禅更好地观察、了解和判断一个人的性格如何，需要在交往中仔细、认真地揣摩、分析，这样才会收到良好的效果。

第三章　说服高手，直击对方的弱点

迂回说服，对方更容易接受

　　心理学认为，如果你想说服一个人，有的时候直来直去地说话并不能取得很好的效果，而是需要采取"迂回"的手段来达到说话的最终目的。迂回之术不带刺，绕了一个弯后，让人不仅听明白了是怎么回事，最重要的是，人们能愉快地接受。这就要求我们在步入正题前，需要先来点"铺垫"，作些"迂回"，然后再一步一步导入中心，这样才会收到良好的效果。

　　19世纪著名的意大利作曲家罗西尼对音乐创作十分严肃认真，尤其注意独创性。同时，他对那些模仿别人曲子的行为非常痛恨。

　　一位作曲家邀请罗西尼去听他的演奏，这位作曲家演奏的是自己十分得意的新作的曲子。演奏是按照章节进行的。一开始，罗西尼显得十分认真，兴致勃勃地听他演奏，可是到后来，他就越来越忍受不了了。他的表情非常难看。在听的过程中，罗西尼把自己的帽子脱下，然后又戴上。过了一会儿，又脱下，然后又戴上。这样的动作持续了好几次。

　　那位作曲家注意到了罗西尼这样奇怪的动作和表情，问他是不是因为演出条件不好，太热了。

"不是的，"罗西尼回答道，"你知道，我有一见到熟人就脱帽致敬的习惯。在阁下的曲子里，我一次又一次地碰到熟人，不得不频繁地致敬。"

在这个事例中，罗西尼巧妙地用"一见到熟人就脱帽致敬"来暗示曲子缺乏新意，抄袭太多，含蓄地向对方表明了自己的看法和意见，既不伤情面，又达到了目的。

迂回地表达反对性意见，可避免直接的冲撞，减少摩擦，使对方更愿意考虑你的观点，而不被你的情绪所左右。所以，说服他人要想取得理想的效果，不仅要真诚相待，还要善于动脑，讲究一点说服的艺术，尤其是当对方固执己见，谁去劝说，他都不理不睬，泼水不进的时候，巧妙的办法就是避其锋芒，以迂为直。

有时，迂回可能要多走一些弯路，多废一些唇舌，多耗一些时间，但总比无功折返好。

韩昭侯平时说话不大注意，往往在无意间将一些重大机密泄露了出去，使得大臣们周密的计划不能实施。大家对此很伤脑筋，却又不好直言相告。

一位叫堂谿公的聪明人自告奋勇到韩昭侯那里去，对韩昭侯说："假如这里有一件玉做的酒器，价值千金，它的中间是空的，没有底，它能盛水吗？"韩昭侯说："不能盛水。"堂谿公又说："有一只瓦罐子，很不值钱，但它不漏，你看，它能盛酒吗？"韩昭侯说："可以。"

于是，堂谿公因势利导，接着说："这就是了。一个瓦罐子虽然值不了几文钱，非常卑贱，但因为它不漏，却可以用来装酒；而一件玉做的酒器，尽管它十分贵重，但由于它空而无底，因此连水都不能装，更不用说人们会将酒倒进里面去了。人也是一样，作为一个地位至尊、举止至重的国君，如果经常泄露臣下商讨的有关国家的机密的话，那么他就好像一件没有底的玉器，即使是再有才干的人，如果他的机密总是被泄露出去，那他的计划就无法实施，因此就不能施展他的才干和谋略了。"

一番话说得韩昭侯恍然大悟，他连连点头说道："你的话真对，你的话真对。"

从此以后，凡是要采取重要措施，大臣们在一起密谋策划的计划、方案，韩昭侯都小心对待，慎之又慎，连晚上睡觉都是独自一人，因为他担心自己在熟睡中说梦话时把计划和策略泄露给别人，以至于误了国家大事。

故事中的堂谿公是一个善于说话的人，能从日常生活中的小事引出治国安邦的大道理，委婉地批评当权者，而不是直接指出来，让当权者欣然接受，这是值得我们学习的。

即使对对方有意见，在表达时也要尽量委婉，心态和语调都要平和，万万不能单刀直入式甚至带着火气进行表达，否则将会得不偿失。

过于直接的批评方式会使对方自尊心受损，大跌脸面。因为这种方式使得问题与问题、人与人面对面地站到了一起，除了正视彼此以外，已没有任何回旋余地，而且，这种方式是最容易形成心理上的不安全感和对立情绪的。你的反对性意见犹如兵临城下，直指对方的观点或方案，怎么会使对方不感到难堪呢？特别是在众人面前，对方面对这种已形成挑战之势的意见已是别无选择，他只有痛击你，把你打败，才能维护自己的尊严与权威，而问题的合理性与否早就被抛至九霄云外了，谁还有暇去追究、探索其中的道理呢？

直接表达反对性意见会激起他人不良情绪的反应，挫伤他人的自尊和脸面，造成不必要的冲突和摩擦。而迂回的手段则会为他人接受你的意见提供一个平和的环境。

迂回说服不会得罪人，是说服他人的最好方式之一。所以，在说服过程中，要认真体会语言的敏感程度，最好能把话说得委婉动听，这样，既达到了目的，又不至于使双方都难堪。

有了真诚，任何人都会被你说服

说服的技巧固然很重要，但真诚也同样不能被忽视。孔夫子曾经说过："巧言令色，鲜矣仁。"如果一个人长于辞令，可是表现得却过于油嘴滑舌，那么他说得再好，也不会受到别人的重视，因为在旁人眼中，这个口才出众的人没一句真话，不值得信赖。所以说，要想说服别人，首先必须要让别人对自己的话充分信任，如果做不到这一点，你就是说得天花乱坠，也不会有丝毫效果。

真诚就是真实、诚恳、实事求是，没有一点虚假。说话真诚的人总会得到别人的信任。无数事实证明，真正打动人心的讲话并不在于说得多么流畅，多么滔滔不绝，而在于是否善于表达真诚。如果你能够用得体的话语表达出你的真诚，你就赢得了对方的信任，建立起人与人之间的信赖关系，对方也可能由信赖你的人进而喜欢你说的话。

松下电器公司还是一家乡下小工厂时，作为领导，松下幸之助亲自出马推销产品。在碰到杀价高手时，他就坦诚地说："我的工厂是家小工厂。炎炎夏天，工人在炽热的铁板上加工制作产品。大家汗流浃背，却努力工作，好不容易制出了产品，依照正常的利润计算方法应当是每件××元承购。"顾客一直盯着他的脸，听他叙述。顾客听完之后，开怀大笑说："卖方在讨价还价的时候，总会说出种种不同的话，但你说得很不一样，句句都在情理之上。好吧，我就照你说的买下来好了。"

松下幸之助的成功在于真诚的说话态度。唯有真诚之心才能打动人心，以真诚之心对待他人，我们才能获得他人的信任，建立起良好和谐的关系。

真诚是通往人们心灵的桥梁。著名主持人李静被问及要成为一位知名主持人难不难时，她回答得非常干脆："不难。""其实所谓口才，在我的理解当中就是把自己内心最真实的想法用真诚的语言表述出来。从这个意义上而言，绝大多数人都有具备口才的条件。"李静如是说。

说话的魅力并不在于你说得多么流畅，多么滔滔不绝，而在于你是否善于表达真诚。最能推销产品的人并不一定是口若悬河的人，而是善于表达真诚的人。

成人教育之父卡耐基是著名的企业家、教育家和演讲口才艺术家，他在年轻的时候曾经应聘国际函授学校丹佛分校的销售员。当他的考官丹佛分校的经理约翰·艾兰奇第一眼看到卡耐基时，他感到十分失望，因为卡耐基是一个面色苍白、身材瘦弱的人，他不认为卡耐基能够成为一名成功的销售员。通过交谈，他发现，卡耐基甚至没有销售经验，他对卡耐基就更加没有信心了。

对于约翰·艾兰奇的态度，卡耐基十分清楚，但是他觉得只要自己态度真诚，即使自己没有销售经验也一定能做好这份工作。

约翰·艾兰奇说："你能告诉我，你认为推销员推销的目的是什么吗？"

卡耐基答道："想顾客所想，站在顾客的立场上想想他们需要什么，帮助他们了解商品，然后购买商品。"

约翰·艾兰奇又问："那么你想要怎样向消费者推销？"

卡耐基说："首先我想和他们愉快地交谈，了解他们需要什么，而不是告诉他们我想要卖给他们什么。"

约翰·艾兰奇询问了卡耐基最后一个问题："如果是你，你能够想办法把一台打字机卖给一名农场主吗？"

卡耐基说："我无法保证，因为一名农场主也许并不需要打字机，如果是这样的话，我不能推销。"

卡耐基的回答让约翰·艾兰奇非常高兴，也许一个有技巧的推销员很容易找到，但是一个真诚可靠的人就很难得了。他当即就录取了卡耐基。

说话真诚的人总能得到别人的信任。把你的真诚注入日常交流之中，把自己的心意传递给对方，当听者感受到你的诚意时，他才会打开心门，接收你讲的内容，彼此之间才能实现沟通和共鸣。

真诚是沟通心灵的最好方式，把话说到对方的心里，调动对方的感情，让对方产生共鸣，这就达到了心灵沟通的效果。如果你想要说服他人，最重要的一点就是要让对方感受到你的真诚。

某公司老板最近迷上了打篮球，一连几个周末，他都泡在了篮球场。这还不算，这一天，他突发奇想，要把公司的停车场改建成篮球场，以方便随时打篮球。他的这一想法一提出，员工们在心里就产生了不满之情。因为这不但会涉及公司资金的周转问题，还会给员工的上下班带来不便。所以，对于老板的这个想法，员工们基本上都是持反对意见，可是大家都只是敢想不敢说，害怕惹恼了老板。

刘东作为老板的秘书，他觉得自己有义务向老板反映这个情况，以免老板强制执行这个想法，会招来员工们的极大不满。

这天，趁着下班的空隙，刘东走进老板的办公室。

刘东："老板，我知道您一向是个乐于纳谏的好领导。现在我有个建议，不知道您想不想听？"

老板："哦，是吗？说来听听。"

刘东："我知道您想把停车场改建成篮球场，是为了方便大家在下班之余放松身心，同时达到锻炼身体的目的。可是这样一来，就有可能产生一些麻烦。"

老板："什么麻烦？"

刘东："您也知道，最近公司的资金周转有些困难，恐怕没有多余的资金来改建篮球场了；而且停车场一旦改成了篮球场，这会给员工们的停车带来极大麻烦，这也不利于员工们的正常上下班啊。其实您喜欢打篮球，可以到公司附近的篮球馆去打，这样既满足了您的需求，也不会给公司带来其他影响，您觉得呢？"

老板思索片刻后，说："嗯，你说得挺对的，那就不改建篮球场了吧。"

刘东通过自己真诚的话语，让老板感受到了刘东对他的尊重和负责，从而让老板乐于纳谏，老板对他的好感也更添一分了。

有些人常常抱怨，自己的建议全是肺腑之言，只差把心掏出来，但对方就是听不进去。原因大概在于你讲道理时没有设身处地为对方着想，没有使对方真切地感到你完全是出于善意和关心，因而也就不能打动对方的心。所以，我们不妨学习和借鉴上例中刘东的做法，在说服他人时从他人的立场和角度出发，让对方充分感受到你的话语是真诚的，是为了对方考虑的。这样一来，对方自然会对你产生信任和好感。

真诚是打开心灵的金钥匙。在说服他人的时候，我们一定要真诚，如果说话只注重语言上的华丽，而缺乏真情实感，那么，即使我们能暂时欺骗别人的耳朵，也永远无法欺骗别人的内心。所以说，我们要想打动对方，就必须先问问自己：我的心是真诚的吗？

说服对方，请将不如激将

所谓激将法，指的是用带有刺激性的语言来激发对方的某种情感，让对方的情绪受到震撼，并在冲动情绪的驱使下，顺着我们指引的方向行事。

俗话说："树怕剥皮，人怕激气。"当人的某种情感（自尊、能力、荣誉和名声等面子问题）受到强烈的伤害性刺激时，往往会引起人的激情爆发。在说服他人的过程中，基于人们的这一心理特点，我们可以利用一些略带贬损之意或不太公正的话来刺激对方，让对方的情绪受到震撼，以达到激将的目的，进而说服对方改变原来的立场和态度。

销售："布尔，我们接触的时间也不短了。我知道你对我们的激光打印机感兴趣，能告诉我使您迟迟下不了决心的真正原因吗？"

客户："哦，罗伯特，是这样的，今年公司的开支太大了，上司已经跟我说过，要注意办公开销，再说，我办公室里那台打印机还能凑合着用。"

销售："可您知道您办公的那台点式字模打印机是什么型号吗？T型福特！T型的！"

客户："你说的T型是什么意思？"

销售："没什么，T型福特就是福特公司当年风靡一时的名车，不过早就过时了，就像是您的点式字模打印机。现在还用这种老古董，实在是太落伍了！这点每一位到过您办公室的人都能感受到。作为办公室经理的您不这么认为吗？"

客户："你说的是事实？"

销售："难道不是吗？"

客户（沉默了一会儿）："让我考虑考虑，明天给你答复。"

第二天，这位客户打电话对罗伯特说，他想用激光打印机代替他原来的那台。

案例中，罗伯特为了向一位办公室经理布尔推销自己的激光打印机，费了很多口舌，最后也没能说服他。这时候，他及时转变了策略，得知客户非常爱面子，他采用讥讽的手段刺激客户的购买欲，最终如愿以偿地赢得了这个客户。可以说，激将法是通过触发对方的自尊心和好胜心而达到目的的说服技巧。

人们往往都有逆反心理，你越不让他干什么，他偏干什么，尤其是在气氛激烈的情况下，对于那些好胜心强并且脾气暴躁的人，用"激将法"是最好的办法。

孟子说："一怒而天下定。"将激将法用到说服中，如果运用得巧妙，往往可以让人改变原来的立场，化解分歧，达到目的。

小王是一个很有能力的年轻人，但平时工作却不怎么认真。于是老板就对他说："小王，这项工作只能交给你了，我知道你平时的工作记录不很出色，但是没办法，公司现在实在没人手，我希望你能尽心尽力地完成它。"听完这话后，小王很不舒服，甚至有不服气的感觉，心里想：凭什么说我工作不出色？我要让你看看不是这样！就这样，他把怒气转化为工作的力量，全心全意地去工作。

这是使用激将法的一个典型例子，抓住被激励者的心理，狠狠地泼他一盆冷水，打击一下他的情绪，这样他会在愤怒之下迸发出更多力量。

事实证明，激将法是一种很有力的说服技巧，但在使用时要看清楚对象、环境及条件，不能滥用。同时，运用时要掌握分寸，不能过急，也不能过缓。过急，欲速则不达；过缓，对方无动于衷，无法激起对方的自尊心，也就达不到目的。

使用激将法说服他人，要掌握以下原则：

1. 要看准对象

只有对方具有较强的自尊心、虚荣心和好胜心，才可能有效地激将对方，否则将很难起到激将的效果。一般而言，年纪轻的要比年纪大的容易激将，见识少的要比见识多的容易激将，越是讲究衣着打扮的、好争高比强的、地位较高、受人尊重的人，越怕被别人看不起，这样的人也容易被激将。但同时，激将法也不宜用于那些自卑感强、性格内向、做事谨小慎微的人。因为语言过于刺激，会被他们误认为是对他们的挖苦、嘲笑，并极有可能导致怨恨心理。所以，选择好对象是激将法成功的第一要义。

2. 要讲究分寸

激将法要讲究使用语言的分寸。锋芒太露或过于刻薄的语言容易使对方形成反抗心理；而语言无力、不痛不痒则又难让对方的情感产生震撼。因此，在使用激将法时，一定要注意言辞的分寸，既要防止过度，又要避免不及。例如，销售人员推销产品给客户时，用"您不想买"，而不用"您是因为没钱，买不起"来激将客户就把握得非常有分寸。

3. 不要表现出自己的意图

使用激将法最重要的一点是不要表露自己的想法，否则容易使别人产生被利用的感觉。最好的办法就是说些对对方有利，或者能使对方的才华显露的话，这样才能更好地达到预定目的。

总之，激将法是说服别人的一种策略。但并不是对每个人都可以用这种方法，在使用过程中，还要因人、因事、因特定的环境而定。

抓住关键点，一语中的说服领导

说服是一门技术，也是一门艺术。说服固然要以正确的思想为前提，但技巧也是极其重要的。在说服的过程中，如果不注意语言的技巧，一味地反复说理，只会引起对方的反感。这时，你不妨先厘清思路，找到你的说服关键，在说服的过程中用简洁有力的语言向对方陈述你的观点，一语中的地让对方明白你的话语，从而达到成功说服的目的。

总监的广告设计方案被经理给退了回来，为此，总监很不高兴。可是，三天内还必须拿出可行的设计方案，于是不得不把大家聚集起来一起进行研究。

"经理对咱们之前的方案不是很满意，希望大家群策群力，尽快拿出一套满意的设计方案出来。"总监对广告部的所有工作人员说道。本来就对总监的方案有所不满的梁楠第一个站起来说："之前的方案，一是缺乏可行性；二是对我们的目标人群缺乏足够的吸引力，我想这是方案之所以被否定的主要原因。其实之前我也有反对啊，只是你们不听我的意见。""行了梁楠，现在不是在追究谁的责任，而是让大家拿出一个新的方案。你有什么好的点子吗？"总监问道，脸上明显不满。"我的点子啊，我的点子具体的还没想好，但是我可以肯定不会像这次的一样糟糕。""没想出来你在那儿瞎嘀咕什么呢，这不是在浪费大家的时间嘛。"总监似乎更加不满。

可是梁楠对此没有丝毫察觉，他接着说道："也不是没想出来了，只是不太具体，灵感早就有了。""够了，你还有完没完，别说这些没用的。"总监呵斥道，梁楠这才住了嘴。

其实后来广告的点子还真是梁楠想出来的，可是他在会上的拖拖拉拉让总监很生气，所以即使他想出来了点子，总监也没说一句表扬他的话。

梁楠就是典型的出力不讨好的人，之所以如此，就是因为他说话不能一语中的，以至于让领导失去了耐心。

当对方的意见与自己的意见相左时，最重要的事是清楚知道对方的立场，也就是在说服对方之前，必须先清楚知道他与自己意见相左的关键点何在。如果抓不住要领，泛泛而谈，这样的说服连自己都没法儿信服，更不用说去说服对方了。当你自己都抓不住说话的关键时，只会引起对方的反感。所以，说话抓住关键，一语中的，分析入情入理，才能为你的说服增加有力的筹码。

说服他人并不在于你滔滔不绝，说了多少话，而要看你能不能说到点子上，只要一针见血，就能立竿见影，使人心服口服。

语言具有无穷的威力，关键就在于人们是否会使用它。在说服的过程中，只有充分掌握事实，了解了相关情况，抓住要害，开门见山，一语中的，这样才能成功说服对方。

有一个房地产销售人员曾遇到一对这样的顾客。有一对夫妻，他们年龄已经很大了，他们也看过很多的房子，到这个时候，他们人生中有个最大的理想是什么？就是希望买的房子里面正好有一棵樱桃树，这是他们人生最大的理想。他们找了很多的房子，都找不到里面有樱桃树的。后来有一次女主人去一个房子看了以后，里面竟然有棵樱桃树，当时她就非常兴奋，于是就跟老伴说："你看，老头子，里面竟然有棵樱桃树。"

这时候，老头子跟她说："小声点，不要让那个业务员听到了。"没想到这个销售员的敏感度很高，真的被他听到了。

然后就开始给他们介绍房子。这个时候，这对老夫老妻开始挑剔了，说大厅设计得不太合理。销售员说："太太，您说的可能是对的，但实际上这里面只要稍微做点装修，做点调整就可以了，其实这不是最重要的，最重要的是，假如说您把这个沙发放到靠近门的这个位置，您从落地窗户往院子里面一看，就会看到院子里面那棵樱桃树。"

那个老太太一听有道理，然后她就开始参观卧室，又说这个卧室好像太小了，布局也不太合理。销售员就跟她说："太太，您说的可能是对的，但这不是最重要的，最重要的是假如说您把床放在这个位置，您每天早上一醒来，您往窗户外面一看，您就可以看到那棵樱桃树。"

参观厨房时，老太太说厨房好像也不太合理。销售员说："太太，您说的是对的，可是这不是最重要的，最重要的是，假如您站在这个位置炒菜，每次炒得很辛苦，您累的时候往院子里面一看，您就可以看到那棵樱桃树。"

这位老太太继续挑刺儿，游泳池也不太理想。销售员也不示弱："太太，您说的是对的，可是假如说您把椅子放到这棵树的下面的话，您每次休息的时候，只要一抬头，就可以看到那棵樱桃树。"

最后，这对老夫妇买下了那棵"樱桃树"。

在上面的事例中，"樱桃树"就是该房屋的最大卖点，也是说服这对老夫妇的关键点。无论这对老夫妇如何挑剔房子的毛病，销售员都会强调"樱桃树"这个关键点，加深了客户的印象，最终打动了客户的心。我国有句古话："打蛇打七寸。"说的就是要抓住关键问题，找到影响问题的关键因素。说服别人就像"打蛇打七寸"一样，抓住对方的切身利益，会使他的心灵受到颤动，促使他深入思考，从而放弃自己消极的、错误的想法和行动。

对于善于运用说服技巧的人来说，不是与对方不停地周旋，而是抓住关键，一语中的。正所谓"射人先射马，擒贼先擒王"。

在说服的过程中要掌握以下几点：

1. 要针对性强

这是说，一定要找准说服对象的思想症结，对症下药，说到点子上，才能产生显著的说服效果。

2. 要直冲要害

这是指说服语言应语句短促，语意明确，语气恳切，旗帜鲜明，一针见血，有响鼓重槌之妙。

3. 要有震撼力

通常指涉及到重大原则和立场，特别是对方切身利益等问题的话，一出口必定能给对方重重一击，震撼对方的心灵，促其权衡掂量，分析利弊，最终取其利而从之，作出正确的选择，产生豁然开朗的效果。

说服高手都是讲故事的好手

真正的说服高手都是讲故事的好手。讲述故事是人们喜闻乐见的一种沟通交流的方式。故事具有连贯性和完整性，富有吸引力和感染力，它生动曲折的情节进程和丰富深刻的思想内涵能够产生强烈的吸引力和深刻的启示力。如果说服他人时，能插入一些小故事，就能增强语言的生动性和启发性。

讲故事是说服他人接受自己观点的有力工具。心理学认为，主观色彩浓厚的言辞往往流于极端而缺乏说服力，而罗列数据往往让人左耳进、右耳出，但是，如果把得当的言辞和翔实的数据融入精心挑选的故事，那就可以直指人心。

原一平是位讲故事的高手，他在做销售工作时，假如顾客拒绝，他就会讲下面这个故事。

自从美子的丈夫病重后，由美子创办的互助会里，一些会员担心她一手创办的互助会会垮，纷纷要求退费。

"能不能提前支取会费啊？如果不行，你把我缴过的会费还我就好，利息我不要了。"

佳子是美子的好朋友，一大早，她也来了。

"美子小姐，最近我们家买房子，贷款本息负担很沉重。能不能商量一下，把会费还我们。"

美子感到世态炎凉。

"我是不得已才这样做的。"佳子不死心地缠着。

"佳子，我和你是多年的知心朋友，你这样苦苦相逼，叫我很心痛。"场面尴尬起来，美子本来想把丈夫有张人寿保单的事说出来，但是心想，这样说好像期盼丈夫早点去世，于心何忍。

一面看着丈夫因癌细胞扩展而身体一天天虚弱，一面又要应对各种经济上的问题，美子有点承受不住。但是这个家除了她，谁来撑呢？子女还小，美子必须坚强起来。

丈夫还是走了。丈夫的保单索赔虽然只有1000万，办丧事及医药费花去一部分，但是至少不用去借，剩下的几百万存着，心中踏实多了。

因为有这张保单，互助会的成员们也没有追着说要退会费了。这张保单既保障了美子一家人的生活，又保障了互助会。

原一平利用这个故事去说明，在世态炎凉、人情似纸、生活艰难的处境下，买保险是多么重要。

在保险销售的过程中，讲保险故事是很重要的一环。有些客户没有保险意识，听了保险故事才会被点醒。

有人问原一平："你是怎么训练自己讲保险故事的？"

原一平说："有些人以为我本身就具有近乎演员的天赋，其实不是。我自己每讲一个保险故事，就像演员一般从背诵剧本到融入当事人角色，认真练习一二十次，直到抓住故事的精髓为止。"

"保险故事在保险销售里头具有强烈的催化作用，讲得越好，催化力越强。"原一平道出自己的心得。

适宜的好故事胜过一千遍、一万遍说教的力量。用故事说服他人，有时产生的感染力是无穷的，它就像巫师手中的魔法石，能产生让对方无法抗拒的魔力，甚至为你省去千篇一律的烦冗的毫无吸引力的说辞。

要想说服一个人是很难的，每个人都习惯坚持自己的意见和主张，对于那些自信、自负的人，对于那些冥顽不化的人，更是如此。但是，在很多时候、很多场合下，又必须要说服他人。为了让人心悦诚服，于是，在说服对方时，人们便不得不积极寻求技巧，而讲故事就不约而同地受到说服者的钟爱。

一个好故事能引人思考，调动每个人大脑里本来就有的思维记忆，建立心理共鸣。

在日本有一个人叫藤田田，他是日本麦当劳社的名誉社长。

但在很多年前，藤田田只是一个打工仔。他手中只有5万美元，但他却把眼光放在美国的麦当劳上了。那时，麦当劳是世界闻名的连锁快餐公司，想要获得特许经营权，至少需要75万美元的资金。这个数字对于藤田田来说不亚于天文数字，但是，藤田田没有放弃。他唯一的办法就是贷款。

为此，他敲开了日本住友银行总裁办公室的门，诚恳地向总裁说明了来意。听完了他的讲述，总裁问他有多少现金，有没有担保人。藤田田如实说了，告诉总裁自己没有担保人。

总裁很客气地说："那你先回去吧，我们讨论一下你的要求。"

一般人听到这话，就知道对方是委婉地拒绝自己了。但藤田田没有气馁，而是留下来继续和总裁交谈。

藤田田说："我有最后一个请求，您能不能给我三分钟的时间，听听我那5万美元的来历？"得到准许后，他开始讲述："您也许会奇怪，我这么年轻怎么会拥有这笔存款？其实多年来，我一直保持着存款的习惯，无论发生什么情况，我每个月都把工资、奖金的1/3存入银行。不论什么时候想要消费，我都会克制自己咬牙挺过来。因为我知道，这些钱是我为干一番事业积攒下来的资本。"听了这话，总裁的兴趣一下就被激发了："那你能不能告诉我你存款的银行？我尽快答复你。"

藤田田离开之后，总裁给藤田田存款的银行打电话求证藤田田的话。得到答复后，总裁马上打电话给藤田田："我们住友银行无条件地支持你经营麦当劳的举动。"藤田田很诧异。总裁接着说："其实原因非常简单。藤田田先生，我的年龄是你的2倍，我的工资是你的30倍，可是我的存款到现在都没有你多。年轻人，我是不会看错人的，加油吧！"

就这样，藤田田用三分钟的时间创造了一个商业奇迹。

上例中的藤田田通过讲述自己存钱的经历，突出了他的性格特质：踏实。任何一个企业创始人或者投资者都应当具备一定的特质，这样才能保证投资的顺利进行，这个特质就是脚踏实地。毫无疑问，这个特质征服了住友银行总裁。可见，一个生动的故事可以产生出巨大的说服力。在进行说服时，我们应该懂得多使用故事来帮助我们达到说服的目的。

通过讲故事说服别人是一种技巧。人们不喜欢总是听到理论，还喜欢听别人讲故事。我们都是听着故事长大的，这是很简单的道理。在谈话过程中适当穿插一个小故事，能有效调节谈话气氛，令人置身其中，感同身受。

　　其实，讲故事不单是一门不折不扣的艺术，还是一项成效强大的技巧，在商务谈判中、在课堂上、在个人交往中、在企业为顾客的服务中、在家庭生活中……插入一个关于自己或他人的真实故事，若恰当使用，就能赢得对方的心，产生更大的影响力，获得对方的追随和忠诚。与空洞的说教、令人生厌的大量数据相比，讲故事更能赢得对方的认可，起到事半功倍的效果。

　　总之，故事是连接人与人之间情感的神奇方式，通过讲故事说服他人，可以传神地将你的意念传达给对方、深深地影响对方。

第四章　心理掌控，处变不惊，方能掌控全局

巧用幽默，化解人际交往中的僵局

幽默在人们的生活中发挥着巨大作用。幽默不仅可以让人们的人格魅力得到提升，还可以让人们的生活更加轻松，更能够帮助人们缓解生活中所遇到的生活尴尬或危机。弗洛伊德曾经说过一句话："最幽默的人，是最能适应的人。"幽默是人际交往的润滑剂，一句幽默语言能使双方在笑声中相互谅解和愉悦。

在社会交往中总会遇到一些出其不意的事情。特别是在公共场合，难免会尴尬、难堪，怎样来应对这种场面呢？怎样做到冷静处理，尽量缓和气氛，以免造成更大麻烦呢？这时候我们不妨来点幽默的方式。幽默不但能缓和紧张的气氛，并且还能最快最好地解决问题，使局面得到控制，化解尴尬的处境。

里根总统第一次访问加拿大的时候，有一天，他正在某地举行演说，可是，很多举行反美示威的人不断高呼反美口号，使他的演说不得不时时中断。

陪同他的加拿大总理皮埃尔·特鲁多见此情景，很难为情，眉头紧紧皱了起来，觉得示威的人群对这位美国总统太不尊重。

可是，面对如此难堪的场面，里根总统仍然是一脸的轻松。他满面笑容地说："这种事情在美国时有发生。我想这些人一定是特意从美国来到贵国的，他们想使我有一种宾至如归的感觉。"

紧皱双眉的特鲁多听了这话，顿时松了口气，也跟着开怀大笑了起来。

幽默是生活中不可缺少的因素，一个人幽默与否也是对这个人能力的一种检验。在尴尬处境中表现出来的小幽默不仅可以给他人带来轻松愉快的心情，还能营造和谐融洽的相处空间。

幽默是人类独创的智慧。在尴尬中使用幽默是一种无懈可击的力量，在你或者别人遇到尴尬的时候，不妨来一剂幽默的空气清新剂。

俗话说"人生之不愉快十之八九"，人生幸福与否与个人心态和处理不愉快的能力息息相关。如果能够处理好一些尴尬氛围，不但能使自己赢得尊重，也能给别人带去快乐。

在第二次世界大战将要结束时，东西方首脑在埃及开罗召开会议。某一天，美国总统罗斯福急着找当时的英国首相丘吉尔商洽要事，便径直驱车前往丘吉尔的临时行馆。

久居寒冷潮湿的英国，丘吉尔对于开罗干燥又闷热的气候十分难以适应，尤其日间的气温高达40摄氏度以上，更是令他无法忍受。几乎整个白天，丘吉尔都把自己泡在放满冷水的浴缸中消暑。

当罗斯福匆匆赶到时，丘吉尔的随从来不及挡驾，罗斯福便直接闯进了大厅之中，找不到丘吉尔，耳中听到旁边一个小房间传来丘吉尔的歌声，罗斯福随着声音找了过去，正好撞见躺在浴缸中一丝不挂的英国首相。

两个大国元首在如此尴尬的情况下见了面，罗斯福马上开口道："我有事急着找你，这下子可好了，我们这次真的能够坦诚相见了！"

丘吉尔也立即作出反应，他在浴缸中泰然自若地道："总统先生，在这样的情形下会面，你应该可以相信，我对你真的是毫无隐瞒的。"两位伟大领袖人物的睿智对谈轻松地化解了一次外交史上最难堪的场面，并被后世传为美谈。

在遇到尴尬的时候，与其严肃地解释，不如以幽默的方式化解。这样，大家都会在会心一笑中将一切化为无形，这样的效果比全力解释强很多，也更能为众人所接受。所以，我们要学会以幽默对待尴尬，让尴尬不再可怕。

一个人的语言可以像优美的歌曲，也可以像伤人的邪火。幽默机智的话能给人以喜悦满足之感，在社交中适地适时地运用幽默将会使人们的关系更加和谐、亲切。可以说，幽默是人类特有的天赋，幽默与智慧相伴。古往今来，许多智者都不乏幽默感，他们的智慧中蕴含着幽默，幽默中含有机智，正如俄国文学家契诃夫所说："不懂得开玩笑的人是没有希望的人！这样的人即使额高七寸、聪明绝顶，也算不上真正有智慧的人。"

一般来说，具有幽默感的人都有一种出类拔萃的人格，能自在地感受到自己的力量，独自应对任何困苦的窘境。我们或许不能像幽默大师那样能言善辩，但我们确实可以时时去使用幽默的技巧。

在一家电影院里，一个年轻男子摸黑上完厕所，来到了某排座位边的男士身边，对他说："刚才我走出去的时候，是不是踩过你的脚？"

坐在最外端的男士满脸不高兴地回答："那还用问吗？"

这位年轻男子赶紧说："哦，那就是这排了！真对不起，我有严重的近视……请让我擦你的鞋吧……"

如此的幽默语言过后，敌意烟消云散，留下的是彼此的笑容。

遇到令人尴尬的情况时，一个适当的幽默往往能够帮助我们消除困窘。昂里艾特·比妮耶曾经说过："幽默是我们身体中最理智的一部分，是治疗剂。幽默能让我们驱逐恐惧，发泄对权威的不满，补偿自己的不足，为自己的失败复仇。"

幽默的语言是含蓄的，它能够诱导人深入思考，发出会心的微笑，在幽默的气氛中交谈，使人在笑中同时引起联想和推断，领悟其中的含义。使用幽默这种语言艺术既能使平淡的话生动有味，又能使严肃的问题轻松活泼，这种说话方式即使是最刻板的人，也会发出会心的微笑。巧用幽默化除窘况和尴尬，是说话艺术中的高级口才应用形式，用这样的方式说话，别人当然最爱听了。

滴水不漏，妙语应对各种刁钻问题

在生活和工作中，或许你会遇到一些人肆无忌惮地向你提出各种问题，但有些问题又确实不便直接回答。这时，我们的表达技巧、反应能力以及心理素质就成为成功回答问题的关键。如何在面临各种问题时把握分寸、滴水不漏，又让对方感到满意呢？

下面总结几个常用方法：

1. 避实就虚

人处在社会之中，自然少不了交际活动。在交际活动中，常常会有因交际双方的语言造成误会的情况，或因第三方的无心之言而引起难以收拾的场面。为了打破这种尴尬，我们可以采用避实就虚，假装糊涂，或故意"误会"、不理睬等方式周旋，使事态朝着缓和的方向发展。

某幼儿园中班来了一位年轻漂亮的实习老师。带班张老师带这位新老师熟悉环境，突然，有几个小朋友大声说："这个老师比我们的张老师年轻漂亮。"这真是一语惊人，幼稚的孩子们哪能想到此时两位老师是怎样的尴尬啊！对这位实习生来说，初上岗位，就碰到了这让人尴尬的场面，的确很头疼。如果就此作出肯定的回答，得罪张老师，以后还怎么请她帮助过实习这一关呢？转过身来谦虚几句行吗？不行！反而会弄巧成拙，这位实习生灵机一动，假装没有听清，严厉地说："我看是哪位小朋友这么不听话，在下边大声喧哗？老师不喜欢这样不遵守纪律的小朋友。"此语一出，张老师紧张的神情顿时轻松多了，尴尬的局面也随之消失。

这位实习生巧妙地假装没有听清，避实就虚，避开了"称赞"这一实体，转而攻击"喧闹"这一虚像，既巧妙地告诉了那位带班老师"我"根本没有听清，又打消了那些孩子的称赞兴致，消除了他们误认为老师没有听到的可能，从而避免了他们再称赞几句，使原本已经紧张的局面变得更尴尬。

2. 以谬治谬

谈话中，若对方故设"陷阱"，可以牙还牙。会话对方故设"陷阱"，以谬论相刁难，其用意无非是企图造成一种进退两难的局面：答则显示无知，不答则表明无能。这种情况比较适宜用"以谬治谬"法应变。

在美国废奴运动中，废奴主义者菲利普斯到各地巡回演讲。一次，一个来自反废奴势力强大的肯塔基州的牧师问他：

"你要解放奴隶，是吗？"

菲利普斯："是的，我要解放奴隶。"

牧师："那么，你为什么只在北方宣传？干吗不去肯塔基州试试？"

"你是牧师，对吗？"菲利普斯反问道。

牧师："是的，我是牧师，先生。"

菲利普斯接着问："你正设法从地狱中拯救鬼魂，是吗？"

牧师："当然，那是我的责任。"

菲利普斯："那么，你为什么不到地狱去？"

牧师觉得一个声称要解放奴隶的人总在没有奴隶的地方叫喊，显得目的不纯。菲力普斯认为以牧师的身份不应有过多功利的猜疑，于是便对他进行了有力的反驳，他用"以谬制谬法"轻而易举地战胜了对方。

3. 偷换概念

偷换概念是指把本来不同的概念混同起来，故意制造概念混乱。一般故意用一个相近的彼概念代替此概念。如果能够巧妙地偷换概念，也会起到摆脱尴尬、烘托气氛的良好效果。

新中国成立之初，周恩来总理召开记者招待会，当一个外国记者挑衅地问新中国有多少个厕所时，周总理答道："两个。"在记者惊异的目光中，总理继续说道："一个男厕所，一个女厕所嘛！"顿时笑声四起，紧张的局面轻松下来。外国记者紧追不放，又问道："新中国有多少钱？"周总理笑着答道："18元8角8分。"该记者又一愣。接着，周总理补充道："我们中华人民共和国现在发行了面值10元、5元、2元、1元、5角、2角、1角、5分、2分、1分的人民币，加起来一共是18元8角8分。"说完，大家报以热烈的掌声。外国记者也知趣地停止了发问。

本来，外国记者实际是问全国实际男厕所数和女厕所数的总和，以及新中国的国民收入。前者是不可能回答得准确的，后者是国家秘密，当然不能随便透露出来。而周总理不愧是著名的外交家，巧换概念，四两拨千斤，化解了外国记者的刁难。

4. 曲解本意

对于一些敏感性问题，提问者一般不直接就问题的本质提出怀疑，而是从其他貌似平常的事物着手，旁敲侧击地进行诱导性询问。这时，我们可以故意装作不懂对方的真正用意，而站在非常表面的、肤浅的层次上曲解其问话，并将这种曲解强加给对方，使对方意识到你的有意误解实际上是在表达委婉的抗议和回避，从而识趣地放弃自己的追问。

在一次记者招待会上，外国记者别有用心地问王蒙："请问，20世纪50年代的你与80年代的你有何相同与不同？"这位记者的用意是路人皆知的。当时王蒙也十分清楚。他不慌不忙地抬起头，从容不迫地回答道："50年代的我叫王蒙，80年代的我也叫王蒙，这是相同之处；不同的是，那时我20来岁，而现在我50多岁了。"

记者的提问只给出了年代限定的范围，王蒙虽然知道对方是想借机让他谈一谈对中国国内形势改变的感受，但是故意曲解其本意，只是从自己年龄变化的角度作答。这个回答虽然也算是"合格"，但实际上没有给对方任何有用的信息，令其大失所望。

5. 含糊其词

人际交往中，常常会遇到一些难于回答的敏感问题，使你处于难堪的窘境。此时，若你运用模糊语言不失为应对敏感话题的一种良策。

南齐有个书法家，叫王僧虔，是晋代王羲之的四世族孙，他的行书、楷书继承祖法，而且自命不凡，不乐意自己的书法逊于臣子。一天，萧道成提出与王僧虔比试书法。写毕，萧道成傲然问王僧虔说："你评一评，咱俩谁第一，谁第二？"王僧虔既不愿贬低自己，又不能得罪皇帝，略思片刻后，说："臣的书法，人臣中第一；陛下的书法，皇帝中第一。"萧道成听了这番语义不明确的模糊话，只好一笑了之。

模糊应对就是这样，它在应对刁难时，令人捉摸不透说者话语中的真正内涵。它总是给人以似是而非、雾里看花的印象。同时由于模糊，使得语言具有伸缩性、变通性，当遇到在一定条件下很难解决的问题时，变不可能为可能，使不可容的问题变得相容和一致。

随机应变，巧妙应对突发的麻烦

在人际交往中，我们需要频繁地跟他人打交道，于是就会出现很多突发情况，如果无法成功应对，很有可能会产生一些麻烦，或者直接造成不好的影响，因此，需要我们每一个人都学会随机应变，随时准备应对突发情况。

有一个销售员向一大群客户推销一种钢化玻璃酒杯，在进行完商品说明之后，他就向客户做商品演示——把一只钢化玻璃酒杯扔在地上而不会被摔碎。但是碰巧的是，他正好拿了一只质量不过关的杯子，猛地一扔，酒杯被摔碎了。

这类事情在他以往推销酒杯的过程中从来没有发生过，这大大出乎他的意料，他也感到十分吃惊。而客户呢，更是目瞪口呆，因为他们原先已非常相信这位销售员的推销说明，只不过想亲眼看看，得到一个证明罢了，结果却出现了这样尴尬的局面。

此时，如果销售人员也不知所措，没了主意，让这种沉默继续下去，不到三秒钟，准会有客户拂袖而去，交易也会因此遭到惨败。但是这位销售人员却灵机一动，说了一句话，不仅引得哄堂大笑，化解了尴尬的局面，而且更加博得了客户的信任，交易大获全胜。

那么，这位销售员说了一句什么话呢？

原来，当他把杯子摔碎后，他并没有流露出丝毫惊慌的情绪，反而对客户们笑了笑，然后沉着而富有幽默地说："你们看，像这样的杯子，我就不会卖给你们的。"大家禁不住大笑起来，气氛一下子变得活跃，紧接着，这个销售员又接连扔了五只杯子都成功了，赢得了大家的信任，很快推销出几十打酒杯。

在生活中，意外和突发事件时有发生，甚至发生时毫无征兆，这就要求我们要有很强的应变能力，能镇定地、巧妙地应对任何突发性困境。在上个事例中，销售员运用自己的机智巧言，化腐朽为神奇，他的这种沉着冷静、因势利导充分展示出了强大的语言能力，让所有的人在遇到错误或者是因自己的一时疏忽而导致的尴尬时，懂得运用语言技巧化解危机，赢得胜利。

李新开了一家理发店，虽然他手艺一般，但由于他伶牙俐齿，生意十分红火。

一天，他给第一位客户理完发，客户照照镜子，说："理得太长。"小李在一旁笑着解释："头发长，显得有风度，魅力四射，您没看到，那些大艺术家不都是像您这样的发型？"客户听了，心里很高兴，于是愉快地付钱走了。

小李给第二位客户理完发，客户照照镜子，说："头发剪得太短。"小李笑着解释："头发短，显得有精神，朝气蓬勃，人见人爱。"客户呵呵一笑，说："是吗？那就好，那就好！"

小李给第三位客户理完发，客户一面付钱，一面笑道："时间挺长的。"小李笑着解释："为'首脑'多花点时间很有必要，您没看到，进门时白发苍苍，出门时一头乌发，好像换了个人。"客户大笑不止，挥手告辞。

小李给第四位客户理完发，客户一边付款，一边笑道："动作挺利索，二十分钟就解决问题。"小李笑道："如今，时间就是金钱，'顶上功夫'速战速决，为您赢得时间和金钱，何乐而不为？"客户满意地点点头说："嗯，很好，下次还来你这里理发。"

由此可见，随机应变力强的人能自圆其说，补救失误；能反击对方攻势，兵来将挡，水来土掩；还能应对意外，出色完成任务。它展现人的才能与智慧，增强人的魅力，使一个人在人际交往中处于有利位置。

生活中，意外的事情常常无法避免，总是和我们不期而遇，关键是你要保持冷静，积极应对。只有这样，才能稳操胜券，才能巧妙应对。

历史上有名的女皇帝武则天原来是唐太宗宫里的才人，唐太宗对她倍加宠幸。公元694年，唐太宗为了长生不老，误服了金丹药，结果一病不起，他自己明白将不久于人世，但又舍不得才貌过人的武媚娘，于是便有让武媚娘殉葬的意思。

一天，武媚娘和太宗的大儿子李治伺候太宗吃药。太宗突然哭了，他对武媚娘说："爱卿！你知道寡人为什么哭吗？爱卿伺候寡人多年，寡人也最宠爱你，寡人想效法古代帝王的葬礼……"话没说完，太宗又咳嗽起来。聪明绝顶的武媚娘稍加思索，立即说："万岁，安心养神吧！臣妾明白万岁的心情。只是万岁您思虑太多，万岁是英明君主，恩德好比太阳的光芒普照人间大地。古人云：'大德之人，必得长寿。'目前万岁的龙体虽有小恙，但很快就会康复的，我根本想不到万岁会舍下臣妾。我生与万岁共享人间富贵，死与万岁同坟共穴。臣妾现已下定决心，立即去感业寺削发为尼，念经拜佛，为万岁祈祷长生不老。"在旁边的李治也说："儿臣启奏父皇，武媚娘自愿削发为尼，愿父皇成全她的心愿。"太宗只得应允。

武媚娘凭借自己的聪明才智，阻止了从太宗口中说出的"殉葬"

二字。金口玉言那是天命，被武媚娘当机立断、伶牙俐齿地巧妙转移了话题。终于，武媚娘得以死里逃生。

应变能力就是这样重要，虽然随机应变没有什么定式，但是却可以在突发事情面前巧妙地避开和化解不利因素，抓住有利因素，从而帮助我们做到不因为意外事件而影响人际交往，甚至能扭转劣势，化被动为主动。上例中的武媚娘就是凭借着她出色的应变能力，及时转移话题，有效地摆脱了自己的不利处境。

在社交场合总会遇到一些让人左右为难的境况，这就需要人们有非凡的反应能力，当然，应变能力是靠不断的实践培养出来的，但也并不是遥不可及的。只要平时多加锻炼，必然会有所收获。

自我解嘲，才能让自己和他人轻松起来

幽默感是一种高雅而可贵的情趣，是智慧和感情的结晶。它一直被人们称为只有聪明人才能驾驭的语言艺术，而自嘲又被称为幽默的最高境界。由此可见，能自嘲的必须是智者中的智者，高手中的高手。

所谓"自嘲"，顾名思义，就是运用嘲讽的语言和语气，自己戏弄自己，贬低、嘲笑自己。直言直语嘲笑别人是不礼貌的，用幽默的方式嘲笑别人也难免会让人难过，而能用幽默的语言嘲笑自己却是豁达、智慧的表现。生活中，许多人都是善用自嘲的高手。他们利用自嘲调节气氛、化解尴尬。

在某俱乐部举行的一次盛宴招待会上，服务员倒酒时，不慎将啤酒倒到了一位宾客那光亮的秃头上。服务员吓得手足无措，其他人也都是目瞪口呆。而这位宾客却微笑地说："老弟，你以为这种

治疗方法会有效吗？"在场的人闻声大笑，尴尬的局面即刻被打破了。

这位宾客借助"幽默"，既展示了自己大度的胸怀，又维护了自我尊严，消除了尴尬。

自嘲无疑是帮助我们摆脱困境的最好语言手段之一。当言谈陷入窘境时，逃避嘲笑并非良方，也不是超脱。相反，你怒不可遏地反击会遭到更多嘲讽，不如来个超脱，自嘲自讽，反而显得豁达和自信。这种超脱使自己摆脱了"狭隘的自尊心理束缚"，又堵住了别人的嘴巴。记得一位幽默大师临终前，只对人类说了一句话，而这句话的主要意思就是奉劝人类要懂得并善于使用幽默。

一对夫妻刚刚大吵过一次，一位知情的朋友怀着调解的想法登门拜访。他的到来得到了这对恋人的热情招待。这位朋友善意地询问："上次你们两人吵架是怎么收场的？"

男人已经与女人和好了，于是就幽默地回答："哦，她跪在地上向我爬过来！"朋友追问："真的是这样？"

男人笑着说："那还有假？她边爬还边说：'给我从床底下滚出来，我不打你。'"

这一幽默的回答引起了这对夫妻和朋友的哄堂大笑，把昔日的吵闹变成了一个幽默的笑柄，不仅为自己在外人面前保住了面子，免去了解释的麻烦，而且对增强彼此间的感情也起到了神奇的功效。

自嘲是一种幽默的说话方式，也是一个人智慧的体现，它可以协调人与人之间紧张的关系，张扬解嘲者幽默风趣的个性。巧妙地运用自嘲的方式来扭转困境往往要比大量的解释、道歉来得迅速有效。呵呵一笑中，大家往往能够放下误会，将不快尽付笑谈中。

工作中难免会出现尴尬，特别是在和领导相处的过程中，有时候突然无话可说，或者关系很微妙，那么你可以使用幽默的语言来化解这份尴尬。

著名女主持人杨澜还在担任《正大综艺》节目主持人时，曾被邀请为某市的一次大型文艺晚会担任主持人。出人意料的是，在晚会演出中，杨澜不小心从台阶上摔了下来。在这种大型场合出现如此情况，确实令人尴尬。但杨澜非常沉着地爬了起来，凭着她主持人特有的口才，对台下的观众说："真是马有失蹄，人有失足呀。我刚才的狮子滚绣球节目滚得还不熟练吧？看来这次演出的台阶不是那么好下哩！但台上的节目会很精彩的，不信，你们瞧他们。"

杨澜这段自我解嘲式的即兴演讲非常成功，不但为自己摆脱了难堪，更显示出了她非凡的口才。以致她话音刚落，会场就立刻爆发出热烈的掌声。

自嘲是一种良好修养、充满魅力的语言技巧。自嘲能制造宽松和谐的交谈气氛，能使自己活得轻松洒脱，使人感到你的可爱和人情味，有时还能更有效地维护面子，建立起新的心理平衡。在与领导相处过程中，它能有效地协调自己与领导、同事之间紧张的关系。

被誉为"宝岛十大才子"的台湾著名作家林清玄曾应邀到河北某学院作演讲。会场上座无虚席，连过道上都挤满了人，大家都想一睹林清玄先生的风采。所以，当身材矮小，又略微秃顶的林清玄一出现，全场一片哗然。

林清玄毫不介意，仍然微笑着走上了讲台。讲台是多媒体台式讲桌，林清玄坐下后，顿时便"无影无踪"了。正在大家惊诧之际，林清玄站了起来，自嘲地说道："这桌子有点高！"全场观众不禁哈哈大笑起来。林清玄接着说："为了让大家近距离看清我英俊帅气的容貌，我就站到讲台下，接受同学们雪亮目光的洗礼吧。"

说完，林清玄真的走下讲台，来到了同学们跟前。全场观众都被他幽默的话语与举动逗乐了。

在与人的交际中，一旦因自己失误而造成不好下台，最聪明的办法是多些调侃，少些掩饰；多些自嘲，少些自以为是；多些低姿态，少些趾高气扬。

用自嘲来处理烦恼与矛盾，会使人心情愉快、其乐融融。一个有幽默感的人不仅能让人觉得相处愉快，这种幽默也常常被看成可爱至极，并能深深吸引他人。

如果说，幽默是智慧和力量的结晶，那么自嘲则是智慧和勇气的结果，鲁迅说过："我的确时时解剖别人，然而更多的时候是更无情地解剖自己。"解剖自己需要勇气，自嘲同样需要勇气，一个敢于自嘲、懂得自嘲的人必定是个自信的人、人际关系良好的人。

巧打圆场，让他人感谢你的善解人意

常言道："金无足赤，人无完人。"每个人都有遇到尴尬、出现失误的时候，尤其是在人多的场合犯错，面子上自然过不去。这时候，如果你能及时站出来"补台"，也就是替对方"打圆场"，巧妙地化险为夷、化拙为巧，保全其颜面，那么就会赢得对方的好感，在人际交往中取得良好的效果。

厂里的张阿姨已经退休三年了，最近经常来单位找领导，说是家里孙子要上学，自己退休金少，儿子又下岗，家里经济拮据，希望厂里能额外给一些补贴。领导迟迟不肯同意，一是不想开这个头，想想厂里上千人，要是大家知晓以后纷纷效仿，那他这个厂还不成慈善机构了；二是，领导也从旁人那里多少了解到张阿姨家里也没有她说的那么困难，这么做也就是想从厂里多捞点好处。面对领导的婉拒，张阿姨倒是不屈不挠，隔三岔五地来，软磨硬施，领导很无奈，但碍于自己的身份以及她是老员工，对她也还客客气气。

今天，张阿姨又上门来找领导，秘书袁莉前去通报。领导正在审核一个新批下来的项目，听说张阿姨的到来，有些烦躁，就让袁莉告诉张阿姨自己不在办公室。袁莉出去便按领导的吩咐说了，张阿姨嘟囔了两句便走开了。

几分钟后，袁莉下楼发文件，回来就见刚上完洗手间，准备返回办公室的领导被张阿姨堵了个正着。张阿姨满脸惊喜道："啊呀，领导原来您在办公室啊，怎么说您不在呢？可是不想见我这个可怜的老婆子，故意躲着啊？"说到最后，张阿姨的声音竟然微带哽咽，领导有些尴尬。袁莉见状，赶快插话道："张阿姨，实在对不住，刚才我见领导在忙，就自作主张没告诉领导您来的事，然后还对您撒谎说领导不在。"张阿姨生气地指着袁莉说："我说你个小姑娘怎么能这样呢？领导都没发话赶我走，你凭什么啊？"回头又笑呵呵地看着领导，"领导，您说是不是啊？"领导附和了几句，顺势批评了袁莉一顿。

张阿姨走后，领导针对刚才批评她的事专门向她道了歉，同时也感谢了她。袁莉在解决张阿姨一事上想出了两全其美的办法，因而深得领导赏识。月底结算薪资时，袁莉惊喜地发现自己的工资涨了好多。

上述例子，面对张阿姨的质疑，如果袁莉抱着一副事不关己的心态，袖手旁观，任其事态发展，那么领导一是当时面子上挂不住，二是日后落个不好的名声。袁莉理解此时领导心中的难处，出语相救，将责任揽到自己身上，保全了领导的面子。虽然领导当时顾及场面，批评了自己，但他心里是明亮的，充满感激。

中国人爱面子，怕尴尬，怕下不了台。当他人处于尴尬之境时，我们用心一点，多做几次主动解围的动作，不但可以化解矛盾，获得对方的感激之情，而且当我们处于同样处境的时候，对方也会帮助我们。

一位中年男子在生意红火的面摊前等了半天才占上位置，要了一份自己爱吃的面。很快面就端了上来，他想先尝一口汤。可是，汤的味道刺激了他的呼吸道，随着"阿嚏"一声，他的体液和着面汤同时砸在了对面一位顾客的身上和面碗里。这可惹火了这位顾客，他"呼"的一下站了起来，吼道："你怎么乱打喷嚏！"

中年男子也被自己的不雅之举惊呆了，赶紧赔礼。待缓过神来后，马上对着老板喊道："我告诉你不要放辣椒的，你干吗在里边放辣椒？你赔我的面钱，我要赔人家的面钱！"老板马上问伙计，伙计也很委屈，他明明就没有放辣椒。

结果顾客、老板及周围的群众都开始七嘴八舌，说得不亦乐乎。最后老板感到这样吵下去不是个事，就赶紧打圆场，对着厨房大手一挥："算啦！再下两碗面，钞票都免啦。只有大家和气，才能生财嘛！"

两位顾客这才平静下来，表示接受。此后，他们还和老板成了朋友。

当我们下不了台的时候，是多么希望有个"打圆场"者出现啊！可有些人却往往抱着一副"事不关己，高高挂起"的态度，认为替人打圆场费时费力，还可能吃力不讨好。这样的人不会出手援助别人，哪天等自己下不来台时，别人也往往以袖手旁观来回报之。而情商高的人却明白帮别人打圆场就是为自己赚"人情"，他们不失时机地为别人扶危解困，为自己赢得更多的友谊。

打圆场是会说话的体现。这是因为打圆场可以缓解僵持的气氛，将矛盾化解于无形，甚至调节、缓解整个局势。要想成功地打圆场，可以针对实际情况，灵活对待，或用幽默的话语转移话题，制造轻松气氛；或指出各方观点的合理性，强调尴尬事件有其合理性；也可以故意歪曲对方话里的意思，而作出双方都能接受的解释；还可以肯定双方看法的合理性，找到双方都能接受的解决方法。

李明和张亮同在一家公司工作，因为要策划一次会议，各执己见。一开始，大家还用商量的口气，都觉得自己的意见好，力图说服对方。可是到后来，就有点争论的意思了，谁也不肯让步，谁也说服不了谁，好像不证明自己的比对方的好，就不肯罢休。坐在旁边的刘荧荧一直听他们争论，后来一看形势不妙，就凑过来说："你们谁也不要讲，先听我说，我看你们吵来吵去，只是没弄清对方的意思。"接下来，刘荧荧分析了双方看法的优点和不足，李明和张亮也点头称是。刘荧荧分析完了之后，说："我看这事好办，相互取长补短。"最后，大家达成了一致意见。

在这里，我们可以看到，如果要李明和张亮直接承认对方看法的合理性似乎是做不到的，那样的话，总会觉得低人一等。通过刘荧荧的分析，能给双方心理上造成优势，大家心里会想："我有错，你的见解也不一定对。"这样就容易接受对方了。

打圆场的目的通常是调解纠纷，化解矛盾，避免尴尬，打破僵局。在人际交往中，要想获得好人缘，就必须学会打圆场，采取息事宁人的态度来处理事情，这样你就可以在复杂的人际关系当中获得别人的支持和感谢。

帮别人打圆场固然是积攒"人情"的好方法，也有利于挽救气氛，但作为打圆场的人，也有特别需要注意的地方。打圆场要公平，不偏不倚，让双方都觉得你没有偏向，才能接受你的劝解和解围。要理解双方的心情，针对他们各自的优势加以肯定，才能让双方都心情愉悦，满足了自我实现的心理。否则无异于火上浇油，还不如不说。总之，打圆场需要我们用心去感受理会，从而找到化解的点，使双方都能放下，继续前进。

第五章　话语操控，让别人跟着你的思维走

巧用语言暗示，牵着对方的思路走

生活中，并不是每句话都必须直说的，若善于以暗示代替直言，同样可以收到预期的效果。

暗示是人际交往的一种特殊方式，指的是暗示者出于一定目的，采用一定方法，含蓄、巧妙地向对方发出某种信息，以此来影响对方的心理，使其不自觉地接受一定意见、信念，或改变其行动，从而达到自己的目的。

暗示在日常生活心理学中十分常见，人们容易受到他人和自己暗示的支配和影响，比如说，你和女朋友逛街时碰到朋友，他客气地请你们去家里做客，你想要答应，可你女朋友暗地碰一下你，你只好谢绝对方的好意。这就是一次典型的暗示行为，它是用暗地提点的方法提出意见不公开，使用动作或语言暗示劝导对方同意自己的建议。

心理学家说，人人都会受心理暗示的影响。在说服他人的过程中可以采用暗示的方法。当你发现他人行为有所缺失时，不必说得太露骨，稍微暗示一下对方，或者旁敲侧击地提醒，对方通常能够明白你的意思，还会对你的善意规劝表示好感。

一位企业家有一次经过他的一家钢铁厂时，看到几个工人正在抽烟，而在他们头顶上正好有一大块招牌，上面写着"禁止吸烟"。企业家没有指着那块牌子责问"你们不识字吗？"他的做法是径直朝那些人走去，送给每人一根雪茄，说，"诸位，如果你们能到外面去抽这些雪茄，那我真是感激不尽"。工人们立刻知道自己违犯了一项规则。因为他对这件事不说一句话，反而给他们每人一件小礼物，并使他们认识到自觉很重要。

这种巧妙的暗示所带来的效果远远强过言辞激烈的指责，因为后者只会造成对方顽强的逆反心理，即使他们表面上看来是平静地接受了。

暗示是一种既温和婉转，又能清晰明确地表达思想的谈话艺术，是运用迂回曲折的语言，含蓄地表达本意的方法。说话者特意说些与本意相关的话语，以表达本来要说的意思。这是交际中的一种缓冲方法，它能使不愉快的交往变得顺利起来，让听者在比较舒适的氛围中领悟到真正的含义。

一次季度评选中，小徐当之无愧地被选为"优秀编辑"，趁着这个机会，主任找到了他，首先为他所获得的荣誉由衷地表示祝贺。"你优秀的表现是大家有目共睹的，你已经成了同事们心目中的榜样。祝贺你成为'优秀编辑'。"之后，主任的话题一转，"当然，其他同事的优点也很多，都有值得学习的地方。你看，小刘的稿件非常整洁，条理清清楚楚，几乎不用校对就能发稿；小王呢，稿件出手快，质量好，几乎不用什么后续加工。你也应该学习他们哦！"小徐喜悦之时马上意识到自己还有不足，欣然接受了这种暗示性的批评。

　　显然，这种暗示性批评有效地保护了他人的自尊心，比用尖刻的数落、粗暴的训斥和恶意的挖苦，效果要好得多。

　　生活中，谁都不喜欢被批评，所以，即便要指出对方的过错，也最好采用暗示的方式，委婉地说出对方的过错。这样一来，既可以避免对方因此而当众出丑，也可以增加你的社交魅力值。

　　暗示的显著特点是"言在此而意在彼"，能够诱导对方领会你的话，去寻找那言外之意。从心理学的角度来看，委婉暗示的话不论是提出自己的看法，还是劝说对方，都能维护对方的自尊，使对方容易赞同，接受自己的说法，进而也就达到了沟通的目的。

　　生活中有很多尴尬的事情发生，如果直截了当，不但不能解决问题，反而会使问题更加复杂，甚至产生难以预料的后果。此时，不妨巧妙地旁敲侧击，用暗示的方式重击他的"隐痛"，将会起到明显的效果，既解决了问题，又不伤和气。

　　某局长的千金小徐和本单位的小张谈恋爱时，总是显示出某种优越感，因为小张是农家子弟，大学毕业分在局里做科员，没有什么靠山。有一次，小徐到小张家做客，对小张家人的一些生活习惯总是流露出看不顺眼的情绪，并不时在小张耳边嘀嘀咕咕。吃过晚饭后，小徐把小姑子使唤得团团转，一会儿叫她烧水，一会儿又让她拿擦脚布什么的。

　　小张看在眼里，很不是滋味。他借机笑着对妹妹说："要当师傅，先学徒嘛！现在你加紧培训一下也好，等将来你嫁到别人家里，也好摆起师傅的架子来。"小张这么一说，小徐当时似乎听出了什么，过后不得不在小张面前表示自己有些过分。

　　在上面的事例中，小张不失时机地用"要当师傅先学徒"的俗话来提醒小徐，避免了直接冲突。即使对方当时略有不满，过后也会有所感悟的。

给别人提意见时，与其直言相告，倒不如委婉含蓄地提示对方，这样可能会产生天壤之别的效果。直接表达，别人不但不会领情，还可能给你戴上爱管闲事的帽子。所以，在给别人提意见，或指正他人错误时，要注意自己的说话方式，尽量用委婉、含蓄的话，使对方洞察到自己话中的言外之意，这样，别人在心领神会的情况下，会对你万分感激。这是一种既利己，又利人的说话方式，何乐而不为呢？

暗示是一种大智慧，在与人交谈时，如果能将暗示的作用发挥得淋漓尽致，这样的人无论是在社交场合、职场、商场，还是在日常生活中，都会左右逢源。

步步引导对方说"是"，让其无法拒绝

在交谈中，我们要尽量避免对方说"不"，因为否定的回答会让人们的自尊心受挫，进而固执己见。一旦发生这种情况，你用什么方法可能都说服不了他。所以，在开始交谈时，应该让对方尽量说"是"，这样，说服就很容易成功了。

大多数人都具有这样的心理状态：当说出"不"字后，潜意识里就会形成一个拒绝的意念，潜意识的意念会导致自己对后续的谈话仍然说"不"。反过来也是如此，当说出"是"字后，潜意识里就会形成一个肯定的、接受的意念，对后续的谈话，反应也就是"是"了。

懂得说服技巧的人，开始的时候就能得到"是"的回答。这样，他就能引导对方的心理，掌控整个谈话的局面，最终得到自己想要的结果。

销售人员沿街敲门，客户打开了门。

他的第一个问题就是："请问您是这家的主人吗？"一般都会回答"是"。

第二个问题："先生（女士），我们要在这个社区做一项有关健康的调研，相信您对健康问题也是相当关注的吧？"对方也会回答"是"。

第三个问题："请问您相信运动和保健对身体健康的价值吗？"大多数人都会回答"是"。

第四个问题："如果我们在您的家里放一台跑步机，让您试试，您能接受吗？当然是免费的。"因为是"免费"，一般人都不会拒绝。

第五个问题："请问我可以进来给您介绍一下这台跑步机的使用方法吗？以方便您使用，但是过两个星期，我们会麻烦您在我们的回执单上填上您使用的感觉，我们是想做一下调查，看看我们公司的跑步机使用起来是不是很方便。"

在这种情况下，几乎所有客户都不会拒绝销售人员进门推销他的产品。

接下来，销售人员又连续问了几个让客户不断说"是"的问题，而客户做的只是不停地点头，到最后，很多客户都会心甘情愿地花上几千元钱买一台跑步机。

在这个事例中，销售人员之所以会问客户那么多问题，就是想利用客户的惯性思维。因为客户在说了多个"是"字之后，就具有了一种惯性思维，要让客户在接下来的谈话中打破这种惯性思维就不是那么容易的，所以如果你能利用好这种惯性思维，那么就可以成功说服对方。

由此我们可以看出，设计一连串让对方点头称是的问题是非常关键的。也就是说，我们可以通过提出引起对方兴趣和注意的问题，在说服中主导谈话的方向，从而左右说服的结果。

本来对方的反应会是"不"，而我们却以渐进的方式很自然地引导他，让他的句句"不"改为句句"是"。用渐进引导的方式使对方答"是"，而阻止他说"不"的意愿。到最后，对方也会很自然、很乐意答应下来。

让对方说"是"最有效的方法是把要说的话说对。戴尔·卡耐基曾经说过，人是不可能被说服的，天下只有一种方法可以让任何人去做任何事，那就是让他自己想去做这件事。而让他自己想去做这件事的唯一方法是让他认为你说的是对的，让他认为他是在遵循对的东西才这样做。

看看下面这个销售事例：

销售人员："今天的天气真不错啊。"

客户："是啊。"

销售人员："您住的小区的绿化搞得真好。"

客户："嗯，是的，住在这样的小区里，每天都能呼吸到新鲜的空气。"

销售人员："您家阳台上的那盆花是您养的吧，真漂亮。"

客户："那是我在日本旅游时带回来的，没有想到这种花在中国也能长得这么好。"

销售人员："日本还有这么漂亮的花，真让人羡慕。"

客户："是啊，在日本这种花不怎么贵，但是在国内，这种花就贵得吓人了，一盆这样的花要好几千呢。"

销售人员："我是某保健品公司的销售人员，这里有一些保健品的宣传册，请您看一看。"

客户："是吗？"

客户把销售人员递过来的宣传册拿在手里开始翻阅，此时销售人员又说："我可以给您解释一下吗？"

"好的。"

为了说服对方，要尽可能使对方在开始的时候就说"是的，是的"，而不要使他说"不"。因为否定反应是一个人最难突破的障碍，一旦"不"字说出口，就很难改变。

说服过程中，否定的反应是最不容易突破的障碍，当一个人说"不"时，他所有的人格尊严都要求他坚持到底。也许事后他觉得自己的"不"说错了，然而，他必须考虑到宝贵的自尊。既然说出口了，他就得坚持下去。因此一开始就使对方采取肯定的态度是最重要的。

让对方说"是"是一种说话的艺术，如果你学会了这种艺术，你将终身获益。

面对数据，不愿服从你的人也无力反驳

数字是一种语言符号，一种语言信息。我们生活在数字的世界里，我们每天所见、所闻与所思的一切几乎没有不涉及数字的。数字是用来显示某种情况统计计算的结果的，因此，它们能给人们留下深刻的印象，并且极具说服力，容易把理说透。尤其是它有证据的效应，这是孤立的事件所不可比拟的。如果在说服过程中能巧妙地运用数字，将会取得事半功倍的效果。

有一个人打算开一家大型超市，但是由于预备资金不足，所以他不得不去找一个自己信得过的合伙人。他对合伙人说"现在有笔赚钱的生意，能为你赚来50多万的收益，不知道你感不感兴趣"，相信对于谁，这样的买卖还是值得一做的，然后他在纸上开始罗列有关事项，对于开这家超市大概需要多少钱、人员配备、受众人群等进行了详细的数字说明，而且算得都特别精准，这让合伙人非常信服，于是合伙人答应了他的请求。

这就是数字的说服力，数字比其他说服技巧更能深入人心。如果能巧妙地对数据加以利用，就能使数据发挥出意想不到的作用。马克思说过："一种科学只有在成功地运用数学时，才算达到真正完善的地步。"说话时，借助数字和数学方法对客观事物进行精确计算和定量分析有助于人们准确地掌握情况，进一步加深理解。因此我们应学会用数字说话。

在推销的时候，用数字说话也有其很好的作用。在推销活动中，客户对推销员本能地存在一种怀疑心理。如果这时候推销员能够拿出一系列统计数字，用数字来说话，相对来说就更容易说服客户。

销售人员："您好，请问王经理在吗？"

王经理："我就是，您是哪位？"

销售人员："我是公司打印机客户服务部的，我这里有您的资料记录。你们公司去年购买了公司打印机，对吗？"

王经理："哦，对呀！"

销售人员："保修期已经过了七个月，不知道现在打印机的使用情况如何？"

王经理："好像你们来维修过一次，后来就没有问题了。"

销售人员："我给您打电话的目的是这个型号的机器已经不再生产了，以后的配件也比较昂贵，提醒您在使用时要尽量按照操作规程，您在使用时阅读过使用手册吗？"

王经理："没有呀，不会这样复杂吧？还要阅读使用手册？"

销售人员："其实还是有必要的，实在不阅读也是可以的，那样机器的寿命就会缩短。"

王经理："我们也没有指望用一辈子，不过，最近业务还是比较多，如果坏了怎么办呢？"

销售人员："没有关系，我们还是会上门维修的，虽然收取一定费用，但比购买一台全新的还是便宜的。"

王经理："对了，现在再买一台全新的打印机什么价格？"

销售人员："要看您要什么型号的，您现在使用的是公司3800型号的，后续升级的产品是5800型号的，不过要看一个月的打印量。"

王经理："最近的打印量开始大起来了，有时候超过10000张了。"

销售人员："要是这样，我还真要建议您考虑5800型号了，5800型号的建议使用量是一个月A4正常纸张15000张，而3800型号的建议月使用纸张是10000张，如果超过了，会严重影响打印机的寿命。"

王经理："您能否给我留一个电话号码？年底我可能考虑再买一台，也许就是后续产品。"

销售人员："我的电话号码是8520转123。我查看一下，对了，您是老客户，年底还有一些特殊照顾，不知道何时可以确定要购买，也许我可以将一些好的政策给您保留一下。"

王经理："什么照顾？"

销售人员："5800型号的，渠道销售价格是10100元，如果作为3800型号的使用者购买的话，可以按照8折来处理，或者赠送一些您需要的外设，主要看您的具体需要。这样吧，您考虑一下，然后再联系我。"

王经理："等一下，这样，我要计算一下，我在另外一个地方的办公室添加一台打印机会方便营销部的人，这样吧，基本上就确定了，是你送货还是我们来取？"

销售人员："都可以，如果您不方便，还是我们送过去吧，以前也去过，容易找的。看送到哪里，什么时间好？"

……

后面的对话就是具体落实交货的地点、时间等事宜了，这个销售人员只是打了一个电话，用了大约三十分钟，就完成了一台打印机的销售。在这段对话中，销售人员在介绍打印机时，没有离开过数字，从非常专业的角度为客户介绍新的打印机，并提示公司的优惠政策，因而取得成功是非常自然的事。

用数字说话，既显得专业，又能给人以信任感。很多人都确信了数字。在美国，提供各种数字的市场调查公司便有350家之多，而且，有1006家大的工商业，其本身便设有调查部门。英国政治学家迪斯莱有过这样的名言："谎言有三种，单纯谎言、令人讨厌的谎言和数。"在讲话中使用数字可以将讲话内容变得更加丰富具体，使用翔实的数字、数据可以让你所说的话显得更加真实，更加有说服力。内容明确、具体、实在，才能让别人感兴趣。如果只是笼统地介绍，往往会让人觉得不可信赖。

用数字来支持你的观点，你将更有说服力。但由于数字本身是一种符号，容易让人产生麻木或厌烦的感觉，所以使用时要明智而审慎。在使用前，需要注意以下几个方面：

（1）所使用的引述的准确性。

（2）它是否来自专家的专门知识领域？

（3）引述的对象是否为听众所熟知或尊敬？

（4）引述的资料是否肯定是第一手资料？

使用数字来说服别人的时候，还有一点需要注意：如果只提起数字、数量本身，是不会给人留下深刻印象的，它们必须辅以实例。倘若可能，还必须加上我们自己的经验来讲述，或者设法为枯燥的数字注入生命。也就是说，要让数字所代表的事实能成为一般人生活经验中的一部分。只有这样，人们对数字才感到亲切，也才能产生兴趣。

总之，数字的说服力是很惊人的。如果你想让自己的话有说服力，必须列出具体数据，仅有漂亮的外表而无内容的话是不会吸引人的。

巧妙引导，用对方的嘴说出你的想法

说服他人，尤其是高高在上的领导者、有权势者，必须因势利导、循循善诱，因为他们一般有心理优势，不会轻易采纳他人的建议。如果讲究说话策略，通过诱导，最后让对方自己说出我们想说的话，那么这就是向他人建议的较高境界。

苏联前领导人斯大林在后期变得"唯我独尊"，刚愎自用的个性使他很难接受别人的意见，不能允许世界上有人比他高明。但是，他的一个下属——大本营总参谋长华西里也夫斯基却往往能使斯大林在不知不觉中采纳他正确的作战计划，从而发挥了自己的杰出才能。

在斯大林的办公室，斯大林与华西里也夫斯基谈天说地的"闲聊"中，华西里也夫斯基往往"不经意"地"顺便"说说军事问题，既不郑重其事，也不头头是道。可是奇妙的是，等他走了以后，往往使斯大林想起一个好计划。过不了多久，斯大林在军事会议上陈述了这个计划。大家都惊讶斯大林的深谋远虑，纷纷称赞，斯大林自然十分高兴，华西里也夫斯基本人也与大家一样显得惊异，好像从来没听说过这个计划，与众人一道表示赞叹和折服。

华西里也夫斯基在军事会议上进言的方式更是令人啼笑皆非。他首先讲三条正确的意见，但口齿不清、用词不当、前后重复、没有条理。他的座位靠近斯大林，他只要使斯大林一个人明白他的意见就行了。接着，他又画蛇添足地讲两条错误的意见。这会儿，他来了精神，条理清楚、声音洪亮、振振有词，必欲使这两条错误意见的全部荒谬性都昭然若揭才肯罢休。这往往使在场的人心惊胆战。

等到斯大林定夺时，自然首先批判那两条错误意见。斯大林往往批判得痛快淋漓、心情舒畅。接着，斯大林逐条逐句、清晰明白地阐述他的决策，华西里也夫斯基心里明白，斯大林正在阐述他刚刚表达的那几点意见，当然是经过加工、润饰了的。这样一来，华西里也夫斯基的意见也就变成斯大林的决策，而付诸实施。

事后，有人嘲讽华西里也夫斯基太傻，而华西里也夫斯基往往是笑而不答。只是有一次，他对过分嘲讽他的人回敬道："如果我也像你一样聪明，一样正常，那我的意见也就会像你的意见一样，被丢到茅坑里去。我只想我的进言被采纳，我只想前线将士少流血，我军打胜仗，在我看来，这比什么都重要。"

与其滔滔不绝地说服他人，不如将自己想说的话灌输给别人。说话时，巧妙牵引，给对方一个铺垫，一点启示，一条线索，对方自然会理解你的想法，说出你想要说的话。

在工作中，如果想要自己提出的意见得到领导的尊重和认可，最好是主动隐身在领导的幕后进行策划，借用领导的嘴巴说出你的想法，一方面能使自己的想法得以采纳，计划得以实施；另一方面，让领导在采纳的同时，不致对你产生嫉恨，而对你产生信任。

美国第二十八任总统伍德罗·威尔逊很有才能，也非常自负，对别人的意见往往瞧不起，要么不采纳，要么根本不予理睬，但一个人却是独一无二的例外，这个人就是他的助理豪斯。

豪斯有什么绝招呢？

有一次，豪斯被单独召见，他明知总统不容易接受别人的建议，但还是尽自己所能，清楚明了地陈述了一种政治方案，因为他苦心研究过，所以自认为方案相当切实可行。然而，这次进言的结果也没能例外，威尔逊总统毫不客气地对他说："在我愿意听废话的时候，我会再次请你光临。"

但是，数天之后，在一次宴会上，豪斯很吃惊地听到威尔逊总统正在把他数天前的建议作为自己的见解公开发表！这件事使豪斯大彻大悟，懂得了向总统贡献意见的最好方法：避免他人在场，悄悄把意见"移植"到总统的心中，使这个计划可以作为总统自己的"天才构思"而公之于众，使总统坚定不移地相信是他本人想出了这个好主意。

为了使一个好的计划被总统采纳，豪斯自愿牺牲"版权"，而把"版权"悄悄地转让给总统，这样，他的计划就能顺利地被总统采纳。

1914年春季，豪斯奉命赴法国做外交上的接洽。出发前，豪斯向威尔逊提出一项两国合作计划，威尔逊总统原则上同意了豪斯的计划，但态度相当谨慎，合作计划距离被正式批准还相当遥远。

豪斯到巴黎后不久，就寄回了他同法国外长的谈话记录。在谈话中，豪斯把自己想出的、经总统谨慎同意的计划说成"总统的创见"，并热烈赞扬说，这是威尔逊总统"天才、勇气、先见之明"的表现。看了记录，威尔逊总统毫不犹豫地正式批准了这个合作计划。合作计划的实施给两国带来了巨大利益。

豪斯为自己的计划得以实施由衷高兴，而威尔逊总统也更加喜欢和倚重豪斯，但有一件事是永远心照不宣的：豪斯从来不表示某项计划是他想出来的。

若干年后，豪斯说道："我不愿意称那些计划是我的，并不仅仅出于讨总统喜欢。我的计划充其量是一颗树种，要长成参天大树，必须有土壤、水分、空气和阳光，只有总统才有这些条件。把树种变成大树的，公平地说，是靠总统，我只不过把种子移到了总统心中。"

豪斯采用这种巧妙的"种子移植"方法，把他的想法都变成了总统的创见，使他的计划大都得以实施。在威尔逊执政期间，他对威尔逊的影响比当时成群的政治领袖加在一起都大。当人们知道了豪斯的秘诀时，称他为"移山倒海"的大师，并评价为：豪斯发明了"思想试管婴儿"，威尔逊则是这次伟大试验的母体。

当你正面无法直接说服领导采纳你的建议或计划时，不妨换个角度来进言，把构思移植到领导头脑中，用领导的嘴巴说出你的想法，当建议变成领导的想法，领导不仅没有挫败感，其优越感还会大大增加，当然，建议或计划也会得以顺利实施。

在日常工作和生活中，有些话直接对别人说不能达到应有的效果，或者是不便自己张口说的时候，不妨动动脑筋，想个办法让对方主动说出来。当然，这个方法一定要恰当、手法一定高明才能奏效。

不断重复，让对方认同你

任何的行为和思维，只要你不断重复，就会得到不断加强。在你的潜意识当中，只要你能够不断重复一些人、事、物，它们就会在潜意识里变成事实。即便是谎言也是如此。

人们常常提及这样一句话："谎言重复一千遍就会变成真理"。真的是这样吗？本来是"谎言"，却因为重复而成了真理？"重复"真的有这样的作用吗？经常听一种谎言难道不会麻木，对谎言不加理会吗？但事实告诉我们，这句话还真有一点道理。如果不信，我们看看下面这个小故事：

古时候，有一个人在朝中为官，这人为官清廉，为人刚直天下有名，有一天，一个人急匆匆地跑到他家，对他母亲说："不好了，你儿子在外面杀了一人。"这位老母亲好像没听见似的充耳不闻。

没多久，又有一个人急急跑来告诉她："你儿子逃走了，官府正在缉拿归案。"这位老母仍不作声，只不过纺织机摇得更响。

再过了一会儿，又有一个人大汗淋漓地跑来告诉她："大事不好，你儿子已被抓起来，官府正来抄家。"这时，这位老母亲再也沉不住气，弃家而逃。

　　正所谓"三人成虎"，这位朝廷命官廉洁刚正，天下有名，哪会干杀人的勾当。然而，谣言连续被人重复三次，其母便也不再相信她的儿子了。由此可见，谎言经常在耳边鼓噪，就会使人的大脑产生疲乏，从而失去辨别真伪的能力。这就是"谎言重复一千遍就会变成真理"这句名言的精髓。谎言重复一千遍并不会变成真理，只会让你的大脑思维经过这一千遍的暗示而认为谎言就是真理。心理学研究发现，如果群体里的一个人重复他的观点三次，那么就会有 90% 的机会获得他人的支持。这就是重复定律。

　　人们在认识事物的时候，首先要有正确的感觉和直觉。有了这些，才能产生印象，才能进入想象和思维，也才能接受你的观点和建议。这就要求我们在说服过程中，要尽可能反复强调自己的看法，增加论证，给被说服者留下深刻的印象。

　　大家还记得脑白金的广告吗？几乎所有电视台都反复播放，"今年过节不收礼，收礼还收脑白金"，虽然这则广告并不被消费者所讨好，甚至很讨厌，但事实证明却是十分有效果的，起码让所有看到广告的人记住了这个品牌。时至今日，我们对脑白金的态度也渐渐变得平常心面对，少了铺天盖地的指责和谩骂，甚至多了一些赞美。而这种态度的改变主要就是来自坚持，来自重复。

　　在现代销售理念中，有一种销售策略叫"催眠式销售"。它的核心思想就是将好处重复灌输到客户的潜意识里面。一些客户原本不太注意、不太确定的东西，重复多了，就会深深地刻印在脑海中，甚至成为真理。例如，"您看，我们的质量真的很好……""这是使用者的感受……""这里是相关部门的检测报告……""是的，我们的质量是同类中最好的，它能为您节省时间、能减轻您的负担，还能为您节省金钱……"在结束谈话的时候，他可能还会强调："您再好好考虑一下……""我们的产品质量真的是目前最好的，您刚才也看到了，那么多使用者都认为不错……" "如果有了它，您可以省出大量的时间来……您还能省好多钱……"

不错，真实的销售场景是这样的，一位优秀的销售人员懂得重复的威力，他会反复强调你认为重要的东西，不断地重复。

日本理研光学公司董事长市村清先生想说服 W 先生购买新发明的阳画感光纸，但他听说 W 先生对这类新技术、新发明一向不感兴趣。

拜访中，市村清先生细心观察，讲话很有礼貌，向 W 先生解说蓝色晒图应如何改变阳画感光纸，一次、两次……六次、七次，一再拜访。有一天，W 先生不耐烦了，破口大骂："我说不行就是不行，要讲几次你才了解。"

他生气了，证明他已经开始在意市树清先生的行为了，这是有希望的表现。既然已经生气了，让他情绪稳定下来就太可惜了。因此，市村清第二天清晨又去了。

"昨天跟你讲过，你怎么又来啦？"

"喔，昨天很难得挨骂，所以我又来了。"市村清先生微笑着回答，"打扰您了，再见！" W 先生一下子呆住了，而市村清先生认为他已经有了反应，达到了一定效果，所以暂时以退为进。

第三天一早，他又去了。"早安。"在四目再次相接触时，W 先生终于被市村清说服了。

经过市村清的反复强调、再三坚持，W 先生最终购买了他的新发明。

在这个事例中，市村清之所以能得偿所愿，就是在于他坚持自己的想法，"不断重复"强调自己的产品，让本来毫无兴趣的 W 先生记住了这件事，并且最终说服了他。

重复是一种有效的心理学技巧。不断对他人重复你某个观点的重要性，这样有助于使他人相信你。法国社会心理学家古斯塔夫·勒庞说："如果没有不断地重复断言——而且尽可能措辞不变——它仍不会产生真正的影响。拿破仑曾经说过：极为重要的修辞法只有一个，那就是重复。得到断言的事情，是通过不断重复才在头脑中生根的，并且这种方式最终能够使人把它当作得到证实的真理接受下来。""它们的作用生效有些缓慢，然而一旦生效，就会有持久的效果。"勒庞这句话的意思就是，重复是传播的最大利器。所以，如果你想让他人相信你，那么你只需要不断地重复它。记住，重复就是力量。

第六章　社交精英，你走到哪里都是焦点

寻找共同点，营造"一见如故"的氛围

美国著名记者阿迪斯·怀特曼说："世界上没有陌生人，只有还未认识的朋友。"那么我们应该如何与陌生人进行第一次交谈呢？

要想与陌生人顺利交谈，首先要找出彼此的共同点。有了共同点，便能够有共同的话题；有了共同的话题后，就能够有效避免尴尬局面的出现。

有一次，王凯到云南旅行。晚餐时来到一间小餐馆，进门后发现已经没有空桌了。王凯心里正想着要不要换个地方的时候，眼光一扫，发现有一位男士正"独享"着一个餐桌。

他犹豫片刻，走过去主动地向那位先生打招呼，亲切爽朗地说了声"晚上好"。虽然对方有一些惊吓，不过也非常有礼貌地回了他一声"晚上好"。王凯接着问这位先生："请问这位子有人吗？"对方回答说："没有人坐。"王凯便说："我是否可以坐在这里？"对方心情非常愉快地回答："当然！当然！请坐。"王凯坐下之后，说："我是今天才从北京来到这里的，云南的街道真是古意盎然，许多白色墙壁的建筑，看了之后让人心情平静了许多。"对方亲切

地回答说："你是从北京特地来的啊！那你去过××地方了吗？这个地方是很有历史内涵的……"接着，他同王凯谈起了云南许多的风土人情、自然景观。这位先生又给了他一张名片，原来他是云南新闻社的业务主任。王凯也谦虚地递出自己的名片，这位业务主任看到王凯的名片，惊喜地说："哎！你在广告公司高就啊！今天能够遇见你真是太有缘了？是这样的，我们公司想在北京成立一处新部门，正想找一家广告公司合作呢！你能接下这个业务吗？"就这样，第一次见面的陌生人竟然给了他一个750万的业务，真是意想不到。

在人际交往中，要想很好地与他人交流，关键是学会"没话找话"，和对方有"共鸣"。很多人怕与陌生人交往，主要是知道陌生人说什么，感觉总找不到话题交流，其实只要你做个有心人，谈话时多加留意，就不难发现彼此对某一问题有相同的观点，或者有共同的爱好和兴趣、共同的关注点，就此可以顺利地展开交谈。

怎样才能找到好话题呢？

1. 留心观察

一个善于观察事物、分析问题、处理矛盾的人，只要把寻找话题的着眼点放在他人身上，话题就会取之不尽，用之不竭。一个人的心理状态、精神追求等都或多或少地要在他们的表情、服饰、谈吐、举止等方面有所表现，只要你善于观察，就会发现你们的共同点。例如，他和你一样都穿了一双耐克气垫运动鞋，你就可以以耐克鞋为话题开始你们的谈话。

2. 以话试探

两个陌生人相对无言，为了打破沉默的局面，首先要开口讲话，可以采用自言自语，例如，"天太冷了"，对方听到这句话，便可能会主动回答将谈话进行下去。还可以以动作开场，随手帮对方做点事，如推下行李箱等；也可以发现对方口音特点，打开开口交际的局面，例如，听出对方的东北口音，说："东北人吧？"以此话题便可展开。

3. 循趣发问

问明他人的兴趣，循趣发问，能顺利地进入话题。每个人都有自己的兴趣爱好，即使一个再沉默寡言的人，只要与人谈起他的兴趣爱好，他也会口若悬河。如对方喜爱象棋，便可以此为话题，谈下棋的情趣，车、马、炮的运用，等等。如果你对下棋略通一二，便肯定谈得投机；如你对下棋不太了解，那也正是个学习机会，可静心倾听，适时提问，借此大开眼界。你也可以先谈谈自己的兴趣爱好，来个抛砖引玉，然后在彼此的兴趣爱好里寻求共鸣点，以此增进了解深化感情，并把彼此的兴趣爱好扩大到一个广阔的领域。

4. 以对方为话题

人们往往千方百计地想使别人注意自己，但大部分的"成绩"都令人失望，因为他不会关心你、我，他只会关心他自己。因此，以对方作为谈话的开端往往能令他人产生好感。赞美陌生人的一句"你的衣服色泽搭配得真好""你的发型很新潮"，能使他快乐而缓和彼此的生疏。也许，我们大多数人都没有说这话的勇气，不过我们可以说："您看的那本书正是我最喜欢的"，或是"我看见您走过那家便利店，我想……"

总而言之，一个陌生人在你面前并不可怕，可怕的是你不能与他交谈。你只要主动、热情地通过话语同对方聊天，努力探寻与对方之间的共同点，就能拉近你们之间的距离，赢得对方的好感。

有意迎合，谈论他人感兴趣的话题

在交谈中，没有人会对自己不感兴趣的话题投入过多热情，而如果遇到自己感兴趣的话题，他们常常会情绪激昂地参与进来。因此，在与对方谈话时，我们就可以抓住对方的这种心理，从而实现进一步交流。

古人说："话不投机半句多"，只要抓住了对方的兴趣，投其所好，不仅不会"半句多"，而且会千句万句也嫌少，越谈越投机，越谈越相好。美国纽约银行家杜威先生说道："我仔细研究过有关人际关系的丛书，发现必须改变策略，我决定去找出这个人的兴趣，想办法激起他的热忱。"所以，如果你希望别人喜欢你，就要抓住其中的诀窍：了解对方的兴趣，针对他所喜欢的话题与他聊天。

在耶鲁大学任教的威廉·费尔浦斯教授是个有名的散文家。他在散文集《人类的天性》当中写道："在我 8 岁的时候，有次到莉比姑妈家度周末。傍晚时分，有个中年人来访。他跟姑妈热烈地寒暄过一阵之后，便把注意力转向我。那时，我正对船只很感兴趣，这位访客便滔滔不绝讲了许多有关船只的事，而且讲得十分生动有趣。等他离开之后，我仍意犹未尽，一直向姑妈提起他。姑妈告诉我，他在纽约当律师，根本不可能对船只感兴趣。但是，他为什么一直跟我谈船只的事呢？"我问道。

"因为他是个有风度的绅士。他看你对船只感兴趣，为了让你高兴并赢取你的好感，他当然要这么说了。"威廉·费尔浦斯最后说道："我永远也不会忘记姑妈所说的话。"

如果你想在心理上拉近与他人的距离，必须寻找彼此共同关心的话题。每个人都有自己感兴趣的话题，或者是自己擅长的领域，或者是最近期望了解的东西，或者是利益所在。因此，你必须投其所好，准确判断对方的兴奋点是什么，对哪些话题感兴趣，然后主动围绕着这些话题展开对话，让对方接受你。

著名口才大师卡耐基说："即使你喜欢吃香蕉、三明治，但是你不能用这些东西去钓鱼，因为鱼并不喜欢它们。你想钓到鱼，必须下鱼饵才行。"聪明的人在与他人说话的时候，懂得迎合别人的嗜好，这样能让对方感觉到受重视、受尊重。如果你想靠说话打动人心，就要去了解对方的兴趣所在。

　　宋小姐是一家房地产公司总裁的公关助理，奉命聘请一位特别著名的园林设计师为本公司的一个大型园林项目做设计顾问。但这位设计师已退休在家多年，且此人性情清高孤傲，一般人很难请得动他。

　　为了博得老设计师的欢心，宋小姐事先做了一番调查，她了解到老设计师平时喜欢作画，于是便花了几天时间读了几本中国美术方面的书籍。她来到老设计师家中，刚开始，老设计师对她态度很冷淡，于是宋小姐就装作不经意地发现老设计师的画案上放着一幅刚画完的国画，边欣赏边赞叹道："老先生的这幅丹青，景象新奇，意境宏深，真是好画啊！"一番话使老先生升腾起愉悦感和自豪感。

　　接着，宋小姐又说："老先生，您是学清代山水名家石涛的风格吧？"这样就进一步激发了老设计师的谈话兴趣。果然，他的态度转变了，话也多了起来。接着，宋小姐对所谈话题着意挖掘，环环相扣，使两人的感情越来越近。终于，宋小姐说服了老设计师出任其公司的设计顾问。

　　每个人都有自己在意或者热衷的事情，如果能够找到对方的兴趣、爱好，然后巧妙地投其所好，很快就会让双方的关系变得和谐起来。

　　一个人若想赢得他人的赞许，打动他人的心，最佳方式是投其所好，即迎合他人的兴趣。这就要求我们必须首先了解他人。

　　了解他人主要是了解对方的价值取向和兴趣点，就是了解对方对什么事情最关心、最有兴趣。一件事对某个人来说很重要，但对另一个人来说却未必重要，也许是小事一桩，甚至不值一提。如果你不了解对方的兴趣点，只顾自说自话，根本就引不起他的兴致，这就起不到沟通的作用。所以，你一定要了解他人的兴趣点，必须把对方认为重要的事情摆在如同他对你一样重要的位置。你关心他的兴趣所在，这体现出你对他的了解和理解。

每个人都有自己感兴趣的事物或话题，所以，与人沟通的诀窍就是迎合对方的兴趣说话。一旦你能找到其兴趣所在，并以此为突破口，那你的话就不愁说不到他的心坎上。

学会赞美，拥有生活正能量

大文豪马克·吐温曾经说过：一句美妙的赞语可以使我多活两个月。细想起来，这句话不无道理。马克·吐温坦诚地倾吐了我们人类共同需要的精神食粮——赞美。

在生活中，几乎每个人都希望获得赞美。当一个人受到别人真诚的赞美时，就会产生积极的心理效应，如性格会变得活泼、热情、积极、乐观，愿意与人接近等。而我们则可以利用人们的这种心理，在谈话中多赞美对方，这样就能够收到比较好的交流效果。

唐纳德·麦克马亨是纽约一家园艺设计与保养公司的管理人，有一次，他替一位著名鉴赏家做庭园设计。这位屋主走出来作了一些交代，告诉他想在哪里种一片石南和杜鹃花。

麦克马亨说道："先生，我知道您有个癖好，就是养了许多漂亮的好狗。听说每年在麦迪逊广场花园的展览里，您都拿到好几个蓝带奖。"没想到，这一小小的称赞因此引发了不小的效果。

鉴赏家回答他："是的，我从养狗中得到了很多乐趣。你想不想看看它们？"

就这样，这位鉴赏家花了差不多一个钟头的时间，带麦克马亨参观各类的狗和所得奖品，甚至向他说明血统如何影响狗的外貌和智慧。

最后，鉴赏家转身问他："你有没有小孩？"

"有的。"我回答："我有个儿子。"

"啊，他想不想要只小狗呢？"他问道。

"当然啊，他一定会很高兴的。"

"那么，我要送一只给他。"鉴赏家宣称。

于是，鉴赏家告诉麦克马亨怎么养小狗，而讲了一半，却又停下来。

"你大概不容易记下来。我写一份说明给你。"鉴赏家走进屋里，打了一份血统谱和饲养说明书给麦克马亨。就这样，这位鉴赏家不但送给麦克马亨一只价值好几百美元的小狗，还在百忙中挤给他七十五分钟的时间，这完全是因为麦克马亨衷心地赞美他的癖好和成就的缘故。

真诚的、发自内心的赞美可以让我们快速获得陌生人的好感。赞美之所以能对人的行为产生深刻影响，是因为它满足了人的自尊心的需要。赞美是对个人自我行为的反馈，它能给人带来满意和愉快的情绪，给人以鼓励和信心，让人保持这种行为，继续努力。

在现实生活中，不管是小孩儿，还是大人，不管是青年，还是老人，不管是平凡的人，还是伟大的人，都渴望受人尊重，被人赞扬。每个人都希望自己受到同事、上级、家人的认可和称赞，获得荣誉和赞赏对每个人来说都是件高兴的事。如果几句话就能给人们带来这样的满足，我们为什么不这样做呢？

莎士比亚曾经这样说过："赞美是照在人心灵上的阳光。没有阳光，我们就不能生长。"赞美作为一种与他人社交的技巧，其可谓具有神奇的魔力，它不但可以消除人际间的龃龉和怨恨，满足人的虚荣心，还可以轻易说服对方接受你的观点，有时甚至足以改变一个人的一生。

在镇压太平军的行营中，一次，曾国藩用完晚饭后，与几位幕僚闲谈，评论当今英雄。他说："彭玉麟、李鸿章都是大才，为我所不及。我可自许者，只是生平不好谀耳。"一个幕僚说："各有所长。彭公威猛，人不敢欺；李公精敏，人不能欺。"说到这里，他说不下去了。

曾国藩问："你们以为怎么样？"

众人皆低首沉思，忽然走出一个管抄写的后生来，他插话道："曾帅仁德，人不忍欺。"人人听了，齐拍手。

曾国藩十分得意地说："不敢当，不敢当。"后生告退后，曾氏问："此是何人？"幕僚告诉他："此人是扬州人，入过学，秀才，家贫，为事还谨慎。"

曾国藩听后，就说："此人有大才，不可埋没。"不久，曾国藩升任两江总督，就派这位后生去扬州任盐运使了。

俗话说"良言一句三冬暖"，人一旦被认定其价值时，总会喜不自胜，在此基础上，你再提出自己的请求，对方自然就会爽快地答应下来。心理学家证实：心理上的亲和是别人接受你意见的开始，也是转变态度的开始。由此可知，求助者要想在求人办事过程中取得成功，一个行之有效的方法就是给予其真诚的赞美。赞美别人是一种有效的情感投资，而且投入少，回报大，是一种非常符合经济原则的行为方式。

赞美是成功人际交往的一种重要能力。在与人共事时，在求人办事时，不妨多说几句赞美的话、表扬的话，这样就能给对方留下良好的印象，就会点燃双方友谊的火焰，使你受益匪浅。

赞美之于人心，如阳光之于万物。在我们的生活中，人人需要赞美，人人喜欢赞美。这绝不是虚荣心的表现，而是渴求上进，寻求理解、支持与鼓励的表现。父母经常赞美孩子，家庭气氛和睦、欢乐；领导经常赞美下级，职工的积极性、创造性不断被激发，被调动。爱听赞美，出于人的自尊需要，是一种正常的心理需要。经常听到真诚的赞美，明白自身的价值获得了社会的肯定，有助于增强自尊心、自信心。

有的人吝惜赞美，很难赏赐别人一句赞美的话，他们不懂得，多正面引导，多表扬鼓励是沟通的一种方式。予人以真诚的赞美体现了对人的尊重、期望与信任，并有助于增进彼此间的了解和友谊，是协调人际关系的好方法。人人皆有可赞美之处，只不过长处、优点有大有小、有多有少、有隐有显罢了。只要你细心，就随时能发现别人身上可赞美的闪光点。

在生活中，如果你乐意而且懂得衷心地表扬他人，那么你就能够更好地激励周围的人，你的谈话也就能够达到预期的效果。

幽默风趣，提升你的个人魅力

语言的表达是人与人之间感情交流的主要渠道，语言障碍无疑是人际交往的大敌。因此，在彼此交流过程中，要设法让双方的心灵距离拉近些，而幽默感恰是取悦人心的神奇力量。

人们常说，幽默是思想、学识、智慧和灵感在语言运用中的结晶，是一瞬间闪现的光彩夺目的火花。因此，幽默的言谈将使你的社交如鱼得水，处处逢源。

生活中有这么两种人，你更愿意与谁交往？

第一种：风趣幽默，总把微笑挂在脸上。当有人闷闷不乐时，他会有意无意地说个笑话，博人一乐；当气氛沉闷时，他会就地取材，幽人一默；当大家背经文般寒暄的时候，他却不失时机地插科打诨，拉近彼此的距离。只要你不拘束，尽可以跟他说说笑笑。

第二种：缺乏幽默感，不苟言笑。当你们无聊地行走在楼宇之间的时候，他一言不发地低着头，像是捕捉"拾金不昧"的机会；当你同他拉家常的时候，他有条不紊地作答，比作八股文还枯燥；当你想从他的脸上捕捉笑意时，他却摆着一副"英勇就义"的面孔。哪怕经过长时间的磨合，你们的关系再熟，你也不敢跟他开玩笑，因为他随时有可能一反常态，弄得你极其尴尬。

相信大多数人还是愿意与前者沟通的，因为他们的话语会不断扯动你的笑筋，让你分享到生活的乐趣，从他们身上，你能感受到更多的快乐。

穆哈米曾经主持过一档晚会，这次晚会的主角没有多少人，只有穆哈米和几个文艺界的名流，他们要站在舞台上提问回答，虽然看起来简单，但是他们的表现却博得了满堂彩。

当时，舞台上有一位文艺界德高望重的老人，他叫雷利，此人两鬓已然斑白，拄着拐杖，蹒跚地走上了台。

穆哈米看到他如此，就非常担心他的身体："老先生，您是不是每天都要去看医生？"

雷利回答说："是的，要经常去看。"

穆哈米问道："为什么要经常去看医生？"

雷利不紧不慢地回答说："因为只有我经常去看医生，医生才能依靠我的诊费活下去。"雷利话音未落，台下的观众就为他的机智幽默鼓起掌来。

这时，穆哈米又问："您常去药店买药吗？"

雷利回答说："当然，我要常去的，只有这样，药店老板才能继续生活下去。"台下再次响起了阵阵掌声。

穆哈米问："那您应该经常吃药吧？"

雷利看着穆哈米，说："不，我会把买来的药扔掉，因为我也要生活下去。"

穆哈米转移话题，继续问道："嫂子最近怎么样？她还好吗？"

雷利故作惊讶，回答说："啊，还是那一个，我没换。"

幽默可以彰显一个人无穷的魅力，在人际交往中，如果能巧妙运用幽默的语言，就会增加你的人气，提升你的魅力。

幽默有助于社交活动，幽默的谈吐是社交场合必备的智慧。在成功的人际交往中，幽默能使人在不利的情况下保持快乐的心情，也能使周围的人与自己一同快乐。

有人说："博人好感者必善于幽默。"虽然这句话显得有点太夸张绝对了，但是，幽默在人际交往中确实起着不可小觑的作用。如果你想在交往中很快得到别人的友谊，就要善于运用幽默的力量。

有一次，英国前首相威尔逊为了推行他的政策，在一个广场举行公开演讲。当时大概有数千人在广场上聆听他的发言。突然，人群中有人扔出来一颗鸡蛋，不偏不倚恰好打在了威尔逊的脸上。安全人员赶紧去找那个闹事者，结果发现，扔鸡蛋的人竟然是一个小孩。威尔逊了解情况后，让他们把小孩放开，然后问了问他的名字、家里的电话和住址，并让助手当众记下。

台下听众躁动了，议论纷纷。他们猜想，威尔逊是不是要惩罚那个孩子？这时候，威尔逊让大家保持安静，他镇定地说："在对方的错误里发现自己的责任，这是我的人生哲学。刚才，那位小朋友用鸡蛋打我，这种行为不太礼貌。可身为大英帝国的首相，我有责任和义务为国家储备人才。那位小朋友从那么远的地方扔过来，还打在我的脸上，说明他是一位很有潜力的棒球手。所以，我要记下他的名字，以后让体育大臣们重点培养他，为国家效力。"这番话说完，听众们哄然大笑，演讲的气氛也变得轻松起来。

心理学家凯瑟琳告诉我们："如果你能使一个人对你有好感，那么，也就可能使你周围的每一个人，甚至是全世界的人都对你有好感。只要你不是到处与人握手，而是以你的友善、机智、风趣去传播你的信息，那么时空距离就会消失。"

《趣味世界》的编辑雷格威尔也说过："原始人见面握手，是表示他们手上不带武器。现代人见面握手是表示我欢迎你，并尊重你。以幽默来打招呼，则是有力地表示我喜欢你，我们之间有着可以共享的乐趣。"

现代幽默理论认为，幽默能在参与者之间产生一种强烈的伙伴感和一致对外的攻击性。幽默能一下子拉近两个人之间的感情距离，因为一起笑的人表明他们之间已经有了共同的兴趣、爱好，这是社交成功的第一步，也是很关键的一步。

一次，威尼斯新执政官上任，举办了一场宴会，诗人但丁虽然与宴会主办方并不熟悉，但因为很有名望，也收到了邀请，并且应邀出席。宴会上，侍者端给意大利各城邦使节的是一条条很大的煎鱼，而给但丁送上的却是几条小鱼。

但丁没有品尝佳肴，只是故意当着主人的面，把盘里的小鱼逐条拿起靠近耳朵，然后又一一放回盘中。宴会主人见此情况，就问但丁，为什么做这种莫名其妙的动作。

但丁站起身来，清了清嗓子，以在场所有人都能听到的音量回答："几年前，我的一位朋友很不幸在海上遇难了。自那以后，我始终不知道他的遗体是否安然埋于海底。所以，我就问问这些小鱼，也许它们多少知道一些情况。"

宴会主人对此很感兴趣："那么，它们又对你说了些什么呢？"

但丁故弄玄虚地回答："小鱼们告诉我说，那时它们都很幼小，对过去的事情不太了解，不过，也许邻桌的大鱼们知道一些具体情况。它们建议我向大鱼们打听打听。"

宴会主人不由得笑了，转身责备侍者不应怠慢贵客，吩咐他们马上给诗人但丁端上大煎鱼。

　　像但丁这样在宴会中受到不公平待遇，又因为与主办人不熟悉，沟通不畅，互相也不够了解，换了别人，很可能早已愤怒离席。但是但丁不仅没有拍案而起，反而将自己的不满幽默婉转地表达了出来。这种幽默指出对方的过失，同时又为自己提出要求的委婉技巧，任何人听了都不可能无动于衷，必然是一边被对方机智的谈吐逗笑，一边又不无歉意地请求对方原谅自己考虑不当。

　　幽默宛如一座桥梁，是沟通人心灵的桥梁。

　　幽默者最有人情味，与这样的人相处，每个人都会感到快乐。

　　如果你希望有所成就，希望引人注目，希望社交成功，那么你就应该学会和别人来点幽默，共同地笑。幽默像春风一样，使愉悦充满两人的交际场中，表达着你的真诚和温情。

　　幽默是一个人魅力的体现，也是一个人的能力，更是一个人的品格。如果你具备了幽默的能力，那么，你就会发光，就会产生吸引力。但是，千万要注意，不要把拙劣的玩笑当作幽默，否则只会弄巧成拙，适得其反。

倾听，最受欢迎的交流技巧

　　俗话说得好："会说的不如会听的。"也就是说，只有会听，才能真正会说；只有会听，才能更好地了解对方，促成有效的沟通和交流。

　　倾听是一种礼貌，是对说话者表示尊敬的一种表现，也是对说话者的一种高度赞美，更是对说话者最好的恭维。心理学研究表明，越是善于倾听的人，与他的人关系就越融洽。因为倾听本身就是褒奖对方谈话的一种方式，你能耐心倾听对方的谈话，等于告诉对方"你是一个值得我倾听你讲话的让人"。所以，如果要别人喜欢你，原则是：

首先做个好听众，并随时鼓励对方谈谈他自己的事。

　　但遗憾的是，现实中，大多数人都是不太爱听别人谈话，而是喜欢别人听他说话。而事实表明，在与人交谈中，光说不听的人是不受欢迎的，把这种习惯带到生活和工作中，就会造成很多不必要的麻烦和损失。现代生活中 80% 的沟通不畅实际上是由于不善于倾听导致的。我们常常滔滔不绝地表达自己的观点和看法，却不能倾听别人的意见，失去了和对方沟通的良好机会。

　　有一位法官曾审理过一起出版合同纠纷。一位老作家因为稿酬问题而将出版社告上法庭。根据案情，这位法官认为调解对双方，特别是对老作家有利。因为打官司费钱又费力，个人不能与单位比。但他多次建议双方调解，都没有效果。

　　老作家对出版社怨气很大，但他显然对法律了解不多，开庭时只是反复就一两个问题进行阐述。尽管他遣词造句颇具诗歌或散文的味道，可车轱辘话来回说，谁听着都烦。旁听席上渐渐有人打起瞌睡，有人起身离去。可法官一直静静地听着，不打断老作家的话。

　　庭审进行了三个多小时，直到双方再无话可说，法官才又向双方解释了出版合同的法律规定，指出双方在合同履行中的不当之处，并再次提出调解的建议和基本方案。

　　老作家听完法官的话，半晌没说话。最后，他突然表示愿意接受调解。

　　"法官大人，矛盾发生以后，您是第一个完完整整听完我讲话的人。"老作家诚恳地说，"您对我的尊重使我信任您，您说怎么办就怎么办。"

　　一个时时带着耳朵的人远比一个只长着嘴巴的人讨人喜欢。一个讲话者总希望他的听众听完他发表的意见，如果你对此漫不经心，或者毫不在乎，这就在一定程度上伤害他的自尊心，他原来对你的好感也会顷刻化为乌有。如果你要在沟通中赢得他人的好感，那么你首先要做到的便是用心倾听。正如一位心理学家所说："以同情和理解的心情倾听别人的谈话，我认为这是维系人际关系，保持友谊的最有效的方法。"

　　小李的父亲是位知识分子，为人古板，不喜与人交往，每次小李来了熟人，父亲就独自躲到书房，很少与人打招呼。一次，小李的三个高中同学来到家里。大家一见，分外亲热，其中有两位喜欢下棋，闲谈中都是些术语、行话，而另外一位对"黑白世界"一无所知，无聊中去了父亲的书房。这外边三位在棋局上杀得天昏地暗，没去管他。等玩够后，才从书房中把那个同学叫出来，令小李吃惊的是，老父居然将那个同学送出房门口，还问儿子为什么不留他们吃饭，临行还一再叮嘱：以后有空来玩。在小李的记忆中，这是父亲第一次留他的同学吃饭，而且之后还经常问及那位同学为什么不来玩。

　　小李在惊叹之余，问及同学怎样赢得了父亲的欣赏。结果那位同学说："没什么呀，你们下棋我不懂，就去你父亲书房，见你父亲在看一本水利方面的书，就问你父亲是否搞水利的，然后就好奇地问长江大桥的桥墩怎么做的，你父亲就开始给我讲解，如何先将一个大铁筒插进去，将里面的水抽干，挖出稀泥，打地基，直到做好干透，再将铁筒抽掉，你父亲在说，而我只是认真听，也没说什么。"

　　在人与人交往中，听是一项非常重要的技能。如果你是一个善于倾听的人，就会发现别人自然而然地被你吸引。世界著名的记者迈克逊说："不肯留神去听人家说话，是不受人欢迎的原因之一。通常，他们只关心自己该怎么说下去，根本不管别人要说什么。要知道，世界上多数人都喜欢乐于倾听的人，很少有人喜欢那些不停地说自己的人。"每个人都认为自己的声音是最重要的、最动听的，并且每个人都有迫不及待表达自己的愿望。在这种情况下，友善的倾听者自然成为最受欢迎的人。

外国有句谚语："用十秒钟的时间讲，用十分钟的时间听。"倾听是人际交往中一项很重要的制胜法宝。一个在人群中滔滔不绝的人或许很容易得到大家的尊敬和钦佩，可是一个懂得倾听并善于鼓励别人的人能更容易得到他人的好感和信任。在谈话过程中，你若耐心倾听对方谈话，等于告诉对方："你说的东西很有价值"或"你值得我结交"，等于表示你对对方有兴趣。同时，这也使对方感到他的自尊得到了满足。由此，说者对听者的感情也更进一步了，"他能理解我""他真的成了我的知己"。于是，二人心灵的距离缩短了，只要时机成熟，两个人就会很谈得来。所以，在交往中，我们一定要学会倾听，因为倾听是心灵沟通的桥梁。

第七章 决胜职场，精英们必知的口才心理学

从容回答考官提出的问题

在面试过程中，最头疼的问题就是如何回答面试官的提问了。其实如果你能做好准备，加上镇定的表现和临场的发挥，一定能够轻松过关。

电视主持人杨澜在前去央视应聘《正大综艺》主持人时，曾遇到过这样一道难题："如果需要，你敢不敢穿三点式？"杨澜坦然答道："这个问题同社会环境很有关系，如果在外国的裸体浴场，三点式不见得就显得开放；而在中国，穿三点式不符合人们共同的审美价值标准。"杨澜并未直接回答可否，却在含蓄与坦然的应对中表现了自己的机智和口才。

求职面试是我们步入职业生涯必须要走的路，为了能在较短时间内成功地推销自我，应试者不但要拥有良好的口才，还要掌握一些心理学知识，读懂面试官提出的问题背后的真正含义。

下面就是面试过程中的常见问题以及这些问题的巧妙回答方案。

1.你为什么来应聘这份工作?

问题分析:其实考官是想问求职者,为什么你认为你有条件做好这份工作。

回答样本:"我来应聘是因为我相信自己能为公司做出贡献,我在这个领域的经验很少有人比得上,而且我的适应能力使我确信我能把职责带上一个新的台阶"。

2.你和同事们怎样相处?

问题分析:考官想通过这个问题对求职者的沟通技能有一个整体的了解。

回答样本:"我一般都能与同事相处得很好。当然有时候也可能会同某人发生冲突。这时,我一般会注意寻找冲突的根源,而不是转移到对对方的攻击上。我发现这种方法十分有效,它能够使我同任何人都维持一种相互尊重的关系。另外,通过这样做,我往往都能解决问题,甚至会促进与同事的关系。"

3.为了实现自己的目标,你会怎样努力工作?

问题分析:考官希望通过对这个问题的回答来确认求职者是否是一个努力工作的人。回答这个问题的关键在于,你必须要显示出自己履行职责的意愿和潜力。

回答样本:"对我来说,如何努力工作不是问题。我的做事原则是,如果我制定了一个目标或者被分配了一项重要任务,我就会尽我所能地努力工作,实现预期的目标。所以对我来说,重要的是怎样出色地工作,也就是说,怎样工作才能尽可能简单和顺利地完成任务。"

4.你对薪金要求是多少?

问题分析:这是必不可少的问题,因为你和你的面试官出于不同考虑都十分关心它。你聪明的做法是:不作正面回答。强调你最感兴趣的是这个机遇和挑战并存的工作,避免讨论经济上的报酬,直到你被雇用为止。

回答样本："我对工资没有硬性要求，我相信贵公司在处理我的问题上会友善合理。我注重的是找对工作机会，所以只要条件公平，我则不会计较太多。"

5. 你对加班有什么看法？

问题分析：实际上，好多公司问这个问题，并不证明必须要加班，只是想测试你是否愿意为公司奉献。

回答样本："如果是工作需要，我会义不容辞加班，此刻我单身，没有任何家庭负担，能够全身心地投入工作。但同时，我也会提高工作效率，减少不必要的加班。"

6. 你会说英语吗？

问题分析：这个问题的潜台词是，我们要求你会说英语！

回答样本："哦，听力没有任何问题，不过讲得不太流利，大学里通过了英语四级的考试。大学里确实缺少练习的机会，看来英语对这份工作很重要？我可以报个英语口语提高班去学习。"

7. 你有什么爱好啊？

问题分析：面试官询问求职者的业余爱好，其一是为了制造和谐气氛；其二是想通过求职者的喜好判断一下他的个性。

回答样本："我非常喜欢游泳，原来基本上每天都游，现在找工作时间比较紧，一个星期只能游几次了。"

8. 为什么要离职呢？

问题分析：这显然是个几乎必问的问题，因为没有任何企业喜欢频繁跳槽的人。而且，如果你不喜欢上一份工作的特点刚好也是现在所求这份工作的特点，那么面试官会毫不犹豫地判定你并不适合这份工作。

回答样本："其实最主要的原因是为了更高的薪水。我在目前这家合资公司做会计有三年时间了，工资从 5800 元涨到 7300 元，其实已经有比较大的涨幅，因为我两次年终评估都是 B。如果想涨到 8000 多，必须当主管，但几乎没有可能性，我现在的主管很稳定，表现也很好，不太可能离开。当然了，我了解到贵公司是一家很有实力的公司，所以才想来应聘，一方面希望能有更高的薪水；一方面希望能有长期发展。"

和不同领导用不同的说话方式

在职场里，与领导沟通得好与坏直接关系一个人的职业前景。与领导沟通、相处好，你就会得到领导的赏识和重用，工作起来也会顺风顺水，事业的前景也会无限光明。反之，你的工作就会有很大障碍，事业前景暗淡无光。

徐文远是名门之后，他幼年跟随父亲被抓到了长安，那时候生活十分困难，难以自给。他勤奋好学，通读经书，后来官居隋朝的国子博士，越王杨侗还请他担任祭酒一职。隋朝末年，洛阳一带发生了饥荒，徐文远只好外出打柴维持生计，凑巧碰上李密，于是被李密请进了自己的军中。李密曾是徐文远的学生，他请徐文远坐在朝南的上座，自己则率领手下兵士向他参拜行礼，请求他为自己效力。徐文远对李密说："如果将军你决心效仿伊尹、霍光，在危险之际辅佐皇室，那我虽然年迈，仍然希望能为你尽心尽力；但如果你要学王莽、董卓，在皇室遭遇危难的时刻，趁机篡位夺权，那我这个年迈体衰之人就不能帮你什么了。"李密答谢说："我谨听您的教诲。"

后来李密战败，徐文远归属了王世充。王世充也曾是徐文远的学生，他见到徐文远，十分高兴，赐给他锦衣玉食。徐文远每次见到王世充，总要十分谦恭地对他行礼。有人问他："听说您对李密十分倨傲，对王世充却恭敬万分，这是为什么呢？"徐文远回答说："李密是个谦谦君子，所以像郦生对待刘邦那样用狂傲的方式对待他，他也能够接受；王世充却是个阴险小人，即使是老朋友，也可能会被他杀死，所以我必须小心谨慎地与他相处。我察看时机而采取相应对策，难道不应该如此吗？"等到王世充也归顺唐朝后，徐文远又被任命为国子博士，很受唐太宗李世民的重用。

徐文远之所以能在隋唐之际的乱世保全自己，屡被重用，就是因为他针对不同的人有不同的应对之法，懂得灵活处世，懂得"见什么人说什么话"。在现代职场，与领导说话也是如此。

对于不同性格的领导，我们要具体分析，区别对待，对症下药。正如《孙子兵法》所说："知己知彼，百战不殆"，分清你的领导属于哪一类，你就知道该采取怎样的说话方式了。

下面介绍各种类型的领导特点：

1. 虚荣心强型的领导

这种类型的领导最喜欢被人给他戴高帽子，喜欢别人阿谀奉承，听了赞美之词就会眉开眼笑。他们喜欢旁人对他歌功颂德，反感对其批评指责。与这种类型领导相处时，不要去揭穿他的伪装，更不要当众给他难堪，要尊重他的所作所为，满足他的虚荣心。你可以多留意领导的衣饰打扮、言行举止，抓住机会，就其长处，表示心中的好感。只要你是善意的，不是虚伪的赞美，领导就会很高兴与你相处。

2. 豪爽外向型的领导

这种类型的领导对表面的一套并不讲究，更看重的是你的实际工作能力，他会欣赏办事细致的下属，也不反感不拘小节的人。注意不要背着他搞小动作，或是当众顶撞他，激怒了他就不好办了。

3. 冷静谨慎型的领导

这种类型的领导通常欣赏一丝不苟的工作作风，喜欢一份记载详细的工作报告，提交给他的工作计划也是越详尽越好，因此，在沟通的时候注意自己的言谈举止，穿得体的职业装也是他欣赏的。谨慎的人有很强的自我保护意识，因此要注意不要与他过于亲近。

4. 健忘型的领导

这种类型的领导健忘明明在前一天讲过某一件事，可两三天后，他却说根本没讲过，或者在前一天他讲的是这个意思，可过了两三天，他却说是那个意思。他常常颠三倒四，也常常丢三落四。应对这样的领导的方法是：当他在讲述某个事件或表明某种观点时，你可装作不懂，故意多问他几遍，也可提出自己不同的看法，以故意引起讨论来加深领导的印象。在最后，还可以对领导的陈述进行概括，用简短的语言重复给领导听，让他也牢牢记住。

5. 脾气暴躁型的领导

这种类型的领导生性脾气不好、易发火。做事讲求效率、雷厉风行，不拖泥带水，对慢吞吞的工作作风恨之入骨。因此，在这种类型的领导手下做事时，对他分派给你的工作要立即行动，并及时向他汇报工作进程。当他对你大发脾气时，你最好克制自己，先不要着急，更不要试图解释，要经过冷静的思考后，告诉他你会注意到，会按他的要求去做的。

6. 模糊型的领导

这种领导在布置工作任务时含含糊糊、笼笼统统，从来没有明确具体的要求；有的既可理解成这样，又可理解成那样；有的前后互相抵触，下属根本无法操作和实施。为了避免日后不必要的麻烦，当你在接受任务时，一定要详细询问其具体要求，并想方设法诱导其有一个明白的判断。必要时，可采用提供语言前提的方法，如"您的意思是……"让领导续接，或者用猜测性判断让领导回答，如"您的意思是不是……"当领导有了一个比较明确的判断之后，立即重复几遍加以强化，也可进一步延伸，"假如是这样，那就会如何"。

7. 懦弱妥协型的领导

这种类型的领导耳根子软，没有主见，他可能很容易接受你的建议，但同时又可能受别人的影响而动摇。这时，你除了多向领导阐明你的观点以外，还可让持相同观点的其他同事向领导进言，支持你的观点或计划。

8. 吹毛求疵型的领导

如果你不想被这种类型的领导的百般挑剔弄得神经兮兮，只有摆正心态，不要太介意他的批评，要知道，挑刺只是他的习惯而已。分析一下他的批评抱怨，确有道理的还是应该照办，至于无理要求，可适当采取拖延战术"冷处理"，拖得时间长了，他也没有精力再纠缠这些细枝末节，催促你快把事情了结。

9. 无知型的领导

这里的无知泛指不明白、不懂、不明智、外行。有些领导明明自己不懂、外行、不擅长，但他有时装懂、装内行，他想显示自己，他要横插一手，有的还要瞎指挥。对这样的领导，可分别对待。如是重要的、带有原则性的问题，下属可直接阐明观点，或据理力争，或坚决反对；倘是无关大局的一般性问题，下属则可灵活应对，尽量避免正面冲突和矛盾的激化。

10. 八面威风型的领导

这种类型的领导处处显示自己的威风，喜欢下属凡事都向自己请教，喜欢让下属服从他，把自己像神一样看待，认为下属只能依赖他，因为只有这样，才能显示出自己的威力。与这种类型的领导相处，无论大事小事，都要向他请教，千万不要表现出自己比领导有能力，一切都要表现得比他差，这样可以满足他的心理需求。

总之，每个领导的性格都不尽相同，你要知己知彼，做到心中有数，才能达到和领导融洽相处的目的，并让他欣赏你，进一步重用你、提升你，这才是你的最终目的。

如何与不同性格的员工沟通

有句俗话叫作"人上一百，形形色色"。人各有其情，各有其性。言辞表达的内容和方式要因人而异，符合接受对象的脾气性格，才有可能产生"同声相应，同气相求"的效果。在与别人交流时，聪明的人会因人而异，讲究"求神看佛，说话看人"。

两千多年前，孔子就注意针对学生的不同性格来回答他们的问题。有一次，孔子的学生仲由问："听到了，就可以去干吗？"孔子回答说："不能。"另一个学生冉求也问同样的问题："听到了，就可以去干吗？"孔子的回答是："那当然，去干吧！"公西华听了，对于孔子的回答感到有些疑惑，就问孔子说："这两个人问题相同，而你的回答却相反。我有点儿糊涂，想来请教。"孔子答："求也退，故进之；由也兼人，故退之。"孔子的意思是，冉求平时做事好退缩，所以我就给他壮胆；仲由好胜，胆大勇为，所以我要劝阻他，做事要三思而行。

可见，孔子诲人不是千篇一律，而是因人而异，因材施教，特别注意学生的性格特征，因此能够使学生听进自己的话。教育如此，与员工沟通也是如此。对待不同性格的员工，领导者要采取不同的态度和方法，既要做到刚正不阿，又要善于曲径通幽。

一般来说，常见的员工性格有以下几种：

1. 对待高傲型员工

对于这种清高自傲、目中无人的员工，可以冷静地和他交谈，就事论事地批评，不要搬其他员工的"状词"来刺激他，以免产生激烈的争执，让交谈无果而终。当然，这种员工"悔改"的进度会很慢，先礼后兵的做法是值得赞赏的。

2. 对待自尊心强、敏感度高的员工

这类员工行为比较拘谨，喜欢埋头工作，一旦出了错时，就感到忐忑不安，不知如何是好；当他们听见有人提到自己的名字时，会猜测是不是有人对自己不满，领导说几句批评人的话，他们也会跟自己联系到一起，产生不安情绪，倘若被领导直接点名批评，他们会刻骨铭心，自尊心受到很大伤害。有时候哪怕是领导者的一句玩笑，都会让他觉得领导对他不满意了，因而导致忧心忡忡、情绪低落。在与这类员工沟通时，说话不能太随意，埋怨他们心眼儿小，而要多给他们积极的心理暗示，对他的才干和长处表示欣赏，逐渐弱化他们的防御心理，增强他们的安全感和自信心；当他们犯错误时也不可随意批评，而要考虑到他们的自尊心，使用较为委婉的措辞。同时也要注意不要当着他的面说其他员工的毛病，这样他会怀疑是在背后挑他的毛病。

3. 对待急于求成、急功近利的员工

这类员工为了个人利益，很少顾及他人的感受，容易造成人际关系紧张。与这类员工沟通时，切忌批评他们的想法不切实际，这样他们可能会认为是在故意刁难他，是在打消他的积极性。而应该首先肯定他们的工作热情，然后再向他具体讲述欲速不达的道理，这样他就比较容易接受。

4. 脾气易怒、喜欢没事找事的员工

这类员工一感到自己受到不公平的待遇，就会叫嚣着找领导座谈，以求领导给自己一个公道的说法，造成办公室火药味浓重，人际关系紧张，影响到人们的工作情绪。对这类员工，试图压住他们的火气是徒劳的，直接批评他们更容易引起他们的抵触情绪。正确的做法是，首先要一言不发，让他们把要说的话说完，等其发泄完了，冷静下来之后，再跟他讲事情处理的方法，使其纠正动辄发脾气的毛病。他们认清了其中的道理，以后再遇到类似的事件时，才会有意识地控制自己的情绪。

5. 对待喜欢阿谀奉承的员工

这类员工不管领导者说得对与否，都喜欢随声附和，称赞领导的英明决策，而且他们还具有相当的技巧，拍起"马屁"来不显山、不露水，让你浑然不觉。虽然每位领导都喜欢听顺耳的话，但是也不能让他们任意卖弄奉承的本领。对于出于真心而稍稍过分地赞美几句的人，不妨一笑了之，抑或谦虚一下；对于那些别有用心的阿谀奉承之人，可以先让他们发表对某件事的看法，领导最后做一下点评，指出哪些可取，哪些不可取，不给他们趋炎附势的机会。

6. 对待自以为怀才不遇的员工

这类员工常常认为英雄无用武之地，而变得郁郁寡欢、情绪低落。在与这类员工沟通时，千万不要跟他们唱对台戏，冷嘲热讽地说："你以为自己是谁啊？不要总以为自己了不起。"这些语言更会让他们感到不被重用而心生怨恨。正确的沟通方法是表达对他们的积极期待："这个项目可全靠你了。""凭你的能力，相信你会有更加出色的表现。"当他们感到自己被重视的时候，他们的才干和工作积极性会很容易得到激发。

7. 对待喜欢唠叨的员工

这种类型的员工，无论大事小事，都喜欢向领导请示、汇报，唠唠叨叨，说话抓不住主题。他们往往心态不稳定，遇事慌成一团，大事小事通通请示，还唠唠叨叨，讲究特别多。跟这样的员工交代任务时，要说得一清二楚，然后就叫他自己去处理，给他相应的权力，同时也给他施加一定压力，试着改变他的依赖心理。在他唠叨时，不要轻易表态，这样会让他感觉到他的唠叨既得不到支持，也得不到反对，久而久之，他也就不会再唠叨了。

8. 对待性格耿直的员工

这类员工说话直来直去，不拐弯抹角，直接点名问题的要害，容易给领导者带来不必要的麻烦和困扰，也容易四处碰壁。与这类员工沟通时，不应对他们的直言不讳耿耿于怀，可以对他们工作中存在的不足直接提出批评，这样做不会引起他们心理敏感。

9. 对待死板的员工

这类员工往往是我行我素，对人冷若冰霜，尽管你对他热情有加，但他们总是爱理不理，不会做出你所期待的反应。与这类员工沟通时，不可以其人之道还治其人之身，采取一种相应的冷淡态度。相反，需要花费更大的耐心揣摩他们的心理，寻找他们所热心的话题，才能拉近与他们的心理距离。

10. 对待以自我为中心的员工

有的员工总是以自我为中心，不顾全大局，经常会向你提出一些不合理的要求，什么事情都先为自己考虑。对待这样的员工，领导者要尽量把事情办得公平，把每个计划中每个人的责任与利益都向大家说清楚，让他知道他该做什么，做了这些能得到什么，这样他们就不会再提出其他要求了。同时要满足其需求中的合理成分，让他知道，他应该得到的都已经给他了。而对他的不合理要求，要讲清不能满足的原因，同时对他晓之以理，暗示他不要贪小利而失大义。还可以在条件允许的情况下，做到仁至义尽，让他觉得你已经很够意思了。

总之，每个员工都有自己的性格特点，一个优秀的领导者在与员工沟通时，要尽可能摸清他们的性格特点及心理状态，进行因人而异的沟通，才能消除彼此的隔阂和误会，消除和解决矛盾与纠纷，保持心情舒畅。

领导面前，多说赞扬的话

人人都愿意听好听的话，都禁不住赞美的话语，这也是人性的一大弱点，即便是领导也不例外。如果我们能够掌握赞美的艺术，经常对领导说些赞美的话，就能够更好地加深同领导之间的关系。但在现实生活中，有很多人认为称赞领导就是巴结讨好、拍马溜须，而想对领导真诚地赞美却不能正大光明，反而被投机钻营者用去升官发财了。其实赞美领导也是对领导的认可、支持和褒扬，是搞好上下级关系的"润滑剂"。没有哪一位领导不喜欢听赞美的话。

赞美领导是与领导搞好关系的"润滑剂"。赞扬与欣赏领导的某个特点意味着肯定这个特点。只要是优点、是长处，你可毫不顾忌地表示你的赞美之情。领导也是人，也需要从别人的评价中了解自己的成就及在别人心目中的地位，当受到称赞时，他的自尊心会得到满足，并对称赞者产生好感。

其实，在每个人的内心深处都渴望被恭维、被赞美，当没有人恭维时，我们会感到很失落，但恭维过了头，我们又感到羞愧难当；而恭维不恰当时，我们会很难堪。所以，赞美领导要掌握方式方法，否则不但达不到意想的效果，还会弄巧成拙。

某公司新来了一名职员，名叫李芳，她说话斯文细气，乍一看，似乎很得人缘。但接触的时间一长，大家便发现她有一个问题，那就是过于爱夸奖别人，她满嘴说的都是些关于称赞他人的话。比如，看到经理今天穿了套新衣服，她就会跑过去拉着经理左看右看，然后说："经理，这衣服是新款吧，太新潮了，穿在您身上很漂亮，您这样有品位的人就适合穿这样的衣服！"而经理却看了看她，说："这衣服都好几年了，哪是什么新款。因为我下午要进仓库查货，所以才换上了它！"

说者无意，听者有心，李芳的称赞话让人听了有种虚伪造作、溜须拍马、缺乏真诚之感。时间一长，大家觉得她为人太虚伪，于是就开始和她疏远了，以至于让李芳在公司陷入了人际危机，不久后便离职了。

赞美的妙用虽然到处可见，但若是用错了，就会令人处境尴尬。也就是说，赞美也需要把握火候，掌握分寸，这样才能成为一个受欢迎的人。你若无根无据、虚情假意地赞美别人，他不仅会感到莫名其妙，更会觉得你油嘴滑舌、诡诈虚伪。所以称赞领导也有方法和技巧，如果称赞领导不恰当，反而会弄巧成拙，落下一个"溜须拍马"的坏印象。

赞美领导时一定要真诚。赞美领导绝不是刻意吹捧、阿谀奉承，更不是言不由衷、虚情假意。否则，只会让领导感到肉麻，同时也折射出吹捧人背后可能隐藏着某种不良动机。真诚的赞美应该是对领导的优点由衷欣赏和认可，并且是针对领导的某种具体业绩和行为来展开的。让赞扬成为一种尊重领导的方式，一种肯定领导的态度，这样的赞扬才能真正有效。

于娜刚刚工作一年，就因为工作能力突出被破格提升为总经理助理，令同时进入公司的一帮小姐妹很是羡慕。于娜为人热情干练，在工作中谨言慎行、成熟稳重，获得领导的赏识是自然的事。只是这么快就被提升到很多人奋斗了十几年还到不了的"高位"，原来仅仅是因为一次偶然事件。

有一天，于娜在公司餐厅看到总经理独自坐在桌旁吃饭，便端着饭盒大方地走过去坐下。总经理看了她一眼，客套地问："来公司几个月感觉还习惯吗？"于娜微笑着说："挺好的，感觉公司的氛围很温暖。"总经理也礼貌地点点头，继续吃饭。僵了一会儿，于娜继续微笑着说："我一进公司就听说您是哈佛毕业的，还曾在微软做到很高的职位，已经仰慕您很久了。"总经理露出笑脸："都是过去的事情了，现在我的任务就是把×××推向世界。"于娜继续说："好厉害呀！听说您当时在微软有着很好的前途，但为了民族工业硬是自己出来创业，感觉您是一个特别有民族意识的企业家。"于娜言之有物的赞美，说出了总经理这些年来内心的骄傲，总经理觉得这个小姑娘不但对工作上心，还很爱国，不禁对她充满好感。

于是，总经理和于娜聊了很多关于人生理想和工作展望的话题，看到眼前这个聪明干练、有大局意识、具大将风范的小姑娘，不由得深深敬佩起来。

半年后，公司改选，于娜被破格录用为总经理助理，协助总经理处理日常事务，而她善于"赞美"的能力也常常让总经理心花怒放，也因此被交付更多重要的任务。

赞美是一种艺术，如果运用得当，自然会取得意想不到的效果。为什么有些人赞美人总感觉像是在拍马屁，让人感觉不舒服，而有的人则往往能把话说到人的心坎里，让人感觉到对自己的赞美既动听，又真诚，这就是赞美的方法的区别。

在职场中，如果你想出人头地，赢得领导的青睐，可以有很多种方法，但赞美领导是成为一个受欢迎的人的必备手段，是建立良好人际关系的基石，更是事业成功的良性催化剂。

积极沟通，让领导主动给你加薪

加薪一直是职场人心中的结，如何提、提多少都十分纠结。提好了，皆大欢喜；要是不好，反而会招致领导的不满，日子更为难过。

张芳大学毕业后在一家外贸公司工作，因为是第一份工作，所以格外珍惜。她工作很努力，上司对她的工作态度也很肯定，还多次表扬了她，却从没有提过给她升职加薪的事。一次偶然的机会，她得知和她一起进公司的一位女同事的工资早已是她的2倍，但是同事的工作并未见得比自己优秀多少，她心里很不平衡。

于是张芳来到上司的办公室，开门见山地表达了她的不满，并要求上司给她加薪，否则她就辞职。可上司并没有理会她的要求，她因此对工作失去了热情，开始敷衍应付起来。一个月后，上司把她的工作移交给了其他员工，大概是准备"清理门户"了。她也觉得再做下去没什么意思，于是递交了辞呈。

接下来，她又找到了一份工作，她仍旧很努力，连续几次在部门的成绩考核中名列前茅，但薪水依旧没有增加，升职也似乎很渺茫。

此后，她陷入了深深的苦恼之中，不主动提升职加薪吧，觉得委屈难受；提吧，又害怕像上次那样遭受失业之苦。此刻她多么希望能找到一种适当的方式来顺利达到自己的愿望。

在职场中，像张芳一样不敢提出加薪请求的大有人在，其实，你大可不必如此。只要你认为加薪是合理的，你就有权提出。如果采取消极等待的措施，恐怕不知道要等到何年何月。但提出加薪时，最好是巧妙地、有技巧地同领导交流自己的想法，就算万一不被领导接纳，也不会给大家留下难堪，以致影响日后的工作。所以说，和领导提加薪是一项技术活，要掌握一定技巧。

1. 鼓足勇气，开门见山

在向领导表达加薪的愿望时，要明确，切忌拐弯抹角。既然决定提了，就不要思前想后、犹豫不决。要用最直接、最明白的方式表达你的加薪想法。

在欧洲某使馆工作的康晓会，入职三年来，一直是"干得好，一切都会来"的默默实践者，不间断地得到上级的口头赞许，甚至是不经意间的小暗示："姑娘，继续好好干啊，会有好处的。"康晓会跟打了鸡血似的动力无穷。

她的薪水一直处于万元以下，每次到了年底，她都期待上级把她唤到办公室，跟她说，你涨薪了。而现实是，每次期待都是一场镜花水月。辛苦付出，却没有得到相应回报，再多的口头赞扬有什么用？康晓会憋了一肚子怨气。终于有一天，她忍无可忍地扑进上级办公室，一手还偷偷攥着辞职信。一口气罗列完自己的加薪请求，她捂着心跳，看上级的反应。

意外的是，上级笑了："听你这么说，我也觉得不给你加薪太不合情理。"

事情之顺利大大出乎康晓会的意料。从此之后，她再也不怕提加薪了。她认为，自己应得的，就该为自己争取。现在，冲破心障的康晓会觉得自己更成熟了。

向领导提出加薪，一定要有理有节有据。只要你有真才实学、底气足，领导自会根据你的贡献加薪；若底气不足甚至庸才一个，莫说加薪，就是保住位子也难。

2.旁敲侧击，委婉表达

薪水一直是所有员工关心的问题，下属都渴望自己的工作成绩能够跟收入成正比。但有的时候，加薪这样的美好愿望要怎样向领导提出来呢？是直截了当地提出加薪要求，还是委婉地表达自己这样的愿望，让对方明白自己的想法呢？当然，后者应该是更可取的。否则，不但自己加薪不成，反而会引起领导的反感，影响自己在公司的发展前途。

在一家大型公司工作的张彦，在不到一年的时间内，连续三次给公司提出合理化建议，使公司的项目流程得以顺利通过，也为公司创造了不小的利润。看到这样的成绩，经理非常高兴，拍着他的肩膀对，他说："好样的，继续努力，我不会亏待你的。"

听到这里，张彦知道这句话可能非同一般，也可能一文不值。他觉得应该抓住这个机会，给自己争取更大的利益。

张彦笑着对经理说："我希望月底的时候，在我的工资袋里也能看到您的这句话。"

经理听了这句话，会心一笑，对张彦说："没问题，一定会让你看到的。"

到了月末发工资的时候，张彦果然得到了加薪，外加一个大红包奖励。

当你不知该如何跟领导暗示、明示甚至谈判、斡旋时，不妨婉转一些，用幽默风趣的方式表达加薪的请求，或许反而能收到更好的效果。

第八章 谈判心理,善于藏巧露拙是大智慧

察言观色,投其所好

要想在谈判桌上稳操胜券,妙用心理攻略十分必要。商场如战场,在这短兵相接的时刻,如果你能察言观色,洞察对方的心理,并投其所好,那么你就很有可能取得谈判的胜利。

在谈判中,仔细倾听对方的发言,注意对方语言的表达方式、重复语句,以及语气、声调等都是发现对方思想、愿望和需要的线索。一个人的谈话或陈述在许多情况下都具有多层含义。要确切了解对方的意思,只有善于倾听,才能从对方的话里捕捉到对你有用的信息。

在谈判中,密切观察对方态度的变化也相当重要。身体动作、手势、眨眼、脸部表情和咳嗽等都能表示多种含义。有时谈判者有意识地用这些代替有声语言,特别是在不允许或不宜用语言表达的时候。如,咳嗽有时表示紧张不安,有时用来掩饰谎话,有时表示怀疑和惊讶。但是,在某一时刻,一个举止又不仅仅表示一个意思。这就要求谈判者善于联系对方的态度和言谈举止加以辨别。

周亮是一位汽车推销员,他在做一次客户回访时,无意中看到那位客户旁边的一位同事正在上网查看一组汽车图片,周亮当即判

断这一定是位潜在客户。于是，周亮就对那位潜在客户说："这是我们公司所售汽车的宣传图片和详细资料，您可以看一下。"

周亮刚说完这句话，那位潜在客户当即就拒绝了他，并表示自己马上要出去办事，没有时间。周亮听了，一边迅速拿出几款比较受这位潜在客户喜欢的车型图片，一边急忙说："没关系，我可以把资料留在这里，只需要耽误您三四分钟的时间。"

就在这时，精明的周亮又注意到客户的目光突然停留在了一款车的图片上，刚准备拿包出门，又瞬间停留了一下。就在那一刻，周亮意识到，这位客户已经对那款车产生了非常浓厚的兴趣，于是他便趁热打铁地展开推销……最终，周亮成功地卖出了一辆汽车。

在这个事例中，周亮恰恰是抓住了客户细微动作的变化，及时从这些变化中推测客户的心理，进而抓住客户的兴趣点，投其所好。在谈判中，对方的意图会通过许多方式表现出来，比如他的语言和表情，其心理意图会通过各种身体反应表现出来。如果我们能够捕捉到这些信号，并弄懂这些信号背后的心理含意，我们就能很容易地推测出对方的真实意图。所以，学会察言观色，打通走向对方内心的捷径，你才会更容易获得主动权。

爱德华和玛丽是一对即将结婚的小情侣。他们两人刚刚走出校园没有几年，没有太多存款，而且他们大部分的钱都准备还房贷以及筹备婚礼。但为了能让玛丽更为开心，爱德华决定带着玛丽去买结婚钻戒。

在婚戒专柜，推销人员卡琳达热情地接待了他们，并向两人介绍了店里最为流行的钻戒款式。玛丽戴着钻戒非常喜欢，于是爱德华就向卡琳达询问价钱。当卡琳达将钻戒的价钱说出来之后，于是爱德华略微迟疑了一下。

"我还以为多贵呢，还好，哪怕克数再大一点也没有关系！"

　　爱德华眼神飘上了楼顶，而玛丽则是在听了价格以及爱德华的话后，只是微笑地表示先把钻戒取下来。卡琳达看到两个人的反应后，意识到这对小情侣囊中羞涩，为了不让他们两人感到难堪，她指向柜台的另一端，说："我们这里还有其他款式的钻戒，也非常漂亮，如果有意向的话，跟我过来看看吧。"

　　于是，卡琳达带着爱德华以及玛丽到价格比较低廉的专柜进行挑选。最后，玛丽和爱德华买下了比较中意且价格也较为合适的钻戒。而卡琳达再一次推销成功。

　　卡琳达之所以能够让这次推销成功，和她善于察言观色是分不开的。善于观察对方说话时的反应，才能更准确地探查对方内心的真实想法。在谈判中，对方每一次表情、神态、动作的变化都应该是谈判者需要注意的地方。同时，对方在这些细微之处的变化也是谈判者在谈判过程中把握交易成功与否的晴雨表。如果你想成为一名优秀的谈判者，那么你就要学会察言观色，密切地注视对方的表情、神态，甚至是对方身上所发出的任何细微动作，了解对方的目的以及想法，从而改变谈判的策略，保证谈判成功。

适时沉默，给对方心理施压

　　在许多人眼中，似乎只有口若悬河者才是善于谈判的人，其实不然。殊不知，还有"沉默是金"的古训。滔滔不绝、口若悬河的谈判固然能在气势上压倒对方，取得谈判的主动权。然而，这并不是万能的谈判方式。当双方都处在风口浪尖、一触即发的争执时，不妨闭上嘴巴，让情绪冷静下来，也让自己趁机喘口气，重新审视一下谈判局面。有时候，装聋作哑胜于口若悬河。谈判高手从来都是熟谙"该出声时就出声"和"此时无声胜有声"的双重门道。

一位印刷商得知另一家公司要购买他的一台旧印刷机，十分高兴。经过反复核算，他决定以 250 万美元的价格出售这台机器，并准备了充足的理由说服对手。

谈判的时候到了，坐在谈判桌上，印刷商在心中一再叮咛自己，要沉住气。果然，买主首先沉不住气了，他滔滔不绝地对机器进行挑剔。

然而，面对买主的一再压价，印刷商一言不发，只是报以微笑，使得买主误认为印刷商已经找到了新的顾客。于是他按捺不住了，心理上败下阵来，咬着牙说道："这样吧，我出 350 万美元，但除此之外，一个子儿也不能多给了。"

350 万，比印刷商原来的估价要高出许多，这是他始料未及的，当然就顺利成交了。

谈判是一项双向的交涉活动，各方都在认真捕捉对方的反应，以准备随时调整自己原先的方案。此时，若一方干脆不表明自己的态度，只用良久的沉默和"不知道"这些可以从多角度去理解的无声和有声语言，就可以使对方摸不清自己的底细而做出有利于己方的承诺。上述谈判中，印刷商正是利用这一点，使买主误以为对方已经找到新顾客，而给出了一个高于估价很多的价格。

在谈判中的关键问题或者是有争议的问题上，谈判双方都会急于要求对方表态，这时，你完全可以反其道而行之，一言不发或者避而不谈，借以扰乱对方的心理，迫使对方说出自己的真实意图，然后迅速出击，达到改变对方谈判态度的目的，这就是沉默策略。

作为供货商的 A 公司和作为买方的 B 公司正在就价格问题进行谈判。

A 公司代表："我方报价是 700 万，你们的意见如何？"

B公司代表一直眉头深锁，听到对方的报价，他一言不发，只是抬眼看了下，便又低下头，似乎在思索着什么。

时间一分一秒地过去，B公司代表却没有就A公司的报价作出任何回应。

"那我们再让步50万如何，650万！"A公司代表似乎下了很大决心才作出这样的决定。

B公司代表没有说话，也没有抬头，依旧紧锁着眉头，低着脑袋，专心致志地玩弄着手中的圆珠笔，会议室里一片寂静，只有B方代表"咔嗒咔嗒"按动圆珠笔的声音。

"您是什么意见，您倒是说句话呀！"A公司的代表很急切，他显然受不了现在的沉闷和尴尬的谈判气氛。而回应他的依旧是沉默。

"那我们再让50万，600万，这是最后的结果，绝对不能再少了！"A公司代表提高了声音，说得斩钉截铁，说出这句话仿佛耗费了他极大的心血。

沉默，依旧是难以忍受的沉默。整个会议室安静极了，只有墙上那面大钟的嘀嗒声在暗示着时间的流动，间或也夹杂着一两声咳嗽声。

"到底行不行？您说话呀！"A公司代表已经处于爆发边缘。

"这个……"B公司代表终于开口了，他的头依然低垂着，并不看向A公司代表那充满期待的眼睛。"我们和以前的供应商合作得很好。"B公司代表突然抛出这句话后，便又双唇紧闭，一言不发。

"那你们能给的价格是多少，你们总得让我心里有个数吧！"A公司代表的语气中明显透露出不快。

这次，B公司代表倒是爽快地作答了："不知道，这个我说不好，得看你们能给出的最低价格。"

沉默，还是沉默。A公司代表满脸怨气地盯着对手，而B公司代表呢，却"专心致志"地摆弄着手中的笔。周围静得只听见时钟滴答地响。

"嗯……"A公司代表清了清嗓子，"570万，跟你说实话吧，这真的是我们的最低报价了，如果您还是不满意的话，我们真的没有谈下去的必要了。"B公司代表终于抬起了头，在屋内扫视一遍之后，目光落到A公司代表身上，而此刻，那张脸上写满了无奈与绝望。

"成交！"B公司代表的嘴唇嚅动了一下，吐出这两个字后，便又紧闭起来了。在场的人听到这句话，都不由得松了一口气。B公司代表也在心中松了口气，他通过沉默谈判法，又为公司赢得了80万的"利润"，因为在谈判之前，最高成交额被限定在650万。

沉默是一种无声的语言。在谈判中，当不熟悉对方底细时，可以恰当地使用沉默，向对方展开心理攻势，造成一种心理上的压力。同时又可以给己方创造回旋余地，给己方审时度势，创造机会，从而达到克敌制胜、游刃有余的目的。

事实上，谈判并不是侃侃而谈就能够取胜的，有些时候，沉默是最有效的反击。任凭对方夸夸其口，我们就保持沉默不语，顶多两次，第三次对方就会泄气，那时候我们再主动出击、反客为主，这种方式相当有效。

当然，我们强调"沉默是金"，专指适时、适度的沉默，而非谈判全程都一言不发。而且，沉默也得分场合，因地因时制宜。如果和对方关系比较熟，一味选择沉默则容易造成不尊重他人的误解；而当面对对方挑衅时，沉默则容易给人软弱可欺之感，反倒会助长对方的气焰；当谈判处于紧张激烈的决定性时刻，沉默则意味着自行放弃了发言权，难免让自己陷于谈判劣势；长期、多次的沉默则会令谈判陷入一场死局，最终不欢而散。

可见，沉默是金还是土，得视具体情况、场合而定。当谈判陷入尴尬或火药味十足的时候，适时沉默可以巧妙调整谈判氛围；当谈判气氛愉悦或决战时刻，一味的沉默却会适得其反。所谓的谈判艺术便在这张口、闭口之间。

以退为进，采用欲擒故纵的策略

在谈判中采用一些谋略并不总是驾轻就熟的，因为对方也是有备而来的。有时，突然袭击难以奏效，这就需要采取"欲擒故纵"的谋略。"欲擒故纵"的原意是在瓦解、转化敌人时，先要暂时放纵他。"纵"与"擒"是对立统一体，是相生相克，相反相成的。要达到"擒"的目的，必须运用"纵"手段。

在谈判中，欲擒故纵是指谈判的一方虽然很想与对方达成某种协议，却将自己急切的心藏起来，摆出一副为了对方的利益来谈判的姿态，同时提供给对方具有诱惑性的策略，从而通过"纵"达到"擒"的目的。

具体做法是，不论自己的心情多么急切，也不要表现出来，而要表现出不冷不热、不紧不慢的态度。在行动的表现上也不要急迫，而要一步一步地进行，给对方一种随和的感觉。这种"纵"不是消极怕事，而是积极、有度地"纵"，通过这种"纵"，让对方走进我们的圈套。

在美国南方的一座小镇郊外有一家大型家具厂，这家家具厂的建立为当地社区的人们提供了许多就业的机会，也为当地带来了繁荣和经济发展。当地社区的人们看到家具厂的建造为他们带来的利益和繁荣景象都欣喜异常。几年之后，为了进一步发展的需要，这座家具厂决定扩大规模，另外建造一座新的家具厂。

新的家具厂在热火朝天中开始建造了，由于投入了大量的资金和人力，很快就建好准备正式投入生产了。可是就在这个时候，意想不到的事情发生了，原来由于新家具厂没有全套的自动洒水设备，保险公司拒绝为新家具厂提供相应的保险业务，而当厂方打算配套这种洒水设备时，却又发现有的水管根本就不适于这种设备，因此必须重新铺设家具厂的水管。

为了这件事，家具厂的经理主动找到当地镇委员会，要求就另铺水管的事情进行谈判。但是镇委员会认为原有的水管是为了紧急救助用的，不能挪为其他用途，因此拒绝了家具厂另铺水管的要求，并且表示无论如何，镇上都不会给厂方任何形式的补助。经理经过多方努力，设法同镇委员会接洽谈判，最后举行可行性调查的听证会。听证会上，厂方极力告诉委员会他们增加了大批员工，需要更多的水，同时家具厂的扩建能够进一步帮助本镇的繁荣，等等。但是委员会仍然表示出冷漠的态度，一再表示镇上经费不够充裕，无法对另建水管进行补助，谈判又一次出现了危机。为了打破僵局，家具厂经理愤然离开了会场，扬言要把家具厂搬到另一个镇子上去，声称在那里，他们可以享受到非常优惠的条件。

后来，通过当地的报纸和其他渠道，镇上的居民知道了这个案件的始末，他们了解到自己的城镇竟然连水管也不能铺设，不能建自动洒水设备，而别的城镇却很乐意补助为镇上的人们发展这项设备，感到非常愤慨。在这个时候，镇委员会才开始认识到家具厂经理不是闹着玩的，一旦家具厂搬走，不仅会丧失很多直接的经济利益，而且还会使城镇的繁荣消失，导致民心涣散，后果将变得不堪设想。在这种情况下，镇委员会又主动找到家具厂经理，双方再一次进行了谈判。家具厂经理看到镇委员会主动前来与自己谈判，知道自己从开始的被动形势变得相当有利了，于是不仅要求镇委员会重新铺设水管，而且还必须给他的家具厂一些优惠政策和相应的经济补助，否则的话，他将仍然考虑将家具厂迁出本镇。镇委员会无奈，只好答应了对方的条件，不仅为家具厂另铺水管，而且还努力提供贷款以及其他优惠政策，家具厂取得了谈判的最后胜利。

在这个事例中，家具厂经理为了达到最佳目的，巧妙地运用了欲擒故纵的谈判技巧和方法，扬言要将家具厂搬到其他镇去，使镇委员会最后作出让步。

在谈判中，要考虑的因素有很多，最重要的就是我们如何让对方同意我们的意见。我们本来非常希望同对手合作，这样对双方都能够带来实际利益，但是由于对方拒绝合作或者提出更为苛刻的要求和条件，使谈判很容易陷入僵持局面。在这种情况下，我们便可以运用欲擒故纵的技巧，主动提出放弃进一步谈判或者合作的企图。这样一来，由于对方失去这个合作对象之后，不但不能够满足进一步要求，而且连最起码的利益也不能获得，因此对方不得不妥协和让步，放弃进一步要求以使双方达成一致。

在日美商人举行的一次技术合作谈判的时候，两国商人采取了不同的谈判形式进行了四次交锋。

在谈判开始，美方首席代表拿着各种技术资料、谈判方案、开销费用等一大堆资料，滔滔不绝地发表了其公司的意见，完全不顾日方代表的感受。而日方代表则一言不发，仔细倾听并埋头做记录。当美方讲了几小时之后，向日方商人征求意见，日本公司的代表却显得迷迷茫茫，混沌无知，反反复复地说："我不明白""我们没做好准备""我们事先也没准备技术资料""请给我们一些时间回去准备一下"。第一次交锋就这样不明不白地结束了。

第二次交锋的时候，日方公司以上次的谈判成员不称职为理由，撤换了谈判的人员，另外派遣代表团前往美国进行谈判。他们全然不知上次谈判的结果，一切犹如原来一样，日方代表显得在这个谈判方案中准备不足，最终以研究为名结束了第二轮谈判。

几个月后，日方又如法炮制了第三轮谈判。这样，美方人员大为恼火，认为日本人在这个方案上没有诚意，于是下了最后通牒：如果半年后日本公司仍然如此，两国的协定将被迫取消。随后美方解散谈判团，封闭所有的技术资料，以逸待劳，等待至少半年后的最后一次谈判。

谁料到，几天之后，日本即派出由前几批谈判团的首要人物组成的庞大代表团飞抵美国，美方人员在惊慌之中仓促应阵，匆忙将原有的谈判团成员召集起来。在第四次谈判中，日本人一反常态，带来了相关详尽的资料，对技术、合作分配、人员、物品等一切有关事项都做了相当精细的策划，并将协议书的初稿交给美方代表签字。这使美方代表无从抗拒，只有无可奈何地在协议书上签了字。

在上述的谈判实例中，日本商人在谈判中以守为攻，其出发点在于为了造成对自己有利的进攻条件，采取先主动退让，或是故作糊涂，在给予对方一些小小的让步之后，获得了对方更大的退让或妥协。

劝说别人，特别是那些抱有成见的人，最好的办法就是退一步。在当前劝说受阻的情况下，先暂时退让一下很有好处。退让态度可以显示出你对对方的尊重，从而赢得对方的好感，使其在心理上得到满足，这样再亮出你的观点来说服他们就容易多了。

欲擒故纵的方法在经济谈判中运用得较多，双方谈判如同兵战，能否灵活、娴熟地运用"欲擒故纵"的战术直接关系到谈判的成败。

转移话题，打破谈判僵局

在谈判中，双方观点、立场的交锋是持续不断的，当利益冲突变得不可调和时，僵局便会出现。此时，转移话题不失为一种有效办法。

所谓转移话题，就是坚持谈判目标，然而在方式上通过变换话题，改变和缓和谈判的气氛，使双方在崭新和优良的谈判氛围里重新讨论有争议的问题，促成双方达成协议。

  松下幸之助是一位非常有智慧的商人，有一次在与欧洲一家公司谈判的时候，他竟然把话题转到了人类的科学事业、人与人之间的关系上面，但也正是因为这样的话题转移，才得以巧妙地打破谈判中的僵持局面，最后取得丰硕的谈判成果。

  谈判中，松下幸之助与这家公司争论得非常激烈，最后发展到双方开始大声争吵，甚至拍案踩脚，把气氛搞得十分紧张。没办法，松下幸之助只有暂时叫停，打算等吃过午餐再继续讨论。在中午休息的时间里，松下幸之助认真考虑了上午的争吵，觉得如果再这样跟对方硬碰硬，自己不一定就能得到好处，甚至还会使谈判最终破裂，所以需要考虑换一种方式进行谈判。

  当谈判重新开始的时候，对方每个人都一脸严肃，严阵以待。这时，松下幸之助首先说话了，可是并没有提到生意上的事情，而是谈起了科学跟人类之间的关系。他说："我利用中午休息的这点时间，去了一趟科技馆，在那里，我见到了矩子模型，它深深地感动了我。人类的钻研精神真是非常值得赞叹。到目前为止，人类已经拥有了许多项伟大的科研成果，据说阿波罗11号火箭又将要飞向月球了。人类的智慧以及科学事业能够发展到今天这个水平，伟大的人类实在是功不可没。"

  因为偏离了谈判的主题，对方以为松下幸之助只是很随意地跟他们聊天，于是就慢慢地缓和了自己紧张的神情。松下幸之助接着说："但是，人与人之间的关系却没有像科学事业一样得以发展。人们相互之间总是会不信任，他们互相憎恨、争吵。在这个世界的各个角落，类似战争和暴乱一般的恶性事件频繁地在大街上出现。熙来攘往的人群，表面上好像是一派和平景象，实际上，人们在内心深处仍然进行着丑恶的争斗。"

  这时，他稍稍停了一下，但对方更多的人已经被他的话吸引住了，大家聚精会神地听他说话。紧接着，他说："那么，人跟人之间为什么就不能发展得更加文明一些、更进步一些呢？我觉得人与人之间应该互相信任，不应一味地指责对方的不足和失误，而是应该相互理解和宽容，共同携起手来，为了人类的共同事业努力奋斗。科学事业的飞速发展跟人类落后的精神文明之间的矛盾也许会导致更大的不幸事件的发生。人们可能会使用自己制造出的原子弹互相残杀。"

讲到这个时候，松下幸之助已经把人们的注意力完全吸引住了，整个会场一片沉默。之后，他逐渐把话题转回谈判的正题上，开始继续讨论上午争论不止的问题。但这时的气氛跟上午已经大不相同了，谈判的双方仿佛一下子变成了为人类的共同事业而真诚合作的亲密伙伴。最后，这家欧洲公司答应了松下幸之助所提的条件，于是双方很快就达成了交易。

在谈判中，当对方固执己见，并且双方观点相差甚大，特别是对方连续提出反对意见、态度十分强硬等不良情况出现时，常常需要采用转移话题法，即为转移对方对某一问题的注意力或控制对方的某种不良情绪，而有意将谈话的议题转向其他方面的方法。

转移话题的目的是更好地切入正题，特别是由于双方的意见、条件相距较大，且又都不愿意作出妥协和让步时，避免出现僵局。在僵持状态下，如果通过巧妙地变换话题，把争议的问题放置在一边，改变和缓和交谈的气氛，使对方在新的和融洽的谈话气氛里重新讨论有争议的问题，这是一种以积极的态度扭转交谈局面的方法。实际的谈判结果也证明，有时只有更好地转移话题，才能更好地实现谈判目标，尤其是在你不能完全信任对方的情况下。

总之，谈判中，最忌将话题钻入牛角，以致进退维谷而不能自拔。出现这种情况，多半因对方受偏见影响所致。遇到这种谈判对手，谈判者应当机立断，转移话题，改变对方先入为主的偏见，使其解除心理自卫反应，促进谈判的成功。

投石问路，打探对方的真实意图

谈判中应该适当地进行提问，这是发现对方需要的一种重要手段。在谈判中要想在短时间内了解对方的底细，在瞬间接触时了解到谈判的主题，那么我们必须抓住要害来提问。发问是使自己"多听少说"的一种有效方法。"问"能引起他人注意的问题，促使谈判顺利进行；"问"能获取所需信息的问题，以此摸清对手底细；"问"能引起对方思考的问题，控制对方思考的方向；"问"能引导对方作出结论的问题，达到己方的目的。

街上有三个水果店。一天，有位老太太来到第一家店里，问："有李子卖吗？"店主见有生意，马上迎上前说："老太太，买李子啊？您看我这李子又大又甜，还刚进回来，新鲜得很呢！"没想到老太太一听，竟扭头走了。店主非常纳闷儿，奇怪，自己什么地方得罪老太太啦？

老太太接着来到第二家水果店，同样问："有李子卖吗？"第二位店主马上迎上前说："老太太，您要买李子啊？""对啊！"老太太应道。"我这里的李子有酸的，也有甜的，那您是想买酸的还是想买甜的？""我想买一斤酸李子。"于是老太太买了一斤酸李子就回去了。

第二天，老太太来到第三家水果店，同样问："有李子卖吗？"第三位店主马上迎上前，同样问："老太太，您要买李子啊？""对啊！"老太太应道。"我这里的李子有酸的，也有甜的，那您是想买酸的还是想买甜的？"。"我想买一斤酸李子。"

与前一天在第二家店里发生的一幕一样，但第三位店主在给老太太秤酸李子时，问道："在我这儿买李子的人一般都喜欢甜的，可您为什么要买酸的呢？""哦，最近我儿媳妇怀上孩子啦，特别喜欢吃酸李子。""哎呀！那要特别恭喜您老人家快要抱孙子了！有您这样会照顾人的婆婆可真是您儿媳妇天大的福气啊！""哪里哪里，怀孕期间当然最要紧的是吃好，胃口好，营养好啊！"

"是啊，怀孕期间的营养是非常关键的，不仅要多补充些高蛋白的食物，听说，多吃些维生素丰富的水果，生下的宝宝会更聪明些！""是啊！那哪种水果含的维生素更丰富些呢？""很多书上说猕猴桃含维生素最丰富！""那你这儿有猕猴桃卖吗？""当然有，您看我这进口的猕猴桃个大，汁多，含维生素多，您要不先买一斤回去给您儿媳妇尝尝！"

这样，老太太不仅买了一李子，还买了一斤进口的猕猴桃，而且以后几乎每隔一两天，就要来这家店里买各种水果。

从这个故事我们可以看出，通过恰当的问题，我们可以得到自己需要的信息，并掌握谈判的主动权，使谈判结果朝着我们需要的方向前进。

在谈判中，提问可以引导对方思路，更好地达到目的。但如何"问"是很有讲究的，重视和灵活运用发问的技巧不仅可以引起双方的讨论，获取信息，而且还可以控制谈判的方向。一般来说，谈判提问的技巧体现在"问什么""何时问"与"怎样问"上。

1. 问什么

要问能引起他人注意的问题，促使谈判顺利进行；要问能获取所需信息的问题，以此摸清对手底细；要问能引起对方思考的问题，控制对方思考的方向；要问能引导对方作出结论的问题，达到己方的目的；要问有已知答案的问题，用以证明对方的诚实与可信度。

2. 何时问

在谈判开始时，为表示礼貌与尊重，应取得对方的同意，然后发问，尤其对陌生对手更应如此。对方没有答复完前一个问题，不要急于提出下一个问题。重要的问题要预先设想对方可能的答案，并针对不同答案设计好对策后再提问。充分总结每次的谈判经验，预测对方在下一轮谈判中可能提出的问题，做好充分准备后再提问。

3. 怎样问

（1）封闭式发问

这是一种可以引导对方给予特定答复的问句。例如，"您是否认为售后服务没有改进的可能？""您第一次发现商品含有瑕疵是在什么时候？"等。如果你要明确地知道一件事情和一个问题，就要采用这样的方式来发问，封闭式问句可令发问者获得特定资料，而答复这种问句的人并不需要太多的思索即能给予答复。这种问句由于力度较强，所以有时会给人一种威胁性。

（2）引导性的问题

当对方不感兴趣、不关心或犹豫不决的时候，我们就可以使用这种问句。比如，"谈到现在，我看给我方的折扣可以定为4%，你方一定会同意的，是吗？""既然我们已经在价格上僵持了这么久，那么你为什么不去考虑一些在这样的价格上能添加什么附加条件吗？"这种问句其实是在变相地帮助对方做决定，如果对方不同意，也可以了解对方的进一步想法，以使谈判继续进行。

（3）探索式发问

这是针对对方的答复要求引申或举例说明的一种问句。如，"你有什么保证能证明贵方可如期履约呢？"这种发问方式不但可以进一步发掘较为充分的信息，而且还可以显示发问者对对方答复的重视。

（4）澄清式发问

这是针对对方的答复，重新措辞以使对方澄清或补充原先答复的一种问句。如，"您刚刚说上述情况没有变动，这是不是说你们可以如期履约了？"这种问句的作用在于，它可以确保谈判各方能在叙述"同一语言"的基础上进行沟通，而且还是针对对方的话语进行信息反馈的有效方法，是双方密切配合的理想方式。

（5）间接式问句

这是借着第三者意见以影响对方意见的一种问句。如，某某先生也认为你们的产品质量可靠吗？采取这种提问方式时，应当注意提出意见的第三者，必须是对方所熟悉，而且是他们十分尊重的人，这种问句会对对方产生很大影响力。

（6）强调式发问

强调式发问旨在更加坚定地表明己方的观点和立场。比如，"这个协议不是要经过公证之后才生效吗？""我们怎能忽略掉为这些方案而投入的人力成本呢？"等。

（7）协商式发问

协商式发问是指为使对方同意自己的观点，采用商量的口吻向对方发问。例如，"你看给我方的折扣定为3%是否妥当？"这种提问语气平和，对方容易接受。

总之，提出问题是很有力量的谈判工具，因此在应用时必须审慎明确。只要掌握了恰当的提问技巧，相信你在今后的谈判中一定会成为一名无往不胜的高手。

第九章 成交策略，双赢才是最好的结局

说好开场白，初次见面就要打动客户

俗话说："良好的开端是成功的一半。"心理学家在研究客户的消费心理时发现，销售员在与客户沟通时，客户一般只会记住销售员前两分钟的话，而且会在这两分钟内决定是否与销售员继续交流下去。因此，开场白的好坏几乎可以决定这一次交谈的成败。

以下就是销售员刘先生与客户李经理第一次见面时的开场白。

销售员刘先生如约来到客户李经理的办公室："李经理，您好！看您这么忙，还抽出宝贵的时间来接待我，真是非常感谢啊！"（感谢的话让李经理听着很舒服）

"李经理，办公室装修得虽然简洁，却很有品位，可以想象到您应该是个做事很干练的人！"（赞美的话谁也喜欢听，特别是像经理级别的人）

"这是我的名片，请您多多指教！"（有意抬高客户，让其有优越感）

"李经理以前接触过我们公司吗？"（给客户一点时间，让客

户回答）

"我们公司是国内为客户提供个性化办公方案服务最大的公司。我们了解到现在的企业不仅关注提升市场占有率和利润空间，同时也关注如何节省管理成本。考虑到您作为企业的负责人，肯定很关注如何最合理配置您的办公设备，以节省成本。所以，今天来与您简单交流一下，看有没有我们公司能协助的。"（说明此次来的目的，突出客户的利益）

"目前贵公司正在使用哪个品牌的办公设备？"（提问结束，让客户回答）

李经理面带微笑，非常详细地和该销售员交谈起来。

通过上面这个案例，我们可以看出，开场白要达到的目标就是吸引客户的注意力，引起客户的兴趣，使客户乐于与你继续交谈下去。该案例的销售人员就是通过很好的开场白吸引了客户，有了个漂亮的开场，从而向促成销售迈进了一步。

在与客户沟通时，前几分钟是至关重要的，并且在很多时候，第一句话的印象可以关系到整个交易的成败，即开场白的表达方式会决定是否能够打动客户的心。如果你一开始就吸引了客户的注意力，那么很可能整个交易过程都会变得很顺利。

当代世界最富权威的推销专家戈德曼博士说："在面对面的销售中，说好第一句话是十分重要的，顾客听第一句话要比听以后的话认真得多。"《华尔街日报》记者、哈佛大学客座教授尼德·尚曾自信地说："第一句话都不会说，怎么能了解对手呢，这样的傻事我可从来不干。"所以，任何一名销售员都要重视每一个开场白的设计，这样才能使销售工作顺利展开。

有一个推销玻璃的销售员，他的销售业绩很久以来一直排在公司的第一名。在一次授奖仪式上，主持人对他说："你能把你的经验秘籍告诉大家吗？让大家同你一起进步。"这个推销员笑着回答道："其实，答案很简单，每次去拜见新客户时，我都会带着一把锤子和一些玻璃样品。当见到客户时，我就会问他：'你是否会相信安全玻璃，当客户表示否定的时候，我就会拿起锤子，在他们面前狠敲一下玻璃，而玻璃却不会碎。与此同时，客户通常都会表现出很惊讶的表情来。于是，我就会直接问他们需要多少这样的玻璃，然后客户就会很爽快地签订合约。"在他的这个秘籍公开后，几乎所有当地的玻璃销售员在推销玻璃时都会带上一把锤子和一些玻璃样品，以效仿他的做法。

但是，过了一段时间后，这名销售员的业绩仍然是最高的，他们很奇怪，这是为什么呢？于是，在另一个授奖仪式上，主持人再次问道："现在大家都做了和你一样的事情，但为什么你的销售成绩还是第一名呢？"推销员笑了一下，说："其实，答案还是很简单的，上次说完那个秘诀之后，我就改变了做法，在问了客户相不相信安全玻璃后，我会把锤子交给他们的，让客户自己砸玻璃，亲自感受一下。这样的效果会比他们只是看要好得多。"

该销售员的聪明之处就在于能够运用独树一帜的开场白，这样不仅减轻了客户的敌对情绪，还能够缓解现场的紧张气氛。这样的开场白无疑是成功的。

开场白的好坏在很大程度上决定了一次推销的成功与否，因此，销售员在拜访客户之前，一定要想好自己的开场白，短时间内拉近双方距离，给客户留下好印象，为成交打好基础。

很多人都有这样的体验，在与陌生人会面时，心里总会打鼓："我到底该怎样说出第一句话，让他对我感兴趣呢？"而在事后，我们又往往后悔不已："我今天怎么能说那样大煞风景的话呢？""我要是换种方式，结果可能会好点儿。"然而，这个世界上没有卖后悔药的，于是我们只好暗下决心，第一次就要把握好说话方式，来一个漂亮的开场白。

　　能引起客户注意的开场白就像是卖报人所说的话那样，我们不妨设想一下，现在你正在一个公交车站等车，一位卖报人走过来，对着等车的人高喊"卖报！卖报！一块钱一份！"；同样的情境，另外一位卖报人走了过来，也对着等车的人高喊"卖报！卖报！恐怖分子发动大规模恐怖袭击！中国足球再遭惨败，主教练面临下课危机！最新台风明天登陆本省，中心风力可达12级！"，然后对比一下两位卖同样报纸的卖报人，最终的结果会有什么样的差别！后面的那位卖报人通过非常具有诱惑力的语言，成功地吊起了等车人的胃口，激发了他们的兴趣，自然会有比较好的销售业绩。

　　因此可以说，开场白的好坏可以决定你这次销售是成功还是失败。换句话说，好的开场白就是销售成功的一半。许多客户在听销售人员说第一句话的时候要比听后面的话认真得多，听完第一句话，大多数客户就自觉或不自觉地决定了是尽快打发销售人员走开，还是准备继续谈下去。因此，销售人员要说好开场白，才能迅速引起客户的注意力，并保证销售顺利进行下去。

　　寿险销售员："吴总，假如我这里有10公斤软木要卖掉，您愿意出多少钱？"

　　客户："我不需要什么软木呀，所以没必要出钱。"（惊讶地看着销售人员）

　　寿险销售员："好的，我再问您，如果现在您坐在一艘正在下沉的小船上，生命遇到了危险，我可以救您，但前提是您必须答应付我10万元的酬金，您愿意答应我的条件吗？"

　　客户："这个嘛……呵呵，你怎么会问我这样的问题？"

　　这位寿险销售员在与客户谈话之初，并未急于向客户推销自己的寿险险种，而是问一些似乎与销售无关的、稀奇古怪的问题，这让客户感到非常意外，于是就会产生听下去的欲望。这位寿险销售员开场白的成功之处在于他能够掌握客户的心理，即客户的购买是建立在需求的基础上的。他向客户提出的第二个问题就是一个很好的铺垫，而且这样的问题能够完全吸引住客户，可谓一箭双雕。

无数事实表明，好的开场白会给客户留下深刻的印象，为下一步工作打下良好的基础，从而使推销的成功率大大提高。很多有经验的销售员在每次拜访客户前，都会花时间来考虑如何跟客户说一番精彩的开场白。因为只有在第一时间抓住客户的注意力，才能赢得与客户继续交谈的机会。

人们买的不是产品，而是心理需求

销售是发现需求，满足需求的过程。客户购买产品，一般都有自己的需求，没有搞清楚客户的真实想法就盲目推销自己的产品，只会让客户反感，成交更是遥遥无期。对于销售人员来讲，只有先洞察、挖掘客户的需求，才能根据客户的实际情况，推广销售相应的产品，从而在满足客户需求的同时，实现产品的价值。

所谓客户的需求，是指通过买卖双方的长期沟通，对客户购买产品的欲望、用途、功能、款式进行逐步发掘，将客户心里模糊的认识以精确的方式描述并展示出来的过程。客户的需求往往是多方面的、不确定的，需要销售人员去分析和引导。

一家超市的经理正在给店员开会，他说："如果明白生意的本质，做生意就成为颇为有趣的事儿了。生意的本质就是找客人所需要的东西，然后让客人知道，他们可以用你所给的东西来满足需要。"

大家凝神聆听，其中一位女店员站起来，问道："经理，客人需要的是什么呢？"

"客人的需要有三：第一是他们想要得到些东西；第二是他们想要做些事情；第三是他们想要节省、想要减轻什么。"经理加强语气，继续说："他们想要得到的是健康、金钱、名声、漂亮的外表、舒服、快乐，以及其他有形的许多东西；他们想要做的是表现自己，满足好奇心，满足虚荣心，想成为一位成功者；他们想要节省的是时间、金钱、劳力，想要减轻的是不愉快、不安、危险、烦恼等。你们知道了这些最基本的人类需要，知道了生意是利人利己的事，那么，做生意就会变得其乐无穷。"这位经理停了一会儿，又问道："你们知不知道推销商品最好的秘诀是什么？"

"是不是对客人亲切呢？"一位女店员羞怯地回答。

"亲切是相当重要，但我认为最好的秘诀是对待客人时，使客人从最初就知道，你能够给予他什么，并能为他做些什么，他从你的手里得到东西时，能产生如获至宝的感觉，这样，你的推销就算成功了！"

由此可见，研究客户需要、满足客户需要是销售活动的核心。客户自身的需求是一切购买行为的源头，无论是简单的个人消费，还是复杂的商业采购，需求是一切销售成交的开端。

在销售过程中，有很多销售人员在拼命介绍产品，以至于忘了先要了解顾客的需求。只要顾客来了，就拼命介绍产品，按自己的意愿想说什么就说什么，这样自顾自地介绍产品，效果肯定不会很好，因为你不知道顾客想要什么，在想什么，那么我们销售的针对性就比较差，满足顾客需求的可能性急比较小，销售成功的概率就比较小。事实上，一切影响客户购买的因素、一切成交过程中的方法和技巧都是由客户需求生发出来的。当需求足够强烈的时候，其他一切因素都是居于次位的。如果你想顺利成交，关键在于你是否善于发现和挖掘客户的需求，然后沿着所发现的问题分析问题，提出解决问题的方案。在这个过程中，客户的需求和客户的问题是中心，产品只是满足客户需求、解决客户问题的一种工具而已。所以说，成交就是一个主动满足客户需求，帮客户克服困难、解决问题、排除障碍的过程。

如果有人说我可以将冰卖给爱斯基摩人，你会相信吗？看看下面这个销售故事：

销售员："您好！爱斯基摩人。我是北极冰公司的销售员。我想向您介绍一下北极冰给您和您的家人带来的许多益处。"

爱斯基摩人："这可真有趣。我听到过很多关于你们公司的好产品，但冰在我们这儿可不稀罕，它用不着花钱，到处都是，我们甚至就住在这东西里面。"

销售员："是的，先生。注重生活质量是很多人对我们公司感兴趣的原因之一，而看得出来，您就是一个很注重生活质量的人。你我都明白价格与质量总是相连的，能解释一下为什么您目前使用的冰不花钱吗？"

爱斯基摩人："很简单，因为这里遍地都是。"

销售员："您说得非常正确。您使用的冰就在周围。日日夜夜，无人看管，是这样吗？"

爱斯基摩人："噢，是的。这种冰太多太多了。"

销售员："那么，先生，现在冰上有您和我，您看那边还有正在冰上清除鱼内脏的邻居们，北极熊正在冰面上重重地踩踏。还有，您看见企鹅沿水边留下的脏物了吗？请您想一想，设想一下好吗？"

爱斯基摩人："我宁愿不去想它。"

销售员："也许这就是为什么这里的冰不用花钱……能否说是经济合算呢？"

爱斯基摩人："对不起，我突然感觉不大舒服。"

销售员："我明白。给您家人饮料中放入这种无人保护的冰块，如果您想感觉舒服，必须得先进行消毒，那您如何去消毒呢？"

爱斯基摩人："煮沸吧，我想。"

销售员："是的，先生。煮过以后，您又能剩下什么呢？"

爱斯基摩人："水。"

销售员："这样您是在浪费自己的时间。说到时间，假如您愿意在我这份协议上签上您的名字，今天晚上您的家人就能享受到最爱喝的，既干净，又卫生的北极冰块饮料。噢，对了，我很想知道您那些清除鱼内脏的邻居，您以为他是否也乐意享受北极冰带来的好处呢？"

结果，爱斯基摩人购买了销售员推销的冰。

把冰卖给爱斯基摩人，这看似是一件不可能完成的事情，但上例中的销售员却做到了。在这个过程中，爱斯基摩人从最初的排斥、怀疑到最后的认同、接受，发生了一系列复杂的心理变化。一开始，他觉得简直不可思议，自己住的地方到处是冰，怎么还会有人在推销冰？可是，随着沟通的深入，他发现自己确实有对洁净冰块的需求，只是以前没有意识到。而在销售员的引导下，他买冰的欲望不断增强，剩下的就是如何成交，买下销售人员的冰饮产品了。

需求是可以发现的，也是可以挖掘创造的。创造需求不是无中生有，更不是生拉硬扯，而是一种更高层次的消费心理满足。要实现这个层次的目标，就要切实站在客户的角度，想客户所想，激发客户潜在需求。

需求产生行为，但并非所有的需求都会被人们意识到，只有当人的匮乏感达到某种迫切程度时，需求才会被激发，才会促使人有所行动。因此，有很多需求潜伏在消费者心底，需要被销售人员唤醒和激发。有资料证明，在消费者的整个需求中，潜在需求占70% ~ 80%，因此，帮助顾客挖掘潜在需求也是销售员的任务之一。难怪有人说销售就是要创造需求，但值得注意的是，创造需求不是脱离实际，而是要发掘和唤醒顾客的潜在需求，把潜在需求转化为现实需求。

激发好奇心，吸引客户的注意力

在销售过程中，如果你不能在最短的时间里用最有效的方法来吸引客户的注意力，那么你对客户说什么都是无效的。所以，与其你滔滔不绝地讲你的产品，表明你的产品具有怎样的价格优势，倒不如想想要怎样才能转移客户的注意力。唯有当客户将所有注意力放在你身上的时候，你才能够真正有效地开始你的销售过程。

心理学家认为，人的本性是不满足，好奇心就是人们希望自己能知道或了解更多事物的不满足心态。在销售实践中，销售人员可以通过激发客户的好奇心来吸引客户的注意力。这样做的一般步骤是：首先唤起客户的好奇心，引起客户的注意和兴趣；其次再寻找机会道明你的真实意图，并迅速转入面谈阶段。

某百货商店老板曾多次拒绝接见一位服饰销售员，原因是该店多年来经营着另一家公司的服饰品，老板认为没有理由改变这固有的使用关系。后来这位服饰销售员在一次销售访问时，首先递给老板一张便笺，上面写着："您能否给我十分钟就一个经营问题提一点建议？"这张便条引起了老板的好奇心，销售员被请进门来。他拿出一种新式领带给老板看，并要求老板为这种产品报一个公道的价格。老板仔细地检查了每一件产品，然后作出了认真的答复。销售员也进行了一番讲解。眼看十分钟时间快到，销售员拎起皮包要走。然而，老板却主动要求再看看那些领带，并且按照销售员自己所报的价格订购了一大批货，这个价格略低于老板本人所报的价格。

由此可见，制造悬念、利用客户的好奇心是一种引起客户注意的好方法。只要我们可以吸引客户的注意力，引起客户的兴趣，那么客户便乐于与我们继续交谈下去。

众所周知，好奇心的产生是因为外界的现象对大脑产生了一种刺激，使大脑的某些区域处于一种亢奋的状态中，进而引起人对外界事物产生了关注的心态。在现代营销学中，一些营销专家通常会把这种心理运用到营销策略中去，并明确地指出了能够引起客户好奇心的重要性，即谁能够引起客户的好奇心，谁就有了成功推销的基础。一位销售高手曾经说过："每个人都有好奇心，尤其是对自己不了解的、不知道的、不熟悉的事物会特别关注。制造悬念就是为了引起客户的好奇，让客户注意你的解说，达到吸引客户的目的。"

一次，詹姆斯在登门向客户推销一款售价280元的烹饪厨具时，还没有进门就遭到了客户的拒绝。客户告诉詹姆斯："我是不会购买这么贵的厨具的。"

第二天，詹姆斯再一次敲开了这位客户的门。客户开门一看是詹姆斯，想都没想便拒绝了他。

詹姆斯没有说话，而是从口袋中掏出一张1元的钞票，并当着客户的面将这张钞票撕碎，之后询问客户："您心疼吗？"

虽然客户有些吃悖，但想了一下，回答说："我一点也不心疼，你撕的是你的钱，和我没有一点关系。如果你愿意，就尽管撕吧。"

看到客户转身要离开，詹姆斯大声说："不，您错了。我撕的不是我的钱，而是您的钱。"

听到这里，客户感到很惊奇，转过身来，问道："怎么会是我的钱呢？"

这时，詹姆斯不慌不忙地说道："这款锅底部采用先进的超强导热材料,环形高效吸热圈能够将燃气热能能聚集到吸热圈周围,均匀地包围在锅的底部,不但起热速度快,导热均匀,而且储热性能好,能够最大限度地节省您的能源和时间。同时,它上下两层分离,可炒、可煮、可蒸,一锅多用,为您节省了单独购买厨具的费用。所以,如果您不购买这款省钱的锅,那不就相当于在撕自己的钱吗?"

客户听了詹姆斯的话,觉得确实不错,于是改变主意,购买了一套烹饪厨具。

在你与顾客交谈的过程中,如果你能唤起顾客的好奇心,那么你就成功了一大半。在这个事例中,詹姆斯就是使用这种方法,使客户产生探究问题答案的强烈愿望,然后引导客户转向产品性能,从而达到了让客户购买产品的目的。

出"奇"才能制胜。每个人都有好奇的天性,一旦有了某个疑问,就必须得探明究竟不可。在销售活动中,利用人们的好奇心理,采取以"奇"标新的独特方式,引发人们的好奇感是赢得客户的一种招数,也是拉近与客户心理距离的有效策略。所以,销售人员要多开动脑筋,利用人的好奇心理,了解怎样才能吸引消费者的注意,并刺激他们购买商品。

当然,要想运用客户的好奇心拉近彼此之间的心理距离,并促成销售,前提条件一定是产品质量过硬。否则,即便有奇特、新颖的招数,也难以让劣质产品受到大家的欢迎。

总而言之,成功吸引客户的关键在于激发他们的好奇心。如果销售员能合理地利用客户的好奇心,那么你的推销之路将会走得更顺畅、成功。

注入情感，捕获客户的芳心

销售从表面来看，不过是商品和货币的交换过程，仅仅存在着商家和客户的买卖关系。其实并非如此简单。很多时候，销售人员销售的不是商品，而是情感。这就涉及了"情感"的心理价值，在心理学上叫作"情感效应"，即在与人交往过程中，用情打动对方更加能够让对方折服或是与对方成为知己，某些时候，情感比利益更加容易打动人。"情感"这种因素是不可见的、无形的价值，附着在一个产品或服务上，使产品或服务从客户的角度看起来和感觉起来更有价值。

美国推销大王乔·坎多尔福曾说过："推销工作 98% 是感情工作，2% 是对产品的了解。"乔·吉拉德也曾说："你真正地爱你的客户，他也会真心爱你，爱你卖的东西。"

在销售过程中，客户从产生购买愿望到实现其购买行为，是由多种因素促成的，而精神因素时常起着决定性作用。如果企业的各种生产经营行为都能从"情"字切入需求，找到企业与客户的情感沟通纽带，进行准确的定位和有分寸的"切入"，使客户持续不断地感受心灵的冲击，即能潜移默化地影响客户的心理，从而全力激发其潜在的购买意识，达到"润物细无声"的巧妙作用。

现在越来越多功能近似的商品可供选择，那么客户为什么要选择在你处购买呢？很多实例表明，客户更愿意和自己信任和喜欢的销售打交道，所以如果你能在平时注意善意对待每一位与你产生接触的人，没准儿那个对象就会是下一位在你这里买单的客户。

一个炎热的午后，一位身穿汗衫、满身汗味的老农伸手推开汽车展示中心的玻璃门，一位笑容可掬的小姐马上迎上来并客气地问：

"大爷，我能为您做什么吗？"

老农腼腆地说："不用，外面太热，我进来凉快一下，马上就走。"

小姐马上亲切地说："是啊，今天真热，听说有 37 度呢，您肯定热坏了，我帮您倒杯水吧。"接着，她便请农夫坐在豪华沙发上休息。

"可是，我的衣服不太干净，怕弄脏沙发"，老农说。

小姐边倒水边笑着说："没关系，沙发就是给人坐的，否则，我们买它做什么？"

喝完水，老农没事，便走向展示中心内的新货车东瞧西看。

这时，小姐又走过来问："大爷，这款车很有力，要不要我帮您介绍一下？"

"不要！不要！"老农忙说，"我可没钱买"。

"没关系，以后您也可以帮我们介绍啊。"然后，小姐便逐一将车的性能解释给老农听。

听完，老农突然掏出一张皱巴巴的纸说："这是我要的车型和数量。"

小姐诧异地接过来一看，他竟然要订 10 辆，忙说："大爷，您订这么多车，我得请经理来接待您，您先试车吧……"

老农平静地说："不用找经理了，我和一个人投资了货运生意，需要买一批货车，我不懂车，最关心的是售后服务，我儿子教我用这个方法来试探车商。我走了几家，每当我穿着同样的衣服进去并说没钱买车时，常常会遭到冷落，这让我有点难过，只有你们这里不一样，你们知道我'不是'客户，还这么热心，我相信你们的服务……"

当你用富有人情味的服务与客户交流的时候，会让对方从心里对你产生认同感。在这种情况下，生意上的事自然就十分顺利了。

所以说，如果你销售的是产品，你会有永远竞争不完的对手；如果你销售的是情感，你会有永远跟随你的忠实客户。

销售是从接触开始的，倘若客户将销售员拒之门外或不予理睬，销售员失去了推销对象，推销商品也就成了空话。所以，销售人员在发现了可能成为买主的客户时，要争取主动，热情相迎，在攀谈中注入情感因素，使客户感到你的真诚，视你为自己人。这样，成功的销售便开始了。

情感与人的需要是紧密相连的。人的需要有多种多样，但哪一种都同情感有关。销售人员的销售策略符合客户的需要，就会产生积极的情感，进而顺利地促成客户实施购买行为。

与客户建立感情和朋友之间的感情没有太大区别，说一个技巧，那就是关心客户。关心当然无大小之分，一句诚挚的"谢谢"、一个热诚的"微笑"、简单亲切的"道好"，这些虽然微不足道，但只要真诚，就很感人。销售人员关心顾客，只要发自内心地去帮助顾客排忧解难，就不愁和顾客成不了朋友了。

有一次，小张上门给客户送产品时，听客户说，他隔壁住了一位老太太，先生早逝，儿女都在海外，身体情况不太好。于是小张心里就想，也许公司的营养保健食品对她会有所帮助。于是，小张就在客户的引见下登门拜访。知道小张的来意后，老太太婉拒地说："我不太相信什么保健品，就连儿女买的保健品还有很多没开封呢。"

离开后，小张总是记挂着这位孤独的老人，每逢去那位客户家送货时，都要去老人家坐坐，陪她聊一会儿天。没想到有一天，老人向来看她的小张认真咨询起营养品的功用，还请小张针对自己的身体情况推荐几款。

生意就这样做成了，就连小张自己都有些纳闷儿：自己再也没向老人推销过产品，她怎么会有180度的大转弯呢？其实，有经验的销售人员一看就明白，是小张对老人真诚的关心最终促成了交易，因为它满足了老人被了解与被重视的需求。

俗话说："感人心者，莫先乎情。"这种"情"就是指人的真情实感，只有用你自己的真情才能换来对方的情感共鸣。

从某种角度上说，销售其实是一项情感性工作。因为销售的重点就是赋予产品以生命力，让产品与客户建立情感联系，进而使客户爱上这个产品。所以说，情感就是销售过程中的催化剂。客户对产品的情感源自客户对产品的满意，要让客户觉得满意，销售人员就要对客户持续不断地、细致入微地关心。要成为一名出色的销售人员，是绝对需要用心的，而且要付出一定努力和情感，要把销售工作当作一种乐趣，而不仅仅是工作。

巧妙提问，引导客户说出内心需求

销售的秘诀在于找到客户内心最真实的想法。那么，怎样去挖掘客户内心这种往往深藏不露的真实想法呢？有一个简单的办法，那就是不断提问。每一个提问都是一颗探路的石子。你问得越多，客户答得越多；答得越多，暴露的情况就越多，这样，你就一步一步化被动为主动，成功的可能性就越来越大。

有句谚语："明智的提问比明智的回答更为困难。"提问的意义在于作为一个引子，打开客户的思路，以利于沟通的进行。在销售中，销售人员通过巧妙地运用提问技巧，就能使客户说出他们对购买产品或服务犹豫不决的真正原因是什么以及他们最大的顾忌又是什么。一旦客户向销售人员敞开心扉，说出自己的顾忌，销售人员也就真正了解了客户拒绝购买的原因，也就知道该如何妥善解决这些问题。

机械设备厂的小刘经常打破公司的销售记录。在公司的经验总结大会上，小刘说出了他的销售秘诀：经常对客户进行有针对性的提问，可以让客户在回答问题的过程中对产品心生认同。小刘经常在与客户谈话之初就进行提问，直到销售成功。以下是他的几种典型提问方式：

"您好！听说贵公司打算购进一批机械设备，能否请您说说您心目中理想的产品应该具备哪些特征？"

"我很想知道贵公司在选择合作厂商时主要考虑哪些因素？"

"我们公司非常希望与您这样的客户保持长期合作，不知道您对我们公司以及公司的产品印象如何？"

"如果我们的产品能够达到您要求的所有标准，并且有助于贵公司的生产效率大大提高，您是否有兴趣了解这些产品的具体情况呢？"

"您可能对产品的运输存有疑虑，但这个问题您完全不用担心，只要签好订单，一个星期之内，我们一定会送货上门。现在我想知道，您打算什么时候签订单？"

"如果您对这次合作满意的话，一定会在下次有需要时首先考虑我们，对吗？"

从上面的例子中可以看出，小刘的提问是有系统性和针对性的：他先是弄清了客户的需求，为自己介绍公司及产品做好了铺垫，并且引起了客户对公司的兴趣，然后站在客户的立场上再提出问题，对整个洽谈局面进行有效控制，最终促成交易，并为以后的长期合作奠定基础。因此，销售人员必须有针对性地提问，要让客户有机会吐露自己心中的真情实感，这样，销售人员不仅能够透彻了解客户的问题，而且能够消除客户心中的疑虑。

中国有句古话："善问者能过高山，不善问者迷于平原。"如果想使交谈愉快地进行，巧妙提问是关键。巧妙提问不仅能获得自己想得到的信息，而且还能令对方心情舒畅，而不当的提问常使交谈失败。所以，销售高手会通过一系列别有用心的、精心设计的问题来引导客户的思路，从而达到销售的目的。

下面的内容总结和归纳了一些提问的方式和方法：

1. 进行明确的提问

要使所提问题容易被客户理解和回答，就要避免提出过于复杂与冗长的问题。

有些销售人员把几个问题糅合在一起，使提问复杂化。例如，"请问你们多长时间订货一次并全部销售出去？"

这个问题就很难让客户作出合理的回答。因为他们不明白你究竟是在问多长时间订一次货呢，还是在问一次所订的货物多长时间能够全部售完呢？

另外，还有些销售人员把问题拉得很长。例如，"有这么多复杂的报告要准备和翻阅，您很难确定什么时候去展销会看我们的样品和技术资料吧？"

这么烦琐的问句很容易让客户感到厌烦，他们也很难集中精力去仔细听清这类问题。所以，提问应尽量做到简单、明确，不拖泥带水。

2. 提出的问题要客观

销售中的提问，其要目的应该是了解客户的真实想法，而不是诱使客户作某种承诺或强迫他们接受销售人员的观点。举例来说，如果提出的问题只有一个可能的答案，而这个答案又明显有利于销售人员，那么，这个问题就不具备客观性。

例如，"为什么您认为这是一个优秀的产品？"，或者"您认为我们的产品在哪些方面胜过您正在使用的产品？"

这样的问题试图鼓励对方作出肯定回答，没有否定答案，还具有明显的主观倾向，很容易引起客户的反感。退一步讲，即使得到了想要的答案，销售人员也不能把握客户的真实想法。

3. 提问要有阶段性

应该把问题分布在沟通中的不同时段上，避免连续性提问。因为当销售人员接二连三地提出问题时，客户可能就会感到很不舒服。这样的话，他们可能会觉得不是在参与交谈，而是在接受审问。有的客户甚至会因此产生抵触情绪，故意不回答问题。

如果能够适当把你的问题分割开来，就可以使客户有充裕的时间来作出回答，从而做到在轻松的气氛中参与交谈。分割问题的主要方法是要进行有计划的提问，不打断客户的回答。总之，要让客户感到，他们是自愿提供信息的，而不是被迫泄露的。

4. 多作开放式的提问

开放式的提问技巧是指发问者提出一个问题后，回答者围绕这个问题要告诉发问者许多信息，不能简单以"是"或者"不是"来回答发问者的问题。

这类提问的目的是鼓励客户作出较深入、较详尽的回答。如果销售人员提出的问题只有"是"或"否"这样简单的答案，那么，这样的提问就是不恰当的。因为它无法使客户发出更多信息，也很难使客户真正参与到交谈中来。

例如，"您是否听说过我们公司？"这个问题的答案只有"是"与"不是"，而"有关我们公司，您了解哪些情况呢？"这个问题就要好得多。

销售人员要想从客户那里获得较多信息，就需要采取开放式问法。使客户对你的问题有所思考，然后告诉你相关信息。

提出开放式的问题，并且耐心地等待，在客户说话之前不要插话，或者鼓励他们大胆地告诉你有关信息，收效会很明显。人们对于开放式的问法也是乐于接受的。他们能认真思考你的问题，告诉你一些有价值的信息，甚至还会对你的推销工作提出一些建议，这将有利于你更好地进行推销工作。

总之，在适当的时间提出适当的问题是一个优秀的销售员做出的聪明选择。世界级销售培训大师伯恩·崔西说："如果你能提问，就永远不要开口说。"正确的提问才能引起客户的注意，引发客户的思考，掌握主动，取得销售成功。所以，把说话的机会留给客户，并用适当的发问引导客户说下去是销售取得成功的关键。

跟任何人都聊得来

提升说话魅力的沟通秘籍

王辉◎著

中国出版集团
中译出版社

图书在版编目（CIP）数据

口才训练与沟通技巧的艺术 . 跟任何人都聊得来 /
王辉著 . -- 北京：中译出版社 , 2019.12
ISBN 978-7-5001-6085-4

Ⅰ . ①口… Ⅱ . ①王… Ⅲ . ①口才学—通俗读物
Ⅳ . ① H019-49

中国版本图书馆 CIP 数据核字 (2019) 第 272709 号

出版发行：中译出版社
地　　址：北京市西城区车公庄大街甲 4 号物华大厦六层
电　　话：(010)68359376,68359827（发行部）（010）68357328(编辑部)
传　　真：(010)68357870
邮　　编：100044
电子邮箱：book@ctph.com.cn
网　　址：http://www.ctph.com.cn

策　　划：北京瀚文锦绣国际文化有限公司
责任编辑：温晓芳
封面设计：孙希前

排　　版：张元元
印　　刷：香河县宏润印刷有限公司
经　　销：全国新华书店

规　　格：880mm×1230mm　　1/32
印　　张：25
字　　数：650 千字
版　　次：2019 年 12 月第一版
印　　次：2019 年 12 月第一次

ISBN 978-7-5001-6085-4　　　　定价：178 元 / 套（全 5 册）

前言
Preface

在现今社会被研究最多的一个问题就是为人处世。而为人处世最重要的就是说话。在生活、工作中，我们每个人都一直不断地在与各种各样的人交流、谈话，要不没办法在社会上生存。不管在日常生活中，还是职场里，只要我们不想被适者生存的潜规则淘汰，就一定要学会如何与别人交流。

很多人喜欢用自己的眼光去看待一切问题，认为社会生存很简单，殊不知社会的残酷，从而导致处处碰壁。导致出现这种情况的原因，归根到底是说话做事不合理。

因此，要想保护自己，发展自己，你就要懂得谈话做事的"心机"。同时，为人处世要有所成，就必须求稳，绝不可做超出能力之外和没有把握的事，即不能盲目死拼、死磕，否则到头来你只能碰得头破血流，输得体无完肤。这是为人处世最大的忌讳，属笨拙手段。反之，你凭自己的眼力、心力，能够准确地算准自己行动的路数，在能力范围之内进退、转换、取势，就能加大成功的系数，正如美国著名成功学家特鲁西所说："最聪明的人，总能以最好的手段做出最大的事情。"

说话之道，是现今社会的一个很庞大的课题，也是每个初入社会的年轻人终生必修的课程，在当今人际关系十分复杂的社会里，更应该处事练达，才能更好地扬帆远航。

真正懂得说话之道的人是大智慧与大容忍的结合体，有斯巴达勇士的武力，有诸葛亮沉静蕴慧的平和。真正懂得为人处世的人能承受大喜悦与大悲哀。真正懂得处世的人行动干练迅捷，不为感情所左右；真正懂得处世的人能审时度势，急流勇退，而且能抓住最佳时机东山再起；真正懂得处世的人没有失败，只有沉默，是面对挫折与逆境积蓄力量的沉默。

现代年轻人的社交活动越来越频繁，一个年轻人拥有了圆润的交际能力和内在的品格力量，便拥有了打开社交之门的金钥匙，良好的处世能力更有助于年轻人取得生活上和事业上的成功。

本书将从言谈举止、人际礼仪、方圆处事等多个方面阐述如何才能和任何人谈得来，为你的人生之路铺上通向远方的红地毯。

目录
Contents

第一章　一开口，让所有人都喜欢你 / 1

言谈直接影响人生 / 1

用言谈抓住有限的机会 / 4

好口才助你实现梦想 / 8

三寸之舌，强于百万之师 / 10

能言善辩是本事 / 12

怎样提高与人交谈的能力 / 15

第二章　无声胜有声，不说话的开场白 / 19

隐藏才能，等待时机 / 19

暂时低头，寻找机会 / 22

弯腰做人，能屈能伸 / 25

矮檐之下要学会低头 / 28

低头让你有个好人缘 / 31

低头，一个强者必备的能力 / 34

吃亏就是占便宜 / 36

保持耐心，把冷板凳坐热 / 39

第三章　解开心结，聊天聊的是心态 / 43

控制情绪，把握未来 / 43

善于知足，乐在其中 / 46

开怀一笑，苦累全无 / 49

卸下包袱，学会放松 / 52

活在当下，快乐无限 / 54

解开心"结"，成就自己 / 58

营造自我，快乐无限 / 61

放弃其实也是一种人生的选择 / 65

第四章　以礼相待，不只是容仪更有心仪 / 69

有"礼"行遍天下 / 69

授人玫瑰，手有余香 / 75

送礼，关键是要会送 / 76

帮助别人就是帮助自己 / 81

见什么人送什么礼 / 84

第五章　职场圈，"会聊天"也是竞争力 / 89

如何谈你的工作经历 / 89

回答好"陷阱"问题 / 90

把"意见"变成"建议" / 93

怎样和老板谈加薪 / 97

办公室的说话艺术 / 99

化解与同事不合的方法 / 101

领导发火有讲究 / 102

不要使用任务式语言 / 105

对立情绪要不得 / 107

第六章 会说话、说好话 / 111

不要太聪明，管好你的嘴 / 111

办公室里说话要小心 / 113

学会说"不"，讲究艺术 / 116

直言逆耳，多说好话 / 121

用嘴去说动别人的腿 / 123

处处留余地，事事不过头 / 124

第七章 有分寸，把话说得恰到好处 / 129

用你的虚心，成全别人的好胜心 / 129

有一种沟通叫妥协 / 132

像水一样为人处世 / 133

处世要机智，为人要圆滑 / 135

包容他人，就是善待自己 / 137

用对心计做对事 / 140

凡事不可硬撑 / 142

大丈夫能屈能伸 / 146

第一章 一开口，让所有人都喜欢你

良好的口才对于一个人将来的发展非常重要。正如古
人言："一言可以兴邦"，"三寸之舌，强于百万之师"，
可见好口才的重要性。

言谈直接影响人生

人们活着，不是仅仅为了活着，还是为了做成一些事情，实现
为自己、为他人、为社会而设定的某些理想和目标。而抵达这一理
想境界的通行证就是语言，就是高超的说话水平。

中国有句古语"与君一席话，胜读十年书"，这句话的意思是
说，跟那些说话水平高的人交谈，可以帮助你增长知识和提高修养，
激发你的创造潜力，并能增进你与朋友之间的感情。但凡善于交际
和表达的人，必是具有敏锐观察力、能深刻认识事物的人，只有具
备敏锐观察力，他说出来的话才能既生动又准确地反映事物的本质。
此外，他还必须具备严密的思维能力、丰富的词汇、渊博的知识等。
有鉴于此，有人说：说话水平是学识的标尺。

事业的成功和失败，往往决定于某一次谈话，这话绝不是危言耸听。在富兰克林的自传中，有这样一段话："我在约束我自己的时候，按照一张美德检查表实行，当初那表上只列着 12 种美德。后来，有一个朋友告诉我，说我有些骄傲，这种骄傲，常在谈话中表现出来，使人觉得盛气凌人。于是我开始留意自己是否有这方面的问题，我相信这些问题足以影响我的前途，然后我在表上特别列上'虚心'一项，我决心竭力避免一切直接触犯别人感情的话，甚至禁止自己使用一切确定的词句，像'当然''一定''不消说'等，而以'也许''我想''仿佛'等来代替。"富兰克林又说："说话和事业的进步有很大的关系，你如果出言不慎，你如果跟别人争辩，那么，你将不可能获得别人的同情、别人的合作、别人的帮助。"

有些谈话是比较严肃的。谈话，不只是出于一种社交上的需要，也不只是互相认识一下和互相了解一下。例如你找一位朋友，请他参加一个团体；或是为研究社会福利问题，工作者出去调查一个家庭；或者一位医生，为解决一个医疗问题向患者咨询；或是买卖双方的谈判。这一类的谈话，究竟和生活中一般性质的谈话有什么不同呢？这类谈话，每次都有一个特殊的目的。

工作时间或应征工作的晤谈所需要的是你爽朗和冷静的一面。应征工作的晤谈，最重要的是表现自己的资格和能力。工作晤谈不是社交拜会，不宜摆一副安逸的姿态，谈话的范围要有一定的界限，不要谈办公室的陈设，不要谈对方的一身装束。应征晤谈时间有一定的限制，你必须把你的资格和能力，浓缩在一个很短的时间内交代清楚，这是你所受训练、教育及能力的最佳证明。陈述你的能力而不流于自夸，得失留给对方去评判。这样，即使你的见解不和他的相符，仍不会失掉成功的希望。自夸必然连带着固执，这种态度只会使人厌恶。去访问一个人，把目的简单地说出之后，你就应该告辞了，即使环境允许逗留一些时间，也应该立刻把话题转到别处。

在工作上要心情愉快，不要摆一副冷面孔，尽量减少情绪上的困扰及不切实际的幻想，谈谈工作上所需要的知识，谈谈工作上的经验，要诚心诚意地，不存任何的成见。对待在一块儿工作的人，必须敬重、有礼貌、有关心，互道安好，语气温和。我们要彼此坦诚相待，心中有话，直言不讳。我们在团结精神的表现上尤应高昂。当某人略显慌乱或口吃时，其他的人即要开口为他解围，适时掩饰他的词穷。

失言是常有的事。你应该立即承认自己犯了错误。你只要认错就不致情况恶化，而且你很可能还有所收获。现在有勇气说"我错了"的人已经不多，因此，敢说"我错了"就能赢得别人的敬重。无心的错误，还可以让人理解，但有一种错误，几乎不能让人原谅，就是公开取笑别人的缺点。

你如果出言不慎，你如果无理取闹跟别人争吵，那么，你将不可能获得别人的同情、合作和帮助。无数事实证明，说话水平是事业成功的重要因素，口语表达能力直接关系到事业的成败。

1983年元旦，英国女王向多年给首相撒切尔夫人担任顾问的戈登·里斯授以爵位。其主要功绩是：有效地提高了撒切尔夫人的演说能力和应答记者提问的能力；为撒切尔夫人撰写了深得人心的演讲稿……一句话，他为英国塑造了一位风姿绰约、雍容而不过度华贵、谈吐优雅和待人亲切自然的女首相形象。

在西方发达国家里，当前无不把说话水平作为衡量优秀人才的重要尺度，每个公司、企业招聘各类人才，都要进行口试。在日本，一些大公司在面试招聘人才时，专门就说话能力规定了若干不予录用的条文。其中有：

应聘者声若蚊子者，不予录用；

说话没有抑扬顿挫者，不予录用；

交谈时，不得要领者，不予录用；

交谈时，不能干脆利落地回答问题者，不予录用；

说话无生气者，不予录用；

说话颠三倒四、不知所云者，不予录用。

用言谈抓住有限的机会

现代社会竞争激烈，社会对人才越来越重视，同时，现代人不再是坐待"伯乐"的谦谦君子，"毛遂自荐"不再受到世人非议。为了使自己的才智和潜能得到最佳的发挥，人们往往需要自我推荐。招标的答辩、招聘的面试、求职的自荐，都需要运用恰当的言辞充分地展现自我而求得认同。

大学生张某去面见一位企业家，试图通过面谈，向这位总经理推销自己——到该企业任职。由于这位经理见多识广，根本没把这个乳臭未干的小伙子放在眼里，没搭上几句话，总经理便以不容商量的口吻说："我们这里没有适合你做的工作。"这位机灵的小伙子若无其事地说："总经理的意思是，贵公司人才济济，已完全可以使公司成功，外人纵有天大本事，似乎也无须加以聘用；再说像我这种涉世不深的大学毕业生能否有成就还是个未知数，与其冒险使用，不如拒之千里之外，是吗？"

他说到这里突然故意中断，用微笑直视总经理。沉默了一会，总经理终于开口说："你能将你的经历、想法和计划告诉我吗？"
小伙子又将了他一军："噢！抱歉，抱歉，刚才我太冒昧了，请多包
涵。不过，像我这样的人还值得谈吗？"说完，小伙子又沉默了。

　　总经理反而急切而坦诚地说："请不要客气。"

　　于是，小伙子将自己的经历、学历及对该企业的看法作了较系
统的阐述。总经理听后，很快改变了态度。当即对这位大学生说："你
讲得很不错，我决定聘用你了，明天就来公司报到。你的言谈显示
了你的潜力，在我这里你会有用武之地的。"

　　许多应征求职的青年，见了面试主管人员就滔滔不绝地诉说自
己的学历、经历，或有些什么才能，等等。然而，十个应征者中会
有九个说这些话，面试主管人员对哪一位也不会给予特别的注意。

　　陈君看到了一段广告，得知一家公司需要聘用有特殊才能和经
验的人，于是就去应聘。

　　他在去应试之前，先搜集了该公司总经理的有关资料。见了总
经理他就说："我很愿意在这里工作，我觉得能为你做事，是最大
的光荣，因为你是一位从底层做起并取得成功的人，我知道你18年
前创办公司的时候，只有一张桌子，一位职员和一部电话机。你经
过努力奋斗，才能有今日这样大的事业，你这种精神令我钦佩，值
得我效仿。"

　　所有成功的人，差不多都乐于回忆当年奋斗的经过，尤其愿意
向年轻人讲述某个成功的活动。这位总经理亦不会例外。所有到总
经理处应试的人，大都是毛遂自荐自己的能力，但陈君一下就抓住
总经理的心理。于是总经理先生就兴致勃勃地讲述他最初创立时的
情形，当时他仅有15000元的资本，这种小本经营，处处受到别人
讥笑。但他毫不气馁，星期日亦照常工作，每天工作12小时到16

小时，终于取得了今日的成就。总经理不断地谈论自己的成功历史，陈君始终在旁边洗耳恭听，且偶尔点头以示钦佩。最后总经理向陈君问了一些简单的问题，随后就拍板："你就是我们所需要的人。"陈君后来留在总经理的身边，成了他得力的助手。

好口才放之四海而皆准。

在费城有一位青年，为谋求职业，整天在街上徜徉，为的是哪一位阔人能发现他的"存在"。然而，不管他做出怎么引人注目的举动，都没有引起别人的注意。有一天，他灵机一动，突然闯进该城巨富鲍尔·吉勃斯先生的办公室，请求主人牺牲一分钟接见并容许他讲一两句话。吉勃斯看到这位衣衫褴褛的青年，也许出于怜悯，破例满足了他的要求。起初，吉勃斯只想应付一两句，想不到两人越谈越投机，一直谈了一个小时。结果，这位青年获得了一个满意的职位。这样一个穷途落魄的青年，在以前谋职一无所获的情况下，竟在半天之内获得了如此令人满意的职位。

选美，很多人以为只要一个年轻女子长相漂亮，天生丽质，便有可能交上好运。其实，有些摩登女郎虽然外貌标致俊俏，服饰更是新奇漂亮，但文化素养很差，语言粗俗浅陋，外表也因此而丧失了光彩。

曾当选为"最佳亚洲小姐"和"最佳太平洋小姐"的利智，不仅以美丽的仪表和姿态使评判团和广大观众为之倾倒，更以机智灵敏的思维和超凡脱俗的谈吐令人拍案赞叹。

司仪问："你夺冠后，如果曾与你为敌的人前来献殷勤，你将怎样对待？"

利智说："我会热情温柔地向他们说声'多谢'！因为真正的敌人，有时也会成为真正的朋友。他们的嘲讽刺激使我更加努力，才有夺冠的今天……"

司仪问："美，多少年不变？短暂的美，是不是美？"

利智答："美是没有年限的，短暂的美也是美。中国古代的四大美人，她们的生命是短暂的，但她们的美名却流传百世。"

利智的即兴回答恰到好处，不仅让司仪、评委和广大听众，也让与她进行激烈竞争的对手心悦诚服，报以热烈的掌声。

曾经有一位学富五车的学者去参加一个讨论会，在会上被主人请起来"随便讲几句话"时，却窘迫至极，一言不发，只得无地自容地走下台来。这使我们想到，有学问的人如果缺乏机智应变的口才，那么说明这个人的知识和能力结构还是存在缺陷的。这种缺陷在我们周围很多人身上都存在着。

提高口才就是要使人能够接近万物之灵，而远离万物之怪，走向高层次的文明。作为现代文明社会的一分子，非常有必要重视和训练口才。

有位西方的哲人还说过："世间有一种能力可以使人很快完成伟业并获得世人的认识，那就是讲话令人喜悦的能力。"人才或许不是口才家，但有口才的人必定是人才。口才是现代智能型人才的基本素质，思维敏捷、能言善辩是事业成功的保证。

王光英早年到香港创办光大实业公司，一下飞机，一位女记者就迎了上来，以蔑视的口吻突然发问："王先生，请问您带了多少钱来？"王光英先是一惊，少顷，随机应变地回答："对女士不能问岁数，对男士不能问钱数。小姐，这是公认的吧，你说对吗？"在场的记者哈哈大笑。王光英机智的言辞不仅使自己摆脱了窘况，而且给人留下了美好的印象，给他即将创办的公司做了一次不费分文而效果特佳的广告。

对于教师来说，要在课堂上讲好课，更离不开口才。把书本上的知识和自己头脑里的创造性思想，通过自己的嘴去传授给学生，在这一过程中口才起着关键性的作用。可以说，口才的好坏是衡量一个教师是否称职的重要标志之一。

有些人觉得自己将来并不想当教师，更不想当企业家、外交家，口才的学问可有可无。殊不知，科学技术的突飞猛进，对人们口语表达的要求正在日益提高。如自动化的显著标志之一，就是人们用口语指挥机器，甚至汽车、飞机都可以通过人机对话进行指挥和管理。人和机器对话，虽然不要求人有纵论天下的雄辩口才，但口才的一些基本原则还是要熟练掌握的，起码你说的话要标准，合乎逻辑。否则，机器就不会按你的意愿去办事。

好口才助你实现梦想

在社会这个大舞台上，口才直接影响到一个人的生存状况，好好地训练口才把握每一次表现机会，你的人生将无比亮丽。

岗索勒斯博士读大学的时候，发现芝加哥的教育体制有很多弊端，他相信：如果他是一校之长，一定可以校正时弊。

于是，他下定决心，要自己办学校实现理想，不受传统教育方式的局限。要将计划付诸实施，他需要 100 万美元。他从哪里着手才能得到这 100 万美元呢？这是他最为关心的问题。

每天晚上，他都带着这样的念头睡觉，早晨又怀着这个念头起床。无论走到哪里都把这个念头放在心上。翻来覆去，直到这个想法变成心中挥之不去的渴望和目标。

大部分人会说："我的主意不错，但光有一个念头，也成不了什么气候。反正我永远得不到那 100 万美元。"但岗索勒斯博士不这样认为。他后来说，在一个周六的下午他把自己关在房间里使劲地想，有什么办法可以筹到钱来施行计划。他已有两年左右的时间一直都在想，但他除了想之外，什么也没有做。

行动的时刻已经来到！

他拿定主意，要在一周之内，弄到那 100 万美元。怎么弄到他不去多想，重要的是决定一周之内把钱凑齐。一种很奇怪的自信感席卷而来。这种感觉是他以前从未经历过的。"这笔钱一直在等你！"他心里似乎有种声音在这样说。

他马上打电话给报社，对外宣布第二天早上要做一次题为"如果我有 100 万美元，我要做什么"的演讲。

他马上着手准备演讲，坦白地说，准备工作并不难，因为实际上他已经为此准备了两年时间。还没到午夜，他已经写完这篇演讲稿，带着信心上床睡觉了。这时，他仿佛看见自己已经拥有了 100 万美元。

第二天一大早，他到浴室去朗诵那篇演讲稿，然后跑下楼来，祈祷那篇演讲稿能使他得到一些人的捐助。在祈祷的时候，他再一次有了自信，相信那笔钱会现身出来。兴奋之下，他没有带讲稿就出了家门。一直到走上讲坛，准备好要开始演说了，才发现自己忘了带稿子。

回家去拿已不可能，他凭借记忆在大脑中整理演讲所需的材料。开始讲的时候，他闭上眼睛，决定全心全意发自内心地去讲。他说出了心里话，如果他有 100 万美元，他要做些什么，并描述了心中的蓝图，他说要筹建一所大型的教育机构，年轻人可以在其中学到实际的事务的同时发展自己的心智。

讲完以后，他坐了下来。有一位男士缓缓从前面第三排位子上站起来，往讲坛上走去，伸出手对他说："尊敬的先生，我喜欢你的演讲，相信你要是真有了100万美元，一定可以做到你说的每一件事情。为了向你证明我对你演讲内容的信心，请你明天早上到我的办公室来，我会给你100万美元。"

就这样，年轻的演讲者拿到了100万美元。他用这笔钱成立了亚默理工学院，也就是如今的伊利诺理工学院。

三寸之舌，强于百万之师

"一人之辩，重于九鼎之宝；三寸之舌，强于百万之师。"这句名言，充分体现了说话在谈判中发挥的重要作用。

在中国漫长的历史进程中，涌现了诸如孔子、孟子、苏秦、张仪等一大批凭"三寸之舌"而能"一言兴邦，一言衰邦"的杰出游说家。在西方国家，口才更受到重视，不仅日常生活离不开口才，政治生活更离不开口才。

在现代社会中，人与人之间的交往空前频繁，每时每刻都需要好口才。工作中的交谈，政治舞台上的辩论，学术园地里的争鸣，外交活动的斡旋，经济领域的谈判，哪一样离得开口才呢？

为什么同样的话有人说好听，而有人说就难听；为什么有的人说话干净利索，而有的人说话啰唆而不得要领；为什么有的人说话柔和，而有的人说话生硬呢？说话是有技巧的，在日常工作生活中掌握了说话技巧，也就等于找到了成功的钥匙。

口才还要求具有严密的逻辑思维能力、丰富的词汇和渊博的知识,以及自信心和诚恳的态度,这样,说出的话才有分量,才能产生强于百万之师的威力。

古代形容某人能说会道,常用"三寸不烂之舌"这个词语。《史记》记载了这么一个故事:

刘邦做了皇帝,封张良为留侯,可是张良却想出家当道士去。他说:"我家本在韩国,祖上世代都是韩国的大臣,秦国灭亡了我们韩国,我为了报国仇,宁愿牺牲万金家产参加反秦战争,现在,终于见到了胜利。凭我的'三寸舌',今天得到了这样高的荣誉和地位,实在是足够的了。"

还有一个孩童凭借三寸之舌说服盛气凌人的西楚霸王项羽,从而解救了全城百姓的故事:

西楚霸王项羽脾气暴躁,每攻占一城必将全城百姓屠杀干净。魏相彭越联汉抗楚,连夺楚国十七城,恼得项羽亲率大军围攻彭越占据的外黄城。彭越难支,半夜逃走,有人开门投降。项羽入城后,首先下了一道命令,将城里15岁以上男子集结在城东,准备全部活埋。号令一出,全城哭天号地,哭声中一小儿竟去楚营求见项羽。

项羽听说小儿求见,倒也惊异,问他:"看你小小年纪,也敢来见我?"

小儿说:"大王是人民的父母,小儿就是大王的赤子,儿子见父母,有什么不敢呢?"

项羽喜欢得不得了,忙问他有什么意见。小儿从从容容,不慌不忙地说:"外黄百姓,久仰大王恩德,只因彭越突然攻来,无奈暂时投降,但仍然整天盼望大王来救。今天大王驾临,赶走了彭越,百姓非常感激。但大王宫中有一种谣言,说要把十五岁以上男子全都活埋了。我认为大王德同尧舜,威过汤武,不会这样做的。况且屠杀百姓对大王有害无益。所以请大王颁布明令，稳定人心。"

项羽听了，觉得入情入理，但又威胁道："我活埋百姓，即便无益，也不见得有害。你要能说出有害的理由，我就下令安民；要说不出，连你也要活埋。"

儿童听到威吓，并不慌张，反而严肃地说："彭越听说大王来攻，怕百姓做内应才紧闭城门，他见人心不向他，才夜里逃走。如果百姓甘心助战，同心坚守，大王恐怕至少十天半月才能入城，今天彭越一走，百姓立即开城迎驾，可见人民拥戴大王。如果大王不恤民情，反要坑死壮丁，外黄以东还有十几城，听说了谁还敢迎降，降也死，不降也死，抗拒倒还有一线希望。到那时，彭越必向汉求援兵来攻，大王就算是处处打胜，也得把心力费尽。照此看来，这就叫作有害无益。"

项羽反复权衡利弊后，终于答应了儿童的要求。

一个小孩竟凭三寸不烂之舌，说服了杀人不眨眼的西楚霸王，挽救了外黄城千万人的生命，我们不能不佩服这个小孩的胆量，但我们更佩服的是他的合情合理的分析和"强于百万之师"的口才。

能言善辩是本事

人在最危险的时候，怎样抓住问题的关键，一语击中要害，从而驱祸得福？其中的奥秘在于能言善辩。

汉代的萧何，有一次向汉高祖刘邦请求将上林苑中的大片空地让给百姓耕种。上林苑是一处供皇帝游玩、打猎、消遣的园林，刘邦一听萧丞相居然要缩减自己的园林，不禁勃然大怒，认为萧何一定是收受了老百姓的贿赂，才这样为他们说话办事。于是下令将萧何逮捕入狱，审查治罪。就在这紧要关头，旁边的一位姓王的侍卫上前劝告刘邦说："陛下还记得原来与项羽抗争以及后来铲除叛军的时候吗？那几年，皇上亲自带兵在外讨伐，只有丞相一个人驻守关中，关中的百姓非常拥戴丞相。假如丞相稍有利己之心，那么关中之地就不是陛下的了。萧丞相不在那个时候谋大利，难道会在这个时候去贪占百姓和商人的一点小利吗？"

区区几句话，句句击中要害。刘邦深有感触，终于认识到自己的鲁莽，感到非常惭愧，于是当天便下令赦免萧何。

汉代的另一位开国元勋周勃，曾经帮助汉室铲除吕后爪牙，迎立汉文帝，有定国安邦的大功。可后来当他罢相回到自己的封地后，一些素来忌恨周勃的虚伪小人便趁机向汉文帝诬告周勃图谋造反。汉文帝竟然也相信起来，急忙下令廷尉将周勃逮捕入狱，追查治罪。按汉代的法律，凡是图谋造反者，不但本人要处死，而且要灭家诛族。就在周勃大祸临头的时候，薄太后出来劝文帝说："当皇上还没有即位的时候，周勃手里拿着先帝留给你的皇帝玉玺，又手握重兵，是谋反的最佳时机，但是他一心忠于汉室，帮助汉室消灭了企图篡权的吕氏权力，把玉玺交给了陛下。现在罢相回到自己小小的庄园里居住，怎么反而在这个时候才想起谋反呢？"

文帝一听恍然大悟，心中的疑虑顿时烟消云散，立即下令赦免了周勃。

王侍卫与薄太后用恰当的语言讲明事实真相，分析合情合理，从而免去了萧何和周勃的大难，这就是说辩中言语的巨大威力。

人有时会受到别人的侮辱，这时怎么办？应运用自己的智慧，反唇相讥，赢得人格的尊严。有一个关于晏婴出使楚国时不辱使命的故事。

南方的楚国一天比一天强大，为了疏通国与国之间的渠道，改善关系，齐国派遣晏婴出使楚国。

晏婴到达楚国。楚王就传令楚人，尽量羞辱晏婴。前来迎接的礼宾官员见他那么矮小，就命令士兵打开城门旁边的侧门，瞧他进不进。晏婴仪表堂堂地站在正门前，一声不响。

嬉皮笑脸的兵士过来了，晃悠着脑袋指了指小门说："先生，您请进吧！"晏婴轻蔑地笑了笑，也虚指了一下侧门，反唇相讥道："这是狗洞！出使狗国的人，才走狗洞！"

礼宾官员无言以对，只好命令士兵把正门敞开。

楚王接见了晏婴，他不屑一顾地问晏婴："难道齐国没有人了吗？"

晏婴连眼皮也没抬，夸张地赞颂自己的国家道："我国国都临淄，如果每个人的袖子都甩开，能盖住太阳！如果每个人挥一把汗，无异于下一场大雨！国都大路上人如潮涌，摩肩接踵，怎能说无人呢？"

楚王也想夸一下自己的国家，又苦于没有辞令，困窘了半晌，才接上了晏婴的话茬，冷嘲道："齐国既然人多势众，为什么选择你来出使我国呢？"

晏婴也顺势而下，接着楚王的话音说道："是的，诚如您所说，齐国派出使者，是经过谨慎选择的。水平高的，出使上等国家；水平低下的，出使下等国家。我晏婴水平低下，不消说，就出使到贵国来了。"

楚王还想反唇相讥，可又觉得理屈词穷，只好咽下这颗苦果。但楚王不甘心。过了几天，楚王设宴招待晏婴。酒过数巡，忽见一名犯人被捆绑着双手，押进宴会厅。楚王装出一副惊奇的模样问道：

"这被捆的是何人？"

"是齐国人，犯了盗窃罪！"押解犯人的官吏禀道。

楚王回头看看晏婴说："哦，原来这盗贼是齐国人！看来，齐国人都是惯于偷东西的吧！"

晏婴随即站起身回答说："我听说，橘树生在江南，就结出橘子；移到淮北，就长成为枳实。那叶子虽然相像，果实的味道却大不相同。这是什么原因呢？就是因为水土的差异。老百姓生长在齐国，从来不会偷东西；到了楚国就会偷盗。这是不是因为楚国的水土使人善于偷盗呢？"楚王听完缄默不语，尴尬不已。

晏婴的故事充分体现了他的聪明才智。对于楚王的污辱，给予有力还击，维护了自己及国家的尊严，这是人的智慧和口才的魅力。

怎样提高与人交谈的能力

社交场上的佼佼者，在言谈中往往闪烁着真知灼见，给人以深邃、精辟、睿智之感。

语言的力量能征服世界上最复杂的东西——人的心灵，妙语连珠、谈吐不凡已成为社交能力强弱的重要标志之一。那么，应该怎样提高与人交谈的水平呢？

谈话，需要相当的经验，当你面临着各种各样的场合，面对着各色各样的人物，想要做得恰到好处，实在不是一件容易的事。

自然、亲切的礼仪，得体的言辞是很重要的。然而，做到这点，也不能说就一定会收到良好的效果。这里向你介绍几种谈话技巧，或许有助于你在社交中取得成功。

1. 打开你的话匣子

从眼前的事物谈起。假如你在车站、码头上与人初识，一时没有话说，这时打开话匣子的最方便的办法就是从你与对方同时看到、听到、感到的事物中找出几件来谈。也许是巨幅广告，也许是外国游客，等等。

如果你到了一个朋友家里，在客厅里看到一张女孩子的照片，你就可以和她谈谈女孩子；如果你朋友买了一件新衣裳，你就可以谈谈衣裳的色彩、款式；如果窗台上摆着一个盆景，你就可以谈谈盆景的栽植和装点……

凡是这一类眼前的事物，最容易引起人们的注意，也最容易发展谈话的内容。

围绕着一个中心。倘若你不想东谈一点西谈一点，而想抓住一个题材把它谈得深入一点，充分一点，那么，你将一个题材作为中心，让交谈双方围绕着这个中心尽量地去想与这个题材有关的东西，然后再把这些有关的东西分门别类，整理出一个完整的系统。

这种谈话，能把题材分解出许多细节，而每个细节都可以用来丰富双方的谈话内容。

2. 制造交谈气氛

人都各有各的嗜好，各有各的脾性，有的人喜欢娓娓而谈，有的人喜欢深思，有的人拙于应酬。面对我们交谈的对象，我们应该多关心别人，重视别人的选择，调节自己去迁就一下别人的兴趣与习惯。满腹牢骚的，应让他尽情地宣泄；失意的，多给予一些安慰与同情；软弱的，多给予一点鼓舞和激励。假如对方对某一个话题表现出深厚的兴趣，就让对方在这方面畅所欲言；假如对方对某一个问题不想多谈，就应及时转换话题把谈话引到另一个方面。

真诚、温暖的微笑，是打开别人心灵的钥匙，也是营造良好交谈气氛的清新剂。如果遇到抑郁的、冰冷的表情，人的心情就会僵硬起来；如果遇见了欢乐的、温暖的笑容，人的心情就柔软了、融化了、活跃了。因此，快乐生动的目光和舒畅悦耳的声调，将使谈话的气氛活跃。反之，如果我们没有良好的谈话态度，就不可能创造良好的交谈气氛，没有一个良好的交谈气氛，别人就会敬而远之，不愿和你交谈。

3. 语言的表达方式

在交谈中为了使自己的谈话更具表达力和说服力，应注意：

（1）说话要清晰明畅。说话是一门艺术，不但要让人听懂，还要让人听得舒服。说话速度快的人，会使人产生"这个人讲话没经过大脑"的感觉，也许他讲的话并没有错误，却令人不敢太相信。但如果说话太慢或总是有气无力，对方也没兴趣与你交谈。在长辈面前说话，口吻要严肃、谦恭，不宜高谈阔论，旁若无人；跟同辈人说，虽然可以随便一些，但也不宜高傲放肆；同晚辈人说话，切忌以长者自居，不能用教训人的口吻。讨论问题时，多用商量、探讨的语气，不要让对方感到你盛气凌人，少用结论式的语气。对别人有所求时，要用恳请的语气。说话时，要根据不同的目的和要求，该详则详，该略则略。避免详而不详的简陋，略而不略的啰唆，并注意提高自己说话的逻辑性和条理性。

（2）在交谈时应注意发挥声音的魅力。大多数女性在与人交往时往往只注意穿衣打扮，却很少能留意自己"声音"的魅力。于是常会看到一些容貌姣好、衣着入时的女孩，说起话来，却直叫人们猛摇头；倒是那些相貌普通，但说话抑扬顿挫的女性更能给人良好的印象。

（3）富于幽默感。幽默感是一种兴致和机智混合的产物，幽默的人，常常能使客厅中充满欢声笑语。

美国著名心理学家威廉·詹姆斯说："人性最深切的渴望就是拥有他人的赞赏。"渴望别人赞美是人的一种高级心理需要。社会心理学家认为，受人赞扬，被人尊重，能使人感受到生活的动力和自身的价值。在某种意义上甚至可以说，人去拼搏，去取得成就，目的之一就是为了赢得他人和社会的赞许和重视。如果一个人的长处得到别人的肯定，他就会感到自我价值得到确认，产生"自己人"效应。在人际交往中，如果我们懂得并能满足别人的这种心理需求，懂得赞扬，善于赞扬，那么我们的人际关系就会大大得到改善。

一位创业者指出："赞美、致谢、感恩的话语，能扩大、释放或以任何方式辐射能量……通过赞美，你可以把一个怯懦者变成坚强者，把一颗恐惧的心改造成和平而自信的心，使极度神经衰弱者恢复平衡和力量，使即将倒闭的企业重获成功，使不满和抱怨变成满足和支持。"

第二章　无声胜有声，不说话的开场白

　　很多人通常都不懂得低头，喜欢享受俯视别人时的霸气。你可能会觉得自己在某个方面比其他人强，但你更应该牢记"三人行，必有我师焉"的告诫。一个人有才能是值得佩服的，再加上谦虚的美德，就能跟任何人都说得来，能赢得更多人的支持，进而取得更大的成就。

隐藏才能，等待时机

　　古语有云："木秀于林，风必摧之。"锋芒毕露的人很容易遭到别人的非议和敌视，善于保存自己，不是消极地避凶就吉，而是为了养精蓄锐，待机而动，这就是韬光养晦。

　　在我国历史上有不少隐藏才能、厚积薄发最后克敌制胜的例子。隐藏才能是一种暂时性的策略，在敌强我弱，于我不利的情况下，隐藏才能，等待时机最为适宜。

　　刘备投靠曹操之后，仍有一番雄心壮志。但是刘备为防备曹操谋害，就在住处后院种起菜来，并亲自浇灌，以为韬晦之计。关羽、张飞对此不解，问道："兄长你不留心天下大事，却学小人之事，为什么呢。"刘备说："这不是二位兄弟所知道的。"二人也就不再多言了。

有一天，曹操派人请他去赴宴，刘备不知曹操用意，心里忐忑不安。酒到半酣，忽然阴云密布，骤雨将至。曹操突然问道："玄德久历四方，一定非常了解当世的英雄，请说说看。"刘备历数了袁术、袁绍、刘表、孙坚、刘璋、张鲁、张绣等人。不料，曹操鼓掌大笑道："这些碌碌无为之辈，何足挂齿！"刘备说："除了这些之外，我实在不知道了。"曹操说："凡是英雄，都胸怀大志，腹有良策，有包藏宇宙之机，吞吐天地之气。"刘备说："那谁能担当此任呢。"曹操先用手指指刘备，又指指自己，说："当今天下英雄，只有您和我曹操了。"刘备闻听此言，大吃一惊，手中所持的筷子不觉掉到地上。正巧这时外面雷声大作，刘备便从容俯下身去拾起筷子，说："一震之威，乃至于此。"曹操笑着说："大丈夫也怕雷震吗？"刘备说："圣人云：'迅雷风烈必变'，怎能不怕呢？"这样，把自己的闻言失态便掩饰了过去，曹操也就不再怀疑刘备胸有大志了。

刘备所运用的是一种有所作为的"韬光养晦"，是一种特殊情形下的应变之术。在这种情况下，可能要遭到巨大的人格、精神的侮辱，但如果有雄心壮志，就不能斤斤计较，目光短浅，而应该着眼未来，不做无谓的牺牲。不逞一时之勇而毁掉自己的美好未来。

在人生之路上，在商场如战场的当今社会，有的时候巧用"韬晦"之计，便可绝处逢生，从而实现远大的目标。

麦克唐纳快餐馆的董事长克罗克没读完中学就出来做工以维持

生存。后来，他在一家工厂当上了推销员，生活状况有了明显的改善。他在推销产品过程中结交了许多朋友，积累了大量有关经营管理方面的宝贵经验。后来，他决定创办自己的公司。

通过市场调查，克罗克发现当时美国的餐饮业已远远不能满足已变化了的时代的要求，亟须改革，以适应亿万美国人的快餐需求。但是，克罗克面临的首要问题就是资金问题，对于一贫如洗的克罗克来说，自己开办餐馆根本就不可能。最后，他终于想出了一个好办法，他在做推销员工作时，曾认识了开餐馆的麦克唐纳兄弟，自己可以到他们的餐馆中学习经验，以实现自己的理想。于是，克罗克找到麦氏兄弟，讲述自己目前的窘境，恳请麦氏兄弟帮忙，最后博得了对方的同情，麦氏兄弟答应他留在餐馆做工。

克罗克深知这两位老板的心理特点，为了尽早实现自己的目标，他又主动提出在当店员期间兼做原来的推销工作，并把推销收入的5%让利给老板。

为了取得老板的信任，克罗克工作异常勤奋，起早贪黑，任劳任怨。他曾多次建议麦氏兄弟改善营业环境，以吸引更多的顾客；并提出配制份饭、轻便包装、送饭上门等一系列经营方法，扩大业务范围，增加服务种类，获取更多的营业收入；还建议在店堂里安装音响设备，使顾客更加舒适地用餐；他还大力改善食品卫生，狠抓饮食质量，以维护服务信誉；认真挑选店堂服务员，尽量雇佣动作敏捷、服务周到的年轻姑娘当前方招待，而那些牙齿不整洁、相貌平常的人则安排到后方工作，做到人尽其才，确保服务质量，更好地招待顾客。克罗克为店里招徕了不少顾客，老板对他更是言听计从了。餐馆名义上仍是麦氏兄弟的，但实际上餐馆的经营管理、决策权完全掌握在克罗克的手中。

不知不觉，克罗克已在店里干了 6 个年头。时机终于成熟了，他通过各种途径筹集到了一大笔贷款，然后跟麦氏兄弟摊牌，最终克罗克以 270 万美元的现金，买下麦氏餐馆，开始独自经营。克罗克入主快餐馆后，经营、管理更加出色，餐馆很快就以崭新的面貌享誉全美，20 多年后它的总资产已达 42 亿美元，成为国际十大知名餐馆之一。

克罗克用"等待时机"的战术取得了成功，他让利 5% 使得自己工作时间更自由，在做店员的同时继续做销售工作，这样可以快速积累财富；他在餐馆工作兢兢业业，想出了很多改善餐馆经营的策略，使得餐馆生意更好，这样不断验证自己经营餐馆的经验；最后等自己积累起开餐馆的资金，全面进入快餐行业。不得不说克罗克很会等待时机，一举成名。

暂时低头，寻找机会

每个人在漫长的人生旅途中都不可能一直一帆风顺。人生的路也不可能总是一马平川。人生是曲折的，人生是坎坷的，就像一条布满荆棘的路，谁也不清楚自己会在什么时候跌倒。但是跌倒也不要消沉，不要一蹶不振，不要将自己葬身于万劫不复的深渊，而要有面对挫折的勇气。在面对挫折时，低头隐忍寻找机会才是明智之举。

有这样一则寓言故事。有一天，一个农民的驴子掉到了枯井里。那可怜的驴子在井里凄惨地叫了好几个钟头，农民在井口急得团团转，就是没办法把它救起来。最后，他想：驴子已经老了，这口枯井也该填起来了，不值得花大的精力去救驴子。于是农民把所有的邻居都请来帮他填井。大家抓起铁锹，开始往井里填土。

驴子很快就意识到发生了什么事，起初，它只是在井里恐慌地大声哭叫。不一会儿，它居然安静下来。几锹土过后，农民终于忍不住朝井下看，眼前的情景让他惊呆了。每一铲土砸到它背上，它迅速地抖落下来，然后狠狠地用脚踩实。就这样，没过多久，驴子竟升到了井口。它纵身跳了出来，快步跑开了。在场的每一个人都惊诧不已。

其实，生活也是如此。各种各样的困难和挫折，会如尘土一般落到我们的头上，要想从这苦难的枯井里脱身逃出来，走向人生的成功与辉煌，办法只有一个，那就是：将它们统统都抖落在地，重重地踩在脚下。因为，生活中我们遇到的每一次挫折，每一次失败，其实都是走向人生巅峰的一块垫脚石。

楚汉争霸时，季布曾是项羽麾下的战将，有一次追击刘邦，差点杀了刘邦。后来刘邦得了天下，最恨的就是季布，悬重赏全国通缉他，同时下令，谁敢藏匿他就诛灭九族。季布无处藏身，只好剃成光头东躲西藏，最后还卖身为奴，才得以自保。有人会说，一个真正的英雄壮士，穷途末路，一死了之算了。像季布这样的壮士，一反昔日刚勇豪迈的气概，窝窝囊囊地亡命天涯，这又是何苦呢？

其实季布自有季布的理由。在刘、项争雄的时候，以西楚霸王项羽那样"力拔山兮"的气概，季布仍然能以武勇扬名楚国。每次战役都身先士卒，率领部队冲锋陷阵，多少次冲入敌军夺旗斩将，称得上是真正的壮士。可是等到项羽失败，刘邦下令通缉他，要抓他杀他的时候，他又甘心为奴而不自杀，显得很没有气节，一点志气都没有。季布为什么要这么做呢？因为他坚信自己是个了不起的人，只是走错了路，所以受尽了屈辱但不以为耻，盼望有机会能继续发挥自己的潜能，他最终成了汉代的名将。从他的所作所为中可以窥测出他的志气、抱负，他觉得为项羽而死太不值得，因此才那样忍辱负重，委曲求全。

由此看来，一个有见识、有素养、有气魄的英雄，并不像愚夫愚妇一样，心胸狭隘，为了一点儿小事，就气得寻死上吊。这并不是有勇气的表现，而是计穷力竭，觉得没有办法挽回局面。而胸怀大志的人，虽然把死看得很轻，但也要看值不值得去死。只要还有一线东山再起的希望，即便败得再惨也不会自杀的，他们宁愿被俘虏，落到坐大狱、受刑戮的地步，也决不放弃。

因为他们的智能超过常人，他们唯一忧惧的是此身不保，所以他们宁愿做囚犯也不想死。这些英雄豪杰，只想如何建功立业，为此受什么委屈都在所不惜。

前事不忘，后事之师。我们处身于当今竞争日益加剧的社会里，挫折无处不在。若因一时遭遇挫折而意志消沉，一蹶不振，断送自己的美好人生，你将因此而后悔莫及。

挫折，就是我们平常所说的失败或者"碰钉子"。心理学上认为它是当个体从事有目的的活动受到障碍或干扰时，所表现的情绪状态。挫折是不以人的意志为转移的生活内容之一。世上的事情往往这样：成果未成，先尝苦果；斗志未酬，先遭失败。可以说，一个人的生活目标越高，越是好强上进，就越容易敏锐地感受到挫折。

挫折能引导一个人产生创造性的变迁，即增强韧性和解决问题的能力，也能引导人们以更好的方法满足需要。英国卓越的科学家威廉·小周逊用这样一句话概括了他的一生："有两个字最能代表我五十年内在科学进步上的奋斗，那就是'失败'。"可见，失败成就了他的事业。

生活从它自身的逻辑出发，要求人们增强生活的勇气，增强对挫折的容忍力，要求人们能进取，从挫折中不断总结经验，产生创造性的变迁。成功的生活经验告诉人们：补偿是一种有用的变通进取方式。如爱情受到挫折，就到事业上补取；身有缺陷，就到创造中补取。生活中可供翱翔的天空是那么广阔，可供回旋的余地是那么广大，可供变通的途径是那么众多，正如俗话所讲：东方不亮西方亮，旱路不通水路通。碰上挫折，要学会低下你高昂的头，隐忍等待。

你的生命如果是一把"刀"，那么挫折就是一块不可缺少的"磨刀石"。为了使这把"刀"更锋利些，勇敢地面对挫折的磨砺吧！

弯腰做人，能屈能伸

在《水浒传》中，曾有这样一段细节描写：武松读了印信榜文后，得知前往井冈山的途中有大虫，原本打算再次回到酒店，但转念一想："我回去时，须吃他耻笑，不是好汉，难以转去。"便自言自语地说道："怕什么鸟！且只顾上去，看怎地！"他明知山有虎，却由于先前与酒店老板夸下海口，碍于面子问题而依然选择继续上山。最终，武松打死了老虎，虽然对他而言是较为幸运的，但这种精神并不值得效仿。

对于一个人而言，面子固然重要，然而，只有能屈能伸，才能称得上是大丈夫。人生在世，拥有两种境界：一种是顺境，另一种则是逆境。在顺境中，机遇与环境皆有利于其身，此时应懂得一个"伸"字，乘风万里，扶摇直上，以促使自己更上一层楼；在逆境中，困难与压力均逼迫身心，此时应把握一个"屈"字，委曲求全，保存实力，以等待转机的到来。

小李刚刚毕业步入社会的时候，在一家广告公司任职。自恃有几分才气，谁都不放在眼里。加上性情十分冲动，所以轻易便把经理得罪了。时间一长，渐渐觉得自己在公司的日子不好过了。因为在这些日子里，批评他成为会议中的保留节目。为此，他十分苦闷，很想一走了之。

在一次朋友聚会中，当小李和朋友倾诉了自己的烦恼之后，朋友问他："公司里业务的每一个环节你都学会了吗？"他回答说"没有"。"你愿意背着那些洗不清的罪名离开吗？""不愿意，可是我在哪里也一样说不清啊！""那不一样。君子报仇，十年不晚，你何不学会了所有的业务之后再离开呢？"他仔细考虑了朋友的话，认为很有道理，于是他坚持了下来，收拾好心情，低头实干，在公司源源不断地"充电"。一段时间之后，他兢兢业业的工作为他赢得了实实在在的业绩。一笔又一笔的业务也增长了他的信心和经验。而这时候他发现，那些中伤他的谎言也已不攻自破，他不想再离开了。

在生活中历练过的人都能了解，谦虚往往被看成软弱，然而这种生活态度却恰恰是尝遍人世辛酸之后一种必然的成熟。那些昂然高论，不以为然的人，对这个问题，乃至人生的认识显然有限，因而表现出来的，只是一种无知的强劲，一种似强实弱的强。真正的智慧，属于谦逊的人。要摆脱人与事的困境，就难免要弯腰做人，但着眼于未来的成功，就一定要放下架子，该屈就屈，能屈能伸，以屈为伸方为英雄！

老子曾说：要受得住委屈，方能保全自己；经得起冤屈，事理才能得到伸直；低洼反能盈满，凋敝反得新生；少取反而多得，贪多反而痴迷。要在危难中保全自己，必须懂得这个道理。说到底就是以一种近于残忍的狠劲对待自己。唯有如此，才能积蓄得下力量，不至于一下子就被人消灭。

当美国人宁舍美国车而改买日产车之际，美国车厂发出不平之鸣。他们认为日本的工资较美国低廉，生产成本占有先天优势，这是不公平的竞争，因此呼吁美国政府应该设法限制日本车的进口。

为了越过美国的保护政策以及用贸易逆差做挡箭牌的限制，日本车厂干脆移植到美国本土现产现销。然而，当美国人知道丰田车能发出像宝马同样的关门声，日产无限售价只有德国车的1/2，而本田车1976年迄今已生产超过500万台时，他们才如梦初醒，知道大势已去！过去流行于国际车坛上"小车看日本，大车看美国，跑车看欧洲"恐怕也要改写了。

正当美国人惊恐万状，忧心如焚，不知应如何应付日本人这种排山倒海的凌厉攻势时，唯独通用汽车公司的董事长罗杰·史密斯，开始默默地进行一项官僚组织与劳资结构的调整。这项关系着美国汽车工业生死存亡的大计划，被命名为"土星"计划。

史密斯是一个真正的策略规划专家及成本分析高手。他着手"土星"计划的第一步是消除个人对日本车的敌视，并且设法和丰田携手合作。他认为事到如今，要击倒日本，就必须加入他们的行列。他说："和丰田的合作，至少可以让通用获得日本最新汽车技术和管理方法。"承受着和敌人勾结的议论，他在董事会据理力争，认为非如此通用将永无机会和丰田相抗衡，最终力排众议。

"土星"计划的第二步就是投资30亿美元成立一个专门的公司，这个公司的特色就是生产设备在科技上的高度整合，从元件生产到装配成车，均采取一贯作业的方式不必为外来核心零件的迟延而浪费时间。

最后，也是最重要的就是劳资结构的调整。史密斯认为成本降低是汽车竞争的关键，要和日本竞争，不降低劳工成本一切都将成为空谈。于是通用公司招兵买马的对象是有团结精神的人，条件是劳资双方一起工作，共同决策，盈亏均沾，资方不得任意遣散劳工，劳工不得动辄罢工。此种工作模式自然吸引了许多优秀杰出的人才，他们争相投奔到通用的旗下。

"土星"肩负的使命是使美国的汽车工业脱胎换骨，再显生机。经过长达8年的努力，"土星"终于在众人千呼万唤中问世。通用公司也通过重大改革，进入新的发展时期。

弯腰退步，并非是避让，也非妥协，而是积蓄力量，等待时机，一旦机会成熟，便东山再起，重振雄风。

矮檐之下要学会低头

有人问哲学家说："从地到天究竟有多高？"哲学家道："二尺高。""为什么这么低呢？我们人不都长得至少有四尺高吗？"哲学家答："因为，凡是超过三尺高的人身，要立足于天地间就要懂得低头。"

"低头"给人以懦弱和畏惧的感觉，可事实并非如此，有时候，适当的低头，是一种处世之道，是难得糊涂的大智慧。我们在应该低头时就低头，这样往往办事比较顺利。

隋朝的时候，隋炀帝十分残暴，各地农民起义风起云涌，隋朝的许多官员也纷纷倒戈，转向农民起义军。因此，隋炀帝的疑心很重，对朝中大臣，尤其是外藩重臣，更是易起疑心。唐国公李渊曾多次担任中央和地方官，所到之处，悉心结纳当地的英雄豪杰，多方树立恩德，因而声望很高，许多人都来归附。大家都替他担心，怕遭到隋炀帝的猜忌。正在这时，隋炀帝下诏让李渊到他的行宫去觐见。李渊因病没有去，隋炀帝很不悦。当时，李渊的外甥女王氏是隋炀帝的妃子，隋炀帝向她问起李渊没来朝见的原因，王氏回答说是因为病了，隋炀帝又问道："会死吗？"

王氏把这消息传给了李渊，李渊感到事态严重，就更加谨慎起来。他清楚自己迟早会为隋炀帝所不容，但现在起事又时机不成熟，就只好缩头隐忍，等待机会。于是，他故意广收贿赂，败坏自己的名声，整天沉湎于声色犬马之中，而且大肆张扬。隋炀帝知道后，果然放松了对他的警惕。

试想，如果当初李渊不低头，或者头低得稍微有些勉强，很可能就被正猜疑他的隋炀帝所杀害，哪里还会有后来的太原起兵和大唐帝国的建立。

要想平安活在世上，须得不忘低头。一个人在弱势的时候，主宰不了世界，只好任由世界主宰。所谓的"屋檐"，说明白些，就是别人的势力范围。只要你在这势力范围之中，并且靠这势力生存，那么你就在别人的"屋檐"下了。这"屋檐"有的很高，任何人都可抬头站着，但这种屋檐不多，以人类存在着的排斥"非我族群"的天性弱点来看，大部分的"屋檐"都是低的。也就是说，进入别人的势力范围时，你会受到很多有意无意的排斥。这种情形在所有人的一生当中几乎都出现过，除非你有自己的一片天空，是个强人，不用靠别人来过日子。可是你能保证一辈子都可以如此自由自在，不用在别人"屋檐"下避避风雨吗？所以，在人屋檐下，心态就有必要好好做些调整了。

有一位刚刚毕业大学生，他被分配到了一家贸易公司。他能力很强，也很上进，工作十分努力，但一直干了几年，还是没有提升的机会，当时与他一起进公司的人有的都做了主管，可他还是一个最底线的员工。其实，同事们都知晓其中的原因，只是他老是想不清楚。

有一次，他的主管正和公司老板一起检查工作，当走到他的办公室时，他突然站起来，对自己的主管说："经理，我想提个意见，我发现咱们部门的管理比较混乱，有时连一些客户的订单都找不到。"也许他说的是事实，但此事的后果就可想而知了。

也许你会说，这个人也是为了公司的利益。是的，他的本意不错，但我们要了解人性的另一个方面，谁也不愿当众出丑，有些人能做到前仇不计，但忘不掉当众受辱的难堪的人更多！所以这件事可能会产生一些潜在的后果：一方面双方心里都有疙瘩，受到指责的人因为有损自尊，终究不能释怀；指责他人者心理也总是担心挨整，时时提防。另一方面可能埋下了将来争斗的种子，表面上看起来平静无波，主管当场接受意见，但心里可能耿耿于怀，要伺机报复。

古人说："小不忍则乱大谋。"即使是在今天，"人在矮檐下，不得不低头"仍不失为我们为人处世的训辞，只是我们认为这条训辞中充满了无奈、勉强、不情愿，这种"低头"太痛苦，因此这句话应改为"人在矮檐下，一定要低头"！

只要是在别人的矮檐下，就一定要低头。这是一种对客观环境的理性认知，是审时度势后一种明智的选择。做这种选择起码有几种好处：一是不会因为不情愿低头而碰破了头；二是不致因为自尊自大而招嫉恨以致成为被人打击的目标；三是不会因为沉不住气而执意要把"矮檐"拆了，要知道，不管拆得掉拆不掉，你总是要付出代价的；四是不会因为受不了委屈而离开"矮檐"，离开不是不可以，但是要去哪里必须考虑，而且离开后想再回来就不容易了。

总而言之，"一定要低头"的目的是为了让自己与现实环境有一种和谐的关系，把二者的抵触和摩擦降至最低；是为了保存自己的能量，好走更长远的路；是为了把不利环境转化成有利环境。这是处世的一种怀柔、一种权变，更是行走社会的生存智慧。

低头让你有个好人缘

"人缘"，其实就是指着一个人的人际关系。一个人的人际关系状况是否良好，是否有好人缘，直接影响到工作，学习，生活顺畅与否，更关系到办事能不能顺利地达到目的。那么，如何才能获得好人缘？

有一位犹太传教士每天早晨总是按时到一条乡间土路上散步。无论见到什么人，总是热情地打一声招呼："早安。"其中，有一个叫米勒的年轻农民，对传教士的这句问候，起初反应很冷漠。因为在当时，当地的居民对传教士和犹太人的态度是很不友好的。然而，年轻人的冷漠并未改变传教士的热情，每天早上，他仍然给这个一脸冷漠的年轻人道一声早安。终于有一天，这个年轻人脱下帽子，也向传教士道了一声："早安。"

好几年过去了，纳粹党上台执政。

这一天，传教士与村中所有的人，被纳粹党集中起来，送往集中营。在下火车和列队前行的时候，有一个手拿指挥棒的指挥官，在前面挥动着棒子，叫道："左，右。"被指向左边的是死路一条，被指向右边的则还有生还的机会。

传教士的名字被这位指挥官点到了，他浑身颤抖，走上前去。当他无望地抬起头来，看到了熟悉的面孔。

传教士习惯地脱口而出："早安，米勒先生。"

米勒先生虽然没有过多的表情变化，但仍还了一句问候："早安。"声音低得只有他们两人才能听到。最后的结果是：传教士被指向了右边。

人是很容易被感动的，而感动一个人靠的未必都是慷慨的施舍，巨大的投入。不要低估了一句话、一个微笑的作用，它很可能使一个不相识的人走近你，甚至爱上你，成为开启你幸福之门的一把钥匙，成为指引你走上柳暗花明之境的一盏明灯。有时候，"人缘"的获得就是这样"廉价"而简单。

人缘，是对一个人与他人（领导、群众、同事、朋友、邻居等）关系好坏的一种评价。人缘，是人际关系的润滑剂。一个人的人缘好，与他人的关系就好，给人的印象就好；反之，一个人的人缘不好，与他人的关系差，给人的印象自然就差。好人缘使你与别人相处和睦、和谐，因而心情舒畅、精神愉快，有利于工作，有利于个人的发展，甚至有利于人的健康长寿。我们都想有一个好人缘，但是很多人却不知道如何才能获得一个好人缘。

小金是一家国营单位的合同工，平时的工作是与银行联络，她的单位中还有不少合同工，待遇很低，工作却都由他们完成。由于工作环境的不理想，不少人跳槽而去。

有一天，一个两年前跳槽的同事忽然打电话给她，问她是否愿意到某知名外企担任营运主管工作。小金以为他在开玩笑，自己学历不高，不会外语，无外企工作经验，更无管理经验，这个以前只在单位见过几面的同事不是开玩笑是什么？但同事却是认真的，他已经是该外企的经理，当公司空缺这个职位时，他头一个就想到小金，并深信小金的能力与人品完全可以胜任。经过同事推荐与指点，小金顺利通过了面试，在以后的工作中果然做得非常出色。

后来，小金问同事为什么会想起自己，同事笑着说，虽然在原单位只见过小金几面，但能肯定小金在某些方面做得非常出色，让他留下深刻的印象。他告诉小金，虽然你能进这家外企，是因为有我帮忙，但实际上你要感谢你自己，是你给我留下了非常深刻非常良好的印象，虽然具体细节我忘记了，但我记住了你。这不能不说是小金的好人缘给她带来了意想不到的帮助。

中国台北"身心灵成长协会"的创办人赖淑惠曾住在首都大厦里，兼任这个楼的房产中介。经一番细心观察后，她发现凡是对大厦有兴趣的买家，总是先询问大门管理员："最近有没有住户要卖房子啊？价钱多少呢？"

有趣的是，每次管理员的回答几乎都是："你去问住在8楼的赖小姐，她很喜欢买卖房子，这样就不必再去找其他中介商了。"此外，该楼谁要钱急用要卖房子的消息也总是第一个传到她的耳朵里。正因此，赖淑惠在首都大厦一个物业上整整赚进1000多万元。

为什么管理员愿意帮赖淑惠的忙？说穿了是因为她将任何人都当成家人般关心，赖淑惠每天出入大门，必会向当日值班的管理员打招呼，出差返回也会顺道带些当地名产略表心意。

纵观事业有成之人，有些固然是天赋异禀可恃才傲物之辈，但更多的还是朋友遍天下，行走可借力的人。美国石油大亨洛克菲勒在其全盛时期曾感慨地说："与人相处的能力，如果能像糖和咖啡一样可以买得到的话，我会为这种能力多付一些钱。"美国人更有名言：20岁靠体力赚钱，那30岁靠脑力赚钱，40岁以后则靠交情赚钱。

低头，一个强者必备的能力

有人认为逆境出人才，抱怨生活太平淡，环境太舒适，缺乏促使自己前进的动力；也有人认为顺境出人才，感叹自己生不逢时，条件太差，时运不佳。在他们看来，客观条件对成才起着决定的作用。这时他们应该学会低头。

在中国的历史上，舜被称为有"大智慧"的人。根据历史记载，舜出生后不久母亲就离开了人世，后母生了一位弟弟"象"。尽管舜总是小心地侍奉后母和照顾弟弟，但还是经常遭到后母的虐待。最后，舜选择了离家出走，一个人流落到历山脚下开荒种地。

因为德行高尚，所以在清苦的生活中，舜没有一点怨言。他与当地的农夫和山林中的鸟兽生活在一起。他常常观察周围的事物，发现一切都是那么温馨和睦，于是他触景生情，制作了一首首感人的乐歌。

舜的德行影响了周围所有的人，农夫相互谦让已开垦好的农田，渔民相互谦让自己打鱼的场地，陶匠则做出了更加精美耐用的陶器。舜成为人们学习的榜样，人们从四面八方扶老携幼过来，希望和舜成为邻居。仅仅过了一年时间，他的周围就会聚成村落，然后就扩大为城镇、都市。最后，当时的天子尧将自己的两个女儿娥皇和女英许配给了舜做妻子。这两位聪明美丽的妻子给了舜无穷的力量。"无知"的舜总能逢凶化吉，顺利地通过了尧对他的能力所进行的考试。

最后，尧将天子之位禅让于舜。在舜的德行中，"低头"一直贯穿始终。正是因为有了这份低调为人的态度，舜才能跨越清苦的普通人，一跃成为天子。舜能成为天子，自然是因为拥有大智慧，但是，舜的大智慧却没有什么心计。事实上，他的"大智慧"的表现往往都是"低头"。舜从未有意识地去获取民心，也并没有处理任何复杂事务的知识。但是，纯朴、坚强、虚心，使他得到最好的结果。

舜的故事说明低头在智慧中具有不可替代的作用，这种智慧受到当时许多学者的称赞，一时之间，甚至成为一种"时尚"。

一个人究竟强不强，不是看你有多么出名，多么有权有势，而是看你有没有真正让自己强起来的坚实基础和本事。真正有本事的人都是能够隐忍，懂得低头让步的人，他们讲究的是运筹帷幄，厚积薄发，修于内而成于外，这才是真正让人佩服的。

一个懂得低头的人，总是莫测高深，不显山不露水，默默耕耘，苦心孤诣，直至成功，甚至成功以后，这样的人也不喜欢张名扬利，而是继续探索，继续追求，寻求新的突破，这才是真正的英雄。

要成为这样的人并不难。首先，低头的人总是喜欢藏锋守拙，待机而发，在别人面前表现出来的更多的是大智若愚、大巧似拙的一面，心态平和踏实，锋芒内敛，具有认真谨慎的工作态度。这样的人往往具有十分缜密的个人思维习惯，处乱不惊，目光长远，再加上艰苦的磨炼，顽强的意志，都决定了他们事业的成功。

其次，低头是一种修为，是成就大事的一种方式。一个懂得低头的人，身性高洁，意志坚定，又具有超脱欲望、淡泊名利的胸襟。这样的人想的不是怎么把钱赚到手，而是想着怎样把事情做好，功到自然成。

总之，盲目地张扬自己的本领，亮出全部的看家本事，正如技穷的黔驴,最终让真正有本事的老虎吃掉。这些人往往私心杂念太重,名利思想过浓,如果事业不成,很可能会身败名裂,即使不身败名裂,事业上也必然遭受沉重的打击。

吃亏就是占便宜

低调的人对待得失,很喜欢用一句话来回答:"吃亏就是占便宜",也许你会讥笑说,这是阿 Q 式的自我安慰,难道真是如此吗?

有的人看起来精明强悍,"宁可我负天下人,不愿天下人负我"是他们做人的宗旨。老是想着揩别人的油水,自己吃一点亏就大喊大叫,其结果反而总是吃别人的亏,一辈子受尽了窝囊气;他们总想昂首站在别人的头上,向世上炫耀他是多么了不起,结果他却总是受别人的欺负和嘲弄;他们自以为是其他所有人的主人,而结果却比起其他所有人更像奴隶。

而有的人则遇事都首先选择自己吃亏,结果往往占尽便宜;宁可委屈自己也不愿委屈他人,其结果反倒能扬眉吐气;向社会只求奉献不求索取,结果却从社会中获得了更多益处;从来不把自己凌驾于他人之上,结果却赢得了大家一致的尊敬与爱戴;从来不与别人争权夺利,结果他没有一个竞争对手,在社会上独领风骚。

世上没有白流的汗,你每一次努力迈出的一小步,日积月累,最终会在以后漫长的日子里让你实现大距离的跨越。不要觉得多付出一点就是吃了亏,吃亏也是需要舞台的,没有了舞台,你到哪里去发挥呢?

一位患胃溃疡的病人,正为没有钱去医院治疗而发愁,他的一位朋友告诉他，电视里有则广告说，有一家专治胃溃疡的诊所，为患者提供免费治疗。晚上，那位病人在电视里真的看到了那则广告，广告里讲："你是不是得胃溃疡了？如果是的话，那么你现在就该和医生约定时间前去就诊。你如果被确诊为胃溃疡，你将得到免费治疗，而且，你每次到这里治疗时，还将得到诊所付给的 25 美元的报酬。"

千真万确的电视广告，给这位十分贫困的患者带来了福音。第二天一早，这位患者就来到电视里介绍的伍德曼－珀卡尔诊所。他看到许多和他一样慕名而来诊治的病人，已坐满了这间本来就不太宽敞的屋子，两位戴眼镜的医师，正在和蔼地询问着病人的病情，这位患者看到，被确诊为患了胃溃疡的病人，真的从服务小姐那里领取了 25 美元的报酬。

为什么会出现付钱给病人的奇特诊所呢？伍德曼是一位不注册的药物制造商，他的合伙人是个取得了化学博士学位的化学家珀卡尔。他们看到，时下胃溃疡病流行，患者很多，如果与别人一样来收费治疗胃溃疡，即便是首屈一指的医疗机构，也难以在激烈的市场竞争中求得生存和发展。何况他们仅仅只有一间实验诊所，为了招来更多的胃溃疡患者，他们创办了这家独具风格，付钱给病人的诊所。

诊所刚刚开张营业，患者便蜂拥而来。按照常理，这样的赔本买卖，诊所岂不注定要关门吗？原来，诊所通过给胃溃疡病人诊治，可以获得大量可靠的第一手医疗研究资料和数据。利用这些数据和资料，可以争取仪器与药物管理局批准制造新产品。药物实验室每实验成功一种新药物，两位经营者便可以获利 500 万美元，可见伍德曼－珀卡尔诊所确实是舍小取大的大赢家。由此看来，吃亏真的是一门学问。

有一个大学生，刚毕业就被分配到一个很有名气的公司。他的脾气非常好，不管是什么事情，只要你找他帮忙，他不管活有多累多重，都会欣然应允，有人笑他傻，凭他的文凭，做经理都不成问题，但他竟然有时还帮阿姨送报纸，甚至送印刷品，但他每次都笑着说："其实吃亏就是占便宜"果然，在两年以后，这个大学生很顺利地开了自己的公司，而且有很多公司聘他做兼职经理，这时有人问他成功的秘密，他还是笑着说那句话"吃亏就是占便宜"。原来，正是由于他有机会接触公司的各个阶层，所以不但对公司各个部门的运行了如指掌，还知道每个阶层人的想法，这为他以后自己开公司打下了很好的基础。

吃亏就是占便宜，我们应该记住，这是积累工作经验，提高自己做事能力，扩大人际关系网络的最好办法。如果样样都想占便宜，那最后一定会吃亏，而且还可能吃大亏。

其实我们总是在抱怨机会没有垂青自己。但我们忘记了，机会对每个人都是平等的，就看我们能否去发现他，抓住他。天下没有白吃的亏。与我们交往的大多数无非都是普通人，在人际交往中都遵循着相类似的原则。我们所给予对方的，会形成一种社会存储，而不会消失，它们终将以某种我们常常意想不到的方式回报给我们。

多干一点，是证明你可以在另一个舞台上表现自己，让你认识到自己另一方面的能力，也许你会从中找出更多的机会，你人生的道路可以多一次选择。人生也是一种投资，今天你投入的多，运作得当，将来你就收获得多。如果你不肯投入，不愿付出努力，你将注定一无所获。

保持耐心，把冷板凳坐热

有这样一个故事：北极熊又叫"白熊"，全身白毛，就连它们的耳朵和脚掌也长着白毛，和北极的冰天雪地相映生辉。北极熊是世界上最大的动物之一，却极善于游泳和潜水。在北极，海象是白熊唯一实力相当的对手，馋嘴的白熊为了吃到美味的食物总是煞费苦心、绞尽脑汁。

白熊可以在几公里以外的地方嗅出海象的气味，然后以冰块为掩护潜水靠近海象群。担任瞭望的雄海象则发出震天的咆哮声作为警报。

善于审时度势的白熊并不贸然行动，它四肢趴在冰块上，像条虫一样慢慢蠕动，除开黑眼睛和鼻子外，雪白的身子与银白的冰雪世界浑然一体，很难感觉到它在移动。它索性卧下来，把鼻子藏在前肢里，眼睛时而睁开时而又闭上，闭眼时白熊就好像瞬间消失了一样。

在眼睛的一闭一睁之间，白熊的身子一点一点往前挪动。海象似乎视而不见又似乎觉得那只是一种幻觉，白熊并不在周围，于是慢慢安静下来，支起的上身又卧到了冰面上——两者的距离在渐渐缩小。

从冰表面传来的细小的震动以及渐渐由弱变强的体温让海象警觉，就在这时，那看起来像堆雪的东西突然有了生命，一双厚大的利爪已经压在身上，最令其恐惧的是一张血盆大口已经在脖子上露出了比冰天雪地还要冰冷的寒意……

　　温热的血洒在冰冷的雪地霎时没有了热度，血在雪地里是那么鲜艳，那么刺眼。海象一双眼始终睁得大大的，似乎要看清楚一切，但是生命不能重来。

　　白熊能在陆地上行走，同样可以在水中畅游。然而在北极这个冰天雪地的领域里，白熊知道只有从水中才能找到食物。同时，白熊也很清楚自己的能力，虽然能潜水但是不能长时间待在水里，速度也难以追上猎物。但是，一身雪白作掩护接近猎物却不是难事。

　　海象一身黝黑在雪地里最是明显，所以海象时刻保持高度警惕，由于群居生活，它们有专门站岗的海象，一有"风吹雪动"马上予以警告，同时，海象有护卫队，随时准备群攻来犯的敌人。谭小芳老师认为，在高度警惕的海象面前，白熊不敢轻举妄动，它要想方设法摧毁海象的心理防线，消除其警惕性，这样才能扑杀猎物。于是它想到利用自身的条件优势——雪白的外表在雪地里不易被发现来接近猎物。白熊在靠近海象的时候，速度放得特别慢，这需要足够的耐心。

　　对于一个人来说，即使你能力再强、机遇再好，也不可能保证一辈子一帆风顺。如果你是给别人做事，就有可能得不到他人的重用；如果你是求人办事，特别是那些棘手之事，你就有可能坐上他人的冷板凳。

　　人在职场，学会忍是很有必要的。一个人要想安身立命于世，成家立业于社会，就不得不学会忍。尤其是在小事情上，能忍耐就尽量忍耐。有的人就是由于没有克制一时的冲动和愤怒，做出了导致终身懊恼的事情。机遇就像夜幕之中一闪而过的流星，它不是什么时候都有的，并且它转瞬即逝。如果没有充足的耐心，即使出现了机遇，也未必能把握住。每个人都企盼"一朝成名天下知"，渴望功成名就的辉煌，但在此之前，还需要有"十年寒窗无人问"的寂寞，有把冷板凳坐热的耐心。

有一位女大学生，某重点大学经济学院毕业。在一家外贸公司里面当职员。这位女大学生基础扎实，很有才学，漂亮能干，刚进公司时就很受老板赏识，人际关系处理得也很到位，同事都很喜欢她。但不知是怎么回事，整整一年多的时间，老板从未过问过她的情况，也不交给她重要的工作，更没有与她有过什么沟通。只是让她干一些不起眼的事情，对于公司来说她简直是可有可无。

可是，这个女孩并没有放弃努力，也从未抱怨过，更没有因为自己是科班出身、专业对口而向领导讨个说法，她只是认为自己还是个新员工，做不起眼的工作，坐"冷板凳"是应该的。终于，一年后，老板找她谈话了，不但肯定了她一年多来默默无闻工作的成绩，还依据她的实际能力为她晋升了职位，她的耐心等待总算得到了回报。

如果这个女大学生放弃了，没有耐心坐"冷板凳"，没有用尽责的表现获得领导的赏识，那么人生必定黯淡下去。每个人都不希望坐"冷板凳"，可是世事难料，如果没有耐心，急于求成，难免会四处碰壁。而耐心做好眼前的事情，兴许就能把握住走向成功的机会。说到冷板凳，就很容易想起球场上的"板凳队员"，他们可能最能够体会到耐心等待对于人生的重要性。

一般来说，每支球队的人数大多都远远超过了上场的人数，因此很多人都是要坐"冷板凳"的，只有少数的主力能够登场。在一场比赛中，这些板凳队员有的只能上场几分钟，有的连上场的机会都没有，即使一个赛季有些替补也没能上场几分钟。如此时光，可谓难熬之极，但是如果熬不下去的话，也许坐冷板凳的资格也没有了。

看看球场上，有些人现在叱咤风云，风光无限，可是几个月前也许他还在冷板凳上苦熬岁月。人生就是这样，你不可能什么时候都是耀眼的明星、观众的焦点，机遇也不可能时刻都有。很多时候，都得坐在冷冰冰的板凳上，等待着机遇的出现。

很多职场人士都喜欢抱怨命运的不公，埋怨自己没有获得良好的发展机会，但是事实上，如果对自己所做的每件事情进行细致的分析，也许会发现，机会不是没有，只是在不自觉中把它浪费掉了。成功不只是需要热忱的干劲，还需耐得住人生中的寂寞。

第三章　解开心结，聊天聊的是心态

　　一个人来到世上，并不是为苦恼而来。所以，就不能天天板着面孔，世上没有绝对幸福的人，只有不肯快乐的人，人生苦短，与其事事张弓拔弩，不如幽它一默。人生不如意的事常有，乐观点，自己营造快乐，学会轻松生活。我们人生的第一个心机应该是为自己的人生培养乐观、积极、爱笑的个性，懂得享受快乐。做人要远离忧愁、悲伤、苦恼，吃得开，想得开，这样的人生才是一个有意义、有价值的人生。

控制情绪，把握未来

　　情绪是一把双刃剑，如果情绪处理得好，可以将阻力转化为助力，帮你化解困境，让你的生活左右逢源。如果情绪处理得不好，情绪就会失控，从而在愤怒的情景下做出一些非理性的事情，害人害己。

　　曾看到这样一段报道，报道说，某小学生随手把塑料袋扔进厕所，年轻的女教师盛怒之下强迫他把塑料袋捡回来含到嘴里。在一片谴责声中，这位教师被学校开除。在冲动性的情绪中以愤怒最为有害。情商研究认为，控制冲动主要是控制人的愤怒情绪，不要做愤怒情绪的奴隶和牺牲品。

对愤怒情绪的控制水平，标志着一个人的品行水准。发脾气会造成对自己和他人的双重伤害。换个角度对待使你生气的那件事，是极有效的息怒方法之一。

当你遭受不公正的待遇时，心中的怒气大有冲决之势，这时你不妨确立一个"假设敌"，把无限的不平之气都发泄在它的身上。

有位张先生，性情特别急躁，一次受到领导过火的批评后，满肚子是火，欲以拳脚功夫施以报复。后来，他的一位年长的朋友就将他拉至菜园，命其挖土。他下意识地刨了一个大坑，尔后又填上，再刨、再填，如此反复，张先生脸上终于雨过天晴。

一位著名富商对于自己宣泄不良情绪的方法说得十分有趣。他说："当我自知怒气快来时，连忙不动声色地设法离开，立刻跑到我的健身房。如果我的拳师在那里，我就和他对打，如果拳师不在，我就猛力捶击沙袋，直到发泄完我的满腔怒火为止。"日本有些企业，也盛行这种方法。在工厂里专门设一间房子，里面挂有经理、老板的像，对他们有意见的员工大可在房间里大骂，直到发泄完怒气为止。

美国前总统里根平素性情温和，但偶尔也要发点脾气。他发起怒来会把铅笔或眼镜扔在地上。不过，他总是很快就能恢复平静。一次他主动对他的侍从人员说："你看，我在很久以前就学到了这么个秘诀，你发怒时，如果控制不住自己，不得不扔掉一些东西来出气的话，那么应该注意把它扔在你的面前，可别扔得太远。这样捡起来就省力多了。"

另外一种有效的息怒方法是独自走开，去冷静一下头脑，并且默默地对自己说，我现在正在气头上，如果我意气用事，或许会做出追悔莫及的事情。这对于在盛怒之下头脑不清的人尤为有用。

还有一种比较安全的做法是通过运动来转移注意力。研究者发现，当一个人盛怒的时候，如果他出去散散步或者骑骑车，就会冷静下来。因为运动分散了原来的注意力，把心理聚焦点转移到别的事情上去了。

这些都是值得一试的息怒方法。事实上，愤怒是指当某人事与愿违时所产生的一种惰性情绪反应，他的心理潜意识是期望世界上的一切事都要与自己的意愿相吻合，当事与愿违时便会怒不可遏。这当然是痴人说梦式的一厢情愿。其实，一个人便是一个世界，他有权决定他的说话和行事的方式。

所以，有人说在人生这个大舞台上，最难战胜的是自己。控制情绪，驾驭情绪，是很重要的一件事，当然你不必"喜怒不形于色"，让人觉得你阴沉不可捉摸，但情绪的表现决不可过度。

心理学家们认为，适当的宣泄对人的身心健康来说是很重要的，并将宣泄分成了消极的宣泄和积极的宣泄。那么，人们应该怎样进行积极的宣泄呢？

首先，要对自己原有的欲望、愿望进行科学的审视。看一看它是不是过高，是不是不切实际。如果是的话，那就要降低自己的期望值。俗话说"无欲则刚"，欲望太甚、太烈或者太贪，就怎么都"刚"不起来。如果将自己的期望降低点，淡泊点，也就不必太有求于人了，也就不必看着他人的脸色过日子了，心情反会好许多。

其二，将心放宽一点，将眼光放远一些。对一些无法改变的现象不妨采取藐视、蔑视的态度：不要看你一时得势，但从长远来看，亏的是你。经常这样想、这样看就会使自己认识到：既然渺小的不是自己，又何必再自己折腾自己呢？

其三，要以一种更高级的方式进行宣泄。不要就事论事，更不要个人感情用事。理性一点，科学一点，如果可能的话，要将发生在自己身上的不平或不公放到一个"历史背景"下审视。一般来说，站得高，看得就远，此类方法对平衡自己的内心将是很有效果的。

其四，不要为自己遭受到的不幸或痛苦而不停地自我折磨。最好的解脱方式是相信自己的能力和水平，有才不愁无用武之处，努力去寻找一条适合自己发展的道路，全身心投入到自己热爱的事业之中，从工作的社会价值和社会认同中去寻找精神安慰和精神寄托，这是最佳的宣泄方式。

其五，要相信这个社会中还是明白事理的人多。现在的人，谁都不是傻子，人们的眼睛都是雪亮的，谁都看得出问题的症结。如果真理果真在你的手中，别人会从内心认同你、支持你。

其六，不提倡过度宣泄。有的人不考虑时间、场合随意宣泄，有的人不顾及对象任意宣泄，这不仅伤害了他人，也伤害了自己。如果你能较好地掌握自己的情绪，那么你将在别人心目中留下"沉稳、可信赖"的形象，虽然不一定因此获得重用，或者事业有成，但总比不能控制自己情绪的人要好得多。

善于知足，乐在其中

自我满足有两种：一是盲目地满足，二是知足常乐。盲目地满足是不可取的，它会使你走向失败。知足常乐的人心灵通达，极易知足。人生一世是非常不容易的，知足是一种最大的满足。

人生就是炼狱，磨难不济其数，要想活得潇洒些，就必须学会自己安慰自己，正所谓心底无私天地宽，凡事只要想开了，就不会有什么大不了事的来折磨你。要想心情好，就一定得学会自己欣赏自己。现在大家都比较关注自己的生活质量，然而，生活质量的好坏，并不完全在于物质方面，更多的还在于自己的心情好坏。一个人成天为了一点蝇头小利而苦恼，即便拥有金山银山，生活质量也好不到哪里去。

一位名人说过：有一匹马，就有一匹马的痛苦；有一只羊，就有一只羊的痛苦；财富越多，痛苦就越大。所以凡事要学会知足，知足的人，胸怀就会坦荡，没有太多的欲望和烦恼，这是一种安乐的境界。

有一位青年人总是埋怨自己生不逢时，发不了财，整天愁眉不展。这一天，走来一个满头白发的老人，老人关心地问："年轻人，为什么不高兴？"

"我不能明白，我为何老是这样的穷？"

"穷？我觉得你比任何都富有？"老人由衷地说。

这个年轻人不能够理解。

老人这样问道："如果现在我折断了你的一根手指，给你一万元，你干还是不干？"

"不干！"年轻人马上回答。

"如果说让你马上死，给你一千万，你干还是不干？"

"不干！"

"这不就好了，你身上的钱已超过一千万了呀！"

老人说完笑着走开了。

我们时常和这个年轻人一样，愁眉苦脸的，不能够看到自己所拥有的，整天考虑的是未来的难处，自己给自己背上包袱，很少有知足之心。

知足者常乐。满足于现状，对于个人来说，并不一定就是不思进取。"君子有所为，有所不为。"对于事业我们应该孜孜以求，而对于那些名利之事，我们大可不必计较，还是顺其自然的好。有的人钱多了不知该怎么花，而对于相当多的老百姓来说，每一分钱都来之不易。怎么办？"红眼病"是万万犯不得的。钱多了容易遇贼惦记，如果你这样想，那么你的心态就平稳。你开着私家车是神气，可过不了十年这私家车充其量也不过废铁一堆；有人骑自行车上下班，累是累了，可一来安全，二来还符合环保要求，更重要的是还锻炼了身体。千金难买好身体，何乐而不为呢？

一个渔夫和一个富翁同在一个沙滩上晒太阳。

富翁问渔夫："你为什么不努力工作呢？"

渔夫反问："你努力工作为了什么？"

"为了赚钱！"

"赚钱为了什么？"

"为了能够出来旅游。"

"那出来旅游又为了什么？"

"为了可以躺在沙滩上晒太阳。"

"我现在已经躺在这里了。"

知足就是一种快乐。

要做到知足常乐，就一定要经常审视自己，时刻保持一种豁达和乐观的积极心境，消除一切不合实际的物欲，排除那些不合理的诱惑，抵御那些想入非非的杂念，做到不以物喜，不以己悲，无论外部的环境如何，都不要让荣华富贵、得失成败左右了自己的心境，一定要守住自己易知足的内心。

开怀一笑，苦累全无

谁的生活不曾有崎岖坎坷？谁的人生不曾有困难挫折？既然不能逃脱人生途中必经的磨难，那么就该保持平和、乐观的心态，不管受再多的苦和累，也要笑一笑，抬头挺胸向前走！大家要是和自己过不去，那么生活也就跟大家较劲；大家要是善待自己，笑对人生，那么生活自然就还大家一份简单快乐。心态主宰着成败，同一件事由具有不同心态的人去做，其结果截然不同。好心态是大家获得成功的关键，拥有了它就会改变自己的命运。

人生就是得失循环的过程，适时地放弃一些东西，才能获得更珍贵的东西。我们该看到自己的优点，也应该接受自己的缺点。世界上本来就没有完美的人生，因此，我们不必戴着面具去生活。追求享乐是人的天性，但经历苦难也是人生的必然，人若不经过挫折、苦难、挣扎，就不可能脱颖而出。古今中外的历史反复证明了一个道理：自古雄才多磨难，从来纨绔少伟男，只要向着阳光，阴影就留在你的背后，人生没有过不去的坎。

人不是因为心情好而笑，而是因为笑而心情好的，把笑容留在你的脸上，慢慢地它就会渗透到你的心里。

晚上笑一笑，睡个美满觉；早晨笑一笑，全天生活有情调；工作之余笑一笑，自在乐逍遥；喜庆之时笑一笑，满堂欢喜又热闹；烦闷之时笑一笑，一切烦恼全忘掉。

苦中作乐最拿手，哀中一笑最开颜。笑一笑十年少，愁一愁白了少年头。

曾有这样一个学生，因为家里贫困，很早就退学嫁人了。她的同学猜想她一定是个愁肠百结的女人了，就一起相邀去看她。谁知一看，她竟是一副很满足的样子，有一个爱她的丈夫，有一个可爱的小男孩，这就是一个女人的幸福了。日子一天天流逝，后来，她的丈夫在一场大病中离她而去，再后来儿子因汽车出事进了监狱。此时，她的朋友猜想她这回一定很痛苦了。有一次，一个朋友路过她家，特地去看她。她容颜苍老了许多，额头过早地爬上了一条条皱纹，但她办起了一个托儿所。在与朋友谈话间，她一会儿抱抱这个孩子，一会儿拍拍那个孩子，满屋子孩子幸福地欢笑，她看起来也没有那么痛苦。

倘若别人能将你的财产，你的妻子……你身外的种种一切都拿走，你还能够坚强地挺立，这就说明你是个强者。谁也拿不走你的快乐，你的自信，你内心的宁静。

在一个讲究包装的社会里，我们常禁不住羡慕别人光鲜华丽的外表，而对自己的欠缺耿耿于怀。其实，没有一个人的生命是完整无缺的，每个人都或多或少地缺少一些东西。有人夫妻恩爱，月收入数十万元，却有严重的不孕症；有人财貌双全，能干多金，情路上却是坎坷难行；有人家财万贯，却是子孙不孝；有人看似好命，却是一辈子脑袋空空……每个人的生命，都被上苍画上了一道缺口，你不想要它，它却如影随形。你要宽心接受，用心感受生命中的缺口，它仿若我们背上的一根刺，时时提醒我们要谦卑，要懂得珍惜。若没有苦难，我们会骄傲；没有沧桑，我们不会有同情心。

有一则这样的事例：非洲的一座火山爆发后，随之而来的泥石流狂泻下来，迅速流向坐落在山脚下的一个小村庄。农舍、良田、树木，一切的一切都没有躲过被毁的劫难。滚滚而来的泥石流惊醒了睡梦中的一位 14 岁的小女孩。流进屋内的泥石流已上升到她的颈部。

此时，小女孩只露出双臂、颈和头部。及时赶到的营救人员围着她，但却没有一点办法，因为对于这个遍体鳞伤的小女孩来说，每一次拉扯无疑是一种更大的肉体伤害。这时房屋早已倒塌，她的双亲也被泥石流夺去了生命。

当采访的记者把摄像机对准她的时候，她始终没叫一个"疼"字，她只是咬着牙微笑着，不停地向营救人员挥手致谢，两手臂做出表示胜利的"V"字形。

那个小女孩坚信政府派来的救援部队一定能救她，可是营救人员最终也没能从固若金汤的泥石流中救出她。但那个小女孩自始至终都微笑着挥着手，直到一点一点地被泥石流淹没。

在生命的最后一刻，那个女孩脸上没有一点痛苦失望的表情，反而洋溢着微笑，而且手臂一直保持着"V"字形状。那一刻仿佛延伸一个世纪，在场的人含泪目睹了这庄严而又悲惨的一幕，心里都充满了悲伤。世界静到了极点，只有灵魂在独舞。

死神可以夺去人的生命，却永远夺不去在生死关头那个"V"字所蕴含的精神。在人生的道路上，挫折、困难甚至绝境是避免不了的，最重要的是要坦然面对，自信自强，让灵魂始终微笑，高举那面叫作自信的胜利之旗。因为穿透灵魂的微笑，常常在生命边缘蕴含着震撼世界的力量，让人生所有的苦难如轻烟一般飘散。

不管你在什么地方，不管你在做什么，要永远地记住：微笑是一种最为普及的语言，她能够消除人与人之间的隔阂。人与人之间的最短距离是一个可以分享的微笑，即使是你一个人微笑，也可以使你和自己的心灵进行交流。

一旦学会了"再苦也要开怀一笑"的生活态度，你就会发现，你的生活从此就会变得更加轻松起来。

卸下包袱，学会放松

在人的一生中，一个人如果喜欢把自己所遇到的每件东西都背上，身上负重，他就会感觉到非常累，难保哪天会因身负如此沉重的东西而停止不前或倒地不起。在车站，我们看到走得最累的是那些背着大包小包的人。这就告诉我们一个道理："携带越少越超脱；越是淡泊就越自由。"

诗人泰戈尔说过：当鸟翼系上了黄金时，就飞不远了。学会放松才能卸下人生的种种包袱，轻装上阵，度过风风雨雨，安然地等待生活的转机；懂得放弃，才拥有一份成熟，才会活得更加真实、坦然和轻松。

宋朝的吕蒙正，被皇帝任命为副相。第一次上朝时，人群里突然有人大声讥讽道："哈哈，这种模样的人，也可以入朝为相啊？"可吕蒙正却像没有听见一样，继续往前走。然而，跟随在他身后的几个官员，却为他鸣起不平来，拉住他的衣角，一定要帮他查出究竟是谁如此大胆，敢在朝堂上讥讽刚上任的宰相。吕蒙正却推开那几个官员说："谢谢你们的好意，我为什么要知道是谁在背后说那些不中听的话呢？倘若知道了是谁，那么一生都会放不下的，以后怎么安心地处理朝中的事？"

吕蒙正之所以能成为大宋的一代名相，其根源正是他有能"放下一切荣辱"的胸襟。

有一首流传非常广泛的谚语："为了得到一根铁钉，我们失去了一块马蹄；为了得到一块马蹄铁，我们失去了一匹骏马；为了得到一匹骏马，我们失去一名骑手；为了得到一名骑手，我们失去了一场战争的胜利。"

为了一根铁钉而输掉一场战争，这正是不懂得及早放弃的恶果。

生活中，有时不好的境遇会不期而至，让我们猝不及防，此时我们更要学会放弃。

智者曰："两弊相衡取其轻，两利相权取其重。"

古人云："塞翁失马，焉知非福。"选择是量力而行的睿智和远见，放弃是顾全大局的果断和胆识。

人生如戏，每个人都是自己生命唯一的导演，只有学会选择和放弃的人才能够彻悟人生，笑看人生，拥有海阔天空的人生境界。

有个人刚刚参加了一个特别的葬礼：一位在某医院工作、年仅二十多岁的女孩，由于长达五年的恋爱失败而自杀，那个女孩不仅生得美丽善良还孝顺父母，而且有着令人羡慕的稳定工作。在沉痛的哀乐声中那个人泪流满面，她白发苍苍的父母更是痛不欲生，生前的亲朋好友也都低声哭泣为之惋惜。那个女孩在人生的转折处作了一个错误的抉择："她选择了在痛苦中静静地离去，在静静的离去中摆脱痛苦"，然而，这个女孩的这种做法却给活着的亲朋好友留下了更多的痛苦。

其实，如果她能看得开，能够放下心头的这个包袱，事情也许会是另外一种结局。人生为何不看开一点呢？

在许多时候，我们都会讨论一个共同而永久的话题："人的一生该怎样才能够让自己拥有快乐？"从乡野莽夫到名人圣贤，各个阶层、不同经历的人都会有各自独特精辟的观点："有的人会以舍生取义精忠报国为乐；有的人会以不断进取来实现自己的理想为乐；也有的人会以不择手段来满足一己之欲为乐……"其实一个人要想获得真正的快乐，只有卸下背在身上的包袱，只有用心来体验的快乐才是真正的快乐。

人生短暂但却如此美妙和精彩，那就让我们的身心减少些包袱，让我们热情地去拥抱生活，让我们学会用心去采集人生道路上的激情浪漫，让我们懂得用心去玩赏人生道路上的快乐之花。如此这般，我们的人生将会变得绚丽多姿！我们的人世间将会充满幸福和快乐！

生活中，你遇到越多的诋毁和指责，越是能证明你自身的价值。每一个前进的人都会受到阻拦，这是社会的游戏规则，也是人性使然。屏幕硬汉施瓦辛格竞选州长时，也面对了各种刁难和中伤，可他放弃了很多为自己辩解的时机，这样反而更增加了他在选民中的人格魅力，赢得了更多的信赖和支持，并最终获得了胜利。

不但竞选是这样，并且现实生活也是如此。自己想做什么事，就一心一意地去实现它。对出现的阻挠，不要介意，把它们当作生活中的琐屑之事，停一停，摆一摆，暂时卸下这些包袱，让自己放松一下，这样就会风平浪静，一切就会过去。

活在当下，快乐无限

活在当下，在心理学上叫"此时此地"。"明日复明日，明日何其多，我生待明日，万事成蹉跎。"明日永远都不会来，因为来的时候已经是今天。只有今天才是我们生命中最重要的一天；只有今天才是我们生命中唯一可以把握的一天；只有今天才是我们唯一可以用来超越对手，超越自己的一天。

"对酒当歌，人生几何"？人活百岁，不过三万多天，白驹过隙，忽然而已。如果夸张而简明言之，人一辈子不过有三天，即昨天、今天、明天。昨天是作废的证票，是过去的历史，是无法改变的；明天是未到期的证票，是未兑现的事实，是无法预测的；只有今天才是可以把握的，是最现实的。

曾看过这样一个故事：在一所寺院里，有一个小和尚，每天早上负责清扫寺院里的落叶。清晨起床扫落叶实在是一件苦差事，特别是在秋冬之际，每一次起风时，树叶总会随风飞舞。每天早上都需要花费许多时间才能清扫完树叶，这让小和尚头痛不已。于是，他就一直想要找个好办法，可以让自己轻松些。

这时有个和尚跟他说："你在明天打扫之前先用力摇树，把落叶统统摇下来，后天就可以不用扫落叶了。"小和尚感觉这是个很好的办法，于是隔天他起了个大早，使劲地摇树，这样他就可以把今天与明天的落叶一次扫干净了。一整天小和尚都非常开心。第二天，小和尚到院子里一看，不禁傻眼了：院子里还是和往常一样，落叶满地。

这时，老和尚走了过来，对小和尚说："傻孩子，不管你今天怎么用力，明天的落叶还是会飘下来的。"小和尚终于明白了，世上有许多事情都是无法提前的，只有认真快乐地活在当下。

曾经有一位特别富有的国王，他不但拥有无尽的财富、美丽的妻子、可爱的儿子，家庭生活十分美满。但是他根本就感觉不到快乐，一直不快乐。

有一天他把医生找来，说："我怎么这样不快乐呢？请你让我在很短的时间内快乐起来，那样你就可以得到我一半的财富，如果你不能做到，我就把你杀了。"

这位医生听后便慌了起来。这该怎么办才好呢？要怎么样才能让一个人快乐呢？他想了半天也没想出什么办法，就对国王说："尊敬的国王，我需要静心，要回去参照一下古代的经典，以及以前的医学，看看有什么方法，明天来告诉你。"

国王说："好啊，你回去查吧。"

这个医生心想："该怎么办呢？如何才能让他在较短的时间内快乐起来呢？"这个医生像疯了似的自言自语道："如果我做不到的话，他真的会不放过我的。"他想了一个晚上，第二天早上，他得出了一个结论："其实这个问题并不难。"

他对国王说："我找到了一个很好的方法。你只要把这个国家最快乐的人的衬衣穿上，你就会快乐了。"

国王很高兴，于是就对总管说："去找一个快乐的人，并尽快把他的衬衫带来给我。"

于是，总管出发了，他想："什么人才快乐呢？应该是不愁吃穿的人才快乐。"

他就到了不愁吃穿的人家里，讲了这件事情。那个不愁吃穿的人说："可以啊，你要拿多少衣服，吃多少东西都可以，但我实话告诉你，我一点都不快乐。我还很感谢你告诉了我这个方法，我也要我的家人去找这件最快乐的人的衬衣。"

总管又去找了很多人，但是大家都感受不到快乐。总管知道自己上当了，那个医生的问题现在变成了他的问题。他有麻烦了，怎么办呢？

这时有一个人跟他说："总管大人，别担心，我知道一个快乐的人，你也应该知道这个人，他每天晚上都在河边吹笛子，他的笛声非常优美且又特别的动听，他一定是一个很快乐的人。"

总管一听，说："对啊，有时候在漆黑的夜晚，我陶醉在他的笛声里，那些曲调是那么的美。这个人是谁啊？他在哪里呢？"

那人说："到了晚上，我们就可以去河边寻找他，他每个晚上都出现。"

第二天晚上，那个吹笛子的又出现了，他的笛声有着无与伦比的美，每个音符都充满了喜悦。

总管格外地高兴："我终于找到这个人了。"

当总管到达河边时，那个吹笛子的人问："你想要做什么？"

那个总管问："你快乐吗？"

吹笛子的人说："我很快乐，我就是快乐。你想要做什么？"

那个总管高兴得手舞足蹈："你只要给我你的衬衫就好了。"

这个人安静不语，总管就说了："你为什么不说话？给我你的衬衫！我的主人需要它。"

这个人说："那是不可能的，因为我没有任何衬衫。你现在看不到是因为夜晚太黑了，但事实上，我是赤裸裸地坐在这里。如果我有的话，我可以给你们衬衫，我甚至可以给你我的生命，但我没有任何衬衫。"

总管问："那你为什么感到快乐？你怎么能快乐得起来呢？"

这个人说："每天无论什么时候，当我放下所有的东西时，我就变得非常快乐。"

我们要为现在而活，你所拥有的只是现在。内心的平静，工作的成效，都取决于我们要怎样活在当下这一刻。不论昨天曾发生过什么事，也不论明天有什么即将来临，你永远置身"现在"。从这个观点来看，快乐与满足的秘诀，就是全心全意集中于现在的每一分、每一秒。过去的烦恼、未来的忧虑，全都挤到现在，使我们的生活痛苦、效率低下。我们也要学会把快乐延伸，因为我们有时会认为未来的情况会比现在好。快乐应寓于创造中，应寓于自得其乐的生活中。

有一支淘金的队伍，在沙漠中艰难地行走，因为带的东西太多，大家步伐都很沉重，大家都痛苦不堪。然而，有一个人却在快乐地走着，别人问他："你为何如此惬意？"

他笑着："因为我带的东西最少。"

其实快乐就是这么简单，拥有少一点就可以了。人生的光彩在哪里？早上醒来，光彩在脸上，就是要我们充满笑容地迎接未来。到了中午，光彩在腰上，是让我们挺直腰杆活在当下。到了晚上，光彩在脚上，是让我们脚踏实地地做好自己。

解开心"结"，成就自己

心结是心里解不开的疙瘩，是心里放不下的事情，是内心所受的一种压抑，也就是通常所说的一种心病。比如，当某人说了你不喜欢听的话时，如果我们不知道他为什么要这样说而感到恼怒，此时，一个疙瘩就在我们心中形成了。

在日本，有一个武士名叫宾卑聚，一天晚上梦到一个强壮的男子向他叱责，往他脸上吐唾沫，他就惊慌地醒了过来，其实这只不过是一个梦而已，但是他却一整夜地坐在那里，很不开心，再没有睡着。

第二天一早起来，就叫来了他的朋友说："我从小就很好胜，到今年六十岁了都没有受过挫败受辱，昨天晚上我受辱，我一定要找到那个样子的人，如果找不到的话那我就死了算了。"于是，每天清早他都要朋友陪他站在大路口等这样的人出现，结果等了三天还是没有等到，回去后他就真的自杀了。

因为气量太小，所以他自己害了自己。

其实，许多事情只要卸下思想上的包袱，想通了，就不是什么烦心的事了，只有会解思想上的"结"，人生才能走得更轻松，才能得到更多的幸福和快乐。下面看看刘先生的经历：

刘先生怎么也想不通自己的妻子会背叛自己，因为一直以来他们的夫妻感情都是为人所称道的。当刘先生听妻子说出事情原因的时候，他半晌也没回过神来，好一会儿，两行清泪才从他木然的眼中流了出来，他痛心疾首地对妻子说："你已经知道错了，也知道要改，还要告诉我做什么？你现在是轻松了，已经放下了，我呢，我的心却已经背上了包袱。"

此后，刘先生常在心里一遍一遍地对自己说，妻子已经认过错了，原谅她吧。可是内心深处却还是原谅不了自己的妻子，在一个人的时候，他的脑海里总会一遍又一遍浮现出妻子与别的男人在一起的镜头。他想到了离婚。

说离婚容易，真的离却很难，因为刘先生不是个没有责任心的男人，每每一面对妻儿他又开不了口了，只是让心一天天地郁结。

一天，刘先生的朋友约他去玩，坐在朋友的车上，他看到车窗前挂着一个漂亮的中国结，他拿到手上把玩，这时他想到了妻子，因为妻子原来喜欢用线来编连环络子，曾经还为他特意编过一个。想到妻子，他的心就痛起来，不由得在中国结上左勾一下右勾一下的，不一会儿，这只看起来挺复杂的中国结竟然让他给解开了，成了一

根长长的线。朋友见他把中国结解开了，不由得感慨："再复杂的
结都是一根线编的，可是人心中的结有时怎么就会打不开呢？"

听了朋友的话，刘先生不由得心头一激灵，他忽然发现自己的
苦恨怨憎其实就是因为自己的心放不开，成了一个结，现在看到线，
终于想通了，一个无论怎样复杂的结，最终还是来自一条简简单单
的线，是人把线变成了结，又是人把结变成了线，成结成线原来在
人自己，想到这他不由得笑了。

从此以后，刘先生再没想过离婚，而且跟妻子感情一日好过一日，
因为他的心中没有了结只有了线，一根爱和责任的线，一头连着妻子，
一头连着他。

下面也同样是一个解开心结的例子。

刚刚毕业不久的小李在候车室里认识了一位异乡的朋友，简单
的几句问候，他便谈到他此次出门的原因。他是在百忙之中放下自
己经营的公司而看望一位挚友来的。他谈到这位朋友，话语中便多
了几分感叹和无奈。他原本很恨他，因为当初他刚进去一家公司做
事，在一次小小失误中，被这位担任领导的朋友扣除了 20% 的成效
金，还成了被通告的人物，他愤愤不平，以后的工作中，不管他的
朋友怎样努力地想解除误会，他都固执地连问声好都觉得没必要。
但渐渐地，他开始发觉，朋友会在同事生日会上小心翼翼地留一块
蛋糕给加班加点的他，在端午节的日子，为他煞费苦心地包两个粽
子，在炎炎夏日，恰到好处地在他零乱的办公桌上放几颗鲜嫩的荔
枝，为他熬夜悄悄地修改不甚完美的文案。在一个节假日的午后，
他跟他这位上司说了三个月来的第一句话："谢谢！"他看见他那
惊喜的表情，上司孩子气十足地叫了一声"万岁"！他笑了，从此，
公司里就多了一对共欢乐同奋斗的兄弟。

"我们是在上一年度的体检中知道他得绝症的，是晚期肺癌。"说到这里，小李看到了这位老乡潮红的眼睛。"医生说他最多只能再坚持一个月的时间——我想陪陪他，就谈谈以前，谈我怎么恨他，又怎么原谅他。"

"你应该还有许多公司的事情要处理吧？"小李问。"我可以用我一生的时间陪伴我的公司，但我只有一个月的时间和我的朋友一起度过。"他重复了最后一句话，孩子气地努力在疼痛中保持着微笑。

死结，在细心与努力中，终究会有解开的一天！而解开的那一天，也就是心情轻松愉快的开始。

解开一个心结，人生就走进了另一种世界，时间可以改变一些东西，时间可以让我们忘掉那一时的不快，持续的不爽，时间会让我们去解开一些心结。

很多时候，人心中的结并非解不开，与其将心结背负在身上，不如解开放在心底，多年以后，当成一种温馨的回忆，一种记录了生活的无奈的回忆，一份对生命的执着的回忆。

营造自我，快乐无限

相信每一个人都有这样的经历：某些时候，会无缘由地心情不好。你无心做事，一个人闷闷不乐地傻坐着，脑子里一片空白，不知这种情绪从何而来，因何事而来，总之，坐着坐着，说不痛快就不痛快了，可能潜意识里，有某种自己还没察觉的原因，它已在心中捣鬼，破坏你的情绪。

面对来自各方面的压力，如果心情爽朗愉快，不仅生活和工作有劲头，有奔头，就连走起路来也会轻盈，敏捷；倘若心情郁闷沉重，生活的滋味就毫无享受可言。尤其是刚刚走出校门的毕业生，由于缺乏自我调节的能力，在遇到这种情况时往往不知道如何处理。

其实，一个人的心情怎样，情绪如何，是受诸多因素影响的。这就需要自己学会调解，学会放松。

当心情烦躁不安的时候，不妨听听优美的音乐，它往往能给予人一种心灵上的启迪和共鸣。音乐是人的情感最直接的表现，你对美好生活的深深的爱都寄情在那些动人的歌声中。这些歌和我们的心灵结成一体，成为我们最难忘、最动情的记忆。

当心情有些悲伤沉重的时候，不妨翻阅一下杂志，读上几篇自己喜欢的文章。此时的你就会感到心海沉稳，潜潜地动，默默地流，仿佛在文章的字里行间慢慢地升腾一股绚丽的情愫，吹动你的心情，激发起你的情感，驱散你心中的几多悲伤，填补上几许慰藉。

学会自我调解情绪，无论是自觉不自觉，经意不经意，都会产生好心情，使不安、烦躁、悲伤、沉重的心情，变得平静、愉悦。

曾有个人，他生活得很不快乐，别人问他是哪些方面的原因，他说也说不清。总之，从孩子到家庭到工作，都不顺心。

人生在世，不如意之事十之八九。一个人要想事事如意、处处顺心、一帆风顺、青云直上，简直无异于天方夜谭。要想快乐，关键在于我们自己。快乐是一种心境，要靠我们用心去营造。

对于快乐，并没有一个统一的标准。不同的人，会有不同的看法，不同的境遇，也会使我们有不同的理解。大家都觉得有钱的人应该快乐，其实有钱人的烦恼远比一般人要多得多，不是担心"后院起火"，就是担心有人图财害命，远没有平民百姓活得开心和逍遥自在。

世上的事就是这样，快乐是不能用金钱来衡量的。有钱的不一定快乐，没钱的不一定不快乐。一个人曾因为没有鞋穿而苦恼，直到有一天他碰到一个没有腿的人，他才感到和没有腿的人比起来，即使没有鞋，也很幸运。人生苦短，苦也是活，乐也是活，何不活得快乐一些呢？别人如果对不起你，你没有办法，但你不能对不起自己，更不要自己跟自己过不去。否则，即使在别人看来是很快乐的事，你也会觉得很烦恼。

快乐是淡泊名利。试想，那些终日处心积虑、追名逐利的人，哪有什么快乐可言！只有那些不争名、不争利，淡泊人生、宁静致远的人，才能快乐一生。

快乐是给予。那些只知索取，不知给予的人，是不会快乐的。即使他们得到快乐，这快乐也只是一时的，绝不会是长久的。只有那些乐于奉献，乐于助人，乐于给予的人才会永远快乐。

快乐是善良。只有善良的人才会快乐。心存邪恶的人是不会快乐的。与人为善、真诚待人是快乐之本。

快乐是坚强。有一个叫赵然的女孩。她还不满十七岁，在身患癌症，做过三次手术、十几次化疗的情况下，仍然坚强快乐，即使在告别人世之际，依然把她永恒的微笑留给了我们。一个十几岁的女孩，教会了我们这些成年人如何直面人生，如何创造快乐。她的坚强，她的快乐，令我们这些仍然活着的人深思。思索快乐，思索人生。

快乐不是与生俱来的。快乐需要寻找，需要营造。只要我们用心寻找，一句问候、一个微笑、一件小礼物，甚至一个会意的眼神，都会成为快乐的源泉。

有一个美国商人坐在墨西哥海边一个小渔村的码头上，看着一个墨西哥渔夫划着一只小船靠岸。小船上有好几条大黄鱼，这个美国商人对墨西哥渔夫能抓这么高档的鱼而感到惊讶，问要多少时间才能抓这么多？渔夫说，才一会儿工夫就抓到了。美国人惊奇地问："你为什么不待久一点，好多抓一些鱼？"那渔夫却笑着回答说："这些鱼已经足够我一家人生活所需了！"

于是，美国人又问："那么你剩余的时间都在干什么？"墨西哥渔夫告诉他："我每天睡到自然醒，出海抓几条鱼，回来后跟孩子们玩一玩，再懒懒地睡个午觉，黄昏时晃到村子里喝点小酒，跟哥们儿玩玩吉他，我的日子过得可是快乐又忙碌呢！"

美国人帮他出主意说："我是美国麻省大学企管硕士，我认为，你应该每天多花一些时间抓鱼，到时候你就有钱去买条大一点的船。等有了大船后，你自然就能够抓更多的鱼，再买更多渔船。然后你就可以拥有一个渔船队。到时候你就能够控制整个生产、加工处理和行销的过程。最后你可以选择离开这个小渔村，搬到城里，然后到纽约。在那里经营你不断扩充的企业。"

墨西哥渔夫问："这要花多长时间呢？"

美国人回答："15 到 20 年。"

"然后呢？"

美国人得意地说："然后你就可以在家快活啦！等时机一到，你就可以宣布股票上市，把你公司的股份卖给投资大众。到时候你就有数不完的钱！"

"然后呢？"

美国人说："到那个时候你就可以享受生活啦！你可以搬到海边的小渔村去住。每天睡到自然醒，出海随便抓几条鱼，跟孩子们玩玩，再跟老婆睡个午觉，黄昏时，晃到村子里喝点小酒，跟哥儿们玩玩吉他！"

墨西哥渔夫疑惑地说："我现在不就是这样子吗？"

对于这位渔夫来说，现在的生活就是很快乐的。快乐是因人而异的，如果你认为你的生活是快乐的，那么你就会过得很快乐，快乐是自己来营造的。

放弃其实也是一种人生的选择

曾看到这样一副对联：得失失得，何必患得患失；舍得得舍，不妨不舍不得。也许人生的过程就是一个不断放弃，又不断得到的过程。关键是要学会放弃，因为放弃，也是人生的一种选择。

放弃一棵树，你会得到整个森林！放弃一滴水，你就拥有整个大海！放弃一片洼地，你就会占领一座高山！放弃了并不等于失去，当你放弃了对梦的追求，回归现实，你会发现那美好的一天正等待着你，并为你敞开了一扇通往未来的大门。

有只狐狸被猎人用套套住了一只爪子，它毫不迟疑地咬断了那只小腿，然后逃命。放弃一只腿而保全一条生命，这是好死不如赖活式的哲学。人生亦应如此，在生活强迫我们必须付出惨痛的代价以前，主动放弃局部利益而保全整体利益是最明智的选择。智者曰："两弊相权取其轻，两利相权取其重。"趋利避害，这也正是放弃的实质。

在欧洲，有一首流传很广的格言：为了得到一根铁钉，我们失去了一块马蹄铁；为了得到一块马蹄铁，我们失去了一匹骏马；为了得到一匹骏马，我们失去一名骑手；为了得到一名骑手，我们失去了一场战争的胜利。

为了一根铁钉而输掉一场战争，这正是不懂得及早放弃的恶果。

生活中，常有不好的境遇会不期而至，搞得我们猝不及防，这时我们更要学会放弃。放弃焦躁的心理，安然地等待生活的转机，让自己对生活对人生有一种超然的关照，即使我们达不到这种境界，我们也要在学会放弃中，争取活得洒脱一些。

在人生的旅途中，需要我们放弃的东西很多，古人云，鱼和熊掌不可兼得。如果不是我们应该拥有的，我们就要学会放弃。几十年的人生旅途，会有山山水水，风风雨雨，有所得也必然有所失，只有我们学会了放弃，我们才会拥有一份成熟，才会活得更加充实、坦然和轻松。

比如大学毕业分别的那一刻，当同窗数载的同学紧握双手，互道珍重的时候，或许会有不舍；但我们每个人毕竟都有各自的旅程，把这份情谊珍藏在心底，擦干眼泪走向新的征程。

放弃一段恋情也是困难的，尤其是放弃一场刻骨铭心的恋情。但是既然那段岁月已悠然遁去，既然那个背影已渐行渐远，又何必要在一个地点苦苦地守望呢？不如冷静地后退一步，学会放弃，一切又会柳暗花明。

在日常生活中，当你与人发生矛盾或冲突时，只要不是什么原则问题，你完全可以放弃争强好胜的心理，化干戈为玉帛，避免两败俱伤；当你在家庭生活中与人发生摩擦时，放弃争执，保持缄默，就可以唤起对方的恻隐之心，使家庭保持和睦温馨。

以前有一位国王，他缺手断腿，他很想将他那副尊容画下来，留给后代子民瞻仰，就请来全国最好的画家。那个画家的确是第一流的，画得很逼真，栩栩如生，很传神，但是国王看了之后很难过，说："我这么一副残缺相，怎么传得下去！"就把他给杀了。于是又请来第二位画家，第二位因有前车之鉴，不敢据实作画，就把他画得圆满无缺，把缺的手补上去，把断的腿补上去，国王看了之后更难过，说："这个不是我，你在讽刺我。"又把他给杀了。后来又请来第三个画家，第三个画家怎么办呢？写实派的给杀了，完美派的又给杀了，想了好久，画家急中生智，画他单腿跪下闭住一只眼瞄准射击，把他的优点全部暴露，把他的缺点全部掩盖，这就叫作"隐恶扬善"。这个故事其实在告诉我们要"隐恶扬善"，多讲人家好的那一面是对的。批评别人是错误的，表面上你批评别人好像占了便宜，其实错了，失得都是一样，有得就有失，得就是失，失就是得，所以一个人的最高境界，应该是无得无失。但是人们大都患得患失，我们的心就像钟摆一样，得失、得失，就这样摆，非常痛苦。塞翁失马，你怎晓得是福还是祸呢？所以，不要把得失看得太重。

任何一个成功者，不仅要敢于梦想，敢于追求，敢于迎接各种各样的挑战，敢于为实现自己的目标去努力进取，还要学会选择和放弃。

比尔·盖茨中学毕业的时候，他父母对他说："哈佛大学是美国高等学府中历史最悠久的大学之一，是一个充满魅力的地方，是成功、权力、伟大等等的象征和集中体现。你必须读一所大学，而哈佛是最好的。它对你的一生都会有好处。"

盖茨听从了父母的劝告，进了美国最著名的哈佛大学。他当时填的专业是法律，但他其实并不想继承父业去当一名律师。

盖茨真正的兴趣在电脑上。他曾同朋友一起认真地讨论过创办自己的软件公司。他认定"电脑很快就会像电视机一样进入千家万户，而这些不计其数的电脑都会需要软件"。

大学二年级的时候，比尔·盖茨终于向父母说了他一直想说的话："我想退学。"

他的父母听了非常吃惊，也非常伤心。但他们无法说服盖茨改变主意。于是，他们请了一位受人尊敬的商业界领袖去说服盖茨。

盖茨在同这位商业巨头会面的过程中，像个布道者一样滔滔不绝地向他讲述自己的梦想和正在着手做的一切。这位商业巨头不知不觉地被感染了，仿佛又回到了自己当年白手起家的创业时代。他忘记了自己的使命，反而鼓励盖茨："你已经看到了一个新纪元的开始，而且正在开创这一个伟大的时刻。好好干吧，小伙子。"

父母无奈，只得同意了盖茨的要求。

从此，盖茨一心一意地投身于自己的电脑软件领域中，他真的在梦想成真的道路上创造了世界瞩目的业绩。

一个成功者，或者一个有着明确的奋斗目标的人，之所以舍得放弃那些在旁人看来是来之不易的东西，是因为他们真正地明白自己想要的究竟是什么。

第四章 以礼相待，不只是容仪更有心仪

中国，素以礼仪之邦著称。礼，少不得有财货的成分，但是，仪，却不只是容仪，更有心仪。不只是巧言令色，胁肩媚笑，还有真诚的钦佩感激。这就是中国传统文化中"礼的精神"了。"投之以桃，报之以李"，就是"礼尚往来"之道。

有"礼"行遍天下

中国，是世界上四大文明古国之一，中华民族自古以来就是名重八方的礼仪之邦。礼仪，作为一个人综合素质和文明程度的最直接的体现，其重要性是不言而喻的。礼仪是人类文明的标尺，礼仪是一个民族精神的展现，礼仪是一个企业光明前途的动力，礼仪是一个人素质修养的证明。要知道，注重仪表形象，养成文明习惯，掌握交往礼仪，融洽人际关系，这是我们每一个人人生旅途中的必修课。

想一下，生活在这样一个讲"礼"的环境里，假如我们不讲"礼"，简直就是寸步难行，被人唾弃。"以礼服人""礼多人不怪"，这是中国的古老格言，也是礼仪之邦的证明。

不管做事或做人都应注重礼仪，在尊重别人的同时，也是尊重自己。

随着经济的高速发展与社会的不断进步，礼仪的社会功能和作用更加彰显，已成为现代人的处世艺术，成功者的潜在资本，是构建和谐社会的重要基础和有力支撑。维护家庭和睦、创造和美生活、建设和谐社会都需要礼仪，社会呼唤礼仪。

礼仪就像阳光雨露，呵护心灵的鲜花，我们作为家庭的守护者，该怎么对待礼仪呢？礼仪首先是给自己的。不要轻易对自己发无名之火，让心情阳光一点，对别人也会热情一点。然后，礼仪是给予最亲近的人的。自己家里的父母、妻子、丈夫、儿子，我们或许会认为跟太亲近的人客套不好意思，其实，家里人因为跟太熟悉太亲近了，恰恰是最需要以礼相待的。一句"谢谢"，一句"我爱你"，是百听不厌的话语。一定会有人因为孩子不够懂礼貌而感到苦恼，那么，我们不妨从自己做起，多注意礼貌行为和用语，让孩子在良好的环境中受到感染。

总之，你希望别人怎样对待你，你就要怎样对待别人。我们要友好待人，也许不一定每一次都能得到回报，或许暂时还吃亏了，但从长远来看，受益最多的人一定是你自己。著名演员成龙有句名言：吃亏就是赚。正所谓赠人玫瑰，手有余香，一个讲究礼仪的人，也必定能够获得家庭的和美、事业的成功和人际的和谐。

以小"礼"换大"利"。

在古时候，荀子把"礼"作为最高的道德原则。他说："人无礼则不生，事无礼则不成，国家无礼则不宁。"儒家讲"礼"，当然是为剥削阶级服务的，但重礼仪，讲礼貌，礼尚往来，在今天的职业活动中仍具有很重要的意义。因为，在有些时候，你的小礼貌能使你获得巨大的利益。

孔夫子也说过"不学礼，无以立"。没有礼貌，没有礼物，很难在社会上立足。可能常常不经意的一句话、一个动作就失礼，一个小小的礼物，就得罪他人，无形当中给自己增加很多的阻力。同样的道理，有礼貌的人走到哪都能让人家欢喜，增进他自己人生的助力，甚至给他们带来很大的利益。因此，这个礼也可以分为礼貌和礼物两种。

这是一个用礼貌换取大利益的故事：有一个朋友说，那天他有一个很重要的客户，他必须在10分钟内赶到饭店。但在海关检查会花费很长时间，所以很担心自己会误点。海关人员每天要检查的人数有多少？诸位朋友您想想看，可能有几千人。几千个人走过，他们都要做同一个动作，请问你做得到吗？你的耐性有可能维持几千次吗？所以我们说"人同此心，心同此理"，这些海关人员每天干这个事，其实也很疲累。所以这位朋友到海关检查的时候，证件放上去就给这个海关人员深深地鞠了一躬："你好。"这个海关人员很快露出灿烂的笑容，连看都没看就给他盖了章："好，赶快过去。"你看，有礼貌很吃香的。这个朋友也非常开心，他说孔夫子讲的是事实。

的确如此，有礼貌的人绝对不吃亏，而是会得到很多的益处。就像上文中的这个朋友，正是由于这个小小的礼貌，他的洽谈会开得非常成功。怎么样，小的礼貌也是很重要的吧，因此，要想有大的成功，获取大的利益，就要从小事做起，讲礼貌。

说到"礼"这个方面，在三国中也有不少的例子，刘备三顾茅庐就完全做到了礼貌，从而获得了利益。当年刘备三顾茅庐地请诸葛亮出山时，关羽和张飞都对他的低三下四颇有微词，可时间不长，二人就对刘备的英明决策佩服不已：若不是刘备如此礼数备至地以诚心打动诸葛亮，他怎会死心塌地地为刘备鞠躬尽瘁？若没有诸葛亮这个人才，刘备的霸业怎成？其实，诸葛亮也未必不知刘禅是一个扶不起的阿斗，但是，因为刘备待自己不薄，他还是选择兢兢业业地扶植他儿子。

俗语说，冰冻三尺，非一日之寒，要交一个人，也得多花点工夫。对待上司或是同事都要以心换心，把礼貌、礼数、礼仪做到位了，对方才能真心对你，才可能会在工作上给你最大的支持和配合，从而让你的人际关系更和谐。

礼多人不怪。

中国被称为"礼仪之邦"，结婚有婚礼，过寿有寿礼，祭祀有祭祀礼，丧葬有葬礼；无论是什么礼，都必须要有礼仪，要有送礼的心，毕竟"礼多人不怪"。

（1）礼多可缓和关系

在与同事的交往中，要注重情理，言谈举止大方得体，对增进彼此的友谊，缓和同事关系是大有益处的。比如，当你掏出香烟时，不要忘了先让一下同事。事虽说不算大，却能让对方感觉到你对他的重视。

（2）礼多可种下善因

在现实生活中，人与人的交往，往往会有磕磕绊绊，当你的礼节到了，对方会碍于情面不便计较，你敬人一尺，最起码人家也会回你一尺的。

（3）礼多可取得人心

冰冻三尺非一日之寒，要想交一个好朋友就得多下功夫，把礼貌礼节做到位，对方自然也会尊重你，在工作中就会给予你支持与鼓励。

在平常的生活中，只要你稍稍留意一点，你就会发现，在公司里的红人，没有不重视礼节的，要想建立融洽的人际关系、顺利开展工作就要懂礼貌，重礼仪，有礼数。

其次，人在职场，也非常注重礼貌。因为礼貌是基本的礼节，凡事讲点礼貌能使求职工作更顺利。

（1）问候主考官

无论是应聘名声在外、待遇丰厚的大公司，还是默默无名的小公司，求职者首先要过的都是面试考官这一关。因此，在你应聘时，要学会问候每一位考官，这样会在每个考官心中留下好的印象。

（2）面试之后写封信

你可以在面试之后给应聘公司写封信，说说自己对加入该公司的渴望，并对人事部门接待自己、考核自己表示感谢。无论你最终是否能获得这一职位，都会让公司对你印象深刻，这样就会为竞聘成功打下良好基础。

（3）初来乍到送份礼

常会有一些职场新人总是为无法融入集体而苦恼。其实，要打开陌生同事的心扉不难，只要你表达出了自己的真诚。还是那句话，"礼多人不怪"，初来乍到的新人不妨送点小礼物给同事。礼品不需太贵，几块钱的小工艺品，畅销的口袋书，或自己手工制作的卡片、幸运星皆可。但是，给同事送礼物千万别遗漏了任何人，免得留下人际关系的"隐患"。

（4）积极帮助新同事

就算是再青涩的新人也会慢慢"熬"成公司元老，对工作游刃有余。也许你在进入职场之初，曾经受到过老同事的排挤，但面对公司新人时，应该有宽容、平等的态度。从而积极帮助新同事，不仅是对公司的贡献，也有助于拓展自己的人际网络，更顺利地开展工作。使公司和个人同时得到发展，两全其美，你又何乐而不为？

（5）充分尊重老总的权威

要知道，老总不但是公司最高权力的掌握者，更是公司利益的直接关联者。老总拥有较高的权威，做出的决策才有可能被顺利执行。如果老总失去了公司主心骨的地位，职员势必像一盘散沙，各自为政。因此，为了公司的长远发展，职员可以为公司献计献策，但是，最好不要随意挑战老总的权威。

有"凤雏"美誉的庞统刚出道时四处碰壁，先是在孙权处求职被拒，后又被刘备以一个小小的县令职务随便打发。为什么？就是因为庞统自视甚高，不讲职场礼仪修养。先是在孙权面前夸夸其谈，还顺便贬了孙权器重的周瑜，惹得孙权极为不快；然后就是在刘备面前，他也是长揖不拜，给人非常不懂规矩的感觉。如果不是他后来耍了点小伎俩得以才华展露，他就一辈子在小县令的岗位上郁郁寡欢吧！

虽说时下的年轻人越来越讲究自由和个性，但只要是在职场之中，就必须讲究等级尊卑和职场修养，因为无论是在领导眼中还是同事眼中，自以为不拘小节的不懂礼貌和礼数的家伙，都是非常不受欢迎的。尤其是在面试的时候，如果礼貌工作不到位，你就会因为第一印象太坏而失去入选的机会。

正所谓"礼多人不怪"，只要你稍稍留心一点，就会发现办公室中那些人见人爱的红人们，没有不重视礼仪的。要想建立融洽的人际关系、顺利开展工作，那就学着做个重视礼仪的人吧！

授人玫瑰，手有余香

"授人玫瑰，手有余香"让大家明白了付出了也会给予自己快乐。如果只懂得收获，就会失去快乐。生活中常有这样的情况，方便了别人的同时也会给自己带来方便。说到这个典故就不得不说一下汽车销售大师乔·吉拉德的故事。

说到卖汽车，人品重于商品。一个成功的汽车销售商，肯定有着一颗尊重普通人的爱心。

有一天，一位中年妇女从对面的福特汽车销售商场，走进吉拉德的汽车展销室。她说自己很想买一辆白色的福特车，就像她表姐开的那辆。可是在福特车行，推销商让她过一个小时之后再去，她于是先到这儿来瞧一瞧。

"夫人，欢迎您来看我的车。"吉拉德微笑着说。

妇人兴奋地告诉他："今天是我55岁的生日，想买一辆白色的福特车送给自己作为生日礼物。"

"夫人，祝您生日快乐！"吉拉德热情地祝贺道。随后，他轻声地向身边的助手交代了几句。

吉拉德领着妇人从一辆辆新车面前慢慢走过，边看边介绍。在来到一辆雪佛莱车前时，他说："夫人，您对白色情有独钟，瞧这辆双门式轿车，也是白色的。"

就在这时，助手走了过来，把一束玫瑰花交给了吉拉德。他把这束漂亮的花送给妇人，再次对她的生日表示祝贺。妇人感动得热泪盈眶，激动地说："先生，太感谢您了，已经很久没有人给我送过礼物了。刚才那位福特车的推销商看到我开着一辆旧车，一定以为我买不起新车，所以在我提出要看一看车时，他就推辞说需要出去收一笔钱，我只好上您这儿来等他。现在想一想，也不一定非要买福特车不可。"后来，这位妇人就在吉拉德那儿买了一辆白色的雪佛莱轿车。

虽然，我们不能说这位妇人是因为这枝玫瑰而决定买吉拉德的汽车的，但那至少是有一定关联的。因为，这虽然只是一朵玫瑰，但体现出的却是一种关心与温暖，是能打动人内心的。

送礼，关键是要会送

如果你想在礼尚往来中办事成功，那么，关键在于是否会"送"。办事人的聪明才智将在这个字上表现得淋漓尽致，或者你的蠢笨愚拙也将在这个字上落得个一览无余。

在新年到来之际，人们都争先给亲人、朋友、同学、同事、领导以及他人送礼表示心意，但是，有没有受惠者得到了礼物，反而哭笑不得呢？答案是肯定的。

刚刚工作的刘小姐就是其中的一个。

那次，她出国办完事，准备回来，心情刚刚有所放松。这时一位在国外留学的老同学送来了非常珍贵的一口大号的金鱼缸。此时，她才想起来，自己无意间对朋友说自己喜欢养金鱼。于是，这位朋友也就不惜重金地送来了这口鱼缸。

但是，她对着这口足以养几千条金鱼的大缸，差点就晕过去了。本来订好机票就可以轻松地回去了，又来一个庞然大物，这飞机不坐不要紧，最要命的就是到底怎么运回去。

从这件事看来，朋友的深情厚谊倒是变成了让她头痛的事了。当时，朋友怎么就没想一想这样一个大物件让她如何拿回去呢？想转送给一同来的朋友们，又实在狠不下心把自己的不便再转加到别人身上。

因此说，送礼也要会送，其实，礼物的轻重关系并不大，但一定要给受礼之人开心和实用，只有这样，才能体现出送礼物的意义。

可以这样说，"送"是整个礼尚往来办事过程中的最后一环，送得好，方法得当，会皆大欢喜，境界全出。送得不好，让人挡回，触了霉头，定会堵心数日。所以，只有巧妙掌握送的技巧，才能把整个办事过程画上一个漂亮的句号。而且，有的时候送出的礼品也能传递信息。一件非常理想的礼物，对于赠送者和接受者来说都传递着某种能够表达愿望的信息。一件精心挑选的礼品体现了你希望如何被人看待的心理。

礼物同时也是一个宣言。它宣告了你与对方的关系：一个好朋友、一个友善的亲戚、一位感激下属的老板或是一位热心的崇拜者，它也反映了你希望自己在别人心目中有着怎样的形象：一个能赞赏别人的人？一位情趣高雅的人抑或是一位知道如何用微笑来终止关系的人？更重要的是，它对接受者也是个宣言：他的忠诚得到了你的认可、他的坚忍精神值得赞扬、他的领导才能对本部门至关重要、他的健康令人牵挂、他使得做买卖成为一件乐事。或简言之，他值得感谢。人人都赠送和接受礼品，不管送礼是否自愿，礼品须经挑选后方能呈送出去。每件礼品都成了你人品的延伸，对方能从中衡量出你的兴趣，甚至包括你的智慧和才干。送什么、如何送都会给人留下重要的、持久的印象。对方如何接受，同样的也会产生相应的影响，无论我们承认与否，礼品对双方都有意义。礼品在我们的生活中扮演着重要角色。

而且，我们对于礼品的渴求，也就是对赞同、慈爱、理解和爱情等的渴求。我们赠送与接受礼品的行为牵涉到生活的其他许多方面。通过礼品我们可以激励他人、教育他人，可以取得控制、获得补偿，可以显示知识和修养、表达友善和爱心，可以扩大个人的影响甚至使你结成团体等。礼品可以帮助建立或挽救一种关系，也可能改变或结束一种关系。对大多数人来说，精心挑选的礼品可以在事业和个人关系方面有所帮助。令人遗憾的是，每天都有人将大量的时间、金钱和能量浪费在毫无生气、不受人欢迎的礼品上。在如今这个五彩缤纷的社会里，人们每年在礼物上花费大量的钱财，每年又增添一些送礼的节日，从祖先的诞生日到你邻居家小猫小狗的生日，真可谓面面俱到了。

现在，为了买到合适的礼品，有很多人感到时间和想象力不足。有些人甚至一下子买回大批同样的东西，如 50 只小型食品加工机！却往往又不适合于送给所有的人。因此，少花钱办好事就很重要了。

那些会送礼的人不会简单地用礼品去讨好别人或是去尽义务。他们总是会用适当的方式将他所要传递的信息准确地传递出去。

在你送礼的时候，可以赋予礼品意义，它会让受礼人惊喜赞赏，相信这也是所有送礼人的心愿。礼品是感情的载体，因人因事因地施礼，是社交礼仪的规范之一。任何礼品都表示送礼人特有心意，或酬谢，或求人，或联络感情等。所以，对于礼品的选择，也应符合这一规范要求，要针对不同的受礼者的不同条件区别对待。你选择的礼品必须与你的心意相符，并让受礼者觉得你的礼品非同寻常，让人备感珍贵。一般说来，对家贫者，以实惠为佳；对富裕者，以精巧为佳；对恋人、爱人、情人，以纪念性为佳；对朋友，以趣味性为佳；对老人，以实用为佳；对孩子，以启智新颖为佳；对外宾，以特色为佳。还要谨记的一点是，礼物的好坏不是用金钱来衡量的。没错，称得上好的礼物，其实，并不一定都是价值不菲的，只要活动一下脑筋，你就能想到既经济又能传递情感的礼品了。

在 1960 年日本首相吉田茂访美的时候，恰逢尼克松参加总统竞选。吉田茂想向尼克松表示一下自己的关心，但是，总统竞选之事难以预测。他想来想去买了一个雕刻工艺品送给尼克松，说是请日本国一位有名的雕刻家特意制作的，并告诉尼克松这件艺术品的名字叫"胜利"。当时，尼克松接过艺术品很高兴。而吉田茂此时无关紧要说的这几句话，让尼克松觉得很合心意。

相信每个对于关心自己的人，都会有好感并且愿意与之为伍的。同样，一个肯随时关切上司生活的下属，在上司眼中毋宁是最值得给予拔升的部下。所以，为人下属者，一定不要吝惜这种探问平安的电话。

但是，这种问候必须注意到时效性。例如，事件发生当时打的探问电话，就比事过境迁后的电话更令人感动。而且，事件发生后太久才打的探问电话，甚至会被认为是放马后炮，反而令人生厌。

例如上司因感冒发烧而请假。下属当天一下班，就带着礼物到上司家去探病慰问，谈话时并尽量避开工作上的话题，并且以幽默的故事、逗趣的消息作为谈话材料，告别时的祝福更是真情实意，那么一定会留下好印象。其实，最要不得的就是，等到上司病愈恢复上班的时候，才愧疚地说些没去探病请原谅等之类的话，那无疑是临渴掘井，放马后炮，让人反感。

哪怕只是面熟的客户或他们的家属，一旦得知有人卧病在床，也务必要抽空去拜访慰问，就算是请假也是值得的。

假如上司家有喜事，你应该送礼吗？可能有人认为此乃"溜须"之举，不屑为之。其实不然，送礼只是作为心意的表达，也没有什么不妥，只是注意送礼给上司要小心处理。其实最理想的是全体同事一起送礼给上司，让他知道下属对他的好意；但如果公司向来没有这个先例，你也就不必做开先河的人物。若是你真的很想送点东西，请先了解对方是否会不高兴，若没有问题，你可以独自送礼了。

不过要注意，同性上司和异性上司又有不同。如果你买一件丝质恤衫送给异性上司，并且是已婚的，那么，可能受到其配偶的质问。

因此，你的礼物最好不涉私事，而是一些可以在办公室用得着的东西，如相框、日历、笔座等。

对于同性上司，为了表示你的关注，不妨给对方的孩子买些玩具、糖果之类，一来免去直接送礼的尴尬；二来有爱屋及乌之意。对未婚的同性上司，则可以送一些小饰物，以显示你的细心。如果怕被同事讥为"捧臭脚"，你可以把礼物直接送到上司家中，这样一来，说不定更合他心意，更能赢得上司的注意。

其实，除了灾害、生日和探病的事情之外，对于上司家的喜事也要给予庆贺一番。平常的喜庆事中，上司的孩子通过考试或婚嫁等事，是最需要给予祝贺的。孩子考试，一向都是家里最关切的大事。一旦得知上司的孩子参加考试，等放榜一有好结果，马上以最快的方式向上司表达祝贺之意。

如果是上司的孩子有婚嫁之喜时，礼物礼金自是不能少的，对于结婚会场布置、宴客事宜等也都要主动出面帮忙。甚至当天带着相机替上司拍照，日后再以此作为送上司的礼物，这不仅是很得人好感的事，更是拉近与上司间距离的最好方式。

若上司有亲人去世，除亲自去家中慰问外，葬礼时还要去送行。这是一般人都做得到的礼节。如果时间不便，即使提前或延后一天，甚至用电话致意，都会让人颇受感动，而给人良好深刻的印象。

作为下属，如果送礼祝贺上司家人的生日，上司可能会认为这种下属是在拍马屁，可是无论如何，他还是会很欣然地接受这种祝贺，并对这种下属心存感谢。

总之，让人觉得高兴，感到快乐幸福，绝对是打理好人际关系最好的方法。

帮助别人就是帮助自己

爱默生说；"人生最美丽的补偿之一，就是人们真诚地帮助别人之后的同时也帮助了自己。"

英国之所以能成为世界强国，海运事业的高度发达可以说是起到了重大的作用。酒店、咖啡店等地方成了这些闯荡大海的人的必到之地。1960年，劳埃德在英国的泰晤士河边开了一家咖啡馆。很短的时间，这家咖啡馆就成了船老板、商人、船员等聚会的地方，很多信息都在这里交流，这里成了一个信息集散地。

就这样，他们在这里畅谈海外的奇闻轶事，回首航海中的风雨历程。这里有喜怒哀乐，这里有悲欢离合。高兴的人庆贺自己一帆风顺，满载而归；悲伤的人哀叹自己海上遇险，血本无归。

这天，咖啡馆老板劳埃德听到一个海员在喝咖啡的时候说，有一个伦巴第人在搞海运保险。就是这随随便便的一句话，却在劳埃德的心中掀起了波澜。

他心里想："我何不利用现在的条件，与这些老顾客们联手搞一搞海运保险呢？"

后来，他把这个计划告诉了别人，很多人都说，这是很有风险的，大海无情，海浪很容易把一条大船掀翻的，你赔得起吗？这就等于拿着英镑往大海里扔！

这让他有些犹豫，又不断地咨询那些从事海上贸易的老板，老板们对此很感兴趣。接着很多船长、船员、货主、商贩等纷纷表示，假如哪个人愿意来搞海运保险，他们都参加。这些人观点明确，在有了保障的前提下，谁都想碰碰运气，哪怕会失败了。

因为有了这些人的支持，劳埃德下了决心。保险业开始的时候是不需要很多资金的，只要物色好了机构办事人员，就能开张了。过了不久，一家"劳埃德保险公司"就在泰晤士河畔成立了。

他的保险公司生意一下子就火起来了，昔日一个小小咖啡店的老板，摇身一变，成了保险业的领军人物。

劳埃德保险公司的发展是非常迅速的，他除了海运保险，还发展了大到火箭发送、人造地球卫星、受到战火威胁的超级油轮，小到电影明星的漂亮脸蛋、脱衣舞女的秀腿等业务。真可谓是无所不保，无奇不有。就这样，慢慢地，劳埃德成了英国人引以为豪的世界上最大的保险业巨头！

其实，劳埃德的做法不难理解，而洛克菲勒的举动着实让人吃了一惊。

就在第二次世界大战以后不久，战胜国决定成立一个处理世界事务的联合国。可是给联合国选址，一时间成了一个颇费周折的事情。按理说，联合国的地点应该设在一座繁华的城市。但是，在任何一座繁华的城市建立联合国的总部都必须有大量的土地，而且，这批土地必须花费大量的资金。但是，刚刚起步的联合国总部却无力支付这样一大笔巨款。

正当各国的首脑们踌躇之时，美国的洛克菲勒家族知道了这个消息，立即出 870 万美元的巨资在世界级的大城市纽约买下了一块土地，无偿捐给了联合国，并且同时买下了这块土地周围的全部土地。

当纽约联合国大厦建起来之后，周围的土地价格立即飙升上去。没有人能够计算出洛克菲勒家族经营这片土地到底赚回来多少个 870 万美元。但是，洛克菲勒家族之所以能够收获这丰厚的回报，就是因为他们播下了一粒智慧的种子。这是什么？没错，这是睿智，这是胆略，这是智谋。

总之，生活从来不会主动向人们诉说什么，只有时间会告诉人们真理。洛克菲勒家族的成功告诉我们：想要收获就必须先投入。

投入金钱，收获财富；投入感情，收获友谊；只有你真心去帮助别人，才会收获别人对你的帮助。

见什么人送什么礼

如今社会谁也避免不了求人办事的时候，要想让别人为自己办事，一定要讲究方法。其中一个最容易最有效的方法就是送礼上门。要想找人办事，就不能让人家"白忙活"。试想，谁会那么无私只给办事却啥也不图呢？要知道生活在这个世界上的人都是肉体凡胎，对于利益都是求之不得的。所以，你若想求人办事，就要适当地给人家表示表示，人家才会心甘情愿地为你效劳。通常情况下，只要他接受了你的表示，那就表示这事已经成功了一半。常言道"吃人嘴短，拿人手软"，说的就是这个道理。

当然了，我们在送礼的时候，也要动点脑筋，才能达到自己想要的效果，否则可能会有"白送"的危险。如果你送的礼不是人家喜欢的，即使对方勉强收下了，他也不会真正满意。一不满意，办起事来就不会尽力。到头来你礼也白送了，事还没办成。那么我们不妨来看看三国里的古人是如何送礼的吧。

丁原和董卓一直是老对头，时不时就会兵戎相近。

一次，双方又一次开战了。可以说这丁原根本不把董卓放在眼里，原因是他手握 15 万重兵，远比董卓的士兵强多了。更主要的是丁原有一个义子叫吕布，此人作战勇猛无比，天下无人可挡。有了这个保护神，丁原当然更加有恃无恐了。

两军刚一开战，丁原的士兵就占了上风。

只见那吕布穿梭在乱军之中，纵马挺戟，一眨眼的工夫，董卓的几员大将就死在了他的画戟之下。在这时，吕布手下看准了机会，指挥手下"破阵营"的一万铁骑，冲杀上来了。

董卓的军队当日吃了个大亏，仓皇逃跑了。

路上歇息时，董卓长叹一声道："吾本以为世间只有那太尉刘明一人，才是吾之劲敌。不成想，这吕布也非常人也。如果让他来为我效力，那我岂不是如虎添翼？还怕一个小小的丁原不成！"

话音未落，董卓的手下李肃便上前说道："主公不必烦恼。我与那吕布是同乡，对他我十分了解。此人虽然作战勇猛，但并无谋略，而且还是个见利忘义之辈。如果主公派我前去说服他，我保吕布投奔您。不知主公可愿意否？"

董卓看了看他，便问道："你有什么办法说服他呢？"

李肃上前一步，在董卓的耳边说："我听说主公有一匹日行千里的赤兔马。须得此马，再用金珠，以利结其心。我敢保证那吕布反叛丁原，来投靠您。"

董卓心想："欲得天下，何惜一马！"便答应了李肃的请求，给李肃黄金一千两、明珠数十颗、玉带一条。

李肃带着礼物来到了吕布营寨。李肃见到吕布，寒暄了几句，就把赤兔交到了吕布手中。吕布爱马那可是出了名的。看到此马，吕布大吃一惊感叹道："我见过那么多好马，可是却从未见过如此良驹，今得一见，真是大幸啊！"说完，便走上前去抚摸，那样子真是爱不释手。吕布高兴之余，便放松了对李肃的防备，竟然和李肃饮酒对坐到很晚。

在宝马金珠的诱惑下，再加上李肃的三寸不烂之舌，吕布果然答应了李肃，投奔了董卓。得到了吕布这员虎将，董卓可谓如虎添翼，一马平川。他先兼并了何进兄弟所领部队，接着又吞并了丁原所部，实力开始强大起来，谋图废立皇帝之心也与日俱增。他召集群臣，商议废立皇帝的事宜。

他宣布："天子为万民之主，无威仪不可以奉宗庙社稷。当今圣上懦弱，不如陈留王聪明好学。吾欲废帝，立陈留王，诸大臣以为何如？"众人由于畏其权势，都不敢出来阻挡，只得答应了。

董卓大喜之余，随即下令废少帝，改立陈留王为帝，史家称为献帝。少帝退位后被任命为弘农王。董卓随后下诏大赦，改昭宁元年为永汉元年。

董卓掌权后，便任命自己为太尉，加封老母为池阳君。为了给百姓们留下一个好印象，他又为陈蕃窦武等遭受党锢之祸的士子翻案。查诸党人宿冤，悉复爵位，遣使吊祭，擢用子孙。所有宦官家产，一体抄没。因此，董卓得到了臣民的一致好评。

董卓所做的这一切，都是在得到吕布之后才实现的。在没有吕布之前，他可以说是没有什么作为。董卓以小利换来吕布，吕布为其所用后，可以说是成了董卓实现霸业的保障。

有礼走天下，无礼不相逢。要想办事，送礼是必不可少的一个环节。礼行前，利跟后，送礼的真正目的就在于此。

自古以来，送礼是人们达到目的的一种手段，并且这种手段很容易就能得到效果，所以才被人们广泛应用。因此，有时要想把某件事办成，懂得如何送礼是十分必要的。现代社会，能送礼、会送礼已经成了做人的一部分，成为成功的关键所在。

东吴陆逊知道关羽这个人重情重意，既不贪财也不爱色，就是对《春秋》情有独钟，通常都是通宵达旦地读。而且是看了一遍又一遍，怎么也看不够。他对书中的那些忠臣良将们敬佩有加。

于是，陆逊便派人送给关羽一个缶，这件器皿曾是蔺相如逼迫秦王击过的。关羽收到后，兴奋异常，爱不释手。关羽欣喜之余便相信了陆逊，才使得最后吕蒙白衣渡江，关羽也因此错失了荆州。

刘备在拉拢张鲁的宠臣杨松时，为了能够收买杨松，他们所采取的策略都是先送礼，再说事。原因就是，他们知道杨松这个人是个见利忘义、贪财无度之徒。但是当他去江东相亲时，赵云遵从孔明的第一条锦囊妙计，带刘备去拜见江东国老乔玹时，采取的策略是刚一见面时并没有递礼品，而是在临走告别时才把礼品递上。因为乔玹的身份和地位不同，乔玹的两个女儿，大乔许配给了江东主孙策，小乔许配给了江东三军大都督周瑜，地位相当高，对金钱财宝一点儿都不在乎，再加上乔玹本身也是个通情达理之人，颇有些头脑。因此，如果刘备见面就送礼，必然会使乔玹怀疑这厚礼中暗藏心机，很可能会婉言谢绝，如果刚开始就在二人之间蒙上一层阴影，刘备要想再扭转乔玹对自己的印象，就非常难了，刘备再如何敬乔玹如师也没有用，乔玹都会用怀疑的心理对待刘备的一举一动。

但是如果反而行之，先敬乔玹如师，说明来意，不仅奠定了二人间融洽的气氛，也为后来的赠礼指明了缘由，这时候再赠礼，会使二人间的关系更加友好而坚实。

无论是刘备还是陆逊，他们都通过送礼达到了自己的目的。虽然只是略施小礼，所起到的作用却是不可小觑的。也许受礼者并没有发现自身的变化，但这个变化却是存在的。所以说，送小礼往往能得到大利。

第五章 职场圈，"会聊天"也是竞争力

职场上，我们每天和同事、领导沟通交流。说什么、怎么说，什么话能说、什么话不能说，都有"讲究"。可以说，在职场上"说话"也是一种艺术。很多时候，有些人吃亏就是因为没能管住自己的嘴巴。

如何谈你的工作经历

招聘的时候，大部分的公司都很关注应聘者的经验。在求职过程中，工作经验是影响应聘者前途的一个重要的因素。

1.工作经验的重要性

经验就是你过去在职场上的所作所为的记录。你在某一工作岗位上做了一段时间，那就是一种经验；如果你曾得到过提升，那也就代表着你经验的提升。但经验表示你曾经具体地做过某件事情，对这件事情及整个过程有着亲身的了解和参与，不只是拥有相关的

理论知识的"纸上谈兵"，也不是仅仅旁观过别人的参与。

经验可以决定你是否能获得工作。一般而言，规模越大、管理越先进、业务越繁忙的公司，越重视应聘者的经验。因为他们需要的是不用培训即可马上上岗工作的熟练者，而不是可塑性虽好却初入职场的"白纸"。

2. 注意语言的通融性

在应聘工作时，你要学会区分硬性与富有弹性的经验要求。如果招聘广告上写明"需要至少5年以上经验"，就是硬性的经验要求，你的背景只有与之十分相近，才会得到回音。但是，当对方的用语比较模糊时，比如用"扎实……"或"资深……"，就比较有融通性，取决于你的经验与其他应聘者相比，是否略有富余了。

为了应聘成功，捏造经验和经历并不是聪明的办法。经验这种东西是最易查明真伪的，即使面试官在招聘时一时疏忽录取你，经受实践的火一炼，你还是会现出原形的。那时，别人对你的评价就不仅是"缺乏经验"了，"道德败坏""装伪作假"等人格品质的大帽子就会扣在你头上，使得你毫无辩解和招架之力。

回答好"陷阱"问题

在应聘时，面试官会提出几个"陷阱"问题，你稍不留神，就可能给对方留下坏印象，导致整个面试的失败，因此必须认真对待。

1. 你想从我们这里得到什么？

面对这类问题，很多人会避而不答，或者答得保守、落入俗套。事实上，你可以在应聘前准备一份"应聘广告"，对你梦想得到的工作加以描述。其形式可以是一个标题外加几句话，介绍一下你想应聘的公司、工作种类和你自身的基本情况。这样做可使你把注意力集中到你希望得到的具体工作，以及为此应做出的努力上。

2. 你为何辞去上一份工作？

许多招聘者心里很清楚：通常，一个人离开原来的工作岗位，是由于他们跟老板合不来。只是这些招聘者想听应聘者如何讲述这方面的事，建议应聘者把加入一家新公司的理由说成是事业发展的需要。

你可以说："在原公司销售科工作了两年后，我学到了许多有关营销方面的知识。现在，我想学点儿别的，而贵公司则是我最中意的。"

不过，要是你确实因与老板发生冲突而被解聘，那么你最好主动把事情的原委告诉他们，而不要让他们先来问你。话要说得既明确又有艺术性。例如："在管理形式方面，我和原公司的一位新金融主管存在着分歧。不过，我们双方对此表示理解。"

3. 你为什么要换一种职业？

对方问这样的问题，旨在让你做谨慎的自我剖析。对此，最好不要说："我只是想尝试点儿新东西。"因为那只能让人理解成："他原来连自己想干什么都不知道"。相反，你应当竭力说明你的才能、个性更适合从事你应聘的这种新职业，或是你想多积累点儿经验去达到某一种长远目标。

4. 你怎么看待自己没有经验这个劣势的？

对于应届毕业生，面试官一般会问："你的相关工作经验比较欠缺，你怎么看？"

如果回答："不见得吧""我看未必"或"完全不是这么回事"，

那么也许你已经掉进陷阱了，因为对方希望听到的是你对这个问题的看法，而不是简单、生硬的反驳。

这时，你可以使用"这样的说法未必全对""这样的看法值得探讨""这样的说法有一定的道理，但我恐怕不能完全接受"等开场白，然后再婉转地表达自己的不同意见。

5. 既然你这么优秀，怎么不去找更好的公司呢？

如果你的答案是肯定的，那么说明你这个人也许想脚踏两只船，身在曹营心在汉。如果你的回答是否定的，又会说明你对自己缺少自信或者你的能力有问题。

对这类问题，可以先用"不可一概而论"作为开头，然后回答："或许我能找到比贵公司更好的企业，但别的企业或许在人才培养方面不如贵公司，成长机会也不如贵公司多。"或者回答："或许我能找到更好的企业，但我想，珍惜已有的最为重要。"这样的回答，其实是把一个"模糊"的答案抛还给了面试官。

例如，考官对一个研究生说："对我们来说，你的学历太高了。"研究生回答道："你们不是招聘人才吗？如果只看文凭的话，我这儿带了三张文凭，您可以挑选最适合的一张。"这种机智幽默的回答让考官的眼前一亮。

6. 金钱、名誉和事业哪个更重要？

对刚毕业的大学生来说，金钱、名誉和事业都很重要。可是对方的提问却在误导你，让你认为"这三者是相互矛盾的，只能选其一"。这时候，我们切不可中了对方的圈套，而是必须冷静分析。

你可以首先明确指出这个前提条件是不存在的，再解释三者对自己的重要性及其统一性。你可以这样组织语言：

"我认为这三者之间并不矛盾。作为一名受过高等教育的大学生，追求事业的成功当然是自己人生的主旋律。而社会对我们事业的肯定方式，有时表现为金钱，有时表现为名誉，有时二者均有。因此，我认为，我们应该在追求事业的过程中去获取金钱和名誉，三者对我们都很重要。"

把"意见"变成"建议"

《三国演义》中有这样一个故事：

杨修自以为学富五车、才智出众，因而恃才放旷。他生活在曹操的帐营里，却根本不把曹操放在眼里，常常口出狂言，做事也是自作主张。曹操十分不悦，最后终于找了个借口把杨修杀掉了。

在我们生活的周围，将不如卒、君不如臣的情况屡见不鲜，而明卒被昏将压抑、扼杀的情况层出不穷。如果你是一位聪明的小卒，却遇到了一位无能的昏将，你该怎样做才不会使自己落入被压抑的境地，反而使上司愉快地接受你的建议呢？

1. 兼并上司的立场

李先生是一家比较知名的网络公司的总经理助理。他的顶头上司王总原先是搞技术的，对企业管理一知半解，却经常直接插手管理部门的事，把管理的层级体系搞得乱七八糟。其他部门表面上敢怒不敢言，但私下里无人不怨声载道，让李先生在与其他部门沟通协调时倍感吃力。

经过思考，李先生决定采用兼并策略。他对王总说："真正意义上的领导权威包含着技术权威和管理权威两个层面，王总的技术权威已牢固树立，而管理权威则有些薄弱，亟待加强。"王总听后，若有所思。

李先生巧妙地兼并了王总的立场，结果获得了成功。后来，王总果然越来越多地把时间用在人事、营销、财务的管理上，企业的不稳定因素得到控制，公司运营进入了高速发展状态，李先生的各项工作也顺风顺水，渐入佳境。

兼并上司的立场，的确不失为向上司提意见的好方式。

首先，它没有排斥上司的观点，而是站在上司的立场，最终是为了维护上司的权威，出发点是善意的。

其次，这种策略是一种温和的方式，能够充分照顾上司的自尊，易于被上司接受，效率较高。

另外，它需要很强的综合能力，需要很高的社会修养，并能够针对不同情况，不断提出有效率的兼并上司立场的意见，久而久之，自己个人的领导能力亦会迎风而上，甚至来一个飞速提升。

2. 多献"可"，少加"否"

"献其可，替其否"的意思是说，建议用"可行的"去代替"不该做的"。在下属向上司"进谏"时多献"可"，少加"否"，包括两层含义：其一，要多从正面去阐明自己的观点；其二，要少从反面去否定和批驳上司的意见，甚至要通过迂回变通的办法有意回避与上司的意见产生正面冲突。

例如：你是一家公司的部门经理，根据业务发展情况需要配一名专管业务的副手，这时你想提拔一位懂业务、有经验的下属担任此职，而上司却准备从其他部门派一名不懂这方面业务的外行人任职。在这种情况下，你可把话题多用在部门副经理应具备的条件和你所提人选已具备的条件上，而不应用在反驳上司所提候选人上。这样既可以避免与上司发生直接冲突，又能把话题保留在自己所提人选上。

对于那些敢于直谏的下属，上司头疼的往往不是他所提的意见有多么难以接受，而是下属提意见的方式让他们受不了。比如这样的话："经理，您刚才说的观点完全错误。我觉得事情应该这样处理……"或者"经理，您的做法，我不敢苟同。我认为应该……"

你把上司的想法或做法一棒子打死，别说他是你的领导，就是一般的同事、朋友都是很难接受的。你让上司脸上挂不住，上司自然对你心存芥蒂，你的意见被采纳的可能性就微乎其微了。

3. 不可恃才傲物

在上司面前，你最好不要表露出"我比你聪明"的意向，在谦虚的请教之中表达你的意见是你最好的选择。

在某公司的职代会上，公司讨论一个方案。小陈发言："我认为，还应该加入一点……"而小邓的发言却是："我经过对这个方案的多方面考虑，认为有些不太理想的地方。我提出来，如果有什么不妥当的话，还请各位领导指正……"对于小陈，上司只是神情冷漠地听了一遍，无所表示。对于小邓，上司却对他的意见着着实实地考虑了一番。

从此以后，对于公司里的事，领导还常常征求他的意见。原因就在于小邓能掌握上司的心理，知道如何去维护上司的尊严。

另外，还要注意的是不可恃功自负，当得知领导改变了自己的错误决定，采纳了你的建议后，不要洋洋自得，最好不要多提此事，以后，领导定会更加重视你的意见。

4. 多"引水"，少"开渠"

向上司、决策者贡献自己好的建议与计划，是我们每个人应尽的职责。然而，我们在献计献策的时候，往往会有不受重视、不被采纳的苦恼。尤其是当一个经过自己潜心研究、周密思考，确信非常合理、非常优秀的建议和计划被上司断然拒绝的时候，我们的苦恼会更剧烈。

碰到这种"进而不纳"的情况，人们往往抱怨道："能遇上一个知人善用、从谏如流的上司就好了。"这几乎成了所有做下属的一种传统的、固定的思维模式，他们之中很少有人愿意换一种思维方式来考虑"进而不纳"的原因。也许，用多"引水"、少"开渠"的方式会给我们带来新的出路。

多"引水"、少"开渠"的意思是说对上司"进谏"时不要直接点破上司的错误所在，或越俎代庖地替上司做出你所谓的正确决策，而是要用引导、试探、征询意见的方式，向上司讲明其决策、意见本身与实际情况不相符，使上司在参考你所提出的建议资料信息后，水到渠成地做出你想要说的正确决策。

威尔逊做总统时，在他的顾问班子中，唯有霍士最得其信任。别人的意见，他常常很少采用，或是根本不采用，而霍士的进谏屡屡被采纳，后来霍士做了副总统。

霍士说："我认识总统之后，发现了一个让他接受我的建议的好办法，我先把计划偶然地透露给他，使他对此感兴趣。这是在一次偶然的机会中发现的。我有一次去谒见总统，向他提出一个政治方案，可是他对此表示反对。但是几天之后，在一次筵席上，我很吃惊地听到他将我的建议当作他自己的意见发表了。"

霍士不但使威尔逊自信这种思想是自己的，后来他还把自己许多伟大的计划让给威尔逊来获得民众的拥戴。

那么，霍士怎样把计划移植到威尔逊心中呢？他常常走进总统办公室，以一种请教的口吻提出建议："总统先生，不知道这个想法是否……您不觉得这样做还有什么不妥吗……我们是不是这样……"就这样，霍士把自己的思想不露痕迹地灌入威尔逊的大脑，使他从自己的角度考虑这些计划，加以完善并付诸实施。

戴尔·卡耐基曾经说过："如果你仅仅提出建议，而让别人自己去得出结论，倒不如让他觉得这个想法是他自己的，这样不是更聪明吗？"许多实践也表明，人们对于自己得出的看法，往往比别人强加给他的看法更加坚信不疑。

怎样和老板谈加薪

加薪是上班族最大的梦想，也是许多人心中暗暗盘算的"阴谋"。既然我们能帮公司谈成许多笔生意，也能为自己谈成这个问题吧！

1.加薪谈判前的准备工作

加薪谈判和所有的谈判都一样，必须先称称自己的斤两，再决定开口要多少。既然去要钱，当然要先看看你"能"给什么，你"已经"给了什么，这样才有谈判的基础。

你必须先看看你能给什么。要回答这个问题需先打听一下，从事你这行的人有多少，有经验的人又有多少，这些人的薪水大概是多少。如果跟你同行的人很多，你所做的工作既不是特别了不起，又不是特别繁重，你走了随时有人替补，那就没什么谈判的筹码了。

如果"计算"之后，发现谈判筹码真的不多，你就得合计一下了：如果要求加薪不成，老板生气了，你还有哪一行可以"转业"，或哪一家公司可以跳槽，那一行的行情又是如何。对于谈判来说，最重要的就是要先想好"万一"的时候，先找好退路。如果还没有退路，就硬着头皮乱冲，谈判根本就不可能成功，因为你心中根本就没底。

2. 加薪谈判看时机

比较好的方法是告诉老板："我在公司也做了这么久了，对公司也有很深的感情。但现在我面临了一些财务危机，不知道该怎么处理，所以来跟你商量一下。你看，有没有什么办法，让我为公司多贡献一些，并能交换多一点儿的待遇，以让我渡过这个难关。如果公司一时之间真的有困难，而另一家公司表示可以解决我的问题，那么，我可能只好转到那家公司了。将来如果财务问题解决了，如果公司需要，我还是希望回来，为公司再次效力的。"

接下来，就是找个提出加薪的时机了。什么事情都要看势头、观风向，加薪谈判也是这样。这里要看的时机，涉及大气候和小气候。

小气候指的是个人因素，比如：老板最近的心情如何；最近别人要求加薪是否成功；老板反应如何；应该趁老板高兴的时候一起要求加薪，还是过一段时间再说，免得老板一下子碰到那么多要求加薪的人而被搞得焦头烂额。这些都是要考虑的。会不会焦头烂额，其实也不是我们能决定的，这得看整个行业的"大气候"才行。

比如说，公司的营运有没有问题？买方新购货物与其存货销售比例如何？这些都跟你的谈判筹码有关。因为销售增加，是公司获得利润的具体表现。反之，如果公司的销售量增加，而客户的存货也不断增加，那表示客户是在囤积，到一定数目之后，他们就可能停止进货，那时公司的利润就会下降，这种时候不是我们提出加薪要求的时机。

需要强调的是：第一，别忘了，办公室也是小型政治环境，所以要考虑你要求的薪水是否高于你的上级领导。第二，不要让自己卡在单位的底线上，随时要想变通的方法。比如你要求老板给你加薪10%，因为你过去5年都没有加薪了，你这个要求应该是合理的，老板也同意，但他提出每年给你加薪2%，这应该是可以考虑的建议。

办公室的说话艺术

我们是白领人士，每天都与不同的人进行交往，但是突然有一天，你发现和你十分亲密的同事这几天总是躲着你，这是为什么呢？你想了想，可能是由于你和他上次的聊天。这里就要讲一下办公室说话的学问了。

1. 不要随意附和别人

在办公室里，如果你经常附和别人说的话，那么你就很容易被忽视了，同时，你的地位也不会很高了。

不管你在公司的职位如何，你都应该有自己的头脑和主见，发出自己的声音，说出自己的想法。只有这样，老板才会赏识你。

2. 谈话态度要和气

在办公室里与同事相处要友善，说话态度要和气，要给人以亲切感。

有时候，大家的意见不能够统一，但对于那些原则性并不很强的问题，根本就没有必要争得面红耳赤。如果你特别想发挥自己的辩才，尽可能用在与客户的谈判上，否则只会让同事们对你敬而远之。

即使你比对方职位高，也千万不要用命令的口吻与别人说话，更不能用手指着对方，如果那样，不仅会让人有受到侮辱的感觉，还会让人觉得你太缺乏涵养。久而久之，你就成了不受欢迎的人。

3. 要谦虚谨慎

在职场生涯中，应该谦虚谨慎。强中更有强中手，即使你再有能耐，倘若哪天来个比你更能干的员工，那你肯定成为别人茶余饭后谈话的笑柄。

即使你专业技术过硬，或者你是办公室里的红人，或老板非常赏识你，也都不应该到处炫耀。不是有这样一句吗？骄傲使人落后，谦虚使人进步。

尤其是当你工作出色，为公司做出很大贡献后，老板额外给了你一笔奖金，你就更不能当着同事的面炫耀了。否则，有些嫉恨心理很强的人会千方百计地针对你。

4. 把心事隐藏起来

聊天是女人的专长，自古以来就有"三个女人一台戏"这个说法，在办公室里，有些女性特别爱聊天，性子又直，喜欢向别人倾吐苦水。虽然能够很快拉近人与人之间的距离，但据研究，只有1%的人能够严守秘密。

当你的生活出现失恋、婚变之类的不幸时，最好不要在办公室里随便找人倾诉；尤其当你的工作不顺利，或对老板、同事有意见和看法时，就更不要在办公室里向人袒露胸襟。过分的直率会对你的事业造成极大影响。

当生活或工作有问题时，应该尽量避免在办公室里议论，可以找几个知心朋友在业余时间出来玩一玩、聊聊天等，从而排遣不良情绪。

化解与同事不合的方法

1. 赞美的价值

小雯的同事小芸清早从床上爬起来，没来得及洗脸化妆，孩子就吵着要上学。刚把孩子送进教室，发现孩子的课本又忘了拿。从学校出来，没赶上班车，误了点。最惨的是，轮到老总亲自考勤，小芸的心情十分糟糕。

这个时候，小雯来到小芸的身边，悄悄告诉小芸："我从来没有见过这么好看的裙子，你买东西真有眼光。"

你知道小芸会怎么做吗？小芸顿时觉得，在这个世界上，只有小雯才是自己的知音。小芸立刻调整心态，高高兴兴地开始工作了。

从经济学方面说，一句赞美的成本是相当低微的，但是从心理学方面说，赞美可以创造出无限的价值来。

2. 自我表现别过分

适当的时间，适当的地点，自我表现可以提升同事对你的好感度。反之，则会给自己增添一些不必要的麻烦。请看下面的例子：

小刚的同事小伟喜欢埋头苦干，不习惯与人应酬，陪客户喝酒谈生意的事全交给了小刚处理。小刚的酒量又刚好不错，还可以讲几个客户喜欢的荤段子，客户对小刚颇有好感。

一次，喝酒过度，小刚向客户吹嘘："这份计划书我也能做得出来的！"客户当场表示要以高薪聘请小刚。消息传到公司，小伟马上与小刚反目成仇，老板也准备就此事和小刚"好好"谈谈。

3. 敢于承认错误

谁也不是完人，工作难免失误，工作失误发生了，就应该坦白承认吧，上司是不会因此而看不起你的。

假如你的同事和你合作一份工作，起初事情向你们希望的方向发展，后来由于意外的出现，工作没能顺利完成，反而给公司造成了一定损失。

错误的责任你们双方都有份，可他选择了沉默。你主动向老板说明情况，并再三强调因为自己的错误导致了他人的错误。

事后，老板不但没有怪罪你，相反，因为你知错认错不推脱责任还表扬了你。同事也因此对你格外感激，主动为你分忧解难。

4. 直言不讳

倘若是你的亲友无故责怪你，你就明确地说："你已经让我难堪了，但你总该告诉我这都是什么缘故吧？我什么地方把你得罪了？"

假如你的同事或朋友在公开场合责备你，而情况又不属实，使你难堪，你可以心平气和地直言："我们是否私下谈谈这个问题？我要求你把情况搞清楚了再说话。如果你不注意尊重事实，那我以后很难再信赖你。"

领导发火有讲究

工作中，员工犯了错误，上司不免有生气发怒的时候，而所发之怒，足以显示领导的威严和权势，在下属心中形成一种令人敬畏的风度和形象。应该说，对那种"吃硬不吃软"的下属，适时发火施威，常常胜于苦口婆心和千言万语。

1. 发火也有技巧

工作中，某些有经验的老练的领导，既敢于发火震怒，又有善后的本领；既能狂风暴雨，又能和风细雨。特别是涉及原则问题或在公开场合碰了钉子时，或对有过错人帮助教育无效时，必须以发火压住对方。当领导确实为下属着想，而下属又固执不从时，领导发多大火，下属也会明白和理解的。但是，发火也要有技巧：

（1）领导发火尽量不要把话说过头

领导发火不能把事做绝，而要注意留下感情补偿的余地。领导人话语出口一言九鼎，在大庭广众之下，一言既出，驷马难追，而一旦把话说过头容易造成事后骑虎难下，难以收场。所以，领导发火，不应当众揭短，伤人之心。

（2）领导发火要虚实相间

对当众说服不了或不便当众劝导的人，不妨对他来一个大动肝火，这既能防止和制止其错误行为，也能显示出领导人运用威慑的力量，设置了"防患于未然"的"第一道防线"。但对有些人则不宜真动肝火，而应以半玩笑、并认真的方式去进行，这种方式虚中有实、情意双关，使对方既不能翻脸又不敢轻视，内心往往有所顾忌——假如上司认真起来怎么办。

（3）发火时要注意树立"热心"形象

领导要大事认真，小事随和，轻易不发火，发火就叫人服气，"拿住人"，长此以往，领导者才能在下属中树立起令人敬畏的形象。日常观察可见，令人服气的发火总是和热诚的关心帮助联系在一起，领导人应在下属中形成"自己虽然脾气不好但心肠热"的形象，从而使发火得到人们的理解和赞同。

2. 善后的艺术

领导的日常发火，不论怎样高明总是要伤人，只是伤人有轻有重而已。因此，发火伤人后，需要做及时的善后处理，即进行感情补偿，因为人与人之间，不论地位尊卑，人格是平等的。妥当的善后要选时机，看火候，过早了对方火气正盛，效果不佳；过晚则对方郁积已久的结不好解开。因而，宜选择对方略为消气、情绪开始恢复的时候为佳。

善后要视不同对象采用不同的方法，有人性格大大咧咧，是个粗人，领导发火他也不会往心里去，故善后工作只需三言两语，象征性地表示就能解决问题。有的人心细明理，领导发火他也能谅解，则不需下大功夫去善后。而有的人死要面子，对领导向他发火会耿耿于怀，则需要善后工作细致而诚恳，对这种人要好言安抚，并在以后寻机通过表扬等方式予以弥补。还有的人量小气盛，则不妨使善后拖延进行，以天长日久见人心的功夫去逐渐感化他。

艺术地善后还应体现出明暗相济的特点，所谓"明"是领导人亲自登门进行谈心、解释甚至"道歉"，对方有了面子，一般都会顺势和解。所谓"暗"是指对器量小者发火过了头，单纯面谈也不易挽回时，便可以在其他场合，故意对第三者讲他的好话，并适当说些自责之言，使这种善后语言间接传入他的耳中，这种背后的好话很容易打动他。另外，也可以在他困难时暗中帮忙，这些不当面的表示，待他明白真相后，会对领导由衷感激。

总之，领导发火绝对不能只是感情的一种发泄，而应该是工作中的策略。

不要使用任务式语言

在日常生活和工作中，任何人都喜欢被他人看成重要的人物。作为上司的你，用命令的语气说话，等于把对方的身份贬低，甚至是践踏了他的尊严。反之，如果用"请求"的语气给下属分派工作，无形中是抬高了对方的地位。

一名低薪员工曾经这么对记者说："领导有次对我说：'这些都需在下午之前装进盒子里，打上标签，装进货箱后运到车库。等你做完了，还有些别的事需要你帮忙。'然后就走开了。这让我感到自己是程序中重要的一环，既然领导相信我能做好，我就要证明自己能做好，不让他失望。"

在生活中，有许多人都注意到了对朋友、同事及陌生人这方面的礼节，但又很遗憾地忽略了在上、下级之间同样需要客气。有人认为，最佳上司的一个条件是尊重下属的劳动，哪怕是倒一杯水、打印文件一类的小事，最好都要致谢。有一名酒店的大堂经理，常对服务生说"辛苦你了""谢谢你""麻烦帮我换张床单"等客气话，使服务生们觉得自己很受尊重，所以工作热情很高。

当你所处的地位比对方高时，要格外留意说话的口气。如果校长能亲切地向工友说"你们的身体真棒啊"，经理能体恤员工说声"大家辛苦了"，客人能向服务生说声"麻烦你了"，岂不令听者心情为之振奋。

领导找下级谈话的艺术，表现在以下几个方面：

1. 选准时机

可选择工作的间隙、上下班的途中去交谈，因为这样自然、随便，容易谈得拢。另外也可以利用节假日去走访。领导亲自登门拜访，容易感动下级，谈话也容易成功。如果选择时机不当，就有可能给对方增加负担，甚至会挫伤积极性，带来不良后果。如某单位有一位领导，找正在上班的突击班青年了解其班长的情况。使这个仅有六个人的突击班在一时人少的情况下，只是"快马加鞭"，结果影响了产品质量，"红旗优胜班"告吹了，大家还互相埋怨。

2. "屈尊"降位

有些领导总是自觉不自觉地喜欢把下级找到他的办公室来谈话。其实这种谈话就双方所处的不同位置来说，就无形中给谈话对象带来一种压力。作为领导，应努力冲破走进车间、基层有失大雅的思想禁锢，养成深入基层、同群众打成一片的良好习惯。这样，就到处有你谈话的地方了。即使在非得到办公室谈不可的情况下，也应注意互相间的位置，比如同凳而坐或同桌而谈，就能给人以亲切、和蔼和平易近人之感，这样下级才愿意向你讲心里话。

3. 巧埋"伏笔"

在触及正题之前，为了迅速准确地把握对方的思想脉络，领导者可先采取漫谈的方式，谈些诸如家庭、衣着、娱乐等方面的一些与正题联系不多的话，从而去观察对方的心情，了解其兴趣、爱好、习惯等，同时，也可巧妙为正题埋下"伏笔"。如，解放军某部有一个连队，接到一个战士家中拍来的"母病故速回"的电报，指导员根据该战士爱好书法的特点，请他写了一幅自勉的条幅："卒然临之而不惊，无故加之而不怒——这才是真正的英雄本色。"写毕，指导员说："这是我的座右铭，送给你了，你知道其含义吗？另外还有一件事……"这才将家中噩耗告诉了这个战士，并拿出了火车票让他回家去办理丧事。母亲的突然病故对儿子的打击之大是可以想见的。但由于这位指导员疏导有力，使得这个战士冷静地踏上了归途。

4.情真意切

文绉绉的语言，命令式的官腔，板着面孔的表情，都足以令人生厌。所以，领导者同下级交谈，必须注意语言口语化，大众化，切不可故显高深地去搬弄辞藻。音量要适度，不要高声大嗓；语调要亲切，语气要委婉。从而缩短与下级的感情距离。必要时说上几句幽默的俏皮话，增加彼此交谈的兴味，解除对方的"心理防御"，便于使谈话深入下去。

5.随机应变

正谈话时电话铃响了，有人来访，有人请示、汇报工作时，应有礼貌地说声"对不起，等会儿接着谈"，以表示尊重下级，使他不会感到被冷落在一旁了；当对方有意转移话题，或有顾虑不直接回答某问题时，可适当加以解释，但不要"穷追不舍"，可以暂时避开，以后再谈。

对立情绪要不得

只要你还是某一机构中的一员，就应当抛开任何借口，投入自己的忠诚和责任心。一荣俱荣，一损俱损！将身心彻底融入公司，尽职尽责，处处为公司着想，对投资人承担风险的勇气报以钦佩，理解管理者的压力，那么任何一个老板都会视你为公司的栋梁。

1. 个性解放与敬业

在这样一个竞争的时代，谋求个人利益、自我实现是天经地义的。但是，遗憾的是很多人没有意识到个性解放、自我实现与忠诚和敬业并不是对立的，而是相辅相成、缺一不可的。许多年轻人以玩世不恭的态度对待工作，他们频繁跳槽，觉得自己工作是在出卖劳动力；他们蔑视敬业精神，嘲讽忠诚，将其视为老板盘剥、愚弄下属的手段。他们认为自己之所以工作，不过是迫于生计的需要。但并非所有的老板都是贪婪者、专横者，就像并非所有的人都是善良者一样。

对于老板而言，公司的生存和发展需要职员的敬业和服从；对于员工来说，需要的是丰厚的物质报酬和精神上的成就感。从表面上看，彼此之间存在着对立性，但是，在更高的层面，两者又是和谐统一的。公司需要忠诚和有能力的员工，同时，员工必须依赖公司的业务平台才能发挥自己的聪明才智。

为了自己的利益，每个老板只会保留那些最佳的职员，即那些能够把"信"带给加西亚的人，那些能够忠实地完成上司交付的任务而没有任何借口和抱怨的人。同样，也是为自己的利益，每个员工都应该意识到自己与公司的利益是一致的，并且全力以赴努力去工作。只有这样，才能获得老板的信任，并最终获得自己的利益。

许多公司在招聘员工时，除了能力以外，个人品行是最重要的评估标准。没有品行的人不能用，也不值得培养，因为他们根本无法将"信"带给加西亚。因此，如果你为一个人工作，如果他付给你薪水，那么你就应该真诚地、负责地为他干，称赞他、感激他，支持他的立场，和他代表的机构站在一起。

也许你的上司是一个心胸狭隘的人，不能理解你的真诚，不珍惜你的忠心，那么也不要因此产生抵触情绪，将自己与公司和老板对立起来。不要太在意老板对你的评价，他们也是有缺陷的普通人，也可能因为太主观而无法对你做出客观的判断，这个时候你应该学会自我肯定。只要你竭尽所能，做到问心无愧，你的能力一定会提高，你的经验一定会丰富起来，你的心胸就会变得更加开阔。

"老板是靠不住的！"这种说法也许并非没有道理，但是，这并意味着老板和员工从本质上就是对立的，情感需要依靠理智才能保持稳定。老板和员工关系也只有建立在一种制度上才能和谐统一。在一个管理制度健全的企业中，所有升迁都是凭借个人努力得来的。想摧毁一个组织的士气，最好的方式就是制造"只有玩手段才能获得晋升"的工作气氛。管理完善的公司升迁渠道，有实力的人都有公平竞争机会，只有这样，员工才会觉得自己是公司的主人，才会觉得自己与公司完全是一体的。

因此，员工和老板是否对立，既取决于员工的心态，也取决于老板的做法。聪明的老板会给员工公平的待遇，而员工也会以自己的忠诚予以回报。如果你是老板，一定会希望员工能和自己一样，将公司当成自己的事业，更加努力，更加勤奋，更加积极主动。因此，当你的老板向你提出这样的要求时，请不要拒绝他。

2. 你的产品就是你自己

有人曾说过，一个人应该永远同时从事两件工作：一件是目前所从事的工作；另一件则是真正想做的工作。如果你能够将该做的工作做得和想做的工作一样认真，那么你一定会成功，因为你在为未来做准备，你正在学习一些足以超越目前职位，甚至成为老板的技巧。当时机成熟时，你已准备就绪了。

当你精熟了某一项工作，别陶醉于一时的成就，赶快想一想未来，想一想现在所做的事有没有改进的余地？这些都能使你在未来取得更长足的进步。尽管有些问题属于老板考虑的范畴，但是如果你考虑了，说明你正朝老板的位置迈进。

如果你是老板，你对自己今天所做的工作完全满意吗？别人对你的看法也许并不重要，真正重要的是你对自己的看法。

回顾一天的工作，扪心自问："我是否付出了全部精力和智慧？"以老板的心态对待公司，你就会成为一个值得信赖的人，一个老板乐于雇用的人，一个可能成为老板得力助手的人。更重要的是，你能心安理得地入眠，因为你清楚自己已全力以赴，已完成了自己所设定的目标。

一个将企业视为己有并尽职尽责完成工作的人，他会得到工作给他的最高奖赏。这样的奖赏可能不是今天、明天甚至下星期就会兑现，但他一定会得到奖赏，只不过表现的方式不同而已。当你养成习惯，将公司资产视为自己的资产一样爱护，你的老板和同事都会看在眼里，这样的员工在任何一家公司都是受欢迎的。

不要感慨自己的付出与受到的肯定和获得的报酬不成比例，不要老是觉得自己得不到理想的工资，不能获得上司的赏识。记得提醒自己：你是在自己公司里为自己做事，你的产品就是你自己。

第六章　会说话、说好话

　　你会说话吗？相信只要不是哑巴，谁都会说话。俗话说："会说话的令人笑，不会说话的令人跳。"人与人相处，会说话是一门艺术。当你要向人表达时，除了文字、肢体动作外，说话也是一种传达工具。但是说话不当、不得体，也容易在语言上伤害别人，造成人际关系的不和谐。因此，如何说话、说话的场合、分寸的拿捏，都是不容忽视的。正所谓"良言一句三冬暖，恶语伤人六月寒"，假如能在责备的话里带抚慰，批评的话里带赞扬，训诫的话里带推崇，命令的话里含扶掖，让别人听你的话犹如沐春风，抱着诚恳和平易的心境讲话，一定会到处有人缘，而人缘好可以让你笑傲江湖。

不要太聪明，管好你的嘴

　　俗话说，一人可以兴邦，一言也可以丧邦。鸟儿被自己的双脚绊住，人会被自己的舌头拖累。刚刚毕业的大学生，由于不会说话往往自找麻烦。其实，爱说话、喜欢饶舌并不是什么大毛病，只不过古语说的"祸从口出"一直屡试不爽。虽然不少人即便职业前程栽在了舌头上，还满腹委屈地说："我也没做什么啊？"甚至还有人为此丢了性命，这不得不让我们警醒。

从古至今被舌头误了终生的人很多，杨修就是其中的一位。

杨修，字德祖，东汉末文学家。出身高门士族，与曹植是好朋友。他博学能言，智识过人。但为人恃才放旷，数犯曹操之忌。曹操表面上对其才华非常赞赏，心甚忌之。虽说曹操爱才不假，但是，一定是可以驾驭之才。像杨修这样恃才狂妄、牙尖嘴利的人，他是断断不能容的。

曹操嫌工匠造的园门太宽了，就在门上写了一个"活"字。其实这种小伎俩，别人未必看不懂，但别人不会扫上司的兴致。杨修一看，赶紧就公布答案，不就是说门太"阔"嘛。后来曹操在一盒点心上写了"一合酥"，杨修又急于表现，告诉大家"一人一口"，分吃了。曹操疑心病重，杀了半夜给自己盖被子的内侍。这事说出去当然不好听，他就谎称是梦中杀人。杨修猜到真相，忍不住在葬礼时感叹："丞相非在梦中，君乃在梦中耳。"无意知道了他人的隐私，保持沉默好了，这么口无遮拦，四处张扬，只会自找麻烦。杨修非常好为人师。曹操欲考察儿子曹丕和曹植的能力，经常给他俩出出难题。按理说这是家事，别人不好瞎掺和，可是杨修技痒难耐，经常给曹植出招，有人把此事告到曹操那里。曹操兵退斜谷时吃了败仗，正在进退游移之间，随口传令以"鸡肋"为夜间口号。杨修非常了解曹操进退两难的心情，猜到他可能会退兵，并教随从准备归程。一时大家都知道曹操欲归之意，纷纷做起了退兵的准备。曹操夜里心烦意乱，看到此情此景，肺都气炸了。他叫杨修前来询问，杨修还振振有词："鸡肋不是食之无味、弃之可惜吗，由此知王意。"而此时，曹操正怕军心涣散，盛怒之下就斩了杨修。

说到底，我们与人谈话，无非是以下几种目的：为了加深了解，发展相互间的合作关系；是托人办事，有求于人；批评别人的错误，使对方弃旧图新；申述事情的原委，让对方弄清真相；等等。但要达到上述目的中的任何一种，都必须使对方乐意听你的谈话。我们说话的时候，应该经常考虑，为什么有的人常常被人误解呢？为什么有些人想安慰别人，反而惹起别人的反感呢？为什么有些人原意是赞美别人反而使人以为是讽刺呢？为什么有些人原意是要和别人和好，反而引起一场战争呢？或许，最重要的原因就是说话没有分寸感，可能是用字措辞方面缺乏分寸感，用了不恰当的词句，使对方产生了误会，而更多的是说话的表情和声调失去了分寸感。

办公室里说话要小心

相信许多刚刚走入职场的毕业生都有这样的经历，在不知不觉中得罪了同事、领导，归根到底就是因为不会分场合说话。在办公室里，与同事交往离不开语言，可是，你会不会说话呢？俗话说"一句话说得让人跳，一句话说得让人笑"，同样的目的，但表达方式不同，产生的效果大不一样。所以在办公室里如何说话成为毕业生的一大难题，下面为毕业生介绍四个小秘诀。

第一，不要人云亦云，要学会发出自己的声音

通常，老板赏识那些有自己头脑和主见的职员。假如你经常只是别人说什么你也说什么的话，那么你在办公室里就很容易被忽视

了，你在办公室里的地位也不会很高。要有自己的头脑，无论你在公司的职位怎样，你都应该发出自己的声音，应该敢于说出自己的想法。

第二，有话好好说，切忌把与人交谈当成辩论比赛

要注意，在办公室里与人相处要友善，说话态度要和气，哪怕是有了一定的级别，也不能用命令的口吻与别人说话。可能有时候，大家的意见不能够统一，但是有意见可以保留，对于那些原则性并不很强的问题，没有必要争得你死我活。假如一味好辩逞强，那么，就会让同事们敬而远之。

第三，切忌不要在办公室里当众炫耀自己

假如自己的专业技术过硬，假如老板非常赏识你，这些就能够成为你炫耀的资本了吗？要清楚，再有能耐，在职场生涯中也应该小心谨慎，强中自有强中手，倘若哪天来了个更加能干的员工，那你一定马上成为别人的笑料。假若哪天老板额外给了你一笔奖金，你就更不能在办公室里炫耀了，说不定别人在一边恭喜你的同时，一边也在嫉恨你呢！

第四点，办公室是工作的地方，不是互诉心事的场所

在我们的身边，总会有这样的一些人，他们喜欢向别人倾诉，这样能迅速拉近人与人之间的距离，但是，这样也会使你陷入危机。

再来看看下面这个故事：

"大嘴刘，你在办公室吗？"那天的天气真的很热，小刘因为工作的事心里正烦躁着，跟他挺铁的一位朋友在电话里怒气冲冲地大声对他问道。小刘一惊，心想，平时兄弟间一向客客气气的，从不乱给人起外号，从不发火，今天到底自己犯了什么错误使他发这么大的火？"你什么意思？别天热人也火气跟着大啊！"小刘努力

使自己平静。"我到你办公室去问你两件事，等着我。"这位朋友生气地挂掉了电话。

"我表哥替人打官司挣了100万是不是你跟人说的？"朋友一进小刘办公室就问开了。小刘一听顿时明白了，说："是呀，这有错吗？这说明你表哥有本事啊，这种钱不是任何人都能挣来的！""好，好，这件事也就算了，那他生活作风有问题是不是你说的？"小刘一听顿时懵了，又遭人陷害了。"如果是我所说，我愿负法律责任。"小刘也生气了，可这种事就是没说也是跳进黄河也洗不清。

"不是兄弟说你，吸取教训啊！"他的朋友长长地叹了口气，"说句实话，我也相信兄弟间不会说那种话。今天来不为别的，只是提醒你：管好自己的舌头。顺便跟你说个故事，好好领悟领悟。"就这样，朋友点燃一支烟，慢慢地说起故事来。

话说，在深山老林里，有一个寺庙，只有两个和尚，一个长者，一位20来岁的青年，这里很偏，几乎就没有人来烧香拜佛。那天，小和尚不知从何处得知了山外另一寺庙的一点小事，急匆匆地跑到长者的练功房，"师傅，我今天听到一个好消息想告诉你。"

"什么好消息让你这么激动？来，先坐下，慢慢说。"长者微微地睁开眼睛，用手捋了捋胡须，"不过在你告诉我这个消息前，我想问问你，这个消息过滤了吗？"

过滤？长者的话让小和尚摸不着头脑。"师傅，话能过滤吗？怎么过滤啊？"

"首先要用'真实'过滤。"长者轻轻地抚摸着小和尚的头，"你能告诉我你这个消息确实真实可靠吗？"

小和尚抓了抓脑袋，"不知道，这个消息是我刚才下山听来的。"

"哦，这种消息？！那你用'善意'过滤了吗？"

"没有，师傅，但这个消息对我们有利……"小和尚满脸委屈。

"你先别说，"长者制止了小和尚，"既然上面两层都没有过滤过，那我问你，这个消息对我们很重要吗？"

"嗯……"小和尚犹豫了半天，"其实跟我们寺庙也没多大关系。"

"既然这种消息既不真实，也非善意，对我们自己来说更不重要，那还有说的必要吗？"长者拉着小和尚的手，"好好修炼，你还年轻啊！"

"故事完了，你好好领悟吧！"那位朋友掐灭烟头，站起了身，"兄弟，为人处世，请管好自己的舌头！成也舌头，败也舌头啊，古今有之！"说完，朋友就走了。

事后，小刘心想，那天自己何必多那个嘴，招来如此麻烦，对己对人均无益，相反还伤害了某些人。其实在平时生活和工作中，我们又说了多少废话？如果我们及时拿"真实""善意""对自己重要（包括别人）"这三准则来过滤我们说的话，就会发现很多话压根就没必要说，也不用说。这样自己、别人都少了诸多烦恼和伤害！"静坐当思己过，闲谈莫论人非！"朋友，好好管好自己的舌头吧，那样，你的人际关系会更融洽，人与人之间会多一份真情，少一点伤害！

学会说"不"，讲究艺术

也许你早已与别人约好出去吃饭了，还是得乖乖地待在公司内加班；明明自己的身体不是太舒服，然而朋友还是硬拉着你出去逛街；上司在你面前常开玩笑消遣你，但你还是硬着头皮赔笑。面对这些强人所难的窘境时，有多少次当你说"是"的时候，其实想说的是"不"？

你是否曾多次这样，明明想对他说"不"，却活生生把这个字吞到肚子里不说，回家又越想越觉得不对劲，"当时应该拒绝他的""我怎么这么没用，不敢说出真心话"，深深自责不已，悔不当初，最后陷入不安与沮丧的浪潮中。症结出在哪里呢？因为我们不想得罪一些人！然而这种"老好人"的态度却让自己苦不堪言。

看看下面这两个例子吧。

小静经常报怨："每次我的室友都要我叫她起床上课，即使那天我并没有排课。有的时候前一个晚上熬夜，第二天想起晚点儿都不行。她从不问我是否方便。我觉得她把我当成老妈子一样使唤，每次都想告诉她说，你自己起床好不好呢？但我一直都提不起勇气来，最终还是点头答应了。"

小丽家里放了一大堆的营养品，有的从来都没打开过，有的仅仅用了一两次就束之高阁了，偏偏这些东西不是无限期保存，所以除了"浪费"之外，真不晓得还可以用什么言词来形容呢？问她为什么买这么多用不了的东西，哦！原来都是人情压力下的产物，不买不好意思。其实，针对这种情况而言，小静和小丽完全是可以坚决地说一声"不"。

因此，当你遇到这些情况的时候，假如认为不需要，那就勇敢地说一声"不"吧！每个人对自己的事情都有绝对的掌控权，不要觉得不好意思或者有点罪恶感，你根本也不欠他们的。

说"不"的时候需要智慧，当然还需要真诚、坦荡和勇气。成功人士表面上是非常潇洒，事实上，他们内心的烦躁非常多。其最令人头痛的事莫过于不好意思拒绝别人的一些请求。

赵总是一位香港公司的大经理，阿娇是他的一位中学同学，他们差不多有二十五年没见面了。阿娇的儿子大专毕业，求他安排工作。正好合肥市的一个招商团来香港招商，赵总跟他们谈项目，请他们吃饭。饭后，他把那个孩子的简历递给了招商团的秘书。很快，那个孩子被安排到市政府。同时这个秘书提出了：我儿子也刚刚毕业，能否安排到你的香港公司呢？显然这是一件不可能的事情。

不久之后，阿娇就打来了电话，她说道："快想尽一切办法帮秘书的儿子去香港吧，否则的话，我儿子就要下岗了。胡秘书天天逼我的儿子。"

赵总的妻子说了这样一句话："你欠那么多人情吗？别管，让他们自己搞掂。大学毕业就应该自己闯天下，去人才市场竞争。还要通过一个不正当的手段安排无能之人，对其他大学毕业生而言，一点也不公平。"

赵总记住了这一次的教训，以后不再介绍一些毕业生了。然而到春节回家的时候，都不敢去见阿娇。

王总一人管理好几个工厂，工厂是需要烧煤的。有一天，他姑姑的儿子打来了许多电话，告诉他："我正跟抚顺一个煤矿的矿长吃饭，在这里提到你，他非常高兴，他想去见你。"

王总回答道："我又不认识他，见我干吗？"

"卖煤，价格高点，给咱回扣。"

王总就说："你害我？"挂断电话。

很快，他姑姑就打来了电话，讽刺挖苦了好半天，开始说"我的儿子不如我哥的儿子"等等，说着说着还哭了起来，千年万载的伤心事一起说，最后搞得王总不知如何收场。

李总回老家奔丧，出殡的当天下午，他30年前毕业的中学母校就来人了，让他给母校捐款。当时家里人很多，那种场面让他感到非常尴尬。母亲活着的时候，故乡是思念，是祝福；母亲刚刚去世，故乡似乎就变味了。

赵总偶然认识了一个三流的画家，而且画家还送给他一幅画。不久之后，这个画家要举办一些个人画展，让赵总赞助 10 万。他个人出这笔钱是不可能的。公司出？他自己说了不算。他试探性地请示他的上级老板，老板说："对公司有什么帮助吗？""没有。""那还用问吗？你欠他什么情吗？"老板一语道破，他吓得不敢再次提起，当然也就不好意思再去与那一个画家见面。

刘老师是学贯中西的著名学者，经常出国讲学，有点存款。他的一个同学来借钱，30 万，要买房。他这样说道："我没那么多钱，10 万吧。其实，现在买房贷款很容易。"然后就详细地向他讲解一些贷款手续。其实，那个同学也就是想节省一些利息。此后，那个同学常常在各种场合诋毁他。

40 多岁的成功人士，却还处在"行使权力"和"表现权力"的热情中，往往是因为对部下和妻子说了太多的"不"，对朋友和兄弟说了太多的"OK"。学会正确地说"不"不是一件容易的事，尤其是对上级、对父母、对同学、对故乡。说"不"时，当然更需要有点智慧、真诚、坦荡和勇气。

曾经还看到过这样一则小故事：小金是一个大一学生，一天姨妈进城请小金陪她吃饭，小金当时身上只有 2000 块钱。姨妈却偏要去最贵的餐馆，小金无奈地同意了；姨妈又要点许多昂贵的食物，小金只好一一照办；最后结账，刚好 2000 块。小金付完钱后，姨妈看着他问："那是你全部的钱？""是的，姨妈。""你用全部的钱来招待我吃一顿美味的午餐？那太好了——可太傻了。你知道所有语言中哪个字最难念？就是'不'。你已长大成人，你得学会说'不'。天那！你这顿午餐差点儿撑死你可怜的姨妈了，我的午餐常常都是一杯牛奶而已！"

当我们初读这篇文章的时候，感觉好可笑。但笑过之后再仔细想一想，就再也笑不出来了。其实，类似这类午餐的事相信我们很多人都曾经经历过，生活中有太多的尴尬和无奈，而造成这种尴尬和无奈的原因，很多就是因为我们不太会说那个最难念的字："不"。这位姨妈不惜让自己被食物撑得很难受，其最重要的目的不就是想用事实来教育她的内侄学会说"不"吗？

不敢说"不"的人常常是缺乏实力的。也许他们害怕不顺着对方的意思，自己会吃亏的，岂知愈想讨好所有人，可能最后一个好也讨不了，因为没有人珍视他的"好"，却要加倍地责备他的不周到。愈是想对得起每一个人，愈可能对不起所有人，因为精力、时间、财力有限，不可能处处顾及周详，结果虽然帮了别人，却没帮好，还是对不起别人，就算拼了这把老命应付了所有人，至少他还是对不住自己的。

当你的能力有限时，别人也无法得到你的帮助，一定不要勉强自己，你应该学会说一声"不"，学会拒绝。说"不"不是不近人情，不是自私冷酷。所谓"长痛不如短痛"，你既然无力帮助，如果过于勉强，弄不好反而会耽误了别人重新获取有效帮助的机会，因此倒不如事前让对方知道你的苦衷，让他可以另请高明。我想，只要你真诚地道出你的苦衷，你的原则必能获得朋友的谅解，得到对方的尊重。

直言逆耳，多说好话

在生活和工作中，每个人都愿意听好话，在适当时，多说一点好话，还能够成为优良行为的推进剂。有一个全国著名的作家，一次与同学交谈时，他说他之所以有今天的成绩，要感谢自己的初中老师。他是"文革"时上的初中，那时流行写"小评论"，老师将题目布置之后，他从当村干部的父亲那里拿到一张省报，正好报纸上有篇文章与老师布置的题目吻合，他连抄带编，写成一篇所谓的"小评论"。老师说他有写作天赋，将来是当大作家的苗子。他由此爱上了写作，后来考上了某大学中文系，再后来就成了全国知名的大作家。这一切都是缘于当初老师的"鼓励性评价"，缘于老师的一句赞扬的话。

办公室是一个重要的场所，它可以带给我们很多的快乐和成就感，但也可能令我们感到极大压力和挫折，特别是办公室里的人际关系，往往是影响我们工作情绪的重要因素。

办公室的气氛形形色色，人际温度起伏不定，加上有阶级、性别、权力、利害等种种纠葛，如何建立和谐的同事关系，实在是现代上班族的一大考验。其实，很多人际的智慧，往往隐含在日常生活的一些小事情中。

以前，在小张工作的环境中，他幸运地拥有一组很优秀的工作伙伴。然而，身为部门主管的小张，由于经常要面对由上而下的压力，有时会显得疲倦烦躁，甚至感到委屈。有一次，在开完主管会议后，小张望着最新颁布的"工作管理规则"，脸色难看，为自己必须成为上级和下属间的夹心饼干而闷闷不乐。一个同部门的伙伴，因为即将为人母，对世界充满了温柔，她虽然不知道小张在烦心什么，却走到小张身边轻轻说了一句："辛苦了！"这句简单的话，让小张精神一振，并且不禁暗自惭愧。身为部门主管，却只想着自己的压力，沉浸在自怨自艾的情绪中，忘记去鼓舞其他伙伴。从此，小张不时提醒自己：对同事减少苛责批评，多留心别人认真用心的一面，并且不忘说一句："辛苦了！"这是小张从这位伙伴身上学会的一件重要的事。

后来，小张才发现这一句简单的话语，令工作团队的气氛有了明显的改变。要下班的人会对加班的人说："辛苦了！"；出外办活动的人满心疲惫地回来，也会听到留守在办公室的人体恤的一句："辛苦了！"这句话语传达出一种双向的正面能量，同时它让说话的人表达出了将心比心的体贴，同时也让听到的人得到"自己的用心被瞭"的鼓励以及安慰。

还有一次，他们部门的一位中坚干部坚持要离职，因为她找到一个较好的工作机会。这对小张的打击很大，他内心充满挫折的情绪。另一位同事知道了，用明朗的语气跟小张说："这对她是很好的机会啊！告诉她开开心心地去开始新的工作，如果不喜欢，记得要再回来。"这番话让小张警醒到自己过度落入工作角色中，忘记了从朋友的角度和心情考虑，去为她高兴，也忘了要好好祝福她，鼓励她要勇敢地去探索新的机会和可能性。

办公室是一个人性的历练场，同时也是让我们学习怎样跟别人合作，一起成长的修道场。如果你也有幸碰到一些很好的伙伴，千万别忘了这个简单的道理：善意和鼓励的话，记得一定要多说！

用嘴去说动别人的腿

用嘴去说动别人的腿，也就是人们所说的求人办事，达到自己
想要达到的目的。这应该是每个人都不喜欢的事情，不但有失面子，
而且求了，别人也不一定会答应。但在漫长的人生中，不求人又几
乎不可能。有时即使是刀山火海，该求人时还得硬着头皮去求。

有这样一个故事：教官向一班的学员讲授领导与管理，他给学
员出了这样一道题目，上面写着："现在由你来领导本班，要让大
家全部自动走出室外，一定要切记！让大家心甘情愿的！"

第一位学员不知道该怎么去做，只好回到自己的座位。

第二位学员面对全班学员说："教官要我命令你们都出去，听
到了没有？"全班无一人走出教室外面。

第三位是这么做的："大家都听好了，现在教室要打扫卫生，
请各位离开！"然而仍然还有一部分学生在教室内，值日生在待命
扫地。

第四位看了纸片上的题目后，微笑着告诉大家："好了，各位，
午餐的时间到了，现在我们要下课了！"

不出几秒，全班的人都走光了。

因此，要想让别人为自己做事，而且是心甘情愿地去为你做，
该怎么说、如何说，是一门艺术。古话有："与人方便，与己方便。"
其实这就是对上面这个故事的最好注解。让自己的目的和对方的一
些意愿或者切身利益结合起来，用这个来说服别人，才能成功。

有一位中学老师接管了一个集体性非常差的班级，这时正好赶

上学校安排各班级学生参加平整操场的劳动。这个班的学生躲在阴凉处谁也不肯干活，老师怎么说都不起作用。后来这个老师想到一个以退为进的办法，他问学生们："我知道你们并不是怕干活，而是都很怕热吧？"学生们谁也不愿说自己懒惰，便七嘴八舌地说，确实是因为天气太热了。老师说："既然是这样，我们就等太阳下山再干活，现在我们可以痛痛快快地玩一玩。"学生一听就高兴了。老师为了使气氛更热烈一些，还买了几十个雪糕让大家解暑。在说说笑笑的交谈之中，最终学生接受了老师的说服，不再等太阳落山就开始高兴地劳动了。

在说服的时候，首先你就应该想尽一切办法调节谈话的气氛。假如你和颜悦色地用提问的方式代替命令，并给人以维护自尊和荣誉的机会，气氛就是友好而和谐的，说服也就容易成功；反之，在说服时不尊重他人，拿出一副盛气凌人的架势，那么说服多半是要失败的。毕竟人都是有一定的自尊心，就连三岁孩童也有他们的自尊心，谁都不愿意被他人不费力地说服而受其支配。对其上面的故事也正说明了这一点。

处处留余地，事事不过头

明智的人知道什么时候该让一匹马退役，他们不会坐等它在比赛的中途倒下，成为众人的笑柄。办事也是一样，既要功利，又要讲感情；不做圣人，也不做小人。不管是感情，还是功利，讲求互利，满足各自所需，达到平衡。否则，事情就会停止，就会中断。

砖混结构的楼房，在修建的时候，我们经常见到沿长度方向，隔一定距离要设计一条断开的缝隙，这就是"伸缩缝"。因为这种楼房也会"生长"，如果不留缝，时间长了会发生变形。修楼如此，做事如此，为人亦如此。留有余地岂不更好！

做菜时，先少放些盐，不够再加，这是留余地；新买的裤子，因为太长，去裁的时候叮嘱裁缝少剪点，生怕剪短了，这也是留余地；话不说绝，事不做尽，锋芒不会全露，得理让人三分，有福大家共享，这些都是留有余地。

古训道："路径窄处留一步与人行；滋味浓的减三分让人食。"给自己留余地，进可攻退可守，飞翔就是天空，回归就是家园。给他人留有余地，实则为自己留退路。送人玫瑰手有余香，把别人推上悬崖，自己也将身处险境。

水满则溢，月盈则亏，过犹不及，凡事皆然。曾国藩说："人生最佳的境界是花未开全月未满"这是一种从容淡定的心态，是一种通透顿悟的智慧，更是留有余地的美丽。

懂得留有余地，就如掌握了一门高深至上的学问，使人举手投足间收放自如；懂得留有余地，就是深谙了一种处世哲学，在与人的交往中进退有度；懂得留有余地，就是破译了人生的密码，做到善待别人、成就自己。

人际关系从根本上来说是一种人与物、人与人之间的本质性关系。利益是一个历史的概念。这是说，利益原则在人类的历史上只有暂时性的价值。

比如说，今天你带了一把伞去上班，碰巧下起了倾盆大雨，于是你的伞可以帮助到其他的同事，你可以选择一位同事共打一把伞，你可以把她送到车站，本来她必须淋着雨去车站，或者因为等待雨的停止而耽误很多的时间。当你同她一起冒雨前行的时候，雨停了，于是她可以自己走了，因此，你的伞所提供的利益因为雨的停止而消失，这就说明了利益的历史性和暂时性。

人类社会是建立在利益和利益关系的基础之上的。利益关系即是在利益动机支配下的人的关系。只有在出现了利益关系之后，人脉网络才能够被认为是可以"组织"起来的，而同样，只有认识到了利益原则，才真正认识了人际关系。人际关系从根本上来说具有利益关系的属性。许多人将利益原则与道德价值对立起来，原因就在于将利益原则仅仅做了经济利益的解释。利益关系的确是在经济活动中最先确立起来的，但是它具有人类社会关系的本质特性，它的本质含义超越了经济领域，而且它的历史发展也必然最终将这一本质确立于经济领域之外。

互利是人与人交往的一个基本原则。我们的社会提倡奉献和利人精神，但这是一种最高层次的交往境界，很难要求所有人都做到这一点。

人为什么需要与人交往呢？尽管每个人具体的交往动机各不相同，但最基本的动机就是为了从交往对象那里满足自己的某些需求。实际上，交往中的互惠互利也是合乎我们社会的道德规范的。

所谓互利原则，既包括物质方面的，也包括精神方面的。由于受传统观念的影响，过去人们办事时更愿意谈人情，而忌讳谈功利。事实上，人与人之间的交往需求是多层次的，粗略地可以分为两个基本层次：一个层次是以情感定向的交往，比如亲情、友情、爱情；另一个层次是以功利定向的交往，也就是为实现某种功利目的而进行交往。

现实中，人们常会自觉或是不自觉地将这两种情况交织在一起。有时候即使是功利目的交往，也会使人彼此产生感情的沟通；有时候虽然是情感领域的交往，也会带来彼此物质利益上的互相帮助和支持。还有，在人的各种交往中，有的是为了满足物质需求，有的则是为了满足精神的需求。

换言之，人们交往的最基本动机就在于希望从交往对象那里得到自己需求的满足。这种满足，既有精神上的，也有物质上的。所以，按照人际交往的互利原则，人们实际上采取的办事策略是：既要感情，也要功利。不管是感情还是功利，既然人际交往是互利的，是为了满足各自的需求，那么，人脉交往的延续就有一个必要的条件：交往双方的需求和需求的满足必须保持平衡。否则，人际交往就会中断。也就是说，人际交往的发展要在双方需求平衡，利益均等的条件下才能进行。

生活中常常见到有人抱怨朋友办事不讲交情。其实说穿了，抱怨的一方往往是由于自己的某种需求没有获得满足，而这种需要往往也是非常功利的。所以，我们不必一味追求所谓的"没有任何功利色彩的友情"，也不必轻率地抱怨别人没有"友情"。我们只需要坦率地承认：互利是人际交往的一个基本原则；既要感情又要功利，是办事的一个常规策略；需求平衡、利益均等，是办事圆满的一个必要条件。

人际关系既然是利益的关系，那么办事的最重要规则就是等价交换，个人的价值观决定了个人为人处事的态度、判断和选择。这个问题直接决定了人际关系建立的根本原则，那种把等价交换仅仅当作是商品经济的基本原则，是比较片面的。把它扩大到人际关系上面，交往中的等价交换原则包含了商品关系中的等价交换原则。人的价值观念的产生远早于商品，商品等价交换是它派生出来的产物，是人际关系等价交换原则在商品关系中的体现。我们不能本末倒置。

　　有的人，生意做得很大，这样的人往往懂得让利，他们左右逢源，有许多人都愿意给他介绍生意，他们的生意做不完；也有的人，不懂得让利，只想着让自己的利润最大化，这样的人往往生意都做不大。所以，做生意一定要懂得让利。

　　利不可赚尽，福不可享尽，事不能办绝，给自己留出一定的余地，以备不及之需。特别是在这个市场竞争激烈的今天，给别人留有余地就是给自己留有余地，使自己进可以攻，退可以守，做到游刃有余。给别人留有余地，也是自身修养的体现。

第七章　有分寸，把话说得恰到好处

内敛与方圆是一种修养，也是一种做人与做事的艺术。要想把握机遇，发挥自己的优势，就需要我们懂得内敛做人的诀窍；要想如愿以偿地达到某种目的，就需要我们悉知方圆做事的技巧。

用你的虚心，成全别人的好胜心

法国哲学家罗西法古说："如果你要得到仇人，就表现得比你的朋友聪明与优越；如果你想得到朋友，就让你的朋友表现得比你自己更聪明优越。"罗西法古毕竟是大哲学家，简单的一句话，就精确地道破了人与人之间相处的原则，也囊括了人们在面对别人的优势与能力时的微妙心理变化，以及这种变化带来的结果。

为什么这样说呢？根据心理学家分析，当自己表现得比朋友更聪明和优越时，朋友就会感到自卑和压抑；相反，如果我们能够收敛与谦虚一点，让朋友感觉到自己比较重要时，他就会对你和颜悦色，也不会对你心存嫉妒了。

亨莉小姐现在是纽约人事局最有人缘的介绍顾问，但是，她也曾经是一个让同事们羡慕、嫉妒，甚至讨厌的人。原因是，她刚到公司的时候，最喜欢吹嘘自己以前在工作方面的成绩，以及自己的每一个成功的地方。同事们对她的自我吹嘘非常厌恶，尽管她所说的都是千真万确的事实。为此，亨莉小姐很是烦恼了一段时间。

最后，亨莉小姐甚至无法在公司里继续工作了，她不得不向成功学大师拿破仑·希尔请教。拿破仑·希尔在听了她的讲述之后，认真地说："唯一的解决方法，就是隐藏自己的聪明，以及你所有优越的地方。"

拿破仑·希尔继而说道："他们之所以不喜欢你，仅仅就是因为你比他们更聪明，或者说你常常拿自己的聪明向他们展示。在他们的眼中，你的行为就是故意炫耀自己，他们心理上难以接受。"亨莉小姐听后恍然大悟。

她回去后就严格按照拿破仑·希尔的话要求自己，在公司几乎不谈自己的聪明以及那些曾经的成功；相反，她非常认真地倾听公司其他人口若悬河的谈论。很快，公司的同事们就改变了对她的态度，慢慢地，她成了公司最有人缘的人。

不要让别人觉得你比他更聪明，这样，你就能得到更多的朋友，减少竞争对手，避免与人产生不必要的争斗。

比如，他人和你有一样的某种特长，对方和你比赛，你必须让他一步，即使他人的技术敌不过你，你也得让对方获得胜利。但是，也不能一味地退让，一味退让便表现不出你的真实本领，或许会使对方误认为你的技术不高明，觉得你无足轻重。

因此，你和对方比赛时，应该施展你的相当本领，先造成一个均势之局，使对方得知你并不是一个弱者，进一步再施小技，把他逼得很紧，使他神情紧张，才知道你是个能手，再一步，故意留个破绽，让他突围而出，从劣势转为均势，从均势转为优势，结果把最后的胜利让予对方。对方得到这个胜利，不但费过很多心力而且危而复安，精神一定相当轻松，对你也有敬佩之心。

不过在安排破绽时，必须要自然得当，千万不要让对方看出这是你故意使他胜利，否则会感觉你这个人非常的虚伪。所面临的困境，是起初你还能以理智自持，但到后来，感情一时冲动，好胜心勃发，不肯再做让步。或在有意无意之间，无论在神情上、语气上还是在举止上，不免流露出故意让步的意思，那就白费心机了。

生活中往往会有一些人，无理争三分，得理不让人，小肚鸡肠；反之，有一部分人真理在握，不吭不响，得理也让人三分，显得绰约柔顺，君子风度。前者，常常是由于生活中的不安定因素所造成的，后者则具有一种天然的向心力；一个活得叽叽喳喳，一个活得自然潇洒。有理，没理，饶人不饶人，一般都是在是非场上、论辩之中。如果是重大的或重要的是非问题，自然应当不失掉原则地论个青红皂白，甚至为追求真理而献身。但日常生活中，也包括工作中，有些人常常为一些非原则问题、鸡毛蒜皮的问题争得不亦乐乎，以至于非得决一雌雄才算罢休。这实在是没有必要。

时下里流行一句话："玩深沉。"实际上，在这种场合玩点深沉，正显示了一个人的风度。争强好胜者未必能够掌握真理，而谦和的人，原本就把出人头地看得很淡，更不用谈一点小是小非的争论了，根本不值得称雄。假如你有理，却表现得十分谦逊，常常能显示出一个人的胸襟之坦荡，修养之深厚。

有一种沟通叫妥协

妥协对人们来讲，说起来简单，但做起来却很难。妥协的结局有时是海阔天空、两全其美或者是皆大欢喜，但有时还会适得其反，会丧失尊严，会背信弃义。

有的人认为，妥协是无能或不进取的表现，还有的人说妥协是顾大局、识大体，是解决问题的最佳方法。

在竞争的社会里，你不是一个独立的个体，你随时需要和人去沟通配合才能达到个人的意愿。这时，就难免面临抉择。当要做出抉择的时候，人的思维首先就是自私和个人的欲望，当双方彼此个人的欲望占据上风，争执无果时，那势必就有一方需要妥协。妥协不只是简单的一句话而已，它当中包括情感的积累、你平时做人的原则、人品以及对人的友善，这都是你达到个人目的所需要铺设的道路的基石和桥梁。因此，人们常说先做人再做事情，正是这个道理。

从尘世的现象来看，人要看得透彻、认得真切，才可以摆脱世间功名利禄的束缚。这就要求人必须学会妥协。

妥协，是人类文明进步、社会繁荣发展的助推器和减灾器。国与国之间学会妥协，就能给世界和地区带来和平与发展；企业之间学会妥协，就能给双方带来合作与双赢；领导班子成员之间学会妥协，就能给团队带来凝聚力；家庭成员之间学会妥协，就能使家庭免于破裂，就能促进和睦，保持亲情和温馨！

妥协就是求同存异，妥协就是除弊存利，妥协就是寻找双方利益的结合点，妥协就是从照顾对方利益中获得自己的利益。所以，妥协是一种高智慧、高艺术，也是一种高境界！

人应该先学会对他人和自己退让和妥协。能够把自己压得低低的，那才是真正的尊贵。一个人再聪明也不宜锋芒毕露，不妨装得笨拙一点；即使非常清楚与明白也不宜过于表现，宁可用谦虚来收敛自己；志节很高也不要孤芳自赏，宁可随和一点；在有能力时也不宜过于激进，宁可以退为进，这才是真正安身立命、高枕无忧的处世法宝。

与宽容同行，对自己或他人在生活、工作、学习中的过失、过错采取适当的"减压政策"，以防止事态扩大和矛盾加剧，避免产生严重的后果。

天地能够万古长存，可是人的生命却不可再次获得；人的一生只有百年光景，是最容易度过的。有幸生活在世界上，不能不知道拥有生命的乐趣，也不能够不时常担忧是否会虚度一生。让我们将事前的忧虑，换为事前的思考和计划吧！所以，我们还要懂得心态平和快乐地做事。如果有什么事情值得去做，就得把它做好。再长的路，一步步也能走完；再短的路，不迈开双脚也无法到达目的地。任何业绩的质变都来自于量变的积累，成功不是一蹴而就的，而是从决定去做的那一刻起，持续累积而成的。所以，很多时候，需要你向他人或环境妥协，你的事业才能减少摩擦，少走弯路，走向成功。

像水一样为人处世

"水"是生命之源，也是为人之鉴。仁者乐山，智者爱水。智者爱水，在于水的品格。老子认为人生若水，"上善若水"。人生若水，指的是人当洁身自好，其品行像一泓清水一样清澈透明，其生存意志当像山涧溪流淙淙而下，欢快奔流，直至江河大海，永不停息。

"上善若水"，是指人生达到的一种境界。老子认为当一个人处世若水之谦卑，存心若水之亲善，言谈若水之真诚，为政若水之条理，办事若水之圆通，行动若水之自然，交往若水之清淡，人品若水之纯洁时，便进入了"水"之境界，这就达到了一种至善、至真、至美的境界。

水，阴柔无比，无形却无不形，随圆而圆，随方而方，甘心停留于最低洼和最脏处，那样安于卑下不与万物争，天下之物莫柔于水，但任何攻坚克强的东西都不能胜过它，因为世上没有别的东西可替换它，也没有别的东西可以与它相比。即使平静无澜的水流下也潜伏着强大的力量。大江大河从远处眺望，表面上平波如镜，但是你只要一接近就会感到江水的宏大气势，它处处暗藏漩涡，隐伏着巨大的能量。一个人并不需要处处占上风，出风头，也不需要处处与人相争，只要像水那样，具有柔软、谦虚和蕴藏力量的素质，就能在不知不觉中战胜对手，此乃为以柔克刚之理。

水总是向着低处流，百川归海。大海之水，浩瀚无比，它之所以能成为百川之王，就在于它心胸开阔，甘为下者的缘故。有道是空穴来风，有容乃大。琴瑟和鸣，箫笛同奏，之所以能发出悠扬婉转、美妙动听的声音，就在于它们有"空"有"容"。如果人能够从水中受启迪，向水看齐，那么，一定会虚其心，去其强，甘为人下，为而不争，进入到一个更高的自由境界。

水又为"通达之渠"。人们也将彼此间看法的交换，称为"沟通"，从文辞上就能看出与"水"有相当的关系。水，避高趋下，营造形势，包围并吞，无所不及，无孔不入。中国的"沟通"哲理，从文字上已看出巨大的端倪。中国式的沟通，并非如同西方谈判的绝对方式，谈得成就决议，谈不成就破裂走人。而是经过复杂的过程，达到明确的结果。先是，必须避开对方的坚持，再将他的坚持化成对我们意见的助力，化成与我们看法的融合；最后，共同达成我们的目的。中国人的沟通，似"水"融入各种物体般柔和，在包容后，却无一不将其化为水的一族。

人生尘世，很难免除私心杂念的干扰和官权利禄的诱惑。激烈的竞争、金钱的崇拜、生活的变幻、信息的更新、欲望的膨胀等等，都让现代人无所适从。一些聪明人争先恐后，千方百计，无所不用其极，结果贪多嚼不烂，事业不成，心如沸水，苦恼无限，人生愁多。若心无旁骛，心静如水，专心致志，一心一意，专注一事，就少了许多社会环境、外界因素的无谓干扰，更多了一份内心的宁静、充实与自由。

世事变化无常，做人的道理千千万万，但是，其要点是圆通，该坚持时，绝不放手；该放手时，绝不犹豫。不依固定的模式，我们应根据环境的变化而变化，像溪中水无形，空中气无态，天上云无状。使自己能更快地融入所在的环境，更好地展现自己的能力。

处世要机智，为人要圆滑

"圆滑"这个词总被人认为是一个反面词。每当人们谈到这个词总是带着鄙夷的口气，所以如果身边有这样的人，那么此人就一定会被视为异类。但是我们不难发现，自古至今，所有获得成功的人无不是把圆滑当成是自己为人处世的准则。他们之所以如此，是为了变通的需要，以更好地适应一时一事。

但是这并不是在告诉人们可以处处圆滑，随时圆滑。圆滑也是有尺度的。所谓的尺度就是，在处理具体事情的时候，我们可以灵活把握尺度，依情况不同而采取不同的处理方法，但是我们要时刻确保我们的内心要诚实忠厚，要保持诚信。应该坚持的事，要能坚定地表达自己的意见；可以妥协的事，要能设身处地为他人着想，做出适当让步。什么事都和别人针锋相对，会使矛盾激化；而事事附和，阿谀奉承，则会被人看成是顺风倒，遭人鄙视。

纪晓岚，谥文达，世称文达公，河北沧州崔尔庄人。乾隆19年中进士，授为翰林院庶吉士，编修，因学识渊博所以一直深受乾隆赏识。

纪晓岚有一个特点就是长得胖，所以每年到了夏天，他都因炎热而倍受折磨。但按照当时的君臣礼仪，官员见皇帝时，无论什么情况，都要穿戴整齐。这让纪晓岚头疼不已。自己本来就怕热，大热的天还要里三层外三层地穿上朝服，简直是无法忍受。

有一段时间，纪晓岚在南书房供职。因工作需要，他要经常去面见皇帝，每次他都是满身是汗地出来。所以他回到南书房第一件事就是赶紧脱衣纳凉，等凉快完了，再把衣服穿好出宫。不知怎的，这件事被乾隆知道了，乾隆感觉很好笑，就想找机会戏弄他一下。

一天，乾隆在养心殿召见纪晓岚，谈完了事情之后，纪晓岚快步回到南书房，赶紧脱衣纳凉，光着膀子就和几个同僚聊起天来。就在这时，乾隆突然走了进来。

几个同僚一见是皇上来了，连忙披起官袍，跪伏在地。纪晓岚眼神不好，等他看清是皇帝时，已经来不及穿衣了。情急之下，钻到桌子底下，不敢抬头。乾隆一看纪晓岚那狼狈样儿，就更想戏弄他了。于是就坐了下来，久久不走。

此时，跪在地上的同僚当然可以忍受，可是纪晓岚却是趴在桌子底下，实在是热得不行。便轻声地问同僚："老头子走了没有？"乾隆皇帝一听觉得好笑，却佯作恼怒的样子，大声喝道："纪晓岚无礼，竟敢说出这种无礼的话！没穿官服还可饶恕，'老头子'三字做何解释？你说得有理倒也罢了，说不出理来，定斩不赦！"

纪晓岚不慌不忙地说："臣尚未穿衣，不好回话。"乾隆叫人拿衣服给他穿上。纪晓岚穿好了衣服，乾隆又问："大胆纪晓岚，竟然直呼朕是老头子！真是大逆不道！"纪晓岚从容答道："万寿无疆之为老，顶天立地之为头，父天母地之为子。"纪晓岚话音未落，乾隆便哈哈大笑起来，连连称赞纪晓岚说得好。就这样，纪晓岚靠一番灵活机智的辩解化险为夷，还顺便拍了皇上的马屁。

为人处世，适当地圆滑一下没什么不好。这是一种拥有良好交际能力的表现。适当地圆滑可以让你脱离险境，免于尴尬，还可以让你赢得一个好人缘，这是一箭双雕的好事。试想，如果你凡事都不肯低头，直来直去，硬拿鸡蛋往石头上撞，结果会是怎样的呢？轻则你会因此而处处碰壁，重则你会得罪于人，置自己于不利之地。

包容他人，就是善待自己

有句俗话说得好：进一步山高水长，退一步海阔天空。圆滑人际关系的智慧之一就是知道退让，学会让步；其二则是切忌抱怨他人，指责他人，而应该包容体谅，这个道理大家都清楚，欠缺宽容的态度不可能建立起圆满的人际关系。

别人如果有缺点，不应该以此为把柄，挖苦讽刺来显示自己的优秀，应该尽力为其遮掩。对别人一些有害于他的成长或者处世的行为，应该善加指点而不是忿而疾之，否则便是以顽济顽了。有的人专门喜欢当众揭别人的短，这样，也暴露了自己没有修养的缺点，这种人是不是太愚蠢了呢？

批评别人措辞不要过于偏激，要考虑别人的感受；教别人做好事，也要"从善如流"，低调行事，同时还要考虑，要在对方的能力范围内。《菜根谭》中进一步论述道："不责小人过，不发人隐私，不念人旧恶。三者可以养德，亦可以远害。"可见凡事不要逼人太甚，如此一来不仅可以修养自己的品德，还能够避免灾祸。

这些主要是提醒我们，在与人相处时要随时体谅他人，在温和且不伤害他人的前提下，适宜地帮助别人。孔子也曾说过："严于律己，宽以待人。"以苛刻斥责的态度对待别人，即使是好意，也容易招致他人的怨恨，如此一来反而无法达到目的。

生活中发生的一些事情，越是急于调查真相，反而愈搞愈不明白，欲速则不达。不如放宽心思，理清头绪，任其自然发展，慢慢再查个水落石出，若是强行调查，操之过急，强行破坏他人的生活规律，就会引起别人的愤怒和反感。同样，在指使别人时，若是巧施心机强欲操纵，反而会引起对方不满，所以不如顺其自然，使对方心悦诚服地遵从。

宽以待人，也是处理好人际关系的重要法则。说起来容易，做起来难，我们来看这个例子：

汉代的班超出使西域，一路上遍播大汉的国威，取得了不错的效果。在这些国家中，只有龟兹恃强不从，班超便去结交乌孙国。乌孙国王派使者到长安来访问，受到汉朝友好的接待。使者告别返回，汉章帝派卫侯李邑携带不少礼品同行护送。

李邑等人在护送过程中，途经天山南麓，来到于阗，这时传来龟兹攻打疏勒的消息。李邑害怕，不敢前进，于是上书朝廷，中伤班超只顾在外享福，拥妻抱子，不思中原，还说班超联络乌孙、牵制龟兹的计划根本行不通。

班超听说了这件事情以后，便大概知道了内幕，叹息说："我不是曾参，被人家说了坏话，恐怕难免见疑。"他便给朝廷上书申明情由。

汉章帝也不糊涂，他相信班超是一个值得信赖的人，派人送书信责备李邑说："即使班超拥妻抱子，不思中原，难道跟随他的一千多人都不想回家吗？"诏书命令李邑与班超会合，并受班超的节制。汉章帝又诏令班超收留李邑，与他共事。李邑接到诏书，无可奈何地去疏勒见了班超。

班超宽宏待人，没有和李邑计较，反而很好地接待李邑。他改派别人护送乌孙的使者回国，还劝乌孙王派王子去洛阳朝见汉帝。乌孙国王子启程时，班超打算派李邑陪同前往。

这正是个报复李邑诽谤自己的好机会，因此有人建议班超说："过去李邑毁谤将军，破坏将军的名誉。这时正可以奉诏把他留下，另派别人执行护送任务，您怎么反倒放他回去呢？"

班超十分生气地对那个人说："如果把李邑扣下的话，的确是可以报复他，那就气量太小了。正因为他曾经说过我的坏话，所以让他回去。只要一心为朝廷出力，就不怕人说坏话。如果为了自己一时的痛快，公报私仇，把他扣留，那就不是忠臣的行为！"

李邑听到班超的这番话后，对班超十分感激，同时也十分羞愧，从此再也不诽谤他人了。

由此看来，在处理复杂的人际关系时，宽容不失为一剂利人亦利己的良药。

人，总是在事情发生后能清楚地指出别人的缺点，却暗于自见，所以在斥责他人的时候，容易忽视自身的缺点。这样很容易引起别人的反感。所以人要给对方留面子，要有体贴心，不去指责别人的小过失，不去揭露别人的私事，更不要去揭别人的旧疮疤。

用对心计做对事

做事有心计的人不靠运气做事，而是靠计划做事。做事没有计划，一味地瞎忙，是没有任何效率可言的。在这个以效率为先、靠业绩说话的时代，仅仅埋头苦干是不够的，更重要的是要用脑子动心计，学会聪明做事，忙要忙在点子上，这样才能在短时间内做出大成绩。

讲究方法，善于安排，才能把事情做对，才能提高做事的效率。

美国企业家罗兰德·威廉姆斯说："一个桌上堆满很多文件的人若能把他的桌子清理开来，留下手边等待处理的一些文件，就会发现工作起来更容易，也更有效率。我称之为家务料理，这是提高效率的第一步。"

光是看见桌上堆满了还没有回的信、报告和备忘录等等，就足以让人产生混乱、紧张和忧虑的情绪。更坏的事情是，经常让你想到有 100 万件事情要做，可自己就是没有时间去做，这样不但会使你忧虑得感到紧张和疲倦，也容易使你忧虑得患高血压、心脏病和胃溃疡。

以前担任过美国最高法院大法官的查尔斯·伊文斯·休斯说：

"人不会死于工作过度，而会死于浪费和忧虑。"不错，他们之所以忧虑，是因为他们的工作似乎永远做不完。

所以，良好的做事习惯之一就是：清除你桌上所有的纸张，只留下与你正要处理的问题有关的东西。

遍及全美的都市公司的创始人亨利·杜哈提说，不论他出多少钱的薪水，都不可能找到一个具有两种能力的人。这两种能力是：思考的能力和按事情的重要程度行事的能力。

查尔斯·卢克曼，从一个默默无闻的人，在12年之内，变成了派索登特公司的董事长，他说这都归功于他具有亨利·杜哈提所说的几乎不可能找到的那两种能力。

查尔斯·卢克曼说："我每天早上都在5点钟起床，因为那个时间里我的思想要比其他任何时候更清楚——那时候我可以思考并计划一天的工作，按事情的重要程度来决定做事的先后次序。"

所以，第二个做事的好习惯就是：根据事情的轻重缓急行事。

豪威尔说，当他在美国钢铁公司任董事的时候，开董事会时总要花很长的时间在会议里讨论很多很多的问题，达成的决议却很少。其结果是，董事会的每一位董事都得带着一大包报表回家去看。

最后，豪威尔先生说服了董事会，每次开会只讨论一个问题，然后做出结论，不耽搁、不拖延，结果效果非常惊人，大大地提高了开会的效率。所有的陈年旧账都清理了，日历上干干净净的，董事也不必再带着一大堆报表回家，大家也不会再为没有解决的问题而忧虑。

这个做事的技巧不仅适用于美国钢铁公司的董事会，也适用于你和我。

这就是第三个良好的做事习惯：当你碰到问题时，如果必须做决定，就当场解决，不要迟疑不决。

下面是第四个良好的做事习惯：学会如何组织、分层负责和监督。

很多生意人替自己挖下了坟墓，因为他不懂得怎样把责任分摊给其他人，而坚持事必躬亲。其结果是，很多枝枝节节的小事使他非常混乱，使他总觉得很匆促、忧虑、焦急和紧张。

我们要学会分层负责很不容易。如果找来负责的人不负责任，也会造成很大的灾难。

虽然分层负责很困难，但是作为上级主管，如果想要避免忧虑、紧张和疲劳，非要这样做不可。

凡事不可硬撑

凡事不可硬撑，这像我们平常穿鞋一样，合适与否只有脚知道，能穿就穿，不能穿就不要穿，否则痛苦的只有自己，做人做事也是如此，不能为了那一层虚有的"面子"而死扛着。

"面子"是许多中国人的观念中又一个重要的概念。在外国人眼里，中国人不仅是一个重人情的民族，更是一个爱面子的民族，多数中国人对于面子的敏感，使面子成为他们保护自我的甲胄。在他们的自我系统中，他们经常是"被人看的"，而较少"自己看自己"。在"被别人看"的感觉中，他们对于真实的自我总是有一种好像"知道又不清楚"的模糊感。有时候他们也清楚自己在想什么，也清楚自己想有某种需要。但是，他们的想法和行为却不能一致地表现出来。由于受到"面子"的影响，他们必须赋予他们的行为某种装饰，此般的装饰是为了在外观上让别人看了有更高的评价，甚至最后的行为是否真正地符合自己的需要，那已经没有多大关系了，因为很多人把自己生活的目标定为"让别人看得起"。

在人际交往中，很注重给别人以面子，也是为了给自己面子，也有人为了面子死撑着，因为给别人面子同样也是自己有面子的表现。中国人大多很重视面子，也总是去评价别人有没有面子。多数中国人总是希望自己比别人更有面子，在这种对于面子的追逐中，他们都努力使自己更有面子，其结果是大家都越来越重视面子，面子在社会中所发挥的作用也越来越大。

"上等人"要面子，"下等人"也要面子，为了面子可以借钱结婚，借债办丧；为了面子，可以把"盛宴"说成"便饭"，"困难"说成"简单"……

凡事都有度，过之不可，不及也不行。面子之"度"需要人们在生活中慢慢揣摩。衣锦还乡是一种面子，为了这面子，多少人在家乡之外忘我工作；升官晋爵是一种面子，为了这面子，官吏们励精图治、造福一方；立功立德立言是一种面子，为了这面子，人们去建立功勋、创立基业。

司马迁因为仗义执言遭受宫刑，可谓奇耻大辱，让他失尽了面子，但他矢志不渝，终成千秋名著，"成一家言"。郑智化赤裸裸地唱道："我扛着面子流浪在人群之中。"鲁迅自我解嘲："破帽遮颜过闹市，漏船载酒泛中流。"异曲同工，这些反映了人们很在乎面子。

害怕在众人面前丢人现眼，这可以说是人类的一大弱点。为了硬撑面子，有人宁愿挨饿受穷，饱受委屈。为了硬撑面子，有人甚至连生命也在所不惜。在中国历史上，耿直的黔敖因不食带有侮辱性的"嗟来之食"而甘愿饿死。在法国历史上，著名的星象家卡敦奴为了向世人证明自己预言的绝对正确而不惜付出了自己的生命。

黔敖和卡敦奴为了保存面子，都付出了高昂的代价。可见死撑面子并不是好事，毕竟面子不能当饭吃，生存才是最重要的。虽然他们保存了面子，但是生命却没有了，也不能做更有意义的事了。试想一下，如果他们能把自己的面子放一放，说不定他们会做成更有意义的事。

面子就像一个两面怪兽，一面写着笑容，一面露着狰狞；面子又像一柄双刃剑，能维护自己，也能伤害自己。人知道要脸面，怕在人前丢脸，这是人类进步的象征。厚颜无耻，不顾礼仪则是落后野蛮的标志。其实，面子的问题也是社会问题，更是心理问题。日本著名心理学家从文化氛围和生存环境出发，对人的面子观念进行了研究，他们认为：一切面子都和人的恐惧有关。貌丑的羞于见人，体臭的怕和人靠近，矮子怕说短，高个不言长，从黔敖和卡敦奴的死来看，这一切恐怕都和人怕丢丑的恐惧心理有着直接的关系吧。

做生意的人经常在场面上混，更是爱面子。如果做生意的人，不爱面子，他的生意就打理不下去，他的事业就会走下坡路。所以，每个在生意场上摸爬滚打的生意人都在小心经营，生怕得罪了生意场上的相关人士、顾客等。

生意人往往将自己的商铺装修得非常气派，摆饰也很豪华，他们衣着光鲜，气宇轩昂。这就是他们做生意的面子，只有维护好了门面，生意才会兴隆。即使亏了本，也要撑着说盈利多少，不然的话，就没人愿意合作了。

为了面子，乡长摆出省长的派头，小职员像大首长那样拿腔捏调，领了薪水就要像大富豪似的出手阔绰，打肿脸充胖子，好给面子炒作出一点通胀的泡沫，至于这泡沫破裂，丢了面子进而丢脸丢人，也是免不了要担的一点风险。

中国人好面子，又怕伤着面子，这已经不足为奇了，因为面子可以兑换他们想得到的利益，否则，以区区看不见摸不着的无形符号，何至于要看得比作为道德底线的脸还重要？但我们毕竟是礼仪之邦，用金融学来讲面子，就像用武力来讲仁慈，逻辑上似乎犯了所谓的"称谓的矛盾"，所以，我们还要用道德礼仪将这面子的金融学掩盖起来。我们爱面子，但顶着自尊心的名义来爱，即便是赤裸裸的权钱交易，我们也要颇有道义气息的面子从中斡旋。

可见，这小小的面子里面有大文章。不顾脸面，厚颜无耻，假公济私，表面上逍遥风光，可内在人格却十分卑劣。人人都想要面子，人人都怕丢面子。人生在世，不能没有面子，更不能不要面子。但是，太看重面子，一旦成了面子的奴隶，也就不值得了。

面子上的事，确实让人很累，很辛苦。面子贴在我们脸上，像一层纸，薄薄的，但我们始终不想捅破它，有时我们会感到这一辈子都为面子而活着，有时候我们会感到面子给我们带来的沉重感觉，问题是我们无法摆脱面子，超然对待面子，也做不到丢弃面子。这就是做人的悲哀！有什么办法能改变人的悲哀，能让人们快乐起来呢？

那么你烦恼的根源是什么呢？是面子。这时候，你就不要做那些力所不能及的事，只求尽职尽责，不求十全十美；不因小小的失败而自责，也不为一时挫折而懊恼，应该把目标和要求定在自己能力范围之内，懂得欣赏自己已得的成就，自然会心情舒畅。

为了面子上过得去，硬是去做自己力所不能及的事，这样会快乐吗？

开启快乐的钥匙掌握在你自己手里。远离烦恼，你就有快乐；自己力所不能及的事，硬要撑着去做，肯定会带来烦恼。如果不用烦恼惩罚自己，你就有快乐；不做自己力所不能及的事，你就有快乐；对已经得到的心满意足，你就有快乐；宽容别人也宽容自己，你就有快乐；不嫉妒不抱怨不攀比，你就有快乐。总而言之，你想快乐你就一定能得到。

似水流年，光阴如箭。你快乐，日子一天天过去；你不快乐，日子还是一天天在逝去。表面看来，快乐和不快乐只是一字之差，一线之隔。但人生在世，总难免有些不尽如人意的事情让你丢掉面子，但真把面子捅破了，其实你并没有失去什么，只是让你真实地面对自己和他人，这些都是不必要的烦恼，何不抛弃种种烦恼去寻找原本属于你的那份快乐，让自己的每一天多一点阳光，多一份快乐呢？做不了的事，就别硬撑着，要有一种放得下的乐观的心态，有了这心态，也就有了发现快乐的眼睛，快乐就会像雾像雨又像风，时刻弥漫在你的空间，充盈着你的心灵。

既然如此，我们为什么不放下那所谓的面子，去寻找快乐，享受快乐，让我们每一天都快乐如风？真心希望那些放下面子的朋友快乐如昔！

大丈夫能屈能伸

《水浒传》中武松上景阳冈打虎之前曾有一段细节描写：武松读了印信榜文，方知有大虫。欲待发步再回酒店里来，寻思到："我回去时，须吃他耻笑，不是好汉，难以转去。"如此一想，便说道："怕什么鸟！且只顾上去，看怎地！"这个武松明知山有虎，却因上山前跟店老板夸下海口，碍于自己的面子问题，他最终还是选择了继续上山。武松在明知山有虎的情况下，为了面子，性命也不顾，说明他把面子跟气节一样看得比性命还要重要、值钱。武松打死了老虎，他是幸运的，但我们却不可效仿这种做法。

面子不能当饭吃，能屈能伸才可称得上是真汉子。大丈夫能屈能伸，伸不代表张扬，屈不代表懦弱。但要强调一下的是尊严不等于爱面子，死要面子的人最被人瞧不起，而且自己还活受罪！

古往今来，成大事的人必定是能屈能伸的伟丈夫。一个人生活在这个世上有两种境遇：一是逆境，二是顺境。在逆境中，当困难和压力逼迫自己身心的时候，应懂得一个"屈"字，委曲求全，保存实力，以等待转机的降临。而在顺境中，机遇和环境皆有利于自身，那么在这个时候应当懂得一个"伸"字，乘风万里，扶摇直上，以顺势应时使得自己更上一层楼。

一个人从做人方面来讲，必须做到有屈又有伸。一个人如果太过于伸，就会不顾后果，迎难而上，这样的人就最容易遭受挫折，人生苦短，又有谁能忍受几多挫折？与之相反，一个人如果太过于柔弱，遇到事情优柔寡断，就很容易错失良机，这样的人很难成就大事。做人必须要做到能屈能伸，当刚则刚，当柔则柔，屈伸有度。

屈与伸对一个人是十分重要的，是一个人身上的最可贵品质，然而，屈伸也会存在一定的限度，遇到了困难与挫折宁折不弯是十分可贵的，但绝对不可为了脸面而不问原因一味地伸到底，要知道太过伸的人不能持久。更何况太刚强的人都是心劲足、血性大的一类人，他们一遇到困难就会耗尽自己的心血，硬撑死撑，如此下去一旦折服就很难会有重新站起来的机会，因此，作为一个人应当做到该屈则屈，该伸则伸。

卓文君出生在一个富贵的家庭里，许多王公贵族的公子都接连前来提亲，她却连一个也没看上，到后来却偏偏爱上了穷光蛋司马相如。卓文君的父亲为此而被气得什么陪嫁也不给。婚后，俩人穷得在成都实在生活不下去了，就只好回到了临邛，变卖车马，盘下了一个小酒店，做起了卖酒的小生意。千金小姐当垆卖酒，文弱书生当佣人酒保。生活所迫，身份、面子是根本不值钱的。正是有了卖酒的生活，才成就了他们才子佳人的一段佳话。尺蠖之屈，以求伸也。人生活在这个世间要吃饭，要生存，往往不得不委曲求全，以期找出新的出路。放下面子，能屈能伸才是一个人真正的立身之本。

对于一个做大事的人来讲，能屈能伸可称得上是成就事业所必须具备的基本素质。孟子说："天将降大任于斯人也，必先苦其心志，劳其筋骨，饿其体肤，空乏其身……"。能在各种困境中忍受屈辱是一种能力，而能在忍受屈辱中负重拼搏更是做人的一种本领。小不忍则乱大谋，凡成就大业者莫非如此。

三国时期的司马懿，他抵御诸葛亮进攻的方法就是坚守不出。任凭对方在营前叫骂，他仍是闭塞不出。即使诸葛亮送给他女子的服装，以刺激他出战，司马懿还是坚守不出，还高兴地收下了礼物。司马懿想的是等到蜀军由于粮道崎岖难行，而断粮的时候，再出去迎战，蜀军必败无疑。

诸葛亮第六次出祁山，他自己统率一支人马，驻扎在五丈原，一再派人挑战，魏兵绝不出营应战。当时孔明把所有的招数都用完了，司马懿就是闭门不出，孔明突然想要羞辱他一翻，击怒他出兵，于是孔明便取来一套妇人穿的服装，放在一个大盒子里，并附上一封书信，派人送到魏军大营。魏国的将领不敢隐瞒，便将来人引入去见司马懿。司马懿当众打开盒子一看，里面装有妇女服装一套，还有一封信，拆开信一看，见上面写道：

你既出身为大将，统帅中原的大军，不敢武力相斗，以决胜负，却安于躲在土巢之中，小心地防避着刀箭，这与妇人有什么不同？现在我派人送去一套妇女的服装，你如果还不敢出战，便应恭敬地跪拜接受，如果你羞耻之心还没有泯灭，还有点男子汉的气概，便立即批回，定期决战。

司马懿看后，心中大怒，但表面上却故作镇静，笑着说："孔明把我看成了妇人吗？"当即接受下来，并下令厚待送衣的使者。

魏军的其他将领得知这事情之后，无不气愤，来到大帐对司马懿大都督说："我们都是魏国的名将，怎么能够忍受蜀军这样的侮辱？请允许我们立即出战，以决胜负。"司马懿说："我并不是不敢出战而甘心忍受侮辱，无奈天子早就有了明确的旨意，令我们坚守不战，如果现在轻率出战，便是违抗国君命令了。"众将还是愤怒难平。司马懿说："你们既要出战，等我向天子申报批准以后，大家同心协力迎敌，你们看怎么样？"众将都答应了。

司马懿便写好表章，派遣使者去往合肥军前，奏闻皇帝曹睿。曹睿打开一看，只见上面写道：

臣才能低下，而责任重大，陛下曾经明确指示，令臣坚守不战，等待蜀人自己败亡。无奈诸葛亮送来一身妇人服装，将臣视作妇人，耻辱太重了！臣谨预先奏请陛下：近日臣将拼死一战，以报朝廷之恩，以雪三军之耻。

曹睿看完后，对众大臣说："司马懿既已坚守不出，为什么又上表求战？"卫尉辛毗说："司马懿本来不想出战，必定是因为诸葛亮这一番侮辱，众将愤怒，才故意上了这道表章，希望陛下更明确地重申一下坚守不战的旨意，以遏制一下众将求战的心情。"曹睿认为他说得十分有理，便命令辛毗持着皇帝的符节，到渭水北岸司马懿大营传旨，不许出战。司马懿迎接辛毗到大帐之中，辛毗当众宣读道："如果再有人胆敢提出迎战，便以违抗圣旨论处。"众将只好按圣旨的意思去办。

司马懿会忍，抵御住了蜀军的进攻。但魏国的其他将军就没有他这么会忍了。在前几次的交战中，魏军面对蜀军的叫骂，一些将领立即出战，结果不是中计，就是遭到埋伏。丢掉了许多重要的关口、要塞。

可见，"忍"对一件事情发展的方向起了多么重要的作用。"忍"可以使你心平气和，静下心来思考和分析问题。能让你看清问题的本质，抓住解决问题的关键。

司马懿能忍受侮辱，坚持到底，显示出一个谋略家的卓越见地。我们可以想一下，如果司马懿为了脸面而奋勇出战，会是什么结果？忍辱负重的后面，必定要有一个光明的目标来支撑，有一个远大的前途在照耀，也有一个健康的人格在保障。一个人只有做到放下面子、忍辱负重才能使自己最终取得胜利。

兵法上说，不战在我。也就是说，一旦遇到形势于己不利的情况，战与不战的权利在自己手中，此时不能逞一时之勇，而应牢牢掌握战争的主动权。一个成功的英雄应能屈能伸，能刚能柔，要能够"卒然临之而不惊，无故加之而不怒"，这才是真正的英雄本色。

人要走路前进，就必须要依靠自己的双腿一屈一伸才能前进。拾取东西得弯腰伸手。吃饭得通过手的屈伸把食物送进口中。劳动工作更是由无数个屈伸动作组合从而来完成的。这就是一个人生存与屈伸的关系。

人生中，一般都认为屈与伸代表着进与退，屈意味失意，伸则为得意，这只是从表面上去理解的。实际上，人生中的屈与伸远远不止这样简单。《后汉书·班固传》说："虽屈伸无常，所因时异。"也就是说，人生中的屈与伸应该顺从时势与环境的变化，不可盲目胡来。

曾有两位名牌学府的高才生，一起到南方某经济特区打工。甲被安排搞统计，天天和报表打交道，所学的知识派不上用场。他感到太委屈，便跳槽到别的单位，结果连跳十多次槽，十年之后也未被重用。而乙进公司时也是统计员，他安心工作，十年后是这家公司的副总经理。同样是高才生，甲是弃屈图伸，结果一事无成。而乙则是以屈求伸，最终获得成功。在如今的现实生活中，我们每个人都知道当今的高才生可谓比比皆是，用人单位不先在屈中考验你的本事和品德，又如何敢重用使得你伸呢？

人的一生是极为复杂的，屈与伸也是多方面的。在工作中受到领导批评，不妨先屈一屈，冷静下来找出差距和不足，及时改正，然后再图伸，切不可意气用事，与领导顶撞或匆匆辞职，以免铸成大错。与朋友同事发生矛盾，也不妨先采取屈势退让的策略，待矛盾化解后自会和好如初，蔺相如以屈待廉颇就是很好的例子。

非暴力沟通

疗愈内心深处的隐秘伤痛

王辉◎著

中国出版集团
中译出版社

图书在版编目（CIP）数据

口才训练与沟通技巧的艺术 . 非暴力沟通 / 王辉著
－－北京：中译出版社，2019.12
ISBN 978-7-5001-6085-4

Ⅰ . ①口… Ⅱ . ①王… Ⅲ . ①口才学－通俗读物
Ⅳ . ① H019-49

中国版本图书馆 CIP 数据核字 (2019) 第 272561 号

出版发行：中译出版社
地　　址：北京市西城区车公庄大街甲 4 号物华大厦六层
电　　话：(010)68359376,68359827（发行部）（010）68357328(编辑部）
传　　真：(010)68357870
邮　　编：100044
电子邮箱：book@ctph.com.cn
网　　址：http://www.ctph.com.cn

策　　划：北京瀚文锦绣国际文化有限公司
责任编辑：温晓芳
封面设计：孙希前

排　　版：张元元
印　　刷：香河县宏润印刷有限公司
经　　销：全国新华书店

规　　格：880mm×1230mm　1/32
印　　张：25
字　　数：650 千字
版　　次：2019 年 12 月第一版
印　　次：2019 年 12 月第一次

ISBN 978-7-5001-6085-4　　　　　定价：178 元 / 套（全 5 册）

前言
Preface

古人云："一言而兴邦，一言而丧邦。"又有"三寸之舌，强于百万之师"之说。说话大至关系国家的命运，小至影响普通人的生活状态，由此可见语言的重要性。

会说话的人可以迅速搭建起人际关系，使自己在复杂的人际关系中赢得主动，轻松达到自己预期的目标；而不会说话的人则在与人沟通时会出现各种障碍，由于不能进行有效的沟通，往往坐失升职加薪的良机，甚至于把原本不错的局面搅得一团糟，很难胜出。可以说，能否进行良好的沟通，往往会决定人的命运。

古巴比伦有一位国王，有一天晚上，他做了一个奇怪的梦，梦到自己满口的牙齿都掉光了，吃什么都吃不了。醒来后心情十分糟糕，担心是什么不祥的预兆，越想，心里越不踏实。于是，便命人请来了两个解梦人解梦。

国王问他们："为什么我会梦见自己满口的牙全掉光了呢？这代表着什么？是不是会有什么不好的征兆？"

第一个解梦人听后，解释道："国王陛下，这个梦的意思是，在你所有亲属都逝世，一个不剩地全部死去以后，您才能死。"国王一听，原本就心情不好，现在更是勃然大怒，觉得这话十分晦气，命人将他杖责二百之后，赶出了王宫。

　　接着又问第二个解梦人："你呢？你的解释也和他一样吗？"第二个解梦人说："不，国王陛下，您的这个梦的意思是，您将是您所有亲属当中最长寿的一位！"国王听后，立即露出了笑容，直夸这位解梦人有学问，并命人赏了一百枚金币给他。

　　其实两个人明明说的是同一个意思，但是最后的结果却是一个被国王杖责赶出皇宫，另一个却受到嘉奖。这就是会说话和不会说话的区别。

　　生活中，许多人并不是败在能力上，而是败在了说话上。有很多人，或是心地善良，或是能力过人，却往往因为不会说话，得不到大家的赏识与认可，一直碌碌无为。明明想帮助别人，却可能因为表达得不好，让别人觉得是施舍与瞧不起；明明有个绝佳的方案，却可能因为向领导表达不清，让领导觉得毫无价值；明明工作做得很好，却可能因为汇报工作缺乏技巧，得不到上司的器重与信任；明明是很好的合作商机，却可能因为不能打动对方，致使谈判破裂……

　　在这个高速发展的时代，无论是生活，还是工作，会说话都是十分重要的。从应酬到闲聊、从谈判到说服、从交友到恋爱，无不需要说话的能力。有的人似乎总是一帆风顺，生活上事事顺心、事业上节节高升，还常常有"贵人"相助。而也有一大部分人只能看着前者而哀叹自己时运不济、命途多舛。其实，没有永远的运气。可以讲，与其说前一部分人的成功是他们的运气好，倒不如说他们会说话，知道怎样说话可以更好地达到自己的目的，做起事情来自然得心应手。而另一部分人，与其说一直"霉运当头"，倒不如说他们不会说话，不懂得怎样说话，甚至可以说，许多成功的机会就是被他们胡乱说话给说跑的。

没有天生的口才大师，只有经过训练，才能成为说话高手。语言是一门艺术，必须遵循一定的方法和话语技巧。

本书引用了卡耐基的许多理论和观点来诠释语言的艺术，是卡耐基思想的精华所在，对于那些渴望提高自己的说话艺术，从容地站在演讲台、谈判桌等一切需要说话的地方展现自己风采的人们来说，这是一本极具参考价值的书。

不要再犹豫了，请翻开这本书，让充满智慧的口才技巧帮助你获取成功，开创幸福的人生。

目录
Contents

第一章　你真的了解自己吗 / 1

正确认识自我 / 1

成为一个优秀的谈话者 / 3

给自己制造交际的机会 / 5

自信地面对这个世界 / 7

信念的力量可以超越一切 / 9

你可以随时随地让自己更优秀 / 11

间接开头法，让你赢得人脉 / 13

第二章　改变你的语言表达习惯 / 16

真正聪明的人说话有口德 / 16

不要当面指责别人 / 17

给对方台阶就是给自己铺路 / 20

记住对方的名字 / 23

勇敢承认自己的错误 / 27

避免争论，反驳最令人反感 / 29

要学会善于赞美他人 / 32

张弛有度，说话要有节奏感 / 33

第三章　扔掉暴力，培养优美而令人愉悦的谈吐 / 37

用玩笑拉近与人的距离 / 37

热情赢得对方的合作 / 39

学会称赞他人的进步 / 42

抛掉无休止的争论 / 44

为对方的情绪考虑 / 46

批评别人前，先自我批评 / 47

管住自己的嘴巴 / 49

学会提出建议，而不是发号施令 / 51

第四章　学会倾听，赢得真诚和信任 / 55

一切合作都从倾听开始 / 55

做听众，效果会更好 / 57

你可能还不会听 / 59

倾听的五个层次 / 61

给对方制造说话的机会 / 62

用倾听化解危机 / 64

倾听也是一种说服 / 67

第五章　尊重他人，才能温和地说服他人 / 69

耐心，耐心，再耐心 / 69

要懂得说服别人的技巧 / 71

懂得夸赞别人的优点 / 73

站在对方的立场看问题 / 75

找到共同语言更好沟通 / 77

表示诚意要抓住时机 / 80

懂得退，才能更好地进 / 82

权威的力量是巨大的 / 84

找到对方的弱点 / 85

避免伤害他人的自尊心 / 87

第六章　幽默的力量，千方百计让自己变得更有趣 / 90

做个幽默的人，提升个人魅力 / 90

幽默可以增强人际吸引力 / 92

拒绝的话可以幽默地说 / 94

幽默的语言可以平息他人的怒气 / 95

借助幽默的力量获得成功 / 97

太尴尬了，来幽默一下 / 98

第七章　满足需求，与听众产生共鸣 / 102

考虑听众的所思所想 / 102

了解听众的心理要求 / 104

保持和听众的视线接触 / 106

用热情感动听众 / 107

抓住听众的注意力 / 110

把注意力转化成兴趣 / 112

让听众进入情境 / 114

让听众乐于接受的其他方法 / 117

找到听众的兴奋点 / 120

第八章　有效说话，让你的演讲更具生命力 / 123

做好准备是成功的一大半 / 123

演讲中有声语言的表达技巧 / 126

改变语调可以强化表现力 / 132

充分发挥语言的感染力 / 135

用表情变化表现情感状态 / 136

克服自卑的心态 / 138

不必要的紧张如何祛除 / 140

轻松克服怯场 / 142

你的亲身经历才是最好的素材 / 145

精彩的演讲源于深入的思考 / 147

第一章　你真的了解自己吗

交往是人类特有的活动和存在形式，是人们之间的共同活动和互相交换其活动所展开的社会关系的统一。语言是人际交往的重要媒介和工具。在人际交往中，敢于开口，培养自己的勇气与自信，准确地把握语言艺术，才能使人的交往得以顺利进行，从而推动社会的和谐发展。

正确认识自我

卡耐基非常重视"自我实现"（Self Concept），也即自我观。他认为自我观是决定人们各自行为方式的重要因素。每一个人，无论是聪明或愚蠢，他的表现都是与其当时的"自我观"相符的行为。没有人会去做一件在当时他认为与自己的身份、年龄、性别、能力以及他本身任何一方面不相宜的事情。就像穿衣服，你会选择和你的年龄、职业相称的服装，讲话时会选择和自己身份相称的词句，甚至外出吃饭也会选择与自己的社会地位、经济能力相称的场所……总而言之，每个人都会依照他的自我观点来决定哪些事他可以做，哪些不可以做，或是该怎样去做好一件事情。因此别人也就能够根据他通常所表现出的行为而对他有所了解和认识。

如果某一个人对于自己各方面的印象，认为都和实际情况颇为接近，也就是说，他有着比较正确的自我观，那么他所表现的行为自然会很恰当。一般情况下，人们在自我认识过程中，总是或多或少地存在着一定误差。一个人之所以不易于建立正确的自我观，往往是因为许多方面的品质不能直接衡量，而间接得来的资料又不十分可靠的缘故。

卡耐基认为，当一个人走入人群，不能很清楚地表现自己独特的一面，而只是成为人群中的一分子的话，那他的个人形象明显存在缺憾。缺乏个性化的特质将很难引起别人的注意，当然更谈不上与人成功沟通了。

卡耐基认为，自我认识也是了解他人欲望与行动最有效的方法。如果你能够正确认识自我的欲望、动机与情感，并由此推测别人，你便能够了解他人的欲望、动机与情感。只要你具有洞察自我的能力，你就可以这么想："既然我对这件事会有这样的反应，我相信对方一定也是如此。"例如，你的面前有一盘很好吃的蛋糕，你很想吃，这时你就可以推论，坐在你身旁的那个人同样也想吃那盘蛋糕，于是你就可以分一半给他。相信他在高兴之余，一定也会因被你猜中了其心事而对你表示出由衷的佩服。

想要真正了解自我，必须养成与自己"对话"的习惯。需要提醒的是，这里所说的与自己对话不是指单纯地将目光转向自己。

相信你也曾注意到，平常人们在做事时若身边有其他人在，所表现出的态度便会和一个人独处时不一样。还有，有些人总是会对别人的事情过分介意；总是过度担心自己在公众心中的形象；总是认为自己的表现不够理想等，这些都是因为他们没有做到和自己好好"对话"的缘故。

要怎样才能做到与自己良好"对话"呢？你只需每天抽出一点时间就可以了。当你一个人独处时，你可以把自己此刻的感觉、感情、想法等在心中一一过滤，检视一下自己的心态是否正确、是否平衡，这就是与自我进行"对话"的最好方式。

想要更好地与自我对话，就必须正确认识所谓的"自我"。每个人都有两个自我，一个是意识中的自我，另一个是无意识中的自我，而平时的一举一动、一言一行几乎全部是在无意识的自我控制之下进行的。看清无意识中的自我，并与自己"对话"，就可以了解到自己真正在想些什么；自己的性格倾向为何；怎样做才会使自己心安理得；出现障碍时，最主要的原因是什么；该如何待人处事等。如果这些你都能做到，那你就是真正了解自己的人了。

接下来要做的是设法了解自己在别人心目中的印象。不过，在现实生活中，虽然大家都迫切地想了解自己，但有些人却认为真正看清自己是件很可怕的事，尤其难以接受自己在他人心目中的形象，一旦有人当众指责自己的缺点，他们就会不由自主地产生恨意，心中油然升起对此人的厌恶感。所以，在很多情况下，人们都不会主动指出他人的缺点。

卡耐基认为，在这种情况下，你可以向亲人或较亲近的朋友询问你在他们心中的印象，听听他们对于自己各方面的看法。当然，对于别人的指责，我们应该冷静接受。不过，只向亲友讨教显然是不够的。所以，应尽可能多掌握一些有关自己特性方面的认知，这样准确性会高一些，才能更清楚地了解自己，从而提高自己的沟通能力。

成为一个优秀的谈话者

有这样一个聪明的女士，尽管她说得很少，却享有盛名，被公认为是一个优秀的交谈者。她在与人交谈时的态度非常热诚且善解人意，因此，在她面前，即便是最羞怯最胆小的人，也会在她的鼓励下，谈论自己身上最美的闪光点，并感到自己能轻松自如地和她谈话。她解除和驱逐了别人的担忧和疑虑，使得他们能够畅所欲言，向她诉说无法向其他人诉说的东西。

人们都会认为这样的人是一个有趣的、成功的谈话者，因为她能够挖掘别人身上最优秀的内涵。如果你也想使自己成为一个令人愉悦的人，就必须想方设法地了解与你对话者的生活，并且用他们最感兴趣的内容来打动他们。不管你对一个话题是多么了解，如果它不能令你的谈话对象产生兴趣，那么你的努力大半都是徒劳的。

高明的谈话者总是机智得体的——他在逗趣的同时，不会冒犯和得罪他人。如果你想令他人感到诙谐有趣，你就不能戳伤他们的痛处，或者是对他们的家庭琐事喋喋不休。一些人有那种特殊的品质，他们能够准确地挖掘其他人身上最美的闪光点。

林肯就是这样一位非凡的语言艺术大师，他在任何人面前都能做到诙谐风趣。他常常用生动有趣的故事和玩笑使得人们彻底放松紧张的心情，所以，很多人在林肯面前都感到非常轻松自如，以至于愿意毫无保留地向林肯倾诉心底的秘密。陌生人也乐于和他谈话，因为他是如此热诚和风趣，和他谈话时如沐春风，并且会受益良多。

像林肯所具备的这种幽默感当然是增强谈话感染力的重要因素，但是，并不是每个人都能如此幽默风趣。如果你缺少幽默的天赋，而又企图牵强地制造幽默，往往会适得其反，令你自己显得滑稽可笑。

然而，一个高明的谈话者必须不能过于严肃或不苟言笑。他不能过多地列举一些枯燥的事实，不管这些事实是多么重要。因为枯燥的事实和单调乏味的统计数据只能令人感到沉闷和厌烦。生动活泼是高明的谈话所不可缺少的，而但又不能流于轻浮。因为沉重的谈话固然惹人厌烦，而过于轻浮的谈话同样令人反感。

因此，要想成为一个优秀的谈话者，你必须做到自然而不造作，活泼而不轻浮，富于同情心而不惺惺作态，你必须从心底流露出一种善良的意愿。你必须真正感觉到那种乐于帮助他人的热诚，并且全身心地投入到那些令他人感兴趣的事物之中去。你必须吸引人们的注意力，并且通过打动他们的内心来牢牢抓住他们的注意力，而这只有借助一种令人感到温暖的同情和共鸣、一种真正友善的同情和共鸣才能做到。如果你是冷漠的、缺乏同情心的、拒人于千里之外的，那你根本不能抓住他们的注意力。

你必须胸怀开阔，宽容他人。一个胸襟狭小、吝啬小气的人永远都不能成为高明的谈话者。如果某人总是对你的个人爱好、你的判断力、你的鉴赏力横加干涉，那么你永远都不会对他感兴趣。如果你紧紧地封锁了任何一条可以靠近你心灵的途径，所有沟通和交流的渠道都对别人关闭了，那么，你的魅力和热诚就由此被切断了，你们之间的谈话只能是漫不经心的、马马虎虎的和机械单调的，不会带有任何活力或感情。

你必须使你的听众靠近你，必须开放你的心灵，并以一种最自然的状态去拥抱对方。你必须先做出响应，然后他人才会毫无保留地向你展示自己，使得你自由地进入他的内心最深处。如果一个人在任何地方都是成功者，那么其奥秘只能在于他的个性，在于他拥有一种能够以强有力的、生动有趣的语言有效地表达自己思想的能力。他没有必要通过罗列财富清单的形式向他人展示自己有多成功，事实上，只要他一开口说话，财富就会源源而来，他的表达能力就是他最大的财富。

给自己制造交际的机会

关于个人交际，卡耐基总结说："不要以为漫无目的地出外寻找，就可以找到对自己有益的朋友。交际通常是发生在存有某种目的的时候。当你向自己的目标前进时，所走的路与旁人的交错，才会产生交际，也才会交到有实际助益的朋友，于是成功的机会才会显现。"你需时时鞭策自己，设法找机会展现自己的能力，多让他人了解自己，进而建立互相尊敬、信赖的关系。这是交朋友的理想步骤。卡耐基认为，交际对于任何人来说都一样重要。

伊莉莎白就十分清楚这个道理。她是德拉威州唯一的女性眼科医生，在该州是相当有名望的人物。这位女医生是如何建立起自己的声望的呢？如果一名知识型的上班族想建立声望，除了积极参与社会活动外，别无他法。伊莉莎白就是这样获得"既有活力，又有爱心"的评价的，而这种评价使她成为极受信赖的眼科医生。

她知道由于工作之故，无法借报纸、广播做自我推销，于是，她便选择了用为公众服务的方式来提高自己的声望。果然，这种方法使她深得人心，也将她的事业推向成功。

伊莉莎白23岁时在德拉威州的乔治城开业。开业后，她的第一项工作就是整理出所有曾经交往过的朋友名单，同时参加该城的妇女团体。不久，她便当上了妇女会会长，并且连任两届。之后，她又当上了职业妇女组织州联合会会长。

她曾一度在主妇学校及业余剧团中十分活跃。她还经常参加宗教、妇女及其他各类聚会。她抽空把到国外旅游时的所见所闻制作成幻灯片展示给大家看，这个举动使她与大家的心更近了。

她的社会生活多彩而忙碌，但她仍然能抽出时间扩大自己的交际范围。她曾出任视力鉴定协会会长。另外，她还被州长两次任命为德拉威州的视力鉴定考试委员。目前，她是德拉威州残疾人协会干事，并且也是州长直属高速公路委员会中的三名女性之一。

那么，她对于参与社交活动的看法又如何呢？她说："能多参与社会性的工作，被人们信赖的机会就较高，随时有可能把自己推销出去。"

就是这样，伊莉莎白在极短的时间内得到了大众的尊敬与信赖。这样的生活方式不但使她的人生更为丰富，也为她的工作带来了便利。

另外，卡耐基还指出，在企业界，越成功的人越受重视。人们想加入"成功者俱乐部"很难，但一旦加入，以后便是坦荡的大道。

因为若活跃其间，能轻易获得同类的成功意识，同时，对方的知识与经验都能使你的脚步更稳健、更扎实。

所以，卡耐基建议所有有雄心、有抱负的年轻人多与前辈、有成就者接触是非常重要的。他们丰富的生活经验是年轻人创业的最好范本。对于这些成功者来说，看到对未来充满雄心、憧憬的年轻人就好像看到了当年的自己，他们通常会特别有好感。所以，他们会很乐意为年轻人提供自己的见解与经验。

自信地面对这个世界

自信心指的是一个人对自身能力与特点的肯定程度。这种肯定程度直接影响到人们的说话胆量。

卡耐基曾经表示，倘若具有高度的自信心，那么人们在各种人际关系中都容易显得落落大方、谈吐流畅，自己内在的各种能力也都能得到正常发展。相反，缺乏自信心，就会使内心感觉空洞无力，心理失衡，这必然就会造成两种后果：其一是自卑；其二就是过于自尊。

自卑是一种唯恐被轻视和排斥的恐惧心理，这种心理压抑了亲近他人的欲望，使人不能轻松自如地与他人交往，羞于在大庭广众之下表现自己。而自尊则是表面上看起来凡事漠不关心，但内心却很虚弱，恐怕被人瞧不起，于是便将自己裹上一层甲壳，不与外界接触，形成一种心理上的封闭状态。自卑高于自尊，就会使得说话者语言猥琐、失去个性、措辞过于小心、听话过于敏感，从而降低了自己对他人的吸引力。因此，对于人际交往来说，缺乏自信心是一种严重的心理障碍，必须克服。

自信就意味着对自己的"信任"、欣赏和尊重，意味着胸有成竹，处事有把握。如果一个人对自己的说话能力都不信任，不欣赏，不尊重，不悦纳，那还怎么能指望他人对自己的说话产生兴趣呢？充满信心的语言往往会因其内在力量而具有特别的动人魅力。某大学在竞选学生干部时，有位身体弱小的学生面对云集的强手，大声疾呼："请投我一票，我将竭尽全力为大家服务。"强烈的自信心和切实可行的措施使他的语言具有很大的吸引力和感召力。

具有高度的自信心不仅可以直接增加说话的吸引力，还可以弥补自身某些方面的不足，增加整体人际吸引力。一个人在人际关系中是否具有人际吸引力，以及这种吸引力的强弱程度如何往往取决于许多因素的共同影响，如思想水平的高低、文化素质的深浅、内在气质的雅俗、性格情绪的隐显以及身材外貌的美丑等。但要想在这众多方面都达到相当高的程度，或者达到使对方满意，那几乎是不可能的。而一个人在说话时所表现出来的高度自信心可以在一定程度上弥补其他因素的不足。

生活中，有许多天生因素可能会影响我们的人际吸引力。比如身材矮小便是其中之一。

如果一个身材矮小的男孩子坚定自信，那么他爱上某个姑娘时，就会暗自想：英国诗人济慈的身高才 1.52 米，他能以诗歌征服全世界；而我身高 1.64 米，难道就不能以我的品格、我的才华、我的语言去征服一个姑娘的心？经过一段时间的交往，与之相爱的姑娘就会觉得，他不就是矮那么几厘米吗？但他值得信赖，可以依托，铁骨铮铮，是个男子汉。可想而知，身材矮小并不会影响他与姑娘的恋情。相反，如果这位男孩子因自己身材不高而自卑自惭，在姑娘面前低声下气，言听计从，俯首帖耳，百依百顺，姑娘反而会厌恶这种没有自信心的人，认为这种人即使身高 1.80 米，也还是一个"矮子"。

这个例子也正说明了自信心是何等重要。然而，不仅在日常生活中，在各种正式场合，自信心也是提高说话吸引力的一个重要因素。

例如，菲律宾前外长罗菲慕洛穿了鞋才 1.63 米，比其夫人还矮一截。可他凭着强烈的自信心，一次次地在外交事务中出色地完成任务，创下了许多业绩，也正是他那些充满自信的语言，使他获得了全世界人民的瞩目。所以，有一次，他的夫人接受采访时说："我情愿躺在我丈夫的影子里，沾他的光。"

信念的力量可以超越一切

卡耐基认为，不论是处在任何情况、任何状态之下，绝没有哪种动物是天生的大众演说家。当众讲演是一门精致的艺术，必须谨遵修辞法与优雅的演说方式，因而，要想做个天生的大众演说家是极其困难的，是经过艰苦努力才能达到的。现在我们却把当众演说看成一种扩大的交谈。以前那种说话、动作俱佳的方式、如雷贯耳的声音已经永远过去。我们与人共进晚餐、在教堂中做礼拜或看电视、听收音机时，喜欢听到的是率直的语言，依常理而构思，专注地和我们谈论问题，而不是对着我们泛泛而谈。

当众演说不是一门闭锁的艺术，并不像在学校学知识那样容易，必须经过多年的美化声音以及苦学修辞才能成功，而平常说话轻而易举，只要遵循一些简单的规则就行。对于这一点，卡耐基有深刻的体会。

1912年，他在纽约市青年基督协会开始教授学生时，讲授那些初级方法同他在密苏里州的华伦堡上大学时受教的方式大同小异。但是他很快发现，把商界中的大众当成大学新生来教是一种很大的失误，对演说家韦伯斯特、柏克匹特和欧康内尔等一味模仿也毫无裨益。学生们所需要的并不是这些，而是在下回的商务会议里能有足够的勇气直起腰来，做一番明确、连贯的报告。于是他就把教科书一股脑儿全抛掉，用一些简单的概念和那些学生互相交流和切磋，直到他们的报告词达意尽、深得人心为止。这种教学方法果然奏效，因为此后他们一再回来，还想学得更多。

在卡耐基的一生中，收到的感谢信可以堆积如山。它们有的来自工业领袖们，有的来自州长、国会议员、大学校长和娱乐圈中的名人们，有的来自家庭主妇、牧师、老师、青年男女们，有的则来自各级主管人员、技术纯熟或生疏的劳工、工会会员、大学生和商业妇女等。所有这些人都感觉需要自信，需要有在公开场合中表达自己的能力，好让别人接纳自己的意见。他们在达到目的之后，就满怀感激地给卡耐基写信，以表示谢意。

根特先生是费城一位成功的生意人，有一次下课以后，他请卡耐基共进午餐。餐桌上，他倾身向前说："卡耐基先生，我曾避开各种聚会中说话的机会，但是如今我当选为大学里董事会的主席，必须主持会议。您想，我在这半百之年是否还可能学会当众演说？"卡耐基说："先生，您一定会成功的。"

三年以后，他们又在同一个地方共进午餐。卡耐基提起从前的谈话，问根特先生当初的预言是否已经实现。根特先生微微一笑，从口袋中拿出一本小小的红色笔记本，给卡耐基看他往后数月里排定的演说日程表。"有能力做这些讲演，讲演时所获得的快乐，以及我对社会能够提供额外的服务——这一切都是我一生当中最高兴的事。"根特先生承认道。接着，他又得意扬扬地亮出王牌，他邀请英国首相前来费城为一次宗教会议做演讲。就是这位先生，三年前还在这张桌边倾身问卡耐基，他是否有朝一日能够当众讲话呢。

根特先生的演讲能力进步如此神速，在卡耐基看来，就同他的心理素质及自我认识的改变密切相关。想象一下，当你信心十足，与听众共享自己的思想和感觉时得到的满足和舒畅。卡耐基说，他曾数度环球旅行，但是凭借语言的力量操纵全场听众的那种快乐却是别的事物无法比拟的，因为它会使人有一种力量感，一种强劲感。那感觉就像一位毕业生曾经说过的话："开始说话前两分钟，我宁可挨鞭子，就是开不了口；可是说到临结束前两分钟时，我又宁可吃枪子儿，也不愿停下来。"

现在就开始想象自己面对着观众。想着自己满怀信心，迈步向前，感受你开讲后全场的鸦雀无声；感觉一下在你发表高见之际听众的全神贯注；感受一下你离开讲台时掌声的温馨，并听听讲演结束后个别听众对你的赞赏。

哈佛大学最杰出的心理学教授威廉·詹姆斯曾写下六句话，很可能对你的一生发生深远的影响。这六句话就是阿里巴巴勇探宝穴的开门口诀："倘若你对某项结果足够关心，你自然一定会完成；如果你希望做好，你就会做好；若你期望致富，你便会致富；若是你想博学，你就会博学。只有那样，你才会真正地期盼这些事情，并一心一意地去做，而不会费许多心神再去胡思乱想其他不相干的杂事。"

你可以随时随地让自己更优秀

胆量是一种重要的心理表现，要训练好说话的胆量，说话者必须具备良好的心理素质。说得具体一点，就是要求说话者既不能盲目自信，也不能妄自菲薄，而应不骄不躁、不卑不亢。

如果一个人想不断树立自己说话的信心和增强自己说话的魅力，真正做到既不盲目自信，也不妄自菲薄，那么认真检查并评价自己的说话能力是必不可少的。

生活中，像哑巴一样不能用嘴说话的人毕竟屈指可数，所以对绝大多数人来说，并非对谈话之事一窍不通。但是，我们一般人也不能说是很会说话、很会驾驭语言的人，尽管大家或多或少有些长处，懂得些谈话的常识与方式，但很少有人去郑重其事地、科学地分析过它、研究过它。所以对我们绝大多数人来说，都或多或少在某些场合具有不敢说话的毛病。

卡耐基认为，对于那些平时不敢说话的人，随时随地都有训练他们说话胆量的机会。他还提出了如下 20 个问题帮助说话者分析他们的说话能力：

1. 我是否口齿不清？

2. 我的声调是否悦耳？

3. 我是否见了别人，就觉得好像无话可说的样子？

4. 我是否在某些人面前有很多话说，而在另一些人面前一句话也说不出来呢？

5. 我是否遇见他人不同意我的意见时，我只有再三重复我已经说过的话呢？

6. 我是否喜欢与他人发生争执？

7. 我是否常常被别人认为"固执"呢？

8. 我是否常常忘记他人的姓名？

9. 我是否常用一些不雅的俗语？

10. 我是否很狼狈地看到自己的话使他人产生反感情绪？

11. 我是否不能运用不同方式来对不同对象谈同一个问题？

12. 我是否很难找到一个大家都感兴趣的谈话题材？

13. 我是否常说些犯他人禁忌的话？

14. 我是否在谈话中不注意敬老尊贤？

15. 我是否未留意自己跟他人谈话的态度？

16. 我是否根据他人的态度来调整自己的态度？

17. 我是否不能引起他人的发言？

18. 我是否不能使谈话很顺利地进行而不中断？

19. 我是否能够很自然地改变谈话题材？

20. 我是否不知道应该在何处结束我的谈话？

通过对以上 20 个问题的回答，一个人便能够清醒冷静地对自己的说话能力作出判断。卡耐基还指出，假使说话者真有诚心解决自己不敢说话、说话胆小的问题且不偷懒，依照如下方法坚持练习三个月，其说话胆量便可得到惊人的提高：

用一个笔记本逐项记下上面每一个问题，并把自己过去的经验如实记录下来。例如，记下来究竟自己在什么人的面前不敢说话，找出原因；再仔细想一想，记下自己跟别人谈话时的情形；然后记下自己认为应该最先要改进哪一点。若说话者照此坚持做下去，一边看笔记本，一边研究自己的情况；一边看笔记本中所讲的 20 个问题能否解决，一边又把自己所得的经验记在笔记本上，这样就功到自然成了。

总之，卡耐基相信，认真分析并正确评价自己的说话能力有利于说话者看到自己的长处，认识自己的不足，并扬长避短，增强信心，迅速提高自己的说话能力，增强自己的语言魅力。

间接开头法，让你赢得人脉

生活中有许多人不敢说话，或者说很难通过交谈把自己的意思表达给他人。为此，卡耐基告诉我们几种不敢说话时的开口方法和技巧。

方法一：以礼开口

卡耐基认为，人的态度和举止在人与人之间的交际中占有十分重要的地位。如果一个人举止粗野、蓬头垢面，即使学问满腹，也会使人"敬而远之"；相反，如果一个人态度亲切、举止文雅，给别人的第一印象温文儒雅、落落大方，那么即使他不开口说话，人们也乐意与之相处。可见，只有在优秀的说话技巧和高雅的行为举止相得益彰时，才能使彼此达到理想而完善的交流。

在日常生活中，我们常常要求别人守秩序、有礼貌，而对自己却不能严格要求，这是十分有害的。人类社会是一个互为服务的群体组织，我们怎样对待他人，他人也会怎样回报我们，因此，我们处处以礼待人、诚诚恳恳，那么我们在交谈中也容易开口了。

方法二：用眼开口

眼睛不仅仅是人类心灵的窗口。其实，眼睛还是人类心灵语言表达的重要工具，通过眼神，我们可以看出一个人的思想动态；借着眼波，我们可以交换彼此的感觉与意识，可以传送感情。

在我们的日常交谈中，人们多半只注重说话的技巧，却常常忽略了面部表情，尤其是把握不了视线的高度，以至于发生一些有失礼仪的事情，造成许多不必要的误会。

既然眼睛是人类心灵的窗口，那么我们的一切言谈，不论是询问、请求，还是劝诫、说服，都可以从眼神及表情上表露出来。这里要注意一点，人的视线应该是随着说话的语气而高低有异。比如，若是有求于他人，或是答谢他人之恩，我们的视线应由下往上注视。因为当自己以一种祈望的眼神向对方表示求助、感谢时，也就自然抬高了对方的地位，这样才能得到对方的同情与回敬。

方法三：委婉开口

如果我们的朋友在公众言谈中不慎有所差错，而我们又不便在众目睽睽之下当面指责他们时，就可借用委婉开口的方法，使朋友慢慢有所察觉，从而纠正自己的过失。如此一来，不但能收到我们预期的效果，更能替他人解围。

大千世界中的每个人都有自己独特的性情、独特的兴趣和不同的生活态度，在相互交际中不可避免会产生观念上的冲突。如果我们能在不否定他人见解的前提下，得体地表达自己的意思，那么才谈得上达到了交际上的成功。可见，委婉开口是一种很有用的说话方式。

当我们的意见和观点与他人相悖时，首先，在态度上就该给予对方发表其意见的机会，并且要表明自己已接受了他的观点；然后，再委婉地述说自己的意见，这样就可以和谐地交换彼此的想法。比如，当对方表达了他的观点，而我们无法苟同时，我们不妨先肯定和赞许他的观点，然后以谦虚的口气说一下自己的进一步建议，这样就很容易为对方所理解和接受。而对我们来说，不但表现了自己的风度，又坚持了自己的立场，何乐而不为呢？

方法四：间接开口

生活中有许多场合令人无从开口，比如在批评和赞美他人的时候，如果"开口"不当，则会引起一些麻烦、误会乃至不堪设想的后果。这里介绍一种可供借鉴的方法，即间接开口法。

在一般人的观念里，总认为"第三者"所说的话较具客观性，较为公正。因此，我们可以针对这种心理，借用"第三者"的口吻来代替我们表达自己的意见。以此来批评或劝诫他人，容易得到对方的理解；以此来赞美或安慰他人，也容易获取对方的信任，而且更重要的是帮我们打开了"开口"的"突破口"。

比如，有时我们为了博得他人的好感，往往会赞美别人一番，但自己直接说"你真聪明""你的智商高得惊人"之类的话，不免让人觉得是在奉承、讨好，有点儿不舒服。如果我们换一种方式来表达，如"吉姆一直佩服你脑子灵活"，这样，对方必定会认为此言乃是真话，会非常高兴，并主动与你联络感情，使交往得以顺利进行。可见，若间接开口法运用得巧妙是很奏效的。

毫无疑问，卡耐基提供的方法是值得尝试的。如果我们正确、恰当地使用上述几种开口的方法，就会慢慢增添几分说话的自信心，找到打开大胆开口的诀窍。

第二章　改变你的语言表达习惯

我们每个人是以独立的个体存在于这个世界上，都时刻在与周围的世界进行着联系。而这种联系就是我们通常所说的语言表达。在工作和生活中，离不开人际交谈，交谈过程中体现着一个人的内涵和素质，对一个人的为人处世至关重要。说话是一门艺术，我们必须遵循一定的方法和说话技巧，才能让沟通更有效。

真正聪明的人说话有口德

在与人沟通时应尽量少采用揭他人短的方法进攻他人，尤其是有关生理上的特点，如称呼他人胖猪、矮冬瓜、瘸子、聋子等。否则，对方的理智会立刻消失，代之而起的是一种动物性的原始的防卫本能，你便很难再和对方交往了。因此，一个想要与他人友善沟通的人，必须积极修炼自己的口德。

富兰克林是个口才很好的政治家，他十分重视口德。他在早年做了一张表，表上列举出各种他所要修炼的美德。经过几年的实践力行，他获得了相当显著的成就。可是，之后他又找出了另外一种应该实行的美德，这种美德跟谈话艺术有极大的关联。

"我在自我完善的计划里，最初想做到有十二种美德，但有一个是教徒的朋友，有一天，他前来向我说大家都认为我太自傲，原因是说我的骄傲常在谈话中吐露。当辩论一个问题时，我不但固执地满足我正确的主张，而且还常显露出有些轻蔑别人的样子。听了他的话，我立刻就想矫正这种缺点，因而在表上的最后一行加了'虚心'这一条。

"现在，虽然我不能自夸在实际上这点有何成就，但表现上，我至少已经改善许多了。我决定避免直接触犯他人的情感和武断自己的言论；我甚至对自己下了一道命令：以后把'当然''不消说'等字眼改掉，换以'据我所知的''我只觉得''似乎''可能'等口头语。

"我发觉如果别人真的说了一句错误的话，这时我也忍住不去与他辩论，不去争执，或不直接指出人家的缺点来。即使我要说话，也总用'你的说法似乎不大对吧'的口吻。

"这样不多久，我果然发觉改变后的态度使我获益不少。因为事实告诉我，无论我在哪里，陈述意见时用谦虚方式使他人容易接受而绝少反对；说错了的话，自己也不至再受窘了。

"在我矫正过程中，起初的确用了很大的毅力来克服本性，而去严守这'虚心'两个字，但后来习惯渐成自然，数十年来恐怕很少有人见过我骄傲之态显露吧！

"这全是我行为的方式所致。但除此以外，在我改善这个习惯过程之中，我更能处处注意到谈话的艺术。我时常压抑自己，别去做一个擅长雄辩者，因而我和他人谈话时，字眼的选择常常变成迟疑，技巧也时常有意愚拙，不过结果是，我的意思仍然都可以表达出来的……"

正是靠这样一种谦虚的口德，富兰克林成为美国出色的政治家。

不要当面指责别人

卡耐基认为，谦虚而有策略，你将无往不胜。无论你用什么方式指责别人，说他错了，你以为他会同意你吗？绝对不会！即使你搬用所有柏拉图或康德式的逻辑与他辩论，也改变不了他的看法，因为你伤了他的感情。

永远不要这样说："我要给你证明这样……"那就会把事情搞砸了。因为那等于在说："我比你聪明。我要告诉你怎样怎样，使你改变看法。"那是一种挑战，只会引起争端和反抗，使对方甚至根本不听你下面的话就和你争论起来。

西奥多·罗斯福入主白宫时，他就承认如果能有 75% 的时候不出错，就达到了他的最高期望标准。如果这位 20 世纪最杰出人物的最高希望也只是这样，那何况你我呢？如果你确信有 55% 的正确率，你大可以去华尔街，一天赚个 100 万美元；如果你没有这样的把握，你又凭什么说别人错了？

在卡耐基研究青年时代的林肯的时候，他惊奇地发现，胸襟博大的林肯一开始竟然是一个以指出别人错误为乐的人。在他年轻的时候，他非常喜欢对别人进行评论，并且经常写信讽刺那些他认为很差劲的人。他常常把信直接丢在乡间路上，使别人散步的时候能够很容易看到。即使在他当上了伊里诺州春田镇的见习律师以后，他还是经常在报纸上抨击那些反对者。

1842 年的秋天，林肯经历了一件令他刻骨铭心的事情。当时他写了一封匿名信发表在《春田日报》上，信的内容嘲弄了一位自视甚高的政客詹姆斯·希尔斯。这封信使希尔斯受到了全镇人的讥笑。希尔斯愤怒不已，全力追查写信人，最后查到是林肯写的那封信。他要求和林肯决斗，以维护自己的名誉。本来林肯并不喜欢决斗，但是却无可奈何，只能答应。他选择了骑士的腰刀作为他的武器，并且请了一位西点军校毕业生来指导他的剑术。

在接下来的日子里，林肯一直处在一种十分愧疚和自责的状态下，因为这一切都是他指责对方的错误而导致的。他在这样的心态下等待着那惊心动魄的时刻的到来。幸好非常意外地，在决斗开始的前一刻，有人出面阻止了这场决斗。

　　由于指责别人的错误而被迫与别人一决生死，这是多么愚蠢的一件事。林肯终于决定以后再不做这样的事情了。他不再写信骂人，也不再为任何事而指责任何人。

　　内战期间，林肯好几次调换了波多马克军的将领，但是这些将领却屡次犯错。人们无情地指责林肯，说他用人不当。而林肯并没有因此而对这些将领进行指责，而是保持了沉默。他说："如果你指责和评论别人，别人也会这样对你。"他还说："不要责怪他们，换作我们，大概也会这样的。"

　　1863 年 7 月 3 日开始的葛底斯堡战役是内战期间最重要的一次战役。7 月 4 日，李将军率领他的军队开始向南方撤离。他带着败兵逃到了波多马克河边，他的前面是波涛汹涌的大河，身后是乘胜追击的政府军。对北方军队而言，这简直是天赐良机，完全可以一举歼灭李将军的部队，从而很快地结束内战。林肯命令米地将军果断出击，告诉他不用召开紧急军事会议。

　　为了确保命令的下达，他不仅用了电报下令，另外还派了专门人员传达口信给米地将军。而结果呢？米地将军并没有遵照林肯的命令行事，而是召开了紧急军事会议。他借故拖延时间，甚至拒绝攻打李将军。最后，李将军和他的军队顺利渡过了波多马克河，保存了实力。

　　当听到这个消息后，林肯勃然大怒——他从来没有这么愤怒过。失望之余，他写了一封信给米地将军。信的内容是这样的：

　　"亲爱的米地将军：我不相信，你也会对李将军逃走一事感到不幸。那时候，他就在我们眼前，胜利也就在我们眼前。而现在，战争势必继续进行。既然在那时候你不能擒住李将军，如今，他已经到了波多马克河的南边，你怎么取得胜利？我已经不期待你会成功，而且也不期待你会做得多好。机不可失，时不再来，我对此深感遗憾。"

你可以猜测一下米地将军读到这封信的时候会有什么表情。但是，你可能会感到意外的是，他根本没有收到过这封信，因为林肯并没有将这封信寄出去——人们是在一堆文件里发现它的。林肯忘记把这封信寄出去了吗？这是不可想象的。众所周知，这是一封十分重要的信件。

有人猜测，林肯在写完这封信时，心里想道，"当然，也许是我性急了。坐在白宫，我当然能够看得更加清楚，也更加能够指挥若定。但是，如果我在葛底斯堡的话，我成天看见的是因为伤痛而号哭的士兵，或者成千上万的尸骨，也许那样，我就不会急着去攻打李将军了吧！我一定也会像米地将军一样畏缩的。现在，既然事情已经发生了，唯一能做的就是承认它。至于这封信，如果我把它寄出去的话，我想，除了让自己感到愉快之外，将不会有任何其他好处。相反，它会使米地将军跟我反目，迫使他离开军队，或者断送他的前途。这是大家都不愿意看到的。"

于是，林肯把这封已经装好的信搁在了一边。因为他相信，批评和指责所得的效果等于零。

林肯总统从以前总爱指出别人的错误到后来如此宽容的巨大转变给我们树立了一个榜样。他以自己的切身经验告诉我们：永远不要指责他人的错误。

给对方台阶就是给自己铺路

在每个人心里都有一道最后心理防线，一旦我们不给他人退路，不让他人走下台阶，他只好使出最后一招——自卫。因此，当我们遇事待人时，应谨记一条原则：别让人下不了台阶。

一句或两句体谅的话、对他人宽容一点，这些都可以减少对别人的伤害，保全他的面子。

多年以前，通用电气公司面临一项需要慎重处理的工作：免除查尔斯·史坦恩梅兹某一部门的主管之职。史坦恩梅兹在电器方面是第一等天才，但做领导他是失败的。

然而公司却不敢冒犯他。公司绝对解雇不了他——而他又十分敏感。于是他们给了他一个新头衔。他们让他担任"通用电气公司顾问工程师"——工作还是和以前一样，只是换了一个新头衔——并让其他人担任部门主管。

史坦恩梅兹十分高兴，通用公司的高级职员也很高兴。他们已温和地调动了他们这位最暴躁的大牌明星职员，而且他们这样做并没有引起一场大风暴，因为他们让他保全了面子。

让他人保全面子，这是十分重要的，而我们却很少有人想到这一点！我们残酷地抹杀了他人的感情，又自以为是，我们在其他人面前批评一个小孩或员工，找差错、发出威胁，甚至不去考虑是否伤害到别人的自尊。然而，一两分钟的思考、一句或两句体谅的话、对他人的态度作宽容的了解都可以减少对别人的伤害。

所以下一次，当我们必须解雇员工或惩戒他人的时候，不要忘了这一点。

宾州的佛雷德·克拉克谈到了发生在他们公司的一段插曲：

"有一次开生产会议的时候，副总裁提出了一个尖锐的问题，是有关生产过程的管理问题。由于他气势汹汹，矛头指向生产部总督，一副准备挑错的样子。为了不在同事面前出丑，生产部总督对问题避而不答。这使副总裁更为恼火，直骂生产总督是个骗子。

"再好的工作关系都会因这样的火爆场面而毁坏。凭良心说，那位总督是个很好的雇员。但从那天开始，他再也不能留在公司里了。几个月后，他转到了另一家公司，据说表现很不错。"

安娜·玛桑也谈到相同的情形，但因处理方法不同，结果也不一样。玛桑小姐在一家食品包装公司当市场调查员，她刚接下第一份差事——为一项新产品做市场调查。她说道："当结果出来的时候，我几乎崩溃，由于计划工作的一系列错误，整个结果当然完全错误，必须从头再来。更糟的是，报告会议即将开始，我已经没有时间同老板商量这件事了。

"当他们要求我做报告的时候，我尽量使自己不致哭出来，免得又惹得大家嘲笑，我吓得发抖。因为太过于情绪化了，我简短地说明了一下情形，并表示要重新改正过来，以便在下次会议时提出。坐下后，我等待老板大发雷霆。

出乎意料的是，他先感谢我工作勤奋，并表示新计划难免都会有错。他相信新的调查一定正确无误，会对公司有很大助益。他在众人面前肯定我，相信我已尽力了，并说我缺少的是经验，而非能力。

我挺直胸膛离开会场，并下定决心不再有第二次这种情形发生。"

当一个人已经做出一定许诺——宣布一种坚定的立场或观点后，由于自尊的缘故，便很难改变自己的立场或观点。此时若想说服他，就必须顾全他的面子，为对方铺台阶，如说一些有利对方的话：

"在那种情况下，任何人都想不到。"

"当然，我理解你为什么会这样想，因为当时你并不清楚事情的经过。"

"最初，我也是这样想的，但后来我了解到全部情况，我就知道自己错了。"

一家百货公司的一位顾客要求退回一件外衣。她已经把衣服带回家并且穿过了，只是她丈夫不喜欢。她解释说"绝没穿过"，并要求退换。

售货员检查了外衣，发现有明显干洗过的痕迹。但是，直截了当地向顾客说明这一点，顾客是决不会轻易承认的，因为她已经说过"绝没穿过"，而且精心地伪装过。这样，双方可能会发生争执。于是，机敏的售货员说："我很想知道是否你们家的某位成员把这件衣服错送到干洗店去。我记得不久前我也发生过一件同样的事情。

我把一件刚买的衣服和其他衣服堆在一起，结果我丈夫没注意，把那件新衣服和一大堆脏衣服一股脑儿塞进了洗衣机。我怀疑您是否也遇到了这种事情——因为这件衣服的确看得出已经被洗过的痕迹。不信的话，您可以跟其他衣服比一比。"

顾客看了看证据，知道无可辩驳，而售货员又已经为她的错误准备好了借口，给了她一个台阶下。于是，她顺水推舟，乖乖地收起衣服离开了。

这是一位聪明的售货员，她所采取的方法也是每个说服者都懂得的——让人们保全他们自己的面子。

即使对方犯错，而我们是对的，但如果没有为别人保留面子，就会毁了一个人。因此，你要想说服他人，就必须遵循这一原则：你要帮助别人认识并改正错误，同时还要保全他们的面子。

记住对方的名字

卡耐基 10 岁时，有一天抓到了一只母兔，不久就生了一窝小兔子，因而饲料不够食用。卡耐基如何处理呢？他一点儿也不头痛，他的脑海里早有了很美妙的构想，他把邻近的孩子们集合起来宣布：谁能拔最多的草来喂小兔子，就以他的名字给小兔子命名。于是孩子们都争先恐后地为小兔子寻找饲料，卡耐基的计划顺利地实现了。他始终没有忘记这一次的成功，终其一生，他就是利用人们的这种心理成功地领导着许许多多的人。

在商业界，他利用这种方法赚了好几百万美元。例如，他为了把钢铁轨道卖给宾夕法尼亚州铁路公司，就以该公司董事长区格·汤姆森的名字命名，在匹兹堡建立了一座大型钢厂。

有一次，卡耐基控制的中央交通公司和普尔门控制的公司都想得到联合太平洋铁路公司的生意，你争我夺，大杀其价。一天晚上，卡耐基在圣尼可斯饭店碰到普尔门，卡耐基说："晚安，普尔门先生，我们岂不是在出自己的洋相吗？""你这话怎么讲？"普尔门说。卡耐基把心中的话说了出来，他想把两家公司合并。他又把合作而不互相竞争的好处说得天花乱坠。普尔门专注地倾听着，最后问道："你这个公司要叫什么名字呢？"卡耐基立即说："普尔门皇宫卧车公司。"问题就这样顺利地解决了。

卡耐基这种记住以及重视朋友和商业界人士名字的方式是他的卓越领导才能的重要秘密之一。他以能够叫出许多员工的名字而自豪，认为无法记住别人的名字就等于无法记住他的一项很重要的工作。

作为一个政治家，记住选民的名字往往是他的第一堂课，而如果忘记了他们的名字，你将会很失败。在记住别人名字方面，富兰克林·罗斯福总统是一个典范。众所周知，罗斯福总统是这个世界上最忙的人之一，但是他知道记住别人名字的重要性，所以舍得花时间去记住那些人。

一次，克莱斯勒公司特意为罗斯福总统制造了一辆汽车，总经理张伯伦和一位机械师将这辆汽车开到了白宫。在张伯伦的信里，他记述了当时的情形：

"我教罗斯福总统如何驾驶一辆配置了许多特殊部件的汽车，而罗斯福总统也教给了我许多为人处世的道理。总统非常高兴我被召入白宫，他立刻就叫出了我的名字，这使我非常高兴。令我印象尤为深刻的是，他确实很注意我为他所做的说明。这辆汽车进行了特殊设计，非常完美，可以完全用手进行操作。总统说'这辆汽车真是太完美了。只要按下这个按钮就可以开动它，而且可以毫不费力地进行驾驶。我不知道它是怎么工作的。我希望自己能有时间对它进行研究，看看它是如何工作的'。

"当总统的许多朋友和同事都围在四周称赞这辆汽车时，他又当着大家的面对我说：'张伯伦先生，你设计这辆车花了大量的时

间和精力，非常感谢你。这辆车简直太棒了！'

"然后，他又对车内的散热器、特制反光镜、时钟、特制的照明灯、椅垫的款式、驾驶座位、刻有他姓名缩写字母的特制衣箱等加以赞赏——他注意到了每个细节，对于我所付出的心血给予了极大褒奖。他还特意让罗斯福夫人、秘书波金女士、劳工部长等人注意这些部件。他甚至嘱咐他的黑人司机，对他说'乔治，你可要好好照顾这些衣箱'。

"上完驾驶课程之后，总统对我说：'好了，张伯伦先生，我已经让联邦储备委员会的委员们等我三十分钟了。我想我应该回去工作了。'

"当时我带了一位机械师。这位机械师是一个很害羞的人，在我们说话的时候，他总是站在后面。尽管他自始至终没有和总统说过一句话，而且总统也只听我介绍过一次他的名字，但出乎意料的是，当我们离开的时候，总统特意找到这位机械师，并与他握手，还叫出了他的名字，对他来到华盛顿表示感谢。我能感觉得出来，他的感谢一点都不做作，而是真心诚意的。几天之后，我收到了一张罗斯福总统亲笔签名的照片，照片后面还附有简短的对我的帮助表示感谢的言辞。作为一位国家元首，罗斯福总统怎么会有时间来做这样的事情呢？这真的让我难以置信。"

罗斯福总统何以给张伯伦先生如此深刻而美好的印象呢？当然不是因为他是国家元首，而是因为他给了他人一种被重视的感觉。为什么他能给人这种感觉？原因很简单：他非常尊重他们，并且记住了他们的名字。

在每个人的事业和商业交往中，记住别人的名字也很重要。

得克萨斯州商业股份有限公司董事长班顿拉夫有这样的感触：公司越大，人们之间的关系就会越冷漠。他认为，记住别人的名字是唯一能使公司氛围变得融洽的办法。

洛克帕罗是加利福尼亚州一家航空公司的服务员，她经常训练自己记住旅客的名字，并注意在服务时叫他们的名字。这使得旅客感到很亲切。有的旅客会当面表扬她，而有的则会写信到公司表扬她。有一封表扬信这样写道："我很久没有坐你们公司的飞机了。但是从现在开始，我决定以后只坐你们公司的飞机。你们亲切的服务让我觉得你们公司似乎是属于我个人的，这一点十分重要。"

大多数人常常不记得别人的名字，多数原因是他们没有注意到这件事情的重要性。现在，既然你已经知道记住别人的名字有多么重要，为什么还不花点时间和精力去做这件事情呢？拿破仑的侄子——拿破仑三世曾经说："虽然我很忙，但是我不会忘记所听过的每个人的姓名。"

这不是因为他的记忆力很强，而是因为他的方法非常好。其实，他的方法十分简单。如果他没有听清楚对方的名字，他就会请求对方再说一遍。如果这个名字不常见的话，他会请求对方把这个名字拼写出来。而在谈话过程中，他会将对方的名字反复记忆，并把它跟其长相、外表和其他特征结合起来。会见完的时候，他通常会把那个名字写下来，然后盯着它看很久，直到确认自己已经牢牢地记住了它才肯罢休。这样一来，当然记得很牢了。

这样看来，记住别人的名字的确需要花一些工夫，但是这显然是值得的。爱默生说过："礼貌，是由小小的牺牲换来的。"如果你打算融入这个社会，成为交际场上成功的人，这点牺牲又算得了什么呢？

所以，如果你想成为一位说话高手，请注意记住别人的名字，这是别人听来最美妙的声音。

一个小细节可以获得大成效：

1.叫出别人的名字比你费九牛二虎之力去做其他事情更加有效，它将是一件事半功倍的事情。

2.在你的谈话中直接称呼对方的名字，这样不但会使你对这个名字更加有印象，而且能够拉近你们的距离。

3.首先你要明白记住别人的名字是一件十分重要的事情，这样你才会注意做这件事。

4.如果你忘记了别人的名字，那么在下次见面之前，先通过一些途径打听到他的名字，并且把它记住。

勇敢承认自己的错误

主动承认自己的缺点比让别人批评要心情舒畅。画家弗迪南德·沃伦采用了这个方法，使买他画的人由愤怒、埋怨变得宽容、大度。

"画广告画和为出版社画画要准确、认真，这一点很重要，"费迪南德在卡耐基训练课堂上回忆自己的经历时这样说："有些编辑要你按他的意图马上创作一幅画，这难免会使您的作品出错。与我共事的一位编辑喜欢吹毛求疵，每当他这样做时，我就离开他的办公室躲出去，这倒不是因为对他提出的批评不满，而是对他这种态度和方法感到气愤。前不久，他要我在短时间内给他创作一幅画，我抓紧时间画好。他打电话把我请去。我一进他办公室，发现他对我怀有敌意，这是我意料之中的事。他让我谈谈为什么这样画，而不那样画。于是我就用学到的方法作了自我批评。我说：'先生，如果这幅画确实像您所说，我画错了，我没有理由为自己辩护，我承认错误。我长期应约为您作画，发生错误是不应该的，我很内疚。'"

"他立即改口为我开脱：'您说得对，但这不是什么严重错误，只是……'"

"我打断了他的话：'任何错误都要付出代价的，犯错误自然会引人生气。'他又想说什么，但我没让他说。我有生以来第一次批评自己，但我却对此很满意。"

"'我再仔细些就好了'，我说，'您长期约我作画，有权要求我把画画好。我再重新画一幅。'"

"'不、不，'他反对我这样做，'我没有那个意思。'他把我的作品夸赞了一番，表示只是想让我对其做些修改，我的失慎对出版社的声誉不会有什么影响，劝我不必为此担心。我的自我批评使他无法再同我争吵。最后他请我一起用早餐，临分手前他给了我一张支票，并约我再为他作一幅画。"

"如果您觉察到他人认为您有不妥之外，或是想指出您的不妥之处时，您就首先自己讲出来，使他无法同您争辩。您相信，他会宽宏大度，不计较您的过错，能原谅您，就像这位编辑待我一样。"费迪南德这样说道。

卡耐基对费迪南德的观点非常赞同，他认为，蠢人才会试图为自己的错误辩护。实际上，大部分蠢人也正是这样做的，勇于承认自己的错误会使你比那些不承认错误的人高明得多。

埃尔伯特·哈巴特是位与众不同的作家。他那尖刻的言辞常常引人发怒，可他具有化敌为友的非凡才华。例如，当气愤的读者写信表示不同意他的观点并在结尾写上侮辱他的语言时，他通常这样回信：

您的信我已仔细拜读，我告诉您，我本人对自己的观点也不甚满意。昨天写下的东西，今天不一定都喜欢。我高兴地了解到您对我所提问题的看法。如您有机会到我们这里来，请顺便到我家来共同探讨这个问题。

忠实于您的埃尔伯特

当人家这样对待你，你还能说什么呢？当你觉得自己正确并要别人承认你的观点时，一定要谨慎；如果错了，就干脆认错。这种方法可产生意想不到的效果，而且承认错误比为自己辩护心里更为舒畅。

所以，当你要别人接受你的观点时，请坚持这样的准则："只要错了，就坚决承认。"

避免争论，反驳最令人反感

辩论产生的结果只能是失败，永远无法获胜。即使表面上你取得了胜利，实际上却与失败没有什么区别。因为就算你在辩论会上胜了对方，把对方驳得体无完肤，甚至指责对方神经错乱，可是结果又会怎么样呢？你逞了一时之快，自然很高兴，但是对方却会感到自卑。你伤了他的自尊，他会对你心怀不满。

在第二次世界大战后不久，卡耐基在伦敦得到了一个极为重要的教训。那时，卡耐基是澳大利亚飞行家詹姆斯的经理人。在大战期间和结束后不久，詹姆斯成为世界瞩目的人物。一天晚上，卡耐基参加了欢迎詹姆斯的宴会。席间，一位坐在卡耐基右边的先生讲了一段诙谐的故事，这个故事正好印证了这样一句格言："谋事在人，成事在天。"但是，对于这句话的出处，这位先生却记错了。

他指出这句话出自《圣经》，而卡耐基恰好知道这句话出自莎士比亚的作品，于是，为了显示自己的优越，卡耐基讨人嫌地、毫无顾忌地纠正了他的错误。然而那人却坚持他的说法："什么？那句话出自莎士比亚？不可能，绝对不可能。"他非常自信，并坚持自己的说法。

当时，坐在卡耐基左边的是卡耐基的老朋友加蒙，他是一个研究莎士比亚的专家。大家让加蒙来决定谁是正确的。加蒙在桌子底下踢了卡耐基一脚，然后说："卡耐基，你是错的，这句话的确出自《圣经》。"

宴会之后卡耐基和加蒙一起回家。卡耐基责怪加蒙说："你明明知道那句话是出自莎士比亚之口，为什么还要说我不对呢？"

"是的，一点都不错，"加蒙说，"那是莎士比亚的《哈姆雷特》

第五幕第二场中的台词。可是卡耐基，我们都是这个宴会上的客人，为什么我们一定要找出一个证据去指责别人的错误呢？你这样做会让别人对你产生好感吗？为什么不给他留点面子呢？他并不想征求你的意见，也不想知道你有什么看法，你又何必去跟他争辩呢？你应该永远都不要和他人发生正面冲突！"

"永远不要和他人发生正面冲突"，说这句话的人现在已经不在这个世界上了，可是卡耐基会永远记住这句话，因为这句话给了他极大的震动。卡耐基原来是一个固执己见的人，从小就喜欢跟人辩论。读大学的时候，卡耐基对逻辑和辩论十分感兴趣，经常参加各种辩论比赛。后来，卡耐基在纽约教授辩论课，甚至计划着手写一本关于辩论的书。卡耐基一想起这些事，就会感到十分羞愧。那天之后，卡耐基又聆听了数千次辩论，并且十分注意每次辩论会之后产生的影响。卡耐基得出一个结论，它也是一个真理：天下只有一种方法能得到辩论的最大胜利，那就是像避开毒蛇和地震一样，尽量去避免辩论。

卡耐基还发现，在辩论之后，十有八九，各人还是会坚持自己的观点，相信自己是绝对正确的。你赢不了争论。要是输了，当然你也就输了；即使你胜了，你还是失败的。为什么？如果你胜了对方，把他驳得体无完肤或千疮百孔，证明他一无是处，那又能怎样呢？你也许会扬扬得意，但是他却因为受到了蒙羞，而怨恨你的胜利。一个人即使口头认输，但心里根本不服。

多年以前，有一位争强好胜的爱尔兰人——哈里先生参加了辅导班。他受的教育虽然很少，但非常喜欢与人争论！他曾给别人当过汽车司机。后来，他改行推销载重汽车，但是并不怎么成功，于是便到卡耐基那里求助。卡耐基稍微询问了他几句，就可看出，他总是同他的顾客争辩，并冒犯他们。假如有某位买主对他推销的汽车有所挑剔，他就会怒火难耐，和对方大声争辩，直到把对方驳得哑口无言。

那时他的确赢过不少次争论。后来他对卡耐基说："每当我走出人家的办公室时，总对自己说：'我总算把那家伙教训了一次。'我的确教训了他，可是我什么也没有推销出去。"

因此，卡耐基的第一个难题不是教哈里如何与人交谈，而是训练他如何克制自己不要讲话，避免与人发生争执。现在，哈里先生已经是纽约怀特汽车公司的一位明星推销员了。他是怎么取得成功的呢？下面是他自己叙述的经过：

"假如现在我走进一个顾客的办公室，而他却说：'什么？怀特汽车？它们可不怎么样！你白白送给我，我都不要。我只买某某牌的汽车。'我说：'请听我讲，老兄，那种汽车的确很不错，您买那种汽车绝对错不了。那家公司的汽车质量可靠，而且推销员也很优秀。'

"于是，他就无话可说了。他没有和我争辩的余地了。如果他说某某牌的汽车最好，我说确实不错，那么他就只好住嘴不说了。既然我同意了他的看法，他当然也就不能整个下午不停地说'某某牌的汽车最好'了。于是，我们不再谈某某牌的汽车，我开始向他介绍怀特汽车的优点。

"若是我在当年听到他那样的话，一定会大发脾气。我会立即和他吵起来，挑剔某某牌汽车，而我越是挑剔贬低它，我的顾客则会越卖力地辩护，他越这样辩护，就越坚信和喜欢我的竞争对手的产品。现在回想起来，我真的不知道我一辈子究竟能卖出多少东西。我把自己一生中的许多时间都耗费在与别人抬杠上了。现在我缄口克己，很是有效。"

正如睿智的本杰明·富兰克林常说的："如果你争强好胜，喜欢与人争执，以反驳他人为乐趣，或许能赢得一时的胜利，但这种胜利毫无意义和价值，因为你永远得不到对方的好感。"所以，你自己应该仔细考虑好，你宁愿要一个毫无实质意义的、表面上的胜利，还是希望得到一个人的好感？要知道，你不能两者兼得。

所以，要想成为说话高手的修炼就是避免与人争论！

要学会善于赞美他人

许多事业上卓有成就的人成功的原因是他懂得驭人之术。而其中最重要的一点，也即最有效的一点就是让别人感到自己很重要。因为每个人都想获得来自他人的尊重，得到别人的重视。那么，你就不妨满足他这个需要。

卡耐基在纽约的一家邮局寄信，发现那位管挂号信的职员对自己的工作很不耐烦。于是他暗暗对自己说："卡耐基，你要使这位仁兄高兴起来，要他马上喜欢你。"同时，他又提醒自己：要他马上喜欢我，必须说些关于他的好听的话。而他有什么值得我欣赏的呢？非常幸运，他很快就找到了。轮到他称卡耐基的信件时，卡耐基看着他，很诚恳地对他说："你的头发太漂亮了。"

他抬起头来，有点惊讶，脸上露出了无法掩饰的微笑。他谦虚地说："哪里，不如从前了。"卡耐基对他说，这是真的，简直像是年轻人的头发一样！这位职员高兴极了。于是，他们愉快地谈了起来。当卡耐基离开时，他对卡耐基说的最后一句话是："许多人都问我究竟用了什么秘方，其实它是天生的。"卡耐基想：这位朋友当天走起路来一定是飘飘欲仙的。晚上他一定会跟太太详细叙说这件事，同时还会对着镜子仔细端详一番。

同这则故事中的卡耐基一样，罗斯福也是一个懂得使别人感到自己很重要的人。只要是去牡蛎湾拜访过罗斯福的人，无不为他那博大精深的学识所折服。不管对方从事多么重要或卑微的工作，也不管对方有着多么显赫或低下的地位，罗斯福和他们的谈话总能进行得非常顺利。

也许你会感到十分疑惑，其实不难回答，每当他要接见某人时，他都会利用前一天晚上的时间仔细研读对方的个人资料，以充分了解对方的兴趣所在，从而投其所好。这样精心准备怎能不使会面皆大欢喜呢！

贵为总统尚且如此，凡人为何不肯承认别人的重要呢？所以，要使别人喜欢你，原则上是要拿对方感兴趣之事当话题，让他感觉到自己的重要。在满足别人的重要感之后，很多事情都迎刃而解了。

那在什么时候才能让对方感受到他的重要呢？答案是：随时随地都可以。

譬如，你在餐厅点的是咖啡，可是，服务员端来的却是牛奶，你就说："太麻烦您了，我点的是咖啡。"她一定会这么回答："不，不麻烦。"而且会愉快地把你点的牛奶端来。因为你已经表现出了对她的尊敬和重视。

用真诚的心去感激别人，就会拉近心与心的距离，形成一个良好的人际关系。在通常情况下，人们内心所想的东西即使不用嘴说出来，不用笔写出来，也会被对方觉察体会出来。假如你对对方有厌恶之情，尽管你没有说出来，但是由于你这种心理的支配，你多少会露出一些"蛛丝马迹"，被对方捕捉住，或被对方体察出来，不久，他对你也会产生坏印象。这跟照镜子是一样的道理，你对它皱眉头，它也对你皱眉头；你对它露出笑脸，它也还你一张同样的笑脸。同样，如果我们怀着一颗真诚的心去尊重对方、感激对方，对方也会同样从内心感激你，用心回报你。

张弛有度，说话要有节奏感

说话要有节奏，该快的时候快，该慢的时候慢，该起的时候起，这样有起伏、有快慢、有轻重，才形成了口语的乐感和悦耳动听，否则便话语不感人、不动人。口语中有规律性的变化，叫节奏。有了这个变化，语言才生动，否则会显得呆板。有位意大利音乐家，他上台不是唱歌，而是有节奏地、有变化地从 1 数到 100，结果倾倒了所有听众，甚至有的感动得流下了眼泪，可见节奏在生活中是多么重要。

你肯定希望自己能够给人以干练、明快的印象，那么，你就必须掌握好说话的节奏，这就是说话节奏的魅力所在。影响说话节奏的主要因素有两个：讲话的快慢和说话内容的繁简。如果你说话太快，以至于某些词语模糊不清，他人就会听不懂你所说的东西，节奏太慢又会表明你过于拖沓，过于迟钝。在语言交流中，讲话的快慢程度会影响你向对方传达信息。速度太快就如同音调过高一样，会给人以紧张和焦虑的感觉。

华特·史狄文思在其写的《记者眼中的林肯》一书中说道："他（指林肯）会以很快的速度说出几个字，但是遇到他希望强调的词句时，就会拖长声音，一字一句说得很重。然后，他会像闪电一样迅速地把整个句子都说完……他会尽量拖长所需要强调的字句，差不多与说其他五六句不重要的句子所使用的时间一样长。"

请你尝试着说出下面一句话："今天我们要向大家介绍的就是我们公司的这款商品。"当你在说这句话的时候，你可以先用平缓略低的声音说到"公司的"这三个字为止，然后稍作停顿，热情地大声说出"这款商品"，利用这种技巧，你一定能够收到意想不到的效果。

但是需要注意的一点是，你可以刻意延缓某些词句的速度，以突出这些或另外一些内容（这根据你的音调来决定），但是，如果你整篇说话或者大部分篇幅都这样，就会让人觉得非常厌烦，最终不堪忍受，如此便达不到你所预期的效果。

我们在说话中需要明确这么一个说话目的：社交语言要简洁、精练，并尽可能承载更多、更有用的信息。这样才能使你的说话节奏明快，使听众觉得你果断、直接和对说话内容肯定。如果空话连篇、言之无物，你的说话节奏必然拖沓，并且似乎很犹豫，好像在回避什么东西似的。

知道了这一点，那么你就不难明白为什么有些人在表达自己观点的时候陈述得太多，而且持续的时间太长，结果遭到了彻底的失败。林肯在葛底斯堡讲话中只讲了两分钟，全篇讲话才不过226个字，但是他的竞争对手爱德华·伊韦瑞特却讲述了两小时。结果不难得知——林肯获得了成功。

因此，为了使你的说话不拖泥带水，你最好确保自己的信息简短、直接。为了达到这一点，你可以采用下面的方法来安排你需要表达的信息。

一、表达的信息要直接

你需要尽快直达主题，让对方更为直接地了解你所要表达的意思。这样，你所要表达的信息才会听起来更加清晰明了。但是很多人却总喜欢旁敲侧击，殊不知，这种做法容易分散对方的注意力。

二、用最简洁的词汇

对于你要陈述的重要观点，你需要记住这一点：词汇或句子越少越好。有一句老话说得好："我问你几点钟，你不用告诉我表的工作原理。"

话虽如此，但是事实却并不是这样。明明可以用少数词句就可以表达清楚的观点，很多人却总是喜欢用过多的词句，甚至堆砌故事、人物、数字来说明他的主题，你需要避免过多的修饰，它只会损害你的表达。

一个十几岁的孩子第一次参加正式的舞会，他的父亲这样教导他说："也许你不应该在今晚的舞会之前、之中或之后喝酒。"

这位父亲在这句话中犯了哪些错误呢？首先，像"也许"这样缺乏说服力的限制词听起来叫人不那么肯定你要表达的究竟是什么意思，对方可能不明白你所肯定的是什么。其次，"之前""之中"或"之后"这样的词汇无非就是要说明不允许他喝酒这么一个目的，何须加了这么多修饰的词语呢？这样就给人留下不果断、不直接和不坚决的印象，还会使你的表达不够简洁。

三、明确你的中心思想

你所说的话中也许存在多个主题，这样的结果是什么呢？这将使你和对方的精力都被分散。实际上，你要把一个主题讲得很透彻都十分困难，所以更不可能把每个主题都讲透。如果非得这样，那么每个主题你都只会浅尝辄止，因此跟对方讨论各种话题会影响你主要观点的表达。

此外，很多人喜欢注重细节的描述。这并没有错，但是你必须注意一个前提，即不能影响你的主题的表达。如果你把精力和时间都放在这些细节中，那么，你的信息重点就会不清晰。千万不要期待对方花费更多的努力、精力或时间来分析解读你的观点，大多数人都不愿意这么去做。所以，通过你的表达，让对方直接得到重要的信息，这才是最重要的。

第三章　扔掉暴力，培养优美而令人愉悦的谈吐

说话是一个人与生俱来的天赋，优雅而令人愉悦的谈吐可以增进人与人之间的相互了解，可以助人成功。因为透过一个人的谈吐、举止、行为，往往可以看出这个人的修养水平。但许多人都没有意识到这一点，他们大多过于重视美丽的外表，却忽视了言谈举止的重要性。

用玩笑拉近与人的距离

正如人们喜欢谈论一些关于别人的笑话一样，在适当的时候也要拿自己开开玩笑，要善于自嘲。

美国著名律师乔特是最善于讲自己笑话的人。有一次，哥伦比亚大学校长蒲特勒在请他做演讲时，曾极力称赞他，说他是"我们的第一国民"。

这实在是一个卖弄自己的绝好机会，他可以自傲地站起来，一副得意扬扬的神气，仿佛要对听众说："你们看，'第一国民'要对你们演讲了。"

但是聪明的乔特并没有如此。他似乎对这种称赞充耳不闻，却

转而调侃自己的"无知"。这种自嘲很快博得了听众的热情与好感。

他说："你们的校长刚才偶然说了一个词，我有点听不太懂。他说什么'第一国民'，我想他一定是指莎士比亚戏剧里的什么国民。我想，你们的校长一定是个莎士比亚专家，研究莎士比亚很有心得，当时他一定是想到莎士比亚了。诸位都知道，在莎氏的许多戏剧中，'国民'不过是舞台的装饰品，如第一国民、第二国民、第三国民，等等。每个国民都很少说话，就是说那一点点话也说得不太好。他们彼此都差不多，就是把各个国民的号数彼此调换，别人也根本看不出有什么分别的。"

这是一种非常聪明的方法，乔特用这种方式使自己与听众居于同等地位，拉近了自己与听众的距离。他不想停留在蒲特勒所抬举的那种高高在上的地位上。如果他换一种说法，用庄重一点的言辞，比如，"你们校长称我为第一国民，他的意思不过是说我是舞台上的一个无用的装饰品而已"。虽然表达的意思是一样的，但是绝对不能把那种礼节性的赞词变为一种轻松的笑话，也绝对不会取得那样的效果。

无论是在一帮很好的朋友中，还是在一大群听众中，能够想出一些关于自己的笑话，能够适当地自嘲是赢得别人尊敬与理解的重要方法，远远要比开别人一个玩笑重要得多。拿自己开开玩笑可以使我们对世事抱有一种健康的态度，因为如果我们能与别人平等地相待，就可以为我们赢得不少朋友。相反，如果我们为显示自己是怎样聪明，而拿别人开玩笑以牺牲别人来抬高自己，那我们一生一世也难以交到一个朋友，更不用说距离成功有多遥远了。

20世纪三四十年代，在美国有个政界要人，叫凯升。他首次在众议院里发表演说，却打扮得土里土气，因为他刚从西部乡间赶来。

一位善于挖苦讽刺的议员在他演讲时插嘴说："这个伊利诺伊州来的人口袋里一定装满了麦子呢。"

这句话引起哄堂大笑。但凯升并没有因此怯场，他很坦然地开了自己一个玩笑："是的，我不仅口袋里装满了麦子，而且头发里还藏着许多菜籽呢！我们住在西部的人多数是土里土气的，不过我们虽然藏的是麦子和菜籽，但能够长出很好的苗子来！"

凯升不以自己的土气为耻，而以自己来自艰难创业的西部为荣，因而拿自己开玩笑，不否认口袋里装满麦子，进而还说连头发里也藏着菜籽。他的自嘲非但没有招来其他议员的嘲笑，相反却赢得了他们的尊敬，其大名也传遍全国，人们亲切地送给他一个外号：伊利诺伊州的菜籽议员。

卡耐基说："成功的人士从不试图掩饰自己的弱点，相反，有时他们会拿自己的弱点开开玩笑。"而现实生活中，我们却经常可以遇到一些专喜欢遮掩自己弱点的人，他们也许脸上有些缺陷，也许所受教育太少，也许举止粗鲁，但他们总要想出方法来掩饰，不让别人知道。但这样做以后，他们却于无形中背弃了诚恳的态度，毫无疑问，与之交往的朋友会对他们形成一种不诚恳的印象，使人们不敢再与他交往。

卡耐基认为，世界上最不幸的就是那些既缺乏机智，又不诚恳的人。很多人常常自以为很幽默，经常喜欢拿别人开玩笑，处处表现出小聪明，结果弄得与他交往的人不敢再信任他，以前的朋友也会敬而远之，纷纷躲避。

适当地拿自己开开玩笑吧，这不仅是一种机智，更是驱散忧虑、走向成功的法宝。

热情赢得对方的合作

热情的能量能点燃事业兴旺的火焰，也能消融人们心中冷漠的冰雪。

有一个孩子非常喜欢拉小提琴，7岁时就和旧金山交响乐团合作演奏了门德尔松的小提琴协奏曲，未满 10 岁就在巴黎举行了公演，被人们誉为神童。

1926 年，10 岁的小男孩在父亲的带领下，来到巴黎拜访艾涅斯库，他一心想成为艾涅斯库的学生。

他说："我想跟您学琴！"

艾涅斯库冷漠地回答："你找错人了，我从来不给私人上课！"

男孩坚持说："但我一定要跟您学琴，求您先听听我拉琴吧！"

艾涅斯库说："这件事不好办，我正要出远门，明天早晨六点半就要出发！"

男孩忙说："我可以提早一小时来，在您收拾东西时拉给您听，好吗？"

艾涅斯库被男孩的坚定意志打动了，他说："那好吧，明早五点半到克里希街 26 号，我在那里等你。"

第二天早晨六点，艾涅斯库听完了男孩的演奏。他兴奋而满意地走出房间，对等候在门外的男孩的父亲说："我决定收下你的儿子。不用付学费，他给我带来的快乐完全抵得过我给他的好处。"

男孩从此成为艾涅斯库的学生，他努力学琴，最终学有所成。他就是后来世界著名小提琴演奏家梅纽因。

因为那股想要让艾涅斯库指导自己琴艺的热情，所以梅纽因执着地要求他听一下自己拉琴，甚至在艾涅斯库明显的拒绝之后仍然不愿放弃，愿意在清晨五点半来拉琴给收拾行装的艾涅斯库听。最终，因为这样的热情、执着和本身非凡的琴艺，梅纽因如愿成为艾涅斯库的学生。

在许多时候，就如同毕业于哈佛的拉尔夫·爱默生所说的："一个人如果缺乏热情，那是不可能有所建树的。热情它是在别人说你'不行'时，发自内心的有力的声音——'我行'。"只要你再坚持一点，再执着一点，成功就近在眼前了。

另一个故事发生在一个雨天的下午，有位老妇人走进匹兹堡的一家百货公司，漫无目的地在百货公司内闲逛，很显然是一副不打算买东西的样子，大多数售货员只对她扫一眼，然后就自顾自地忙着整理货架上的商品，以避免这位老太太麻烦他们。其中一位年轻男店员看到了她，立刻主动向她打招呼，非常热情地问她是否有什么需要帮忙的。这位老太太对他说，她只是进来躲雨的，并不打算买任何东西。年轻店员说，他们同样欢迎她的到来。

他主动和她聊天，以显示他欢迎的诚意。当她离开时，年轻人还陪她到门口，替她把伞打开。这位老太太向年轻人要了张名片，然后就上车了。

此后的一天，年轻人突然被公司老板召到办公室，老板向他出示了一封信，是位老太太写来的。这位老太太要求这家百货公司派一名销售员前往英格兰，代表该公司接下装修一所豪华住宅的工作。

这位老太太就是钢铁大王卡内基的母亲。在信中，她特别指定这名年轻人代表公司去接受这项工作。这项工作的交易额十分庞大。

是热情让这位年轻人找到了财富增值的机遇，热情就有如冬日里温暖的阳光，让每个人都感到暖意融融，并为之深深打动。

热情是一种良好的心态，它还能消除你在工作、生活中的压力。

著名大提琴家P.卡萨尔斯当年已90岁高龄，但还是每天坚持练琴4～5小时，当乐声不断从他的指间流出时，他俯曲的双肩又变得挺直了，他疲乏的双眼又充满了欢乐。

美国堪萨斯州威尔斯维尔的E.莱顿直至68岁才开始学习绘画。她对绘画表现出极大热情，她在这方面获得了惊人的成就，同时也结束了折磨她至少有三十余年的苦难历程。美国文学家拉尔夫爱默生曾写道："人要是没有热情是干不成大事业的。"大诗人S.乌尔曼也说过："年年岁岁只在你的额头上留下皱纹，但你在生活中如果缺少热情，你的心灵就将布满皱纹了。"

只有有了热情，人们才能把额外的工作视作机遇；才能把陌生人变成朋友；才能真诚地宽容别人；才能爱上自己的工作。有了热情，人们就能产生浓厚的兴趣和爱好；就会变得心胸宽广，抛弃怨恨和仇视；就会变得轻松愉快，当然，还将消除心灵上的一切皱纹，也就没有了生活的挤压感。

学会称赞他人的进步

美国著名作家马克·吐温曾说过："只凭一句赞美的话我就可以充实地活上两个月。"的确如此，一个不懂得赞美他人的人会时常觉得别人不配合他的步伐，因为赞美往往能产生意想不到的效果，而苛责则会把事情变得越来越糟。

卡耐基小时候是一个公认的坏孩子，甚至被认为无可救药。

在他 9 岁的时候，父亲把继母娶进家门，当时他们还是居住在乡下的贫苦人家，而继母则来自富有的家庭。卡耐基当时就十分不适应。

当父亲第一次向继母介绍卡耐基时。他说："亲爱的，希望你注意这个全郡最坏的男孩。他已经让我无可奈何。说不定明天早晨以前，他就会拿石头扔向你，或者做出你完全想不到的坏事。"

当时卡耐基就十分伤心，更想表现得坏一些来气气父亲。但出乎意料的是，继母没有露出厌恶的表情，反而微笑着走到他面前，托起他的头，认真地看着他。接着，她回头对丈夫说："你错了，他不是全郡最坏的男孩，而是全郡最聪明、最有创造力的男孩。只不过，他还没有找到发泄热情的地方。"

继母的话说得卡耐基眼泪几乎滚落下来。在继母到来之前，没有一个人称赞过他聪明。他的父亲和邻居认定他就是坏孩子。但是，继母只说了一句话，便改变了他一生的命运。就是凭着这一句话，他和继母开始建立友谊。也就是这一句话，成为激励他一生的动力，使他日后创造了成功的 28 项黄金法则，帮助千千万万的普通人走上成功和致富的道路。

我们都感受过得到赞美后舒畅、激动的心情，我们也清楚把赞美真诚地给予别人会赢得别人的心，但是一遇到具体的事情，我们就又会习惯性地把赞美作为次选，因为你从心底里认为可能别人做的事情不值得赞美。

何不把赞美当作与力争相对的一种手段？不是因为已有的结果而赞美，而是因为想要的结果而赞美，那样的赞美会变得容易而真诚。

古代日本加藤清正家的老臣板田觉兵卫是一位勇猛又擅长军略的武将。但在加藤清正死后，宗族被追加了爵位后，觉兵卫却从此辞官，并在京都过着隐居的生活。有一次，他对别人说："我第一次在战场上建功时，也同时目睹了许多朋友因战殉职。当时，心想这是多么可怕的事情，我再也不想做武士了。可是，当我回到营里，加藤清正将军夸赞我今天的表现，随后又赐给我一把名刀。这时，我不想当武士的念头被打消了。后来，每次上战场，我总是有'不想再当武士'的念头。可是每次回到营里时，总会又受到夸赞和奖赏。周围的人都以钦羡的眼光看我。所以，我的心意一次次地动摇，总是没能达成我的心愿，也就一直服侍清正公。现在想来，清正公真是巧妙地帮助了我。"

即使像觉兵卫这样的杰出勇士，在面临战争时，也会害怕，而有不想当武士的念头。更有趣的是，他因为受了加藤清正的夸奖和鼓励，而将一生贡献于服侍清正公。加藤清正的高明之处在于，他的赞美固然有嘉赏觉兵卫忠勇的因素，恐怕更大的目的是把这个忠勇部下留下来。

赞美的力量是无穷的。它能改变一个人的自我评价，令人重拾信心和希望，产生进取的力量，乃至改变人的一生。难怪卡耐基在成名后也非常注意对人的赞美："让我们先看看别人的优点，然后摒弃奉承，给人以真挚诚恳的赞美。如果你是发自内心的赞美，那么人们将把你的每一句话视为珍宝，终身不忘，即使你自己早已经忘了，但别人仍然会铭记于心。"

赞美是一种激励，可以使人信心十足，表现得比以前更好。不要吝啬你的赞美，每个人身上都有闪光点，去发现并赞美它们的同时，你会发现你也变得快乐，你的生活也在改变。

法国前总统戴高乐在 1960 年访问美国时，在一次尼克松为他举行的宴会上，尼克松夫人费了很大劲布置了一个美观的鲜花展台：在一张马蹄形的桌子中央，鲜艳夺目的热带鲜花衬托着一个精致的喷泉。精明的戴高乐将军一眼就看出这是主人为了欢迎他而精心设计制作的，不禁脱口称赞道："女主人为举行一次正式的宴会要花很多时间来进行，何况这么漂亮、雅致的计划与布置。"尼克松夫人听了，十分高兴。事后，她说："大多数来访的大人物要么不加注意，要么不屑为此向女主人道谢，而他总是想到和讲到别人。"

戴高乐贵为元首，却能对他人的用意体察入微，这使他成了一个格外受到尊敬的人。面对尼克松夫人精心布置的鲜花展台，戴高乐没有像其他大人物那样视而不见，而是即刻领悟到了对方在此投入的苦心，并及时对这一片苦心表示了特别的肯定与感谢。戴高乐赞美的言语虽然简短，但很明确，尼克松夫人深受感动。可见，一句简单赞美他人的话会带来多么好的反响。

一个真诚而充满善意的赞美能够化解敌意，并且让对方重新鼓起对生活的信心，当然除此而外，你还会收获一种愉悦的心情。

每个人的内心都有种希望得到别人欣赏的渴望，因此多多肯定他人的优点与成绩吧，它只会给你带来好处，而你不会有任何损失。

抛掉无休止的争论

总有一些不善沟通的人爱与他人争论不休，有时候甚至是为一些无关痛痒的话题争得面红耳赤，大打出手的事情也时有发生。

有一天，汤姆和杰尔在闲谈，无意中谈到了砒霜是一种有毒物质，吃了就会死掉。而汤姆偏说砒霜的毒性没有那么大。杰尔反对汤姆的主张，但汤姆越是受到杰尔的反对，越是要为自己主张辩护。结果，汤姆为使他的主张成立，对杰尔说："你不相信吗？那我们可以当场试验，我来吃给你看，到底我吃了砒霜之后会不会死。"杰尔到了这时候，深恐汤姆真的中毒而死，所以竭力说砒霜有大毒，劝汤姆不要冒险。但杰尔越是劝汤姆不吃，汤姆越是要吃给杰尔看，结果汤姆一命呜呼了。

汤姆死了之后，杰尔深感悔恨，认为当时自己真的不该和他这样争辩。

毫无意义的争论能给当事人带来什么呢？答案是什么都没有，你会失去一位朋友或顾客，收获一个敌人和愤怒的心情。也不会有人因此而大赞你知识渊博与能言善辩，因为真正能言善辩的人是懂得如何让人心悦诚服。"会说话"而不是"会吵架"的人才是说话高手。

只要我们稍微冷静地想一想，就会发现执着争论的人没有一个是完全意义上的胜利者。试想一下，争论能带给我们什么呢？能带来双方的快乐吗？能带来彼此间的尊重和理解吗？能带来深厚的友谊吗？能带来生活的安定吗？能证明你掌握的是真理，而别人的都是谬误吗？

都不能。争吵所能带给我们的只是心理上的烦躁、彼此的怨恨与误解，生活因之充满了火药味。真理也不会因为你的争吵而倾向你。争吵发生的时候，骤然升温的情绪之火灼烧你的头脑，使你烦闷、愤怒，甚至想与对方硬拼一场。对方的强词夺理、唾沫横飞令你愤恨不已，而在对方眼里，你又何尝不是同样可恶的形象。当不断升温的情绪之火达到足以烧毁你仅存的一点理智的时候，一股无以抑制的仇恨之火便由心底升起。这就足以解释为什么口角之争会发展到大动干戈的地步。

这种靠打口水仗以为能盈利的人们显然是大错特错了。因为一场毫无意义的争论并不能让他人从心底里佩服我们。上升的级别越高，争论的时间越久，就越会彼此伤害，最后以两败俱伤而告终。

为对方的情绪考虑

推销大师吉拉德说："当你认为别人的感受和你自己的一样重要时，才会出现融洽的气氛。"我们需要多从他人的角度考虑问题，如果对方觉得自己受到重视和赞赏，就会报以合作的态度；如果我们只强调自己的感受，别人就会和你对抗。

有六位顾客拒绝向一家汽车公司支付服务费，理由是某些账目出了错。但事实上，每项服务完成时，他们都签了字。因此公司认为他们确实享受过那些服务，于是公司派出业务员催讨这些账款。催账的业务员分别拜访了每一位顾客，并声称公司有足够的证据证明他们享受过那些服务，因此毫无疑问是他们自己出了错。他还暗示，公司的专业人员对汽车的技术问题远比顾客懂得多，因此没什么可争论的。结果呢？他们恰恰为那些"没什么可争论的"问题争了起来，欠款自然也就无法收回。

事情搞僵了之后，贷款部经理准备和那些顾客打官司。这件事引起了总经理的关注，他调查了这几位顾客的信誉状况，发现以前他们付账都很爽快。他意识到这里面一定有什么不对，于是，他让善于处理纠纷的詹姆斯·托马斯去收取这些账款。

托马斯也知道这笔账款绝对没错，但他对此只字不提。他向顾客解释说，他来调查公司是否有什么疏忽的地方。在顾客陈述完自己拒付的理由之前，托马斯没有发表任何意见，他只是耐心地听，并对顾客的谈话表现出足够的兴趣和同情。等到气氛完全缓和下来时，托马斯决定唤起顾客的高尚动机。他对顾客说："我也觉得这件事我们没有处理好。我们公司的代表曾给您带来了麻烦，使您觉得不快，我真的很遗憾。我也是公司的一名代表，我代表公司向您道歉。我听了您的说明，我认为您是一个非常喜欢公平的人，因此我想请您帮我一个忙，我相信您比任何人都有资格做这件事。这里有一张您的账单，请您自己对这张账单做一下估价，数额由您决定，您说多少就算多少。"

托马斯对六位顾客都使用了这种说话方式，结果他们全都表现得很慷慨。除了一个人对某项有问题的款项坚决拒付外，其他五个人全都按最高额付了款。最神奇的是，在随后的两个月之内，这六位顾客都向托马斯订购了新车。

从这个故事中不难看出，与人相处时，应该考虑对方的感情，看他是否乐意、心中有何想法、是否接受请求。

因为人是感情的动物。我们主观上讲逻辑、讲道理，但不应该忽视感情这一点。如果你想跟别人建立成功的关系，就要考虑到别人的感情。正如有人曾说过："在与人交流中讲感情比讲理性更能成功。"又如小说家约瑟夫·康拉德说的："给我合适的字眼、合适的口气，我可以把地球推动。"

只有考虑到别人的情感，照顾到别人的情绪，在请人办事时才有可能被人接受，而不至于被一口回绝。

批评别人前，先自我批评

有些人很喜欢指责他人，一旦出现问题，他们首先想到的就是如何将责任推卸于人；还有些人，他们本来自己在某方面做得并不好，却非要拼命地去批评别人。这种批评怎会服人呢？所以，当我们批评他人时，先想想自己："我做得怎样？是否应该完全怪罪他人？"这样你也许会完全改变自己的想法和行为，并与他人保持一种良好的人际关系。

承认一个人本身的错误——就算你还没有改正过来——也可以帮助改善行为。下面是克莱伦斯·泽休森讲述的故事：

他发现15岁的儿子正学着抽烟——"我自然不愿意大卫抽烟，"泽休森说道，"但是他的妈妈和我都抽烟，我们一直给孩子做出了不好的榜样。我向大卫解释，自己如何也在年轻的时候开始抽烟，如何为烟瘾所害，到现在已经是无法戒除了。我提醒他，我常咳嗽得很厉害，如果他抽上个几年，情形也会跟我一样。

"我没有劝他不抽，或是警告他抽烟的危险。我只是做了一个自我检讨，指出自己如何染上烟瘾，然后受到什么影响。

"大卫想了一阵子，决定在高中毕业前暂不抽烟。好几年过去了，大卫一直没有再抽烟，也没有想抽的意思。

"那次谈话之后，我也决定戒烟，由于家人的支持和帮助，我终于成功了。"

作为上级，把自己曾经的过错暴露在下属面前，目的不在于做自我检讨，而在于以自己的感悟来教育对方。这种借己说人的方法让我们看到了融自我批评于批评中的魅力与力量。

1964年，日本轻型电器业界因受经济不景气的影响而动荡不安，于是松下电器企业公司决定召开全国销售会议。

由于会议中反映出不景气的状况，所以空气中充满了火药味。在一百七十家公司中，只有二十几家经营良好，其他约有一百五十多家的经营都出现了极严重的亏损。

"有什么意见都可以说出来。"松下先生一语未了，某销售公司的经理立即冲破水闸般地发泄他的不满："今天亏损到这种地步，主要在于松下电器的指导方针太差，作为公司的负责人，一点都不检讨自己是否有不足之处……"

"我方的指导当然有误，可是再怎么困难，也还有二十几家同仁获利。各位不觉得你们太缺乏独立自主的精神，太依赖他人，才招致今天的后果吗？"松下先生反驳道。

"还谈什么精神，我们今天来的目的不是听你说教，是钱！"也有人这么露骨地反唇相问。

三天十三小时，松下先生就站在台上不断地反驳他们的意见，而他们也立即反击，大骂松下公司。就在会议即将结束，决裂的局面即将出现时，情况发生了转折性的变化。

第三天最后一次会见，松下先生走到台上，"过去两天多时间，大家相互指责，该说的都说了，我想没有什么好再说的了。不过，我有些感想，给大家讲讲。过去的一切，走到今天这个地步，所有责任我们要共同负责。松下电器有错，身为最高负责人的我在此衷心向大家致歉。今后将会精心研究，让大家能稳定经营，同时考虑大家的意见，不断改进。最后，请原谅松下电器的不足之处。"说完，松下先生向大家鞠躬。

突然间，整个会场出现了不可思议的现象——整个会场顿时静了下来，每个人都低着头，半数以上的人还拿出手帕擦泪。

"请董事长严加指导。我们缺点太多了，应该反省，也应该多加油去干！"

随着松下先生的低头，人人胸中思潮翻涌。随后大家又相互勉励，发誓要奋起振作。

由此可见，任何一个人都会为自己的过失辩护，但是遇事多做自我批评，便可获得对手的谅解。他不再挑你的刺，甚至反省自己，使争议双方比较容易达成一致。

管住自己的嘴巴

大卫的父母离婚后，协议规定他和母亲一起生活。由于手头拮据，母子二人只好搬到另一个城市去，于是大卫也要到一所新的学校去上课，结交新的朋友。这种种变化叫他伤透了心。他开始对那些父母没有离婚的孩子感到反感，而且经常因为很小的矛盾或无缘无故跟人打架。在这种痛苦的生活中，他养成了对人过分苛求的习惯。他几乎对谁都没有一句好话。

一天，有个对大卫的情况十分了解的同学走到他身边。"我父母也离婚啦。"他轻声地说，"我知道你心里难受。不过，你得抛弃你的怒气和痛苦。你跟别人过不去，这只会伤害你自己。要是你没法儿说点儿什么好话，那你最好什么也别说。"

由于痛苦，大卫最初的确很难接受这位同学的建议。但情况似乎变得越来越糟，他开始对自己的谈吐变得比较谨慎了。他经常把马上就要冲口而出的话咽回去，若是在以前，他的这些伤害人、挖苦人的话简直是没遮没拦的。他开始意识到从前他对身边同学的关心是多么不够。随着理解的扩大，他开始明白，像他一样遭受家庭变故的不只他一个人，许多其他孩子也经历过令人难堪的家庭解体。大卫开始想办法去鼓励他们，帮助他们处理好自己的痛苦与茫然。到学期结束时，大卫的态度产生了180度的根本转变，并获得了那些当初由于他管不住自己脾气而与他疏远了的同学的好感。

无论是谁，都可能像故事中的大卫一样在家里、学校或工作中经历精神上受到压抑的情形。当事情进展不顺利时，我们就往往忍不住责怪别人，我们或许认为，找别人的错能使我们对自己所处的状况觉得好受点儿。但也可能是这样想的我不好过，你也别想好过。

在我们每个人都曾经历过的"沮丧"时刻里，如果我们不能说对人有益的好话，那我们最好还是什么也别说。破坏性的语言往往会产生破坏性的结果。除了会给周围的人造成不必要的痛苦之外，从我们口中说出的那些消极性的话语往往只会使问题变得复杂起来。

在生活中遇到了难于应对的挑战，人们就可能认为，说些粗野和伤人的话是有道理的。上文提到的那个父母离了婚的孩子受着许许多多他无法理解、无法解决的感情和情绪的折磨，所以他自以为自己有理由去讨厌并伤害别人。但他最终还是发现，贬低和伤害他人并不是解决问题的办法。通过客气和富于理解的言辞，或干脆怀着同情听别人说话，他终于学会了帮助他人；反过来，他又受到了周围人们的帮助，而他终于在自己身上找回了生活的勇气。

当我们遇到灾难或烦心的事儿，倘若我们还记着应与面前的事物保持一定距离，直至能够看清与之相联系的背景为止；倘若我们学会了"管住自己的舌头"，那么，我们也许就能避免说出许多具有破坏性的话。在生活的各个方面，倘若人们背着沉重的思想包袱，这对他们自己和其他人都会产生致命的影响，因为这些思想问题所强调的是否定的方面，而不是积极的方面。因此，重要的是我们要懂得，创造性的思想产生于不断寻找答案的过程中。

有句久经时间考验的名言："你如果没有好话可说，那就什么也别说。"这实在是你在一天之中该说些什么话的座右铭。倘若你出于某种原因而感到沮丧，如有必要，可以找朋友或师长谈谈。每个人都有不顺心的时候。当你感到情绪有些不对时，千万别发作，以免伤害别人，因为别人也同样需要听到些表示理解和支持的话。对自己要说出的话时刻保持警惕。

要记住，不愉快的时刻迟早会过去，如果我们的舌头没有闯祸，就不会留下需要医治的创伤。

学会提出建议，而不是发号施令

卡耐基认为，拼命指示他人是没有什么好处的。

从内心来讲，每个人都喜欢指挥他人，而不是听命于他人，但出于工作的安排，非得有人去命令他人，也有人要听命于他人。然而问题是，有些人的命令让人根本难以听下去，更别说从内心接受了。一般来讲，当我们命令他人时，最好多一些疑问句，而非祈使句，让对方感到你既是在征求他的意见，同时也是在安排他去做某事，并且要求一定要完成。

著名资深传记作家伊达·塔贝在写《欧文·杨传》的时候，曾和一位与杨先生共事三年的人谈话。这位先生宣称，他从未听过杨指使别人——他只是建议，不是命令。譬如，欧文·杨不会说"别这么做，别那么做"或"去干这个，干那个"，他只会说"你可以考虑这样"或"你觉得那样有用吗"。他常常在口授一封信之后说："你觉得这样如何？"在接过助手写的信之后，他会说，"也许这样写比较好些。"他不教助手做什么，而让他们自己去做，让他们自己在错误中学习。

这种办法容易让一个人改变自己原有的观点，保持个人的自尊心，给他人一种自重感，这样他就会与你保持合作，而不是反对。

无礼的命令只会导致长久的怨仇——即使这个命令可以用来改正他人明显的错误。

宾州有位教师丹·桑塔雷利讲述了这样一件事：

有个学生把车子停在不该停的地方，挡住了别人的通道。有个老师冲进教室，很不客气地问："是谁的车子挡住了通道？"等汽车主人回答之后，这位老师恶声说道："马上把车子移开，否则我叫人把车子拖走。"

这个学生是犯了错，车子是不该停在那里。但是，从那天开始，不只那个学生对老师心怀不满，甚至别的学生也常常故意捣蛋，使那位老师没好日子过。

如果这位老师换一种方式处理，结果会如何？如果他心平气和地问："谁的车挡住了通道？"然后建议这位学生移开车子，好方便别人进出，相信这个学生会很乐意这么做，也不致引起其他学生的公愤。这位老师实在应该向下面这一则故事中的麦当劳先生学习。

南非约翰内斯堡一家小工厂的总经理伊安·麦当劳，他的工厂专门制造精密仪器。有人愿意向他们订购一大批货物，但要麦当劳先生确定能如期交货。由于工厂进度早已安排好，能否在短时间内赶出一大批货，连麦当劳也不敢确定。

麦当劳没有催促工人赶工，他只是召集所有员工，把事情详细说明了一番，便开始提出问题。

"我们有什么办法可以处理这批订货？"

"有没有什么办法可以调整一下时间或个人分配的工作，以加快生产进度？"

"有没有人想出其他办法，看我们工厂是不是可以赶出这批订货？"

员工们纷纷提出意见，并且坚持接下订单。他们用"我们可以做到"的态度去处理问题，结果他们接下了订单，而且如期赶出了这批订货。

谁都讨厌被人命令，受人指使，即使是你的孩子也是如此。"杰克，别整天只顾着玩，快去复习功课！"虽然他嘴上说："知道了。"却总是磨磨蹭蹭的不见行动。你在餐厅里对服务员说："喂，拿杯咖啡来。"他可能会答道："好的。"却迟迟不见咖啡送上来。

嘴里答应了却不去行动的人，必有他的某种原因存在。其主要原因就是，人都讨厌被人指使。不管是谁，在潜意识里总会对命令和指使反抗。人总希望自己能够主宰自己的事情，若经别人催促，即使口中答应了，但在某种地方却残留着反抗，成为实行的障碍物。一般而言，人通常是不喜欢被人说服的。例如，被别人说服去听某个演讲会、被别人说服去买某种牌号的电视机等。但是，是什么力量使他做出最后的决定呢？

我们先分析一下人的心理。人往往是被支配自己的欲望与习惯的感情所左右，欲求越大，他的反应也就越强烈。因此如果你对一个人说："这么做，可以使你成功地发挥自我，开展自我的领城"，相信对方一定会很乐意照你说的去做。

所以，你要想让别人听从你的意见，就请记住这一要诀：用提问或者建议的方式代替直接命令。

第四章　学会倾听，赢得真诚和信任

倾听是一项技巧，是一种修养，更是一门艺术。懂得
倾听，有时比会说更重要。倾听具有一种神奇的力量，它
可以让人获得智慧和尊重，赢得真情和信任。

一切合作都从倾听开始

卡耐基曾被邀请去参加一个桥牌集会。卡耐基不玩桥牌，在
场的一位金发女郎也不玩。她发现卡耐基以前曾是罗维尔·托马
斯进入无线电业之前的经理，也发现他在准备生动的旅行演讲的
时候，曾在欧洲各处转过。因此她说："啊，卡耐基先生，我请
求您把所有您去过的那些美妙地方，以及您所见过的那些美丽景
色全部告诉我。"

金发女郎坐在沙发上，说她和丈夫最近刚从非洲旅行回来。"非
洲！"卡耐基惊叹，"多么有意思！我一直想看看非洲，但除了
有一次在阿尔及利亚待了二十四小时以外，我从没去过。告诉我，
您是否去过那个狩猎王国？真的，我多羡慕您，请把非洲的情况
告诉我。"

四十五分钟就这样过去了。这位女郎一次也没有问卡耐基到过
什么地方、看到过什么。其实她并不想听卡耐基谈论他自己的旅行，

她所要的只是一个感兴趣的听众，她滔滔不绝地告诉卡耐基她到过的地方。

这位女郎与众不同吗？不是，许多人都像她那样，都有一种倾诉以及渴望被聆听的欲望。所以，在谈到沟通的艺术时，卡耐基说："最重要的是聆听，在你开口告诉别人你有多棒之前，你一定要先聆听。然后你才能开始认识别人，与别人交谈，千万别高人一等。多跟别人交谈，用心倾听，不要太快下决定。"

简单地说，世界上任何人都喜欢有人听他说话，只有对于听他说话的人，他才会有所反应。聆听也是尊重的一种最佳表示，表示我们看重他们。我们等于是在说："你的想法、行为与信念对我都很重要。"

很奇妙的是，要想说服别人赞同你的想法，最好的办法是听听他的意见，美国前总统约翰逊的国务卿鲁斯克经过几十年与全世界最顽强的政治领袖谈判的经验，学会了"聆听，是以你的双耳去说服他人"。没错，要说服别人赞同你的想法，聆听确实是强而有力的工具。

拥有私人银行桑德斯·卡普公司的银行家汤姆·桑德斯说："关键在于先了解对方的价值观以及他对投资的看法，然后决定你是否能诚实地说出我们的投资方式是正确并对其有利。"

桑德斯协助大企业进行天文数字般的巨额投资。他的首要能力是什么？正是聆听他人。他说："一切都由聆听开始。他心里到底想怎么样？他为什么不答应？真正的理由到底是什么？"

"我与美国电讯公司（AT & T）已经维持了二十五年的关系，而且是很好的关系。我认为真正的聆听功不可没。"

他又说："我可以提供印刷精美的小册子，也可以运用幻灯片，可是，我仍然必须弄清楚什么才能真正吸引对方。他考虑什么？担心什么？他看事情的角度如何？"

要想成为积极有效的聆听者之前，首先，必须体会聆听的重要性；其次，必须有聆听的意愿；最后，你必须经常练习这种全新的聆听能力。

反之，如果你要知道如何使别人躲开你，在背后取笑你，甚至轻视你，这里也有一个方法：决不要听人家讲上三句话，而是要不断地谈论你自己。如果你知道别人所说的是什么，不要等他说完。他不如你聪明，为什么要浪费你的时间倾听他的闲聊？随时插话，使他住口。

这种人自以为了不起，自以为很重要。只谈论自己的人，他所想的只有自己。"而只想到自己的人"，哥伦比亚大学校长尼古拉斯·巴特斯博士说，"是不可救药的无知者，他没有受过教育，不论他曾上过多好的学校。"

因此，如果你想成为一名优秀的谈话家，就做一个注意听话的人。正如查尔斯·洛桑所说的："要令人觉得有趣，就要对别人感兴趣——问别人喜欢回答的问题，鼓励他谈谈自己和他的成就。"请记住：跟你谈话的人对他自己、他的需求和他的问题，比他对你和你的问题更感兴趣千百倍。当你下次跟别人交谈的时候，别忘了这一点。

做听众，效果会更好

韦恩是罗宾见到的最受欢迎的人士之一。他总能受到邀请，经常有人请他参加聚会、共进午餐、担任客座发言人、打高尔夫球或网球。

一天晚上，罗宾碰巧到朋友斯旺森家参加一次小型社交活动。他发现韦恩和一个漂亮女士坐在一个角落里。出于好奇，罗宾远远地注意了他们一段时间。罗宾发现那位年轻女士一直在说话，而韦恩好像一句也没说。他只是有时笑一笑，点一点头，仅此而已。几小时后，他们起身，谢过男女主人，走了。

第二天，罗宾见到韦恩时，禁不住问道：

"昨天晚上，我在斯旺森家看见你和最迷人的女孩在一起。她好像完全被你吸引住了。你怎么抓住她的注意力的？"

"很简单。"韦恩说，"斯旺森太太把乔安介绍给我，我只对她说：'你的皮肤晒得真漂亮，在冬季也这么漂亮，是怎么做到的？你去哪儿呢？阿卡普尔科还是夏威夷？'

"'夏威夷。'她说，'夏威夷永远都风景如画。'

"'你能把一切都告诉我吗？'我说。

"'当然。'她回答。于是我们就找了个安静的角落，接下去的两小时，她一直在谈夏威夷。

"今天早晨，乔安打电话给我，说她很喜欢我陪她。她说很想再见到我，因为我是最有意思的谈伴。但说实话，我整个晚上没说几句话。"

看出韦恩受欢迎的秘诀了吗？很简单，韦恩只是让乔安谈自己。他对每个人都这样——对他人说："请告诉我这一切。"这足以让一般人激动好几小时。人们之所以喜欢韦恩，就因为他注意他们。

假如你也想让大家都喜欢，那么就尊重别人，让对方认为自己是个重要人物，满足他的成就感，而做到这一切的最好办法就是谈论他感兴趣的话题。千万不要喋喋不休地谈自己，而要让对方谈他的兴趣、他的事业、他的高尔夫积分、他的成功、他的孩子、他的爱好和他的旅行，等等。

让他人谈自己，你要一心一意地倾听，要有耐心，要抱有一种开阔的心胸，还要表现出你的真诚，那么无论走到哪里，你都会大受欢迎。

著名推销员乔·吉拉德说过这样一句话："上帝为何给我们两只耳朵、一张嘴？我想，意思就是让我们多听少说！倾听，你倾听得越长久，对方就会越接近你。"

这个世界过于烦躁，每一个人再也没有耐心听别人说些什么，所有的人都在等着说。再也没有比拥有一个忠实的听众更令人愉快的事情了。对于倾听者来说，在人际交往中，多听少说、善于倾听别人讲话是一种很高雅的素养。因为认真倾听别人讲话表现了对说话者的尊重，人们往往会把忠实的听众视作完全可以信赖的知己。对于推销员而言，积极地倾听客户的谈论有助于了解和发现有价值的信息。

一位成功的保险推销员对如何使用倾听这个推销法宝深有体会："一次，我和朋友去一位富商那儿谈生意，上午11点开始。过了六小时，我们步出他的办公室，来到一家咖啡馆，放松一下我们几乎要麻木的大脑。可以看得出来，我的朋友对我谈生意的措辞方式很满意。第二次谈判定在午餐后2点开始直到下午6点，如果不是富商的司机来提醒，恐怕我们谈得还要晚。知道我们在谈什么吗？

"实际上，我们仅仅花了半小时来谈生意的计划，却花了九小时听富商的发迹史。他讲他自己是如何白手起家创造了一切，怎么在年届50岁时丧失了一切，尔后又是如何东山再起的。他把自己想对他人说的事都对我们讲了，讲到最后，他非常动情。

"很显然，多数人用嘴代替了耳朵。这次我们只是用心去听、去感受。结果是富商给他40岁的儿女投了人寿险，还给他的生意保了10万元的险。我对自己能否做一个聪明的谈判人并不在意，我只是想做一个好的听者，只有这样的人才会到哪儿都受欢迎。"

你可能还不会听

"听"有很多特征。卡耐基曾把听的特征归纳为三点：

一、听是一种复杂而独特的感官功能

听是一种选择性的过程，即我们从周围的刺激中选择适合自己的需要和目的的东西。听的发展分为三个层次，我们之所以会注意去听某些刺激，是因为它们的"突然""强烈"和"对比"；也有些刺激是我们训练自己或强迫自己去听；而有些刺激，我们则会很自动地去听。

曾经有一个故事说：一位灯塔看守员看守一座灯塔。该灯塔除了打信号之外，还有一支枪会定时而自动发射，以警告那些正要靠近这个多岩石海岸的船只。有一天傍晚，那支枪失灵了，灯塔看守员突然醒来，并问道："怎么回事？"

二、听是一种连续不断的移动过程

那种心不在焉的收听技巧时常发生在我们身上。成年人往往无法将自己的注意力在数秒内一直集中在某一刺激上，我们的知觉是在瞬间之中不断审查外来的刺激，以寻找那些对我们重要的情报。所以，事实上，我们对一项刺激所付出的注意力都是很短暂的。有时候讲话的人会对听众说："请注意我这里！"但要提高听众的注意力，并不是强迫即可。不管一个信息对我们有多重要，除非我们努力排除其他的思想进入心智，否则难以专心收听。

三、人的动机和感受对听的效果会产生影响

在所有的沟通情况中，我们的动机和情绪等都会对沟通效果产生影响。但是，此项因素对"听"的影响尤为显著。当我们能事先决定想从对方的信息中得到何种情报时，对所听到的信息内容就会觉得更有价值。如果我们具有真正的需要而以诚挚的态度去听别人说话，一定可以促使听的能力显著进步。比如，"失火了！我知道出路，跟我来！"是一种生死关头我们最需要去听的信息，我们将不会错过其中任何一个字。

当我们发现自己不能把注意力集中在某件事上时，这就是我们内在的感觉或动机的一种反应——我们对目前的刺激并不满意。另一个不能专心听的理由可能是我们只希望听到某种情报，而不打算听其他事情。我们必须把握自己的需要所在，而在听的时候，即使其内容是反调的或令人厌烦的，也应该留意去听，以获取有用的情报。

让"听"和回馈相结合是很有益的。如果我们想要沟通，就应该常常注意我们的听众是否真的在听我们讲话。运用回馈来进行改正是增进听的能力的好方法。例如，你若认为对方在你说话时会很生气，那么不管他说话的口气如何，你都很可能听到他以生气的口吻说话。因此在你有所反应之前，你必须对对方回馈，了解他话中的含意为何，并且确定他是否真的在生气，而不仅仅是你的感觉而已。

倾听的五个层次

在企业内部，倾听是管理者与员工沟通的基础。但是在现实中，很多人并没有真正掌握"听"的艺术。

著名咨询大师史蒂芬·柯维博士认为倾听主要有五种层次，并且这五种层次是连续的。

第一个层次是完全不用心倾听，我们可以用忽视某人来形容，你心不在焉，只沉迷在自己的世界。

第二个层次是你假装在倾听，你可能会用身体语言假装在听，甚至重复别人的语句当作回应。

第三个层次是选择性地倾听，你确实在聆听，"哦，我记起来了，让我告诉你……我也有同感……对呀，你刚才说的我完全明白，我也曾有过类似的经验……这个我不太清楚"，你确实能够了解对方，但你过分沉迷于你所喜欢的话题，只留心倾听自己有兴趣的部分。

第四个层次是留意地倾听，你能全心全意地凝神倾听，要专心聆听确实要花费不少精力，可惜你始终从自己的角度出发。

第五个层次是运用同理心倾听，就是说，撇下你自己的观点，进入他人的角度和心灵。假如我们吸走这房间的空气，这对我们会有什么影响？在有空气时，空气会刺激我们呼吸吗？当没有空气时，是什么推动我们？缺氧才是刺激我们呼吸的原因。有空气便如同感到被理解，这是人类心灵最深层的饥渴，给予他人心灵的氧气，便会使人对你难以抗拒。

具体而言，想要有效运用同理心倾听，做好同理心回应可遵循以下五个步骤：

1. 重复句子。

2. 重整内容，即把别人的字句意思用新的字句说出来，但必须忠于原意。

3. 反映感受：受伤、痛苦、挫败；快乐、宽慰，你只是用心和眼睛来倾听，重视运用肢体语言，你需设身处地站在对方的立场。

4. 重整内容和反映感受。

5. 保持静默：对方可以感受到你和他在一起，当你有信心使他感到被了解，而你也知道你了解他，你才可以采取这种做法。

其他应遵循的原则有：

1. 对对方提供的各种信息保持充分的兴趣与敏感性，不要妄自评断，不要以自我为中心，你自己是妨碍有效倾听的最大障碍。不知不觉被自己的兴趣和想法所缠住，而漏失了别人想透露的东西。

2. 不要预设立场。如果你一开始就认定对方很无趣或已有答案，你就会不断从对话中设法验证你的观点，结果你所听到的都会是无趣的。抱定高度期望值会让对方努力表现出他（她）良好的一面。好的倾听者不必完全同意对方的看法，但是至少要认真接纳对方的话语。点头、并不时说："原来如此""我本来不知道"，说不定他说的是正确的，或许你也可以从中获益。

3. 注重肢体语言。有资料显示，在良好的沟通中，话语只占7%，音调占38%，而非言语的信号占55%。眼睛注视对方，不时点头称是，身体前倾，微笑或痛苦的脸部表情等都是用肢体语言来表达你的意思。

给对方制造说话的机会

英国著名报业大亨康纳德·布莱克说过，"实际上，所有人在心底都重视自己，喜欢谈论自己，他们可不愿听你唠唠叨叨地在那儿自吹自擂"。

在生活和工作中，许多人为了纠正别人的意见，往往会絮絮叨叨、没完没了。对此，沟通交际大师哈默·艾略特认为，不如你让对方畅所欲言，因为每个人对关于自己的问题一定比别人知道得多，所以不如多给他人说话的机会，听听他的看法。

如果你不赞同他人的意见，你最好不要阻止他说话，这样做不会有什么好的效果。当他人还有许多意见要发表的时候，他通常是不会注意你的。这时你要做的就是忍耐一点，认真听取他人讲话，并要鼓励他彻底说出自己的意见。在沟通中坚持"听听别人怎么说"的原则往往能带来双赢的结局。

福特是一家电气公司的销售员。有一天，他来到一个生活比较富裕的村中进行考察。

"为什么他们不使用电？"当他经过一家整洁的农家时，他不解地向该区代表问道。

"他们都是吝啬鬼，别指望卖给他们任何东西。"区代表答道，"他们对公司不感兴趣。我已经试过多次，真是无药可救。"

尽管他这么说，但不试一试，福特仍不甘心，他走过去叩一农家的门。门只开了一条小缝，一位老妇人探出头来。

福特先生讲述道：

她一看见我们身上的公司制服，脸上立刻显出很厌烦的神情。我说："您好，夫人。打搅您了，十分抱歉。我们不是来推销东西的，我们打算向您买一些鸡蛋。"

她探出头来，怀疑地望着我们。

"我曾发现您的一群很好的七彩山鸡，"我说，"现在我正想买一些新鲜鸡蛋。"

"你怎么知道我的鸡是七彩山鸡？"她的好奇心似乎被激发起来了。"我自己也养鸡，"我回答说："而我敢说我从未见过比这更好的一群七彩山鸡。""那你为什么不用你自己的鸡蛋？"她仍心存疑虑。

"我的来亨鸡下白皮蛋。您是烹调的行家，自然知道在做蛋糕时，白皮蛋不能同红皮蛋相比。为此，我的夫人总在我面前以她所做的蛋糕自豪。"这时，她终于放心地走了出来，态度温和多了。我环顾四周，发现农场中有一个很好的奶牛棚。

"夫人，"我接着说："我可以打赌，用您的鸡赚的钱一定比您丈夫用奶牛赚的钱还要多。"嘿！她高兴极了！当然她赚得多！她听我如此说，更加高兴，但可惜她固执的丈夫并不承认这一点。

在她带我们参观鸡舍的时候，我留意了几种她十分得意的自造小设备，并向她请教了一些食料及喂养知识，我们在这方面谈了很长时间。

最后，她说她几位邻居在他们的鸡舍里装上了电灯，据说效果很好。她征求我的意见，她是否应该采取这种办法……

两星期以后，这位夫人的七彩山鸡终于也见到了灯光，它们在灯光的助长下愉快成长。我如愿得到了我的订单，她也能多得鸡蛋。这的确是一个双赢的结局。

在工作和生活中，为了与他人进行有效沟通，我们要谦虚地对待他人，鼓励别人畅谈他们的成就，自己不要喋喋不休地自吹自擂。只有这样，才能实现沟通双赢的结局。

如果你希望别人的看法与你一致，使你们的谈话渐入佳境，请记住：要给他人说话的机会，使他能畅所欲言，充分地表达出自己的心声。

用倾听化解危机

一次成功的商业会谈的秘诀是什么？注重实际的学者以利亚说：

"关于成功的商业交往，没有什么神秘——专心注意对你讲话的人极为重要。没有别的东西会如此使人开心。"你无须读 MBA 也可以发现这一点。我们知道，如果一个商人租用豪华的店面，陈设橱窗动人，为广告花费千百元钱，然后雇用一些不会静听他人讲话的店员——中止顾客谈话、反驳他们、激怒他们，甚至几乎要将客人驱出店门的店员。他的店面布置得再豪华，恐怕过不了多久也是要关门的。

莫顿的经验可谓是极好的一例。他曾对卡耐基讲述过这么一个故事：

莫顿在新泽西的一家百货商店买了一套衣服。这套衣服令人失望：上衣褪色，把他的衬衫领子都弄黑了。

后来，他将这套衣服带回该店，找到卖给他衣服的店员，叙述了事情的详情。他想诉说此事的经过，却被店员打断了。"我们已经卖出了数千套这种衣服，"这位售货员反驳说，"你还是第一个来挑剔的人。"

正在激烈辩论的时候，另外一个售货员加入了。"所有黑色衣服起初都要褪一点颜色，"他说，"那是没有办法的，这种价钱的衣服就是如此，那是颜料的关系。"

"这时我简直气得发火，"莫顿先生说，"第一个售货员怀疑我的诚实，第二个暗示我买了一件便宜货。我恼怒起来，正要骂他们，突然间，经理踱了过来，他懂得他的职责。正是他使我的态度完全改变了。他将一个恼怒的人变成了一位满意的顾客。他是如何做的？他采取了三个步骤：第一，他静听我从头至尾讲我的经过，而不说一个字。第二，当我说完，售货员们又开始要插话发表他们的意见的时候，他站在我的立场上与他们辩论。他不但指出我的领子是明显为衣服所染，并且坚持说，不能使人满意的东西，就不应由店里出售。第三，他承认他不知道毛病的原因，并率直地对我说：'你要我如何处理这套衣服呢？你说什么，我都会照办。'

"就在几分钟以前，我还预备要告诉他们收回那套可恶的衣服。但现在我回答说：'我只要你的建议，我要知道这种情形是否是暂时的，是否有什么解决办法。'

"他建议我这套衣服再试一星期。'如果到那时仍不满意，'他应许说，'请您拿来换一套满意的。使你这样不方便，我们非常抱歉。'

"我满意地走出了这家商店。一星期后，这衣服没有毛病。我对于那商店的信任也就完全恢复了。"

一个挑剔的人甚至最激烈的批评者，也会在一个忍耐、同情的静听者面前软化降服——这位静听者在气愤的寻衅者像一条大毒蛇张开嘴巴吐出毒物一样的话语时候也要静听。

数年前，纽约电话公司应对过一个曾咒骂接线生的最险恶的顾客。他咒骂，他发狂，他恫吓要拆毁电话，他拒绝支付某种他认为不合理的费用，他写信给报社，还向公众服务委员会屡屡申诉，并使电话公司引起数起诉讼。

最后，公司中一位最富技巧的"调解员"被派去访问这位暴戾的顾客。这位"调解员"静静地听着，并对其表示同情，让这位好争论的老先生发泄他的满腹牢骚。

"他喋喋不休地说着，我静听了差不多三小时，"这位"调解员"叙述道，"之后我再到他那里，继续听他发牢骚，我访问了他四次，在第四次访问完毕以前，我已成为他正在创办的一个组织的会员，他称之为'电话用户保障会'。现在我仍是该组织的会员。有意思的是，就我所知，除某先生以外，我是世上唯一的会员了。

"在这几次访问中，我静听，并且同情他所说的任何一点。我从未像电话公司其他人那样同他谈话，他的态度几乎变得友善了。我要见他的事，在第一次访问时，没有提到，在第二、第三次也没有提到，但在第四次，我整个地结束了这一案件，使所有的账都付清了，并使他在与电话公司为难的经过中，第一次撤销他向公众服务委员会的申诉。"

毫无疑问，某先生自认为正义而战，保障公众权利，不受无情的剥削，但实际上他要的是尊重感。他先经由挑剔抱怨得到这种尊重感，但在他从公司代表那里得到尊重感后，他不切实际的冤屈即消失得无影无踪了。

由此可见，当你遇到危机时，你唯一能做的就是做一个善于倾听的人，鼓励别人谈论他们自己的观点。

倾听也是一种说服

希腊有一句民谚说："聪明的人，借助经验说话；而更聪明的人，根据经验不说话。"西方还有一句著名的话：雄辩是银，倾听是金。这些都给了我们这样的启示：在人际交往中，尽可能少说而多听。

在我们身边经常会有这样的人，他们喜欢多说话，总是喜欢显示自己的博学。这样的人以为别人会很服他们，其实，只要稍微有点社会阅历的人，都会不以为然。更聪明的人，或者说智慧的人，往往会根据自己的经验，知道自己要是多说，必然会说得越多，错得也就多，所以不到需要时，总是少说或者不说。当然，到了说比不说更有效时，我们一定要说。

雄辩是银，倾听是金。在销售中，这句话就更有用处了。若是在给顾客下订单时，对方出现了暂时的沉默，你千万不要以为自己有义务去说些什么。相反，你要给顾客足够的时间去思考和做决定。千万不要自作主张，打断他们的思路，否则，你会后悔的。

日本金牌保险推销大师原一平曾有这样的推销经历：

他去访问一位出租车司机，那位司机坚决认为原一平绝对没有机会去向他推销人寿保险。当时，这位司机肯会见原一平，是因为原一平家里有一台放映机，它可以放彩色有声影片，而这是那位司机没有见过的。

原一平放了一部介绍人寿保险的影片，并在结尾处提了一个结束性的问题："它将为你及你的家人带来些什么呢？"放完影片，大家都静悄悄地坐在原地。三分钟后，那位司机经过心中的一番激烈交战，主动问原一平："现在还能参加这种保险吗？"

最后，他签了一份高额的人寿保险契约。

在从事销售时，有的推销员脑子里会有这样一种错误想法，他们以为沉默意味着缺陷。可是，恰当的长时间沉默不但是允许的，而且也是受顾客欢迎的。因为这可以给他们一种放松的感觉，不至于因为有人催促而做出草率的决定。

当顾客说"我考虑一下"时，我们一定要给予他充足的时间去思考，因为这总好过"你先回去吧，我考虑好了再打电话给你吧"。别忘了，顾客保持沉默时，就是他在为你考虑了。相比较而言，顾客承受沉默的压力比我们承受的还要大得多，因此，让顾客多沉默一会儿，让对方考虑吧。

如果你先开口的话，那么你将面临失去交易的危险。因此，在顾客开口决定之前，务必保持沉默，除非你想丢掉生意。

在适当的时候，让我们的嘴巴休息一下，多听听别人的话。当我们满足了对方被尊重的感觉时，我们也会因此而获益。

第五章 尊重他人，才能温和地说服他人

改变一个人，就是你通过温暖、懂得的方式可以改变他。通过尊重、倾听来理解他，与他的心产生连接，用爱、关注、懂得、温暖的方式来满足他的渴望，从他的内心深处帮助他看到自己的问题，然后陪伴他一起成长，这样他的行为就改变了。

耐心，耐心，再耐心

在说服别人的过程中，只要说服者自己坚持不懈，不久，所有的顾虑就会一扫而光，包括初期谈话的恐惧，渡过这一关，说服者就会自信地说下去。

一旦决定说服对方，并且拥有正确的观点，那就不要过于心急，因为说服过程中存在一定的障碍是正常的。当然，如果人家听了你说服的话，立刻点头叫好，这自然是最妙不过的。但现实中，这种情况并不多见。别人的看法、想法、做法不是一天形成的，因此，要对方改变看法也绝非一日之功。即使对方可能接受你的说服，但回去之后也有可能出现反复。

正确的做法是，第一要耐心，第二要耐心，第三还是要耐心。

当你不能说服对方的时候，甚至被人羞辱一顿后，不要生对方的气，更不能生自己的气。"算了，管这闲事干什么？"这种想法是不应该有的。

说服是一项长期的工作，只有有条不紊、循序渐进，才能成功。对于"成见"这座山，今天挖一个角，明天铲一块土，逐步解释一些细节和要点，日积月累，"成见"就会渐渐消除了。

在你做好足够的心理准备之后，你还应该清楚有时候别人不难被你说服，但他身后存在着庞大的力量，被人怂恿几句，思想又会波动。所以，你面对的可能不是一个人，而是一群人，鉴于此，你应当从各方面增加自己的力量。如你可以给对方介绍一些有益的书籍、看一部好电影，也可以找一些与你见解相同的人一起帮你做说服工作。通过这一系列工作，不但从各个侧面帮助了对方，而且对你也是一个促进，因为你也从侧面的工作中提高了自己。

一位记者曾经问过爱迪生，他是怎样面对10 000次新发明的失败的，爱迪生说："年轻人，既然你的人生才刚刚起步，我就要告诉你些有益的秘密。我不是失败了10 000次，而是成功地发现了10 000个方法不适用。"爱迪生说，为了改进白炽灯的质量，他进行了14 000个实验。

麦当娜有限公司职员瑞克·克拉克很赞同爱迪生的说法，并将之贴在墙上：

世界上没有比耐心更有价值的东西，没有任何东西可以取而代之。

全才不能取代耐心，是全才而没有成功的人比比皆是。

天才不能取代耐心，没有贡献的天才只会成为一个笑柄。

教育不能取代耐心，世界上有的是受过高等教育的弃儿。

每个人都有他软弱的一面，只要你有耐心多试一次，就能攻克它。假设你是一位销售人员，当顾客告诉你他们不买时，你有充足的理由继续你的推销。

顾客说"不"并不意味着顾客不想买，可能是顾客需要一种更具感染力的服务。谦恭有礼的推销几乎使顾客不忍拒绝，当然，这要在恰当的时机加以恰当的利用，一个好的推销员应该在顾客告知不买之后仍能孜孜以求，尽力达成这笔交易。

一个出色的推销员总是不放弃多试一次的机会。

一个人的希望再加上坚忍不拔的决心，就能产生创造性的力量。

一件看似极困难的事情，如果你能够秉持坚持成功的信念，那么你继续努力下去，必能得到应有的回报。正应了人们常说的一句话："机会永远属于具有顽强的意志和有坚定信念的人。"

要懂得说服别人的技巧

相信你一定经历过，在说服别人或想拜托别人做事情时，不管怎样进攻或恳求对方，对方总是敷衍应付，漠不关心。这时你首先要消除对方心理上的漠不关心，然后再说服诱导。在推销方面，推销员为了唤起顾客的注意，并达到80%的购买率，往往是先诱导，后说服。

在英国工业革命方兴未艾时，以发明发电机而闻名的法拉第为了能够得到政府的研究资助，去拜访首相史多芬。

法拉第带着一个发电机的雏形，非常热心并滔滔不绝地讲述着这个划时代的发明，但史多芬的反应始终很冷淡，一副漠不关心的样子。

事实上，这也是无可奈何的事情，因为他只是一个政客，要他看着这种周围缠着线圈的磁石模型，心里想着这将会带给后世产业结构的大转变实在是太困难了。但是法拉第在说了下面这段话后，却使原本漠不关心的首相突然变得非常关心起来，他说道："首相，如果这个机械将来能普及的话，必定能增加税收。"

　　显而易见,首相听了法拉第所说的话后,态度突然有了巨大转变。其原因就是因为这个发动机将来一定会获得相当大的利润,而利润增加必定能使政府得到一笔很大的税收,而首相关心的就在于此。

　　是的,通常我们行动的目的都是"为自己",而非"为别人"。如果能够充分理解这一点,那么想要说服他人就会非常容易。只要了解对方真正想追求的利益何在,进而满足他的欲望,便可达到目的。但是,将这条最基本要件抛于脑后的却也大有人在。他们没有满足对方最大的利益,一心一意只是想要满足自己的私欲。

　　某酒厂的负责人成功研发了新水果酒,为求尽快让产品打进市场,于是他决定说服社长批准,进而大量生产。

　　"社长,又有新的产品研发出来了。这次的产品是前所未有的新发明,绝对能畅销。连我都喜欢的东西,绝对有市场性。我敢拍胸脯保证。"

　　"什么新产品?"

　　"就是这个,用梨汁酿制的白兰地。"

　　"什么?梨汁酿的白兰地?那种东西谁会喝?况且喝白兰地的人本来就少,更甭说用梨汁酿的白兰地……就是我也不会去喝。不行!"

　　"请您再评估评估,我认为很可行。用梨汁酿酒本来就不多见,再加上梨子有独特的果香,一定很适合现代人的口味。"

　　"嗯,我觉得还是不行。"

　　"我认为绝对会畅销……请您再重新考虑一下。"

　　"你怎么这么唠叨?不行就是不行。"

　　这样的劝说不仅充分显露不顾他人立场的私心,还打算强迫他人赞同自己的意见。

　　"好歹也要试试看才知道好坏,这是好不容易才研发出来的呀!"

　　"够了,滚吧!"

最后，社长终于忍不住发火。这位负责人不仅没能说服社长，反而砸掉了自己的名声。

碰到这种自私自利、妄自尊大、不知天高地厚的家伙，别人只会感觉："瞧他口气，根本是个主观主义者，只会考虑自己的家伙，还想把个人意见强加于别人！"如此一来，怎么可能赢得说服他人的机会呢？因此，无论如何，你都应该考虑以对方利益为出发点的劝说方式。

懂得夸赞别人的优点

从孩子的天性，我们可以发现一点：当我们称赞夸奖他们时，他们是何等高兴和满足。其实，他们并不一定具有我们所称赞的优点，而只是我们期望他们做到这点而已。在我们与人交往时，何不也效仿这一做法呢？因为不管是大人，还是小孩子，他们都喜欢别人给自己一个美名，如果他们没有做到这一点，内心里也会朝此目标努力，因为他们知道这样就可以得到一个美名，站在一个受人赞赏的高度。

假如一个好工人变成粗制滥造的工人，领导会怎么做？领导可以解雇他，但这并不能解决任何问题；领导也可以责骂那个工人，但这只能引起怨怒。

亨利·汉克是印第安纳州洛威市一家卡车经销商的服务经理，他公司有一个工人的工作每况愈下。但亨利·汉克没有对他吼叫或威胁他，而是把他叫到办公室里来，跟他进行了坦诚的交谈。

他说："希尔，你是个很棒的技工。你在这里工作也有好几年了，你修的车子顾客也很满意，有很多人都赞美你的技术好。可是最近，你完成一件工作所需的时间加长了，而且你的质量也比不上你以前的水平。也许我们可以一起来想个办法解决这个问题。"

希尔回答说他并不知道他没有尽他的职责，并且向他的上司保证，以后他一定改进。那么希尔改进了吗？他肯定会的。他曾经是一个优秀的技工，怎么会做些不及过去的事呢？

如果你懂得抬高对方，那再难的事情也会变得顺利起来。在信用受到普遍怀疑的年代，贷款变得越来越不容易，可是就有人靠一张会说话的嘴换来了巨额款项。

约翰·强生是美国的大企业家。1960年，他决定在芝加哥为他的公司总部兴建一座办公大楼。为此，他出入了无数家银行，但始终没贷到一笔款。于是，他决定先上马，后加鞭，他用自己设法筹集的200万美元聘请了一位承包商，要他放手进行建造，好让他去筹措所需要的其余500万美元。假如钱用完了，而他仍然拿不到抵押贷款，承包商就得停工待料。

建造开始并持续加工，到所剩的钱仅够再花一星期的时候，约翰恰好和大都会人寿保险公司的一个主管在纽约市一起吃饭。他拿出经常带在身边的一张蓝图，想激起这个主管对兴建大厦的投资兴趣。他正准备将蓝图推在餐桌上时，主管对约翰说："在这儿我们不便谈，明天到我办公室来。"

第二天，当主管断定大都会公司很有希望提供抵押贷款时，约翰说："好极了，唯一的问题是今天我就需要得到贷款的承诺。"

"你一定在开玩笑，我们从来没有在一天之内为这样的贷款进行承诺的先例。"主管回答。

约翰把椅子拉近主管，并说："您是这个部门的负责人。也许您应该试试看您有无足够的权力能把这件事在一天之内办妥。"

主管满意地笑着说："让我试一试吧。"

事情进行得很顺利，约翰在自己的钱花光之前的几小时拿着到手的贷款回到了芝加哥。

这是依靠或者是利用某些男性的权力与尊严来巧妙抬高对方。谁也拒绝不了那种突然拔高的感觉，尤其当遇到某些顽固而又爱美的女性，不妨直接在这个方面夸赞一番，这样她会更加飘飘然，那么说服她也就不难了。

站在对方的立场看问题

沟通大师吉拉德说："当你认为别人的感受和你自己的一样重要时，才会出现融洽的气氛。"我们需要多从他人的角度考虑问题，如果对方觉得自己受到重视和赞赏，就会报以合作的态度；如果我们只强调自己的感受，别人就会和你对抗。

在美国的一次经济大萧条中，90%的中小企业都倒闭了，一个名叫克林顿的人开的齿轮厂的订单也是一落千丈。克林顿为人宽厚善良、慷慨体贴，交了许多朋友，并与客户都保持着良好的关系。在这举步维艰的时刻，克林顿想要找那些朋友、老客户出出主意、帮帮忙，于是就写了很多信。可是，等信写好后才发现：自己连买邮票的钱都没有了！

这同时也提醒了克林顿：自己没钱买邮票，别人的日子也好不到哪里去，怎么会舍得花钱买邮票给自己回信呢？可如果没有回信，谁又能帮助自己呢？

于是，克林顿把家里能卖的东西都卖了，用一部分钱买了一大堆邮票，开始向外寄信，还在每封信里附上2美元作为回信的邮票钱，希望大家给予指导。他的朋友和客户收到信后，都大吃一惊，因为2美元远远超过了一张邮票的价钱。每个人都被感动了，他们回想了克林顿平日的种种好处和善举。

不久，克林顿就收到了订单，还有朋友来信说想要给他投资，一起做点什么。克林顿的生意很快有了起色。在这次经济萧条中，他是为数不多站住脚，而且有所成的企业家。时常有些人抱怨自己不被他人理解，其实，换个角度，可能别人也有同样的感受。当我们希望获得他人的理解，想到"他怎么就不能站在我的角度想一想呢"

时，我们也可以尝试自己先主动站在对方的角度思考，也许会得到一种意想不到的答案，许多矛盾误会等也会迎刃而解。卡耐基对这两种方式的效果有过切身体会。

卡耐基有一个保持了多年的习惯，就是经常在他家附近的公园内散步。而令他痛心的是，每一年树林里都会失火，使一些好端端的树木被大火烧毁。那些火灾几乎全是那些到公园里野餐的孩子引起的。

卡耐基决定尽自己所能改变这种状况。他到公园散步的时候，一看到孩子们在树林里生火，就走过去警告说，如果他们造成火灾，他们就会被关到牢里去，然后以不容商量的口气命令他们把火扑灭。如果他们不肯合作，他就威胁要叫警察把他们抓起来。后来卡耐基说自己只是在发泄某种不快，根本没有考虑过孩子们的感受。即使那些孩子服从了，也只是被迫服从，他们恨这个强迫他们放弃乐趣的人。等卡耐基一走，他们很可能又把火生了起来。后来，卡耐基意识到必须换一种方式来和那些孩子沟通。当他再次看到孩子们在树林里生火时，就微笑着问他们："孩子们，你们玩得高兴吗？我像你们这么大的时候也喜欢玩火，尤其是在野外生火做饭，真是一件有趣的事。"

卡耐基停下来和他们聊起了野餐的做法，气氛变得融洽起来。这时，卡耐基话锋一转，说道："不过，你们应该知道，在树林里生火是很危险的。当然，我知道你们是很注意的，但是有的人就没这么小心了。他们看到你们生火很有趣，就会学着做，可是离开时却不把火弄灭，结果火种蔓延起来，就把树林烧着了。如果树林被他们烧光了，以后我们就没有这么好玩的地方了。我很高兴看到你们玩得愉快，不过我建议你们现在把火堆旁的枯叶拨开。"

孩子们立刻踢开了火堆旁的枯叶。

"很好。"卡耐基说，"我希望你们在离开之前用泥土把火堆盖住。下一次，如果你们还想野餐，能不能到山丘那边的沙坑里生火？

在那里生火就不会有任何危险了。"

孩子们表示同意后，卡耐基说："谢谢你们，祝你们玩得痛快。"

这一次的效果大不一样，那些孩子很愿意合作，而且毫不勉强。

事实证明，只要我们多考虑别人的感受，多从别人的角度看问题，即便是很尖锐的矛盾也能缓和下来。因此，如果你想得到别人的配合，最好真诚地从他的角度来考虑。

卡耐基有一个避免争执的神奇句子："我不认为你有什么不对，如果换了我肯定也会这样想。"这句话能使最顽固的人改变态度，而且你说这句话时并不是言不由衷，因为人类的欲望和需求是大致相同的，如果真的换了你，你就会有他那样的想法和感觉，尽管也许你不会像他那样去做。

找到共同语言更好沟通

要想和别人建立合作关系，在与人交谈的时候必须记住至关重要的一点：不要从分歧开始，而要从双方都同意的地方开始。这么做能够让对方意识到你们的目标是一致的，不同的只是方法而已。谈话的开始阶段极为重要，如果你从一开始就使对方说"是"，你将获得事半功倍的效果；反之，你将面临重重障碍。

一位心理学家说过，最难突破的心理障碍就是那个"不"字，当一个人说了"不"，他的尊严就会要求他无论对错，都要坚持到底。这种心理模式很容易理解，一个人在说了"不"之后，他的心理状态就会倾向否定，他全身各组织器官——神经系统、内分泌系统、肌肉等全都呈现出抗拒的状态，如果你注意观察，你甚至能看到他的身体在收缩。如果对方一开始就说了"是"，那么在后面的谈话过程中，他的心理状态就会倾向肯定，他的身体也呈现出接受和开放的状态。

　　许多人喜欢和别人观点相左，这样做能使他们感到自己更有分量。但事实上，这样做没有什么好处。如果他们只是想找"有分量"的感觉，也许还说得过去；如果他们想实现什么目标的话，这种做法就太愚蠢了。因为要使对方在一开始就说"不"很容易，但是要想把这个"不"变成"是"就太难了，即使你付出 10 倍的努力也不一定能使他改变态度。格林尼治储蓄银行的出纳詹姆士·艾伯森先生就曾经用这种方法挽回了一位差点失去的客户。

　　艾伯森说道："有个年轻人走进来要开个户头，我递表格给他填写，有些问题他答复得很爽快，有些问题他则断然拒绝答复。

　　"在我没有弄懂人际关系以前，我会告诉这个客户，假如他拒绝给银行完整的资料，我们很难让他开户。但是今天早上，我知道最好不要谈及银行需要什么，而是客户需要什么。所以我决定从一开始，就先诱使他回答：'是的，是的。'于是，我先同意他的观点，告诉他，那些他所拒绝回答的资料其实并不是非写不可。

　　"我又说：'但是，假定您碰到意外，是不是愿意银行把钱转给您所指定的亲人？'

　　"他回答：'是的，当然愿意。'

　　"那么，您是不是认为应该把这位亲人的名字告诉我们，以便我们届时可以依照您的意思去处理，而不致出错或拖延?

　　"他再度回答：'是的。'

　　"年轻人的态度已经缓和下来，知道这些资料并非是为银行着想，而是为了他个人的利益。所以，最后他不仅填写了所有资料，而且在我的建议下开了一个信托账户，指定他母亲为法定受益人。当然，也回答了所有与他母亲有关的资料。

　　"由于一开始就让他回答：'是的，是的。'反而使他忘了原本问题所在，而高高兴兴地去做所有我建议的事。"

　　和艾伯森的经历相仿，卡耐基的一次亲身经历也证明了类似的道理。

数年前，有一商人曾对卡耐基使用这种方法。那时他打算去某地进行钓鱼旅行，因此先向旅行社打听种种情形。他接到许多该地野外帐篷商及向导寄的信件和手册等物，这使他不知接受谁家的好。后来有一个帐篷商做了一件很聪明的事情。他把从前招待过的几位客人的名字同电话号码寄给他，请他打电话向那些人问问，就可以知道他们公司招待得怎么样。

恰巧帐篷商提出的人名之中有一位是卡耐基的熟人。他打电话问过这个熟人之后，随即电告那个帐篷商何日起身前去。别的帐篷商都想要把他们的产品卖给他，但是只有那位让卡耐基自己主动去买，结果他胜利了。

我们再看一下电话机的发明者贝尔经历的事情。

有一次他出门去筹款，当走到大资本家斯贝特先生的家里，他希望斯贝特先生能够对于他正在进行新发明的事业投入一点资金。但他知道斯贝特是一个脾气古怪的人，对于电气事业向来是不感兴趣的。贝尔开始时，并不对他说明能获得多少利益，也不对他解释科学理论。据贝尔的传记上记载，过程是这样的：他弹着钢琴，忽然停止了，向斯贝特说，你可知道，如果我把这脚板踩下去，对这钢琴唱一个声，这钢琴便也会重复唱出这个音来。这事您看有趣吗？斯贝特当然摸不着头脑，更不知其中的含义，于是便放下手中正在阅读的书本，好奇地询问贝尔，然后贝尔详详细细地对他解释了和音或复音电话机的原理。这场谈话的结果是，斯贝特很情愿地负担了一部分贝尔的实验经费。

其实，贝尔的策略是非常简单的。我们大概都知道，这是一种四周埋设着许多陷阱的做法。在他讲他那故事之前，他先设法引起对方的好奇心。贝尔吸引了斯贝特对他及他的理想的注意，这是一种很有力量的策略。

让对方说"是"往往比让他说"不"有利，强硬地批评或指责对方往往就是说"不"的诱因，那么为什么不换一种战术来让他接受你的建议呢?

任何一位高效的沟通者都会在不知不觉中使用一些技巧来达到他们说话的目的,而让对方说"是"无疑是其中的一个好办法。它为双方节约了大量时间,那些毫无意义的思考带来的结果往往并不能令人满意。

因此,学会运用这一技巧很重要,同时也非常实用。

表示诚意要抓住时机

一个参赛的棒球运动员虽有良好的技艺、强健的体魄,但是他没有把握住击球的"决定性的瞬间",或早或迟,棒就落空了。同样,一个人说话的内容无论如何精彩,但如果时机掌握不好,也无法达到说话的目的。因为听者的内心往往随着时间的变化而变化。所以要对方愿意听你的话,或者接受你的观点,就应当选择适当的时机。

所以,时机对说服者来说非常宝贵。但何时才是这"决定性的瞬间"、怎样才能判明并抓住它并没有一定的规律,主要是看当时的具体情况,凭经验和感觉而定。但这里有一个"切入"话题时机的问题。

交际场合往往会出现这种情况:有的人口若悬河,滔滔不绝,十分健谈;而有的人即使坐了半天,也无从插话,找不到话题。讲话要及时"切入"话题,首先必须找到双方共同关心的基本点。

杰克新买了一台洗衣机,因质量问题,连续几次拉到维修站修理,但都没有修好。后来,他找到商场经理诉说苦衷。

经理立即把正在看侦探小说的年轻修理工汤姆叫来询问有关情况,并提出批评,责令其速同客户回去重修。

一路上,汤姆铁青着脸不说一句话。杰克灵机一动,问道:"你看的《福尔摩斯》是第几集?"对方答道:"第一集,快看完了,可惜借不到第二集。"杰克说："包在我身上。我家还有不少侦探小说，等一会儿你尽管借去看。"

紧接着，双方围绕着侦探小说你一言、我一语，谈得津津有味，开始时的紧张气氛消除了。后来，不但洗衣机修好了，两个人还成了好朋友。

切入话题除了要注意双方所关心的共同点，还要考虑在什么时候最好。人们经过研究指出：在讨论会上，最好是在两三个人谈完之后及时切入话题，这样效果最佳。这时的气氛已经活跃起来，不失时机地提出你的想法往往容易引起对方的关注。而要是先发言，虽可以在听众心中造成先入为主的印象，但因过早，气氛还较沉闷，人们尚未适应而不愿随之开口；若是后讲，虽可进行归纳整理，井井有条，或针对别人的漏洞发表更为完善的意见，但因太晚，人们都已感到疲倦，想尽快结束而不愿再拖延时间，也就不想再谈了。

让我们来看一个例子。电冰箱老化了，制冷效果很差。丈夫几次提出要买一个新的，但都因妻子不同意而没有实现。

中午，妻子对丈夫说："今天真热，你把冰箱里的冰棒给我拿一支来。"

丈夫打开冰箱，说："冰棒都化了。"

"这个破冰箱！"妻子骂道。

"还是再买一个新的吧。"

"那就买一个吧。"妻子欣然同意了。

到了商店，看中了一个冰箱，一问价格，要 2000 美元。

"太贵了，还是别买了吧。"妻子说。

"端午节快到了，天气这么热，咱们买的肉和鱼往哪儿放？"丈夫说。

这时，售货员插入一句："这个冰箱虽然贵些，但耗电省，容积大，从长远来看还是合算的。"

"那好，就买这个吧。"妻子终于同意了。

这位丈夫捕捉住了说话的时机，终于达到了目的。同时，售货员也因为插话及时，而得以成功把电冰箱售出。

另外，在说服他人的时候，要特别注意把时机选在对方心情比较平和的时候。因为一些人由于劳累、遇到不顺心的事或正在把注意力集中在其他事情上时，是没有心情来听你说话的。

懂得退，才能更好地进

面对冲突，一般最简单的做法就是用强去争，但可能对方比你还强，你用强，别人亦用强，结果就不那么妙了。实际上，在聪明人看来，低头不单是缓和冲突，也能化解冲突，而争只有在极端情况下才能解决冲突，在多数情况下只能激化冲突。其实在很多事情上，头低一些，退让一步，不但自己过得去，别人也过得去，产生冲突的基础不复存在，冲突自然就化解了，事情当然也就更好办了。

马丁在纽约市出生并长大，已经30多岁了。

这时他刚搬到西海岸，在一家建筑公司担任管理职务。他曾听到他的同事叙说过一些有关老板谢尔曼和彭泽的事情。当时他对此还表现得嗤之以鼻，他认为在背地里谈论老板毕竟不是什么见得了光的事。

这天早晨，马丁走进了自己的办公室，还未等他安安稳稳地坐下，他的老板谢尔曼便快速走了进来。他像装了火药的大炮，一进马丁的办公间，便用很高分贝的声音对马丁嚷道："先生，别以为现在你已经很安稳很舒坦了，其实这是一个十分不对的想法。你知道，像我们这样一个规模大，而且活力十足的私人公司是容不得混日子的人的，你知道我说的意思！"

谢尔曼停顿了一下，似乎刚才的一阵阵连环炮让他感觉到有些累了，但还没等马丁舒完一口气，他便又瞪大眼睛并以咆哮的声音警告马丁："老兄，在我这里，你可不要妄想浪费时间，因为想要工作的人多得很，有人甚至为了得到这家公司工作的机会而塞钱给我呢！"

这部"战车"对他扫射一阵后，马丁完全可以感受到同事们的目光。"他以为他是谁啊？"马丁自言自语，心里充满了委屈。

诸如此类情况，相信你也曾遇到过。显然，如果此时冲动起来，接下来将会发生什么可想而知。而这势必会影响你未来的发展，那么，该如何处理呢？看看马丁的做法吧。

马丁表现得很冷静，虽然他的内心也充满了火气，但他很快调整了过来，他开导自己：其实上司对我没有任何成见。他以激烈的言辞攻击，其背后的动机是因为把工作看作最重要的事。在他看来，应该要发生的事没有发生，所以他就用激烈的态度和集中大家焦点的方式来证明自己可以掌控局面。而我本人又刚好站在火线上。

于是他压抑了反击的行动，稳住自己的立场，盯住老板的眼睛，屏息等待风雨停止。老板发作完了，马丁问："还有别的指示吗？"

显然，事情还没完。"烈火战车"再次装满谩骂的火药，然后再度打开。马丁隐忍不发作，慢慢吸了口气，平静地："还有别的吗？"

"怎么，你……"谢尔曼最后一次装上火药，发射，现在，他的火药已经全部用尽了，他能骂的都骂出来了。这时他站在那里静静地盯着马丁，好像在等待他的回答似的。马丁平静地说："那么，现在我要回去工作了。"

谢尔曼转了一圈后，平静地走开了。

所以，如果在说服他人的过程中也处于马丁的情况下，最好也是和他一样，先压住火，调整心态，稳住立场，然后做自己该做的事。这样，既不会因自己的冲动而断送自己的前程，也不会让发动进攻者抓住自己的把柄，而所有的不满与愤怒又在默默无声中传递给了对方，让对方在静默中反省自己的错误。

一定要忍耐的目的是让自己与当时的环境产生一种和谐的关系，

让那些原准备射向自己的明枪暗箭纷纷掉转方向，从而保存自己的能量，以便走更长远的路。这显然是更高明的策略。

忍耐并非没有出息，而是一种另辟蹊径的进取之法。掌握并活用这种方法，相信你一定会受益匪浅。

权威的力量是巨大的

在说服别人的时候，抬出权威来说话，这就是"权威说服法"。有些人寿保险推销人员在卖人寿保险的时候，喜欢提到权威人士。他们说："你们工厂的经理也买我们的人寿保险。"大家会说："噢，我们公司的经理那么精明能干，他们都买你们的人寿保险，看来你们的人寿保险是不错，买吧。"推销人员没有经过很深的判断，就这么做了。这就是利用了权威的心理。

有的时候没有这种权威人士给你做宣传，又该怎么样呢？那么用数字、用统计资料。因为一般人认为数字是不会骗人的，所以你说：这家工厂用了我们的机器后，产量增加了20%，那个工厂用了我们的计算机后，效率提高了50%。那么你把这些数字拿给客户看，客户很容易就接受了。有的时候，统计数字还太少，产品刚刚出现，还没有那么多客户的时候，还有一种方法，就是用前面的顾客买了他们的产品觉得满意写来的信函。这个时候，这种做法对新顾客、对一些小的公司也能起一定的影响作用，这就是权威的心理。

利用角色说服对方"让你换成我，你该怎么办？"这种说服法利用了"角色扮演"使对方有互易立场的模拟感觉，借此模拟感觉而达到说服对方的目的。

美国人际关系专家吉普逊认为他的好友之一——某陆军上将之所以有今日之成就，完全得力他拥有超人的说服技巧。吉普逊的这位朋友从小就憧憬着军旅生涯，1929年美国经济恐慌，人人被生活逼得走投无路，年轻人都一窝蜂挤入各兵种的军事学校。他特别钟情西点军校，可是有限的名额早就被有背景、有门路的人占据了。他只是个升斗小民，于是乎，他鼓起勇气，一一拜访地方有头有脸的人物，不怕碰钉子，勇敢地毛遂自荐："我是个优秀青年，身体也很棒，我平生最大的意愿是进西点，报效国家，如果您的子弟和我一样处境，请问这怎么办呢？"

没想到，这些有地位、人脉广的人物经过他这么一说，十之八九都给了他一份推荐书。有的人更积极为他打电话，拜托国会议员，他终于成了西点军校的学生。

任何人对自己的事总是怀着很大的兴趣和关切。如果这位年轻人不以"如果您的子弟和我一样"这种角色互换作为攻心战术的话，他哪能有今日的成就？

要说服别人，先得使他进入情境，对你的问题感同身受，兴起关切之心。别人在回答"如果你是我……"的问题时，不自觉地便把自己投射在该问题中了，最起码的收获，他的回答已经为我们提供了较客观的解决方法。

找到对方的弱点

当你想改变一个人做某一件事的方法，将新方法推荐给他时，他不一定愿意采用你的新方法，他会感觉还是老方法好。即使你是上司，也要记得，说服总比强迫好，用说服的方法会使你得到更大的好处，更长远的好处。

你的目的不外乎是让他抛弃他的旧思想，接受你的新思想，但是除非他完全相信你的新方法好于他的旧方法，而且还能给他带来更大的好处，他才可能放弃他的旧思想，接受你的新思想。为了使别人更顺畅地接受你的思想，要引导他客观地、实事求是地检查他自己的情况，以便于你指出并暴露他的弱点。

当你发现了对方弱点的时候，你就可以用这个弱点说服他接受你的观点。当他明白那确实是他的弱点的时候，他就会敞开胸怀接受你的建议。当你想说服某人接受你的观点时，最好是先让他开口说话，让他替他自己的情况辩护。但你心里清楚你占有优势，这样，他说着说着，就不可避免地要暴露出自己的弱点，这时你可以用这些弱点攻破他的防线，但最好还是让他自己发现自身的弱点。

你怎么才能让他透露他的观点呢？不妨向他提出一些主要问题。为了帮助你尽快掌握这种方法，让我们听听一家大公司的企业关系部主任谢利·贝内特女士是怎么说的。

"如果我的一个新计划或者一种新思想遭遇一个雇员的阻力，我总会想方设法听听他的意见。"贝内特太太说，"他的意见总能给我一些提示，让我找到向他发问的门路。因为他在谈话中会多多少少暴露出一些弱点，实际上，他也知道这些弱点，但这些弱点对我都是大有帮助的。我请他把反对理由的要点再考虑几次，然后通过询问他还有什么其他想补充的以发掘更多的情况。

通过询问一系列问题，我能够得到他认为是重要的各种情况。在宣布我的主张之前，我要告诉他我对他的观点很感兴趣。一开始，我让他多讲话，但绝不能让他操纵这次对话。我要通过提问来控制形势，我越问，他的话就会越少，到后来就会张口结舌。这样，我就完全掌握了主动权。如果你想确保你的思想方法战胜他的思想方法，你就让他设身处地发现他自己的弱点，那样他就会心甘情愿接受你的观点了。"

你也可以像贝内特女士那样做，如果你让说服对象先发表他们的看法，他们就会暴露他们的思想，这样你就会发现他们的弱点。当他们意识到自己在谈话中有漏洞的时候，就会更愿意接受你的观点。

当然，如果你发现他的旧方法比你的新方法更好，则应保留旧方法，而丢弃你的新方法，其结果依然对你有利。

避免伤害他人的自尊心

有这样一种现象：设计相同、质地相同的高级女服，价格越贵，越容易销售。一家服饰店的老板讲了这样一件事：有一次，店中刚雇用不久的店员对一位正在挑选西装的顾客劝说道："这边是比较便宜的！"结果这位顾客突然大怒，气势汹汹地说道："什么比较便宜，我又不是没钱，你太没礼貌了！"后来，老板赶紧连声道歉，才算了事。

如果是在超级市场内，"便宜"是说服顾客购买的最好宣传词。但是，时间、地点不同，它就会产生完全不同的效果。

这种情况不限于商业中，在我们说服对方的过程中，常常因为没有考虑到对方的自尊心、虚荣心，使用了不慎重的态度或语言而失败。尤其是说服自尊心、虚荣心强的人时，这种情况便会成为必然。因此，说服就必须注意不伤害对方的自尊心、虚荣心，而应照顾到对方的"自我意识"，使他接受你的说服。

这是因为有时自尊心、虚荣心是不能以计算得失等利益关系来衡量的。例如，美国曾经以"你常看什么杂志？"为题进行过问卷调查，大多数人都填写了高级杂志的名称，而填写低级趣味的杂志名称的人寥寥无几。然而，实际上完全相反，就连无须署名、丝毫不会伤害体面的问卷调查尚且不吐真言，可想而知如果这种人处于被说服的境地，会更加维护自己的面子，进一步加厚心中的屏障，使你的说服难以进行。

自尊和自负都是由于自认为高人一等的自我膨胀，是一种不仅在表面上而且在内心也想压倒他人的一种心理。虚荣心则可以说是想让别人更高地估计自己，扩大自我的一种心理。它们的表现形式是多种多样的，例如，执着地追求名誉或想拥有大量物品等。但是，无论怎样表现，都是"要使自己压倒所有的人"的这种心理在作怪。这样，由于这种人产生了自己要高于一切的欲望，往往是助长了过了自信的坏毛病，而不可能有自知之明，渐渐形成了自尊心和虚荣心。

其实，每个人都想使自己永远处于优势，不想降低自我的标准，永保"高大的自我"形象。

因此，担心接受说服会降低膨胀后的自我标准，结果是对此所产生的抗拒力、抵抗感及防卫反应也就很强。这里有两种表现形式：一种是阻止自己发现真正的自我；另一种是担心说服者知道自己的真正自我，所以就采取不愿接受说服的态度。

当对方心理深层中的自尊心和虚荣心阻碍说服时，他会采取什么样的态度呢？

首先，在你对他进行说服时，他毫无顾忌地打断你的谈话，说："知道了，知道了。"可以说，这是自尊心、虚荣心的强烈表现。这也是不想让对方进一步涉及已经膨胀了的"自我意识"，而想维护自己的想法，实行我行我素这种深层心理的表现。"知道了，知道了"这句话中含有"你不要再说了，你是不是不信任我？""我知道了，你不必再啰唆"的意思。另外，蔑视对方时也往往有这种心理，因此，他们会说"你怎么竟说起我来了？也不看看自己是什么身份……"等。采取这种态度的人都是在极力维护自己的自尊和虚荣。

有的人在交谈中会突然沉默下来，但他并不是想打断你的谈话，这些人一般都是因为在谈话中自尊心受到了伤害，采取沉默的态度是为了避免再度受到伤害的心理表现。还有一种表现，那就是不是沉默，而是挑剔你的谈话，这也是因为自尊心、虚荣心在交谈中受到了你的否定，所以采取了"自卫"态度。

另外，在经过反复讨论，即将得出结论时，他又会问："如果出现这种情况，怎么办？""如果……你怎么办？"等令你焦急的话，或迟迟做不出结论，这一般也是因为自尊心在作怪。这种表现形式在公司的上司与职员之间尤为多见。

　　这种表现形式说明对方想让你知道他的能力比你强、地位比你高、知识和信息也比你丰富，包含着"你再说也是徒劳的"这种心理，试图攻击性地进行自我防卫。

　　如果对方说："虽然你这么说，但我却不那么认为……"或是佯装专心听你说服，其实心不在焉，这也是担心自尊心受到说服者的伤害而为膨胀了的"自我意识"设置一条防线的表现。另外，当对方提出莫名其妙的要求，或故意回答得模棱两可时，一般来说，也同样是为了避免自尊心受到伤害而采取的拒绝态度。

　　在要说服年龄比自己大的人时，假如对方一再说："年轻人真好"等来强调代沟意识，多半也是因为心理深层中存在着自尊心。这是害怕说服者伤害到年纪大而且保守的自己，想在自己与说服者之间设置一道围障的心理表现。

　　可见，具有自尊心的人所采取的态度是多种多样的。但是，卡耐基认为最直接表现出这种深层心理的是喜欢自我宣传的人，或想利用夸张行为引起人们注意的人。

　　很多政治家都有对一切事情均加以夸张的习惯，因此当你对他进行说服时，他会回答说"没问题"，表示要接受你的说服。但是，事实上，往往会彻底拒绝你。

　　那么，当你要说服的对方对你采取了以上各种态度时，你将怎样做才能在不伤害对方自尊心、虚荣心的前提下取得他的信任，使他接受你的说服呢？相信你的心中一定已经有了答案。

第六章 幽默的力量，千方百计让自己变得更有趣

幽默有广义与狭义之分，在西方，常包括一切使人发笑的文字，连鄙俗的笑话在内……在狭义上，幽默是与郁剔、讥讽、揶揄相区别的。幽默是让你笑了以后想出许多道理来，有趣或可笑而意味深长。最上乘的幽默自然是表示心灵的光辉与智慧的丰富。一个人的幽默能力和其智商成正相关，可以毫不夸张地说，幽默就是一门哲学；幽默是一种优美的，健康的品质；幽默是一个人成熟的一种表现。

做个幽默的人，提升个人魅力

无论我们从事着什么性质的工作，无论我们处于什么样的社会地位，我们都要与人交往。而幽默能帮助我们与他人进行沟通和交往，还能帮助我们处理一些问题，特别是人际关系问题，并顺利渡过困难的处境。

卡耐基认为，幽默能够帮助我们在社会交往中与人建立一种和谐关系。当我们希望成为能克服障碍、具有乐观态度、赢得别人喜

爱和信任的人时，它就能帮助我们达到目标。

在社交场合，当你看穿他人的想法时，不妨神色自若，然后轻松地使用幽默。

有一次，著名喜剧演员卡洛·柏妮正在某餐厅里用午餐，这时有一位老妇女走向她的餐桌，举起手来摸了摸卡洛的脸庞。这位老妇的手指滑过她的五官，带着歉意说："我看不出有多好。"

"省省你的祝福吧！"卡洛说，"我看起来也没有多好看。"

卡洛这一妙语打破了双方的尴尬局面。同样善于运用幽默语言调节气氛的还有著名作家萧伯纳。萧伯纳之所以受到大家的尊敬，不仅因为他的文学贡献，还因为他突出的说话才能。幽默在他的说话中随处可见。

一次，一位英国出版商想得到萧伯纳对他的赞誉，借此抬高自己的身价。于是，他就去拜访萧伯纳。当他看到萧伯纳正在评论莎士比亚的作品时，就说："先生，您又评论莎士比亚了。是的，真正懂得莎士比亚的人太少了，算来算去，到目前为止，也只有两个。"

萧伯纳已明白了他的意思，让他继续说下去。

"是的，只有两个人，这第一个自然是萧伯纳先生您了。可是，还有一个呢？您看他应该是谁？"

萧伯纳说："那当然是莎士比亚自己了。"

还有一次，萧伯纳应邀参加了一个丰盛的晚宴。在宴会期间，有一个青年在他面前滔滔不绝地吹嘘自己的才能，表现出一种不可一世的样子。

一开始，萧伯纳仔细地倾听，一言不发。但是听到最后，他终于忍不住了，便开口说道："年轻的朋友，只要我们两人联合起来，世界上的事情就无所不晓了。"

那人惊愕地说："真的吗？"

萧伯纳说："怎么不是？你是这样精通世界万物，不过，你尚有一点欠缺，就是不知夸夸其谈会使丰盛的佳肴也变得淡而无味，而我刚好明了这一点。咱俩合起来，岂不是无所不晓了吗？"

幽默也有高低之分。有人说，那些听了别人的笑话能笑的，是普通人；那些能够讲笑话逗别人笑的，是有一定幽默感的人；而那些能够拿自己开玩笑的人，才是真正的幽默大师。许多著名人物都曾以取笑自己来拉近与观众之间的距离。当观众仰慕他们的声名、地位和气质时，他们常会拿自己不能尽如人意的面貌特征来开玩笑。

一位发胖的女演员这样取笑自己的体态庞大："我穿着白色游泳衣到近海游泳，一定会使飞过上空的美国空军大为紧张，以为发现了古巴潜艇。"

有一次，美国前林肯总统因为被人指责为两面派而提出抗议，他说："我不可能有两个面，这是谁都清楚的事，如果我有两个面的话，我就不会以这副难看的相貌来见大家。"

笑自己的相貌，或者笑自己做愚蠢的事，会使你变得较有人情味。如果你得天独厚，长得秀美英俊，也不妨以别的缺点来开玩笑，使自己显得谦虚随和一些。

总之，卡耐基认为，运用好幽默力量就相当于好的仪态举止，能使我们在社交活动中游刃有余，从容应对。

幽默可以增强人际吸引力

在人生的道路上不可能没有困难。有时人会在窘境中挣扎，会为失意而蹉跎，甚至会被突然而至的人生风暴击倒。从某种意义上说，没有任何力量能够挽救自己，只有来自自身的勇气、信心和智慧才是可靠的根本性力量。有生活经验的人都会认识到，以幽默面对人生困难的重要性，幽默几近一种缓冲机制，它显然与对抗、失望和悲观无缘。人人都会遇到难题，这就看你是否善于解决。要不断地寻找问题、发现问题，并谨慎地对待它、解决它。

无论你即将从事一项新的事业，还是才换了工作，或是正尽量完善提高自己，如果你能改变旧我形象，增强幽默意识，树立幽默的个人形象，那你成功的机会就将大大增加。

伟大的思想家、赫德森学院的创始人赫尔曼·凯恩特别合群。他抓住一点一滴的机会与所有与他遇到的人——电梯管理员、出租汽车司机、饭店侍者进行幽默的聊天，这使他更了解自己从事的经济学、政治学、社会学研究背后那些真实的事和人。他曾说："你从来不会预先知道和他人的谈话会带给你什么启示。"他克服了知识分子通常那种冷漠和不愿与生人打交道的孤傲情态，这使他取得了预料之外的硕果。

幸运的人从不因为太忙就不结交新朋友，或断绝与旧相识的联系。他们乘坐飞机、火车、轮船时，总喜欢与邻座交谈，互换名片，还参加各种俱乐部或与职业有关的组织。他们既谈论别人，也被人谈论。纽约一个调查各行政部门情况的机构负责人说，他们所预计的较高职位的候选人"只是那些使自己广为人知的人"。

这是很难吸取的一个经验，因为有些人使成功看起来很容易。我们往往只看到他们在享受成功的果实，却忽略了培植和浇灌它所需付出的艰苦劳动。这种艰苦的劳动也包含学会幽默。

成功的秘密既不神秘莫测，也非深奥难懂，它既包含令人羡慕的机遇，也包含不幸的环境。但两者都不应完全控制我们的生活。

大多数人的生活形式是固定不变或在一段时期内固定不变的。这就是人们普遍认为生活沉闷的外在原因。在这种总的生活背景下，人们便要去寻求变化，去设法摆脱沉闷感，这时就会对生活的形态进行改造，这种做法最好的方法之一就是培养和制造幽默感。把枯燥的工作变成饱含乐趣、轻松的工作，就再也不会感到沉闷了。充满欢笑的工作不是对人的折磨，而是对人体一种愉快的运动。奋斗战胜了困难，挣扎摆脱了窘境，失意不再蹉跎，风暴再难击倒。作为缓冲机制的幽默，失望、悲观、沮丧都与其无缘。要把人生的道路变得宽广、平坦、色彩灿烂，就应以友善、宽容、谅解、发展的眼光看问题。对于那些并不需要计较的、鸡毛蒜皮的问题，当然可以一笑了之。乐观态度是幽默的好朋友，让它永远在人生的道路上伴随我们同行。

拒绝的话可以幽默地说

拒绝的话一向不好说，说不好就很容易得罪人。因此拒绝他人时，要讲究策略，最重要的一点就是含蓄委婉。而幽默地拒绝正能巧妙地体现这一点。用幽默的方式拒绝别人，有时可以故作神秘、深沉，然后突然点破，让对方在毫无准备的大笑中接受你的拒绝。

汤姆很怕自己的妻子，一个周末，他的妻子让他在家里修剪草坪，这时正好几个同事约他去钓鱼，于是他只好回答："其实我是个钓鱼迷，很想去的。可结婚以后，周末就经常被没收了啊！"同事们哈哈大笑，也就不再勉强他了。

有时候，拒绝的话像是胡搅蛮缠，但因为它是用幽默的方式表达出来的，所以也就在起到拒绝目的的同时，让别人很愉快地接受了。

意大利音乐家罗西尼生于1792年2月29日，因为每四年才有一个闰年，所以等他过第18个生日时，他已72岁了。他说这样可以省去许多麻烦。在过生日的前一天，一些朋友来告诉他，他们集了2万法郎，要为他立一座纪念碑。他听了以后，说："浪费钱财！给我这笔钱，我自己站在那里好了！"

罗西尼本不同意朋友们的做法，但他没有正面回绝，而是提出一个不切实际的想法："给我这笔钱，我自己站在那里好了！"含蓄地指出朋友的做法太奢侈，点明其不合理性。此外，还可以用假设的方法虚拟出一个可能的结果，从而产生一个幽默的后果，而这个后果正好是你拒绝的理由。这样，不仅不会引起不快，反而可能给对方一定启发。一位演技很好、姿色出众，但学历不高的女演员对萧伯纳的才华早就敬而仰之。平时她生活在众星捧月的环境中，多少有一些高傲，总以为自己应该嫁给天下最优秀的男人。某次宴会中，她和萧伯纳相遇了，她自信十足，以最迷人的音调向萧翁说："如果以我的美貌加上你的天才，生下一个孩子，一定是人类最最优秀的了！"

这位大文豪立刻微微一笑，不疾不徐地回答："对极了。但是如果这孩子长成了我的貌和你的才，那将是怎样的呢？"

这位美女演员愣了一下，终于明白了萧伯纳的拒绝之意。她失望地离开了，但她一点也不恨萧伯纳，反而成了他最忠实的读者和好朋友。

对于普通人来说，拒绝别人的话总是不好说出口，但拒绝的话又经常不得不说出口，这时不妨用幽默的方式说出拒绝的话，抹去对方遭到拒绝时的不愉快感。

幽默的语言可以平息他人的怒气

幽默的语言往往给人以诙谐的情趣，使人在笑意中有所领悟。幽默是缓解紧张、祛除畏惧、平息愤怒的最好方法。

一个可怜的、严肃的省议员觉得受到了别人的侮辱，他怒气冲天，迫不及待地想报复，但一时又找不到什么方法，结果，他的行为举止好像一个孩子一样幼稚：孩子往往会去找老师告状，要求老师去惩罚他的敌人，这个议员则是去主席那里申诉。

这个议员找的是麻省省议会的主席柯立芝。这个议员所受的委屈使他相信柯立芝一定会替他当场主持公道的，但是，柯立芝却以一种非常幽默的方式把这件事解决了。

纠纷是这样引起的。当另一个议员在做一个很漫长的演讲时，这个议员觉得对方占用的时间太长，就走到对方跟前，低声说："先生，您能不能快点……"话未说完，那个正在演讲的议员便回过头来，用严厉的口气低声呵斥他道："你最好出去。"然后仍旧继续演讲。于是，这个受了委屈的议员走到柯立芝面前说："柯立芝先生，您听见某某刚刚对我说的话了吗？"

"听见了，"柯立芝不动声色地答着，"但是，我已经看过有关的法律条文了，你不必出去。"

这种回答实在是太聪明了。柯立芝把那位议员的愤怒当成了玩笑，他没有让自己卷入这种儿童式争吵的旋涡中去，反而用一种幽默的方式中止了这场无聊的争执。

机智的人不仅善于以局外人的身份化解他人的争吵，而且更善于打破在与人交往时因发生矛盾而出现的僵局。

有一天，在拥挤喧闹的商场里，一位女士愤怒地对售货小姐说："幸好我没有打算在你们这儿买'礼貌'，因为在这儿根本找不到！"

售货小姐沉默了一会儿，说："您可不可以让我看看您的样品？"

那位女士愣了一下，笑了。

售货员利用自己的幽默维护了自己的尊严，并且打破了她与顾客之间的尴尬局面。

在把事情弄得很紧张、很严重的时候，能从这种白热化的僵局中看出其中所包含的幽默成分，便可巧妙地避免麻烦和纠纷。如果柯立芝或是那位售货小姐对于争吵也采取一种较真的态度，那对于大家又有什么好处呢？无非是更加激化双方的矛盾。而由于采取了一种幽默的态度，柯立芝便缓解了那种大伤感情的纠纷，那位售货小姐也巧妙地批评了那位女士的无礼，从而制止了进一步的争论。

人们为了解决求学、工作、住房、购物等方面的问题，往往要与人交涉。学会在交往中适时地表现幽默，你成功的概率一定会大大增加。

借助幽默的力量获得成功

各种业界莫不对幽默力量给予很高的评价。实际上，幽默称得上是一个具有亲和力的"形象大使"。因为很多工商业界高阶层的负责人都运用幽默力量来改变他们的形象，甚至改善大家对整个公司的看法。每一阶层的领导人和经理人在人事的甄选与训练上也转而向幽默力量来求助。

让我们提出一些统计资料和实例来重申上述的观点。此外，为了便于讨论，我们在提到"幽默"或"幽默感"时，就包含"幽默力量"的含义。

有一次，美国329家大公司的行政主管参加一项幽默意见调查。由一家业务咨询公司的总裁霍奇先生主持此项调查时发现：

97%的主管人员相信，幽默在商业界具有相当的价值。

60%的人相信，幽默感能使人决定一个人事业成功的程度。

在《芝加哥论坛报》里工商专栏的作家那葛伯访问了参与调查的几位主管人员，而后整理出几位高级经理人员的意见：

克雷夫特公司总裁毕尔斯认为，幽默感对于主管人员十分重要。"它是表示一个主管具有活泼、弹性的心态的重要指标。"毕尔斯说："这样的人通常不会把自己看得太严重，而且比较能做出好的决策。"

还有一家公司的总裁从创造和谐快乐的同事关系的观点来看幽默感，"这是一个基本原则，"他说，"就是你若能做些自己引以为乐的事情，那么你会是一个较好的老板，或较好的下属。"

幽默被用为工商业的沟通有逐渐增长的趋势，还有另一个可靠的指标，是来自幽默家欧尔本的资料。他创办幽默服务，发现近十年来，光顾的客户有很大转变。工商业者有越来越多的倾向，而不再像从前以娱乐界、政治家、教育家等为主。

至于对一个受雇于人的职员，幽默对他潜能的发挥有什么实效呢？我们不妨来看看赫斯特先生的意见。

赫斯特先生在佛罗里达一家经营数家餐厅的大公司里担任高级主管的工作。他将幽默列为职员必备的条件之一。他说，尤其是居于"最前线"接待客人的职员，更是特别重要。他建议在人事的甄选和面谈时，要"选那些能自我解嘲的人"。

此外，他还问每一位应征者这样一个问题："你曾经发生过什么有趣的事？"如果应征者想不起什么有趣的事，他建议他们说个幽默的小故事，这样也会有所帮助。

越来越多高阶层的管理者希望他们在同事和大家眼中的形象更人性化一些。这些领导人鼓舞我们和他们一同笑。

和别人一同笑会增加我们自己的亲和力。如果我们不抓住这些机会的话，我们就失败了。一个演说家站在讲台上，如果只知道笑是一剂良方，但是自己却打不开瓶盖来服用，那就是个失败者了。

和别人一同笑能树立你自己的良好形象，而且设身处地为别人着想。然后，你就能适当表达自己的观点，并且获得成功。

如果我们以尖刻的批评去对待一位工作处理不好的同事，就会造成失败的局面。那位同事会失去他的自信心，而我们会失去他的信任，得不到成功的合作。但若是"以对方为中心"去了解他人，则会打开沟通的途径。

借幽默力量来成功！以建议的方式来代替批评，对工作上出了毛病的问题，和你的同事一起笑吧！那么你和你的同事就都赢了。更甚于此，你的同事会因此觉得能自由自在地与你一同笑。

太尴尬了，来幽默一下

幽默不仅能消除烦恼、增添快乐、活跃气氛，还能化解尴尬。

每个人的心里都会有些痛处，被人提起就容易心浮气躁。这时不妨唤醒你潜藏的幽默感，收集一些巧答妙对来应对一些尴尬的场面。

丘吉尔说过："除非你绝顶幽默，否则就无法处理绝顶重要的事，这是我的信念。"杰出的政治家就经常用幽默化解对手的攻击或一些不便回答的问题。

丘吉尔任国会议员时，有位女议员十分嚣张。一天，她居然在议席上指着丘吉尔说："假如我是你老婆，一定在你咖啡杯里下毒。"

狠话一出，人人屏息。却见丘吉尔顽皮地笑答："假如你是我老婆，我一定一饮而尽！"结果，全场人士及那位女议员都忍不住笑了起来。

在有些尴尬的场合，恰如其分的幽默能使自尊心通过自我排解的方式受到保护，而且能体现出说话者宽广大度的胸怀。

幽默历来是最妙的语言艺术，世界上很多伟大的人物都曾经展现过自己幽默的语言天赋，并以此化解了自己或他人遭遇的尴尬局面。

一次，德国著名作曲家翰内斯·勃拉姆斯参加一个晚会，不承想，到了晚会上，他遭到一群厚脸皮女人的包围，他边礼貌地应对，边想解脱的办法，忽然，他心生一计，点燃了一支粗大的雪茄。很快，有几个女人忍不住咳嗽起来，勃拉姆斯照样泰然自若地抽他的雪茄。终于有人忍不住了，对勃拉姆斯说："先生，您不该在女人面前抽烟！""不，我想有天使的地方不该没有祥云！"勃拉姆斯微笑着回答。勃拉姆斯用幽默的语言使自己从无奈的纠缠中摆脱了出来。

拿破仑的身高只有1.68米。当年他担任意大利军总司令时，曾对比他身材高大的部下说："将军，你的个子正好高出我一头，不过，假如你不听指挥的话，我就会马上消除这个'差别'。"严厉中显示出了拿破仑的幽默和自信。

有一次，英国上议院议员史纳托夫·里德发表演说。正当听众们屏息凝神地倾听之际，忽然席间一名听众座椅的腿折断了，人也跌坐在地上。正当他感到尴尬万分之际，里德却立刻说道："现在各位应该可以相信，我所提出的理由足以'压倒'每个人吧！"在众人的哄笑中，他轻易地为对方解了围。

毫无疑问，笑如香水，向人洒得多，自己也必会沾上几滴。正如作家塞万提斯所说："人类是唯一会笑的动物，别让这份天赋生锈了。"

法国文学家伏尔泰于 1727 年访问英国。他发现英国人对法国人非常仇视，在街上走很危险。有一天，一群英国人向他怒吼："杀了他，把这法国人吊死。"伏尔泰机智幽默，他停下脚步，对着群众说："英国人！你们因我是法国人而要杀我，难道因为我不是英国人而受的惩罚还不够吗？"英国人听了，哈哈大笑，居然一路送他安返寓所。

幽默是最能去除难题的法宝，具有把悲剧转为喜剧的力量，而且只在你一念之间。心胸开朗的人总能自信地幽自己一默，给别人带来欢笑。

有一次，柯立芝总统任期将满时，声明不再竞选总统。当时新闻记者总是团团把他包围，要他详细说明原因。有一位记者特别固执，非要问出个究竟："为什么您不想再做总统？"

结果，他很幽默地回答："因为没有升迁的机会。"

随着年岁渐长，我们肩负的责任也更繁重：未清的账单、待洗的衣服、失落在年轻时代的爱情遗憾，这些都成为我们无法幽默的缘由。很多人认为幽默的方式是不正式的、经常"嬉皮笑脸"的人成不了大事。那上面的这些例子能否让你的观点有所改变呢？我们总是把事态看得过分严重，以致忘了该如何笑，如何处之泰然。

著名讽刺专家林克雷特建议大家："当你生气时，试着想象对方正裸着身子。"这句话的真正含义是指当你为一个难缠的人加上一副幽默的影像时，你就掌握了解决问题的绝对优势。

爱因斯坦是举世闻名的科学家，但他从不注重自己的着装。

爱因斯坦第一次来到纽约，在大街上遇到了一位老朋友。这位朋友见爱因斯坦衣服破旧，便说："你看你的大衣，又破又旧，换件新的吧。怎么说你也是知名人士呀！"

爱因斯坦笑了笑，说："没关系，没关系。我刚来到纽约，这儿没有几个人认识我。"

几年后，爱因斯坦和他的相对论都已名声大噪。巧的是，爱因斯坦又和他的那位朋友在街上相遇了，更巧的是，爱因斯坦还是穿着那件"又脏又破"的大衣。这一次，爱因斯坦不等朋友开口，便自嘲道："这次更不用买新大衣了，全纽约的人都已经认识我了。"

幽默就是如爱因斯坦一样用一种趣味的角度看待发生在你身上的种种事情，只在一念之间，悲剧变喜剧。请在自己的心里撒下幽默的种子，不用多久，你会发现，自己是世界上最富有的人！

在尴尬场合，得体合适地运用幽默可以平添风采。当然，自嘲要避免采取玩世不恭的态度。幽默是恰当运用语言的艺术，许多成功的人都深谙讲话之术，能把幽默运用得当，一定会为你的事业推波助澜。

第七章 满足需求，与听众产生共鸣

不要以为文章写得好，就能把话说好，书面语和口语是不同的，企图把讲稿背熟就去演讲的人，往往都会以失败而告终。让听众参与你的谈话之中，你就跟听众结成了统一战线，你的谈话就更容易被接受。发现对方的兴趣、满足对方的需要，才能有效地达成共识。

考虑听众的所思所想

要想有成功的演讲，演讲者就必须能够事先预见听众可能的反对意见或担心。在所有的演讲过程中，尤其是那些以说服为主要目标的演讲中，认真地考虑和准备听众可能表示的反对意见或担心是非常必要的一项工作。如果对这些采取回避的策略，认为能够侥幸成功，实际上是适得其反，这样只能使整个演讲变得糟糕透顶。

准备听众提出的问题是研究分析听众的重要组成部分，任何想成功的演讲者都不能掉以轻心。不妨静下心来，甚至采用集体讨论的方式预先设想所有听众可能提出的问题。即使有些问题听起来很怪、不可能，也不要轻易放过。要想防患于未然，充分的准备是绝对必要的。

　　演讲中出现破绽在所难免，但事先必须预备防范措施，不妨把所有可能出现的漏洞一一列举出来，所有的逻辑假设都应该重新进行推敲。然后，问一问你自己：万一假设发生改变，演讲内容能否随之改变。你或许会认为自己的见解妙不可言，但在别人眼中很可能一文不值。在探讨大家关心的问题时，你首先必须判断方式是否合适。如果在演讲中，你认为不宜直接讨论大家关心的问题，那么你至少应该知道它们到底是什么。如果指望靠想当然，不做任何准备，那么笔者向你保证，听众的提问一定会让你万分难堪。

　　即使在演讲中用不上，你也必须认真准备听众可能表示的反对意见或担心。或许，后备材料在后来的提问中就能派上用场。同时，你还要想办法确定人们参加演讲的动机或原因。人们的到达方式可以在一定程度上反映出人们参加演讲的兴趣到底有多大。例如，所有的演讲者都有必要弄明白，听众是自己希望来，还是因为其他人的指令不得不来。有时确实有这样的情形：管理人士自己无意前来，多数会要求下属参加。

　　另外，如果你的演讲将在人数众多的大会中进行，不妨判断一下：人们是否真的对演讲的话题感兴趣，还是为了利用机会到会场所在地如圣地亚哥游览一番。

　　如果在演讲中，你将提出新见解或是解决问题的新方法，你就有必要指出新见解或新方法将给大家带来什么样的好处，借以取悦和吸引所有听众。所谓好处将体现在你向决策者提出的建议中，如如何降低费用、如何增加赢利、如何改善服务、如何提高质量，等等。

　　空口无凭的建议再好，也不可能说服决策者，因此，只要可能，一定要强调实实在在的经济效益，如实际核算为多少美元，或是采用其他具体的评估形式。

　　听众最可能接受的是什么信息，什么信息来源和专业概念能被他们认同，你在阐明你的观点时，不可避免地要使用这些信息、数据及其他技术证明你观点的正确性。

了解听众的心理要求

理解听众的心理需求，才能明确听众听讲的目的，找到听众听讲的动机。心理学研究表明，需要产生动机，动机引发行为，行为指向目标。为让听众接受自己的演讲，我们就要研究听众的心理需要，让听众积极配合演讲活动，也要明白听众的心理需求。

听众大体有下面几种积极而正当的精神需要：

一、增知长智，有强烈的求知欲望

人们都希望增长知识、增长才干，只不过由于各自的文化程度和职业不同，所追求的知识范围和深度各不相同。人们对于与自己职业爱好相关的知识最为敏感。事实上，听众听取演讲，其内在的动力正是为获得知识和信息。特别是当代青年，更是如此。他们朝气蓬勃、如饥似渴地广泛汲取知识的营养，有着广泛的求知欲与创造力，不仅注意使自己的知识向纵深发展，而且尽量扩展视野，广泛涉猎，拓宽知识面，向新的知识领域进军，使知识结构纵横结合，形成全方位立体型，并且力图使知识转化为技能技巧，显示出惊人的创造力。演讲者应以大多数听众的愿望为依据，同时要尽可能适应不同层次听众的共同需求，广泛选取演讲材料，满足听众对知识的渴求。只有这样，演讲才能得到听众的密切合作。而要做到这一点，演讲者要加强自身的文化、道德修养，使自己的德、才、胆、识都达到一定高度。

二、自尊、自爱，有明显的切己性要求

每个人都有荣辱感，对与自己的理想、职业、利益、情趣相类似的事情最感兴趣。谁都希望自己的工作、人格得到社会的充分肯定，谁都不愿意受到侮辱和指责。特别是青年听众，他们有实现理想的紧迫感，他们加快了生活节奏，讲求工作效率，急于在现实生活中尽快成才，以便尽量施展自己的本领，实现自我的社会价值。著名心理学家哈佛大学的威廉·詹姆士教授认为："人类本质中最殷切的需求是：渴望被肯定。"赞美正是满足这种渴望的言辞。所以，在一般情况下，演讲者在演讲中，应满足人们自尊、自爱的心理需求，以正面疏导教育为主，切不可轻易指责、讽刺、挖苦，尤其不可揭短，不可当众宣扬别人的隐私，否则就会破坏演讲现场的秩序。

三、砥砺品行，追求理想道德的需要

每个人都生活在社会现实中，都有一定归属感，因此便不可避免地要与社会其他成员进行这样或那样的交往，形成具有鲜明时代特色和特定阶级色彩的行为道德标准。向往崇高的道德理想，歌颂正义、忠贞、善良，憎恨邪恶、奸诈、丑陋是听众道德情感的主要趋向。演讲者宣扬崇高的道德精神，针砭丑恶的不道德的思想行为；介绍和歌颂英雄模范，揭露和鞭笞邪恶就能拨动听众的心弦，引起听众道德情感的共鸣。

四、愉悦怡情，有潜在的审美需要

审美心理人皆共有。五彩缤纷的现实生活、眼花缭乱的客观世界极大地吸引着人们，促使人们多向性地捕捉新异美感体验。其所涉范围非常广泛，几乎渗透到所有社交活动中，演讲活动当然也不例外。演讲者要在自己的演讲中注入美的因素，使演讲具有艺术色彩，以满足听众的美感享受。听众的审美对象是多方面的。环境、演讲者、演讲内容及表现形式等共同构成听众的审美对象。由于听众受自身价值观的影响，他们对演讲的内容和形式的审美要求最高。当然，听众由于各自的修养、文化水准、审美情趣的不同，对同一演讲往往有不同的审美感受，但也还存在着共同性。一般来说，愉悦耳目、愉悦情感、愉悦理智就是三种不同层次的听众的共同审美需要。

不同层次听众的需要、思想意识、兴趣爱好、价值追求等对演讲动机的激发和影响十分重要。善于分析听众的心理需要并满足其心理需要是演讲者要注意的内容。

保持和听众的视线接触

在对你的演讲材料足够熟悉的基础上，你可以尽可能频繁地与听众进行视线接触。直视他人的脸意味着坦率和兴趣，而目光游移或者躲躲闪闪则被解释为心怀鬼胎或狡猾诡诈。人们更愿意看着你的脸，而不是你的头顶。并且，如果你的眼光一成不变地盯着窗外或看着天花板，听众的注意力就会被你从演讲内容上引开。过了一段时间，听众关注的焦点开始转移到那些方向，他们暗自揣测着你的提示卡是否粘在了大梁上，或者窗外是否正发生重大的犯罪事件。

但更基本的是，和听众保持视线接触，可以使得你更有效的接受观众的信息反馈，或者是将视线投射在后排听众的头顶上方来伪装虚假的视线接触，这种做法只会让你得不偿失。

当演讲刚刚开始，你还没有步入正轨时，找到一些用点头示意和积极的面部表情对你做出支持性回应的听众。看着他们并利用他们的支持来帮助你度过这段令你感觉不舒服的时间。但一旦你开始正常发挥，应扩大你的视线接触的范围，使之包括所有听众。

事实上，你需要做的是直视单个听众的眼睛，并保持这种视线接触至少三秒钟以上。不要迅速从一排排脸上扫视而过。在整个房间内随意移动你的视线，不要掉入一种单调刻板的模式：左，中，右，中，左……找一个朋友或同事进行观察，看看你的目光是否机械呆滞，或者你是否总是忽略某部分听众。

在任何演讲甚至是手拿演讲稿的演讲中，你应当将85%的时间用于进行视线接触，只有在朗读技术性资料或简单参考一下你的笔记时，你的视线才不在听众席上。最重要的是，在你的开场白和总结陈述以及列举最为雄辩有力的观点和最为关键的论据时，要确保和听众保持视线接触。

用热情感动听众

如果能让听众感受到你的热情，那么你的演讲将会十分顺利地进行下去。用热情去感动听众，适当地和听众套套近乎，把感情投入进去，这样的演讲一定是非常精彩的演讲，这样的演讲也一定是成功的演讲。

一、演讲起始与听众"套近乎"

演讲者也许是位毫无名气威望的年轻人或陌生人，也许还是政见对立者，这样的演讲者要想使自己轻松下来，又让听众很快接受，重要手法之一就是在演讲起始处使用"套近乎"的技术，优雅一点说，就是拉近感情距离的技术。这种技术并不难懂，下面举几个例子，再辅之以评议。

1. 尊重你的听众

一位学者到部队演讲，上台之后，临时加了这样一个开头：

"退后三十年，我和你们一样，也是一个兵！肩宽体壮，走路生风，迈步作响。当过班长、排长、连长。后来阴差阳错，改行成了摇笔杆子的爬格虫，经常熬通宵，弄成这般连我都不喜欢的样子。所以，一有机会就想寻根，今天总算又回来了，请你们接受我这个没有着军装的老兵的致意……"

学者与部队战士，这是职业行当差得较远的两类人。对学者，部队战士肯定是尊重的，但那是出自理性的尊重，并非出自情感上的交融。为使理性上的尊重和情感上的融洽合为一体，这位学者利用自己和眼前战士曾有过的共同点设计了这个开头。想想看，如果你是一个在场的战士听众，不被这段话给"融化"才怪呢！

著名演讲大师李燕杰到一所部队医院为军医们做演讲。他既没有当过兵，又没有从过医，可他同样一开口说话，就把听众与自己的感情距离缩短了。他上场时，见会堂里的军医听众们并没有把心思转到听演讲上来，于是，他放弃原稿中的开场白，大致上说了这么几句话："每当我看到佩戴领章帽徽的解放军，就会产生由衷的敬意；每当我看见身着白大褂的医生，就会想起'白衣天使'四个字，并把洁白与崇高放在一起联想。这里是让我既生敬意，又生此种联想的地方……"

据说，如此开场，手拿杂志书籍的人立刻合上收起，风纪不整的人马上进行衣冠整理，把注意力集中到演讲上来。李燕杰在这里使用的方法就是给听众以敬意，唤起他们的崇高感。

2.用亲切朴实的话打动听众

有一次，冯玉祥将军率军来到抗日前线地区的河南鲁山县，受到当地民众的热烈欢迎，并开了一个"军民联欢大会"，会上，他发表了抗日鼓动演讲。冯将军在百姓心中的威望是很高的，但正因其高，让人易生敬畏。由于冯将军入场时显得极其庄严，他们更增加了几分畏意。然而，冯将军正式演讲一开场，老百姓顿时没了畏惧感，只有亲切，因为冯将军的开场白是这样说的："各位老先生、老太太，兄弟姐妹们！各位青年学生们！全体官兵兄弟们！你们不是常听说'老冯老冯'的吗？我就是冯玉祥。咱们耳朵里是熟人，眼睛里是生人（他用手指了指自己的眼睛），从今以后，咱们眼睛里也是熟人啦！我代表国民政府，代表蒋委员长，向抗战前线的河南军民致以亲切的慰问和崇高的敬礼！（举手行军礼）"

多么亲切的称呼，多么朴实的语言！一句"从今以后，咱们眼睛里也是熟人啦"，把自己与百姓听众的心理距离弥合得几乎没有。

3.巧妙的称呼语

一次，曲啸应邀到监狱给一批青年犯人演讲。与这类听众"套近乎"，一次，曲啸应邀到监狱给一批年青犯人演讲。为了达到缩短心理距离和吸引犯人听讲的目的，为了达到缩短心理距离和吸引犯人听演讲的目的，他把心思放到如何称呼这批犯人的问题上。最后，他斟酌了这样一句话："触犯了国家法律的年轻朋友们。"没想到，就这么一个称呼，竟然稳住了犯人的神情，不仅让犯人抬起头来专注地听他演讲，而且，近三小时的演讲没有人借故小离现场，那么何以有此效果？是一句久违的、亲切温暖的"朋友们"发生了作用。

与听众套近乎的例子很多，如裴特瑞克·亨利的《诉诸武力》的演讲开头、布鲁图斯的《为自己辩》和安东尼的《为恺撒辩》的演讲开场部分都是这样的实例。

"套近乎"的形式也有多种，请注意创造性地使用。

二、把自己的热忱传达给听众

有一次，一所大学举行演讲比赛。参加比赛的大学生有六七名，每个人都受过良好的训练，并且准备在当天好好表现一番。但是，他们的全部精力都用于赢得那面奖牌，却忽略了真正去说服听众。他们所选择的题目显然并非个人的兴趣，而是基于演讲技巧的发挥。因此一系列的谈话过程是演讲艺术的操练而已。

只有一位来自乡下的孩子是个例外。他演讲的题目是《土地对人类的贡献》。他所讲的每个字都充满强烈的感情，而不仅是演讲技术的操练。他所讲的都是活生生的事实，完全出自内心的信念和热忱。他好像成了农民的代表，为自己的土地发言。由于他的智慧、高尚品格和善良的心意，他向听众传达了那块土地上的人民的希望并祈求人们的了解。

最终，这个乡下孩子赢得了奖牌。虽然他在演讲技巧上还不能跟其他两三人相比，但由于他的谈话充满了真诚，燃烧着真实的火焰。相比之下，其他人的演讲都只不过是煤气炉微弱的火苗而已，真是天壤之别。

假如演讲人在介绍自己的观念时能更加富有感性，并把自己的热忱传递给听众，通常是不会引起对立看法的。这种热忱会把一切否定和对立的观念扫至一边。假如你的目标是说服听众，一般鼓励大家的情绪要比引发思考有用得多。情绪要比冷静的思维更具威力。要想把群众的情绪鼓励起来，演讲者必须把自己的热情传递给听众。无论演讲者的演讲是否虚构，无论演讲的内容是否东拼西凑，无论演讲者的声音与手势是否运用得当，假如演讲者讲得不够真诚，一切就都显得空洞而虚有其表。如果演讲者想给听众留下一个好的印象，那他必须先给他人留下好印象。演讲者的精神通过眼睛发出光芒，通过声音释放热情，也经由一举一动展现自己，与听众直接沟通。

每次演讲者开口讲话，而且目的是要说服对方，则演讲的所有表现都会影响对方的态度。假如演讲者表现得不起劲，那么听众也不会起劲；假如演讲者的态度随便或不够包容，那么听众也会如此。亨利·华德·毕齐尔曾说过："假如教徒在听到的时候睡着了，只有一样事情可以做——给教堂管理员一根尖细的木棒，要他马上给传道人戳上一记。"

抓住听众的注意力

怎样抓住听众的注意力是演讲者在演讲过程中要仔细考虑的事情。如果听众听演讲时不能集中注意力，那么演讲者预先定好的目标就很难实现，演讲也就很难顺利进行下去。

一、演讲内容与听众利益一致

这就是说，演讲者所选择的话题，在总体上必须与听众的切身利益相一致。如果你向饥寒交迫的人演讲，那你就讲如何解决面包的问题，不要高谈阔论琼浆玉液、熊掌燕窝；如同青年人去大谈什么前景的话，也必须从解决存在的思想问题和心理状态入手，层层剖析，启发诱导，不要用空洞的说教去夸夸其谈；如你是要去获得人们的支持，也最好是同人们心里所想的相一致，否则，无论你的调子多么动听、态势多么优美，也是无济于事的。

二、演讲内容与听众感情一致

这是指要随时调节自己的演讲内容，使其与听众的喜怒哀乐相一致。如果你是去做演讲、做报告，得视对象的不同，采用不同的风格和感情色彩去迎合听众。切忌千篇一律、陈词滥调。歌德说过："第一次用鲜花来形容女人是好的，聪明的；第二次再用鲜花来形容女人就不好了，是愚蠢的。"人是爱好新鲜的。从心理学角度来看，人类总是喜爱接受新的刺激。因此，任何演讲、说教必须语出惊人、醒人耳目、不落俗套，即使是陈旧的材料，也应多角度地去翻新构筑、别出心裁、善谋多变，使你的听众感到出乎意料，紧紧地扣住他们的心弦。千万不要去步人家的后尘，拾人家的"牙慧"。

"与感情一致"，你应当掌握什么样的环境下讲什么样的话，对什么样的对象讲什么样的话。在喜庆环境讲喜气洋洋的话，在悲痛环境讲悲悲戚戚的话。如果你的对象是青年人，你就得像青年人一样投入，拿出青年人的样子来讲青年人所喜爱的话题，用青年人爱听的语调，用青年人喜欢的风采，把自己完全"青年化"，即"听众化"。只有这样，你的听众才能把你当作自己人，当作代言人，他们才会喜欢你、接近你。

三、演讲内容与场景一致

一个演讲者要去给人演讲、做报告或论理说教时，首先必须做一番了解与思考：你所处的是什么环境？是和平环境，还是战争环境？是陌生环境，还是情况非常复杂的环境？你的演讲对象——听众是些什么样的人？他们是工人，还是知识分子？是青年，还是妇女？是农村里的人，还是城市里的人？一切有经验的演讲者都应该是善于驾驭场景的能手。

四、抓住听众注意力的方法

1. 吸引听众注意力语言的特点

行为或活动：演讲者适当的身体活动和对内容的巧妙处理可以

制造一种某件事情正在发生的感觉。

实际情况：指向具体的人、事、物，要具体而明确，不要抽象而空洞。

近似：随手采用眼前的东西，如屋子里的听众、当前的时事、当地的参照物。

熟悉：采用大家熟悉的例子、人人使用的语言和司空见惯的事件。

新奇：是熟悉事物的反面、惊人的事实、语言别具一格的用法、奇怪的意象、不同寻常的组合。

悬念：提出疑惑或引人思索的问题，使人们对接下来将要发生什么萌发好奇心。

矛盾：明确利弊、相互对立的观点、彼此争论不休的学派。

把注意力转化成兴趣

在演讲过程中，仅仅吸引听众的注意力还不够，聪明的演讲者还要懂得如何把听众的注意力转化成兴趣。比如结合听众的需求和价值观来组织材料，讲一些精彩的故事，通过适当的方法激发起听众的热情，这些都能帮助听众把注意力转化成兴趣。

一、结合听众的需求和价值观

很多时候，人们会说"那又怎么样"，实际上他们是在说"这和我有什么关系"。不要想当然地认为你的某些做法所带来的好处是显而易见的，把它的优点一一列举出来，激发听众继续听下去的兴趣。要认真进行听众分析，尽可能把听众的需求和价值观结合起来。例如，你们花时间了解一些汽车养护的基本知识，你们就再也不必听命于机械师了；你们可以自己到各个地方购买便宜而可靠的汽车保养服务，心里也会更加踏实；如果汽车出现问题，自己都会提前察觉。

结合听众的需求和价值观来表达自己的观点和意见，能找到听众听讲的兴趣点，这样才能更好地调动听众听讲的积极性。

二、讲述引人入胜的故事

引人入胜的故事对任何人都有很大的吸引力。我们经常会遇到这样的事情：在睡觉前打开一本书，预先完全不知道书中的内容，打算在睡觉之前读上几页，结果到了第二天早晨天亮了，两眼大睁的读者还感到欲罢不能，即使书的主要内容并不是自己平常感兴趣的，或者与自己的切身生活没有任何关联。结构紧凑、引人入胜的故事，不管是关于小精灵、穴居矮人，还是国际金融阴谋活动中的特务，几乎都会引起每个人的兴趣。讲故事的人能够把日常生活的千头万绪编成故事，永远都会吸引听众。

如果一则演讲能像小说那样充满悬念、冲突、风趣的描绘以及机智的对白，并且高潮迭起，那么即使是年度汇报，也可以将听众的注意力吸引过来。如果你的演讲引人入胜，即使演讲内容与他们的生活没有密切的关系，不能给他们实际帮助，听众也一样会喜欢。

三、在演讲中给听众设置角色

演讲是有演有讲的一种活动。如果能够运用戏剧舞台的表演技巧把听众吸引到演说词的情境中去，让他们扮演其中的某个角色，或者干脆指定一两个听众临时当个帮手，这对吸引听众的注意力、提高其兴趣是一个上乘之法。

曾有一个演说者想要向听众说明从踩刹车到车子完全停止之间的行车距离。这个问题仅靠演说者讲的话往往是极抽象枯燥的。所以这位演说者就请一位坐在最前排的听众站起来，协助他说明车距与车速的关系。被指定的听众拿着卷尺站在台上，按着演讲者的解释前进或后退。看到这种情况，相信演说所要表达的论点一定已深入人心。那卷尺不仅具体表现了演说者的观点，同时也成了与听众沟通的桥梁。

为达到让听众扮演一个角色的效果，最常用的方法之一就是向听众提出疑问，启发他们去思考回答。通常演讲者会先让听众重复一遍自己的话，或者要他们举手回答提问。《富有幽默感的作文与说话》的作者巴西·H.怀汀一再强调："要让听众直接参与表决，或让听众帮助你解决问题。"并且认为："要有正确的思维方向，如果你用背诵讲稿的方式去演说，则所得到的听众反应必定不会强烈，应把听众当成你共同事业的合作伙伴。"

让听众进入情境

能吸引听众的演讲者大多懂得运用态势拉近和听众的距离，而且掌握了和听众建立融洽的关系的方法和一些经常用到的表达技巧。了解吸引听众的方法技巧有助于演讲目标的更好实现。

一、巧用态势亲和听众

一次，李大钊到某所大学演讲，大学生们早已正襟危坐等在下面。本来主持人为他准备了桌子、椅子和热茶。但他要主持人把这些东西全部搬走，并说："同学们这样热情来听我的演讲，我希望我的演讲一开口就能走进大家的心田，我们之间不能有任何隔阻。大家说对吗？"台下响起热烈的掌声。李大钊走向学生，与他们基本上站在一起，抚摸着前排一位同学的肩膀，热情洋溢地开始了演讲。

在一些特殊情况下，由于没法儿事先了解听众、分析听众，演讲只能在陌生的听众面前进行。陌生听众一般对你有戒备的心理，具有明显的排他性。他们合作的诚意不大，因为他们不认识你。

这时演讲者就要寻找突破口，取得听众的支持，得到听众的认同。前排那部分听众就是最好的切入口，这是因为前面那部分听众离你近，容易对你产生同情心，比较容易理解你、支持你；前面那部分听众比较认真，他们是真正来听你演讲的，他们希望能从你的演讲中学到东西。而后排听众可能是不得已才来的。前面那部分听众可能个子矮，或者年龄小，或是老人和女人。因此，他们往往容易受到演讲者情绪的影响，容易跟着演讲者的思路走。

因此在开始一段时间，演讲者可以运用亲切的表情、柔和的目光、轻松的微笑与前面那一部分听众交流。可讲些幽默的故事、逗人的笑话引出前面那一部分听众的笑声，煽起他们的感情，以至传到后面，传到全场。

二、与听众建立融洽的关系

发言人可能会显得高高在上，非常孤立，因为身份和角色而与听众有着隔膜。此时，可以用开场白来与听众建立一种个人纽带。你可以讲一些日常的、司空见惯的事情来做到这一点。如果听众可以设想你去看牙医、遛狗、丢了车钥匙或与孩子们玩耍的情景，他们就会觉得你也是具有人之常情的普通人，而不是刻板的知识传播者。

除了建立友好而融洽的关系之外，你还要利用开场白与听众建立一种协同工作的基调。大部分情况下，人们在态度积极时比被动接受时的学习效果更好，他们对自己参与其中的决定也将付出更多努力。所以你可以看到，协同努力的基调有助于你实现演讲目的。下面是几种创造对话意识的办法，虽然演讲基本上是一个人在发言：

承认听众某方面的专长。"作为经理，你们可以为我刚才提出的问题举很多例子。"

承认你个人可能出现的错误。"直到现在，我仍然不太明白的一个问题是……"

请求帮助。"我到这里指导你们的同时，也是为了向你们学习。我希望自己可以影响你们的看法，但是我也愿意接受大家对我的想法产生影响。"

有些演讲者非常希望表现自己富于人情味的一面，结果态度谦卑得使人感到非常不快。他们嘟囔着说道"我在这里感到非常紧张""噢，我的笔记哪里去了"或"我实在没有资格在这里告诉你们什么"，结果使演讲内容完全失去了可信度。

在决定怎样与听众建立积极关系时，你应该考虑两个问题：我现在和这些人有什么关系？为了实现自己的演讲目的，我要与他们建立什么关系？

实际上，你正在进行听众分析。对这两个问题的回答将帮助你决定怎样采用下面的组合方式，从而在开场白时与听众建立和谐的关系。

1. 增加可信度

听众对你个人的判断会影响他们对你演讲效果的判断。要想得到尊重，演讲内容为人信服，就必须让听众认为发言人具有常识，个性正直，并且发表演讲是出于良好的意图。主持人大加褒扬的介绍使大家准确无误地知道你是执法方面的专家，但是为了说服这些人把当警官作为自己的事业，你还要表现出良好的祝愿。另外，你可能对一群喜欢和信任你的朋友说话，但是他们也可能纳闷儿：我们的老朋友乔对原子能有多少了解？这种情况下，你可以用开场白来增强自己发言的可信度，突出广泛的常识这个方面。

2. 恭维听众

在向一个教师工作小组发表演讲时，其中一位演讲者采用了这个办法：你们放弃了星期六上午的闲暇时间来到这里，这可不是普通老师的典型做法。很多研究表明，志愿参加教师技能培养工作小组的老师是最出色的教师。那些最需要改进技能的教师不是在座的各位，不对吗？但是稍微再温习一下总是有好处的。一流的教师希望精益求精。也许我们可以共同想办法帮助那些水平一般，却没有来参加学习的老师。

每个人都愿意受人恭维，只要这种恭维是针对个人的，并且不太拙劣。如果听众觉得你喜欢和佩服他们的某些特点，他们可能会更加积极地做出反应。

3. 提及介绍人或某位听众

与一群人建立关系的一个好办法是表明你和他们当中一位受欢

迎的成员关系密切。

张教授，谢谢您在介绍中讲了我很多好话。你们知道，提到某些发言人，人们会说"这个人不需要介绍"。我不是这样的人，我需要别人的介绍。张教授知道这一点，所以他很体贴地没有提到，在我们相交十五年的过程中，曾经有许多次他不得不帮助我脱离困境，这样说既是比方，也是实情。

4. 讲幽默故事

在企业沟通课上，一位学员这样开始比较历史成本会计与重置成本会计：

一名法国气球飞行家曾经飞越了英吉利海峡，在一片麦田里降落下来。他看到一个英国人，问道："对不起，您能告诉我我现在在什么地方吗？"英国人回答说："当然可以，你站在一块麦地中间。""你一定是一位会计师。"气球飞行家说道。"太奇怪了，"英国人说，"你怎样知道的呢？""很容易，"气球飞行家说，"您的回答非常典型：完全正确而毫无用处。"

相似的幽默感可以成为建立良好关系的基础，不管是人际交往，还是与一群人的接触。向你的听众表明，你和他们嘲笑同样的事情。但是，这个办法尤其有风险。

让听众乐于接受的其他方法

听众是演讲的重要组成部分，也是演讲活动的直接参与者。怎样让听众乐于接受演讲者的观点是每个演讲者都要注意的问题。除了前文已经论述的方法外，我们还能找出其他一些方法。比如使用真实的姓名、在表述时尽量使用对话等。

一、把对话引入演讲中

刚才有一个人来办公室找我，商谈上周替他安装电器一事，因为电器显然不佳，他很生气。我告诉他，我们一定负责维修好，他的怒气才稍稍缓和下来，因为他了解了我们公司会尽力帮助他。

同样的一件事情，我们也可以选择下面这种叙述方式：

上周二，我办公室的大门忽然被人一脚踢开，我吃惊地抬头一看，原来是顾客杰克，他怒气冲冲地向我走来。我还来不及请他坐下来喝茶，他就咆哮如雷地吼道："汤姆，我警告你，这是最后通牒，请你赶快派车拉回那台洗衣机。"

我问他，"到底是怎么回事？"

"太不像话，你们的破机器，"他又开始大声吼叫，"衣服一放进去就被绞在一起，我的太太也总觉得倒霉，直唠叨我不会买东西。"他愤怒地敲着桌子，水杯被震落到地上。

如此叙述顾客的神态、心理，栩栩如生。而第一种叙述方式相比之下是何等抽象，区别就在于人名的有无、细节的描述是否具体、采没采用对话这一手法。

虽然演说不一定都要插入对话，但具有某些情节和冲突的事例，直接引用对话，会产生生动的效果。如果演说者有模仿的能力，改变一下腔调，会更有情感。使用对话可以增加亲切感和真实性，使听众仿佛是和演说者同在一张桌上用餐一样，不会感到枯燥乏味。

二、使用真实姓名

在公共场合，特别在演讲中，许多人都特别忌讳使用真实姓名。这些人都没有意识到使用真实姓名的必要性。尽力将事件中涉及的主要人物的姓名和职务说出，如果不方便说出，也可用假名来代替，例如，张三、李四等一般无个性的名字，这比代词的效果要好得多。

有名字就容易有所区别，也会形成有个性的真实印象。杜路夫利西说："有名字的故事最具有真实性，隐名是非真实性的作风。想想看，读一本没有任何主角名字的小说会有怎样的感受……"

三、编入听众关心的事情

经验证明，与听众切身相关的事物必定能使听众全神贯注，演讲者借此也一定能将自己的意识顺利传达给听众。

　　演讲者的成功正是在于他明确听众听讲的目的，即听众期望你能提供解决难题的知识、态度和方法。如此，你才会寻找到听众的真正疑惑和需求，也才能有的放矢地演说。如果你是位会计师，你可以谈有关申报所得税的最简易方法；如果你是位律师，则不妨教听众如何写有关法律的文件……这些话题都是你专业范围的知识，因此你有权威性的发表权，听众也会大受裨益。

　　作为演讲者，抓住与听众息息相关的话题，听众才能对你有热切的期望。如果心中没有听众，仅以自我为中心，听众就会感到事不关己，而产生看表、张望等不耐烦的动作和表情。

　　四、使用具体、亲切的语言

　　实际上，凡能引起听众听讲欲望的演说者，都善于在形象化的修辞上下功夫，当然不是塑造模模糊糊令人无聊的形象。

　　古代的谚语很富有形象色彩，如"两鸟在林，不如一鸟在手""倾盆大雨"等。又如一些生动形象的比喻，"像狐狸般狡猾""像图钉一样无声地钉下""像煎饼一样扁平"、"像岩石一样坚硬"等。

　　不要忽略细节。《文体要素》的作者威廉·S.朱利亚说："学过作文技巧的人，如果说有什么一致看法的话，那就是详细、明确、具体地描写情节，才能吸引读者。"

　　法国哲学家亚洛说："抽象的概念不论在任何情况下都不符合文章需要，你应当多多使用桌子、椅子、石头、金属、动物、男人、女人等具体事物来充实文章。"

　　五、给出正确诚恳的评价

　　有一位演说者发现听众是俱乐部的会员，其中有曾担任过国际总会会长的，有担任国际总会经理的，于是他针对一般会员不甚知道的特殊之点，这样说道："贵俱乐部分会是此会的十万零一千八百九十八分之一……"听众顿时坠入云里雾中。"为什么我会说出如此肯定而精确的数字呢？这是因为你们的俱乐部曾出现过担任国际总会会长和经理的人……这是霍布斯博士详细推算出来的。"

但是,若改说:"在座的都是有教养的""尊敬的女士们、先生们""今天我十分荣幸见到你们,因为你们一向给我好感……"如此露骨的曲意奉承只会倒人胃口。

伟大的演讲家琼斯德比认为:"你说的应该是听众想不到,而你居然知道的事。"

听众是由一群个体组成的,他们会从各自的立场出发对演说产生反应,如果你不尊重他们,听众就会愤怒。所以,如果听众有值得称赞的表现,就应不失时机地予以肯定,这样一来,就等于拿到了自由出入听众心理的通行证。当然,赞扬有赞扬的技巧,否则弄巧成拙、过分奉承也会使人产生逆反心理。

找到听众的兴奋点

使用兴奋语言满足听众的心理需求,找到听众的兴奋点,提高演讲刺激的强度,加大演讲语言的力度,并且敢于标新立异,这样的演讲一定是成功的演讲。找出听众的兴奋点是演讲成功进行的重要保证。

一、巧妙使用兴奋语言,满足听众心理需求

美国前总统杜鲁门在日本投降时发表的广播演说中,首先把人们的注意力集中到了日本签署无条件投降的美军军舰"密苏里"号上,接着又回顾了四年前的珍珠港事件,让所有美国人的心都为之跳动,在缅怀亲人的同时,阐明这是自由对暴政的胜利,并认定"胜利后的明天将是全世界和平与繁荣的希望"。整篇演讲起伏有致,既肯定了民族的精神与意志,又让人民对明天充满必胜的信心。

上面的事例就是兴奋点设置的范畴。兴奋点的范畴包括所有能够引起听众兴趣和热切关注的事例、名言、佳句和精辟独到的见解等。在演讲稿中，按照演讲内容需要，有计划、有目的地选取一些兴奋语言，绵延不断地"埋设"在演讲稿中，让它们像星星一样闪烁，像眼睛一样放射出睿智的光芒，会拉近演讲者和听众的心理距离，满足听众的心理需要。但要讲求顺理成章、水到渠成，千万不能不顾对象，故弄玄虚，刻意求工。

二、提高演讲刺激强度，加大演讲语言力度

泰戈尔在清华大学的一次演讲开头就说："我的年轻的朋友，我眼看着你们年轻的面目，闪亮着聪明与诚恳的志趣，但是我们的中间却是隔着年岁的距离。我已经到了黄昏的海边，你们远远地站在那日出的家乡。"相对陌生而又清新雅致的诗句从诗人的口中缓缓流出，哪一个青年能不为之动情动容，继而为他的妙语连珠所吸引？他由此升华上去的保持纯净灵魂和自由精神的演讲自然就异常深入人心。

心理学研究表明，人们最容易记住对自己有重大影响、对自己有利的、自己主观愿意记住的或给予自己重大刺激的信息。听众对演讲反应的强弱，或者说演讲对听众兴奋程度的影响，在一定程度上取决于演讲语言的强度。演讲语言的强度主要取决于演讲者对演讲内容的熟悉程度、对事物的感悟程度、对问题分析的透彻程度和现实立场的鲜明程度。演讲者要尽最大努力把问题讲得透彻、准确、鲜明，始终给听众一种压力感和责任感。

三、敢于标新立异

外交场合的演讲大多平稳有度。但1972年尼克松来华时，在一次演讲中却说："长城已不再是一道把中国和世界其他地区隔开的城墙。但是，它使人们想起，世界上仍然存在着许多把各个国家和人民隔开的城墙。长城还使人们想起，在几乎一代人的岁月里，中国和美国之间存在着一道城墙。"听到这里，人们不知其来意是善是恶，自然细心聆听下文："四天以来，我们已经开始了拆除我们之间这座城墙的长期过程。"一句话让人轻轻放下提起来的心。

人都有好奇心，满足人们的好奇心和求知欲本身就具有兴奋作用。打破常规、标新立异是设置兴奋点很好的方法。为了使演讲吸引听众，在尊重文化传统和思维习惯的基础上，要对演讲稿进行必要的创新，打破思维定式，要敢于创造，善于借鉴，造清新之气，树时代新风。

四、酝酿感情，给听众留下掌声空间

例如，闻一多《最后一次讲演》中的："这是某集团的无耻，恰是李先生的光荣！李先生在昆明被暗杀，是李先生留给昆明的光荣！也是昆明人的光荣！"还有一种是寓情感于情理之中，发掌声于妙语之外。例如，朱镕基总理在就任伊始的记者招待会上说："不管前面是地雷阵还是万丈深渊，我都将一往无前，义无反顾，鞠躬尽瘁，死而后已！"铿锵的话语赢得了满堂掌声。

掌声能够活跃会场气氛，给演讲者以"感情回报"，使之心情更加愉快，思维更加敏捷，也能使之更加认真投入。掌声的调剂会使演讲产生强烈的现场感染力。因此起草演讲稿时应有意识地给掌声留出一定空间。这就需要在演讲稿中主动运用那些带有浓厚感情色彩、充满激情的语言，那些立场鲜明、见解独到、能够给听众以深刻启迪的语言和那些热情歌颂真善美、无情鞭挞假恶丑的语言。这些语言能让听众受到激励、鼓舞和启发，从而自发地鼓掌。

第八章 有效说话，让你的演讲更具生命力

演讲是有生命力的，就像画画的时候，我们讲究配色得当，总是希望赋予画作以生命力，使欣赏者从中发现看不尽的旖旎风光和潜藏的情感动态。演讲时，我们也可以采用这种富有感情色彩、能够充分表达自己的内在感受、调动起听众浓厚兴趣的描述方式。遗憾的是，很多演讲者都意识不到这一点，他们说话时给人的感觉常常很平淡。

做好准备是成功的一大半

卡耐基曾说，当大家看到我在演讲台上侃侃而谈、滔滔不绝时，是不是以为我就是有信手拈来，出口成章的本事呢？事实并非如此，即便我是有了数年演讲的经验，但是在每一次演讲之前，我也都是做了充分的准备的。因为我深知，我们可能会为自己过去的或者现在的失败找各种各样的理由，但是一切失败的最终根源都在于四个字：准备不足。

没有做好演讲准备的人一定是一个在演讲途中不断出现差错的人，即便他有着高超的应变能力、千载难逢的机会，也难以保证他

会取得一次成功的演说。

多年之前，一位声名显赫的政府官员在纽约主持了一场扶轮社午餐会，笔者恰巧也参加了这次午餐会。这位政府官员要在午餐会上进行演讲，大家都拭目以待。然而结果却不是大家所想的那样。

这位政府官员根本未做任何演讲的准备，他本来以为自己即兴说上几句话就能够获得大家的掌声，但是事与愿违，在他磕磕巴巴、不知所云地说了三五句话之后，台下一片寂静，根本没有他想要的雷鸣般的掌声。当时，那个政府官员非常尴尬，脸一下子就白了，赶紧从上衣口袋里拿出一个小小的笔记本，手忙脚乱地在上面写着，之后又照着笔记读了起来。但是这也是于事无补了。

一个声名显赫的政府官员在大庭广众之下拿着一个小笔记本，木讷地照着本子毫无感情地演讲，这是多么笨拙，多么让人讨厌。但是当时那个官员还没有意识到自己这个照着本子读稿子的行为有多么低级。他还试图通过这种方式来弥补刚才的失误。未曾想到，结果是越来越糟，他自己被自己弄得格外狼狈。当时的情形真可谓是万分丢人，原因就在于事先没有做好准备，讲台上的他早就忘记了自己能说会道的本事，完全被恐惧击倒了。毫无疑问，这是一场非常失败的演讲。演讲过后，这位政府官员垂头丧气地回到自己的座位上，心中定是懊悔万分。

这可能是笔者见过的最为失败的演讲者之一了。笔者从1982年开始教授口才训练以来，由于职业上的需要，每年基本上都要听高达5000次以上的演说，每一个演说者的表现都给了我充分的教学经验。他们当中大部分是失败的，而失败的表现之一就是恐惧，就是恐惧带来的语言不协调、肢体不协调。而恐惧的来源大部分是准备上的不充分。

想要培养自己在演讲方面的自信，就应该去寻找那些能够给你在演讲中带来安全感的东西。司徒约翰曾经这样写道："完全的爱，会将恐惧置身事外。完全的准备也是如此。"

那么，把演讲稿一字不差地背诵下来就算得上是准备充分了吗？当然不是，这样的演讲是没有感情的，会给人不真诚、不真实的感觉。单纯地背诵演讲稿其实是一个误区，它对你的演讲水平的提高毫无帮助。那不过是在做无用功，甚至可能毁掉你的演讲。

美国一位非常有名的时事评论家，名字叫卡龙·波恩，作为资深的时事评论家，他思维敏捷，口齿清晰，演讲对于他来说就是小菜一碟。但是这样一位大人物当年在哈佛上大学的时候，也曾经在演讲台上出过丑。

当时卡龙·波恩参加的是一场演讲竞赛，为了这次比赛，卡龙做了很长时间的准备，他准备了一篇题目为"先生们，国王"的短篇故事。当时的卡龙想的是，把这篇短篇故事完全背诵下来就能稳操胜券了。于是私底下，他逐字逐句地、一字不差地将这篇演讲稿背诵了出来，不知道练习了多少次。可是该来的状况还是来了。竞赛那天，当卡龙站在演讲台上，说出题目"先生们，国王"的时候，接下来的时间里，卡龙自己回忆说，大脑中一片空白，说什么也想不起来一个字了。他开始局促不安，万分绝望之下，卡龙顺着这个题目，自己完全是按照自己的理解，现场编造了一个故事。本来卡龙以为自己是出了大丑，得奖无望了。但是没有想到的是，卡龙居然获得了一等奖的奖章。

经历过这件事情之后，卡龙就明白了，单纯地背诵演讲稿，即便你事前背得滚瓜烂熟，也难保上台时大脑断片。所以，之后的日子里，卡龙不再背诵一篇演讲稿，这也成为他在广播事业上成功的秘诀。取而代之的是，卡龙会提前做笔记，将演讲内容充分理解之后，用自己的语言结构和习惯将之表达出来。

死记硬背演讲稿，那是不聪明的人才会做的事情，这不仅浪费时间，也浪费精力，一旦你在台上稍有紧张，就有可能将背诵的内容完全忘记，让自己下不来台。而且，即便你能够保证自己一字不差地背诵下来，整个演讲也会变得非常僵硬、死板，引不起听众的兴趣。因为你所演讲的内容并不是你内心所想，你只是像个机器一样在那里复述。

只有把要演讲的内容内化为自己的语言，让它在你的脑海里形成逻辑，让你的思绪成熟，那样我们才能在演讲过程中自然而然地流露出我们的真实感情，才能够流利、连贯有力量。

所以，做充分的准备不是机械地背诵，而是充分地理解你所要演讲的内容，将它化为真正你自己的东西。这才是充分的准备，才能保证你一半的成功。

演讲中有声语言的表达技巧

语言除意义外，应该要追求它的色彩、声调、感触。同义的语言或字面有明暗、硬软、响亮与沉郁的区别。

以声音为主要媒介手段的演讲对语音的要求很高，既要能准确地表达出丰富多彩的思想感情，又要悦耳爽心、清亮优美。为此，演讲者必须对语音进行研究，努力控制你的声音——如何在讲话中间对其加以修饰。正如你所听到的每一场乏味的演讲一样，错误的发音不仅会给人留下糟糕的印象，而且还将破坏本应精彩的演讲内容。一成不变的声调、含糊不清的发音只能让听众注意你的声音，而不会记住你的语言。

一般来讲，最佳的声音应该是：

1. 准确清晰，即字音正确清楚，语气得当，节奏自然。

2. 清亮圆润，即声音洪亮清澈，铿锵有力，悦耳动听。

3. 富于变化，即区分轻重缓急，随感情变化而变化。

4. 有传达力和震慑力，即声音有一定的响度和力度，使在场听众都能听真切，听明白。

要做到以上几点，演讲者应注意从以下几个方面努力：

一、声音要给力

演讲时要让在场的每位听众都听到。最好能有扩音设备，实在没有扩音设备时，也要注意不要声嘶力竭，要掌握好分寸。演讲者要想取得良好的发音效果，必须加强语音训练。"声乃气之源"，发音的基础之一是呼吸。响亮、动听的声音与科学的呼吸训练是分不开的。演讲者要善于控制自己的气息。一般来说，采用胸腔式呼吸较好，这种呼吸是通过横膈的收缩和放松进行的，气量大，才能为发音提供充足的动力。平日可结合生活实际进行练习，为正确地吐字发声打好基础。

二、语速要适中

经常有人一上台就什么都忘了，只顾着把内容讲完，在演讲过程中只有一种音调、一种速度，这样会是什么效果？就容易走神，容易开小差。这就相当于心电图一样，如果心电图是一条直线，那不就麻烦了吗？

语速的变化也是表情达意的重要手段。正常谈话，每分钟大约讲 120 ~ 150 个字，演讲的速率不能太快。我们在演讲中应该在需要快的时候加快，需要慢的时候放慢。语速太快会使听众难听懂，给人一种热情又急切的感觉，会令人听得很辛苦；语速放慢可以强调重要性，但如果太慢的话，就显得拉腔拖调，无法吸引别人的注意力，使听众感到不耐烦。因此我们应该掌握好语速，不疾不徐，快慢适中。但演讲的速度不能总是一成不变的，要做到急缓有致。语调的快慢往往与表达内容、环境、气氛、心理情绪、修辞手法以及句段重要与否有关。

三、重音别忽略

重音在生活中必不可少，如，"这篇文章的大意是什么"，"大意"即"大概的意思"，如果把"意"轻念，就是"粗心"的意思。所以，重音具有区别词义的作用，一个词重读轻读所表达的意思往往不一样。重音可分为三种：

1. 语法重音：是指按句子的语法规律重读的音。

2. 逻辑重音：此类重音可根据演讲的内容和重点而自己确定。

3. 感情重音：可根据表达感情的强烈程度或细微的心理来安排。

在情感激荡的地方、意思重要之处，音量要大些，反之则要小些。音量大小变化要自然、流畅，要有感情的自然流露。同时，音量大小变化也要恰当、适度，不能大到声嘶力竭，也不能小得无法听清。

例如这句话："如果世界上真有不知疲倦的人，我们敬爱的周总理啊，一生休息得最少最少。""不知疲倦""敬爱""周总理"应采用重读型重音来读，读得重而深厚，而"最少最少"宜采用轻读型重音来读，读得轻而深沉。

重音不一定重，有时轻读也起强调的作用。重音根据读者的不同，可以分为两种：一种是重重音；一种是轻重音。重音怎样体现？一是加大音量；二是拖长音节；三是一字一顿；四是夸大调值。

四、停顿很重要

在口语表达中，停顿既是一种语言标志，也是一种修辞手段。同样一组音节，因停顿不同，意思完全不一样，例如："叔叔亲了我妈妈也亲了我。"可以说成："叔叔亲了我，妈妈也亲了我。"也可说成："叔叔亲了我妈妈，也亲了我。"两种停顿表达了两种完全不同的意思。可见，停顿不只是演讲者在生理上正常换气的需要，也是表情达意的需要。停顿得当不仅可以清晰地表达语意，而且可以调节语言节奏，给听众留下回味的余地。

停顿不当往往会影响语意的表达。例如，"南郑县大胆更新用人制度"。在"大胆"后停顿，就会令人莫名其妙。按原意应在"县"字后停顿才妥。又如"班禅大师、赵朴初、×××等参加了座谈会"，这一句中"班禅大师""赵朴初"与"×××"是并列关系，用顿号隔开，念时需要停顿。如果在"班禅大师"后不停顿，念成"班禅大师赵朴初"就是大错特错，把并列关系变成了同位关系。可见，停顿对语意的表达有多么大的影响。

停顿分为如下几个种类：

1. 语法停顿

语法停顿，又被称为自然停顿，一个词中间不能停顿，如"新疆代表团长途跋涉来到北京"，念成"新疆代表团长，途跋涉来到北京"，就把意思搞错了。从语法上说，中心语与附加语之间往往有一个小小的停顿，书面语用标点符号表示的地方要停顿，停的时间长短不一样，停顿时间应该如何把握呢？停顿时间的长短顺序是：句号（包括问号、感叹号）＞分号＞冒号＞逗号＞顿号。从结构上，是段落＞层次＞句子。

2. 逻辑停顿

逻辑停顿是对于要强调之处的停顿。苏联研究表演的斯坦尼斯拉夫斯基说，如果说没有逻辑停顿的语言是文体不通的话，那么没有心理停顿的语言是没有生命的。逻辑停顿是表达感情的需要。

3. 感情停顿

感情停顿，又被称为心理停顿，逻辑停顿为理智服务，感情停顿为感情服务，是为表示一种微妙和复杂的心理感受而做的停顿。

4. 特殊停顿

特殊停顿是指为加强某种特殊效果或应对某种需要所做的停顿。

停顿的作用有：第一，可以变含糊为清晰，如，"最贵的一张（停）值1000元"，表示最贵的只有一张，其他的不足1000元；第二，变平淡为突出；第三，变平直为起伏。如"大堤上的人／谁／都明白"就有起伏；第四，变松散为整齐。有些排比句通过停顿会变得很美，节奏很好。如写交通安全的一篇演讲稿："每天的太阳是您的，晚霞是您的，健康是您的，安全也是您的"，要声断气不断、情不断。这里需要重复强调的是停顿，而不是中断，只是声音的消失，它完全是气流与感情连起来的，有停就有连，而且某种激烈、紧张的情况下更需要连接。

五、音韵要搭配

平仄以成句，抑扬以合调，扬多抑少则调匀，抑多扬少则调促。——谢榛《四溟诗话》

汉语讲究声调，声调能产生抑扬急缓的变化，本身就富有音乐美。好的演讲平仄错落有致，抑扬顿挫，显得悦耳动听，汉语的音乐美和节奏感还与语气停顿和押韵有关。现代汉语中双音节词占优势，这大大增强了语言的响度和节奏感。演讲中若能准确交替使用单音节词和双音节词，语音音节便显得和谐自然。如果在适当的地方有意押韵，更能产生一种声音的回环美与和谐美，讲起来上口，听起来悦耳，似有散文诗的隽美风韵。此外，恰当地运用象声词和叠声词进行渲染烘托也能收到声情并茂的功效。

六、语调要自然

语调是口语表达的重要手段，它能很好地辅助语言表情达意。语言若没有轻重缓急，就难以传情。同样一句话，由于语调轻重、高低长短、急缓等的不同变化，在不同语境里，可以表达出种种不同的思想感情来。例如："啊，多美啊！"用赞美的舒缓语气可以表达出称颂之情；如果用漫画式的怪腔怪调来念，则表现出讥讽嘲笑之意。因此，演讲者正确选择和运用语调对表达思想感情有着十分重要的意义。

语调一般分四类：平直、上扬、曲折、下降。用不同的语调所表达的意思完全不一样。

1.平直调：多用于陈述、说明的语句。表达的是庄重、严肃、回忆、思索的情形或表现平静、闲适、忍耐、犹豫等感情或心理。

2.下降调：多用于感叹。有些陈述句往往表达的是祈求、命令、祝愿、感叹等方面的内容或表达坚决、自信、肯定、夸奖、悲痛、沉重等感受。

3.上扬调：多用于疑问句、反问句，或某些感叹句、陈述句。适用于提问、称呼、鼓动、号召、训令等场合，表达的是激昂、亢奋、惊异、愤怒等情绪。

4.曲折调：多用于语意双关、言外之意、幽默含蓄、意外惊奇、有意夸张等语境或表达惊讶、怀疑、嘲讽、轻蔑等心绪。

在实际应用中，四个语调不是孤立的，语调变化不以句子为单位体现，而表现在语流上。

语调的选择和运用必须切合思想内容，符合语言环境，考虑现场效果。语调贴切、自然正是演讲者思想感情的自然流露，所以，演讲者恰当地运用语调，事先必须准确掌握演讲内容和感情。笔者就经常在"领导演讲智慧特训营"里让学员们用快乐的、悲伤的、痛苦的三种不同情绪来练习说"谁拿了我的钱包"的语调。

著名电影演员李默然在吉林演讲讲习班上说："我主张以情托声，就是用情感把你的声音托出来。"他以朗诵艾青的诗《我爱这片土地》为例，朗诵最后两句："为什么我的眼含着泪水？因为我对这片土地爱得深沉。"如果以声带情，用大音量读，到这两句突然有一种凝固的感觉，一个小小的停顿，接着小音量地读，便能把这种"爱得深沉"的感情表达出来。这段经验之谈正说明了要情动于中，才能声形于外。只有当演讲者对讲的内容理解至深，有真情实感，语调才能用得贴切、自然、动情。

七、赶走口头禅

演讲要引起听众注意，求得听众的共鸣，最重要的是语言要句句有力。但不能像机关炮，扫射得听众摸不着头脑，也不能言语拖沓、表达紊乱，让口头禅充斥全篇。

很多人喜欢讲"那么""这个""嗯""也许""对不对""就是说"等口头语。笔者刚开始在北大为经理人讲课时，有个口头禅就是"这个"，学生一上这门课，就在下面给我数讲了多少个"这个"。所谓口头禅，是个别语句在讲话中反复出现，它破坏了语言的结构，使语言前后不通，把演讲从内容到形式切割得支离破碎，给人一种断续、离散之感。可见口头禅会影响听众的情绪，削弱演讲的效果，有人把口头禅称为"语言的肿瘤"是很有道理的。那么笔者是如何赶走口头禅的呢？一是形成语言定式；二是讲话稍微慢一些，注意适当地用停顿；三是用录音机录卜演讲内容，反复听，一出现口头禅，就给自己一个刺激，让自己对口头禅充满厌恶感。

恰当的语气语调的运用能力需要不断训练才能提升，读者可以在实践中反复学习。

改变语调可以强化表现力

语调是语言表达中的第二大要素，是语言表达的第二张"王牌"。它看起来很简单，即说话的腔调，是一句话里语音高低轻重的配置；但它的作用是巨大的，每个句子都有语调，恰当地运用语调能有效润色语言，促进思想沟通，使语言表达更加清晰明确，从而增强语言的表现力。因此，学会运用语调对于提高语言表达能力是十分重要的。在讲解语调训练方法之前，有必要弄清楚语调本身的一些特点。

形成语调的因素是多方面的，但起决定作用的是思想内容和感情态度。而在一般情况下，人的思想内容和感情态度有一种基本状态，并不会出现大的起伏。这也就是说，语调的变化是在一种基本语调的基础上进行的。基本语调是在中音区进行的。那些表现高昂、激越、紧张、热烈、愤怒、仇恨等情绪的语调在高音区进行；而那种表现低沉、悲哀、凄凉、沉痛等情绪一般在较低音区进行。

这种划分是相当粗略的。事实上，语调起伏变化万千，很难找到完全相同的形式。为了便于练习，我们可以把基本相似和大体相同的语调归纳为以下几类：

1. 升调指情绪亢奋，语流运行状态由低向高，句尾音强而向上扬起。它一般用于提出问题、等待回答、感到意外、情绪惊恐；中途顿歇，全句未完；发布命令，进行号召等。

2.降调指情绪稳定，语流运行状态由高向低，句尾音弱而下降。它一般用于陈述句、肯定句、感叹句、祈使句等。

3.平调指情绪沉稳，语流运行状态基本平直，句尾和句首差不多在同一高度。它一般用于庄重严肃、踌躇迟疑、冷漠淡然、思索回忆等句子中。

4.曲调情绪激动或情感复杂，语流运行呈起伏曲折状态。或由高而低再扬起，或由低而高再降下，或起伏更大。多用于语意双关，言外有意，幽默含蓄，讽刺嘲笑，意外惊奇，用意夸张等语句中。

在这个基础之上，我们再来谈谈语调的训练。一般语调训练包括以下内容：

1.把握重音

重音，也叫重读。在口语表达中，它有强调重点、突出主要情感的作用。语句中的词语在语义上并不是完全并列、同等重要的，它们有主次之分，有轻重之别。表达者有意对那些重要的语词或音节加以强调和处理，那么这些词语或音节就是重音。

把握重音的关键是找到重音的确切位置，这就需要明确讲话的重点，弄清话语主旨，真正把握每句话的表意重点——表意的重点词语往往就是重音的位置。同一句话，由于重音位置的移动，表意的重点就会发生变化。比如"今天我来这儿讲课"这句话重音不同，语意就不同：

今天我来这儿讲课（明天不来）

今天**我**来这儿讲课（不是别人来）

今天我**来这儿**讲课（明天在别处讲）

今天我来这儿**讲课**（不是来聊天）

由此可见，重音的位置对语意有重要影响。正确使用重音是准确表情达意的关键。

2. 巧设停顿

停顿是指语言顿挫。它在口语表达中至少有两个作用：首先，停顿起着标点符号的作用，它作为话语中换气的间隙，既是表明上句话的结束，又是下句话的前奏，以此加强语言的清晰度和表现力。其次，停顿能使口语抑扬顿挫，它以间歇的长短、一定时间单位里次数的多少形成讲话的节奏，给人以韵律美。

和重音一样，停顿的位置不同，一句话表达的语意往往也会不同。比如"她了解我不了解"这句话在不同的停顿之下就可以有不同的意义：

她／了解我不了解？（问是否了解自己）

她了解／我不了解。（承认自己不了解）

她了解／我不了解？（不承认自己不了解）

她了解我／不了解？（想证实她了不了解）

她了解我不／了解？（不相信别人了解）

她了解我不／了解。（明白别人了解）

可见，停顿要得当、得体，应当根据传情表意的需要合理设置停顿。巧设停顿可造成言外之意和弦外之音，让人觉得"此时无声胜有声"。训练有素的播音员或主持人往往善于利用语句的停顿，让听众去思索、回味和期待，以获得理想的语言效果。

但凡事都有两面性，以停顿的一个常用技巧"停连"为例。"停连"是指表达中声音的中断和延续。有断有连，能扣人心弦。但是当断不断，会语序纷乱；该连不连，会语意难全，所以，停顿切不可随意为之，以造成不必要的麻烦。

3. 善用语调

语调分为升调、降调、平调和曲调四种。和重音、停顿一样，同一语句由于高低升降的不同，可以表达多种多样的感情和意义。因此，在发音训练中，应有意识地结合四种语调的不同特点进行训练，以使自己的发音具备更强的表现力。

充分发挥语言的感染力

有一次，卡耐基在给学员们演讲"生命如何度过"时，随身携带了一件物品，用一方手巾蒙着。一开始的时候，他就把它置于桌子的右侧，并数次在情绪激烈时默默地抚摸一下。所有听众都在听卡耐基慷慨激昂的演讲。卡耐基的声音充满感情，而他抚摸这件物品时更显得感情凝重，人们心里在纳闷儿，这是一件什么样的东西呢？注意力便都集中起来了。

卡耐基讲道："美国南北战争时，有一个战士名叫莱特，他不过是数百万北方军队中普通的一名士兵。他作战勇敢，每次冲锋都跑在最前面。他说他只有一个心愿，就是解放南方黑奴，让自由和民主回到人民手中。他的勇敢受到了无数次的嘉奖。在刚刚接受一枚英雄勋章后，莱特，亲爱的莱特，却遇到了不幸！在一场遭遇战中，他倒下了。临死之际，他手握着那枚英雄勋章说：'把它送给我的母亲。'人们照着他的话做的时候，发现他是他母亲唯一的亲人。他的母亲同样也是伟大的，宁愿自己忍受孤苦寂寞的晚年生活，也要把儿子送到前线……如今，这位伟大的母亲和他的儿子都已死去，但这枚勋章却保留了下来，它永远鼓励着我们为大众的利益而努力奋斗，看，它就在这儿！"

说完，在全场听众的注目下，卡耐基揭开手巾，露出了一个盒子，他再打开盒子，一枚金黄色的勋章躺在红色的绒布之上。所有听众在那一刻都静默无声，有的人悄悄地流下了眼泪。人们不仅在为英雄的伟大而感动，而且在积极思考着人生应当如何度过才有意义。

倘若卡耐基只是把这枚勋章呈现在听众的面前，而没有那么多语言的铺垫，自然不会产生这样感人的效果。由此可见语言的独特魅力所在，它所具有的感染力是何其丰富啊！再看看列兰·史多是如何利用事件来打动听众，让他们支持联合国儿童救援行动的："我但愿自己再也不会目睹此情此景。一个孩子和死亡之间只差一颗花生，还有比这更凄惨的吗？我希望各位永远不会看到这一幕，也不必在事后永远活在这种悲惨的记忆里。如果一月里某一天，在雅典被炸弹炸得一片废墟的工人区里，你曾听到他们的声音，见到他们的眼睛……可是，我所能留下的一切，只是半磅重的一罐花生而已。当我费力地打开它时，成群衣不裹体的孩子把我团团围住，疯狂地伸出他们的小手。更有许多的母亲，怀抱婴儿你争我抢……她们都把婴儿举向我，皮包骨头的小手抽搐地伸向我。我尽力使每个花生都发挥最大用处。"

"在他们疯狂的拥挤之下，我几乎被他们撞倒。眼前只见几百只手：渴望的手、挥动的手、无望的手，全是瘦小的可怜的手。这里分一颗盐花生，那里分一颗盐花生。再在这里一颗，再在那里一颗。数百只手伸着，乞求着；数百只眼睛闪出希望的光芒。我无助地站在那里，手中只剩个蓝色的空罐子……哎呀，我希望这种悲惨永远不会发生在你的身上。"

在列兰·史多动情的叙述中，听众的内心深处受到了巨大震撼。由此可见，充分发挥语言的感染力往往会产生振聋发聩的作用。

用表情变化表现情感状态

情感虽然是一种内心的态度体验，但常常伴随着外部表现，如人的面部表情、身体姿态以及言语表达等。情感的外部行为特征，就叫作表情。表情是人际交往中信息传达、情感交流不可缺少的手段，也是了解他人主观心理状态的客观指标。借助表情，我们才能"察言观色"，在别人的举手投足间洞悉他的内心感受。

根据表情的发生部位和方式的不同，可将表情分为面部表情、体态表情和言语表情。

一、面部表情

面部表情是通过眼、眉、嘴和脸颊部肌肉变化来表现情绪状态。人的眼神变化是面部表情最重要的体现，其次是嘴角和眉头肌肉的变化。一个人喜悦时，眉头舒展，双目含笑，颧肌收缩，嘴角上提；悲伤时则双眉紧锁，两眼呆滞，嘴角下垂，愁容满面；愤怒时，双眉倒竖，怒目圆睁，颧肌抽搐，嘴角外撇甚至咬牙切齿。

美国心理学家伊扎德（Izard）和艾克曼（Ekman）等人在对人的面部表情识别方面做了许多实验研究，有三个方面的重要发现：（1）把无意义音节与面部表情照片搭配成对，令被试判断表情并记住与之成对的无意义音节。结果表明，被试识记与积极的面部表情照片配对的无意义音节速度快，对那些与消极表情照片配对的无意义音节记忆速度较慢。（2）先让被试判断表情照片并确认为是某种表情，然后让他们判断照片中人的性格。结果，多数人认为有积极的面部表情的人具备令人喜欢的性格特征，如友好、聪慧、善解人意、富有魅力等。（3）让精神病医生和职业舞蹈家通过影片观察一个妇女的表情，判断她是否很快乐。结果发现，这两组被试刚开始几乎完全依据面部表情的线索进行判断，在经过主试引导后，舞蹈家更多依靠动作姿势来判断，医生依旧靠面部表情作出判断。这说明职业特点不同，判断情绪所依据的线索也不同。

二、体态表情

体态表情是身体各部分的表情动作。喜悦时手舞足蹈，悲痛时顿足捶胸，愤怒时双拳紧握，恐惧时手足僵硬，这些躯体和手、足的动作特征可以真切地流露出一个人的内在情感。在体态表情中，手势是重要的表达形式。人们在语言表达中常常需要手势的辅助，有时无法借助言语时，手势就发挥着独特的不可替代的作用。心理学家认为，手势表情是通过学习得来的，而且随着不同的社会环境和文化传统而存在差异。

三、言语表情

言语表情是指情感发生时个体在语言的声调、节奏和速度等方面的特征。言语表情强调的不是言语的内容，而是语音的高低、强弱，以及语调的变化。体育节目主持人在比赛的实况解说中，语音尖锐、急促，语调激昂，有时甚至声嘶力竭，渲染出一种紧张而兴奋的情感；当我们为一个逝去的人致悼词时，用缓慢、低沉的语调更能表达出悲痛的情感。此外，在现实生活中，人们常常会正话反说，或者反话正说，这时言语表情有助于我们揣摩对方的真正意图。

克服自卑的心态

与自信相反的是自卑意识，这也是一般人都有的。当此种意识表现出来时，活动停滞了，谈话亦停顿了。

一个人在自卑心激起时，就会表现出一副颤抖和胆怯的样子。这是因为自卑是一种以为自己无能的感觉所致。

关于克服自卑的心理，卡耐基先生最有经验。有一次，卡耐基参加训练班的毕业聚会，在聚会上，一个毕业生当着两百多人的面对他说："卡耐基先生，五年前，我曾想参加您举办的示范表演培训班，但当我来到会场门口，就停住了。我知道只要走进房间，参加上课，早晚都得要讲演一番。我的手僵在门柄上，我害怕走进去；最后，只有转身走出了饭店。当时，要是我知道您能教人轻而易举地克服恐惧——那种面对听众会瘫软的恐惧，我就不会白白错过失去的五年了。"

听完他的话后，卡耐基深为他特别的仪态和自信所吸引，因为他这样坦诚相告，并不是隔着张桌子在闲话家常，而是在对着许多人发表议论。这说明他已完全克服了当众怕羞的心理，他必定能借助现在所具有的表达能力和信心，使自己处理各种事务的技巧大为增加。假如他在五年或十年之前便已战胜恐惧，那他肯定已经享受了比现在更多更好的成功和快乐。

爱默生说："恐惧较之世上任何事物更能击溃人类。"这话是很对的。也正因为如此，卡耐基认为消除恐惧与自卑是人们掌握演讲和谈判技巧的最好方法之一。而在这个过程中，练习在公共场合说话是一种天然的方法，它不仅可以克服不安，而且有助于建立勇气和自信。因为当众说话可以使人们控制住自己的恐惧。

在卡耐基看来，要真正克服自卑心理，必须首先弄清自己为什么会产生自卑感。

其实，自卑并不只是某一个人具有的心理，大多数人都不同程度地具有这种心理，因此，这也可以说自卑是相当一部分人的共同心理特点。根据卡耐基的调查，在大学里，80%～90%的学生在开始上台演讲时都有一定的自卑和恐惧感，而在卡耐基成人演讲口才训练班里，课程开始时惧怕上台演讲的比例几乎是100%。即使是职业演说者，也不能完全克服登台的恐惧，他们在开始演讲时也或多或少地有些怯意。并且，这种怯意在开头的几句话里会表现出来，只不过，他们能很快克服这种怯意，进入镇静的状态。

卡耐基认为，某种程度的登台恐惧感对人们练习演讲反而是有益的，因为人类天生就具有一种应对环境中不寻常挑战的能力。他这样提醒人们：当你注意到自己的脉搏和呼吸加快时，千万不要过于紧张，而要保持冷静，因为你的身体一向对外来的刺激保持着警觉，这种警觉表明它已准备采取行动，以应对环境的挑战。假使这种心理上的预备是在某种限度之下进行的，当事者会因此而想得更快，说得更流畅，并且会比在普通状态下说得更为精辟有力。

人们产生自卑感的主要原因是他们不习惯当众说话。因为对于大多数人来说，当众说话是一个未知数，从而缺乏自信，心里就不免感到焦虑和恐惧。对于他们而言，那是一连串复杂而陌生的情境，要比学打网球或学开汽车还要繁杂，要使这种可怕的情境变得单纯而轻松，就要靠坚持不懈的练习。其实，只要是通过练习获得演说成功的人，当众说话就会变得不再是一种痛苦，而是一种享受了。

不必要的紧张如何祛除

演讲真的不需要紧张吗？

个人认为能得到一片喝彩的演讲都带有演戏的成分，包括学术演讲，而政治煽情演讲尤甚。既然是演戏，自然要掺假了——要真真假假！很多好莱坞经典电影都演得真实感人、催人泪下。不过，仍然还是做戏！演戏嘛，演员的精神状态太紧了、太松了，都出不了好戏。同理，好的演讲者要既放松，又紧张。一点不紧张、不兴奋、无激情，讲演也不会精彩。所以，不能把紧张感赶尽杀绝、片甲不留。演讲者需要必要的紧张。

不必要的紧张如何祛除？

不必要的紧张与必要的紧张正好相反，有了前者，会使演讲变糟糕。

不必要的紧张有三种：第一种是"处女紧"。第一次上台演讲，99%的人都有程度不同的紧张感。演讲的本质，说穿了，是当众讲话；说精细了，是带有表演性的当众讲话。会议主持人（无稿的那种）、节目主持人、政客（如台湾的民意代表）等人平时当众讲话惯了，演讲时的紧张感会比常人弱，或者最开始有点紧张，讲了一小会儿就"入戏"了，把紧张忘了。没有当众讲话基础的人，紧张感会很强烈，并持续很久。

笔者认为消除"处女紧"的捷径是从不带表演性的、相对人数较少的当众讲话开始起步练习，由易而难。比如老师课堂提问，要抢着举手发言，别怕答错被同学笑话（脸皮厚很重要）；课堂分组讨论，不仅要踊跃发言，还要毛遂自荐当组长，组织大家讨论，这能一石三鸟，同时锻炼了勇气、观察力、随机应变能力。如果是工作会议，只要允许，每次都要发言，有独家见解最好，若没有，不妨重复别人说过的话，但要重新组织一下语言。不用在乎别人议论你好出风头，演讲本来就是出风头的事。你要不想出风头，直接放弃演讲好了。如果平时在小众、熟人的环境中，你都张不开口，那么在大庭广众之下，要克服上台演讲的紧张感真的很困难。

第二种是不懂行。由于没掌握演讲技巧，对"怎么讲"和"讲完了效果好不好"心里没数，就会一直担心讲砸了。演员一般都经过专业训练，演讲也是，经过训练，掌握了其中的套路，就可以不闹心了。因为按套路、程式走，一般都能保证效果。如果现场发挥又好，就能赢得满堂彩。

第三种是欠准备。比如明知稿子或提纲的内容有硬伤、不能自圆其说，但来不及修改。这就像演员都开拍了，戏词还没背熟，怕挨导演骂一样，心中没有不忐忑的。只要事先做好功课，这点很容易避免。

呵呵，电影《国王的演讲》中的案例除外。像亨利六世那样结巴又非得演讲不可的人，人类史上有几个啊？

眼睛看哪儿？

有一次去德云社听相声，运气好，赶上郭德纲登场。笔者特佩服郭德纲的眼神，笔者觉得他站在舞台上，眼里笑光闪闪，脸上憋着坏笑，一直盯着笔者说呢！然后笔者问别人："你有没有觉得郭德纲一直看着你，就像他这场专门为你一个人说相声呢？"答案都是："你不说，没意识到。你一说，还真是这样的！"所以，如果演讲人能做到郭德纲那样，即使讲得二流，也能把听众征服了。

但笔者想，郭德纲一定是专门练过眼睛的，才能在那么大的一个场子同时让很多人感到专为自己一人逗乐。他的绝技，不给他拜师，恐怕学不到！

演讲人与听众交流无疑很重要。在拜不到郭德纲为师的情况下，就看那些你目力所及、对你露出好感的人呗。也可以看你目力不及的地方，你想象他们对你露出好感。

轻松克服怯场

演讲的时候，由于面对众多的听众，身处特殊的环境之中，表达者都会产生一种胆怯害怕的心理，以至失去自控能力。要么是过高地估价了听众，担心自己表达不好，表现出自卑；要么是由于即时即事兴讲，不能整体把握，出现前后不协调、语句贫乏、思维混乱等情况；要么是对表达环境适应不过来，在掌声、笑声或光线的压抑下不知所措。

之所以出现这些情况，主要是由于表达者过早地渴望使表达成功，因而生发出一大片假设的强大无比的敌人，而自己又担心被这些敌人打败"有失面子"，因此越想越害怕，越想越紧张。当看到那些知识丰富、表达得体、反应敏捷的人滔滔不绝、侃侃而谈，而听众又报以热烈掌声时，就担心自己不如他们，可能想到自己形象不佳、打扮不行、知识贫乏、阅历浅薄，甚至年龄不大、顺序不好，等等，正是这种自我构筑的心理把自己一步一步推向危机之中。

其实，这种现象谁都有，并且不仅仅在这种场合，紧张是人类的通病。因此，演讲时的怯场现象不为你所独有。它是一种自然现象，是一种普遍的心理现象。这样来说，如果演讲时一点也不害怕，没有压力感与紧迫感，反而不正常了。

美国心理学家曾在三千人当中做过一次心理测验：你最担心的是什么？答案是漫无边际的：死亡、双目失明、丧失亲人、疾病、面容被毁、离婚等。令人吃惊的是，约占 40% 的人认为最令人担心也是最令人痛苦的事是在大庭广众之前讲话。死亡仅排在第六位。

既然大多数人都和你一样有这种心态，那么，对此不妨泰然处之。

美国口才大师詹宁斯·伯瑞安初次上台演讲时，两个膝盖颤抖地碰在一起；

美国讽刺作家马克·吐温第一次当众朗诵时，口中像塞满了棉花；

印度总理英迪拉·甘地初次发表演讲时"不是在讲话，而是在尖叫"；

古罗马雄辩家西塞罗开始演讲时脸色苍白，四肢和整个心灵都在颤抖；

被喻为"世纪之演说家"的英国前首相温斯顿·丘吉尔开始演讲时，心窝里似乎塞着一块厚厚的冰疙瘩。

怯场人人都有，只是那些成功的口才艺术大师经常上场表达，拥有几分克服怯场的经验，使这种心态缩小到最低限度，不至于外露而已。

那么，怎么才能克服怯场、赢得演讲的成功呢？不妨试试如下方法：

其一，把听众当作朋友或客人来想。不论是谁，与亲密的朋友说话都不会怯场；初次见面，一想不了解这个人，就会拘束。所以，说话者应视每一位陌生人为老朋友。日本有位当配角的年轻滑稽演员，为了防止怯场，常在手心上写一个"客"字，意为装作把观众不放在眼里，也就是说"不把客人当回事，就不怯场了"。另一位日本歌手则相反，他一怯场，就自言自语地念叨："我是客人所喜欢的！客人都很喜欢我！"这样一来，怯场感就消失了，取而代之的是镇静自若。

其二，脑子里要经常清楚浮现成功的情景。有的人一想起自己过去失败的情景，脑子里便闪现出"这一下又要失败啦！"等信息，并导致说不出话来。所以，说话者最好多想象一下自己在公众面前侃侃而谈的潇洒英姿。如果觉得自己有过成功的经历，胸中就会鼓起"定能获得成功"的信心和胜利的希望，并产生说话的动能。如果说话之前想象到听从对自己热烈喝彩的情景，则会倍增自己说话的勇气。

把向后看变为向前看，把回忆尴尬变成想象荣耀，从失败心情转为成功心理无疑对说话的成功增益无穷。

其三，还有一个很好地克服怯场的方法，即如果我们遇到紧张心情出现，可以试着这样来自我安慰："唉！刚好又开始紧张了。如果一个人对于在众人面前亮相已经完全习以为常，没什么感觉与反应，那就完了。幸好，今天还是会紧张，心跳个不停，真是好极了。"

这样不就巧妙地缓和自己紧张的情绪了吗？只要那种紧张情绪一冲淡，就可以大胆开口说话了。

其四，克服怯场的方法是进行强烈的、鼓励自己前进的暗示。

法拉第演讲时暗示自己："听众一无所知。"

哲学家奥欧里斯暗示自己："我们的想法可以创造自己的人生。"

美国俄克拉荷马州参议员汤姆士小时候是一个瘦瘦高高、弱不禁风的人，他感到十分苦恼。跨入大学校门后，受命参加一次演讲比赛，这个平时面对一个陌生人都不敢开口的人突然要面对无数听众更是焦急万分。但他在母亲的教育下，采用自我暗示："病弱的身体可能会一辈子跟着你，所以你要用头脑来取胜啊！好好努力吧！会成功的！"结果他取得了第一名。这次演讲决定了他以后的成功。

自我暗示法虽然很简单，但运用得当，确实有效。它能使我们立刻"热起来"，也能立刻"冷下去"，因此心理学家奥尔波特称此法为"短循环反应法"

下面介绍几个例子：

"只要勇敢地开口说好第一句话，就没事了！"

"我已做好充分的准备，不会出错的。"

"每一位听众都有他们自己的事，不会对我的说话太在意的！"

"潇洒地表达，我能成功！"

"我已走到了最恶劣的地步，下面不会再有更糟的情况出现，只会越来越好，让自己充满信心吧！"

"这可不是开玩笑，好好讲吧！"

你的亲身经历才是最好的素材

美国有一档专门针对家庭妇女的电视节目，且收视率非常高。一开始，笔者很好奇，于是也追看了几期。看完之后，笔者对这个节目当中的互动环节印象深刻。虽然节目中的主持人在说话的过程中有时候会出现语法、修辞的错误，但是他的演说却是极富感染力的，让人在听的过程中已经忽略了那些错误，而被他的内容深深吸引。

这是什么原因呢？很简单，笔者发现，这位主持人在和观众互动的时候，都是在谈自己的故事，无论是难为情的上厕所忘记带纸，还是美好的初恋的回忆，这些事情根本不需要顾虑什么语法、修辞问题，切身的体会、真实的故事就已经紧紧抓住了观众的心。

演讲的技巧恰恰就在于此。当你苦于找不到合适的演讲素材时，不妨就从自己下手，在自己的身上找素材，用自己的亲身经历去做属于你自己的演讲，效果会是你意想不到的。

几年前，笔者在芝加哥也开设了训练班，一次，训练班的老师们聚集在康拉德希尔顿酒店里开会。在会上，我们鼓励大家想说就说，然后有一位学员站了起来，用洪亮的声音说："自由、平等、博爱，这些都是人类历史上最伟大的思想。没有自由，生命就变得毫无价值。试想，人类的行动若是处处受限，那会是怎样的一种生活？"

当这位学员说完这段话的时候，我们的训练老师立刻就制止了他接下来的演说，因为我们的老师太清楚不过了，如果这段演说再继续下去的话，只能是悲剧收场。我们的老师温和地问这位学员："为什么会发表这样的高论呢？难道你是有什么亲身经历吗？"这位学员听后，支支吾吾地回答说："没有。我只是在一本书上看到了这样一句话，觉得很受鼓舞，于是就想拿出来和大家分享一下。"老师点点头，然后对大家说："这位学员的动机非常好，但是这么宏达的主题，没有亲身经历的事件，或者是你亲眼所看到的事例，是很难继续你的演讲的，这样的演讲也不能够打动人心。不是我们的演讲不能叙述宏达的主题，而是宏大的主题也需要由一件一件具体、真实的小事情来衬托。"

老师的话引起大家热烈的掌声，那位学员也恍然大悟。

也许有人会有疑问，说自己的生活平淡无奇，没有什么值得拿来作为演讲素材的亲身经历。笔者想说，那是因为你没有仔细了解审视自己的经历。每个人的人生都是一部史诗，都充满了传奇，只要你愿意去发掘。著名作家爱默生就非常喜欢听别人讲述自己的经历，不管对方的地位、身份是多么卑微，哪怕他是路边的一个乞丐，爱默生也知道他的身上绝对有值得人听的故事，也绝对有值得人们学习的东西。

为什么在这里他特别强调用自己的亲身经历作为演讲的素材，尤其是对于刚刚开始踏上演讲台的人。因为刚开始的时候，我们在进行演讲时，难免会有紧张、恐惧的情绪存在，可能会存在忘词、结巴的现象。观众可能因为你是一个新手，而对你没有什么兴趣。所以这个时候，你还在重复别人的素材、选题，那么你是很难说出自己的特色的。

而拿自己的亲身经历作为演讲的素材就不一样了，因为这个世界上没有两片完全相同的树叶，所以你的故事不可复制，你的亲身经历是独一无二的。而且你对于自己所经历的事情肯定比任何人都更有发言权，也更明白其中的细节，所以你讲起来的时候，也必然会更加细致、形象，扣人心弦。笔者的这些话并不是空穴来风，而是经过数据调查得出来的。我们做了一个听众喜爱的演讲题目的调查，调查结果显示，最爱观众喜爱的题目都是从演讲者的个人经历演化而来的。

通常笔者鼓励大家在演讲时多运用自己的亲身经历作为素材，

还有一个原因就是因为亲身经历容易引起观众的共鸣。比如说，小时候的成长经历、和家人的相处时光、童年时的友情、校园的纯真爱情，等等，这些都是大多数人必会经历的，所以如果你的演讲涉及这些内容，那么你讲述了你在这些阶段中所遇到的烦恼也好，快乐也好，观众很容易就能从中找到自己当年的影子，那么这个时候，你给出的建议、观点便非常容易直达人心，被大家所接受。

笔者训练班上的一个学员的例子可能能够给你一些启示。这位学员在训练班上向我们大家讲述了一件他亲身经历的事情。事情是关于他如何从翻覆的小船上企图游到岸边的经过。他讲得非常细致入微，每一个动作，每一个细节，他尝试了很多种自救的方法，最后都失败了最后当他给出建议，那就是留在原地，等待救援时，听者都十分赞同，表示如果自己遇到类似的事件，一定会像他建议的那样去做。

这位学员的演讲无疑是成功的，因为他的观点成功到达了听者心里，原因便在于他那亲身经历过后发自肺腑的忠告。

不要说你没有这么惊心动魄的经历，那是你根本没有去好好回忆你的经历。人的一生不知道要遇到多少事情、见过多少的人，每个人身上都有独特的故事性，可能是一次游乐场之行，可能是一次汽车之旅，都会给你的人生带来一些启发。这些就都可以作为你的演讲素材，与人分享你的启发，人们会乐意听，更容易接受。

每个人都是一个巨大的素材库，从发现自己出发，讲你亲身经历的故事，你的演讲必定会吸引更多的人，你的观点必定会被更多的人认同，演讲也就变得容易起来。

精彩的演讲源于深入的思考

一场精彩的演讲不仅仅在于能够给人们带来快乐，更重要的是你的演讲内容是真的有内容的演讲。演讲的目的是要把你的想法、观点传达出去，让更多人接受你的想法、观点。而要让更多人接受你的想法，那首先你的想法、立论就必须是有深度、有内涵的。所以，让自己的演讲充满了自己深入的思考更容易让大家认同你的观点，达到你演讲的目的。

深入的思考对于演讲来说，非常重要，同时又非常困难。想要做一次深挖事实的演讲，对一个问题进行深入的思考，这并不是一朝一夕、很快就能够完成的事情。如果演讲只是就一件事情，或者是事物做比较浅层次、表面化的演说，相对来说还是比较容易的。可是这样的演讲就比较会让听众当时听得不亦乐乎，但是一旦演讲结束，当人们去忙他们其他事情的时候，你的演讲就会很快消失在他们的记忆里。而拥有深入思考的演讲往往会正中听众的心灵，给他们留下非常深的记忆点。

那么，如何让自己的演讲拥有深入的思考，给听众一次精彩的演讲，你可以在确定了自己的演讲题材之后，接下来就做一次自我提问，为的是加深对你所选题材的理解，让你对你要演讲的内容有更充分、深入的了解。如何才能表明自己对所选题材是真的有了深入的了解呢？其实这很简单，你想要说服别人相信你，想要你所演说的内容深入人心，首先你就要被你自己感动。你要问自己："我为什么要相信这种说法？我什么时候亲身见证过这件事？我到底想要证明什么？"当你自己能够回答这些问题的时候，就说明你对自己的演讲内容是非常了解和自信的，这个时候，你再出去给人们做演讲，大家就会被你充分的准备而打动。

为什么要这样的自问自答？因为它会给你提供预备力量，这种力量能够在演讲过程中使你始终保持高度的警惕性，让你找到最准确的答案。

著名的畅销书《内在》的作者甘德曾经说过这样一句话："我总是搜集十倍于我所要使用的材料，有时甚至倍于百倍。"甘德认为，做好充分的准备是保证自己的书没有任何瑕疵、令人叹服的好方法。

同样，这也是进行一次出色演讲的好方法。

在这里，给大家讲一下甘德的真实故事。有一年，甘德正着手写一系列关于精神病院的文章。这个题材非常敏感，为了获得第一手资料，甘德走访了一家又一家精神病院，并且，他还与这些医生、护士们真诚地交流，有不懂的地方，马上就会向医生、护士求教。所以，甘德对于精神病的了解一下子增加了许多，简直就快成了半个专家。

当时正好有一位笔者的朋友跟甘德是从事同一工作的，他亲眼见证了甘德这一系列努力和准备过程。他回来之后，告诉笔者，他和甘德两个人在医院里，反反复复地上楼梯、下楼梯，从这个病房走到那个病房，整栋大楼，每一间房，甘德都对其了如指掌。日复一日，他们走了数不清的路，鞋子都踏坏了好几双。甘德他们就是这样努力做着深入的调查和准备。最终，他们的辛劳与忙碌没有白费，厚厚的好几大本的实践笔记就是他们最直接的收获和成果。他们回到纽约之后，我的朋友发现，甘德不只是通过在精神病院搜集材料，他还通过向各个组织结构寻找数据材料来为自己的书做准备。所以，一回到纽约，就看到甘德的办公室里放满了政府和各州的相关报告，还有私立医院和委员会所做的各种统计单。

当所有的这些准备工作都做好后，当甘德对于精神病的知识足以当半个专家的时候，甘德开始整理这些材料，分门别类，然后才进行创作。最后，甘德写成了四篇小短文，这些文章内容深刻、发人深思，语言简洁诙谐，一经出版，就受到了广大读者的欢迎。因为这种深入浅出的写作手法非常容易被广大读者接受，并且因为所写题材极具争议性，大家的关注度就会非常高，加上甘德对这个题材的深入思考，读者便会深深爱上这本书。

甘德非常清楚明白，虽然最终的成书中所用的纸张、材料可能还不及他所做的笔记和材料的百分之一，但是那几公斤重的笔记和各项调查文件正像是盖楼的地基一样，只有它们是真材实料、量够足，才能够保证上面盖的房子固若金汤。

　　深入的思考来源于深入的调查了解，不要怕花费时间，一位外科医生说过这样一句话："我可以在十分钟内教会你如何取出盲肠。可是，要教你如何应对差错，却得花我四年的时间！"演讲是同样的道理，前期你的准备越是充分，你对于演讲内容的了解也就会更加深入，那么你在临场发挥时的应变能力就会得到提高。

　　著名顶尖演说家诺曼·陶马斯有着非常快的应变能力，基本上就没有他处理不了的现场突发状况。即便是当他在演说时，有跟他持相反政治意向的观众直接向他抛出非常犀利的质疑和诘问时，他也能处变不惊地予以回答，并且能够成功将对方的注意力转移到自己所说的内容上来。这样的能力实在令人佩服。而这种能力的获得正是在于诺曼在每一次演讲前周详深入的准备工作。

　　他说："假如一篇演说是重要的，那么讲演者就应该反复斟酌主题，看看主题与自己是否合拍。如此，他就会惊讶地发现，自己逛街时，读报纸时，准备就寝时，都会涌起无数关于演讲的新念头。那些平庸的讲演之所以平庸，就是因为其源于平庸的思考，它是无可避免的正常反射现象，是对题目认识不完全的结果。"诺曼的话一针见血，说明了深入的思考对于演讲的重要性。

　　做一次演讲就好比进行一次战争，战争的目的就是要俘获台下听众的心。那么想要打好这场战，就一定要做好充分的战前准备，一定要对这次战争进行深入的思考，不可掉以轻心。只有深入的思考才能让你发现别人发现不了的此次战争的重点，才能有的放矢地正中每一个听众的内心。

别输在
不会表达上

话说对了，事就成了

王辉◎著

中国出版集团
中译出版社
CTPH

图书在版编目（CIP）数据

口才训练与沟通技巧的艺术 . 别输在不会表达上 /
王辉著 . -- 北京：中译出版社，2019.12
　　ISBN 978-7-5001-6085-4

　　Ⅰ . ①口… Ⅱ . ①王… Ⅲ . ①口才学—通俗读物
Ⅳ . ① H019-49

　　中国版本图书馆 CIP 数据核字 (2019) 第 272560 号

出版发行：中译出版社
地　　址：北京市西城区车公庄大街甲 4 号物华大厦六层
电　　话：(010)68359376,68359827（发行部）（010）68357328(编辑部)
传　　真：(010)68357870
邮　　编：100044
电子邮箱：book@ctph.com.cn
网　　址：http://www.ctph.com.cn

策　　划：北京瀚文锦绣国际文化有限公司
责任编辑：温晓芳
封面设计：孙希前

排　　版：张元元
印　　刷：香河县宏润印刷有限公司
经　　销：全国新华书店

规　　格：880mm × 1230mm　1/32
印　　张：25
字　　数：650 千字
版　　次：2019 年 12 月第一版
印　　次：2019 年 12 月第一次

ISBN 978-7-5001-6085-4　　　　　定价：178 元 / 套（全 5 册）

前言
Preface

　　日常生活中，我们最常做的事情，肯定有"说话"。说话是一种表达自己思想的方式，是我们与他人交流、建立感情的最牢靠的办法，更是我们作为渺小的个体，向外界展示自己的渴望、才能与信念的途径。

　　人们常说"巧舌如簧"，却不知，话说得巧不难，难的是说得严谨，说得八面玲珑，让心怀不轨的对手挑不出错处，让内心敏感的朋友感受不到疏离，让难以揣摩的上司在心里微笑。要知道，听我们说话的人有那么多，且在生活中扮演着不同的角色，各有不同的关系和利益牵扯，因此发言应小心，绕开"祸从口出"的错误。

　　也许有人会说，少讲话，不就可以避免"言多必失"了吗？但人是社会性动物，我们每个人都生活在社会中，都会遇到不如意的事，需要和朋友倾诉，以求得他人的关心与帮助；在日常生活中和父母妻儿处理好关系，维护家庭的和睦；和亲人处理好关系，以维系亲情纽带。如果不利用语言，这些都难以实现。何况，现代社会要求每个人都应学会与他人建立起良好的关系，学会合作，以求得更好的发展。

　　不用焦虑，不用发愁，本书将教您如何说话、什么时候说什么话、怎样说话，也将告诉您什么时候别说话、什么时候多说话、什么时候少说话，甚至还能教您一两个小妙招，应对别人的冷嘲热讽，开解社交场合中的尴尬僵局，用眼神与表情讲出不能出口的话……口才的万般美妙、千般技巧，尽在其中。

目录
Contents

第一章　人人都可以成为演说家，只要你愿意 / 1

第一节　把握好沟通的方向 / 1

第二节　妙用语气铺垫感情 / 6

第三节　语速的快慢要把握 / 11

第四节　话要讲出节奏感 / 14

第五节　称呼要优雅得体 / 17

第六节　说话要顾及对方的感受 / 20

第二章　推翻口才学陈旧观念 / 24

第一节　健谈不是喋喋不休 / 24

第二节　懂得倾听与合理发问 / 29

第三节　不要中途插嘴 / 32

第四节　恭维话也要适量 / 34

第三章　懂得赞美，你也可以拥有魅力口才 / 38

第一节　举例说明更有说服力 / 38

第二节　勤夸奖换来好人缘 / 40

第三节　换种角度赞美别人 / 44

第四节　真诚的赞美才醉人 / 47

第五节　偷偷讲出的赞美 / 52

第四章　化解尴尬，打破冷场的气氛 / 55

第一节　交往中遭遇冷场 / 55

第二节　补救蹩脚的谎言 / 58

第三节　被人羞辱也可从容 / 65

第四节　为他人解围的话术 / 69

第五章　好口才助你在职场八面玲珑 / 74

第一节　谈判场合小心避雷 / 74

第二节　商业谈判前必做功课 / 78

第三节　做个僵局的破冰船 / 81

第四节　谈判说服中的迂回术 / 85

第五节　批评的话该怎么讲 / 87

第六节　因人而异的批评法 / 95

第七节　以退为进的批评术 / 98

第六章　把握尺度，让语言更具魅力 / 104

第一节　利用批评的力量 / 104

第二节　把握好幽默的尺度 / 108

第三节　用幽默表达不满 / 111

第四节　谢绝的几种方式 / 114

第七章　不强迫，随机应变的说话艺术 / 122

　　第一节　含糊其词的最佳时机 / 122

　　第二节　不妨顾左右而言他 / 126

　　第三节　委婉讲话的诀窍 / 128

　　第四节　如何含蓄劝导对方 / 131

　　第五节　依据场合决定言辞 / 139

　　第六节　临场发挥的应急口才 / 147

第一章 人人都可以成为演说家，只要你愿意

语气在和别人谈话时有着重要作用，有的人说话对方容易接受、愿意接受，有的人说话对方就不容易接受、不愿接受或者很难接受。这其中的原因，大多是由于语气的不同造成的。一句同样的话，如果用不同的语气来说，就会起到不同的、甚至是相反的作用。例如，"我愿意"这三个字，如果用真挚的语气说出来，那就是满怀着对对方的一腔真情和许诺；如果用油腔滑调的语气说出来，那就是带着讥讽的口吻了。所以，一定要注意自己说话时的语气。

第一节 把握好沟通的方向

沟通的目的，是两方互相交换有价值的信息，表达内心意图。而滴水不漏的沟通术则要求更高：不能损害自己的利益，更不能破坏与对方之间的友好气氛。很多人没有意识到，圆润的讲话方式，

比一般的沟通更需要智慧。

在开口说话之前，至少要在脑子里有以下清晰的思路：第一，当前谈话的最终目的；第二，我和对方属于什么关系；第三，我应该以怎样的谈话内容作主体；第四，应该避免的谈话内容。要做到这四个要点，都需要我们在对话之前就对另一方的身份与喜好有个基本的认识。比如说，如果对方是个不苟言笑的人，在谈话中就要尽量避免不必要的玩笑和客套话；如果对方喜欢品酒，就不要在言谈中显露对嗜酒者的反感；如果对方信仰宗教的话，就更要注意不要冒犯对方。否则，沟通的气氛会变差，在极端的情况下还有可能导致谈话破裂。争吵是最无效的沟通方式，这是必须要避免的。

当然，这些工作不一定要在交谈之前完成，因为在生活中，很多对话场景并不是职业面试和谈判，是无法提前准备与收集信息的。这就需要我们即时处理碰到的境况，头脑灵活地捕捉信息。在网上曾经流传着这么一个故事：一位女士到友人的家里做客，恰逢友人的儿子带回了女朋友，这位女士就夸奖朋友的儿子说："这孩子真有眼光，像他爸爸一样，会挑人！"这短短的一句夸奖，同时赞扬了四个人，让大家都很高兴。这个故事中的主人公的口才之所以令人称道，就是因为她巧妙地捕捉到了一个关键信息点：朋友的儿子带了他的女朋友回家，他们未来很有可能是一家人。于是，通过"亲情"这个纽带，这位女士巧妙地奉承了自己的朋友及其家人，还有相识不久的年轻女士。

在我国古代四大名著中，也有一些临场捕捉对方身份、爱好信息，而做出机智回答的事例。其中一个片段，就是广为人知的《红楼梦》中，精明又圆滑的王熙凤初见林黛玉时所说的"况且这通身的气派竟不像老祖宗的外孙女儿，竟是嫡亲的孙女儿似的，怨不得老祖宗天天嘴里心里放不下"。这段话不仅夸了林黛玉，讨好了疼惜黛玉的贾母，也没有在言辞上贬低、冷落贾府里的其他贵族小姐，还着重突出了"林黛玉的美貌之所以脱俗，是由于与贾母十分相像"的含义，抓住了这祖孙两人的亲情这一关键点。

而王熙凤的机智还不仅于此，在刘姥姥一进荣国府时，她滴水不漏的说话艺术也得到了很好的发展。可以说，这段原文以王熙凤的语言艺术作烘托，非常精准地塑造了人物性格与这位凤辣子的处世哲学。讲话滴水不漏的人，为人处世必定也是八面玲珑的。

在原文中，面对刘姥姥这么一个不知根底，不知是何来路，自称为亲戚的上门求财者，王熙凤用了招缓兵之计：

凤姐笑道："亲戚们不大走动，都疏远了。知道的呢，说你们弃嫌我们，不肯常来，不知道的那起小人，还只当我们眼里没人似的。"刘姥姥忙念佛道："我们家道艰难，走不起。来到这里，没的给姑奶奶打嘴，就是管家爷们瞧着也不像。"凤姐笑道："这话没的叫人恶心。不过托赖着祖父的虚名，作个穷官儿罢咧，谁家有什么？不过也是个空架子，俗语儿说的好，'朝廷还有三门子穷亲'呢，何况你我。"说着，又问周瑞家的："回了太太了没有？"周瑞家的道："等奶奶的示下。"凤姐儿道："你去瞧瞧，要是有人就罢；要得闲呢，就回了，看怎么说。"周瑞家的答应去了。

王熙凤不知道突兀出现的刘姥姥到底是哪个亲戚，却从对方的衣着与言谈中看出了对方的落魄。为了避免落下嫌贫爱富、对穷亲戚不闻不问的恶名，她先是亲热地拉近了两人之间的距离，表示是"你们弃嫌我们，不肯常来"，随后又主动在语言中放低家族姿态，说荣国府的繁荣"不过也是个空架子"。这句话同时也为两方在必然会到来的财产赠予中打下了基础，避免过多的损失。最关键的是，她打发下人去和王夫人打听刘姥姥的来路，以此决定自己的行为准则。

后来，周瑞家的带回了王夫人的回应，话中也包含着几点隐藏信息。

周瑞家的道："太太说：'他们原不是一家子；当年他们的祖上和太老爷在一处做官，因连了宗的。这几年不大走动。当时他们来了，却也从没空手过的。如今来瞧我们，也是他的好意，别简慢了他。要有什么话，叫二奶奶裁夺着就是了。'"凤姐听了说道："怪道既是一家子，我怎么连影儿也不知道！"

也就是说，这个刘姥姥并非贾府的远亲，对方不存在任何血缘关系，只是刘姥姥的女婿的先祖，与王夫人的先祖攀了个亲而已。但两家曾经相互往来，略有交情。王夫人还通过"从没空手"暗示王熙凤：对方是懂礼数的人家，不是泼皮无赖，不用怕他们狮子大开口，但也别怠慢了，因为王夫人毕竟是居于贵族之家，用些小钱摆个高姿态，还是很有必要的。

在摸清对方底细之后，王熙凤用自己高超的语言技术和掌握的信息解决了这位不速之客的难言之隐。

凤姐笑道："且请坐下，听我告诉你，方才你的意思，我已经知道了。论起亲戚来，原该不等上门就有照应才是；但只如今家里事情太多，太太上了年纪，一时想不到是有的。我如今接着管事，这些亲戚们又都不大知道，况且外面看着虽是烈烈轰轰，不知大有大的难处，说给人也未必信。你既大远的来了，又是头一遭儿和我张个口，怎么叫你空手回去呢？可巧昨儿太太给我的丫头们作衣裳的二十两银子还没动呢，你不嫌少，先拿了去用罢。"

这段话的巧妙之处值得细细品味。她先是展现了一个大家族管家应有的风范，即本该热心帮扶穷困的亲戚们——"论起亲戚来，原该不等上门就有照应才是"；接着又为两家久久没有往来的生疏打圆场——"太太上了年纪，一时想不到是有的。我如今接着管事，这些亲戚们又都不大知道"；再适当表露大家族的艰难，以示并非时时有闲钱的境况——"外面看着虽是烈烈轰轰，不知大有大的难处"；说到此处，话锋一转，又开始表现人情味儿——"你既大远的来了，又是头一遭儿和我张个口，怎么叫你空手回去呢？"紧接着，又开始表现豪门望族的阔绰大方——"可巧昨儿太太给我的丫头们作衣裳的二十两银子还没动呢，你不嫌少，先拿了去用罢。"

凤姐把握到了回应刘姥姥的信息点：第一，对方在经济上有求于自己；第二，不用像对待真正的穷亲戚那样殷勤，这次愿意分些钱财给她，只是因为王夫人祖上的旧识都找到荣国府了，如果坐视不理，很损伤王家的尊严；最后，要把握好这份资助的"度"。所以，她既没有为了摆阔气而将资财尽数献出，也没有让刘姥姥空手而归，还以贾府的财产替自己给刘姥姥卖了个人情：家里也有难处，但我还是愿意帮你，我还把别人拨给我的，有用处的钱自作主张都给你了。这种处处周全，既不热络又不失礼、既不寒酸又不炫耀的讲话原则是很高明的。

同理，如果无视对方的身份、性格信息，那么即使本意是好的话，也很容易弄巧成拙。在大热的影视剧《甄嬛传》中就有这么一幕：嫔妃们与皇后一同听戏，祺贵人为了讨好皇后，顺嘴说了一段情商极低的话，大意如下："跟皇后娘娘聊天就是不一样，臣妾家里有个庶出的妹妹，臣妾和她没什么可说的。"一听这话，皇后娘娘本人和其他嫔妃们的脸色全都变了。因为皇后本人就是庶出，也就是中国古代非正妻的女子的孩子，她对此一向自卑又敏感，很不愿被别人提起。但这段话正是祺贵人口无遮拦、轻浮张狂的表现，因为这种性格祺贵人在剧中不可避免地走向了毁灭。在生活中，面对家人、朋友、同事、上司时，一定要时刻提醒自己注意对方的身份立场和其他敏感信息。毕竟，把话说得不得罪人，是走向好口才的第一步。

在生活中，有些人的意图是很好理解的。比如，许久不曾联系，或者交情极浅的人突然与你热络起来，多半是有求于你；父母在节假日即将到来之时打来问候的电话，很可能是希望得知你回家的日期；朋友打电话时突然吞吞吐吐，很可能是遇到经济危机，需要开口借钱了。

更多的情况下，对方未曾说出口的话，其真意是需要我们领悟的。比如，在古典名著《红楼梦》中，林黛玉曾笑着嗔怪贾宝玉道："你怎么不去辞辞你宝姐姐呢？"贾宝玉听后，笑而不答。贾宝玉会笑，是因为他听懂了林黛玉的弦外之音，同时，他的沉默也是对林黛玉略带试探的一种回应。诚然，现代人不用如此隐秘地表达自己的心意，但听懂对方话中的玄机，也是需要一番心思的。

当对方语焉不详的时候，就需要静下心来，站在对方的角度思考：他为什么要在此时这么讲话呢？这个人最近发生了什么事？同时，也要避免理解错误对方的用语，把对方的感受与目的混为一谈。

第二节　妙用语气铺垫感情

说话语气对说话效果非常重要。有的人说话对方容易接受、愿意接受，有的人说话对方不容易接受、不愿接受或很难接受。这其中的原因，大多都是由于语气不同造成的。我们常说"理直气壮"，但有理也要有礼——得体的语气，才会收到"情通理达"的效果。所以，把握好说话的语气，对任何人来说都是非常重要、非常必要的。事情有轻、重、缓、急，语气有抑、扬、顿、挫，只有把握好说话的语气，才能使说出的话被对方理解和接受，才能收到预期的对话效果。

当然，说话的语气要分对象，分场合，分时间。不同的情况，要运用不同的语气，这其中的分寸，就需要发话者灵活掌握了。

语气的"神"——感情色彩和分量。受具体的思想感情支配的语言才是有生命的、可感的。语气的感情色彩，指它透露出来的"喜、怒、哀、乐、欲、恶、惧"等人类丰富繁杂的情感，因而要求语言表达的丰富性；语气的分量，指在把握语气感情色彩的基础上，区别不同感情色彩的分寸尺度，强调语言表达的分寸感。

语气的"神"除了包含感情色彩之外，还包含着语言链条中反映出来的"并列""递进""转折""因果""领起""总括""主次"等逻辑感受，也包含着语言传播过程中与受众的交流、呼应，这三方面的感受交织在一起成为语气的"神"。

语气的"形"——语势。丰富的思想感情只有透过变化多样的声音，即语势的变化才能让人毫不费力地直接感觉到，相反，刻板、单调、以不变应万变的声音只会使本来要表达的思想感情褪色，甚至变味，所以说，语气是语句"神"与"形"的结合体。语势，包含着气息、声音、口腔状态三方面，多层次、多侧面的立体变化和多重组合，具有很强的技巧性。这些方面的变化，既是语言发出时能够驾驭的，又是语言发出后可以从听觉上辨别出来的。语势的变化，在气息方面，有气息位置深浅的不同、气息量多少的差别、送气速度快慢的区分；在声音方面，有高低、强弱、快慢及音色的精细变化；在口腔状态方面，在每一个特定的音位里，都可以有口腔开度大小，控制松紧，舌位前后、高低的变化。这些变化因素在一句话的句头、句腰、句尾显露出来。一句话，在表达不同的思想感情时应有不同的语势，只有曲折多样的语势才能成为丰富的思想感情的载体。

第一，要因人而异

驾驭语气最重要的一条是语气因人而异。语气能够影响听者的情绪和精神状态。语气适应于听者，才能同向引发，用喜悦的语气就会引发对方的喜悦之情，用愤怒的语气就会引发对方的愤怒之意。若语气不适应于听者，则会异向引发，如牛硬的语气会引发对方的不悦之感，埋怨的语气会引发对方的满腹牢骚等等。

比如，领导与下属说话，语气虽然要和蔼，但可适当地表现出威严、教育和希望下属怎样去做的口气；但如果作为下属对领导说话，这样的语气就不合适，而是要表现出低调、求教和恭敬的语气；如果同样是这个领导，但面对自己孩子的老师说话时，语气就要有所不同，尽管老师的社会地位可能不如自己，但对老师说话的语气却应像对长辈一样，表现出谦恭和尊敬；同样，与小辈人说话、与陌生人说话、与亲密者说话，语气也是各不相同的。

第二，要因场合而异

把握语气，指的是要注意说话的场合。一般来说，场面越大，越要注意适当提高声音，放慢语速，把握语势上扬的幅度，以突出重点。相反，场面越小，越要注意适当降低声音，语速紧凑，并把握语势的下降趋向，追求自然。

比如，在安静的动车上，高声喧哗会被认为是不礼貌的。领导批评下属时，在公众场合对同事尖声训斥也不妥，要放低语速，还要批评得缓和，让批评带有帮助关怀的语气；如果在私密场所，没有他人在场，则可较严厉、生硬一些。即使是夫妻之间吵架，有外人在场的情况下，语气也要平和，切忌高声、粗暴。与有意见的人谈话也要注意场合，在人多的情况下，尽量让自己的语气低一些。

第三，要因动机而异

在开口之前，问问自己，你想达到的目的是什么？同样的一句话，在不同的时候说，效果往往会大相径庭。抓住时机，恰到好处，运用适当的语气才能够产生正确的效果。在不同时候说出的话效果也大不相同。当一个人正在发火时，你对他有再大的不满，说话时也要用商量的语气，而不能用责备和要求的语气；而当一个人表现出恃才傲物、狂妄不羁的时候，我们对他说话的语气就应强硬，不可助长他的气焰。总之，应注意把握说话的语气，这样才能把话说得更到位、更有效果。如谈心时，语气要温柔，不能声色俱厉，咄咄逼人。温柔的语气能冲淡对方的敌对心理，能给对方一种信任感，不至于引起对方的反感，激化矛盾。

语气往往体现在语言的表述方式上，追问、反问、否定往往使语气显得生硬、激烈，易引起对方反感，而回顾、商榷、引导、模糊等往往能制造平淡和谐的谈话气氛，有利于减轻压力，阐明事实，表明观点。

声调在谈话的效果上也有重要作用。当一个人心存怒气时，说话的声调肯定会上扬，形成一种尖刻、刺耳的声音。这种尖刻的声调很容易让人失去耐心，有种被针对的感觉，而且这种声调带有的负面情绪有很强的传染性，会使对方马上也提高警惕，用同等敌意针锋相对，这只会使事态扩大，矛盾加深。王老师就很善于用自己的语气帮助孩子们。在他的班上有一个性格比较孤僻的孩子，因为很少说话，被别的同学称为"大哑巴"。王老师在担任班主任后，就对他进行了深入了解，知道他只是因为内向而不爱开口，就经常在课堂上鼓励他发言，在课下鼓励他和同学一起玩。在一次课外活动时，这个同学独自一人坐在教室里，王老师便走过去，用最温柔、最耐心的声音同他说话："我发现你上课听讲挺认真的，而且反应并不比别人慢，老师相信你是一个聪明的孩子，只要你努力学习，一定会成为一名优秀的学生。"这个同学听了王老师的话，若有所思地点点头。然后，王老师又把他带到孩子们中间，并且陪他一起参与活动中，学生们受到王老师的影响，都争着和他做游戏。慢慢地，他和同学们的关系变得融洽了，学习成绩也提高了，再也没有人说他"大哑巴"了。

在这位同学的转化过程中，老师的爱心起到了重要的作用，而这种爱心正是利用富有爱心的温柔语气表示出来的。

语气傲慢者使人反感，语气谦逊者使人喜欢。同样的话，用不同的语气说出来，就会起到不一样的效果，所以，在说话的时候，要注意自己的语气，不要给人一种傲慢的感觉。

声音是语言的载体，是我们了解外面世界的媒介，美妙的声音能带给人美的享受。要不宋世雄、赵忠祥等人的声音怎么会感动那么多人呢？人们总是被富有磁性的男中音所吸引，当你处于茫然无助之时，温暖的声音可能会让你顿生雄心，重新站起来。所以古谚语中就有"良言一句三冬暖，恶语伤人六月寒"的说法，声音的确具有超乎寻常的魅力。

曾经有这样一个故事：有一天上午，女主人独自在家，当听到门铃声后打开门时，眼前的一幕让她愣住了，一位彪形大汉手拿一把菜刀凶神恶煞地站在门口。女主人见此情形，面带微笑温和地说道："哟！您卖刀啊！请进吧。"进屋后，女主人请他坐下，又热情地为他倒茶，这一意外之举令本想打劫的大汉不知所措，接着女主人又坐下来温和地与大汉谈论刀，还不时地讨价还价。整个过程，女主人始终用一种亲切的语气和这位男子说话，一切都显得十分亲切与从容。男子紧张的心情慢慢平静下来，心中本要抢劫的念头渐渐消散了，借机把刀卖给这位女主人，就赶快跑掉了。

声音的魅力就是如此神奇，着实让人意想不到，但女主人的确凭着那温和而亲切的声音打动了一个本打算打劫的男子，让他迷途知返。

所以，能说会道的人都善用声音的魅力。要想使自己的声音具有魅力，就要提高自己的口语发送能力。

那什么是口语发送能力呢？简单地说，就是说话时对语言的速度节奏、声调的高低、声音的轻重大小、语流的顿挫断连的控制和变化能力。如果一个人有较好的声音发送能力，不但发音明亮悦耳、字正腔圆，而且还能随着交际的内容、场景、双方的关系的不同，有高低抑扬、快慢急缓、强弱轻重、顿挫断连、明暗虚实等多种变化，其声音就具有强烈的音乐旋律感和迷人的艺术魅力。

说话时，影响人们速度节奏的主要原因是人们内心情绪的起伏变化。速度节奏的控制和变化一般通过音调的轻重强弱、吐字的快慢断连、重音的各种对比，以及长短句式、整散句式、紧松句式的不同配合才能实现。人们应掌握这些规律，做到快慢适中，快而不乱，慢而不断，增强语言形象的美感。此外，提高口语发送能力还应注意说话的语气，从语言的音强变化等方面来改进语音形象。

"余音绕梁，三日不绝。"声音是语言的载体，声音动听，可以给人一种美的享受，使别人都爱听自己所说的话，所以我们在讲话的时候，要注意使自己的声音富有感染力，这样才能够打动别人。

第三节 语速的快慢要把握

语言的节奏有舒有急，有快有慢。使用快节奏讲话往往会使你显得心急，情绪不稳，易激动，这不利于交谈对象思考和应对，显得没有诚意。节奏太迟太缓，则显得缺乏生气，没有信心，影响谈话效果。节奏适中，方显自然、自信、有力，易于从心理上影响对方，产生良好的心理效应。

很多人都误以为，语速快是自己思维敏捷、能言善辩的表现，可是事实并非如此。"水深流去慢，贵人语话迟"，语速快，并不是思维快的表现，它只能证明你笨拙得需要大量的举证才能说明要点，或是你很自恋，享受对着别人滔滔不绝喷口水的感受。语速越快，说得越多反而越容易惹出祸端，这也是"言多必失"这句成语的含义。

在新闻中我们可以看到，一些企业、明星的公关代表，甚至外交部发言人在现场回答记者提问时，语速都是十分均匀、相对较慢的。这是因为，在临场发挥的时候，他们需要在脑中快速地组织语言，反复斟酌后再谨慎发言，这是他们的工作性质决定的。在控制自身发言速度的同时，他们也在把握整体局势。

普通人在生活中可能无须顾虑那么多，但较为平稳的语速能使对方更容易理解你的意图，同时也不会显得轻狂聒噪。因为过快的语速很有可能带来一种副作用——吐字不清。试想一下，在你口若悬河地讲出一大串话语之后，对方一脸茫然地向你确认刚才的对话内容，那情景会有多尴尬？尤其是在商业谈判或是职场面试时，如果语速过快，对方多半会觉得你是个处于紧张情绪中、对自身实力毫无底气的人。

著名主持人蔡康永曾经说过："说话像机关枪而且很得意的人，也许可以试着把机关枪改成弓箭，拉弓→放箭，拉弓→放箭，留一点空档，让听的人消化，只要你的话值得一听，不用担心，对方一定会见识到你的威力的。"

一般来说，语速受以下三方面因素的制约：

一是听众的年龄、知识结构、心理因素和生理因素。

二是作品的思想内容。通俗易懂的宜快，难涩深奥的宜慢；描写叙述的宜快，哲理论说的宜慢；环境描述的可轻快一些，紧张情节的叙述可急迫一些。有时为了调动听者的想象力，语流可作短时中断，留下"空白"，会收到"此时无声胜有声"的表达效果。

三是环境因素。不同的空间距离，不同的会场气氛，不同的听者情绪，都对语速有不同的要求。明智的人会通过语速表达含而不露的情绪，例如在表演话剧《雷雨》时，演员们的语速是这样的：

周朴园：梅家的一个年轻小姐，很贤惠，也很规矩。有一天夜里，忽然地投水死了。后来，后来——你知道吗？（慢速。周朴园故作与鲁侍萍闲谈状，以便探听一些情况）

鲁侍萍：这个梅姑娘倒是有一天晚上跳的河，可是不是一个，她手里抱着一个刚生下三天的男孩，听人说她生前是不规矩的。（慢速，鲁侍萍回忆悲痛的往事，又想极力克制怨愤，以免周朴园认出）

鲁侍萍：我前几天还见着她！（中速）

周朴园：什么？她就在这儿？此地？（快速。表现周朴园的吃惊与紧张）

鲁侍萍：老爷，您想见一见她么？（慢速。鲁侍萍故意试探）

周朴园：不，不，不用。（快速。表现周朴园的慌乱与心虚）

周朴园：我看过去的事不必再提了吧。（中速）

鲁侍萍：我要提，我要提，我闷了三十年了！（快速，表现鲁侍萍极度的悲愤，以至几乎喊叫）

那么，如果习惯性地语速过快，又该如何克服呢？有以下几种方法：

第一，在开口之前深呼吸，减缓紧张情绪，使自己避免一口气将词句全盘托出的叙述方式。此外，深呼吸之后再发言，可以让人更有效地掌握韵律感。有必要的话，在说出每个短句之前，都小小地换口气，或者在心中默数三个数字再发音。

第二，选择一篇不超过三百字的短文，发音准确、吐字清晰地念一遍。这整个过程都需要计时，控制在一分钟多即可。当然，并不是说，时间慢下来，语速就调整好了；在朗读这段文章的时候，不能像快速录入的机器人一样，流利却机械地发出声音，基本的语气和转折词，都需要读出轻重缓急的层次。

第三，突出着重词和主语，可以在脑海中把要说的话分成主谓宾等词组结构，每说到一或两个词组，都在语气中做出一个短暂的停顿效果。这个方法对于语速快的人来说，是增强沟通效果的好方法，但同时也要避免出现矫枉过正的窘境。

第四节　话要讲出节奏感

说话要有节奏，该快的时候快，该慢的时候慢，该起的时候起。有起伏、有快慢、有轻重，才形成了语言的乐感，否则话语不感人，不动人。有位意大利的音乐家，他上台不是唱歌，他把数字有节奏的、有变化的从 1 数到 100，结果倾倒了所有的观众，甚至有的观众感动得流下了眼泪，可见节奏在生活中多么重要。节奏与语速紧密相连，但不仅仅是说话的快慢，更多的是语气、语感的起伏、强弱。

那么我们应该怎样掌握好说话的节奏呢？其实也没有什么神秘的地方，只要掌握好什么时候应该减速，什么时候应该加速就可以了。

第一，说话时应该减速的地方有：需要特别强调的事情；极为严肃的事情；勉强控制的感情；使人感到疑惑的事情；数据、人名、地名，等等。

第二，说话时应该加速的地方有：任何人都知道的事情；不太重要的事情；精彩的故事进入高潮时；无法控制的感情，等等。

语言的节奏对于语言表达能力起着至关重要的作用，而良好的语言表达能力对每一个人都非常重要，尤其对于基层公职人员来说是一个必备的基本素质。很多基层公职人员也在想方设法提高自己的语言表达能力，力争使自己的语言表达更具节奏感、表现力、艺术性。下面就从节奏的类型和节奏的转换方法两个方面介绍如何把握语言节奏。

一、节奏的类型

根据节奏的基本特点和基本表现形式，把节奏感的六种类型及其各自的典型性简述如下：

1. 轻快型

多扬少抑，多轻少重，语节少而词的密度大。基本语气、基本转换都偏于轻快，重点句段更为明显。

2. 凝重型

语势较平稳、音强而着力，多抑少扬，语节多而词疏。基本语气、基本转换都显得凝重，重点句段更为明显。

3. 低沉型

语势多为落潮类，句尾落点多显沉重，音节多长，声音偏暗。基本语气、基本转换，都带有沉缓的感受，重点句段尤甚。

4. 高亢型

语势多为起潮类，峰峰紧连，扬而更扬，语不可遏。基本语气、基本转换都趋于高昂或爽朗，重点句段更为突出。

高亢型在生活当中是最常见也是经常运用的一种表达方式，比如演讲比赛、事迹报告会、晚会中的朗诵节目以及晚会中的主持，都采用这种节奏类型，因为用这样的方式可以更好地表现演讲者刚毅而富有激情的精神面貌。

5. 舒缓型

语势多扬而少坠，声音高而不着力，语节内较疏但不多顿，气长而声清。基本语气、基本转换都较为舒展，重点句段更加明显。

6. 紧张型

这种类型可以很直观地表现紧张激烈的气氛，还有一个很简单的例子就是军训时军人们平日里喊的口号"一、二、三、四"。多扬少抑，多重少轻，语节内密度大，气较促，音较短。基本语气、基本转换都较为急促紧张、重点句段更突出。

二、节奏的转换方法

部队基层指挥员在日常带领战士们进行学习训练和工作的过程中，不可能完全使用一种节奏形势，而是综合运用几种方式。基层指挥员只有灵活掌握这几种节奏的类型以及各类型的相互转换方式，才能更好地提高语言表达能力，这就是节奏的转换方式。

1. 欲扬先抑，欲抑先扬

声音的高低变化，形成峰谷相间的起伏关系。内容的主要部分必须以较浓的色彩、较重的分量表现出来。明确了主要部分，还要认真考虑次要部分如何表达，怎么为主要部分铺垫陪衬。这主与次之间，可以用抑扬显示它们的区别和联系。如果主要部分要扬，次要部分就要抑，反之亦是。

2. 欲快先慢，欲慢先快

语速快慢表现为语节中词的相对疏密程度，语节中词疏则慢，词密则快。同样少停紧接就快，多停缓接就慢。

3. 欲轻先重，欲重先轻

轻重变化，可以包括虚实变化。因为实声中有轻重之分，轻到一定限度就会转为半实半虚的声音。由轻转重、由实转虚等，能够形成轻重相同、虚实相间的回环往复，造成节奏感。

以屠格涅夫的经典作品《麻雀》为例，这篇文章读起来只有一分多钟。但是在一共六个自然段当中，作品的整体篇章布局安排得回环往复，错落有致。

我打猎回来，走在林荫路上。猎狗跑在我前面。（舒缓的）

突然，我的猎狗放慢脚步，悄悄地向前走，好像嗅到了前面有

什么野物。（稍微紧张的）

　　风猛烈地摇撼着路旁的梧桐树。我顺着林荫路望去，看见一只小麻雀呆呆地站在地上，拍打着小翅膀。它嘴角嫩黄，头上长着绒毛，分明是刚出生不久，从巢里掉下来的。（舒缓的）

　　猎狗慢慢地走近小麻雀，嗅了嗅，张开大嘴，露出锋利的牙齿。突然，一支老麻雀像一块石头似从一棵树上飞了下来，落在猎狗的面前。它横起了全身的羽毛样子很难看，绝望地尖叫着。在它看来，猎狗是个多么庞大的怪物啊！可是它不能安然地站在高高的没有危险的树枝上，一种强大的力量使它飞了下来。（紧张的）

　　猎狗怔住了，它可能没有料到老麻雀会有那么大的勇气，慢慢地，慢慢地向后退。（稍紧张）

　　我急忙唤回我的猎狗，带着它走开了。（舒缓）

第五节　称呼要优雅得体

　　称呼指的是人们在日常交往应酬之中，所采用的彼此之间的称谓语。在人际交往中，选择正确、适当的称呼，反映着自身的教养、对对方的尊重，甚至还体现着双方关系发展所达到的程度和社会风尚，因此不能随便称呼人。

　　称呼在人际交往和社会活动中的重要作用是很明显的。有一些心理学家们得出的结论证明：得体的称呼能使人快乐，增强自信心，有利于建立健康的人际关系。而健康的人际关系又可以使人精神振奋、心理健康和提高工作效率。总之，一个得体的称呼能缩短人和人之间的心理距离，甚至在深交之前就建立好感。

　　得体的称呼就像一份隆重的见面礼，听到的一方会获得心理上的满足，使人们之间的交流更顺畅，相处更融洽。反过来说，一个不恰当的称呼只会引起对方的反感，让对方对你心生厌恶。由此可见，称呼得体与否在很大程度上决定着人们交往活动的成败和管理效果的优劣。因此，无论是普通职员，还是单身女性，还是孩子的老师，或者是一名位高权重的领导，都有被恰当称呼的需求。因此，懂得称呼的技巧是很有必要的，可以进一步提高自己的讲话艺术。

其实称呼并没有什么统一的模式，不同的地区、不同的风俗和不同的当地方言，都会使人们称呼的习惯受影响。可能A地对于某类人的称呼，放在B地就很不合适了。比如，在国际交往中，一般对男子称先生，对女子称夫人、女士、小姐。已婚女子称夫人，未婚女子统称小姐。不了解婚姻情况的女子可称小姐，对戴结婚戒指年纪稍大的可称夫人。这些称呼可冠以姓名、职称、衔称等。

而在国内，很多情况就不一样了。现在，商家惯于将顾客称呼为"亲"，导购习惯上尊称顾客为"哥""姐"或"帅哥""美女"。在服务业中，已经很少有"小姐"这类可能引起歧义的称呼。总之，一个得体的称呼需要顾虑到这个人的性别、年龄、职业。但是，在这繁杂的称呼体系中，始终有一个中心点：本着尊重他人的原则。那么，怎样称呼才算得体呢？

第一，不要记错姓名

在各种社交事件中，记错对方的姓氏名称，绝对是最令人反感的事情了，而在这种情况出现时，很多人是不会去主动矫正的。在国内综艺节目《向往的生活中》，著名主持人何炅就曾谈起自己最尴尬的主持事件，自己弄混了陈冠希和陈奕迅的名字，在节目中全程将陈冠希的中英文名都弄混，叫成了陈奕迅。而陈冠希的反应则是偷笑，被何炅主动问起，才告知原因。结果，很多观众都表示对陈冠希的良好修养印象极深。被人叫错名字却不计较，这在公众的眼里是个很能说明其涵养的事件，从反面来说，也可以想见被人叫错名字是多么让人不快的事。

有些人起名的原则是遵循家族字辈的传统，有些人则是被其父母选择了常用字，还有些人的名字则是经过精心挑选，别有寓意的。这些人对于姓名的态度也许不同，但无论是哪一类人，都不喜欢被人叫错名字的感觉。名字是把我们与他人区分开来的称谓标志，怎么可以弄混呢？

如果对方的名字不太好记，或者有你不会发音的不常见字，至少要把姓氏的读音念对，然后加上"先生""老师"一类的称呼，让对方有受到尊重的感觉。

第二，符合年龄身份

称呼对方时，不仅要了解对方的年龄、性别、身份和职业等具体情况，也要根据自己的情况作出称呼。比如，对方比你的年纪大，理论上来讲，你应该对他使用尊称；但他作为你的新同事，是你的下属，你和他讲话时就不能将他尊称为"您"或者"某先生"了——但也不能"哎"和"喂"地叫别人。称呼并不是一味热情就好，混乱的称呼会让人缺少身份认同感，甚至造成误会，影响正常生活。因此，礼貌的称呼既要表达出你对对方的尊重，又要不卑不亢。

如果是多人同时在的场合，也要分别理清关系，给出称呼。比如说你的姐姐或者哥哥结婚了，可姐夫或嫂子的年龄要比你小很多，那么虽说对方本应对你使用比较客气的尊称，但顾及对方的身份，你在对方的面前仍然属于小辈；或者是在公司酒会上，平常与你私下关系很好的老朋友石某被提升为副总裁了，那么作为一名职位低于副总裁的员工，你也不能像在私人场合时那样大大咧咧地叫他"老石"，而应该称呼他为"石副总"，这并非虚伪，也不是势利，称呼本就应该随场合与身份而变化，而不是一味沉浸在以自我为中心的世界中。

同理，这方面也要有对于年龄的考虑。不要略过年长者，率先和年龄较小的人打招呼；也不要不懂得尊重女性或职位较低的人，无论是谁，都值得你认认真真地给出一个适宜的称呼。需要说明的是，以上这几种原则并不冲突，而是彼此密切相关的，它们从不同方面决定了称呼的得体与否。

第六节　说话要顾及对方的感受

俗话说，"己所不欲，勿施于人"。这既是提醒我们要自律自省，也是要让我们学会将心比心地处理事情。沟通的作用是互相交流看法，与他人互动，既然是互动，维护对方的颜面就成了十分重要的事情。说话时，有很多方面都是需要避免的。尤其是和同事讲话时，很多人就喜欢挖隐私，问经历，然后去和别的同事一通八卦，或者时刻准备撬客户，告黑状，说闲话等。

诸如"你一个月能挣多少钱""主管居然让咱们加班，也太缺德了吧""你昨天和谁一起去见的客户？"这类明显带着引导性的问题，可以避而不答，可以装傻充愣，可以含糊其词，但是千万别不耐烦，直接出言讥讽。无论对方居心如何，只要你在嘴上拂了他的面子，就给了他心安理得讨厌你的理由。

职场上都如此棘手，更别提其他正式场合了。比如我国的周总理，就曾经完美地处理了一件类似的事情。

1971年3月25日下午，一架波音飞机从北京飞往上海。早已等候在机场的是中国外交部和上海革命委员会外事部门成员，迎接的贵客是罗马尼亚共产党总书记、国务委员会主席齐奥塞斯库即将访华的一个先行组，总计有二十七人。

衡山俱乐部作为中方欢迎齐奥塞斯库的首次宴会场所，成为工作小组需要了解的第一个地点。当晚七点，罗马尼亚的二十七名宾客在此品尝了被他们称为"有生以来所吃到的世界上最美味的菜肴"的一顿丰盛宴席。不料，正是由于这次安排，结果竟出了一桩意想不到的事情——一只珍贵的九龙杯丢失了。当即，衡山俱乐部总值班和主持俱乐部日常工作的革委会副主任对店内所有人员进行了一番严密的查寻，但九龙杯的踪迹仍一无所获。

第二天，俱乐部接到紧急通知：周恩来光临衡山俱乐部。总理详细了解了相关情况，指示从当时记者的录像中查看九龙杯的下落。经过仔细滤看，终于找到了九龙杯的下落。原来一位外宾一开始就对九龙杯显示出浓厚的兴趣，他手捧九龙杯翻来覆去地欣赏，在连喝了几杯酒后趁人不备，飞快地将九龙杯放进了提包。此人名叫皮罗涅斯库，34 岁，系罗马尼亚外交部的一名文化秘书。总理当即作出指示，九龙杯是国家宝贵财产，必须设法收回来，不过要有礼貌，不能伤国际友人的感情。而有关人员拿不出一个好的方案。

总理一行参观完毕返回俱乐部后，向工作人员询问道："今晚，罗马尼亚贵宾有何活动安排？"革委会副主任答道："还没有安排。""那就好，"总理面露喜色地说："今晚组织越南的同志观赏杂技节目，我们可以邀请他们一起去观看，既然九龙杯在那位同志眼里显得十分珍贵，定会放在随身的包里，寸步不离，我们也正好借机行事，取回九龙杯。"当下，总理就详细布置了方案，并且对上海杂技团做了交待。

晚上八点，专为越南劳动党代表团安排的杂技表演开始了，周恩来陪同黎笋等越南劳动党代表团领导人坐在第一排正中，后面第三、四排坐着罗马尼亚外宾，事前，周恩来已接见了他们。

当晚的杂技节目甚为精彩，博得了一片热烈的掌声。之后又报出了下一个节目——魔术。随着徐徐拉开的大幕，衣着笔挺的魔术师风度翩翩地走上舞台，手中平端一个盘子并覆盖了一块红绸布。但见他将盘子放在桌面上，向观众行过礼后，揭开红绸，只见盘中放了3只九龙杯，随后掏出了一只道具手枪对观众微笑着说："只要我枪声一响，我想让九龙杯飞向哪里，它就会飞向那里，不信，请看……"。

余音未落，他随手向九龙杯就是一枪，而在众目睽睽之下，3只九龙杯在桌面上凭空少了一只。正当观众惊诧不已之时，魔术师走下舞台，径直来到坐在第四排的皮罗涅斯库前面，微笑着说："那只被打飞的九龙杯现已到了这位同志的皮包里，不信，就请这位同志打开皮包看看。"在无奈之下，皮罗涅斯库只好打开手提包佯装查看，然后，"惊讶"地拿出了那只九龙杯，就这样，九龙杯失而复得，而总理智取九龙杯的故事也就此传为佳话。

如果在拒绝别人时，弄得对方失了面子，那么，他们很可能会心生怨恨，这势必会影响你们今后的交情，甚至你自己的前程。但是，如果你能够让对方既能明白你拒绝的苦衷，又不觉得自己的面子受损，那是最好的处理方法。

三国时期，英雄辈出，有骁勇善战的张飞关羽，有足智多谋的孔明，有胸怀大志的曹操，还有才华过人的杨修，但在口才方面有一定长处的，就是华歆。他就曾拒绝接受别人的好意，又没有让他们因此而觉得尴尬。

华歆在孙权手下效力时，名气很大。曹操知道后，很想将他拉到自己的阵营，于是，便让皇帝下诏，招华歆进京。华歆启程的时候，他的亲朋好友、当地街坊，共千余人前来相送，赠送了他共计几百两黄金和很多器物、衣衫。华歆不想接受这些财物，但他知道，如果当面谢绝，肯定会使大家扫兴，觉得自己辜负了他们的盛情，伤害旧识之间的感情。于是他便暂时接受，装成很高兴的样子将礼物统统收了下来。

随后，华歆设宴款待了这些人，酒宴即将结束的时候，华歆站起来对送别的人们说："我本来不想拒绝各位的好意，却没想到收到这么多的践行礼物。但是，匹夫无罪，怀璧其罪。诸位想想，我孤身远行，却带着这么多贵重之物，是不是会将自己置于危险的境地呢？"

人们略一思索，听出了华歆的意思，知道他不想接受礼物，又不好明说，怕大家没面子，内心便油然对华歆生出敬意，于是各自取回了自己的东西。

假使华歆当面谢绝朋友们的馈赠，试想，那千余人赠送的礼物，不知道要挨个推却到什么时候，更不知要费多少唇舌才能安抚对方，还不免使大家尴尬，感觉扫兴。而华歆只说了几句话，便让众人意识到了他的处境，又没有伤害大家的感情，还赢得了众人的情谊，真可谓一举多得。

西方有一句谚语说："愚笨的人，说想说的话；聪明的人，说该说的话。"在人际交往中，我们一定要用语言为自己和别人留下适当的弹性与空间，不要把话说绝，伤害别人的自尊。

第二章　推翻口才学陈旧观念

　　也许你听说过健谈、能言善辩的重要性，但是，你知道这些方面有哪些认知误区吗？怎么把握好各个方面的平衡？所有的口才学都在教你怎样说话，但你也许不知道，真正的滴水不漏有时并不代表言辞谨慎，而是恰到好处的沉默与提问。本章将推翻历来的陈旧观念，教你树立新思想，找到新的研习方向。

第一节　健谈不是喋喋不休

　　许多人喜欢让别人听他说话，却不太喜欢听别人说话。如果你是个常常向别人发表高论的人，那么请记得，没人喜欢自以为是的家伙。

　　在求职就业时，大多数人常犯的错误就是高谈阔论，每个句子都以"我"为主语，讲起话来一副指挥官的口气："我认为这家公司还是不错的，可我做事一向谨慎，而且我还觉得贵公司的发展战略很有问题，比如休假制度，其实我的建议呢，是……"这类人将面试生硬地理解为"展示自身才能"，而忽略了作为一个明智的沟通者，与招聘者的互动。如果缺少倾听的耐心和观察对方反应的机敏，这样一位求职者就很可能失去工作机会。

有一家合资单位的经理到某大学去招聘职员，他从二十多名大学生中挑选出了三名大学生进行最后的面试。其中两名大学生在经理面前夸夸其谈，炫耀自己的能力如何高、如何强，并提出一大堆针对企业的建议和设想。而另一名学生则与他们相反，在面试时耐心倾听经理的见解和要求，很少插嘴，只有当经理询问时他才回答，而且很简练，在面试结束时，他才委婉地说道："我很重视您的要求，也非常赞同您的见解。如果我能被录用的话，还望您今后多多指导。"三天后，这位懂礼貌、会倾听的大学生接到了录用通知，而那两位夸夸其谈者则被淘汰了。

抛开招聘者的身份不说，任何人都不喜欢被人说教和指导，除非是他自己主动向对方寻求建议。一味地强调自我，说话时有种"地球都得绕着我转"的自大，是在任何场合都不适宜的交谈风格。

一些人在与别人交谈时，大多数时间都是他在讲话，或者尽可能地找话题说，这种现象在推销中表现得尤为突出。一般情况下，推销员在推销产品时，70% 的时间是他在讲话或介绍产品，顾客只能得到 30% 的讲话时间，因此，很多人接到推销电话或者被散发传单的推销人员缠上时，很可能干脆直接挂断电话，或者木然地转身离去。在对方选择拒绝与你沟通时，你也失去了赢得继续沟通的权力的资格，而这样的推销员往往业绩平平。

那些顶尖的推销员都明白一个道理：如果想让推销取得成果，靠的不是像牛皮糖一样紧紧粘着客户的毅力，而是给客户回应的时间和制造有效沟通的机会。

以美国推销行业的名人杰尔·厄卡夫为例，他总结出的一条"黄金推销定律"就是：用赞美、鼓励的方式，给顾客反馈的时间和自由。他的亲身经历就是他得出这个规律的依据：有一天，他上门推销，说到半截就发现这家的女主人皱着眉头听着，嘴角微微向下撇，手也有意识地轻轻触碰着门把手。杰尔明白，这是不耐烦的表现，他必须立马改变销售策略。

杰尔一边放缓语速，一边从打开的门里向房间内张望。随后，他看见了一株奇特的植物：它立在花盆中，却没有叶片的衬托，既像白色纸张剪出的奇异图形，又像一个滑稽的白色青蛙大摇大摆地颤动着身体。每当有风吹过，那株植物的花身就轻微摇动，诡异却迷人。杰尔不养花，也没有园艺方面的爱好，但是他从精心装饰的花盆上看到了一丝转机。

"抱歉，我无意偷窥，实在忍不住想问——那是什么植物？"杰尔擦擦汗，假装讶异地问，"简直就像一朵纸花，我可从没见过。"

"是的，很多人都不清楚它的身份。"女主人用毫不掩饰的骄傲口吻说，"那叫幽灵兰，每年 6 至 8 月是花期，通常只有 5% 至 10% 的幽灵兰可以开花，珍贵得很呢。"

"确实，我从没有见过外形这么奇特的花，居然还没有叶子。"杰尔赶紧接腔，同时愉快地发现女主人的表情变得欢快了。

"大多数人都不可能见过！你要知道，幽灵兰是相当稀有的花朵，需要非常精心的照料。我记得，当我第一次弄到这花的种子时……"女主人一下子就打开了话匣子，开始向杰尔·厄卡夫倾囊相授所有与兰花有关的知识，而他也努力摆出聚精会神倾听的样子。

最后，这位女主人一边打开钱包，一边说道："就算是我的先生，也不会听我嘀嘀咕咕讲这么多的，而你却愿意听我说这么久，甚至还能够理解我的这番话，真的太谢谢你了。希望改天你再来听我谈兰花，好吗？"随后，她爽快地从杰尔·厄卡夫手中买了很多产品。

当一个素不相识的推销员向别人推销时，对方一般都不会轻易接受，何况推销员还喋喋不休呢！因此，在向客户推销时定要记着看对方脸色行事，尤其是在向一些大客户推销时，更要言简意赅。

美国联合保险公司董事长克里蒙·斯通曾经感慨道："刚刚接触保险业时，我的母亲劝告我一定要有饱满的精力和热情才能成功。起初我一直照着她的建议做，每遇到一个潜在客户，我都会赖在他身边很久，直到把对方烦得累垮。而我在告别客户之后，自己也筋疲力尽。很显然，这样做的效果不仅对于推销业绩无所助益，久而久之，对自己的推销能力也将产生不利影响。"

后来，克里蒙·斯通改变了想法："我决定，不强求自己说服每一位客户，也不再缠着他们。如果推销的时间超过预计的长度，我就转移目标，去找下一位客户。我希望自己的推销不会给他们带来压力，也希望他们不是为了摆脱我这个烦人精才掏钱购买保险。"

谁知，这种看似消极的工作风格竟然产生了奇妙的效果。克里蒙·斯通回忆那段时光，面带微笑："改变策略之后，我每天推销保险的数目开始大增。还有，有些人本来以为我会纠缠下去的，但当我愉快地离开他们之后，他们反而会主动叫回或者找到我，跟我说：'我觉得买一份保险确实很有必要，你来给我办一份吧。'"

任何人都不喜欢别人喋喋不休地向自己宣传，试着简明扼要地向推销对象说出你的要求，然后留下一定时间让对方作出决定，这样，成功率会大大提高。

19世纪30年代，罗克岛铁路公司打算建一座大桥，把罗克岛和达文波特两个城市连接起来。当时，轮船是运输小麦、熏肉和其他物资的重要工具。所以，轮船公司把水运权当成特权。一旦铁路桥修建成功，自然也就葬送了他们的特权，断了他们的财路。因此轮船公司竭力对修桥提案进行反对和干扰。于是，美国运输史上最著名的一个案子开庭了。

担任轮船公司辩护律师的韦德，是当时美国法律界很有名的铁嘴。法庭审理的最后一天，业内同行、记者、各公司高管都云集在此。当着众人和陪审团的面，韦德站在那儿滔滔不绝，足足讲了两个小时。他从海路运输的优势，聊到了当地海产的物价；又从公司创始人的经历，讲到了员工们的生存现状。旁听席中已经有人快要睡着了。

等到罗克岛铁路公司的律师发言时，听众已经显得非常不耐烦了。其实，这正是韦德的计谋，他故意占用了大部分发言时间，想拖垮听众们的精力和注意力，使法庭做出有利于己方的判决。然而，令韦德意外的是，那位律师的发言只有一分钟的时间。最终，这不可思议的一分钟，使这个案子就此闻名。

只见那位律师站起身来平静地说："首先，我对控方律师的肺活量以及滔滔雄辩表示钦佩。然而，陆地运输远比水上运输重要，这是任何人都改变不了的事实。陪审团的各位，你们要裁决的唯一问题是，对于未来发展而言，陆路运输和水上运输哪一个更重要？哪一个是未来不可阻挡的趋势？"

片刻之后，陪审团就做出裁决：建桥方获胜。那位建桥方的代理律师高高瘦瘦，衣衫简陋，他的名字叫作——亚伯拉罕·林肯。

韦德之所以滔滔不绝地用两个小时发言，一方面是炫耀自己的口才，另一方面也是存心拖延时间，好让林肯在发言的同时替自己承受听众的厌烦情绪。但是他不仅错估了听众对自己冗长发言的厌烦程度，而且也低估了对手林肯的机智反应。这样一来，相比较林肯的言简意赅，韦德的长篇大论不但没能加深陪审团的印象，反而愈发显得惹人生厌。

第二节　懂得倾听与合理发问

　　要体现尊重和休养，只管住自己的嘴是不够的，还要细心听取别人的意见和评论，及时给出反馈。这是在用行动表明："我认真地听了你的话。"如果给了别人讲话的时间，却顽固地拒绝接受其中的信息，这比自身滔滔不绝的行为还要没有教养。

　　有一位著名管理学专家说过，高效经理人的秘诀之一，就是先倾听别人的意见。这一方面体现了对别人的尊重，作为下属，如果老板能够专心倾听他讲话，他会感到受重视；作为合作伙伴，如果对方给他说话的机会，他会马上对其产生好感；另一方面，只有听了别人的意见，才能够知道他心里想的是什么，也就能相应地作出反应，有利于决策的优化。而如果不愿意倾听别人的话，则会让人非常不快，弄不好还会闹出冲突来。

　　林先生从商店买了一套衣服，但很快他就失望了，因为衣服会掉色，把他的白衬衣染成了黑色。他拿着这件衣服来到商店，找到当时接待他的导购员，想说说事情的经过，可他在失望之上又增加了一丝愤怒。因为这名导购员根本不听他的陈述，只生硬地坚持自己的意见。

　　"这件衣服销量特别好，仅仅是在本店的销量，怎么也有上百件了，"售货员轻蔑地说，"那么多人买走之后都没说过有问题，就你一个跑过来找事。到底想要干什么？"她的表现显然表明：你是在撒谎，故意贬低商品质量，骗取赔偿。

　　他们吵得正凶的时候，另一个导购员走了过来，冷不防地说了一句："所有深色衣服刚开始穿的时候都多多少少有掉色的问题，何况是这种价位的衣服。"

林先生气得差点跳起来。作为消费者，他有权保障自己的利益。但在他寻求卖家的售后服务时，得到的回答却分别是质疑和奚落。最气人的是，她们根本不愿意听林先生怎么说，而是动不动就打断他的话，主观上就把林先生当成了无理取闹的无赖，林先生起初只是想了解一下怎么回事，她们却以为是上门找碴的。

幸好，这时服装店的店长注意到了他们的争执，过来了解事态。在林先生的叙述过程中，她一句话也没说，只是认真地边听边点头示意。在林先生抱怨完以后，她立即道歉说："这件事情的发生确实是我们的商品问题，我向您道歉。"随后，她开始解释："您可能不清楚，这件商品的布料特性，如果洗涤方式不对，确实会有掉色现象发生。这样吧，您的白衬衣——我们从店里赔您一件，如果这件外套过了一周还在掉色，我会亲自给您退货。"听完这话，林先生非常满意地离开了，但他没有忘记将那两名无礼的店员做投诉处理。

艾萨克·马科森大概是世界上采访著名人物最多的人之一。他说，许多人没有能给别人留下好印象，是由于他们不了解别人的意见，只是自顾自地发表意见："他们只顾津津有味地讲着，完全不听别人对他们讲些什么。许多知名人士对我讲，他们重视懂得听取别人看法的人，而不重视只一味讲话的人。然而，大部分人听的能力弱于说的能力。"

不过，要了解对方的想法和意图，掌握更多的信息，倾听和发问都是必要的。这两者相辅相成。倾听也是为了发问，而发问则可以更好地倾听。问话时要注意以下几点：

一、用明确具体的问题引起他人的注意，为他人的回答提供既定的方向。例如："你吃饭了吗？""今天天气很好，是不是？""你能否告诉我……"这是生活中比较常见的问话。由于这种问话往往得到的是期望之内的回答，问话的内容也比较明确，很少引起别人的紧张和焦虑。所以，这类问题大多时候是为谈话做铺垫的。

二、获取自己所需要的信息。发问人通过问话，希望对方提供自己不了解的情况。例如："这个杯子卖多少钱？""您是否同意我提高薪资的要求？"这类问话归结起来，有一种典型的、常见的引导词，如"谁""什么""何时""怎样""哪个方面""是不是""会不会""能不能"等等。提出这类问话时，如果不事先表明意图，很可能引起对方的焦虑与反感。

比如，双方在洽谈商品交易中的一项条款时，如果买方提出了自己对价格的预期后，再询问卖方的意见，那么卖方心里就会踏实一些，因为他会根据对方提供的信息摸索出底线，斟酌自己的回答。但如果对方并没有讲述自己的观点，径直问卖方要开什么价，那么，卖方就不太好直接回答了，因为他不知道对方是怎么想的，会对他的开价做出什么反应。

三、传达消息，说明感受。有许多问题表面上看起来似乎是为了取得自己希望的信息或答案，但事实上，却同时把自己的感受或已知的信息传给对方。例如："你能确定这批产品的质量能达到出厂标准吗？"这句问话表层意思是要对方确认保证质量的依据，但同时也向对方传达了问话人担心质量有问题的信息；如果再加重些语气，会给对方造成更大的压力，但切忌不要形成威胁。

四、引起对方思考。这种问话常是"你是否曾经……""现在的……是什么情况？""你刚才说的问题指哪一方面？""我是否应该……"等。有指向性，并且有具体导向的问题，得到有效回复的概率要更高些。

五、鼓励对方继续讲话。当你觉得对方的话还没有说完，或有些问题你还不清楚，那么，可以用提问的方式鼓励对方继续讲下去，如"你说完了吗？""你对这个提案还有什么想法？"等等，进而了解更详细的情况。

六、当出现冷场或僵局时，可运用提问打破沉默，如"我们换个话题好吗？"

七、提出结论。借助问话引导结论的走向，如"难道要我继续保持沉默吗？"

第三节　不要中途插嘴

在宴会、生日舞会上，我们时常可以看到朋友正和另外一个不认识的人聊得起劲，此时，每个人都有加入进去的想法。而实际上呢？你只不过是想听听他们到底在讲些什么罢了。但是，一方面你不知道他们的话题是什么，另一方面你突然加入，可能会令他们觉得不自然，也许因此导致话题接不下去，人们会觉得你很没礼貌。碰到这种情况，你最好等他们说完，再过去找你的朋友。

同时，你还应注意，不要静悄悄地站在他们身旁，好像在偷听一样。你要尽可能找个适当的机会，礼貌地说："对不起，我可以加入你们吗？"或者大方地、客气地打招呼，叫你的朋友介绍一下，就能很自然地加入谈话，千万不要贸然打断他们的话题。

许多人过分相信自己的理解和判断能力，往往不等别人把话说完就中途插嘴，这种急躁的态度很容易造成损失和不利影响，中途打断对方，不仅易弄错对方意图，还有失礼貌。不过，在别人说话时一言不发也不好，对方说到某个要点或全部说完后，你若还只看着对方一言不发，对方会感到很尴尬，还很有可能以为是你思维迟钝或没听清。

有的人在别人说话时表现得自己什么都听进去了，可等到别人说完，他却又问道："我刚才没注意听，你刚才说什么来着？"这种态度，很容易让人产生"不尊重人"的坏印象。

所以说，即使你真的没听懂或听漏了一两句，也千万别在对方说话途中突然提问，应该等到他把话说完，再提出："很抱歉！刚才中间有一两句你说的是……吗？"如果你是在对方谈话中间打断，问："等等，你把刚才那句话再给我重复一遍吧？"这样，会使对方有一种受到命令或指示的感觉，显然对你的印象就没那么好了。

听人说话，务必有始有终，但是能做到这一点的人不多。有些人往往因为疑惑对方所讲的内容，便脱口而出："你说这话不太合适吧？"或因不满意对方的意见而提出自己的见解，甚至当对方有些停顿时，抢着说："你现在是不是想说……"这时，你的插话很可能打断他的思路，使他反而忘了要讲些什么。一个精明而有教养的人与人交谈时，即使对方长篇大论地说个不休，也绝不会插嘴。这是因为打断他人的言谈不仅是不礼貌的事，而且事情也不易谈成。

老杨在新建好的城镇上盖了一栋三层的楼房，当房子成功建好时，他请了几个朋友在自己家吃饭。席间，一位邻居不请自来，大大咧咧地给老杨递了张名片和一套产品宣传册。这位邻居自我介绍说："我是本地专门负责安装铝合金门窗的个体户，店铺就在您家附近，今天看到您家房子已经建好了，所以就毛遂自荐来了。如果需要服务的话，完全可以信赖我。"老杨看了一眼价格，觉得他的要价实在太高了，就说："我倒真是不知道新家附近就有专门安装铝合金门窗的人呢，要是有机会合作的话，我也想找您这种经验丰富，又值得信赖的专家。只是这件事有些难处：我的一个同事以前就是工厂里的工人，对这方面也很在行，他叫马男，我本想把事情交给他来做的……"

老杨的话还未说完，对方便插话了："马男？我听说过！他是个半生不熟的外行，年纪不小了还不能独立工作，凭着亲戚的关系勉强当工人，专业上也不精细，我见过他的成品，实在靠不住！要我说，还是别找他来帮忙为好！"

"不错，他的手艺还差些功夫，但是之前我已经拜托过他了，如今也不想再换人了！"老杨突然变了口气，有点不耐烦地把邻居拒绝了。在那位个体户快快地离开之后，老杨的朋友问他："难道你真的想让那个叫马男的人做专业性这么强的工作吗？铝合金门窗安装不牢固的话，以后有可能伤人的呀！"

老杨叹了一口气说："那个个体户太爱炫耀了，还没听懂我话里的意思，就把我的话给打断了。本来，我是在暗示他，做铝合金门窗这种生意的人很多，不止他一个上门。他是我的邻居，又是个有经验的老行家，我早已听说他技术熟练，作品又很美观，本来他的确是不二人选；可惜他的报价很高，所以我推脱了一下，只是为了暗示他降价些许。可他为了炫耀自己的资历和专业，居然毫不留情地贬低另一个人。无论情况是否属实，这种自高自大的性格太招人烦了，就算在工作上出错，也多半不会承认。"

第四节　恭维话也要适量

要做到将夸奖说得点到为止、褒扬有度，是很讲究技巧的。有效的赞美不会是极端的。像"最好""第一""天下无双"这类帽子别给别人乱戴。实际上，一般人大都对自己有较为清晰的认识，如果你的赞美毫无边际，就会让人感觉你曲意奉承。赞美时必须记住：一个人的成绩和优点毕竟是有限的。因此，赞美别人应当一分为二，有成绩就肯定成绩，有不足也要说明不足，不要走极端。

第一，比较性的赞美

两个人或两件事相比较，在夸奖对方的同时，让他意识到自己的优点和存在的差距，能使对方对你的赞美深信不疑。

有一次，刘邦与韩信谈论将领才能高下。刘邦越说越兴奋，忍不住向韩信问道："你看我能指挥多少兵马？"韩信回答："陛下最多只能指挥十万兵马。"刘邦又问："那你能指挥多少兵马呢？"韩信自豪地回答："我能带领的兵马越多越好，多多益善嘛。"刘邦笑道："既然你带兵的本领比我大，为什么却是我当皇帝，你却臣服于我呢？"韩信很坦诚地说："陛下您虽然不善于指挥兵马，驾驭军队，但却善于治国，统御将领，这就是您虽不善于统领军队，却能当皇帝的原因。"

刘邦自己也曾说过，指挥百万军队，战无不胜，攻无不克，他不如韩信。这是他做了皇帝以后对自己的评价。韩信的赞美，首先肯定了刘邦控制大将为自己效命的能力，但又指明了他在带兵作战方面与自己相比有不足之处，正与刘邦的自我评价相吻合。韩信话说得很实在、很坦诚，刘邦不但不怒，反而很满意。

第二，根据对方的优缺点提出自己的希望

金无足赤，人无完人。有所保留的赞美既要看到对方的优点和长处，同时还要看到他的弱点和不足。常言道："瑕不掩瑜。"指出对方的缺点和不足，并提出一定的希望，不仅不会损害你赞美的力度，相反，更能使你的赞美显得真诚、实在，易于被人接受。尤其是领导称赞下属时，要把握分寸、有所保留。领导在表扬时，可以多用"比较级"，慎用"最高级"，同时把批评和希望提出来。

第三，要敢于大方地赞美别人

很多人觉得和对方关系不熟，或者某些方面有隔阂，就羞于开口赞美对方。其实，赞美他人，正说明自己具有发现美和优点的眼睛，因此不必吝啬对他人的称赞。当你大方地讲出对他人的欣赏之处时，可以使对方感到快乐。所以，纵使你的赞美不可能收到百分之百的效果，也应该毫不迟疑地当面告诉对方。

第四，从侧面肯定对方的能力

每个人都希望被他人认同，很多人在介绍自己时，也喜欢讲自己对于某方面或某个行业有多么独到、专业的见解。向别人讨教，既可以显示出自己的谦逊好学，也能从侧面烘托出对方的能力，给他人一种"我被人信赖"的感觉。因此，在遇到一些难题，或你想与对方拉近关系时，可以找一些他曾经发表过相关言论的事情，抓住要点发问，比如"您觉得我应该怎么选择呢？"或者"这个我不懂，给我讲讲吧"。

这种情况下，对方一定会感到自己被人依赖。即使他坦诚地说："这个说不好，其实我也不太懂"，但心里仍然会感激于你对他的重视和信赖。

第五，附和对方看重的成就

赞美是件不费力就能讨好他人的事，理论上来说，是不会遇到什么尴尬境地的。很多人想当然地认为，如果想让对方高兴，只要讲出对方比较大的名头，就能让对方高兴了。可实际情况是，很多人由于自身条件所限，不一定很看重自己所获得的荣誉，某些时候还会认为这是一种侮辱。比如，一个很有天赋与实力的运动员在比赛中获得了亚军，与冠军仅有非常微小的差距，那么他反而会排斥那些恭喜他得了亚军的人。对他来说，每一次恭贺都是讽刺，都是在对他能力的否定。再比如说，人们一般认为特等奖要比一等奖更好，但很多赛事的特等奖是含金量极低的，甚至属于安慰奖。

　　因此，比较保险的方式是，把赞美集中在对方所具有的能力上，如果非要提到名次或者排位，就从入选资格这个话题切入，谨慎提到具体的排位。如果对方本人都不把自己的成就放在心上，即使我们大加赞赏，也达不到预期的效果。总之，只要你用心去找，一定有办法可以找到满足对方的赞美词。

第三章　懂得赞美，你也可以拥有魅力口才

在交谈中，双方很有可能产生观点的碰撞，从而引发争执和矛盾。实际上，这种矛盾是不可避免的，也是很有价值的。毕竟，只有交换了双方的看法，讨论式的交谈才有意义。那么，该如何让这种性质的讨论保持在友好的氛围中呢？这就涉及谈话的技巧了。

第一节　举例说明更有说服力

《孟子·离娄上》中提出，"人之忌，在好为人师。"孟子的本意并不是说"为人师"不好，而其中关键在一个"好"字。这个"好"字体现的是自我炫耀，自满自足，故步自封，不思上进。这种"好为人师"为的不是传道授业解惑，而单单为的是贪图训斥他人、受人尊敬的虚荣。学无止境，任何一个人永远无法达到无所不知的程度。所以，我们一定要切忌：不要动辄就以老师或专家的身份去教训别人，以此来显示自己的博学和威严。所以，除非是上

级给下级布置工作，或者长辈给晚辈交代事项，否则，一定要注意使用语气相对谦和的词语。反之，如果某个人长期在语言习惯上使用"肯定""你必须""听我的"等词语，或者使用教导口气的话，就很容易给人留下轻狂、自负的印象。

那么在人际交往中，我们应该使用哪些方法，才能既达到沟通的目的，又不会让人心生反感呢？

春秋战国之际，七雄并立，各国间的兼并战争，各统治集团内部新旧势力的斗争，以及民众风起云涌的反抗斗争，都异常尖锐激烈。在这激烈动荡的时代，"士"作为最活跃的阶层出现在政治舞台上。部分士人以自己的才能和学识，游说于各国之间，有的主张连横，有的主张合纵，所以，史称这些人为策士或纵横家。他们提出一定的政治主张或斗争策略，为某些统治集团服务，并且往往利用当时错综复杂的斗争形势游说诸侯，施展他们治国安邦的才干。各国统治者也认识到，人心的向背，是国家政权能否巩固的决定性因素。失去了民心，国家的统治就难以维持。所以，他们争相招揽人才，虚心纳谏，争取"士"的支持。

邹忌是战国时期的齐国人，他生来就容貌英俊，身材高大。一天早晨，邹忌穿戴好衣帽，照着镜子，对他的妻子说："我同城北的徐公比，谁漂亮？"他的妻子说："您漂亮极了，徐公哪里比得上您呢？"他们话里提到的"城北的徐公"，是当时齐国的美男子。邹忌不相信自己会比徐公漂亮，就又问他的妾："我同徐公比，谁漂亮？"妾说："徐公怎么能比得上您呢？"第二天，有客人从外面来，邹忌同他坐着闲聊，邹忌又问他："我同徐公比，谁漂亮？"客人说："徐公不如您漂亮。"又过了一天，徐公来了，邹忌仔细观察之后，觉得自己不如徐公漂亮；再照镜子看看自己，更是觉得自己与徐公相差甚远。晚上躺着想这件事，认为："我的妻子认为我漂亮，是偏爱我；妾认为我漂亮，是害怕我；客人认为我漂亮，是有求于我。"

邹忌上朝拜见齐威王时说："我知道自己不如徐公漂亮。可是我妻子偏爱我，我的妾害怕我，我的客人有求于我，他们都说我比徐公漂亮。如今齐国有方圆千里的疆土，一百二十座城池，宫中的妃子、近臣没有谁不偏爱您，朝中的大臣没有谁不害怕您，全国范围内的人没有谁不有求于您。由此看来，大王您受蒙蔽很深啊！"

齐威王说："讲得好！"接着就下了命令："大小官吏百姓能够当面指责我的过错的，受上等奖赏；书面劝谏我的，受中等奖赏；能够在公共场所批评议论我的过失，并能传到我的耳朵里的，受下等奖赏。"命令刚下达，许多大臣都来进谏，宫前庭院内人多得像集市一样；几个月以后，还不时地有人偶尔来进谏；一年以后，即使有人想进谏，也没有什么可说的了。燕、赵、韩、魏等国听说了这件事，都到齐国来朝见齐王。这就是所谓在朝廷上战胜别国。

邹忌未必真的有此经历，可能只是借用自己的身份，向齐威王讲故事而已。不过，故事与历史事件中都蕴含着深刻的道理，这些事迹的说服力要远远大于空洞的说教。同时，例证可以促使对方思考，自己领悟出答案，避免了正面冲突的可能。

第二节　勤夸奖换来好人缘

赞美他人，应该是我们日常沟通中经常使用的方式，要建立良好的人际关系，恰当地赞美别人是必不可少的。事实上，我们每个人都希望自己的工作受到别人的赞美，但在现实生活中，周围的人往往并不能充分理解别人的言行，而我们自己也很少评论那些发生在我们周围的、我们所喜欢的言行。这一点着实令人感到奇怪，因为表示赞赏是非常容易的，不需要任何代价，而我们在赞美别人后自己得到的报偿也可以是多方面的。

在一个人的一生中，有无数引以为自豪的事情，这些都是一个人人生中的闪光点。这些东西又会不经意地在人们的言谈中流露出来，例如"想当年，我在……""我年轻的时候……"等。对于这些引以为荣的光辉记忆，人们不仅常常挂在嘴边，而且渴望能够得到别人由衷的肯定与赞美，这是人之常情。

对于一位老师而言，引以为荣的往往是他教过的学生在社会上很有出息，你为了表达对他的赞美，不妨说："您的学生×××真不愧是您的得意门生啊！现在已经是著名作家了。"对于一位一生都默默无闻的母亲而言，她最引以为荣的往往是她那几个崭露头角的孩子，你可以对她说："您真是教导有方，您家的孩子都是十分出色的人才。"总而言之，赞美要有针对性，尤其是要根据对方的情况"对症下药"。

真诚地赞美一个人引以为荣的事情，可以更好地与之相处。

乾隆皇帝喜欢在处理政事之余品茶，对茶道颇有见地，并引以为荣。有一天，宰相张廷玉精疲力竭地回到家，刚想休息，乾隆忽然造访。张廷玉虽然很累，却因为皇帝的意外出现而忐忑不已，但还是对乾隆说道："自先帝起，老臣已当了13年的差，从没有听说过皇上看望大臣的先例！今天您屈尊前来，真是折杀老臣了！"

张廷玉深知乾隆好茶，随即命令下人把家里装着贮藏雪水的坛子挖出来，还亲自用雪水煮茶，以供乾隆品尝。乾隆很高兴地招呼随从坐下："今儿个我们都是客，不要拘君臣之礼。论道品茗，不亦乐乎？"雪水烧开时，乾隆兴致更浓了，还讲了一番茶经。张廷玉又不失时机地赞美道："您说的这些知识，一般人哪里会懂得呢？我平日里虽然也爱品茶，却只是喜欢它的香气，将它当作普通水一般饮下。今天听了您讲的茶道知识，感觉连茶香都格外浓郁了。"李卫也乘机称赞道："皇上圣学渊源真是深不可测，真叫人瞠目结舌，吃一口茶竟然有这么多的学问！"乾隆听后心花怒放，谈兴大发。

张廷玉作为乾隆的臣下，深知乾隆对自己的茶道引以为豪，于是便投其所好，对其大加赞美，达到了取悦皇帝的目的。

一个人到了晚年，人生快要走到尽头了，当他回首往事的时候，更喜欢回味和谈论自己曾经经历的事情，希望得到晚辈的赞美和崇敬，获得成就感。

一位80多岁的老人，一生中最大的骄傲便是独自一个人将7个孩子养大成人，现在眼见孩子一个个成家立业，他经常自豪地对孙子们说："你们奶奶走得早，我就靠这两只手独自把你爸他们几个养大成人，那时候真是不容易啊。"这时，如果他的孙子能乘机美言几句，老人就会异常高兴。因为他会觉得，孙辈们都十分敬服他。

抓住他人最胜过别人的、最引以为豪的东西，并将其放在突出的位置进行赞美，往往能起到出乎意料的效果。

在镇压太平军时，晚清名臣曾国藩曾在用完晚饭后与几位幕僚闲谈，评论当世英雄。他说："彭玉麟、李鸿章都是人才，我是比不上他们的。我能自夸的优点，也就是生平从不听信阿谀奉承。"一个幕僚说："您与他们各有所长：彭公威猛，人不敢欺；李公精敏，人不能欺。"说到这里，他说不下去了。曾国藩又问："那我呢？你们认为我怎样？"众人皆低头沉思，忽然走出一个管抄写的后生过来插话道："您十分仁德，人不忍欺。"众人听了这话，都觉得他说得好。曾国藩听后十分得意地说："不敢当，不敢当。"这位后生告退而去后，曾国藩问别人："刚才说话的那个人是谁？"幕僚告诉他："那位后生是扬州人，入过学，家中贫穷，办事谨慎。"曾国藩听完这话之后说："这人很有才学，可别让他被埋没了。"不久，曾国藩升任两江总督，就派这位后生去扬州任盐运使。

　　赞美可以给予别人无与伦比的满足感，成为别人幸福的源泉，增添他们生活的乐趣。给人以快乐，你可以用很多办法。比如，买一块巧克力可以使一个孩子欢笑；送一支鱼竿给老人，能带给他的晚年生活几分亮色；想激发下属的干劲可以发奖金；请朋友一起吃一顿烤肉能够增进感情。心灵上的密切沟通和实际的物质手段可以暂时满足一个人的欲望，但缺乏持久性，而且你需要付出很多财力，甚至会成为你沉重的负担，与之相反，一份感情投资却会使付出者和接受者双双受益匪浅——赞美。它不在于你曾付出多少时间、精力和金钱，只在于你是否真诚地热爱、关心别人。留心生活里的每一种美丽，善于做一个细心人、热心人，就会给你周围的人送去春的温暖、夏的热情、秋的凉爽和冬的勇气，你不经意的一句赞美，便会如阳光雨露抚慰鲜花一般，使他人精神焕发，快乐无穷。

　　他人最想要的赞美一定是真诚的，不是那种机械化的赞美。连一向以自律自省作为人生准则的曾国藩都会被奉承话哄得高高兴兴，可以想见，看似诚恳又十分贴切的赞美，是最令人受用的。想拉近关系，泛泛地请人指教是不行的，你应该择其所长，集中某点请他指教，如此他一定高兴得多；到别人家里，与其乱捧一通，不如赞美房子布置得别出心裁，或欣赏墙壁上的一幅好画，或惊叹一个盆栽的精巧。若要讨主人喜欢，你要注意投其所好。主人爱狗，你应该赞美他养的狗忠实可靠；主人养了许多金鱼，就谈那些鱼的轻盈美丽。赞美别人最近的工作成绩，最心爱的宠物，最费心血的设计，这比说上许多无谓的、虚泛的客套话更佳。

第三节　换种角度赞美别人

每个人都希望自己有更多的优点被别人赞美，因此要想你的赞美讨人喜欢，就不要跟在别人后面人云亦云，而要去挖掘对方一些不为人知的优点，表现出赞美的独特性，让人得到一些新的满足，这样效果反而更好。

比如对一个健美冠军，不要去赞美其长得多健壮，因为电视、广播、报纸都已介绍过了，而且电台、广播、报纸的溢美之词比一般人的赞美更有分量。此时，我们就应该挖掘对方不明显的优点去加以赞美，比如赞美其烹调手艺等。

真正会说话的人，在赞美方面独具慧眼。他们善于发现被赞美者不太明显的优点。比如，面对知名画家的一幅油画作品，几乎所有的人都只会赞叹道："真是太绝了！""我再练十年恐怕也赶不上！"这种吹捧画功的言辞大同小异，画家多半早就习以为常了。这时，有一人慢慢地说道："常言说，画如其人。您的画运笔沉稳，和您刚正不阿的秉性、对人生与社会的深刻思考分不开。这是您跟一般画家最大的不同点，也是您最大的优点。"同样是在说好话，但此人懂得绕开只评价作品，而是由画及人，将人与画互相联系起来，可说是独辟蹊径地将画家从人格到专业都夸了个遍。

当然，也可以换个角度，采用对比的方法，加深对方对我们赞美之辞的印象。但这种对比，必须都得是正面的，而且最好引导对方自己做出结论。比如下面这个例子。

　　小李是学校里出了名的"歌星"，每次晚会或其他娱乐活动都少不了他的歌声。很多对音乐有兴趣的人都想和他学习、交流，可惜小李的个性十分孤傲，不好接近。在一次元旦晚会上，小李演唱了一首歌，台下一片喝彩声。回到观众席后，大家仍对他的歌声赞不绝口。这时，小李的一个师弟对他说："师兄，我以前只知道你的歌喉非常出色，但没想到你跳舞也丝毫不逊色啊！刚才我看你在台上边唱边跳的样子，觉得你跳舞也很厉害！你也太全能了吧！"

　　听惯了别人称赞自己会唱歌的小李，头一回听到有人如此关注并称赞他的舞蹈，自然非常开心，就故作谦虚地说自己不太会跳舞，长项只有唱歌。这时，师弟马上接上他的话："对呀，师兄的歌喉真是没的说。希望你有空时教教我吧。"小李在愉悦的心情中欣然应允。

　　瞧，这位师弟就十分明智。作为一个已经以歌喉而见长的人，小李对这方面的夸赞已习以为常了。但小李的师弟独辟蹊径，关注到了小李从不曾被提及的舞姿。这出乎意料的夸奖让小李心里十分舒服，爽快地答应了师弟的要求。

　　一个人成长或发展的初期，如刚刚走上工作岗位、刚学开车、初为人师时，可能会表现出幼稚、笨拙、缺乏经验、信心不足等弱点，他本人对自己的每一个小进步小成绩都非常在乎，非常渴望别人能给予肯定甚至赞扬，以激发他的自信和勇气。其实，已经有所长的人也是这样，因为没有人是完美的，如果你能注意到对方相比较而言的短处，真诚赞美，要比重视对方的长处更让人觉得惊喜，甚至能起到鼓励的效果。

　　《红楼梦》的一部分读者，喜欢将林黛玉和薛宝钗的形象对立起来，认为一个心思灵透却不问世事，一个表面周全却油滑虚伪。而喜爱林黛玉的这部分读者，最津津乐道的事件之一，就是林黛玉教香菱学诗。

香菱是个温柔又单纯的人，经历多重苦难，从不改向往美好的心。在成为薛蟠的妾室后不久，她随着薛姨妈进入大观园，由于羡慕宝钗、黛玉、探春等人的吟诗才能，便拜黛玉为师学诗。香菱从小没受过诗书熏陶，薛宝钗又无意教她，她作为一个文学底子薄、脸皮薄的人，学作诗绝非易事。所以香菱最初有点胆怯，黛玉却夸奖香菱是个"极聪明伶俐的人，不用一年工夫，不愁不是诗翁了"。这话让香菱听后大受鼓舞，以致废寝忘食地学诗。

后来，她试着写了一首，虽然质量不高，但林黛玉仍然挑着优点夸奖她："意思却有，只是措辞不雅，皆因你看的诗少，被它缚住了，把这首诗丢开，再做一首。只管放开胆子去做。"这话让香菱感觉自己很幸运，因为她遇到了黛玉这样的好心人。宝钗的反应则不同，常常打趣香菱说："何苦自寻烦恼？都是颦儿引的你，我和他算账去。你本来呆头呆脑的，再添上这个，越发弄成个呆子了！"香菱当时就有点抗拒了，连声说："好姑娘，别混我。"

当然，宝钗不支持香菱学诗，也许是因为她的眼界更高，觉得香菱应该务实，而不是学这些风花雪月的事情。但这些话在香菱听来，却真的很刻薄，让她无法接受。幸好还有林黛玉鼓励她，指导她，最后，香菱终于写出了被黛玉称赞为"新巧有意趣"的好诗。把你自己代入其中的话，你会更喜欢敷衍你的宝钗，还是即使看见你露怯，也还是不断夸奖的黛玉呢？

当你在不擅长的方面取得哪怕是很小的成绩时，也会很需要来自别人的赞美，然而，赞美并不像你想象的那般召之即来，这可能是因为大家很少注意别人的付出与劳动，忽视了别人的存在。一名普普通通的女服务生，在人来人往、满手油腻的餐厅里忙碌了一整天，兢兢业业为顾客服务，最后累得筋疲力尽、衣帽不整、两腿发软、两臂发酸，最难挨的是，虽然她为顾客忙了一天，但很少有人会和她句感谢的话。正在她倍感失落时，一位顾客微笑着过来与她告别："谢谢您，服务员小姐！你对我们照顾很周到，我们以后肯定会为了你而再来！"

　　赞美体现着你对他人的关爱与感激，是真正的"良言一句三冬暖"，赞美的话把女服务生的疲劳和一些悲观的念头冲到九霄云外，她立即振作起来，微笑着继续为顾客们服务。女服务生从事的是简单劳动，做的是比较机械化的工作，这些人同样需要理解和尊重，赞美是给他们最实在的报酬，但有多少人会对他们说感谢的言辞，留心他们的汗水和辛苦呢？

　　不要忽视别人，重视每个人的方方面面，注重对方的心理感受，你可以靠着这种有技巧的赞美，为自己找到很多朋友。

第四节　真诚的赞美才醉人

　　赞扬他人是人的一种能力，与溜须拍马不同，赞扬必须是真诚的、发自内心的。不真诚的赞扬，会给人留下虚情假意的印象，还会被认为怀有某种不良目的，被赞扬者不但不会感谢，反而会厌恶。言过其实的赞扬，会使受赞扬者感到窘迫，也会降低赞扬者的水准。因此，虚情假意的奉承对人对己都是有害无益的。

　　有一天，一群陌生人在人满为患的餐厅拼桌吃饭，大家聊了起来。当时，有一名记者在说完自己的职业后，席间的一位企业家想与其套近乎，结交一些媒体方面的人脉，就立即热情地打招呼说："您叫×××是吗？我认识您，您写了那么多好文章，报道了那么多焦点新闻，真是了不起！"

记者诧异地反问道："我写的文章很有名？您认识我？"

"没错啊！"对方大大咧咧地喝了一口酒，继续唾沫横飞地说，"我每天都会买报纸拜读大作！"

"那请问您阅读的是哪个版块的哪期报纸呢？"记者再次发问。

"头版头条！"对方笑眯眯地说，"当然是在每期报纸的头版头条！"

记者忍不住笑了："那就奇怪了，我可是专门写天气预报的人呢。"瞬间，企业家面红耳赤。人们陆续离开后，企业家找上记者，委婉表示了自己想要结识的愿望。而记者十分反感地说："算了吧，先生，我这种只能写写边栏，没法担任头版头条的小角色，是无缘和你结交的。我看你还是去找找真正的著名记者吧。"企业家原本以为记者为了获得众人瞩目而接受这虚假的赞美，可惜对方并不这样想。

夸张的褒奖，对于很多人来说都是一种挑衅和侮辱。即使你想刻意讨好对方，也不能睁眼说瞎话，把胖的说成瘦的，矮的说成高的，否则，在有些敏感的人看来，这类本想示好的说法反而是更为恶毒的羞辱。毕竟，赞美就像吹气球，吹得太小不好看，吹得太大则会破。因此，赞美他人并非多多益善，而是要适度。

曾经有一个年轻人给德国思想家恩格斯写了一封热情洋溢的信，信中称赞恩格斯是一位无与伦比的革命导师，一位伟大的思想家，甚至称其为"马克思再世"。恩格斯并没有因为这封信而有丝毫的感动，反而生气地回信说："我不是什么导师、思想家，我的名字叫恩格斯。"作为一位杰出的思想家，恩格斯不喜欢别人在赞美他时用夸张的词汇，又因为他和马克思有近几十年的友谊，他非常尊敬马克思，当然会忌讳别人称他为"马克思再世"。何况，这种称呼，将恩格斯自身的闪光之处都忽略掉了，谁听了会高兴呢？

真诚的赞美和"拍马屁"最大的区别在于是否发自内心。真诚的赞美源于内心深处的一种感悟、一种冲动，它反映了一个人对另一个人的认可：或是外表漂亮，或是言谈高雅，或是行动敏捷，或是品格高尚……即一个人在另一个人身上发现了符合自己理想或价值观的可贵之处。这样的发现会带来惊喜感与好感，而这两种感受都会使人真诚地赞美对方。当对方感觉到你的赞美是由衷的，那么赞美的话就很容易被接受。此外，真诚的赞美应该合乎时宜，在合适的氛围里发出的赞美会让人如沐春风。

大音乐家勃拉姆斯是农民的儿子，生于汉堡的贫民窟，小时候没有受教育的机会，更没有系统地学习音乐，所以，对自己未来能否在音乐事业上取得成功缺乏信心。然而，在他第一次敲开舒曼家大门的时候，他一生的命运就发生了改变。当他取出他最早创作的一首 C 大调钢琴奏鸣曲草稿，手指无比灵巧地在琴键上滑动，弹完一曲站起来时，舒曼热情地张开双臂拥抱了他，兴奋地喊道："天才啊！年轻人，你真是个天才……"正是这发自内心的由衷赞美，使勃拉姆斯的自卑消失得无影无踪，也赋予了他从事音乐的坚定信心。在那以后，他便如同换了一个人，不断地把心底的才智和激情融入五线谱中，成为音乐史上一位卓越的艺术家。正是舒曼由衷的赞美，造就了一位音乐大师。

俄国作家屠格涅夫有一次出门散步，遇到一个乞丐向他乞讨。他摸了摸衣袋，连硬币都没有，于是很抱歉地对乞丐说："老兄，实在对不起，真的很抱歉！我没带吃的，钱包也忘在家里了。"没想到乞丐听后大为感动，一下子紧紧拉住屠格涅夫的手说："谢谢你，太谢谢你了！"

屠格涅夫十分惊讶地问："你谢我什么？"那人回答说："我早已厌倦了这种受人白眼的流浪生活，原本只想找点东西随便吃了，就去自杀。没想到你，一个衣着这么光鲜的体面人居然称我为兄弟，还表示歉意——你让我觉得，我值得活下去，你给了我活下去的勇气！"食物对乞丐来说很重要，但相对来说也是比较容易乞讨到，单纯的食物已不能维持他的求生欲望。面对失去自尊心和存在感的他，屠格涅夫一句充满了尊重和友爱的"老兄"，就给了他莫大的支持和鼓舞，使他获得了继续活下去的勇气。尊重和赞美具有如此不可思议的力量，原因就在于它根源于人的本性。

真诚的赞美，需要你真心讲出，能诚心识别出对方身上可赞美之处。但是，同性或同行之间，相似点太多，赞美别人也不容易。大多数男性对容貌不太在意，但对才华和能力十分在乎，即使再窝囊的人，也不会轻易认输。女人的心更细、最怕的就是与别人比，常言道，"不怕不识货，就怕货比货"，与某人相似点较多的人，更不容易真诚地赞美他人的优点。

还有句话说，"同行是冤家"，同行之间相互称赞也不容易，除了场面话和谦辞，恐怕找不出几句真话的。在这种心理作祟下，赞美同行就是变相地承认对方超过自己，比自己强，所以同行之间一般不轻易说别人好，比如，同事之间就很少在领导面前相互坦诚地赞美对方，这其实是一件可悲的事情。因为，不能容他人之好，也看不见自身缺陷之人，恰恰就是最愚钝的蠢材。

有竞争者之间的称赞也不容易，因为双方有利益的冲突，目标只为超过对方，击败对方，就总免不了想方设法拆对方的台。比如两个人都想谋取同一职位，暗地里打对方小报告的就很多，而赞美对方的就很少。这种竞争是恶劣却又无法杜绝的。就连美国竞选总统时，几位候选人之间也免不了互相谩骂，互爆丑闻，把对方家人私事牵扯其中的也不在少数，但公开认可或赞美对方的政见和能力的情况就很少见了。

同行是冤家，隔行又如隔山。人们除了对自己专长的东西比较了解以外，对很多事情都很陌生，而在自己陌生领域内别人表现出的才能和长处就不能理解。真诚的赞美是一种技能，而知道什么值得赞美，则是一种眼光。

《红楼梦》中，一向市侩的赵姨娘就曾犯过不知方向地赞美的错误。有一天，薛宝钗把从自家带来的东西分了些给贾环，赵姨娘看到后心里觉得很欢喜，暗暗思忖："怨不得别人都说那宝丫头好，会做人，很大方。如今看起来果然不错。他哥哥能带了多少东西来？她挨门儿送到，并不遗漏一处，也不露出谁薄谁厚。连我们这样没时运的，她都想到了。要是那林丫头，她把我们娘儿们正眼也不瞧，哪里还肯送我们东西？"

她一面暗暗算计着，一面把收到的那些东西翻来覆去地摆弄，越看越高兴。看着看着，她忽然想到，这个八面玲珑的宝钗是王夫人家的亲戚，自己正好可以到王夫人跟前夸几句，卖个嘴上人情，又得东西又显得通人情，那不是一举两得吗？

于是，赵姨娘风风火火地抱着那堆东西来到王夫人屋里，站在王夫人旁边笑着说道："这是宝姑娘才刚给环哥儿的。难为宝姑娘这么年轻的人，想的这么周到，真是大户人家的姑娘，又展样，又大方，怎么叫人不敬服呢。怪不得老太太和太太成日家都夸她疼她。我也不敢自专就收起来，特拿来给太太瞧瞧，太太也喜欢喜欢。"

但对这番话，王夫人心里却觉得"不伦不类"，还冷言冷语地把她打发走了。这是为什么呢？因为赵姨娘别有目的的夸奖，暴露了很多问题：第一，宝钗作为姐姐辈的人，给弟弟贾环送一点东西，这属于情理之中的事情，并且她不是专门给了贾环一人，基本都给了一遍，并没有对贾环另眼相看的意思，结果这位赵姨娘欢天喜地地跑过来献好，显得既可笑又可悲；第二个，赵姨娘是贾政的小妾，王夫人是贾政的正妻，两人属于对立关系，又都有儿子，两人存在利益之争。王氏家族的亲戚薛家，在理论上和赵姨娘也是对立的，薛宝钗大家都送一遍，就是为了显出不看重哪一方的姿态，以免招人嫉恨，可赵姨娘居然拿着东西跑上门来，这是不是一种示威呢？还是觉得王家的亲戚薛家的闺女送了我东西，是在和我示好？第三，这么点小东西，就能让她喜形于色，跑来夸耀一番，到底是财迷的表现，还是故作姿态的讨好？无论哪个，都不真诚。既不真诚，就肯定只能起到反效果。

第五节　偷偷讲出的赞美

背后说人闲话是不好的，但背后赞美别人却往往比当面赞美效果更好。

比如，在我国古典名著《红楼梦》中有这么一个片段：在贾宝玉与袭人、史湘云交谈时，两位姑娘都劝贾宝玉在仕途上多用心，就算自己不愿考取功名，能与权贵交好也行。光是这样劝人还不算，又不知不觉把薛宝钗和林黛玉对比起来。一向体贴随和的贾宝玉听了这话立即维护林黛玉："林姑娘从来说过这些混账话不曾？若他也说过这些混账话，我早和他生分了。"碰巧，前来拜访的林黛玉听见了这话，又是欣喜又是惆怅，心事满怀地离开了。两人随后再次交谈，终于明白了彼此的心意是相通的。在原著中一向缺乏安全感的林黛玉随即变得情绪稳定，也快乐多了，这都是因为她偶然听到贾宝玉这句背后评论的关系。

即使是敏感多疑如林黛玉这样的姑娘，也会因真挚的评论而收起满腔愁绪，最重要的是，这话并不是贾宝玉当面哄她，而是在她不在场时，与他人争执时的言论，这就使那句话的力度又平添了几分。在林黛玉看来，宝玉在众人中只赞美自己，而且不知道自己会听到，这种好话就不但是难得的，还是可信的。

事实往往就是如此：你在背后对别人的评价，往往会弯弯绕绕地传到当事人的耳朵里。既然这样，那就一定要对他人的负面形象三缄其口，多说别人的好话。我们在背后说他人的好话，很容易就会传到对方耳朵里。当面说人家的好话，对方会以为我们是在奉承他、讨好他。但是，当我们的称颂之词是在背后说时，人家会认为我们是真诚的，才会领情并感激我们。假如我们当着上司和同事的面说上司的好话，同事们会说我们是在讨好上司，拍上司的马屁，容易招致同事的轻蔑。同时，上司脸上也可能挂不住，会说我们不真诚。与其如此，还不如在上司不在场时，大力地"吹捧一番"，而我们说的这些好话，最终有一天会传到上司耳中。

有一位员工因为工作方式不恰当，被经理批评了。一天，在同事们闲谈的时候，这位员工在说到此事时，反而说："咱们的经理是个好经理，如果他没有及时指出我的错误，恐怕我会耽误不少事情呢！也多亏了他处事公正，对我的帮助真的很大，业绩也提升了。虽然他批评我的时候有些严厉，但毕竟是为了公司和我好。能够有这样的经理，真是我的运气。"这几句话很快就传到了这位经理的耳朵里。经理心里不由得有些欣慰和感激，更有对这位员工的欣赏之情。就连那些"传播者"在随口谈论此事时，也忍不住对那位员工夸赞一番：这个人心胸开阔、人格高尚，难得！

因此，我们要想让对方感到愉悦，就更应该采取这种在背后说人好话、赞扬别人的策略。这种赞美比当面赞美更容易让人相信它的真实性。

有的人经常慨叹，赞美别人不知从何而起，这主要是因为人们大多只关注自己，而不关注他人的长处。其实，只要把自我利益的思想稍稍放远一点，在交往中处处细心观察别人，理解他人，你就会很轻易地找到赞美的突破口。准确把握他人的心理栖息点，你的寥寥数语或许就会成为被赞美者终生难忘的美好回忆，成为他事业、生活的力量源泉。

赞美别人其实很容易，还因为生活中处处充满了美，充满了值得我们感恩的人、事、物，只要你稍加留意，就会捕捉到可赞美的素材。一个帮妈妈拿购物袋的孩子，可以夸他"真是个男子汉！"一位退休后又被返聘照顾花草的老人，可以称赞他继续为社会发挥余热。对一位长期不得志而最近又有晋升的领导，可以恭维一句，是金子总会发光；妻子发现了个新发型，虽然不很好看，也不妨说一句"新形象，新风格"……

人们自信心的建立需要赞美，每个人的日常行为为你的赞美提供着依据和素材，如果你意识到这个问题，找到他不太被注意的优点，再假装不经意地传出去，获得对方的好感就很容易了。

第四章 化解尴尬，打破冷场的气氛

在人际交往中，无论平凡人还是伟人，都免不了遭遇意想不到的事情，或是自己言语失态，或是周围环境令自己始料不及，或是遭遇冷场，或是遇到别人的责难、恶意冒犯与蛮不讲理，等等。在这些场合下，有必要随机应变，运用语言技巧，摆脱尴尬，走出窘境。有经验和智慧的人能够借助语言技巧化被动为主动，驾驭各种尴尬场合，维护自己的尊严与形象。

第一节 交往中遭遇冷场

在我们日常生活和社会交往中，尤其是在比较正式的场合，如聚会、议事等常会出现冷场现象，可能是同事的信息出错，可能是每个人想法不同而产生口角，这主要是由于彼此之间的性格、兴趣、年龄、职业、身份、心境，甚至素养等种种不同造成的。

在交往过程中，一旦遇到冷场时，怎么处理呢？

根据当时的情境设置话题，就是一种好办法。

风趣接话转话题。在谈话中善于抓住对方的话题，机智巧接答，可以使我们的谈话变得风趣，从而使气氛活跃起来。有一个典型的例子：当我们夸奖对方取得的成绩时，总能听到这样的回答："一般情况"。这是对方为了表示谦逊而特意做出的限定句。这种时候，为了打破对方的限定，我们就可以用风趣的方式将语境更改一下。比如接话说，既然"一般"如此，那么"二般"的情况就可想而知了。这是采用谐音、双关的手法，接住对方的话茬，作风趣的转答，使谈话转变一个角度继续进行下去。

刘某是公司负责某一地区的销售业务员。公司为了加强和客户之间的联系，特意举办了"联谊会"。公司安排刘某在会议期间陪同他的客户顾某游览、考察。他们路过一家商场时，谈起了商场的销售情况。顾某深有感触地说："现在这市场竞争可真是够激烈的。"刘某接过他的话茬儿说："就是，在您单位工作的业务员也不少吧？"就这样刘某既把话题延伸了下去，同时又把话题朝向有利于自己的方向发展。

第二，适时地提一些引导性的话题。提出引导性话题，可以给他人留下谈话时间和空间，特别是对于那些不善于当众讲话的人。这些话题可以根据对方的性格特点、兴趣爱好、职业性质等来设计。比如："近来工作顺利吧""你最近这么春风满面的，发生什么好事啦，给我讲讲呗""我记得你前一阵说你家孩子生病了，那现在孩子状况怎么样了"等，先用这些听起来使对方温暖的话寒暄一下，便于开展谈话。

对于那些在公司上班的人，可以探问其对公司日常规则的看法，像："你们公司，每周都要举行升旗仪式，之后还要做早操，召开例会，你怎么看待？"引导性话题应该注重可谈性和可公开性。对学文的不宜谈深奥的理科问题，反之亦然。不宜在公开场合触及他人隐私，或者是背后说人坏话等。如果引导性话题过于敏感，或者越出了对

第四章　化解尴尬，打破冷场的气氛

方的兴趣爱好，或者过于深奥，超出了对方的知识结构，会导致对方无话可说。提出这类话题，目的是让对方开口讲话，不能让对方讲，还有什么意义呢？在提一些引导性话题的时候，也要注意方法和策略，不要让对方感到难以回答和附和而已。

比如："你是不是也觉得你们现在的厂长很能干？"人家可能心里觉得不是，而你已经认可了，他总不至于驳你的面子吧，何况是说别人的坏话呢？这样的话题，处理得不好，会让自己失去谈话的亲和力，让人感觉你在故意刁难，效果适得其反。再者，也不要问些大而空的问题，让人不知从何说起，最好具体点。

第三，从与参与者相关的事件找话题。是人们在谈话中寻找话题最常用的方式。这种方式情境性非常强，形式也最为多样，只要我们平时多观察周围的人和事，就能找到多种多样的话题。

如果对方的姓氏很少见，或者姓名里有不常用字，可以从对方的名字特色说开去，如读起来很动听，这样动听的名字起的时候一定是费了一番功夫，是不是还有其他寓意，等等；无论对方的家乡是有名胜古迹的地方，还是比较偏僻的城市，都可以趁机谈到对方家乡的习俗、自然风光、人文景观、风物特产，等等；也可以从对方的职业谈起，如询问对方的工作内容是什么，会不会很忙碌，在工作中有什么奇闻趣事，甚至可以谈到目前的就业形势，等等；还可以从对方正在做的事谈起，如对方正在从事的工作、正在阅读的书籍、正在欣赏的乐曲，等等，引起对方的兴趣。所有这些，都可以帮我们找到与他人谈话的契机。

第四，抛出自己的观点诱导他人谈话。在交谈过程中，如果出现冷场现象，可以就时下大家比较关心的问题，先表达自己的观点，然后询问他人对你的观点有何评价。有时也可以特意装出不懂的样子，并表现出急切想知道的样子，让他人讲给我们听。如果我们摆

57

出求知者的姿态，往往能激发对方在心理上的优越感，对方也会因自己说出的话被人倾听而感到兴致勃勃。当然，这种话术也是需要技巧的，向对方求教的知识点虽说不一定真的不懂，但也一定不能让别人发现你实际上很了解内情，只是佯装不懂。比如，如果你是位建筑师，却为了套近乎而向从事其他行业的人咨询建筑方面的问题，对方就很可能觉得你是在故意拿他寻开心了。

第二节　补救蹩脚的谎言

在成年人的世界里，很多谎言是善意的，甚至是摆脱困境的一种手段。适当地使用谎言并不可耻，但如果被人发现真相，则会让场面很难堪。这种时候，我们又该如何做呢？巧妙的语言应对能帮你从容脱身。

小郭是一个相处时让人感觉很别扭的人，他说话刻薄，爱抱怨，还总是一副无精打采的样子，几乎没有什么朋友。作为同事，小孟很不喜欢和他在一起，所以当小郭邀他下班后去吃饭时，小孟就编了个谎话拒绝说："我今天很忙，得加会儿班，实在没空去呀。"

在小郭离开后，小孟松了一口气，赶紧又约上了其他部门的同事老石一起去吃烧烤。经过了一周的忙碌，他实在太期待和朋友一起痛饮一杯的感觉了。

没想到小孟与老石吃得正起劲的时候，小郭突然出现在烧烤店的门口。看到小孟，他阴阳怪气地说："哎哟，小孟，咱们公司什么时候把办公室挪到小餐馆来了？你还说你要加班，工作内容难道是吃羊肉串吗？既然我这么不招人待见，你直说不行吗？……"听了这话，连老石也不好意思若无其事地吃东西了。

　　面对小郭的责难，小孟不禁哑然。他暗暗叹息自己选错了聚餐地点，应该找个远离公司的烧烤店才对。但这番叹息对于缓解眼前的尴尬很显然于事无补，因此，他快速转动脑筋，张嘴就说："嗨，你这说的什么话呀！你也知道，咱们公司的电脑又卡又慢，我做得实在心烦，就下楼吃点东西来了。要是早知道你也来这吃，那我肯定得让你请一顿呀！来来来，认识一下，这是另一个部门的老石，我俩刚才还念叨着一块喝酒的人太少呢！快坐下！"

　　听了这话，小郭神色一变，原本僵硬的脸部肌肉也松弛下来了。小孟默默地松了一口气。即使邀请这位并不讨人喜欢的同事一同进餐并非他的本意，但他好歹成功地化解了一场危机。实际上，他的处理方式相当明智，因为无论如何他也不可能直说"我实在是不想看见你，谁愿意和你一起吃饭啊"之类的话，所以第一时间否认对方的猜测是最好的回复语。作为职场上的同事，他利用了对方与自己的共同条件（同一家公司），借势将推脱的原因转移到工作用具（电脑卡顿）上，又主动揭短（由于进展不顺利，所以偷懒），拉近了自己与对方的距离，将身份放在同一阵线上。随后，再次深化自己的借口，最后邀请对方一同进餐。

　　对待这种与我们有利益冲突的人，适当的掩饰是很有必要的。但这不代表面对恶意的挑衅与嘲讽时，我们只能忍气吞声，一笑而过。每个人都会被人冒犯、冲撞，其中有些可能是无心的，但有些却是明显带着怒气的。对待别人的恶意冒犯，要视情况的不同采取多种对策，以避免事态恶性发展。

　　第一，以柔克刚言辞法。"有理走遍天下，无理寸步难行"，是一句放之四海而皆准的俗语，可惜的是，在很多社交场合中，这句俗语是很难实现的。由于各种复杂的关系，我们不能对每件事都毫无顾忌地发表言论，这样一来，为了维持友好的氛围，不影响社交场合的秩序，就需要以柔克刚的战术了。

在一个咖啡厅，一位西装革履却神色倨傲的先生点了一杯热牛奶、一杯柠檬汁和一块火腿三明治。在这三样食品上齐后不久，这个男士气急败坏地拍着桌子，要找服务生。咖啡厅的营业员立即赶来，却被这位先生扣了一身三明治的碎屑。大家都很惊讶的时候，这个男士开口了："你们这个咖啡厅也太差劲了吧，居然给顾客过期食品吗？知道我每天有多忙碌吗？我要是被害得食物中毒，影响工作了，你们打算怎么赔偿？"

服务生看了看一片狼藉的桌面，神色平静地发问道："请问先生，您的食品是有哪里不妥呢？"

"你说呢？跟你们这种服务员说话就是费劲！"男士很不耐烦地用手指敲打着桌面，随后猛地一指冒着热气的牛奶，"你自己看看，我倒了点柠檬汁刚要喝，就发现那杯牛奶居然都结块了！亏你们还好意思拿出来卖！"

服务生看了看牛奶，略有所思地沉默了一会，随后说："实在抱歉，既然如此，我会再给您按原样重新赔偿一份订单的。"在端来新的柠檬汁与牛奶后，服务生用清晰却不太高的声音对男士说："希望您在享受这份餐点的时候不要再把柠檬汁倒进牛奶了，毕竟柠檬汁是酸的，与牛奶混合的话，蛋白质会在酸性条件下变性，沉淀下来，因此出现凝固结块。"

听了这话，男士的脸上像走马灯一样一阵红一阵白，随后他低着头匆匆吃完，快步离开了。在临走前，他没有忘记补上第二份餐点的费用。

由于自己的职业性质与场合束缚，服务生在明知对方浅薄鲁莽的情况下，没有正面回应对方的质疑。一来，作为服务行业的人员，对部分顾客的包容性是必要的，二来，如果她也急躁地大喊大叫，即使道理上站得住脚，也会给同事、上司与其他顾客留下不好的印象。她以退为进，在妥协的同时相对低调地点出了真相，既维护了对方的颜面，也没有白白承受委屈，这就是以柔克刚的优势：借着对方的话先承担一部分责任，话锋一转，却温和地将主因进行转移，同时还封住了对方的刁难之心。

第二，如法炮制言辞法。有时，对方咄咄逼人地提出一个看似无厘头的问题，其实就是想找个途径进行攻击和羞辱。与这种人撕破脸面、破口大骂，实在是浪费时间的行为，因为对方既然抱着恶意而来，就是为了让你不痛快的。那么，我们只能忍耐吗？当然不是。我们大可以顺坡下驴，把他引入他自己话中的圈套里。这样，表面上我们严谨地回答了提问，还让这类心怀恶意的人得到了教训。这种口才，底子要的是急智与眼界。

以周总理举例，他就曾被心怀不轨的其他国家的记者问到很多无礼的问题。比如，在一次国际会议上，一位美国记者就说："你们中国人为什么要把人走的路称为'马路'呢？"这句话暗含了很粗鲁的含义。但周总理不慌不忙地回答说："我们走的是'马克思主义道路'，所以简称为'马路'。"

另一位美国记者又问："那么为什么中国人走路喜欢低着头呢？我们美国人可都是抬头走路的。"这个问题比刚才的那个问题更加刁钻，甚至是蛮横无理，全场一片寂静，等待着周总理的回答。周总理温和地笑了笑，说道："我们中国人一直在走上坡路，肯定要低着头。而你们美国人走的是下坡路，当然要抬着头。"

面对咄咄逼人的追问，太正式太严肃的回答反而会显得没有力度，对方仍然会不依不饶地缠着。这时候我们就需要换一个角度，只针对对方话语的字面意义回答，即使心里明白，也不要直接戳破对方的用心。

第三，转移话题。当对方的问题很难回答、问的角度很刁钻，无论你的回答是肯定还是否定，都可能出错时，那就不要回答，把问题再还给对方。从哪里踢来的球，再踢回到哪儿，将对方一军。

从年纪较小却资历不浅的小晨进入一家规模不小的公司开始，老员工杨伟就很看不惯他。杨伟虽然年纪不小，但专业程度很差，工作质量也不高，但他入职的时间是最久的，又和公司管理层的某些人员有亲戚关系，因此总喜欢把自己高看一点，非常排斥反对意见，即使他的工作流程是错的，不断地恶性循环，他也不愿意在小晨面前出一丝丑。

在数次饱含火药味的关于年龄和经验的争执后，杨伟面带奚落地问小晨："你之前工作过的那些地方都不错，怎么就不干了呢？跑到这里来是因为干不下去了吗？"

小晨知道杨伟的心理，不想和他多废话，随即反问了一句："那你怎么还能在这耗着呢？是因为别的地方没有人情关系供你混饭吗？"

于是，这样一场带着硝烟气息的嘴仗就迅速落下了帷幕。这样做的时候，大可不必担心对方会尴尬，气氛会僵硬。所谓的口才，并不是为了讨好他人或塑造八面玲珑的形象而存在，更不是为了阴阳怪气地发泄自身的负面情绪。对方友好时我们要回以善意，对方与我们有利益关系时我们要滴水不漏地拉近关系，但在遇到饱含侮辱与中伤的话语时，维护自身人格与尊严才是第一要紧事。

第四，顺人之势。当年，爱尔兰剧作家萧伯纳的著名剧作《武器与人》首演获得圆满成功，在落幕时，观众们热烈鼓掌，萧伯纳走上台向观众们致谢。在一片祥和的气氛中，有一名观众却在台下高声喊道："你写的这个剧真够烂的！赶紧带回家去吧，别拿出来丢脸了！"这个突兀的声音让大家都愣住了，所有人都盯着萧伯纳，想看他将作何反应。

　　然而萧伯纳微微一笑，非常有礼貌地回应说："是的，确实很烂，我同意您的意见。"这话说完之后，人们面面相觑，更加迷惑了。面对贬低和质疑，哪会有人亲口否定自己的作品呢？就在这时，萧伯纳再次缓缓开口说："只可惜，全场只有我和您两个人觉得这部剧质量太差，其他人可都在为它热烈鼓掌呢。既然只有你我二人的批评意见，在这里哪能站得住脚呢？"观众们被萧伯纳的机智打动了，不禁哈哈大笑起来。

　　我们每个人都或多或少有自己的"短处"，有不得已而为之的难言之隐，这些事情难免被一些知情人因为不同的动机而揭发。这时，你要采取一定的言辞自卫，应付这种突发事件带来的恶劣影响。

　　首先，要做到安之若素，不要羞怯万分，也不要狼狈不堪。要保持泰然自若的风度，暂时把别人"揭短"的事搁在一边，用言谈举止表示对对方"揭短"行径的轻蔑态度。比如干脆地忽略对方，与别人说笑，或以冷漠的举止和口吻表示自己的厌恶。

　　其次，千万不要以牙还牙。有人被别人揭短后，就马上还以颜色，如法炮制地揭起对方的短来，结果变成互相揭短的争斗，弄得自己丢人现眼，还给旁人留下心胸狭窄的印象。

　　尤其是在职场上，你与别人互相揭短，不论是谁的错，就算你有理，也不会给别人留下好印象。因为揭短这种行为本身就比较低劣，稍有风度的人都不会做这种事。

　　最后，要以君子之心度小人之腹，尽量不要怀疑他人别有用心。因为在职场上，有时候你所感觉的恶意冒犯，也许是对方脱口而出或即兴的玩笑，并不是有意要击中你的痛处。

　　即使对方真的是居心叵测，你用君子的待人之道对待他，他也就没有发挥的余地了。

总之，别人揭你短时，千万不要大发雷霆，反唇相讥，而应该一笑了之，这样那些恶意揭短的人也就没有了借题发挥的机会。

或者，可以有另一种解决方法。就是以心比心，将自己的短处转化为他人的短处，获得大众的谅解。比如，约瑟夫·斯大林是著名共产主义政治家，但他做的一些事情很有争议。在1953年斯大林去世之后，赫鲁晓夫上执政。

赫鲁晓夫于1956年的苏联共产党第二十次代表大会中发表了"秘密报告"，对前领导人约瑟夫·斯大林展开全面批评，震动了社会主义阵营，引发东欧的一系列骚乱。任期内，他实施去斯大林化政策，为大清洗中的受害者平反，苏联的各领域均出现新气象，尤其文艺获得解冻。

赫鲁晓夫的这些行为，让许多人表示不理解，甚至怀疑他的动机。在一次会议上，赫鲁晓夫再次猛烈批评斯大林时，有人当场写了纸条递上去。赫鲁晓夫打开纸条一看，上面写的是"当时你在哪里？"赫鲁晓夫沉思片刻，拿起纸条大声重复了一遍内容，然后对着台下的人们大声问道："这张纸条是谁写的？"但是没有人回答，会场上一片寂静，几分钟后，赫鲁晓夫平静地说："当时，我就在你的位置上。"

面对别人当众提出的尖锐问题，赫鲁晓夫不能不讲真话。因为即使他撒谎，台下的人也对真相心知肚明。但是，如果他直接承认"当时我没有胆量站出来批评斯大林"，势必会大大伤了自己面子，也不符合一个有权威的领导人的身份。于是赫鲁晓夫巧妙地即席创造出一个场面，借这个人人皆知其含义的场景来婉转、含蓄地隐喻出自己的答案。这种回答既不失自己的威望，也不让听众觉得他在文过饰非。同时赫鲁晓夫创造的这个场景还让所有在场者感到他的幽默风趣，平易近人。这一策略，可谓绝妙至极。

　　还有，在因被揭短而分辩的时候，注意不要以自我为中心，强调或使用"我当时""我觉得""我希望"这类字眼。一般而言，如果有人在言语上刁难你，肯定是因为有看不惯你的地方。在这种时候，强调自我观念，很容易引起对方更大的反感，会抓住这个字眼继续发问。当然，并不是所有说明自我感受的人都自高自大，有些人那样讲话，只是因为他们的着重点在于"我个人的观点而已"。如果想谨慎发言的话，可以先说一句"我有个不成熟的想法"之类的谦辞。

　　被揭短之后，千万不要逢人便吐苦水，把当时的其他旁观者当成宣泄对象，大哭大闹或者怒骂。在那种情况下，即使是再通情达理的人也很难认真听取你的说法。既然场面已经很难堪了，就用沉稳的心态化解，不讲或少讲别人不感兴趣的话题，把所有人的谈话兴趣都调动起来。

　　不仅自己遇到这种事要懂得如何处理，更要记住，刻薄、嘲讽与奚落，都是会伤人的话，得学会克制，不要对别人释放这种恶意。这些都是会使别人尴尬的语言。

　　孔子曾说："志有之，言以足志。"这话的意思是说，有志气的人，就连说话也充满了志气。虽然我们要掌握被人言语刁难后自我解围的方法，但也要记住，己所不欲，勿施于人。一个真正有修养的人，是不屑于将语言这种武器用作贪图口舌之快的短剑的。

第三节　被人羞辱也可从容

　　被别人羞辱是一件令人恼火的事情，它意味着尊严受到侵犯，感情受到损伤。虽然羞辱你的人来势汹汹，张牙舞爪，咄咄逼人，但在这场维护尊严的斗争中，只要你懂得如何把握应对的分寸，你就能化被动为主动。

面对突如其来的羞辱，最重要的一点就是注意避免发火动怒。如果你失去理智，那就会给挑衅者提供机会，让对方占据优势，使你自己处于更不利的地位。

应付这种羞辱的基本对策是保持冷静镇定，这样你才能稳操胜券。

曾有一位不速之客突然闯入美国实业家洛克菲勒的办公室，直奔他的写字台，并以拳头猛击桌面，大声咆哮道："洛克菲勒，你真是个混蛋！我恨你！"接着那人当着所有人的面肆意谩骂，达几分钟之久。

办公室里的所有职员都感到十分惊讶，他们觉得，遇到这种事情，又是在这么多员工面前，洛克菲勒一定会迅速叫来保安将此人赶走，或者暴躁地与对方争执起来。然而，出人意料的是，洛克菲勒并没有做以上任何一件事。他停下手中的工作，和善地注视着这位攻击者。那人愈暴躁，他就显得越友好，仿佛是一个耐心的老师在看着急躁的学生。

那个闯入者没想到洛克菲勒会是这种反应。他的怒火与戾气渐渐平息下来。因为一个人在发怒时如果得不到任何回应，而只是单方面发泄的话，气头一过，他就没有精力了。本来这个不速之客准备硬碰硬，来与洛克菲勒正面交锋，他连各种抢白和反驳的台词都想好了，却没料到洛克菲勒的反应居然如此冷淡，不仅不开口，不反击，连表情都是一脸漠然。

最后，这个无奈的抗议者又徒劳地在洛克菲勒的桌子上敲了几下，但他脑海中想象的激烈争执场景仍然没有出现。事实上，被洛克菲勒用平静的眼神注视着，他发觉自己的一身戾气根本无处释放。

仍然得不到回应的他只好耷拉着肩膀离开了。而洛克菲勒呢？他若无其事地重新拿起笔，继续工作。

不理睬他人对自己的无礼攻击，便是给他的最严厉的迎头痛击。假如一个五岁的小孩和你争执，非要把苹果叫作"香蕉"，难道你也要和对方激烈辩论一整天吗？很多情况下，无礼的言辞与举动只是对方发泄负面情绪的方式，他心里只想找到怒气的发泄口，无法理智地看待问题。

要想在这种无意义的寻衅滋事中保持风度与形象，必须冷静，即使对方急不可耐，也要保持自己心态的平和。如果羞辱来自你的同事，而且还有很多人在场的话，千万不能以牙还牙，报以刻薄的挖苦或讽刺，而应做出友好、理智的姿态，将自身举动与对方形成无声的对比。

这种挑衅的真实动机多半出于阴暗的心理，因此，他们期待的是同样恶毒的回应与胡搅蛮缠，而不懂得如何面对面交锋。在对方狂躁、焦虑地冲着你发泄情绪时，不失礼貌地问一句"请问我是哪里做得不太妥当，让你生气了吗"是最好的。这种方法要么能帮助解开误会，要么就能让对方的暴虐之气像失去目标的拳击手一般一拳打空，停止这类无意义的谩骂、骚扰行为。

但是，如果对方的指责听起来相对有逻辑且成立的，或是有目的性的人身攻击，那我们也要摆出认真的态度，不再包容和避让，而是给予适当的回击。

齐国大臣晏子奉命出使楚国。楚王知道晏子的身材矮小，在大门的旁边开了一个五尺高的小洞请晏子进去。晏子不进去，说："出使到狗国的人才从狗洞进去呢，但今天我作为齐国大臣，出使的是楚国，所以不应该从这个洞进去。"迎接宾客的人听了这话，只得带晏子改从大门进去。

晏子拜见楚王时,楚王羞辱他说:"齐国难道没有可用之才了吗?怎么会派您来做使臣呢?"

晏子回答说:"齐国首都临淄有七千多户人家,大家如果都展开衣袖,就可以遮天蔽日;大家都挥洒汗水的话,就像下雨一样;齐国境内,人挨着人,肩并着肩,脚尖碰着脚跟,怎么能说齐国人少呢?"楚王轻蔑地说:"既然这样,为什么派你这样一个人来做使臣呢?"晏子回答说:"齐国派遣使臣,各有各的出使对象,贤明的使者被派遣出使贤明的君主,不肖的使者被派遣出使不肖的君主,我是最无能的人,所以就只好委屈一下,出使楚国了。"

晏子又将要出使楚国。楚王听到这个消息后,对他的臣子说:"晏婴那个人伶牙俐齿,现在他要来了,我想好好羞辱他一番,挫一下他的锐气,你们觉得该用什么办法呢?"

有一个楚国大臣提议说:"等晏婴到了,咱们设宴款待的时候,请大王允许侍卫绑着一个人从大王您面前走过。到时候,请大王问,'这是来自哪个国家的犯人?'侍卫可以回答,'是齐国人。'大王您再问,'那他犯了什么罪呢?'侍卫就回答说,'犯了偷窃罪。'"

晏子到了之后,楚王赐宴。当大家喝酒喝得正高兴的时候,有侍卫绑着一个人走到楚王面前。楚王问:"绑着的人是什么国家的人?"侍卫回答说:"他是齐国人,犯了偷窃罪。"

楚王得意地瞟着晏子说:"齐国人的本性是不是很善于偷窃啊?"可晏子脑筋转得很快,就离开座位回答说:"我曾听说这样一件事:橘子生长在淮河以南就是橘子,生长在淮河以北的话就会变成枳,这两种果实的叶子形状相像,但味道截然不同。为什么会出现这样的事情呢?就是因为橘子生长的地方水土不同。现在,齐国的老百姓每天安居乐业,从不偷盗,可是一到楚国就成为小偷了,莫非是楚国的水土使齐国的老百姓善于偷窃吗?"楚王笑着说:"怪不得人们都说不能和圣人开玩笑，我反而自讨没趣了。"

外交无小事，尤其在牵涉到国格的时候，更是丝毫不可侵犯。晏子以"以子之矛攻子之盾"的方式，维持了国格，也维护了个人尊严。晏婴是聪明机智、能言善辩、勇敢大胆、不畏强权的人。晏子能赢得这场外交胜利的原因是：晏子的话不卑不亢，有礼有节，用语委婉，头脑清晰。

第四节　为他人解围的话术

在现实生活中，谁都会有一些难言之隐，或是陷入左右为难的境地。在这种时候，聪明人就会挺身而出，主动打圆场，将人解救出来。别人不仅会赞赏你脑子灵活，做事机敏，更会对你的好口才留下深刻印象。

要做到这一点，首先要心明眼亮地识别出他人的困境，要利用话术成全他人。虚拟一个场景来举例，你的朋友王卿和女生吕言是一对情侣，某天他俩因为小事而起了争执，冷战了好几天。在这种时候，在场的你就不要强行找话题活跃气氛，不如找个借口离开，给身为矛盾主体的两人创造可以毫无顾忌交流的条件。

其次，是要暂时放下自己的面子。比如，一个出差的同事带回了很多榴梿，想分给同事们吃。一个从来没吃过，也没见过榴梿的同事有点反感地大声说："这是什么东西？又难看，又难闻，难道是用来抓苍蝇的工具吗？"这时，在场的其他人都因为憋笑而憋红了脸，带回榴梿的同事面色不太好看，但嘴角也挂着讥讽的笑容。排斥吃榴梿的人意识到了自己口不择言，说错了什么，但也窘迫得不知如何是好，这时你就可以出场了："是呀，我也觉得榴梿这个水果太奇葩了，怎么这么臭还要给人吃呢？我还真的曾经把果肉捣碎，用来抓苍蝇呢！"大家一听，全都忍不住笑了。也许他们会暂时调侃你几句，但心里都清楚，你是为了给同事台阶下而已。

在作家冯骥才的小说里，也提过一个利用话术为他人解围，更使自己脱困的故事。

津门胜地，能人如林，此间出了两位卖茶汤的高手，把这种稀松平常的街头小吃，干得远近闻名。这二位，一位赛胖黑敦厚，名叫杨七；一位赛细白精明，人称杨八。杨七杨八，好赛哥俩，其实却无亲无故，不过他俩的爹都姓杨罢了。杨八本名杨巴，由于"巴"与"八"音同，杨巴的年岁长相又比杨七小，人们便错把他当成杨七的兄弟。不过要说他俩的配合，好比左右手，又非亲兄弟可比。杨七手艺高，只管闷头制作；杨巴口才好，专管外场照应，虽然里里外外只这两人，既是老板又是伙计，闹得却比大买卖还红火。

杨七的手艺好，关键靠两手绝活。一般茶汤是把秫米面沏好后，捏一撮芝麻洒在浮头，这样做香味只在表面，愈喝愈没味儿。杨七自有高招，他先盛半碗秫米面，便洒上一次芝麻，再盛半碗秫米面，沏好后又洒一次芝麻。这样一直喝到见了碗底都有香味。

他另一手绝活是，芝麻不用整粒的，而是先使铁锅炒过，再拿擀面杖压碎。压碎了，里面的香味才能出来。芝麻必得炒得焦黄不糊，不黄不香，太糊便苦；压碎的芝麻粒还得粗细正好，太粗费嚼，太细也就没嚼头了。这手活儿别人明知道也学不来。手艺人的能耐全在手上，此中道理跟写字画画差不多。

可是，手艺再高，东西再好，拿到生意场上必得靠人吹。三分活，七分说，死人说活了，破货变好货，买卖人的功夫大半在嘴上。到了需要逢场作戏、八面玲珑、看风使舵、左右逢源的时候，就更指着杨巴那张好嘴了。

　　那次，李鸿章来天津，地方的府县道台费尽心思，究竟拿嘛样的吃喝才能把中堂大人哄得高兴？京城豪门，山珍海味不新鲜，新鲜的反倒是地方风味小吃，可天津卫的小吃太粗太土：熬小鱼刺多，容易卡嗓子；炸麻花梆硬，弄不好硌牙。琢磨三天，难下决断，幸亏知府大人原是地面上走街串巷的人物，嘛都吃过，便举荐出"杨家茶汤"；茶汤黏软香甜，好吃无险，众官员一齐称好，这便是杨巴发迹的缘由了。

　　这日下晌，李中堂听过本地小曲莲花落子，饶有兴味，满心欢喜，撒泡热尿，身爽腹空，要吃点心。知府大人忙叫"杨七杨八"献上茶汤。今儿，两人自打到这世上来，头次里外全新，青裤青褂，白巾白袜，一双手拿碱面洗得赛脱层皮那样干净。他俩双双将茶汤捧到李中堂面前的桌上，然后一并退后五步，垂手而立，说是听候吩咐，实是请好请赏。

　　李中堂正要尝尝这津门名品，手指尖将碰碗边，目光一落碗中，眉头忽地一皱，面上顿起阴云，猛然甩手"啪"地将一碗茶汤打落在地，碎瓷乱飞，茶汤泼了一地，还冒着热气儿。在场众官员吓蒙了，杨七和杨巴慌忙跪下，谁也不知中堂大人为嘛犯怒？

　　当官的一个比一个糊涂，这就透出杨巴的明白。他眨眨眼，立时猜到中堂大人以前没喝过茶汤，不知道洒在浮头的碎芝麻是嘛东西，一准当成不小心掉上去的脏土，要不哪会有这大的火气？可这样，难题就来了——

　　倘若说这是芝麻，不是脏东西，不等于骂中堂大人孤陋寡闻，没有见识吗？倘若不加解释，不又等于承认给中堂大人吃脏东西？说不说，都是要挨一顿臭揍，然后砸饭碗子。而眼下顶要紧的，是不能叫李中堂开口说那是脏东西。大人说话，不能改口。必须赶紧想辙，抢在前头说。

杨巴的脑筋飞快地一转两转三转，主意来了！只见他脑袋撞地，"咚咚咚"叩得山响，一边叫道："中堂大人息怒！小人不知道中堂大人不爱吃压碎的芝麻粒，惹恼了大人。大人不记小人过，饶了小人这次，今后一定痛改前非！"说完又是一阵响头。

李中堂这才明白，刚才茶汤上那些黄渣子不是脏东西，是碎芝麻。明白过后便想，天津卫九河下梢，人情练达，生意场上，心灵嘴巧。这卖茶汤的小子更是机敏过人，居然一眼看出自己错把芝麻当作脏土，而三两句话，既叫自己明白，又给自己面子。这聪明在眼前的府县道台中间是绝没有的，于是对杨巴心生喜欢，便说："不知者当无罪！虽然我不喜欢吃碎芝麻（他也顺坡下了），但你的茶汤名满津门，也该嘉奖！来人呀，赏银一百两！"

这一来，叫在场所有人摸不着头脑。茶汤不爱吃，反倒奖巨银，为嘛？傻啦？杨巴趴在地上，一个劲儿地叩头谢恩，心里头却一清二楚全明白。

自此，杨巴在天津城威名大震。那"杨家茶汤"也被人们改称做"杨巴茶汤"了。杨七反倒渐渐埋没，无人知晓。杨巴对此毫不内疚，因为自己成名靠的是自己一张好嘴，李中堂并没有喝茶汤呀。

为他人解围，有时也需要善意的谎言。有一次，孙涛花了不低的价钱买了一条品牌的打折裤子，回家试穿了一下，感觉后悔了。因为贪便宜，这个裤子的型号并不是很合身。但是，鉴于这是名牌，孙涛还是穿上裤子去上班了。果然，在办公室里，马上就有眼尖的同事杨琴注意到了孙涛的新衣服。杨琴声调略高地说："哎哟，孙哥，看不出来你还挺时髦的嘛，这裤子是品牌的，应该不便宜吧？"

孙涛听后，心里美滋滋的，嘴上还是推辞说："不算什么，不算什么，一点小钱而已。""可是——"杨琴拖长了音调，"这裤子的型好奇怪呀，怎么我看着这么短，还有点肥呢？不会是断码的打折货吧？啧啧，裤子可得穿合身的呀，否则你穿着难受，别人看着也难受。""还好，不至于，"孙涛的脸上白一阵红一阵的，"我穿着还行，一点都不肥，而且感觉布料特别舒服，还是挺合适的。"

这时，另一名同事刘肃说话了："孙哥，这裤子真的是打折货吗？依我看，是真的挺有型的，品牌就是不一样，连打折货都这么出众！要是下次再有这种机会，别忘了叫上我一起呀。"

"好吧，那就这么定了，"孙涛的脸色终于有所缓和了，"但是小刘你长得高，穿什么都帅气，我这体型是没法和你比了。再说，这打折货到底是在款型上差了一点，你穿就太浪费身材啦。"

如果你是一名旁观者，是不是也会对刘肃的体贴和机智留下深刻印象？可见，如果有人愿意在尴尬的局面中拉你一把，你就会带着感激之心对待对方。但是，如果把难以下咽的事实硬塞进别人的耳朵，结果就会适得其反。

有时候，人难免会因一时糊涂而做一些不适当甚至错误的事。遇到这种情况，就需要把握住指出别人的分寸：既要指出对方的错误，又要顾及对方的面子。如果分寸不当，或者使对方很难堪，就会破坏交往的气氛和基础。

平心而论，谁都不愿把自己的错处或隐私在公众面前曝光，一旦被人曝光，就会感到难堪或恼怒。因此，在交际中，如果不是为了某种特殊需要，一般应尽量避免触及对方的敏感区，避免让对方当众出丑。必要时可委婉地暗示对方，自己已知道他的错处或隐私，给他造成一种压力，但不可过分，只需"点到为止"。

最后我们应该明白，即使是打圆场的借口，说出来的时候也要慎重。我们必须以良好的动机为出发点，根据事情的性质及彼此的关系，寻找恰当的借口，才能达到预期的效果。如果不这样，托词就成了骗人的口实，必然丑化你的交际形象，影响你正常的人际关系。

第五章 好口才助你在职场八面玲珑

口才在我们生活中的重要作用不言而喻，在我们职场中的作用更是不容忽视，拥有好口才可以让我们在职场中八面玲珑，左右逢源。那么，在高手如云的职场生活中如何练就一副好口才，应对各种工作场景呢？

第一节 谈判场合小心避雷

会谈才会赢。放眼四望，生活与事业的赢家，永远是那些不仅具有竞争力，而且善于谈判、圆熟地掌握了谈判技巧、拥有谈判力的人。在社会发展日益快速，人们交往、利益摩擦日益增多的情况下，解决问题的主要方式正是谈判，赢得制高点的正是谈判力，所以掌握谈判中的技巧至关重要。

第一，营造良好的谈判氛围

谈判从广义上来说，是有关方面在一起相互通报或协商以便对某重大问题找出解决办法，或通过讨论对某事取得某种程度的一致或妥协的行为或过程。归根到底，是双方为了在主观上追求最大利益，并为解决双方的矛盾而产生的协商。一场好的谈判，不仅能满足双方一定程度上的自我利益要求，也能顾及共同利益。谈判就是求大同存小异，而"异"则是很难妥协的利益点。所以，要取得谈判成功，除了要明确谈判的技巧，还应当营造良好的氛围。在一个轻松、和谐、融洽的气氛中，人们心情愉快，谈话氛围也比较和。所以，作为谈判者，必须善于给双方营造一个轻松的氛围。

谈判前，由于双方各自带有一定的使命与目的，因此会对对方抱有各种各样的猜测、戒备心理。要营造良好的谈判氛围，谈判者应该从一开始就借助各种手段，去促进双方的了解，从而消除双方的隔阂，发掘双方的共同点，为进行谈判打下良好的基础。

正式谈判前的寒暄是十分重要的，它是谈判过程的润滑剂，是减少双方心理障碍的有效催化剂。寒暄时，要主动热情、大方得体，力求先入为主地向对方传递有声与无声的信息，借此表现出自己对对方的友好、关心与信任，也表现出自己的谈判诚意。寒暄的内容可以是多方面的，但最好是令人轻松愉快、非专业性的。对方的衣服、发型，使用的手机，近期微博上的热点新闻，都是可以利用的话题。

第二，设定好谈判的禁区

谈判是一种很敏感的交流，所以，语言要简练，避免出现不该说的话，但是在艰难的长时间谈判过程中也难免出错，哪怕一处小小的口误都会破坏商谈过程。因此，一定要在心里提前设定好哪些是谈判中的禁语，哪些话题是危险的，哪些行为是不能做的，对方谈判的心里底线等。这样就可以最大限度地避免在谈判中落入对方设下的陷阱中。

第三，多听对方的发言

在谈判中，我们往往容易陷入一个误区，那就是一种主动进攻的思维意识，自己总是在不停地说，总想把对方压下去，总想多向对方灌输自己的思想，以为这样可以占据谈判中的主动权，但这种想法有些太过天真了。在这种竞争性环境中，你说的话越多，对方会越排斥，即使学生也会对长篇大论的老师心生反感，更何况是竞争对手呢？只想着表达自己的需求，会让对方觉得你根本没有认真交涉的诚意。

总之，这种情况下，你说得越多，别人越烦。而且，你的话多，就挤占了总的谈话时间，谈判中，不止你想说，对方也有一肚子话想说，一方被压抑的结果则是很难妥协或达成协议。反之，让对方把想说的都说出来，当其把压抑心底的话都说出来后，就会像一个泄了气的皮球一样，锐气减退不少，接下来你再找准痛点反击，对手就没有招架之力了。更为关键的是，善于倾听可以从对方的话语中发现对方的真正意图，甚至是破绽。如果能抓住破绽再次沟通，那么谈判的成功率也会大幅提高。

第四，小心"说多错多"

在商务谈判中忌讳语言松散或像拉家常一样的语言方式，尽可能让自己的语言变得简练，否则，你的关键词很可能会被淹没在拖拉繁长，毫无意义的语言中。一颗珍珠放在地上，我们可以轻松地发现它；但是如果把一袋碎石子倒在它周围，再次寻找珍珠就会变得很费劲。同样的道理，我们人类接收外来声音或视觉信息的特点是：一开始专注，注意力随着接受信息的增加，会越来越分散，如果是一些无关痛痒的信息，更将被忽略。

因此，谈判时语言要做到简练，针对性强，争取让对方大脑处在最佳接收信息状态时表述清楚自己的信息。如果要表达的是内容很多的信息，比如合同书、计划书等，那么在讲述或者诵读时语气应进行高、低、轻、重的变化，比如，重要的地方提高声音，放慢速度，也可以穿插一些问句，引起对方的主动思考，增加注意力。

在重要的谈判前应该进行一下模拟演练，训练语言的表述、突发问题的应对等。

在谈判中切忌模糊、啰唆的语言，这样不仅无法有效表达自己的意图，更可能使对方产生疑惑、反感情绪。在这里要明确一点，区分清楚沉稳与拖沓的区别，前者语言表述虽然缓慢，但字字经过推敲，没有废话，而这样的语速也有利于对方理解与消化信息内容，在谈判中笔者非常推崇这样的表达方式。在谈判中想靠伶牙俐齿、咄咄逼人的气势压住对方，往往事与愿违，多数结果不会很理想。

第五，口气柔和，态度坚决

在谈判中，要尽量使用商量的口气。强硬的姿态是必要的，但这种坚决不能体现在交谈的口吻上。如果态度恶劣，那么谈判多半会不欢而散。如果遇到了令人为难的要求，可以委婉回绝。这是因为，谈判的本质就是一种博弈，一种对抗，充满了火药味。这个时候双方都很敏感，如果语言过于直率或强势，很容易引起对方的本能对抗意识或招致反感。因此，商务谈判时要在双方遇到分歧时面带笑容，语言委婉地与对手针锋相对，这样对方就不会启动头脑中本能的敌意，使接下来的谈判不容易陷入僵局。

商务谈判中并非张牙舞爪、气势夺人就会占据主动，反倒是喜怒不形于色，情绪不被对方所引导，心思不被对方所洞悉的方式更能克制对手。至柔者长存，至刚者易损，想成为商务谈判的高手，就要做一个懂得控制情绪，又不放弃争取利益的人。

第六，曲线进攻

孙子曰："以迂为直。"克劳塞维斯将军也说过："到达目标的捷径就是那条最曲折的路。"由此可以看出，想达到目的就要迂回前行，直接奔向目标，只会引起对方的警觉与对抗。

谈判中应该引导对方的思想，把对方的思维引导到自己的包围圈中，比如，通过提问的方式，让对方主动替你说出你想听到的答案。反之，越是急切想达到目的，越容易暴露了自己的意图，被对方所利用。

第七，懂得以退为进

在谈判中可以适时提出一两个很高的要求，对方必然无法同意，在经历一番讨价还价后我们可以进行让步，把要求降低或改为其他要求。这些高要求我们本来就没打算达成协议，即使让步也没损失，但是却可以让对方有一种成就感，觉得自己占得了便宜。这时我们其他的，相较起这种高要求要低的要求就很容易被对方接受，但切忌提出太离谱、过分的要求，否则对方可能觉得我们没有诚意，甚至激怒对方。

第八，控制谈判局势

经过了前面几个步骤，谈判的气氛可能已经变得非常热烈了。不过要小心，即使两方都在说说笑笑，看似融洽，也不能忘记这场谈话的初衷。要在心中把握好一个度，更要小心地控场，不要被对方夺走主动权。因此，要争取把握谈判节奏、方向，甚至是趋势。在对方避重就轻地绕开话题时，一定要主动把话题抓回来，甚至是不依不饶地催促对方正面回应。要知道，谈判就是一场没有硝烟的战争，如果只图一时的和谐，很可能会造成大错。

第二节　商业谈判前必做功课

古训说"工欲善其事，必先利其器""知己知彼，百战不殆"。这里主要强调的是准备工作的重要性。谈判的准备工作分为两大部分，第一部分是谈判前的信息收集，第二部分是具体准备内容。

第一，了解对手的各项资料

谈判前要做好信息收集工作，主要收集两大方面的信息——客户和竞争者。要做好对谈判对象的摸底工作，了解他的背景、他的为人、他的谈判风格等等还要了解客户的需求、心理、期望，并了解客户对你所销售产品的了解程度。

谈判不仅包括你和客户两方，还存在第三方，即竞争者。所以，在谈判的准备阶段，还要打探清楚同行的信息，比如他们产品的质量、产量、交货期，价格的弹性，服务，维护等等，还要掌握他们的顾客关系以及竞争策略。

重点信息的收集完毕之后，还要进行分析。只有对对方的优势或弱项等关键信息了如指掌，才能在与对手的情报战中赢得先机，在谈判中为己方添加获胜的筹码。比如，从各类文件或情报中，我们可以了解谈判延期或进展缓慢所造成的负面影响更多会施加在对方还是己方身上，对方的实际利益集中在哪一处，以及此次谈判中，对方真正的决策者是谁。有必要的话，谈判中也可以考虑决策者的利益。再根据己方的情况，做好双方优势和劣势的交叉分析，寻找谈判成功的机会，要在分析双方地位、运营现状等过程中逐步了解对方的底线等。

谈判者的性格也是需要了解的关键信息，但对于对方的理解不能只建立在"外向"或"内向"这两个简单的维度中。我们了解对方的个性，是为了更快博得对方的好感，摸索他们的发言方式，更快地摸清对方的谈判底线。比如，有些自作聪明的人喜欢揣测别人的心思，觉得在交谈中，对方的点头动作是一种口是心非的表现，只有大声表示赞同才真的具有诚意，殊不知对方只是个性使然而已。

第二，凡事不可言"绝对"

生活中处处充满惊喜和意外，谈判也是如此。可以说，在交谈过程中，充满了不确定因素。可能你事前做了万全的准备，但在谈判当天甚至谈判过程中，客观条件或相关政策突然改变了，你失去了协商的优势；也可能在进展过程中，对方捕捉到了你的疏漏，抓住这一点大做文章。

但无论是哪种情况，都要求同一类特质，即谈判者的心理素质、现场反应甚至个人胆量一定要稳。不仅要留心听对方的话，更要小心表达自己的观点，除了原则问题，凡事不可言"绝对"，不能张嘴就是"我们从来不这么做"或者"我们的项目执行起来绝不会遇到任何阻碍"。如果轻易用极端性的话语束缚了表达条件的话，一个开口不慎就会令对方失去对你的信任感。即使在表态的时候，也不能使用"您要的这种条件绝对不可能，别开玩笑了"这一类生硬的言辞，可以委婉一点说"我明白您的意思了，但这一点对于我方而言，执行上存在一定的困难"等。

第三，摆正自己的位置

在职场上，很多人都难以做到的一点是，搞清自己的位置。在职场上，既有年龄歧视，也有性别歧视，这两种矛盾在日常工作中很常见，但不容易激化。但在谈判的场合，一定要避免出现这种低级错误。

有些人喜欢以年龄称霸，却搞不清楚"自己出生更早"不能说明任何问题。如果你在谈判场上是年长的一方，不要看到比你小的对手，就在心里摆出一种"这种毛头小子，我诈一诈他就行了""我吃过的盐比他吃过的饭还多"这种台词；如果你是年龄较小的一方，也别自乱阵脚。在商业谈判中，不仅要做到专业地代表所属方的利益，更要专业地对待这次会面，将自己视为公司的策略的执行人。

将自己和对方放到一样的高度，会使成功率大大增加。即使不是性别和年龄歧视，而是大公司收购小企业的谈判，任何一方的代表人也不可倨傲或颓废。如果在要求理性至上的商业谈判中引入了个人情绪，会引发各种各样的突发事件，或者导致损失增加。为什么呢？因为你的轻蔑、愤怒和抗拒会反映在言辞当中，失去平稳的心态，而谈判最致命的就是情绪激烈甚至失控。

所谓"能言善辩者不宜商谈"，其实也是在讲谈判中的情绪问题。我们不难发现，生活中抱有自我优越感的人，一张嘴就令人厌恶，而且他们往往把自我价值建立在对他人的否定上。习惯性的否定他人，一般都是由于自身能力不足造成的本能自我防卫用语。这种说话习惯如果被带到谈判中，只会引得双方打无谓的口水战。

谈判立足于说服，摆事实，讲道理，以人性化的方式让对方改变观点或心态，达成共识。驳倒对方的结果只能是"双输"。如果是商业谈判，就无法谋求将来更多的合作。所以谈判中必须具备极大的耐性，还要能容忍对方的苛刻条件，同时抓住他的短处，和谐、平等、友善地对话，既保持对方的尊严，又要讲清自己解决问题的限度和原则。

第三节　做个僵局的破冰船

谈判出现僵局，就会影响谈判协议的达成。无疑，这是谈判人员都不愿看到的。因此，在双方都有诚意的谈判中，应尽量避免出现僵局。但是，谈判本身又是双方利益的分配，是双方的讨价还价，僵局的出现也就不可避免。因此，仅从主观愿望上不希望谈判出现僵局是不够的，也是不现实的，必须正确认识、慎重对待、认真处理这一问题，掌握处理谈判僵局的策略与技巧，从而更好地争取主动，为谈判协议的达成铺平道路。

说到底，谈判是一个协商过程，而未必每次协商都能达成共识。很可能你花了很长时间，做了不少准备，结果对方还是不同意你的要求。许多谈判人员把僵局视为谈判失败，企图竭力避免它，在这种思想指导下，不是采取积极的措施缓和僵局，而是消极躲避。在谈判开始之前，就希望能顺利与对方达成协议，完成交易。特别是当他负有与对方签约的使命时，这种心情就更为迫切。谈判中为避免出现僵局，就事事处处迁就对方，一旦陷入僵局，就很快失去信心和耐心，甚至怀疑自己的判断力，对预先制定的计划产生动摇。这种思想阻碍谈判人员更好地运用谈判策略，结果可能会达成一个于己不利的协议。

事实上，如果能正确认识僵局，恰当处理，会变不利为有利。我们不赞成那种把僵局视为一种策略，运用它胁迫对手妥协的办法；但也不能一味地妥协退让。这样，不但僵局避免不了，还会使自己十分被动。只要具备勇气和耐心，在保全对方面子的前提下，灵活运用各种策略、技巧，僵局就不是攻克不了的堡垒。

第一，用语言推动进展

谈判是一件十分劳神费心的活动，不仅自己有如此感觉，你对手的内心体验也是如此，所以，当谈判出现僵局时，你可以催促对方尽快作出决策："您瞧，我们的进展已经很不错了，只要再解决这些小问题，就大功告成了！"当对方也由于精神疲惫而有意尽快完成谈判时，这种看似很平常的说法，实际上却能在一定程度上使对方变得冲动起来。

如果涉及数字和具体事项，这种催促方式会更有效果。主要原因在于，当你将已达成的协议和待办事项一起列出时，对方会对整体进度有更强烈的感触。比如，你可以列举说："我们如今已经解决了两大难题，现在只需要将项目施工时间和相关人员安置问题讨论一下，目标就全部达成了。"听你这么说，对方多半会同意继续谈判，这样僵局就自然化解了。

第二，扩展话题

如果谈判陷入僵局，经过协商后仍无进展，可以趁机换一个新话题，但本质不能离开谈判。可以以之前谈好的提案做铺垫，在缓和僵持的气氛之后，再次将话题引导到未解决的问题上。这样做的优势有两种：一是可以引用已协商方案的思路，将问题大事化小，尽量迅捷地解决难题；二是可以让对方自然而然地放低底线，愿意用一些附加条款解决正在僵持的问题。

第三，主动出击

说到底，谈判的目的在于争夺利益和达成目标一致，因此，在对方摆出强硬姿态，拒绝妥协的时候，我们可以在谈话中寻找对方言语上的漏洞，将对方的失误扩大，反制对方。很多时候，这种行为会被视为"无事生非"，或是在言语上"强词夺理"，但这种做法仍然是必要的。毕竟，如果对方的合作态度不太积极，或者在谈判中属于强势方，他就很可能带着恃强凌弱的心理，单方面地认为己方的条件不容置疑。遇到这种情况，与其硬碰硬，不如以攻为守，主动出击，寻找对方的弱点。当他们意识到自己不能对他人予取予求时，原本强硬的态度也会改变，主动寻求合作。

第四，利用调节人调停

"不识庐山真面目，只缘身在此山中"，在两方都互不相让的情况下，是很难研究出改善现状的有效方案的。而一个与两方都无利益冲突的中间人，可以将两方的思路都顾虑到，帮助双方有效地消除谈判中的分歧，从而缓解双方进入立场严重对峙、谁也不愿让步的状态。

一个合格的调停人，要在听取双方的想法后，发现双方冲突的焦点，将信息无障碍地转达出去，再分析其背后的利益冲突，最后提供解决的途径。但仅仅是这些还不够，因为调停人的身份有所限制：必须是两方都熟悉且信任的人。如果不是如此，那么很可能一方会怀疑另一方找了有偏袒倾向的人来做调停者，只会无端激化矛盾。

第五，改变交谈场合

有一种谈判模式是"场外沟通"，也就是在调停或休整期间，两方离开剑拔弩张的谈判场合，由代表做私下接触。改变了着装，摆脱了谈判桌上的沉闷气氛，会让两方的沟通更有效率。这种方法不太常见，因为一般情况下，如果需要做场外调节，那也证明在一定程度上，正式谈判遇到了相当棘手的阻碍。但这种场合的选择也是需要时机的。最好是在正式会谈中相持不下，陷入僵局时，或者双方的代表因为身份的限制，不能在谈判桌上正面回应的时候。

场外谈判时，一定要非常谨慎。两方人员虽然可以在较为友好的气氛中协商，可是如果太过亲密，或者送、收了昂贵的礼物，会让人有"贿赂"和"受贿"之嫌，也会让人质疑双方私下会面的动机。因此，一定要注意沟通的度，可以相约吃饭，可以送些不太贵重的小礼物，但不要忘记私下会面的主要目的：在相对宽松的场合里，在友善的交谈氛围中，争取让对方考虑正式谈判时不能正面提出的提案，最好是通过一连串的社交活动自然而然地解决问题。

此外，场外谈判应讨论和研究问题的细节。因为在这种非正式场合，交谈的自由度相对而言要高得多，对方的戒心也没有那么强。在这种情况下，以非正式谈判代表的身份正面提出问题或者建议，反而能促进双方建立友谊。

第四节　谈判说服中的迂回术

当对方不愿接受太直接的表达时，就应该委婉地表述自己的意思。话要说得藏而不露，是很讲究技巧的。这种说话技巧要求发言者具有广博的知识、机敏的思维与不俗的情商。有时，话里有话是为了不露痕迹地讥讽对方；但在更多时候，是为了道出不便于直接表露的言外之意。

以一个商业案例来说，A公司是家优秀的电子产品经销商，当时，他们急需一套电子元件。虽然以国际市场的整体情况来看，这种电子元件的最优秀制造商是B公司，可惜B公司的产品价格实在太高，A公司的预算根本不够。于是，A公司约了B公司进行商业谈判，希望在价格上谈出回旋的余地。

在面谈之前，B公司的代表态度很强硬，因为他清楚B公司在行业内的实力。虽然在本行业里还有很多其他公司也生产类似的电子元件，但是他们的质量都无法与B公司相比，任何一家想长期发展的公司，都不愿意使用那种零件。于是，在两方都各怀心思的情况下，一场商业谈判就这样开始了。

A公司代表："我们这次的主要想法是，希望贵公司能在价格上提供更多的商谈余地。毕竟，我们是要长期合作的。"

B公司代表："您也知道，高质量需要价格的保障。何况，我们的产品完全值得在金钱上小小地付出一些，不是吗？"

A公司代表："是的，我们不否认贵公司商品的高质量。"

在价格谈判上，A公司与B公司展开了拉锯战。如何既迫使对方作出最大让步，又不妨碍今后的合作呢？幸好，A公司谈判小组在谈判之前就查阅了大量资料，因此可以利用迂回战术轻松地抛出自己的"撒手锏"。

A公司代表："最近这项制作电子元件的技术，听说在印度也发展得很好呢。"

B公司代表："有这样的事情吗？我方公司目前还没有遇到过这样的对手。"

A公司代表："那您应该去了解一下。印度公司的产品，不仅造价低廉，还可以在细节上做到近乎完美，同时印度的人力成本也比较低。有了人工和技术的双重保障，怕是您的公司也没有那么低的差错率呢！"

B公司代表："哦，我想起来了，是那家小型外资企业对吧？他们的产品我们也有接触，实在是经不起检查，有好多细节上的错误。如果那家公司没有过硬的技术和熟练的员工，人再多又有什么用呢！据我所知，他们的差错率可低不到哪里去呀！"

A公司代表："细节可以慢慢完善，纰漏可以慢慢修补。小小一个电子元件，只需要不断地做技术上的磨合，完美品质是迟早能达到的目标。除了这两个改正难度极低的困难以外，似乎也没什么硬伤了嘛！至少据我所知，很多公司也都对这家价格低廉的小企业抱有很大期望的。"

B公司代表："期望归期望，作为一个对产品把控极其严格的公司，我方是不会畏惧任何对手的。贵公司想必也明白，哪怕只有一个次品电子元件，拉低的就是整套产品的使用率。如果只为了小利润，牺牲公司和产品的口碑，那就太得不偿失了。何况，这家极具潜力的公司，需要多久才能完全展现实力呢？五年？十年？在这期间，难道贵公司要拿他们的产品凑合着也做个五年十年吗？贵公司绝不是如此目光短浅的企业，这也是我们起先期待和贵方合作的初衷，我们也欣赏懂得尊重我公司产品质量的合作伙伴，而高质量相伴的，必定是与其相符的价格。"

A公司代表："话虽如此，然而我方最近听说，他们已经与欧洲的最大经销商达成了合作关系。有了这样的合作伙伴，又有了开拓市场的需求和必要性，再大的困难也是能轻易解决的。"

随后，A公司便开始转移话题了，而对方的几名代表却显得十分紧张。因为，A公司虽然并未直接表明要另找合作伙伴的计划，他们却意识到了潜在威胁。于是，B公司谈判小组开始在一些实质性问题上逐渐让步，对于价格调整的提议，也不再抱有强硬的态度。最后，A公司终于在迂回表达的过程中达到了目的。

在谈判中恰当地运用迂回战术，可以达到进退自如、攻守兼备的最佳效果。一般说来，当事人处于被动境况时，在迂回过程中要注意避实击虚，扰乱对方视线。倘若当事人能够掌握主动，那么迂回的过程便是一个更委婉、更清晰、更易于被对方接受自己真实意图的过程。

娴熟地使用迂回战术，在商务交往中往往能出奇制胜。但是，除极特殊情况外，无论使用哪种迂回手法，事先都必须以获知大量信息为立足点，再以此反复推敲，精心设计，不可打无准备之仗。同时，迂回也应"点到为止"，不到万不得已，不要将那层窗户纸捅破。只要暗示得对方心知肚明，就能顺利达成目的。

第五节　批评的话该怎么讲

人非圣贤，孰能无过。在现实生活中，任何人都难免有小小的疏漏，需要别人指出，再加以改正。而如何提出别人的错误，就成了说话技巧中极其重要的一环。若强硬地当面指责别人，只会让对方觉得颜面扫地，为自己据理力争，两人不欢而散；但是如果我们能巧妙、温和地暗示出对方的错误，则会受到对方的感激。

许多人在批评他人之前，都习惯于先真诚地赞美对方，然后再来一个转折词"但是"，后面加上批评。例如，你是一名老师，课堂上有个学生不专心听讲，一般情况下只会这么说："你是个聪明的孩子，平时也很热心帮助同学，但是，假如你上课更专心点的话，那就更好了。"

在这个对话里，学生在听到"但是"之前，可能会感觉很高兴；在听到"但是"之后，马上就会怀疑前半句夸奖的可信度。对他而言，这个赞许只是责骂他的一种铺垫而已。事后，恐怕你的话都会在他的心里被质疑一番，使可信度降低，带着这种逆反心理，他更愿意专心听讲，我们也就无法达到使他改变学习态度的目标了。

面对这种情况，其实，改变倾听一方的心理状态的方法很简单：把原句中的"但是"改为"而且"之类的连接词，不让前半句和后半句出现反转，而是形成递进关系，就能轻易地解决了。"我特别喜欢你，你又聪明又机灵，还很会与同学相处。这个月的月考你的成绩不够理想，我看啊，只要你上课的时候认真一些，专心一些，一定能再次进步的。"

这样，学生就会接受这份赞许，因为没有什么失败的推论在后面跟着，他也不会有被遣责的罪恶感。即使上课走神确实不对，我们也要让对方在良好的心情下接受我们提出的意见，这样才能事半功倍。更妙的是，话中已经间接地让学生知道他的哪些行为需要改变，因此，学生会更努力地去达成老师的期望。

然而并不是每个人都愿意被指出自己的不足，有一类人，无论你怎么委婉表达，在他心里，承认错误就是奇耻大辱，宁可反咬一口也不想承认。对待这种人不必浪费口舌与其争辩，只要让他们直面错误造成的后果，能意识到需要改正做法就行了。

老杨是个年过三十，还一事无成的"文学爱好者"。他自己创立了一家诗社，但里面的诗文非但牛头不对马嘴，更是连打油诗的韵律感都没有。然而，这种水平的老杨仍然靠着人脉关系在一家图书公司任职。他专业水平的缺失令他的同事小 A 非常苦恼，几次想提醒他，但老杨总是一脸抗拒，还靠着关系联合其他部门的关系户或者老员工一起排挤小 A，这样还不够，还在网上指桑骂槐地指责小 A。

小 A 决定不再和老杨浪费时间了，他不再每次都试图暗示老杨在哪出的错误会让工作流程恶性循环，也不再当面指出老杨所犯的基本错误，而是将老杨的作品，直接转交给其他合作方。但没有了小 A 补救的文字工作受到了公司其他合作方的质疑，在老杨一遍又一遍涨红着脸为自己争辩之后，老杨的名字算是在业内出了名，很多人都听说了这么一位本事不大脾气不小的挂名编辑。后来，即使老杨还是坚称自己没有任何专业上的错误，他的事迹也还是被外人当成笑话。老杨只得私下悄悄地改了不少以前的做法。以后即使会有更专业的人与他合作，也不用再那么筋疲力尽了。小 A 改变了自己的立场，让真正能使老杨感到压力的人，对他的行为作出了批评。

对那些因为直接的批评而感到非常愤怒的人，间接地让他们面对自己的错误，会有非常神奇的效果，即使是军队也一样：美国后备军和正规军之间最大的不同，就是对发型的要求。正规军军人的发型有严格的标准，但后备军的士兵们从心里仍然把自己当成寻常民众，没有军队中的服从意识，很不乐意遵守章程，把自己的头发剪短。

一位担任陆军军官的人决定改变这个现状。但他理解了后备军的心理，知道如果将他们当成正规军对待，强硬地下令，只会得到排斥与反抗心理，这对军队工作来说是十分不利的。于是，他换了一种方法，语气平静地说："后备军的各位先生们，你们以英勇无畏的心态加入了军队，是寻常民众中的英雄和楷模。当然，楷模最令人称道的就是他们严格要求自己的自律性，如果你们愿意配合，展示军队的风采，那就最好了。想必各位知道军队对发型的规定！作为军人，我现在也要去理发，虽然某些人的头发比我的要长得多。我建议你们有时间可以对着镜子审视一下自己的发型，如果你想当个真正的军人，可以去理发部理发。"

这一番非正式的军令，效果却出奇地好。刚一解散，就有几个人主动走到镜子前看了看，然后下午就到理发部去按规定理发了。第二天早晨，已经没有几个人还留着不合规定的发型了。

批评是表达对他人的不满，要想将话说得圆润，还能收到效果，首先要做的就是委婉表达。那么，这种委婉表达有没有什么窍门呢？下面，我们来逐一归类、分析。

第一，请教式批评

例如：孙图倒车时接了个电话，为了不一心两用，他干脆将车停得一半在车位里，一半在车位的外面，占住了小区里其他车辆通行的路。严女士下班开车回家，在进入小区弯道后差点撞到孙图的车。她被吓了一跳，但没有破口大骂，而是走下自己的车，礼貌地问孙图："我是一名新手司机，您教教我这种没有多少空间的路该怎么平安把车开过去，好吗？"孙图这才注意到自己行为的不妥，他一脸惭愧地道了歉，赶紧挂掉电话，把车开走了。

第二，暗示式批评

在很多情况下，我们会遇到不便直言之事，此时只好用佯装不知情来暗示，也就是旁人眼里的"明知故问"或者"装傻"。

比如：一位顾客在一家高级餐馆里把餐巾系在脖子上，随后呼噜噜地大声喝汤，一个人居然吃得杯盘叮当作响，引得别人频频侧目，窃窃私语。这种不文雅的举动让其他顾客很反感。经理叫来一位服务生，说："你去说说这位客人，别让他把其他顾客都给烦跑了。但话要说得尽量含蓄。"

服务生有点发愁了，该怎么办呢？看那位顾客的架势，就不是什么好脾气的人，如果把话说得太明白，他大吵大闹起来，该怎么收场呢？他要是因为气愤而投诉自己，谁来为自己出头呢？但要是不说，又实在不能无视其他客人脸上不悦的神色和无奈的笑声。他想了想，走过去很有礼貌地问了那位顾客一句："先生，如果您觉得我们餐厅太安静的话，我们给您单独播放配餐音乐，请问好不好呢？"话音刚落，那位顾客便立即意识到了自己的失礼，于是赶快轻手轻脚放下了餐具，向服务生道歉。

服务生没有直接指出客人有失体统之处，而是拐着弯地问了与顾客的行为毫不相干的事——餐厅的环境。表面看来，似乎是与经理的嘱咐风马牛不相及，但实际上正是这种看似无厘头的问题提醒了这位顾客本身的做法，既使顾客意识到自己的失礼之处，又能摆出体贴周到的服务态度。这就是暗示批评的妙用。

第三，模糊式批评

例如：某工厂为整顿劳动纪律，召开员工大会。在会上，领导说道："最近一段时间，我们厂的纪律总体来说是好的，但也有个别同志表现较差，有的迟到早退，有的上班玩手机游戏……"这里，用了不少模糊语言："最近一段时间""总的""个别""有的"，等等。这样既照顾到了别人的面子，又指出了问题。它看似没有指名，实际却起到了让他人对号入座的作用，这样既保全了员工的颜面，又起到了批评的作用。

第四，安慰式批评

文学大师莫泊桑在年少时，曾经拜访著名作家福楼拜和剧作家路易斯·布耶，向他们请教诗歌创作的心得，并寻求对自己作品的指点。两位大师一边喝着香槟酒，一边听莫泊桑朗读诗作。布耶听完说："你这首诗，句子虽然揪成一团，就像块炖不开的牛蹄筋，但也远远算不上向我求教的人之中最坏的作品。这首诗就像这杯香槟酒，香气不是特别清爽，口感不是特别柔滑，但勉强还能喝下。"

专业上的指教要求的是公正、严厉的态度。布耶在评点福楼拜的作品时，也是直言不讳的。对于创作者来说，没有客观的反馈，就没有提升作品质量的空间，因此，布耶的这个批评是很有必要的。不过这话听着严厉，但留有余地，给了年轻的莫泊桑一些希望，让他还有信心和底气，不至于灰心丧气，放弃自己的文学理想。

第五，渐进式批评

渐进式批评就是从小事、性质不严重的事开始，一层层强调对方的错处，让他逐渐失去反驳的底气和耐心。这样可以使被批评者对批评逐渐适应、逐步接受，不至于一下子刺激到对方，彻底"谈崩"，或因受批评而背上沉重的思想包袱。比如，如果你想辞退一名还在试用期的员工，你不必直说他最大的毛病——"工作进度太拖拉"，而是从上班迟到、工作场合抽烟、开会时表现不积极开始说起，让他的内疚感慢慢累积，最后无从争辩，接受事实。

第六，间接式批评

间接式批评一般采用声东击西的方法，让被批评的人有一个回旋的余地。间接式批评的特点是含蓄委婉，不会伤及被批评者的自尊心。比如，刘女士带着自己的女儿去游乐场玩游戏的时候，看见附近一个小男孩随手就把喝完的饮料瓶扔在地上，但小男孩的母亲却熟视无睹，自己的女儿见状，也把吃完的零食包装袋甩在地上。

刘女士暗暗叹了口气，大声告诫自己的女儿说："垃圾要扔到垃圾桶里面，否则会破坏干净的环境。如果看见了垃圾，就要把它捡起来扔掉，记住了吗？要是大家都往地上随便扔东西，那该有多烦人呀！"听到了这番话，她的女儿赶紧回头去找，但小男孩的母亲已经将零食袋扔掉了，小男孩也默默地捡起了空瓶子。

生活中，我们必须理解人们的合理需要，爱护别人的自尊心，只有这样才能把话说到别人心坎里去。如果不能根据对方的心理斟酌言辞，选择恰当的表达方式，话一出口就先挫伤他人的自尊心，必然会引起对方的不快，甚至引发争吵。

第七，不要一味指责

大多数批评者都喜欢把重点放在指出对方"错"的地方，但却不能清楚指明"对"应怎么做。有的人在批评他人时常说："你怎么这么粗心？"这是一句用于发泄情绪的废话，因为没有具体内容，也没有改进措施，只是纯粹表示个人的不满。当然，在批评中可以表达自己的不满，但更好的说法应该是在后面补充一句："你其实只需要……这样做就可以了。"

比如，一位刚刚下班的丈夫埋怨妻子："你早就知道今天有客人来，家里怎么还这么乱？现在都什么时候了，你怎么还傻乎乎地坐在那儿化妆？"这种话不会起任何作用，因为他的意思只说了一半，即指出妻子不应该在这种时候只顾化妆，却未道明他认为妻子应该做些什么。像是这种话，多半只能得到"我化妆又怎么了，还得跟你申请？"的硬碰硬式回复。这种对话除了引发争吵之外，别无意义。

第八，批评时放低姿态

放低姿态不仅是为了维护良好的人际关系，为了展示自我的良好修养，更是为了让对方把话听进去，真正改正错误。因此，即使你对对方的做法颇有微词，自己心里也清楚正确答案，但在提出意见和批评时，仍然需要小心强调，这只是你个人的看法，仅供参考。这样，他人就会比较愿意听，甚至有兴趣了解一下你为什么有此看法。如果有误会的话，此时就可迎刃而解了。

第九，不要夹杂个人情绪

在批评别人之前，首先要冷静地审视自己的心态，不要一身火药味地去指责。如果你的心情很差劲，或者对对方心存不满，就一定要再三稳定情绪再沟通。首先，对于人际关系来讲，争吵的动机无论如何正确，争吵本身都是无意义的行为。其次，越是和心存芥蒂的人接触，保持自己的理智越重要。先不说情绪失控的一方肯定丑态百出，日后会被人抓住把柄，即使是旁观者看到，心里也会对克制而冷静的你另眼相待。因此，把自己的负面情绪，诸如愤怒、嫉妒带来的戾气收敛一下再讲话，是有好处的。

在开口批评别人之前，先检讨一下自己所持的是什么态度，是积极还是消极？情绪不好是很难掩饰的，而这种情绪有极强的传染力。一旦对方感觉到这一点，就会立刻摆出迎战的姿态，抛开你的批评内容，捏着你的态度或者字眼不放，接下来你就又不得不浪费时间和一个你厌恶的人浪费口水。这种境况下你应该清楚，反正对方是不可能认错的。那么，我们做好自己就可以了。

奥斯特洛夫斯基曾经说过："批评只不过是正常的血液循环，没有它就会有细菌停滞，造成生病。"我们每一个人都不是生活在真空里，就像我们身上要沾染许多病菌一样，在我们的思想意识和言谈行为上，也会不可避免地出现一些缺点、错误，只有积极地对待批评，理智地提出批评，才能使我们保持身心健康。

第六节　因人而异的批评法

每个人由于经历、文化程度、性格特征、年龄等的不同，对批评的承受力和方式也有很大的差别。这就要求我们要灵活地根据批评对象的不同特点，采用不同的说话方式。如果生搬硬套一个模板，或不对症下药，是不会产生好的效果的。

不同的人对于相同的批评，会产生不同的心理反应，因为每个人的性格与修养都是有差别的。根据人们受到批评时产生的不同反应，大致可将人分为迟钝型、敏感型、理智型和强势型。迟钝型的人比较散漫，或者说心比较大，他们对待意见一般是左耳朵进、右耳朵出，抱着满不在乎的心态；敏感型的人有自卑心理，脸皮薄、爱面子，他们受到斥责时，往往会心情压抑，整个人恍恍惚惚，要不就涨红了脸据理力争，要不就埋下头假装不闻不问，但他们很讨厌被指出错处，性格内向些的还会从此一蹶不振、意志消沉，性格暴躁些的会恼羞成怒；理智型的人在受到批评时往往能轻松认错，并思考其中的原因；强势型的人自尊心强、个性突出，属于"老虎屁股摸不得"的冲动性格，他们的主观性和自我保护意识都很高，如果你不拿出确凿的论据，只凭语言是无法让他们认错的。针对不同特点的人，要灵活采用不同的批评方式。

对自觉性较高的人，应采用启发做自我批评的方法；对思想比较敏感的人，应采用暗喻批评法；对性格耿直的人，应采取直接批评法；对问题严重、影响较大的人，应采取公开批评法；对思想麻痹的人，应采用针对性批评法。在进行批评时，忌讳乱用方法，否则会受到非常激烈的反弹，引出更多麻烦。

精明的领导者在处理问题时往往考虑得很周到，他们通常会采取这样的方法：当面批评发生普遍性问题的人，而个别现象则私下批评。当然，也可以事先与对方谈话，帮助他做心理铺垫，启发他进行自我审查，使他产生"并不是针对我，只是就事论事"的感觉，主动在"大环境"中认错。

另外，还要避免粗暴批评。因为粗暴批评这种方式只适用于对服从度、规定的认同感极高的地方，比如军队。在现实生活中，一般不会产生好效果。员工听到的只会是恶劣言语，而感受不到批评教育的初衷，被批评者的心中也会因此而充满不服，这就会使其产生逆反心理而不利于问题的解决。如果换种方式，可能会更好。

大卖场的王经理每天都要到卖场巡视一遍。有一次，他看见一名顾客站在柜台前等待，却没有一个导购接待他。那些年轻的导购员们都聚在柜台远处的另一端，叽叽喳喳地说着什么，还时不时爆发出一阵大笑。王经理并没有去呵斥那些导购，而是迅速站到柜台后面，亲自为那位顾客服务。在顾客选中商品之后，王经理拿着货品走向导购们，然后把东西递给其中一名人员，让他为顾客包装，随后一言不发地走开了。导购们之前根本没有注意到王经理就在附近，惊得面面相觑，随后都默默回到工作岗位上。王经理没有严厉处罚他们，也没有责骂他们，而是用自己的行动无声地给他们上了一课，使他们改正了服务态度。

作为一名领导，在批评下属时，可以运用多种方法。如：通过分析历史人物的性格、事迹，分析其做事风格与缺陷，再通过分析现实中人物的是非，暗喻其错误；或是通过分析历史事件反映的客观道理，与其做比较；还可采用故事暗示法，用生动的故事在谈笑间悄悄暗示出关键点，在较为平和的氛围中劝诫他人；总之，通过提供多角度、多内容的比较，使人反思领悟，从而心悦诚服地接受批评、改正错误，这才是批评的目的所在。

如果要追究的事情比较复杂，需要核实多个方面才能追究责任，给出批评建议；如果犯错的人已经认识到了自己的疏忽，有悔悟之心，批评就要温和一些，只起到告诫和督促的作用即可；但如果对方是个固执己见又自视甚高的人，批评就一定要找准重点，列出一项项疏漏之处，让他无法狡辩。

掌握批评的技巧是很有必要的，同时，对于时机的把握也很重要，掌握适当的时机，批评才会更有效果。

第一，批评要有依据

首先，批评和接受批评的双方相互之间应该足够信任，这样才能一个愿意讲，一个愿意听。如果无法取得对方的信赖，即使证据确凿，据理力争，也依然无法令对方心服口服。

其次，批评者的动机必须纯正，提出的批评必须有根据，有道理，并且能对事件结果大有改观。但是，私人事务不包括在内。任何人都有决定自己生活的权利，有自己的选择，将自己的想法施加在别人身上，那不叫批评，那叫多管闲事。很多喝酒喝到兴起的长辈对小辈、年长的人对亲戚家的孩子常作循循善诱状，这只是为了显示自己的存在感。这样的言论，这样的对话姿态，不会令任何人有好感，切忌做出以上行为。

真理并不永远掌握在自己手中。当我们评价别人时，总免不了以个人有限的经验、以自己的喜好和需求作为衡量的尺度，因此，最好在提出批评之前，先自我反思，使自己的言论更能切合实际、合乎客观。

第二，批评紧跟事件

当一件事刚刚完结不久，就可以提出批评，追究过错方的责任了。

事实上，这正是最好的时机，因为万事都不宜耽搁，包括批评别人。事情刚发生不久，你就注意到了纰漏，和过错方一起讨论、反思，这样的效果是最好的。

如果当时不想提，那就永远别提，否则，如果过了很长时间才追究，即使和你关系不错的人也会觉得你是"小肚鸡肠""马后炮"，是喜欢旧事重提的好事者。即使从旁观者的立场来看，错误出现后不久，过错方就立即受到批评或相关反馈，才是最合理的。

第三，不要做人身攻击

批评中绝不能讲诸如"你真是个废物""你又在骗人了""我就知道你这么笨的人肯定会搞砸"等话。这些话会严重刺伤对方。既然是批评，就要建立在事实的基础上，就事论事且只论事。为什么呢？因为这些人身攻击类的评价，会扰乱我们的目的，使批评的效果大打折扣。如果对方听到了这种侮辱类的话语，要么针对私人方面回嘴，让对话变成无意义的争论，要么就是为了摆脱这些结论而狡辩，抬杠，不停反驳，延长对话时间。

即使对方的人品确实不可靠，也不能借机泄愤。否则，你只会把生命中越来越少的时间浪费在一个你讨厌的人身上。何况，如果是针对事实的中肯言论，只要口气适宜，措辞恰当，对方一般是会接受的。

第七节　以退为进的批评术

生活中，当一个人犯了错误而我们又希望他及时改正时，与其苦口婆心地劝说，或者声色俱厉地指责，还不如用表扬的方式，用这种温和又含蓄的方式让对方在羞愧中认识到自己的错误。

著名教育家陶行知原名陶知行，但是他认为知和行的关系，不是"知是行之始"，而是"行是知之始"，于是，他将名字陶知行改为陶行知。在教育方面，他也提倡运用温和的方法让学生自己认识到错误，以退为进地解决问题。在担任校长时，他就通过这种方式，使一个顽劣调皮的学生王友主动承认错误，并且请求校长处罚自己。

有一天，一个叫王友的男孩在下课时，用挖来的泥巴砸教室里的同学，这件事正好被从此经过的校长陶行知看到。陶行知当时并没有批评王友，而是让他下课后到自己的办公室里去。

放学后，王友心惊胆战地来到了校长办公室，低着头，一言不发。这时，从外边进来的陶行知连忙塞给了他一块糖说道："来，奖给你一块糖，因为你准时到办公室来了，而我却迟到了。"

王友很小心地接过糖果，不知道校长到底要干什么。就在他疑惑的时候，陶行知又塞给了王友一块糖，并再次说道："再奖励你一块糖。当我要求你别再用泥巴打同学时，你马上就住手了。这说明你尊重我，我应该再次奖励你。"

此时，王友手里捏着两块糖，更加不知所措。

"再奖励你一块。我调查过了，你用泥巴砸的那些同学，都是不守游戏规则，欺负女生的男同学。你砸他们，说明你很善良，很正直，有跟不良行为做斗争的勇气，应该奖励你！"说着，陶行知又塞给了王友一块糖。

到了这时，王友既为自己砸同学的过失而内疚，又为校长这种温和又尊重人格的教育方法而感动。他哽咽着说："校长，我错了……不管怎么样，我都不该打人，何况……他们不是坏人，而是我朝夕相处的同学啊。您就……打我两下，惩罚惩罚我吧……"

陶行知听到王友这么一说，微笑着说："你能够正确认识错误，我再奖励你一块。可惜我只有这一块糖了，我看我们的这次谈话也应该结束了。"说完，这位校长快步走出了办公室，留下王友独自在那里发愣。

其实，我们小时候就已经知道了很多道理，比如，不能打人，不能辱骂同学，要尊重师长。因此，当生活中的很多人在这方面犯错误时，不是他们不懂，而是由于其他的原因引起的。在对这些人进行说服教育时，不必给他们讲大道理，因为这样会让他们排斥，觉得你说话啰唆又虚伪，反而不利于实现自己的目的。最明智的方法就是运用以退为进的方法，表扬他们，让他们通过思考自己值不值得受表扬，从而认识到自己的错误。可以说，这种方法是很有效的，它能够让对方在充分认识自己错误的基础上，接受批评教育。

其实，很多时候，批评的效果往往取决于形式的巧妙而不是言语的尖刻，就好像给苦涩的药片裹上一层糖衣之后，就能减轻人们吃药的痛苦，使人更愿意接受。同理，如果我们能够给批评裹上一层"糖衣"，也能达到"甜口良药也治病"的效果。

这个方法也可以用另一种形式表现出来，即将夸奖紧随在批评之后，让对方感觉自己的错误没有那么严重，并且还有值得表扬的优点。但看似是赞美收场，实际上还是包含着斥责。就如俗话"打一巴掌，给个甜枣吃"，意思是批评之后要做好善后工作，减少负面效应，简而言之就是先批评，后安抚。

以某公司一位在职高管的经验来说，有一次，他因为犯了一个决策上的错误而惹怒了董事长。他一进入办公室，就见董事长气急败坏地拿着一根高尔夫球杆死命地向桌面拍击，并对他破口大骂。他被骂得十分不是滋味，正欲悻悻离去时，董事长突然说道："等等！刚才因为我太过于激动，不小心将这球杆弄弯了，所以麻烦你费点力，再把它弄直好吗？"

高管觉得莫名其妙，又不敢拒绝，只能在无奈之下从后勤部拿了把小铁锤，拼命地敲打球杆，而他的心情也随着这敲打声而逐渐平静下来。当他将敲直了的球杆交给董事长时，董事长看了看便说："嗯！比原来还要直，你干得真不错！"然后就高兴地笑了起来。气氛马上就缓和了下来，两人的情绪也都得到了控制。

事情发生后不久，董事长便悄悄地让秘书跟这位高管的妻子联系，说："今天公司有点事情，你爱人回去时，可能脸上会显出怒容，希望你能好好地安慰他。"原本这位高管在受了上级的责备后，想辞职不干了，但董事长的做法却使他十分感动，于是他下定决心要好好工作。

一般情况下，领导在批评下属时，常常会控制不住自己的情绪，以至于批评得有些过激，严重挫伤对方的感情。此时，领导就要做好善后的安抚工作，尽量及时控制住自己的情绪，并正面采取措施暗表歉意和鼓励，以缓和对方的负面情绪。等下属心怀不快地离去后，领导应该在下属的同事、家人、朋友等身上下功夫，通过与他们的交流传达自己的歉疚之情与关爱之意，让下属感到领导心里真正装着他们，而自然而然地消去怒气，重新审视自己，认真工作。所以，领导在进行批评的时候，一定要讲究方式、方法，否则就难以达到预期的效果。因此，以退为进的批评要遵循以下基本原则。

第一，体谅对方的情绪，取得对方的信任

这是使批评达到预期效果的第一步。"心直口快"作为人的性格，在某些方面的确有独特的优势，很多人都喜欢和这种性格的人交往。但在批评他人时，"心直口快"的人往往不能体谅对方的情绪，只图一时的"嘴快"，随口而出，过后又把说过的话不当回事，却不知道被批评者的心理上已经蒙上了一层阴影，同时也失去了对批评者的信任和好感。所以，这类人在批评他人时，不妨学会从对方的角度来看问题，设身处地地站在对方的立场上考虑一下，自己是否能接受这种批评。如果所批评的话自己听来都有些生硬，有些愤愤不平，那么就该检讨一下措辞了。但是，这一点也要考虑场合。如果有太多旁观者或利益相关的人，让被批评的人觉得颜面尽失，任何补救都不会有效果。

第二，诚恳而友好的态度

批评是一个敏感的话题，哪怕是轻微的批评，都不会像赞扬那样使人感到舒畅，而且，批评对象总是用挑剔或敌对的态度来对待批评者。所以，如果批评者态度不诚恳，或心态傲慢、行为敷衍，就会使两方产生对立情绪，使对话陷入僵局。因此，批评时必须注意态度，诚恳而友好的态度就像一剂润滑剂，能使摩擦减少，使对方心平气和地接受自己的错误。

第三，切忌旧事重提

批评并不是翻旧账，而应该站在如何解决当前的问题、将来如何改进的立场上进行，最重要的是将来，不是过去。不追究过去，只思考现在和将来，即不追究已成定局的结果，不谴责往日的疏忽，而是思考总结今后如何做才能有所裨益，这样的批评才是理想、得当的说服方法。

第四，就事论事，别借机发挥

如果一次批评了许多方面，不仅会使语言的威力减半甚至相互抵消，而且还可能把握不住重点，同时也容易使受到批评的人产生反驳的欲望。因为没有人喜欢别人把自己讲得一无是处。在现实生活中，尤其是在面谈时，很容易出现这种情形：日常工作场合说话的机会很少，所以便趁面谈的机会把过去的一切和盘托出，这样会使对方产生对抗心理。因此，为了有效地说服，应该尽量避免这种情形出现。

第五，注意保全对方尊严

批评时，若有其他人在场，被批评者就会有屈辱感，从而心生反抗，只会找理由辩解而无心自省，也就无法产生效果。因此，不到万不得已时，尽量避免当众批评别人。因为人对负面评价都是很敏感的，哪怕他心里真的觉得自己行为不妥，可能为了尊严，也会反驳或顶嘴，更有可能一走了之。

批评的目的是激励，或帮助别人认识到他自己认识不到的错误和缺点。批评者要想让被批评者认识到批评的价值，就必须尽量避免正面的批评，因为正面批评会伤害被批评者的自尊和自信。不妨旁敲侧击地去暗示对方，让对方理解你的用心，这样对方不但不会抵触，而且还会感激你。当你对他人进行了正面的、直接的甚至是尖刻的批评后，切记要及时安抚被批评者，减少批评带来的负面影响。

第六章　把握尺度，让语言更具魅力

在人际交注中，失言和意外是不可避免的事，关键是懂得随机应变、设法缓和或化解因失言造成的尴尬与僵局。这就要求说话者必须调整思维，巧妙应答，用别出心裁的话语来为自己打圆场。这时，我们可以换一个角度，尽力以新的话题和新的内容把原来的问题引开或转移，用风趣的语言分散大家的注意力，但又不偏离原来的话题；而批评这种看似严苛的语言条件，也自有其妙用之处。

第一节　利用批评的力量

一位哲学家曾经说过："冷淡的称赞要比猛烈的批评更令人有所触动。因为批评你的人往往会被看作是抱有敌意和偏见；而冷淡地称赞你的人，则往往会被你当成朋友，因为他能注意你极微小的优点。"

对比较敏感的人提出批评意见时，可以采取"同病相怜"的方法，即批评者先自我揭短，谈一谈自己的短处和不足，再将同一立场的自己代入对方的角色里，提出批评。这种方法可以缓和被批评人的心理感受，但批评者一定要把态度改好，姿态放低，否则就不会有说服力。这种类比的方法，可以让对方的抵触心理减弱，能够更好地接受批评，更听得进改进的意见。比如，可以这样措辞："你这次的事情办得不好，客户生气了。说起来，我以前也做过类似的事情呢，但那名客户要凶得多，我处理得还不如你呢。"

戴尔·卡耐基曾以自己和侄女的故事做例子，给他的学员们讲述批评如何用来激励人。他说道："我的侄女约瑟芬·卡耐基19岁时，来到纽约给我做秘书。当时，她的工作经验等于零。而现在呢，她堪称是西方国家中最精明能干的秘书之一了。但这一切不是一蹴而就，至少在她刚开始工作时，表现只能说是一般般。有一天，当我正要批评她时，我突然想到：等一下，戴尔·卡耐基，你的年龄比约瑟芬大两倍，工作经验比她多一万倍，怎么能觉得她理所应当地和你的观念、你的判断力、你的能动性相比呢？尽管我这几种能力也算不上稀奇，可是仔细想想，戴尔，你在19岁时又是什么样的？你还记得当初自己犯下的那些愚蠢的错误、办的傻事吗？记得你惹出的那些祸端了吗？"

"经过了一番思考，我做了一个诚实、公正的结论，即19岁的约瑟芬的平均工作成绩，比19岁时的我要好很多了，但我却没有给过约瑟芬表扬，我为此而惭愧。"

"因此，以后每当我想让约瑟芬注意错误时，都会先说这样的话：'你这次犯了个错误，约瑟芬，不过其实呢，和我曾经犯过的许多错误比起来，你的错误要轻得多。没有人生来就精明，只能从经验中不断学习，而这一点你比当年的我做得还要好。现在想起那些往事，我还对当年的自己所做的傻事倍感内疚，因此不想再这样批评你。不过，如果这件事你能换种方式处理，你觉得是不是更明智些？'"

卡耐基认为："如果批评者在开始的时候就能把心态摆正，谦卑地承认自己也有缺点，那么别人听他批评自己的错误也就不那么难以接受了。"

事实上，批评只有被对方从内心接受，才是有效的。这就意味着，批评虽然有道理，但不等于完全会被对方接受。心理学家通过研究发现，人类在接受批评时最主要的心理障碍，是担心批评会伤害自己的面子，损害自己的利益。为此，在批评之前要帮助对方打消这个顾虑，这样对方才能将批评听进去。打消顾虑比较好的方法就是，先表扬后批评，亦即在肯定对方成绩的基础上再对他进行适当的否定。

美国前总统卡尔文·柯立芝通过熟练地运用这种技巧，达到既批评对方，又能帮助对方改正错误，还不会让对方产生敌意的最佳效果。柯立芝是一个少言寡语的人，绰号叫"沉默的卡尔"。据说，一个受邀到白宫共用晚餐的女客人曾经与朋友打赌，说她能使总统在这一顿饭时间以内至少说三个字。当她告诉柯立芝这个赌注时，他简单地回复了两个字："你输。"

但是，有一天，沉默得近乎木讷的他，却在私人办公室内突然对自己的一位女秘书说："你上午穿那套衣服很合身，显得你很有魅力。"

那位女秘书听后红着脸不知所措。柯立芝接着说："好啦，别站在那儿害羞了，我说这样的话只是为了让你高兴。从现在起，我希望你对标点符号的用法能再稍微注意点。"

柯立芝这种说话方式高明地运用了心理学原理：在批评之前先对对方的优点进行表扬，使人更愿意接受接下来的批评。当然，如果他不加那半句"我说这样的话只是为了让你高兴"，效果肯定会更好。

在批评他人的时候，西方的一些管理者也主张使用这种"先扬后抑"的方式：在批评别人之前，先找出对方的长处并赞美一番，然后再提出批评，而且力图使谈话在友好的气氛中结束，同时再使用一些赞扬的词语。这种两头赞扬、中间批评的方式，很像三明治这种中间夹馅儿的食品，故以此为名。用这种方式处理问题，对方不会太难为情，减少了因被激怒而引起冲突的可能性。这种方法在很多情况下都是有效的，其优点就在于由批评者讲对方的长处，起到了替对方辩护的作用。

比如说对方的工作技能、人品、工作态度等方面，有很多可以肯定的地方，批评者如果视而不见，对方可能会觉得这样不公平，认为自己多方面的成绩或长期的努力没有得到应有的重视，而一次失误就被抓住，大概是对方专门和自己作对。而批评者首先赞扬对方，就能避免对方产生这种误会，表明对对方工作的承认，使他知道批评是对具体事而不是对人，对方自然也就会放弃用辩解来维护自尊心的做法。

有的人认为先说赞扬的话，再批评，带有戏弄人的意思，目的过于明显，所以不喜欢用。这种说法也有一定的道理，因为当领导找来某人后，如果先是热情地表扬他，对方可能根本听不进去任何领导的表扬，他只在等待，另一个转折会在什么时候出现——表扬之后会有什么责难。所以在更多的时候，许多领导都把表扬放在批评之后。当我们用表扬结束批评时，人们考虑的往往是自己的行为，而不是领导的态度。举例来说：

正确："我相信你会从中学到经验——只要你改变心态，再试一试。"

错误："下次别犯这种错误，要不然就别干了。"

如上文所讲，在批评结束时对下属表示的应该是鼓励而不是威胁，让他把对这次批评的回忆当成是促使自己上进的力量，而不是一次意外的打击。此外，还应该让对方知道，虽然他屡次在某件事上处理失当，然而你却尊重他的人格。为了把你的尊重传达给对方，适度的赞美和工作上的认同是必要的，否则只是针对对方某方面的过失提出批评，容易让对方感到不受尊重，从而心生不满。

许多成功的管理者在批评下属的时候，都注意采用刚柔并济的方法。

据说，某人进入一家公司服务，这家公司是由个人承包的企业，它的承包人是一个脾气很暴躁的人。他在批评下级的时候，通常都是声色俱厉、毫不留情，令下属无地自容。但是，批评到最后，他的态度和表情会突然来个一百八十度的大转弯，和颜悦色地说："好啦，现在和我讲讲，这件事到底怎么出错的？"这时，下属就会立刻感到无比温暖。

这位经理对批评的艺术真是理解得炉火纯青！他虽然要求很严格，但是很得下级的敬重。这是因为他懂得一张一弛，反而会相得益彰的道理。

第二节 把握好幽默的尺度

高水平的口才需要有良好的幽默感，但幽默感也是分档次的。粗俗的酒桌笑话、揶揄别人短处的嘲讽、尖酸的评价，这些都不属于幽默感。高级的幽默，令人忍不住欢笑，笑过之后又忍不住思考。但这种幽默无法凭空得来，它需要渊博的知识、丰富的阅历和积极的心态。有了幽默的点缀，会使你的话语轻松愉悦，妙趣横生，在自然、宽松的气氛中打动对方的心。

纪晓岚曾在乾隆皇帝时的军机处任职。乾隆素知纪晓岚体态肥胖多汗，怕热，夏天总喜欢脱衣纳凉，因此就想戏弄他一下。这日，纪晓岚正着上身与人聊天，乾隆忽然走进来，纪晓岚猝不及防，衣不蔽体，情急之下，钻入案底。乾隆心知纪晓岚藏于桌下，便坐了一个时辰，不走，也不说话。纪晓岚趴在地上，加上天热，不觉大汗淋漓。实在待不住了，他躲在桌子下闷声问别人："老头子走了没有？"

这一句话被皇上抓个正着，乾隆也忍俊不禁，假装生气地说："纪晓岚，你身为臣子，居然如此无礼，说朕是'老头子'这样的轻薄话！你给我解释清楚，有理则可以，没有理可就要杀头了！"

纪晓岚说："臣还没穿衣服，怎么回圣上的话呢？"

乾隆让太监给他穿上衣服，趁穿衣服的时候，纪晓岚已经想好了说辞，他十分恭敬地对皇上说："皇上万寿无疆，这不是'老'吗？万物之首，皆为'头'，您老人家顶天立地，又贵为天子，是四海之王，当然是人中之'头'呀！何况，帝王以天为父，以地为母，对于天地来讲，就是'子'，而且'子'乃圣人之称，孔子、孟子皆称为'子'，连在一起就是'老头子'。"

由于他说的都是好话，乾隆听得龙颜大悦，不再追究。

故事中的纪晓岚在说错了话之后，迅速地向乾隆承认了自己的错误，接着巧妙地"曲解"了"老头子"的原意，成功地转移了话题，让乾隆由怒转喜，用幽默的调侃，有趣的比喻解除了自己被杀头的危机。

但危机也不仅仅指生命遭到威胁。被人侮辱时，尊严也会面临危机。那么纪晓岚是怎么巧借玩笑处理的呢？

有一次，时任尚书的和珅与一位御史一同与担任侍郎的纪晓岚相约见面交谈，这两个人平时都没少受纪晓岚的讥讽，都想用小花招锉挫他的锐气。等纪晓岚到场后，和珅让人将事先准备好的狼狗放到门口转悠，然后故作疑惑地念叨："咦，那动物是狼是狗啊？"在重复几次之后，御史心领神会地接话："是狼（侍郎）——是狗！"说完之后，两人哈哈大笑，得意地看着纪晓岚。

纪晓岚神色如常地看了看两位，说："您二位都是学识渊博的人，怎么这点小事情都搞不清楚呢？只要一看这动物的尾巴就可知晓了。"和珅有些诧异，问他："你是什么意思？"纪晓岚指着那条狼狗继续说："狼不亲近人，不会像狗那样摇头摆尾，因此只需看看它的尾巴，下垂是狼，上竖（尚书）是狗！"

和珅自讨没趣，一下子就不说话了。但那位御史仍然不屑地端详着纪晓岚。纪晓岚注意到了他的目光，继续说："狗和狼还有一点不同，人人都知道，'狗改不了吃屎'，所以呢，狼是见肉吃肉，狗是遇屎（御史）吃屎！"这下子，两个人再也不敢捉弄纪晓岚了，只能讪讪地笑着说："纪大人果真是才高八斗啊！"

故事中，两个人用狼狗讽刺纪晓岚，这就是一种很没有档次的幽默。真正的幽默，是会让被开玩笑的人，甚至是提出责难的人也感到开心。如果用低级的幽默贬低别人，遇到真正的口才大师时，只会自取其辱。

幽默可以当作武器，这不算偏离尺度，但绝对不能偏离主题，否则就成了借机逃避。比如说，政治家们就经常受到各种各样的责难和质疑，如果太过认真地回应，只会引起争论，或给人"心胸狭窄"的印象。在这种情况下，幽默的语言才是最好的防卫武器。有人曾批评英国首相丘吉尔做事不能处理得"尽善尽美"，这种指责简直令人啼笑皆非。丘吉尔听后，没有无视这个言论，也没有为自己的表现争辩，而是说了这样一段话："有一位船夫救起了一个即将溺死的孩子。一星期后，一位太太叫住这位船夫，并说，'上星期把我的孩子救起来的人是不是你？'船夫给了肯定的回答。没想到，那位太太又说：'我找你好几天了。我孩子的帽子呢？'"

这段话令人忍俊不禁。这位太太不报答船夫的恩情，也没有表示感谢，居然追究身外之物的下落，这种思维实在令人惊讶。这个小幽默是在暗示，即使你仁至义尽，但在某些人的眼里，你做得永远都不够，甚至还理亏。同理，又怎么可能会尽善尽美呢？

还有一次，丘吉尔的政敌阿斯特夫人对他说："如果你是我的丈夫，我会把毒药放在你的咖啡里。"丘吉尔笑了笑，平静地说："夫人，如果我是你的丈夫，我会把那杯咖啡喝下去。"

在面对人身攻击和恶毒的指责时，丘吉尔巧妙的回答以牙还牙地讽刺了政敌，还避开了正面冲突，用温婉而又有力的幽默给了对方教训，这不是刻薄，而是值得我们每一个人学习的说话技巧，甚至是做人的技巧。在别人抱有比你大的恶意时，幽默的回击永远是最恰当的还击。

适当运用幽默能够在谈笑间消除人际交往中的尴尬。但是，这不代表能任意开别人的玩笑，玩笑也分善恶，幽默指的是善意的玩笑，绝不是挖苦和讽刺。有的人爱凭着小聪明贬损他人，还感觉自己挺幽默，其实不然。还有些人尽管没有恶意，但在谈笑中却掌握不好火候，无意中伤害了别人，这也不能算是幽默。真正的幽默是善意的，不回避问题，还应该有分寸，每个人能接受批评的程度不同，把握好分寸的人才是幽默高手。

第三节　用幽默表达不满

幽默不仅可以反击别人有失分寸的调侃，也可以委婉地表达我们的内心诉求。当受到冒犯或遇到为难的事情时，一味地忍让只会让对方得寸进尺，正面击之则容易使矛盾激化，也许最后你会胜利，但是为之付出的代价又会令你感觉不值。对于这类职场冲突，幽默是你最绝妙的防弹衣。正如意味深长的省略号一样，幽默不会将是或非的固定答案强加于人，只留给人思考的空间，使别人在笑声中辨明是非。不战而胜，屈人之兵，唯有幽默高手才办得到。比如，在乘坐公交车时，一个女生被一个胖男人踩了一脚。但那个男人傲慢地看了看她，什么话都没说。女生忍不住对他说："真是不好意思啊先生，我硌到您的脚了。"这样讲既幽默，又有讽刺效果。但是由于听起来很客气，对方也不好说什么。

有一位刘先生独自在家享受悠闲时光时，一个电话销售员打通了他的手机："刘先生，您需要保险来保障您和家人的健康，这件事我愿意帮助您了解一下，您感不感兴趣呢？"

刘先生有点迟疑地说："我……我不知道你是通过什么途径得知我私人联络方式的，但是我现在很忙，咱们……下次再联系吧。"但是销售员不依不饶地说："别这样，刘先生，买保险是为自己和家人的生命与健康负责，有百利而无一害，是绝对不会亏本的投资，我还是建议您了解一下。"

刘先生想了想，说道："我有点兴趣了，但是你怎么非要打给我呢？这样吧，你把你的私人电话给我，我一有空就找你。"

"私人电话？"销售员有点吃惊，"我觉得还是没必要的吧。"

"这么说，你不喜欢陌生人随便给你打电话？"

"每一个客户都是值得我用心对待的，但是私人电话嘛……我觉得还是不要乱给比较好。"电话那头的销售员干笑了几声。

"那你觉得我喜欢吗？"刘先生突然提高了声调。随后，电话就在一阵沉默后挂断了，从此再也没有打来。

刘先生已经暗示了自己不愿接到这个电话，但对方还在装傻，继续纠缠。刘先生没有破口大骂，也没有干脆挂断，而是用开玩笑的方式解决了这个事件。靠幽默缓和矛盾的事例还有很多，比如下面这个小故事。

从前，有个理发师傅带了个徒弟，这个徒弟很木讷。因为急着开张，在徒弟学艺三个月后，就正式上岗了。徒弟给第一位顾客理完发之后，顾客照照镜子，抱怨道："头发留得太长了，跟没剪似的。"这个徒弟站在一边，尴尬得不知说什么。但他的师傅在一旁笑着解释道："头发长会使您显得温柔有内涵，这叫'藏而不露'，很符合您的气质。"听到这话，第一位顾客高兴地离去了。

徒弟给第二位顾客理完发之后，顾客也照照镜子说："头发剪得太短了，我不是说了只剪一小截就行了吗？到底是什么技术啊。"徒弟默默地收拾着地上的碎发，还是不说话。师傅赶紧笑着解释道："头发短正好，您显得比之前更精神了，都说头发是'三千烦恼丝'，如今剪了这么多，您以后就有笑口常开的好日子啦。"第二位顾客听了，也欣喜地出门了。

徒弟给第三位顾客理完发之后，顾客边交钱边嘟囔："剪个头发而已，居然花这么长的时间，耽误我这么久，也没觉得有多好看啊。"徒弟无语。师傅马上笑着解释道："我早就听说，越为打理外表花时间的人，生活中的地位就越高。只可惜，我们为您这位'首脑'理发，时间似乎还是称不上您的身份啊！"第三位顾客听罢，大笑而去。

徒弟给第四位顾客理完发之后，顾客边付款边埋怨："你理发用的时间太短了，二十分钟就完事了，是不是没有好好剪啊？"徒弟心中慌张，不知所措。师傅马上笑着抢答："如今，时间就是金钱，顶上功夫，速战速决，为您赢得了时间，您何乐而不为呢？"第四位顾客听了，笑着告辞。

　　故事中的这位师傅，真可算得上是能说会道。他机智灵活，巧妙地"打圆场"，每次得体的诙谐解说，都帮徒弟摆脱了尴尬，让对方转怨为喜，高兴而去。他成功"打圆场"的经验，给了我们诸多启示。

　　古希腊智者视幽默为最高明的表达手法，他们认为幽默可以用一种使人快乐的方式表达出深奥的人生哲理，是人类最高等级的智慧。然而，错综复杂的人际关系使人们战战兢兢，难以放松地开玩笑。可是，神经绷紧的心理状态下，我们的工作也会受影响，更难以有所成就。假如能够充分利用智慧，给单调的生活加上几笔幽默的色彩，则可以成功改善人际关系。

　　在职场上，很多时候做人比做事更重要，聪明人不把职场当成厮杀的"战场"，而视它为"秀场"。职场就如同一个秀场，它不仅是工作的地方，还是可供娱乐的舞台。而善于用幽默制造出职场"笑气"的人，既能做同事之间的润滑油，还可以使自己的工作更加顺利地完成，即便不能增加朋友，至少也不会树敌。努力提高自己的素养，做一个幽默风趣的人，在办公室里也能营造出一种快乐和谐的氛围。

第四节　谢绝的几种方式

第一，拿别人当挡箭牌

　　有人觉得对人说"不"很困难，最大的心结就是不便说出真相，而又找不到可信而合理的借口。如果是这样，我们不妨在别人身上动动脑筋，借用别人的名义摆脱。有一位家庭主妇从来不受推销员骚扰之苦，她认为她的生活之所以能如此安宁，就是因为她能巧妙地谢绝。

比如当有推销员敲她家门时，她会用一种遗憾的口吻温和地说："谢谢你的好意，不是我不愿意买，而是我丈夫不喜欢我随便买东西，否则就会和我争吵。"

这样一来，推销员既不会因为她没买他的东西而怨她，同时也会感到再说下去只是白费口舌，因为决定权不在于她，而在于那个不在场却举足轻重的丈夫。于是，只好作罢。

第二，情非得已地谢绝

生活中当有人真心请求我们帮忙时，在力所能及的范围内，应该尽量给予帮助。但若碰上实在无能为力的事，我们无法给予对方帮助时，也不要急于把"不"字说出口，不要使对方认为我们丝毫没有帮助他解决困难的诚意，否则，别人眼中的我们就是自私而缺乏同情心的人。所以，当别人有求于我们而自己又无能为力时，请先不要忙于拒绝对方，而要耐心地倾听对方的陈述。我们可以对对方所处的困境表示同情，甚至可以给对方提些建议，最后告诉他，自己实在无法帮他，对方绝不会因此而生气，反而会被你的诚意所感动。

第三，通过诱导对方来谢绝

诱导对方就是当别人向我们提出不合理的要求时，不要粗暴地拒绝对方，而应该让对方明白自己的要求是多么不合适，从而主动放弃它。一位业绩卓著的室内设计师声称，对于用户不合实际的设想，他从不直接说"不行"，而是试图引导他们自己发现要求的不合理之处。比如，有的客户不看平台的设计图，张嘴就只说自己的需求，根本不考虑建筑学的特点。设计师没有直接指出对方设想的荒谬之处，只是一步步为他讲解了搭建的方案，客户最终明白，这样的平台在此地是无法建成的，再也不提此事了。

第四，谢绝后提供解决方法

这一点对担任一定领导职务的人尤其重要。比如，对方向我们提出的要求被拒绝后，我们不妨告诉对方应该努力的方向，使他们有其他方法解决问题。与此相比，我们的拒绝就显得不那么重要了，既不会挫伤对方的自尊心，也不会伤害我们与他们之间的感情。

美国的威廉·雷利博士是《成功的人际关系》一书的作者，在谈及怎样处理下属希望晋职，而他本身的条件又不足的情况时，曾建议企业主管这样说："我能理解你希望马上升职的心情。可是，要想升职，你必须先使自己变得对公司更重要。现在，我们来总结一下你还应该做些什么……"

第五，必要时立刻谢绝

一位热情开朗的老妇人决定与年轻的女邻居交朋友，于是她发出邀请："艾瑞安娜，你明天上午到我家来玩，好吗？"

艾瑞安娜脸上露出温和友好的笑容说："谢谢了，但不行啊。我明天还有事呢。"她的拒绝既友好又温情，但态度又是那么坚决，老妇人只好作罢。所以，当别人的请求我们无法满足时，就要迅速作出反应，友善、真诚地谢绝对方，不留任何回旋的余地。但这种方法，适用的对象很有限，对方必须是非利益相关方，而且是你拥有主动权的事情。如果是工作或合作关系，就不能如此干脆地拒绝了。

第六，给出恰当的理由

在日常的交际活动中，特别是身处职场的人，一定会经常遇到这样的问题：一位同事突然开口，让你帮他做一项难度很高的工作。这种事很难处理，如果答应了，可能要连续几个晚上加班才能完成，而且这也不符合公司的规定；但要是拒绝，又似乎不好意思，因为对方毕竟是抬头不见低头见的同事。那么，什么样的理由能够让我们既不会得罪同事又能把这项工作顺利推出去呢？

可能有的人会直截了当地拒绝同事说："这事不行，没得商量。"这种回答显然不可取，如果这样说了，有可能你和同事以后连朋友都没得做。有的人会推托说："我能力不够，其实小李更适合。"但这样也不好，如果这个四处求助的同事把你这番话说给"小李"听，你觉得他会是什么反应？

有的人会明白地表示："我现在真的忙不过来。"听起来，这个理由不错，可是只能用一次，第二次再用时，你面对的一定是同事疑惑的眼光。既然这些都不是最佳拒绝理由，那到底该怎样婉转地拒绝办公室中的不合理请求呢？以下是提供给大家的一些方法。

当我们仔细倾听同事的要求，并认为自己应该拒绝的时候，说"不"的态度必须是温和而坚定的。就好比同样是药丸，但外面裹上糖衣的药就比较让人容易入口。同样的，委婉表达拒绝，也比直接说"不"更容易让人接受。例如，当对方的要求不合公司或部门规定时，我们就要委婉地表达自己的工作权限，并暗示对方，如果自己出头帮了这个忙，就会超出自己的工作范围，违反公司的有关规定。在自己工作日程已经排满，进度很紧，所以爱莫能助的前提下，要让对方清楚自己工作的轻重缓急，并点出一件事：如果自己帮了他，反而会耽误自己正在进行的工作，从而对公司与自己产生较大的不良影响。同事听到我们这么说后，一般不会再勉强你，转而想其他办法。如果说到了这个份上，对方还在坚持，那以后就不要再理他了。你就算帮了他，他也觉得理所当然。

第七，坚守原则而拒绝

美国第二十七任总统塔夫脱曾讲过一个发生在他身上的事件：

"一位居住在华盛顿的妇人，由于自己的丈夫算是在政治方面有些影响，就要求我为她的儿子安排某个有前途的职位。她不断向我提出请求，而且还联合了几位议员一起帮她请求。可是，她给她儿子谋求的职务是总统秘书，这个职位只有具有一定专业知识的人才能胜任，她的儿子我见过，肯定担当不了这个职务，所以，我另外找了一个人去接任。这样一来，对她是个很大的打击，便立刻给我写来一封信，说我不懂人情世故，还提起她往年曾劝说某一州的代表，让他们赞同我提出的某一项重要法案的旧事，指责我没有良心，不管不顾她曾对我帮忙的恩情，连一份工作都不肯答应，毕竟，只要我首肯，她和她的儿子就可以如愿以偿。

"我读完这封怨气和怒气夹杂的信后，把这封信先搁置了好几天，然后再取出来很平心静气地写回信。在信中，我对她表达了理解和同情，说做母亲的当然会为了孩子的前途而担忧，遇到这样的事，当然会十分在意；可惜，关于哪项工作可以由谁负责，尤其是涉及技术岗位时，即使我是总统也不能自己做主，而是需要根据该部门领导的推荐选人；最后，我客气地说，她的儿子能力出众，在现任岗位上一样可以干得很出色。这一封信总算使她平静了下来，过后她又寄来了一封为自己之前言论道歉的信件，自然，这一封读起来要比前一封轻松多了。

"不过，这位女士实在是个很有毅力的人。由于我所委派的人并没有马上就任，所以过了几天，我又接到了一封署名为她丈夫的信，但令人惊讶的是，笔迹居然完全和之前女士本人的两封信一样。这封信中说，他的妻子为了儿子职位的事而抑郁成疾，经过医生的诊断，认为它是一种很严重的胃病。如果要是希望她身体康复，最好把前次委任的那个人撤回，改为她的儿子。

"因此，我又给所谓的'丈夫'回了一封信，信中说，希望医生的诊断有误，夫人尽快康复，同时，又赞扬他为了夫人的病而忧心的恩爱之情。至于撤回前次所委派的人，那更离谱，是绝对不可能的。事后不久，我委任的人就到任了。又过了两天，我在白宫中开了一场音乐会，结果第一对到会的客人，就是那位妇人和她的丈夫。"

塔夫脱连续拒绝了这位女士的请求，每次拒绝都义正词严，而对于其余的相关话题也给予了恰当的回应，不因为任何外部原因改变自己的想法，也没有顺着话题做任何承诺，或模棱两可的敷衍。因为如此，他们才能在事情过去之后，仍能保持良好甚至是更好的关系。这无疑得益于塔夫脱对这件事得当的处理方法和简洁又不乏人情味的措辞。

因此，我们在社交过程中拒绝某些事时，不要为了拒绝而说一大堆理由，有些事不行就是不行。简明说出理由，然后礼貌地拒绝它，才是上上之策。如果不想给对方任何机会的话，就不要有任何暧昧字眼让对方觉得有机会，或你在暗示什么，尽量避免模棱两可的说法，如"我再考虑考虑"等，否则会导致对方摸不清你的真正意思，而产生许多误会，这容易使彼此之间产生隔阂，使关系越来越僵。

第八，表明立场而拒绝

唐太宗李世民和他的大臣魏征是历史上很有名的一对君臣，主要是因为魏征以直言敢谏而闻名，据《贞观政要》记载，魏征向李世民面陈谏议有五十次，呈送给李世民的奏疏十一件，一生的谏诤多达"数十余万言"。其次数之多，言辞之激切，态度之坚定，都是其他大臣所难以比拟的。甚至在魏征去世后，唐太宗非常悲痛地说："夫以铜为镜，可以正衣冠；以古为镜，可以知兴替；以人为镜，可以明得失．朕常保此三镜，以防己过。今魏征殂逝，遂亡一镜矣！"这句话表明了魏征在唐太宗心目中的位置。

而魏征的贤臣之名，主要就是因为他敢于向皇帝说"不"。唐太宗即位之时，天下百废待兴。一天，他问魏征："贤明的君主治理好国家，需要百年的功夫吧？"魏征没有附和，而是说："圣明的人治理国家，就像是发出的声音立刻就有回音一样，一年之内就可见到效果，两年见效都嫌太晚了，怎么可能要上百年才能治理好呢？"尚书仆射封德彝嘲笑魏征的回答，魏征又说："君王在大乱之后治理国家，就像饿极了的人要吃东西一样，十分急切。行帝道则帝，行王道则王，事在人为，而不在于人民是否方便教化。"太宗听从了魏征的意见，积极采取有效措施，只过了两三年，唐朝就出现了贞观之治的盛况。

魏征靠着自身的耿直与坚定的意志得到了唐太宗的尊重和赞赏，李世民甚至有些害怕他。在北宋史学家司马光所作的《资治通鉴》中，有一篇名为《李世民畏魏征》的散文，记录了两件事。魏征曾请假回家上坟，回来后对李世民说："听别人说，皇上打算去南山游玩，一切已经安排妥当、整装待发。但现在您居然又不去了，是什么原因呢？"李世民笑答："起初确实有这样的打算，但是担心爱卿你责怪，所以就半路停下了。"李世民曾得到一只很好的鹞鹰，放在手臂上把玩，看见魏征前来，藏到怀中。魏征看见了鹞鹰，怕李世民玩物丧志，故意在上奏时拖拖拉拉，鹞鹰最终闷死在李世民的怀中。

魏征总是一针见血地指出李世民的错处，也敢说"不"，但李世民不仅不生气，还对他大加赞赏，并且心存感激地给予魏征很高的评价："贞观以来，尽心于主、献纳忠言、安国利人、犯颜正谏、匡朕之违，以唯见魏征一人。"李世民之所以这样说，是因为他认识到魏征虽然对自己说"不"，其实从心里认可自己是一个明君。因为只有明君，才乐于接受臣子的批评和指责。同时，李世民觉得魏征是真心为李氏江山着想，为了帮他当好治理国家的君王，魏征做了力所能及的事。

所以，当别人的行为有错误时，说"不"比一味迎合更重要。迎合的回答容易使对方忽视错误，因为没人会在意与自己相同的想法。就像一件大家都不熟悉的艺术品，人人都摸不着头脑，不知如何欣赏，但你能提出作品意象的不足之处，谁都会对你另眼相看。看得出缺点与否，不仅是每个行业里"专家"的特征，也是人际交往中"真心朋友"的必备要素。如果对方一味沉浸于理想化的构想里，不仅不利于他的进步，更有可能引起不良后果，那么这时的他想到当初一个劲恭维的你，会是什么感受呢？要不就是觉得你的水平也够呛，以后再也不找你；要不就是觉得你可能是故意坑人，等着看他笑话。

　　如果年轻女性被不识相的追求者纠缠，可以明白地拒绝他："我们不可能的，我就算没有男朋友，也不可能考虑你，也不想和你做朋友，总之就是不想和你有任何关系，拜托离我远一点吧。"就算听着有点伤人，话该说也要说，不要给别人伤害自己的机会。既然他不考虑你的感受，一味地骚扰你，那你也甭管他的心情。总之，对于主观上不愿意的事情，你的言语必须确实明白地表示出你自己的想法。很多事情虽然一时能敷衍过去，但总有一天，当对方发觉你只是应付的时候，并不会感激你对他心情的照顾，而是觉得你以前都是在故意戏弄他，从而对你产生很坏的印象。与其如此，不如干脆一点儿，毫不含糊地讲"我拒绝"！

第七章 不强迫，随机应变的说话艺术

生活中总有意外，当突发情况出现时，哑口无言可不会帮我们博得好形象。更危险的是，有时人在情急之下会不经思考地说话，酿成大错；有的人喜欢把一套说辞翻来覆去地用；有的人遇到口角争执就失掉了风度，这些口才事故在人际交注中都会造成灾难性的后果。这时，我们不妨掌握一些灵活的思路，决定怎样说话、说什么话。

第一节 含糊其词的最佳时机

拒绝他人态度要和蔼。如果不是自己掌握主动权且有利益相关的事，不要在他人刚开口要求时，就断然拒绝他，不要对他人的请求迅速做出负面回应，或流露出不悦的表情，又或是侮辱对方以证明自己永远不会改变决定的心意，这类反应方式，都是不妥当的方式。应该以和蔼可亲的态度诚恳应对，用别人可以接受的方式拒绝。

拒绝对方，也要给对方留足面子，要能让他自己顺着你的话下台阶。要做到这一点，我们有必要自始至终耐心听完对方的说法，当我们完全听完对方的叙述，心里有了主意后，再来说服对方，就不会使对方难堪了。我们心里要明白，无论是坚决说"不"，还是委婉说"不"，最终要达到的目的都是相同的，即：向对方明示，自己的表态和回应是最终回应，没有商量的余地。这两种表态方法的差别仅限于语气上的软硬，而在话语的指向上需要准确无误。有些人往往不明白这个道理，他们误认为欲言又止也是一种委婉的拒绝法，这种认识是十分偏颇的。

有时，我们自以为话已经说到位了，对方一定会很识趣。殊不知，正因为自己表态上过于含糊，过于忌惮对方的感受，对方才会产生误解，进而耽误了整个事件的进程。如果这样下去，导致的结局要么是我们不堪其扰，最初由于心软而作出让步，或是双方都很懊恼，甚至产生暴力冲突。到时候，一方会觉得对方不知好歹，而对方会觉得我们是在故意捣乱："话都说不清楚，怎么不早表态，非要拖着我，浪费我这么多时间和精力，是不是故意耍我的？怎么这么缺德？"

为了避免出现上述结果，我们每个人都应该用明确的态度，坚定的字眼来表明自身立场。即使口气温和，遣词用句也不能软，更不能把话说得模棱两可。哪怕你给对方只留了一丝希望，在他的眼里，那一丝希望也是百分百的保票。比如说，某个人拜托你帮他做一件事，你心里很不情愿，然而不想直接说，因此表现在口头上，就是不痛不痒的一句："我这几天没时间，去找别人试试吧。"要是对方接着说："没关系，不着急，我等你什么时候有时间再说吧。这件事只有交给你，我才信得过，找别人我还真不放心。"这时你该如何应付？恐怕依然脱不开身。你还不如直接说："你来找我帮忙，我真的很高兴。但是吧，这件事我帮不了你，无论如何都不行，我也觉得很遗憾，因为有一些苦衷和难处。"

听了你这些回应，对方如果还追问，你就讲给他一些理由，但他应该不会再强人所难了。因为这种言辞已经明确表达了拒绝的意思：首先，你没有生硬地说"我拒绝"，而是为对方选择向你求助而表示被欣赏的谢意。这样一来，虽然对方还不一定获知会是什么结果，但你却表示了对他的好感，即使没能得到你的帮助，也不会产生挫伤感。其次，你已经明确地坚定表态——自己无论如何也不会在这件事上帮他。这样，对方也就没有多少心思纠缠下去了。再次，你有苦衷，向他表明不能帮忙是有原因的，并非自己对他自身存有什么意见。这样，对方就不会把你当成见死不救的人。最后在他需要帮忙时你有不能相助的原因，这就表明你在主观上是很愿意和他亲近，施以援手的。这样的暗示一出来，他就不会在心里排斥你，双方日后还可照常交往。

含糊其辞要用得恰到好处，可以含糊的地方含糊一下，能使你进退有据，不至于腹背受敌；但该详尽之处，可万万含糊不得，否则会让人误解你没有诚意，在工作中显得你毫无责任心，反而易招致祸患。

难得糊涂，是一种境界，但此糊涂非彼糊涂，如果糊涂得不选时机，不讲究章法，那就是彻底的糊涂了。你可以嘴上糊涂，脸上糊涂，但心里绝对不能糊涂，要比谁都清楚，脑子更要飞快转动，这才叫聪明的糊涂，可以含糊其辞！

当你的上司提出某种离谱的要求，比如要你在一周内完成一个月的工作量时，你可以设法造成已尽全力的错觉，让上司自己认识要求的不合理之处，放弃其要求。毕竟，如果直接提出，甚至给他分析原因和利弊，他有可能听不进去，反而会觉得你无能又没有进取心。详细来讲，你可以采取下列步骤先答复："您的要求我知道了，请放心，我保证全力以赴去做。"等过几天，再汇报：

"这几天进度不佳，具体原因是因为某个环节出错，之前工作的负责人没有处理完善，我需要临时给这些事项收尾。等下星期，我再告诉您目前的进度。"又过几天，再告诉上司："您的要求我已经明白了，但根据之前进程的隐患和难度，我需要更多人手和资源，才有希望达成您定下的目标。"尽管事情最后不了了之，甚至很可能解决不了，但你也会给上司留下好感，因为你已给他"尽力而为却无力回天"的印象，上司也就不会再怪罪你了，他甚至可能会根据你的反馈，去核查漏洞。也许这样才能使他主动认识到目标的荒唐性。

通常情况下，人们对自己提出的要求总是很执着的，更是念念不忘你的回复。因此沉默以对不是办法，如果长时间冷落对方，对方就会认为你不重视他的需求，反感、不满便会由此而生。相反，即使不能满足上司的要求，只要能做出些样子，对方就不会抱怨，甚至会主动撤回那些让你为难的要求。

在拒绝中，一方对另一方提出的问题，不做明确的肯定或否定，而采用模棱两可、似是而非的语言给予答复，搞得对方不知你是赞成还是反对，让人摸不着头脑，或者故意偷换概念、转移话题，不对问题正面回答。这就是拒绝别人的"避免落口实法"。

在我们的现实生活中，运用模糊语言拒绝别人的例子也有很多。一般情况下，我们都认为，社交活动中语言表述应力求清楚明白，少用或不用模糊语言。但适当地运用一些诸如"大概""下次再说""过两天"之类的模糊用语，会给你的话提供巨大的效力，尤其是在想要拒绝别人时，千万别胡乱做承诺，或说任何带着肯定性质的信息。比如，有人想和你借钱，问你有没有暂时没用的闲钱，你就可以说："我也不清楚，等我过两天修完手机，用网银看看吧。"你肯定不至于为了借钱特意跑银行看余额，对方也不好意思。

这么一"过两天",这事儿可能就过去了,所以,巧用模糊语言可以使对方不知不觉地处在被动的位置上。

比如,当你遇到有人向你推销电饭煲时,你虽然心里不想买,但又怕说出来伤人面子,此时你便可以说:"买不买我还没想好,等过一段时间再说吧。"这样,你虽然没有直说不买,但却给了对方一个模糊的答案,实际上也就等于拒绝了。

第二节 不妨顾左右而言他

在日常生活和工作中,我们经常会遇到一些令人尴尬的问话,如果我们用"不便透露"来回答,会使自己显得高傲无礼。但如果套用外交用语"无可奉告"来回答,又会给提问者造成隔阂感。那么,我们怎样才能在拒绝对方的同时,又不使对方陷入难堪的情绪中呢?这时你不妨学赵本山,将话题扯远。

在一次小型联欢会上,观众席上有一个女性观众突然问赵本山:"赵老师,听说你在全国笑星中出场费是最高的,表演一场怎么也要收一两万,是真的吗?"

这个问题提得很鲁莽,也没有水平,因为它起源于"听说",没有回复的价值,而且听着就让人左右为难:如果赵本山给出了肯定的回答,那会有许多不便;也不能否认,让外界进一步加大探究本行业薪水的兴趣。可这毕竟是公共场合,他不能装聋作哑。面对这样一个尴尬又低水平的问题,赵本山明智地采取了将话题扯远的方法。

赵本山回答:"你的问题提得很突然,请问你是哪个单位的?"

"我是大连一个电器销售公司的。"那位女观众直愣愣地说。

"你们公司经营哪些产品？"赵本山问。

"就是电视机之类的电器嘛。"她答道。

"那你们一台电视机卖多少钱？"

"四五千左右吧。"

"那要是有人出四五百，你们会卖吗？"

"当然不会了。"

"为什么呢？"

"任何商品的价格是由它的价值决定的。"那位女子非常干脆地回答道。

"说得对，那么，和你们的电视机一样，演员的价值是由观众决定的。"

那位女观众问赵本山出场费一两万左右的传闻，是不是属实，而赵本山却岔开了提问者的话题，将他本人的身份模糊地概括成了"演员"，将有明确指向性的问题转移了，换成了"决定演员出场费的因素是什么"。他在亮出底牌以前却又撇开问题，去扯一些看似无关的闲话。经过一番不同行业的对话以后，赵本山成功诱导对方岔开了话题。这样，既回避了正面回答，又没有给对方留下敷衍、不敢回应的印象，使得其他观众也在轻松而和谐的气氛中打消因提问而起的疑虑。如果赵本山不采用这种故意扯远话题的方法，而是拒不回答此问题，就有可能把现场的气氛弄得尴尬，甚至引起人们的猜测，被媒体大肆报道一番。到时候，不但真实薪资水平会被挖出，还会让人觉得他不够光明磊落，故弄玄虚。

但转换话题也有技巧，别人问你买的新手机多少钱，你说明天好像要下雨，这就不行，这是低级跑题。会扯话题给自己掩护的人都明白，要想滴水不漏，所转换的话题一定要和自己不便回答的主题存在某种联系，方便你再把话头绕回来。这就要求我们必须具备丰富的知识，有 定的应变能力。

第三节　委婉讲话的诀窍

生活中时常会出现这些情况：当别人有求于我们，而自己却出于各种原因不能帮助到别人，又不好直说"我拒绝""不行""不可以"，怕因此而伤害对方的感情和彼此间的友情；当对方提出的一些看法或需求，你既不同意，不想违心表态，又不方便正面反驳对方；当我们看不惯对方的行为，既想透露内心的真实想法，又不方便表达得太直白，否则会刺激对方。要想处理好上述情形，就要在社交活动中学会巧妙委婉地回答别人的疑问，根据不同的情境说"不"。

第一，假托直言

坦言以告是对人交付信任的表现，也是与对方关系密切的特征之一。但是多数情况下，直言因听起来唐突、粗暴，而不能收到预期的效果。在这种情况下，要拒绝、制止或反对对方的某些要求或行为时，可采取假托由于非个人的原因作为借口从而加以拒绝，这样对方比较容易接受。

例如：某保险公司的推销员登门，喋喋不休地讲述自己公司的业务，要求一脸茫然的客户购买保险。可客户一般都不会对这种推销方式感兴趣，这时我们可以很克制地说："谢谢你的介绍，可是我已经从别的保险公司购买了足够涵盖各方面的保险了，不需要别的了。"

第二，冷静重申

当自己的权利被别人侵犯时，我们要维护好自己的权利，既要坚持自己的原则，也不能生气，不能急躁或高声喊叫，应该学会在不同的场合中准确地表达出自己的意见。

例如，某个人到超市去买东西，由于购物的人多，收银员输错了金额，顾客用手机支付之后，再对照购物小票，发现了他的疏漏，于是顾客向收银员提出退款的要求，但收银员因太过忙碌，不认为自己输错金额而拒绝，两人之间起了纠纷。这时，急躁只能火上浇油，但如果以一种平静的姿态，表明自己拒绝这种不负责任的回答，直到问题得到解决，事情的进展反而会比较迅速。下面这段收银员和顾客的对话就是一个很好的例子。

顾客：不好意思，你刚才多刷了我的钱。

收银员：不会的，这金额是机器自动扫描的。

顾客：理论上是这样，但我的商品里有折扣商品，需要手动改价，你看，收银台这里也有说明，你确实多收了我的钱。

收银员：你有付款明细吗？

顾客：有（拿出购物小票），你看，就是多刷了钱。

收银员：（看购物小票）这些商品的价钱不是没问题吗？

顾客：不对，麻烦你再仔细看看，手动改价的商品你减去金额了没有？

收银员：啊，还真的是这样。我现在就修改，但退款要过几天才能退回到您的账户。

顾客：好，麻烦你了。

第三，含糊其词

如果由于某种原因不愿意或不便于把自己的真实想法说给对方，那么可以用模糊的言辞来答复对方。例如，在医院里，一位还不知道自己妹妹患有白血病的病人米先生，当着自己妹妹的面问医生："我妹妹的病不要紧吧？她还能健康地回家去吗？"

医生不方便在病人面前直接回答，只好说："你妹妹的身体确实需要调理，可能需要一些时间，但是经过这一阵的治疗，病情已经得到控制，只要能安心养病，会逐渐有起色的。"话里的"逐渐有起色"就是模糊语言。这"逐渐"是多久，是说不清的，但给病人和病人的家属以希望，对他们也是一个极大的安慰。

第四，热情应对

这个方法可能需要一点精力，因为你要热情地回应对方的疑问，积极地表示愿意帮助，然后再遗憾地表示无能为力。不仅表情要跟上，话也要说得带感情，让对方觉得你是心有余而力不足，请对方谅解，而不直接拒绝。这样也能收到良好的效果。

例如，客户在商店买了一袋大米，要求店员送货上门，由于商店顾客较多，无法一一满足，但又不能拒绝客户的要求。回答时，应热情地说："满足客户的要求是我们的义务和责任，可是由于目前店里的顾客较多，不能马上给您解决，等一下顾客少的时候，我再安排给您送，请耐心等待。"

第五，侧面回答

用另一个答案，侧面回答别人的问题。这样就可以让对方的问题不言自明地得到回复。比如，你的亲戚问你："你的工资是多少？肯定过五千了，对吧？"

你可以回答"是"或"不是"，也可以说："试用期的时候确实是五千。"这样，对方既得到了解答，又不会涉及你的真实薪资，还给提问者留下了想象的空间。遇到隐私问题时，这种方法很好用。再比如，星期天，你的新同事说："今天我们一起去聚餐好吗？"而你不愿意去，可以说："我今天已经预约了牙医，要拔牙。"

这种回答不但不会引起对方的反感，甚至可能会迫使对方不好意思再坚持，主动放弃要求。

第四节　如何含蓄劝导对方

我们中国文化，很讲究含蓄美。就拿《红楼梦》来说，只看书中对于林黛玉的描写，就能高下立见。曹雪芹除了提过两次林黛玉在雪天穿了红色的鹤氅，就再也没提过。读者对于她的想象只建立在有限的外貌描写上：

两弯似蹙非蹙罥烟眉，一双似泣非泣含露目。态生两靥之愁，娇袭一身之病。泪光点点，娇喘微微。闲静时如姣花照水，行动处似弱柳扶风。心较比干多一窍，病如西子胜三分。

也就是说，曹雪芹只说她美，她娇弱，她眉目含情，却没有一句提到她穿什么，五官细看怎样，仪态如何，但这并不影响读者陶醉于她的清高和美丽。曹雪芹从不详细写她的衣着，这样反而更能让读者在自我意识中领会到她独特的风姿绰约之态。所谓"断臂"的维纳斯也是如此，写不尽道不明的，才是作品最悠长的意味。

然而，续书的高鹗却在后四十回中写林黛玉的衣着为"略换了几件新鲜衣服，打扮得宛如嫦娥下界，含羞带笑的出来见了众人"，先不说林妹妹会不会像个出嫁村姑似的含羞带笑，"宛如嫦娥下界"这种将意象化文字抬到传说人物的笔法，就已经够伤精髓了。嫦娥什么样，当时的林黛玉就什么样，而且还是个吭哧吭哧傻笑的林黛玉。那么，读者的想象空间在哪？审美的意趣向哪里投射？

　　文化上的含蓄要求的是笔力与文字功底，而生活中，含蓄的要求可能更多。你不仅要有好脾气，有耐心，还得有智慧，有宽容心。如果不宽容，就很不耐烦于别人对自己的试探和紧随的一连串提问。有些人文化素养和个人素质比较低，遇见新同事或不熟的人，一定要像连珠炮似的问一串问题才肯住嘴，不理他，他还问个没完，实在恶心。但是，这种人如果交恶，会变得尤为恶心，因此只能含蓄地应对他们。那我们该怎么应付这种低素质的人呢？

　　首先，要理解含蓄的意思。说话含蓄，是指说话时的一种"缓冲"方法。含蓄语能使本来很困难的交往变得顺利起来，让听者在比较舒坦的氛围中接受自己的信息。因此，有人称"含蓄"是办事语言中的"软化"艺术。

　　在平常交际中，总会出现一些人们不便、不忍或者语境不允许直说的话题。此时，你就需要把"词锋"隐遁，或把"棱角"磨圆一些，使语意软化，便于听者接受。如巧用语气助词，把"你这样做不好"改成"你这样做好像不太好吧"，多使用模糊词语，就能起到"软化"效果。具体地说，含蓄法可以分为以下几种形式：

　　一是举例子引出道理。比如，"汉初三杰"之一的韩信是一名具有极高军事天赋的将才，而他之所以能够驰骋沙场，是因为刘邦听从了萧何的劝告，韩信本人也听从了萧何的劝告。所谓"萧何月下追韩信"，讲的就是这个事情。

　　起初，陈胜、吴广起义后，项梁也率军渡过淮河北上，韩信投奔了项梁，留在部队，默默无闻。项梁败死后，又归属项羽，项羽让他做郎中。韩信多次给项羽献计，项羽不予采纳，因为他觉得韩信居然甘受胯下之辱，不堪重用。

　　刘邦入蜀后，韩信离楚归汉，做管理仓库的小官，依然不被人所知。后来韩信坐法当斩，同案的十三人都已处斩，就要轮到韩信了，韩信举目仰视，看到了滕公夏侯婴，说："汉王不是打算得天下吗？为什么要杀掉壮士？"夏侯婴觉得此人话语不同凡响，看他相貌威武，就放了他，同他交谈，很欣赏他，于是向刘邦进言。刘邦只封韩信做管理粮饷的官职，没有发现他与众不同的地方。

但萧何非常赏识韩信，多次向刘邦举荐他。刘邦看不起韩信，不想重用他。韩信内心受到了强烈的打击，趁黑夜离开刘邦，打算投奔别处。萧何得知后，马上放下尚没处理完的紧急公务，亲自策马追赶韩信，连个招呼也来不及向刘邦打。刘邦正为军中开小差的人日益增多而焦急，忽然有军吏来报告说："萧何也跑了。"刘邦一听大惊失色，说："这还了得！我正要与他商议军中大事，怎么他也逃走了！"当下派人去找萧何。一连两天也不见萧何的影子，急得刘邦坐立不安。

再说萧何为追韩信，不辞辛苦，一路问，一路追，直到天黑了，还没追着韩信。正想下马休息一下，忽然远远望见有个人牵着马在河边徘徊。萧何顿时抖擞精神，快马加鞭，大声喊着："韩将军！韩将军！"他策马赶到河边，气喘吁吁地下了马，气呼呼地说："韩将军，咱们一见如故，够得上是朋友。你怎么不说一声，就这么走了？"韩信仍不吭声。萧何又说："大王并非故意忽略你，只是不了解你罢了。我和夏侯婴都这么欣赏你，他又怎么会看轻你呢？跟我回去吧，我一定好好劝说大王，否则你投奔别处，还不一定能得到其他君王，甚至我这类人的赏识呢！别人可能会跟你打听汉王的情况，再杀了你。"听着这话，韩信动摇了。

这时候，滕公夏侯婴也策马赶到，两个人共同劝说韩信回去。他们说："要是大王再不听我们的劝告，那我们三个人一起走，好不好？"韩信只好跟着他们回去。到了第三天，三人才回到驻地。

萧何去见刘邦，刘邦见到萧何又惊又怒，说道："你为什么也想逃跑？"萧何说："我不敢逃跑，我是去追逃跑的人去了。"刘邦问他："你追的是谁？"萧何答道："韩信。"刘邦听后，很不以为然地说："逃走的将军有十多个了，也没听说你去追过谁，怎么偏要去追那个钻人裤裆的韩信？明明是在骗我！"

萧何说："那些将军都是泛泛之辈，轻易就能找到的将才，可韩信却是当今数一数二的杰出人才，跑了就再也没有第二个了。大王如果只想当汉中王，没有韩信也就算了；如果要准备夺取天下，那就非用韩信不可。您到底准备怎么样？"刘邦说："我当然想打出一片天下，怎么能老困闷在这里呢？"萧何说："大王若决定出汉中，能重用韩信，他自然会留下；如果不重用他，他终究会离开的。"

"那么，"刘邦下决心说，"就依着丞相，让他做个将军，怎么样？"萧何很无奈，说："您要是只封他做个将军，他还得跑。""那拜他为大将军可以了吧？"萧何说："很好。"刘邦当时就让萧何去召韩信来，马上就拜他为大将军。

萧何说："大王也未免太不注重礼仪了。拜大将军是件大事，不是小孩子闹着玩。大王真要拜韩信为大将军，先得命人造起一座拜将台，选个好日子，大王还得沐浴更衣，亲自戒斋，然后隆重地举行拜将仪式。这样，才能让全体将士都听从大将军的指挥，就像听从大王的指挥一样。"刘邦说："好吧，我都听你的，请你去办吧。"这就是"萧何月下追韩信"这一历史故事的由来。

几天以后，萧何命人筑的拜将台建好了，汉王刘邦择吉日良辰，带领众人来至台前，缓步拾级而上。只见台前悬着大旗，迎风招展，四面列着戈矛，肃静无哗。一轮红日光照将台，真是旌旗耀武，甲杖生威。丞相萧何已将符印斧钺，呈与汉王刘邦。台下一班将官翘首以望，不知这颗斗大的金印，究竟属于何人。只见萧何代宣王命，高声喊道："谨请大将军登台行礼！"当下陡然闪出一人，从容步上将台。大家定睛一看，原来是韩信，顿时一片哗然。

后来，韩信果然没有令刘邦失望，更没有辜负萧何的良苦用心。在楚汉战争中，韩信为刘邦制定了东征以夺天下的方略：率汉军渡陈仓，战荥阳，破魏平赵，收燕伐齐，屡战屡胜，在垓下设十面埋伏，一举打败项羽，为刘邦平定天下。试想，如果没有萧何的耐心劝导，心性高傲的韩信怎么会愿意继续被刘邦低估？如果没有萧何讲解正式拜将的重要性和意义，刘邦像招呼仆人那样随意封将，韩信说不定又跑了。刘邦和韩信都是英雄，眼界高，雄心大，但他们都不算聪明人。幸好，有了萧何这个聪明人的循循善诱，才有了刘邦与韩信这一对著名的君臣。

第二个方法是美化法。相传，在袁世凯得权后，每天都做着皇帝梦，有一次竟在白天做了个名副其实的"白日梦"。一位女仆正好端来参汤，准备供袁世凯醒后品尝，谁知不慎将碗打翻在地。女仆自知大祸临头，吓得脸色苍白、浑身颤抖，因为她不但吵到了睡着的袁世凯，这只玉碗更是十分珍贵，现在化为碎片，简直够得上杀身之祸。正当她惶惶然，欲自尽之时，另一个仆人听见声音进来后。他看着摔碎的碗和浑身发抖的女仆，一下子就明白了发生的事情。

这时，袁世凯醒了，他迷迷糊糊地坐起身，冷不防就看见已经碎成残片的玉碗，气得脸色发紫，大吼道："是谁干的？今天我非要了他的命不可！"

女仆吓得大哭，袁世凯的脸色也越来越难看。这时，另一名仆人赶紧说："我刚才听她说，看见了了不得的东西，才不小心摔碎玉碗的。"

"什么了不得的东西，能吓得摔碎我的玉碗？"袁世凯不相信，仍然铁青着脸。

那名仆人不急不忙地回答："她刚才说，进屋给您送参汤的时候，看见床上躺着一条金龙！那条龙伏在床上，身边还有云雾缭绕，根本不是您本人！我听说，真龙现世带来的是和平与祥瑞，因此，希望也能给您带来些福气！"

袁世凯一听这话，乐得眼睛都发光了。他不仅没有惩罚那位女仆，还高兴地赏赐了这两个人很多东西。将这个胖乎乎的阴谋家说成是龙，确实是有点奉承的意思。但是试想，如果没有给他戴上这么高的帽子，劝导他和气待人，那位女仆会是什么下场呢？

可见，含蓄说话不仅是一种策略，也是一种做人的艺术。说话含蓄可以收到理想的效果，也是待人友善的表现。作为一个现代人，应当有这种文明意识，掌握这一有利于人际交流的语言表达方式是很有必要的。

第三个方法，是示范正确法。什么都不说，也不解释，让被劝导的对象亲身体验或者目睹整个经过。让人自己省悟的效果要远远好于言语开导。有下面这么一个故事。

在同一城市里的两个年轻人董文和刘畅，同时受雇于一家零食公司，并且拿同样的薪水。但是不久之后，董文的薪水实现了阶梯式增长，而刘畅在事业上却毫无起色。看着董文用着新出的手机，住着整洁的公寓，刘畅实在按捺不住了。他准备了一封辞职报告，直接杀到老板的办公室里，质问为什么不公平地看待董文和自己。

老板听完他的抱怨，一脸平静地说："既然你已经正面提出抗议了，我看你自己心里也准备好要离职了。但在此之前，我可以明白地向你展示你和董文之间的差距，这样，你对自己的能力有个认识，对你以后的职业生涯也有好处。"说完，他随手交给刘畅一份名单："这是咱们公司供货商的联系方式，你给我筛选一下人选，当成新产品的主力军。"

刘畅拿着名单就走了，过了五分钟，又回来问："您要几个人选？"

老板淡淡地说："两三家就够，你看着办吧。"

结果，过了半小时，刘畅拿着画了三个圈的名单回来了，报告说："这份名单上有三个人是报价最低的，我看了一下，以前合作的次数也很多，可以信得过。"

老板微微笑了一下，又让助理将董文带到了办公室，说了同样的话。过了一个小时，董文也回来了。他拿出一个记事本，边看边说："老板，我从产品质量、商家信用和资质这几个方面综合考虑了一下，由于我们新出的果汁软糖是葡萄味和柠檬味，A公司这两种果实的产量最稳定，果肉质量也高；B公司的柠檬果肉稍微逊色一些，但他们是我们的老合作伙伴，愿意降低价钱，只要求公司能大量收购。我计算了一下新产品的预计上市规模，是可以做到互利互助的；C公司的供货时间不太稳定，但他们的葡萄果实最好，曾是参与制作公司明星产品'葡萄脆果爆汁糖'。如果想和他们合作的话，需要提前谈合同，提早收货，但这个需要您来做决定。"

董文的话还没说完，刘畅就沮丧地低下了头。他总算明白为什么自己没有新手机和公寓居住了。在整个过程中，老板没有批评刘畅一句，也没有表扬董文一句，只是让他们用行动来证明自己的不同；刘畅只会按照指令机械执行，从不拓展思维，学着动脑；而董文则办事高效、头脑灵活，这种人不仅能做好本职工作，还善于总结规律，联系其他方面的条件一起思考，从而更好地协助老板工作。

第四是暗示劝导法。这个做法摆出的姿态比较强硬，类似于侧面威胁。但如果有必要的话——即对方是没安好心的利益相关者——只要它能起作用，不妨一试。

在一个假期，温黄河决定趁着五一假期到某地游玩，他提前使用了一家平台订好了当地的酒店。在舟车劳顿之后，温黄河终于到了定好的酒店，满心以为可以好好休息一下了。谁知，到了酒店后，前台却表示他的预定是无效的，现房也只剩下高级套房，需要加收一定金额才行，否则不接受入住。

看着前台小姐不耐烦的表情，温黄河只好自认倒霉，但住进去之后，他发现这个房间根本不算高级套房。他恼火地拿出手机，跑下楼向前台小姐确认："这个酒店是手机上显示的吗？你好好看看，房源是普通房，预定流程也是没有问题的，但你们在客满的情况下还开放其他档次的房间订单，到店之后又推说没有空房，是不是想迫使顾客加钱？何况那房间根本不是高级套房呀！"

前台小姐皱着眉说："看起来不同只是装修问题，何况依据高级套房的原价，你加的这点钱也不贵呀。"

温黄河一句话都不说，开始给朋友打电话，聊自己刚才的经历，并询问消费者协会的投诉号码。虽然这明明可以自己查出来，但他这么做的目的，是让前台小姐知道他的打算。他这么扯着嗓门一说话，酒店大堂里很多正等着登记的客人都好奇地注视着他，竖起耳朵听。大堂经理见状，连忙三步并作两步地蹿了出来，主动要求给温黄河退多付的费用，一切以订单价格为准。

暗示法避免了表面冲突，使人们能更得体地处理事宜。温黄河在受到欺骗与消费歧视后，没有大吵大闹，没有进一步容忍，而是聪明地将希望转向第三方，还提醒了对方：你要是还想继续好好做生意，就退给我不该收的钱，否则我这么一打电话，你一定会惹麻烦不说，在场的人也都是这个事件的见证者。

在这个例子中，温黄河之所以能够说服酒店人员退还自己的费用，关键一点就是，他没有被前台小姐敷衍的态度蒙骗过去。然后，温黄河又机智地运用暗示法，表面上像是单方面打电话，实际上却是向其他顾客说明自身遭遇的情况，又暗示酒店人员，自己绝不会让他们蒙混过关。终于，事情圆满解决了，温黄河以订单上的标示价格住进了当初所定的房间。在我们平时的生活中，也会遇到这种不讲道理的人，这种人看起来胸有成竹，其实，他们只是装出来吓唬人的。只要我们能够保持冷静，以硬抗硬，就能戳穿他们纸老虎的真面目，迫使他们作出让步，从而达到我们的目的。

第五节　依据场合决定言辞

在人际交往中，不同场合要求采取与之各应的语言形式，否则就达不到交际的目的。因此，一个受社会欢迎的人，应当说话看场合，即"逢场作戏"。

就和俗语"到什么山上唱什么歌"的道理一样，同样的话在不同的环境场合里，讲出来就会有不同的效果，也会使人产生不同的联想。董事长坐在车上，对司机说"我饿了"，那是暗示司机找个地方吃饭；要是在家里说，董事长的夫人就该想想自己有没有空给他做饭；要是在会议上对高管们说，可能是中止会议的借口；要是和朋友说，那就是一起喝酒吃烤串的前奏。

在某些特定场合下，即使知道是什么事，也别瞎说。场合不对，说得对也是大错。犯这个错误的人，最典型的就是杨修。通过小说《三国演义》，很多人都记住了杨修这样一个谋士。小说中描写的杨修才华横溢，但是却总是恃才傲物，经常显摆自己才华的人，他可以猜透曹操的心思，所以引起了曹操的嫉妒而被杀。

曹操攻打蜀汉占据的汉中时，久攻不下连吃败仗，只得安营扎寨。可粮草又被张飞夺走了，下一步棋到底该怎么走？

曹操久攻不下，心里也很烦躁。虽然他知道，继续僵持下去未必能够打下汉中，但又很不甘心。进攻，恐怕会损兵折将；退兵，无功而返，就这么灰溜溜地回去，实在没法收场。一天晚上，曹操就这么坐在营帐里左思右想。这时，厨师端了一碗鸡汤进来。曹操拿起筷子想夹块鸡肉，却只夹起一块鸡肋骨来。他夹着这块骨头，若有所思，正巧将军夏侯惇前来求见："主公，请问今夜营中口令是什么？"

曹操正好看到了盘子里的鸡肋就说："用'鸡肋'吧。"等到口令传下去，杨修知道的时候，就开始收拾行李了，不少士兵看到了，就开始议论："咱们也赶紧收拾吧，看来总算要撤退了。""唉，这次出兵真是处处不顺啊，还是早点回家的好。""我就知道早晚会这样。"

当时的中军主将夏侯惇看见很多士兵开始收拾行囊，又听说是受到杨修的带动，就急忙问杨修为什么这么做，杨修告诉他："丞相用了'鸡肋'来做口号，鸡肋这个东西嘛，吃着没有什么味道，但是丢掉又非常可惜；此刻，这个'鸡肋'说的就是汉中啊，可见现在丞相心中已经有了退兵的心思，而且我军的粮草已经不多了，估计马上就会退兵。现在收拾一下，到时候就不会慌乱了。"

等到曹操出来巡视军营的时候，看到士兵都已经准备回去了，就非常愤怒。等他知道详情之后。就以"扰乱军心"为由杀了杨修。杨修其实不算冤死，在主帅没有表态之前，他就自作聪明，改变了军队的气氛，让士兵萌生退意，这是任何一个主帅都不能容忍的。你在自己公司内夸别家公司福利好，被老板听到的话，也就容不下你了。

被称为"伶界大王"的中国京剧表演艺术大师谭鑫培也有过亲身体验，但他要比杨修聪明多了。清朝末年时，谭鑫培值"内廷专差"，经常到宫里演戏。有一年是农历羊年，慈禧太后过生日，谭鑫培当时在宫内饰演《捉放曹》中的陈宫，其中有与曹操的对白，原文是"那老丈一片好心，杀猪宰羊，款待你我，不要多疑"。

但谭鑫培在表演时，却将"杀猪宰羊"这一句改为"杀猪宰牛"。当时，观众们都本能地认为是谭鑫培将词念错了，慈禧太后、李莲英和很多王公大臣当时都在听戏，也喜欢听戏，很多人都对经典剧目非常熟悉，立即听出了谭鑫培的错处。因为这个，谭鑫培这次的表演没有得到赏赐。

谭鑫培也没有为自己的失误做解释，卸装后就匆匆回家了。后来，有好友问起他这件事，谭鑫培解释说："我要是唱'杀猪宰羊'，肯定就会被杀头的。"朋友问："什么意思？"谭鑫培解释说："慈禧太后与李莲英、一些贵族都是属羊的，今年正是他们的本命年，所谓三阳开泰，我怎么敢说'杀羊'呢？我本来不愿意唱这出戏，偏偏给安排上了。如果今天按照原词唱，肯定先犯了一个大不敬的罪，如果有人挑事，在李莲英面前说明，那我还能有脑袋吗？"

说话看场合，常见的有以下几种区分。

第一，内场与外场

内外有别，是我国传统文化思想之一。自家人不说两家话，对自己人，我们总会格外宽容，甚至保全对方颜面，"关起门来谈话"，可以无话不谈，甚至可以说些放肆的话，什么事都好办。而对外人，总怀有戒心，逢人只说三分话，未可全抛一片心，相处、办事，一般是公事公办。因此，遵循内外有别的界限谈话，通常被认为是得体的，要是越过这一界限，就成说话不得体了。比如，你吃了太多凉的食品，总是拉肚子。"哎呀，这肚子拉得我都快休克了。"这种话是关乎你自己私密的，可以和伴侣诉苦，可以和好友抱怨，但别和不熟的人或工作上的人以此为题，开始寒暄。这种话题，和你不熟的人根本不愿、也不知如何接话。

第二，正式场合与非正式场合

正式场合说话应严肃认真，事先要有所准备，不能乱扯一气。非正式场合下，便可随便一些，像聊家常一样，便于交流感情。有些人说话文绉绉，有人讲话俗不可耐，就是没有把握正式场合与非正式场合的界线。

第三，喜庆场合与悲痛场合

一般来说，说话应与场合中的气氛相协调。在别人办喜事时，千万不要说悲伤的话；在人家悲痛时，你吹口哨，讲笑话，听相声，蹦蹦跳跳，哈哈大笑，这都是不得体的行为。某地有个老太太去世，亲属围在一起商量后事。老太太生前希望土葬，但土葬有点不现实，于是大家各自出着主意。

只听老太太的孙子说："大家听我说，人总有一死，去世的人不是被埋掉就是被烧掉。现在尸体放在家里不吉利，人来人往的，总不是个事，照我看，还是烧掉吧，又省钱又省事，还不那么麻烦。"这番话令大家听了十分恼火，可是骂不得打不得，那场合不是教训年轻人的场合。如果这个二十刚出头的孙子会说话，他应选择一些适合这种场合和气氛的话来这么说："奶奶她老人家走了，我心里很难过。现在，我不忍心她的遗体放在屋里，希望她能尽快入土为安。奶奶生前有土葬的愿望，但政策不允许，不能顺遂她老人家的意愿，尽管有些不孝，但我还是建议火化。我是晚辈，说给大家只是个参考，最终方案还是请各位长辈们定。"

第四，适宜多说的场合与适宜少说的场合

如果对方很忙，时间很紧，和他说事情就得简明扼要。如果跟他闲话家常，磨磨唧唧，虽然表达友善的主观愿望是好的，但很不通人情，人家着急你还拖着他，这不符合客观要求，效果也不会好。如果失火了，你看见后应该立即呼唤救火，等火被扑灭后，再向警方报告你发现的可疑线索。如果先跑过去向警方慢条斯理报告失火的原因，等把失火的可疑线索报告完，火势早已蔓延开了。

第五，注意自己的身份

一旦说出与自己身份不符的话，定会遭人非议和厌烦。

某年上海电视台举办了一个江、浙、沪越剧演唱大奖赛。经过激烈的争夺，一位越剧新秀一举夺魁。他在向评委和观众们致谢的时候说："今天，我弄到了第一名……""弄"字一出口，全场哗然。在这种公开的场合如此说话，不注意自己的身份，只会给人以粗俗之感，更让人怀疑评选结果有黑幕，致使他的"新秀"形象顿时在观众的心目中暗淡了许多。因为这个获奖发言风波，这个冠军屡次遭到质疑，后来的事业发展蒙受了不小的挫折。

一位大学生毕业后不久，被学校分配到一家工厂。起初，他很得领导赏识，但好景不长，不到一个月，车间主任就对他越来越冷淡了。他怎么也弄不明白其中的原委。经一位好心的同事点拨，他才恍然大悟：原来他刚走出学校，讲话爱用书面语，套用课本，什么"程序化""基本流程""市场方向"等。而车间主任是中专毕业生，最烦别人在他面前咬文嚼字，觉得对方在卖弄学识。这位大学生无形中触到了领导自尊感的"底线"，而使自己处于不利位置。

在一定的场合，说话人不但要考虑自己与对方的身份，还要考虑对方与自己的亲疏关系。黄渤就是个情商很高的明星，在面对各种提问时，他是如何组织语言的呢？

曾有记者问黄渤，他是否有信心取代葛优？这个问题怎么回答都不对：你说你有，那你得有多狂？要是说没有，那以后在公众眼里，你是个什么形象？难道之前的成功都是巧合吗？但黄渤认真地回答："这个时代不会阻止你自己闪耀，但你也覆盖不了任何人的光辉。因为人家曾是开天辟地，在中国电影那样的时候，人是创时代的电影人。我们只是继续前行的一些晚辈，对这个不敢造次。"黄渤的回答，恭敬谦虚，又体现出年轻人的抱负，令人拍案叫绝。

他在访谈节目《鲁豫有约》上的表现也很好。当时，陈鲁豫问他："现在觉得自己特别火了吧？"他说："都来《鲁豫有约》了，能不火吗？"一句话，把鲁豫、自己、节目全夸了。

第六，把握沟通时机

"言贵精当，更贵适时。"能否把握好说话的时机，直接关系到一个人的说话效果和交流效果。大家通常说的"时机"，就是指方便双方交谈，说出话来对方愿意接受的时候。如果有个人还没从车祸丧子的悲痛中解脱出来，你却上门托他给你的儿子找份工作，估计会被轰出去；如果你的领导正为公司利润减少而忙得焦头烂额，你却找他去谈提高薪水，肯定得不到满意的回复。掌握好说话的时机，才能提高人际交往的成功率。那么，什么时候与对方交谈和沟通才算抓住了时机呢？

把握对方情绪：在对方情绪高涨时说。人的心情有起有伏，情绪有高潮期，也有低潮期。当人的情绪处于低潮时，思维就显现出封闭状态，对一切都不耐烦，还具有很强的逆反性。这时，即使是最要好的朋友约他吃饭，他也可能不予理睬，更何况是求他办事呢？而当他的情绪高涨时，其思维和心理状态与处于低潮期正好相反，此时，他比以往任何时候都心情愉快，也乐于帮助别人，还能原谅别人的无心之过。再小气的人，那时也不会过于计较对方的言辞，同时，这时的人待人也比较温和，能听进一些不同的意见。

因此，在对方情绪高涨时，正是我们与其谈话的好机会，不好开口的事情尽量在对方喜事临门时说。所谓的喜事，是指和他本人有关的事，当令其高兴、愉快、振奋的事情来临时，就可以开口了。比如说，对方在工作上晋升；在科研上攻克难关，取得重大成果；工作成绩突出，受到奖励；经济上得到收益时；找到中意的另一半、亲属婚嫁或远方的亲人来探望，等等。常言道："人逢喜事精神爽。"在喜事降临时，我们上门找其交谈，对方会认为是对他成绩的肯定，喜事的祝贺，从而也就乐意接受或欢迎你的到来，你所求之事，多半会得到完满的答复。

在为对方帮忙之后：中国人历来讲究"礼尚往来"。在你为对方做了一件事后，对方就欠下了你的一份人情，这样，在你有事求他帮忙的时候，他必然不好拒绝。在不损伤对方利益的前提下，他能做到的事情，一般情况下会尽力去帮助你。

"将欲取之，必先予之"，托人办事不必非找关系亲密的人，即使是有冲突的人，我们也可以顺利讨一笔人情债。如果和对方有冲突，但时过境迁，两方都表现出和解的意愿时，我们可以主动伸出友好的手，做一个高姿态，掌握一份主动权。不要怕会碰壁，伦理学原理证明，绝大多数人都具有"反省之心"，这种"反省之心"体现在与他人发生无原则的纠纷之后，会对自己的行为不自觉地进行反省。通过反省察觉到自己的过错之后，人会在心里拼命压抑罪恶感，并产生求和的愿望。这时，责任心就会油然而生，并会主动向对方发出一系列试探性的和解信号。这时只要我们能不失时机地找对方进行友好交流，僵局就会被打破，双方的关系也会重新热络起来。因此，我们要善于捕捉对方发出的求和信息。例如，对方主动和我们接近、打招呼，与我们见面时由过去满脸阴云到若有所思，或者暗中帮助我们，即使是举手之劳。

这时，我们就应该及时投桃报李，以更高的姿态、更炽热的感情、更诚恳的态度找其交谈。我们切不可视而不见、见而不说、说而不做。否则，对方一旦认为求和失败，和解的愿望就会顿消，误解将会转化为加倍的敌意，严重对抗的局面将越来越恶劣。

在日常交流、公关活动中说话注意对方的情绪很重要。对方情绪好，就多说几句；对方情绪不好，就少说几句，或者干脆不说。同时还应注意，交谈时不应涉及对方不愿提起的想法或隐私，不要多谈对方的个人情况。如果某人的健康情况堪忧，那天他正好身体不适，这样的话题很可能勾起他的愁绪，影响聊天的气氛。

第七，把握语言环境

说话时要注意前言后语，也就是前后的语境，即话语本身的环境。在语文中，人们常称之为"上下文"，也就是说，言语表达效果如何，与上下文（话）的配合有直接的关系。几位年轻的领导干部去慰问一位退休老工人，见面以后问道："您老身子真够硬朗，今年高寿？"老工人回答说"七十九啦。""人生七十古来稀，厂里数您老最长寿吧？""算不上，还有一位活到八十四的老同志呢！""可您老七十九，也称得上是长寿将军呀。""不过，他去年归天了。过完生日，没多久就走了。""哎哟，过生日嘛，那不久就该轮到您了吧？"听了这句话，原本一脸微笑的老工人脸色陡变，不再理会他们了。

这些人的毛病就出在"不久就该轮到您"这句话上。前面老人刚说完某人"归天"的事，他们却只注意到"生日"这个信息，说"该轮到您了"，这很容易让人产生误会。如果这几位年轻干部能控制好前后话语，把话说成"这回长寿冠军可轮到您了"，也就不会出现不快的场面了。

第六节 临场发挥的应急口才

某些场合的变化是出人意料的。如果应对不好，会使自己陷于某种困境。这就要求说话者必须善于变换切入角度，灵活地应对和驾驭各种局面和场合。

第一，正话反说

在对人说话时，利用环境正话反说，可以摆脱不利的交际环境，并增强话语的戏剧效果。例如，萧何以谋反罪诛杀韩信后，又召集群臣，设下油锅，要韩信的谋士蒯通供认与韩信谋反的罪行。在这种特殊情境下，蒯通无法直陈其辞，便用正话反说的方式先数韩信的"十罪"，再举韩信的"三愚"。韩信负着这"十罪"，又有此"三愚"，岂不自取其祸！蒯通明为数说韩信的罪与愚，实为韩信鸣冤叫屈，致使满朝文武为之动容，赢得了群臣的同情，迫使萧何难以下手诛杀。

第二，临场发挥

相声表演中有个术语叫"现挂"，指表演者能敏捷而有效地抓住周围环境中的突发行为或现象，使其与表述的内容结合起来，以达到烘托、补充、增强说话效果的方法。如：一天，某物理老师讲公开课，内容是摩擦力。不知是新洒扫的教室太滑，还是因鞋底不干净，突然，物理老师的脚下"哧"的一声，差点滑倒。还没等学生们笑出声来，该老师已经拿起课本提问道："同学们，这种现象说明我脚下的摩擦力是大是小？如果你们是我，如何才能不滑倒？"接着他又讲了汽车为什么打滑以及如何防止打滑的道理。

他敏捷的现挂，不仅化解了尴尬，而且还生动形象地讲清了有关知识，得到各位听课老师的一致好评。要巧妙利用临场突发的非语言情境因素，必须目的明确，或烘托，或补充，以增强语意的表达效果，同时还必须及时自然，切忌为现挂而现挂，这样才会生动具体，幽默风趣。

第三，妙语补救

俗话说："人有失足，马有漏蹄。"同样，在人际交往中，无论是普通人还是伟人，都免不了发生言语失误的情况，这或多或少会带来一些负面影响。因而，发生口误以后如何进行补救显得尤为重要。为了及时补救错误，需要创造良好的人际关系和心境，最关键的是掌握必要的纠错方法。

想为自己打好圆场，首先不能刻意回避掩饰。如果是细枝末节的问题，不妨用转移目标或话题的办法，岔开别人的注意力，如果别人已有所觉察，而问题并不严重，稍作解释即可。如果性质比较严重，而且已经引起了别人的不快甚至反感，就要立刻诚恳地道歉，然后态度郑重地做出解释，当场解决。切记不能嬉皮笑脸，马虎过关，否则，后果会更严重。

有一次，美国总统里根访问巴西。由于旅途疲乏，加上他自己年纪已经不小的缘故，在欢迎宴会上，他脱口说道："女士们，先生们！今天，我为能访问玻利维亚而感到非常高兴！"

他的随行助理心里一惊，马上低声提醒："总统先生，这里是巴西！"里根听到后，忙改口道："很抱歉，我口误了，因为我不久前刚刚访问过玻利维亚。"然后，他迅速转移话题，继续致辞。事实上，他根本没有去过玻利维亚，但当那些现场的人们还来不及反应的时候，里根立马撒了个无伤大雅的小谎，将自己的口误掩饰过去了。没有人会较真这件事，而里根也没给他们时间和机会细细回想自己的话。这种将说错的地点时间加以掩饰的方法，在一定程度上避免了当面丢丑，不失为补救的有效手段。只是，这里需要的是发现及时、改口巧妙的语言技巧，否则要想化解难堪也是很困难的。

有一个笑话说，一个篮球教练看到三个学生投篮都失败了，大骂道："都滚一边去吧，笨蛋学生，看我的！"但他自己投篮三次，也一个都没进篮筐。在一片尴尬的寂静中，教练回头继续大吼："看明白了没！你们刚刚就是这么干的！怎么可能投得进呢？我平时怎么教你们的？"

在现实中遇到类似情况，我们也可以向这位教练学习。

第一，转移法。就是把错误话移植到他人头上。教练投不中，就说自己是在示范学生的错误做法。体现在语言上，你可以在发现自己口误后这么说："……刚才我所讲的，是某些人的观点，但我认为正确的分析应是……"这就把自己的错误纠正过来了。对方即使怀疑，也无法认定是你说错了。

第二，引申法。迅速将错误对象引开，避免在错中纠缠。教练那句"看明白了没"，没说自己也投不中，说的是学生投不中，而他只是故意模仿学生，所以他是没错的。还有个后续引开话头的方法，就是接着开脱的话之后说："然而正确说法应是……"或者说"我刚才那句话还应作如下补充……"这样就可以将错话抹掉。

第三，改义法。巧改错误的意义。当意识到自己讲错话时，干脆重复肯定，将错就错，然后巧妙地改变错话的含义，将明显的错误变成正确的说法。三个学生投篮失败，教练也投了三次，每次正好对应一个人，而不是他屡战屡败的证明。

曾经有一位数学老师在走上讲台时，座位上的孩子们忽然大笑了起来，这使他感到莫名其妙。这时，坐在前排的一位女生小声提醒："老师，您的衣服扣子扣错了！"

他赶紧低头一看，还真是，衣服的第五个扣子扣在了第六个扣眼里，领子也是歪斜的。但他这个时候应该批评哈哈大笑的学生吗？肯定不可以。马上改过来？不是不行，但总觉得有些狼狈。

那位老师灵机一动，微笑着对提醒他的女生大声说："老师刚才想着你们的考试成绩，离开办公室的时候没注意衣服怎么穿，所以才把外套的扣子弄错了。好啦，这就准备上课了，大家把课本拿出来吧。"他一说考试成绩，教室里学生们的注意力立马被转移了，气氛也变得有些沉重了。有的学生兴奋地东张西望，有的拿出课本念念有词，有的人紧张地盯着黑板，再也没有人注意这位年轻的数学老师扣错的衣服扣子了。

现实生活中，很多人都会因为说错话而陷入尴尬处境中，这在一定程度上给人际交往带来了负面影响。因此，说错话后进行一番补救是很重要的。为使错误能够得到补救，进而创造出一个良好的谈话氛围，掌握纠错的最佳方法尤为重要。

在此，将错就错就不失为一个好方法。这种方法是指说出错话后，将错话巧妙地接下去，肯定错误是正确的，然后再说出一句表面看来"错得离谱"的话，让别人以为你是别有深意，甚至故意安排，而不是无心之失，这就能为你驱散尴尬的气氛。

著名主持人曹可凡曾在上海白玉兰电视节群英荟萃音乐会上有此体验，当法国著名歌星多罗黛缓缓向舞台中央走来时，意外发生了：音响设备突然"哐"地轰天一响，现场顿时鸦雀无声。这时，曾在法国主持过少儿节目的多罗黛幽默地举起双手做了一个打枪的手势，赢得了现场观众的一片笑声。此时，曹可凡也顺着她的动作灵机一动，连忙说道："多罗黛小姐，刚刚那一响礼炮，是上海观众对您的到来表示欢迎！"刚说完，现场掌声一片，人人都以为这是别出心裁的现场效果，一场尴尬就这样被轻松化解了。

军阀张作霖曾受邀出席一次酒会。酒会期间，有几个日本人请他赠字，张作霖知道他们是在故意刁难，因为他的文化水平很低。但在大庭广众之下，他又不想认输。于是，他就大笔一挥，顺手写了一个"虎"字，然后落款：张作霖手黑。

这时，张作霖的秘书贴近张作霖耳边说："张大帅，您写的'墨'字下面少了个'土'，写成'黑'了。"张作霖听后，不由得一愣，但又想：若当众改正，岂不尴尬？于是，他灵机一动，故意训斥秘书说："你懂什么？我当然知道'墨'字下面还有个'土'字，只是因为这是日本人要的东西，这就叫'寸土不让'"话音一落，大厅里便响起了阵阵掌声，那几个无理取闹的日本人也明白了其中的意思，悻悻地走出了大厅。从这个故事中可以看出，只要补救得当，说错的话也能讲得很漂亮。